Trinius, Au

Geschichte des Krieges gegen Frankreich 1870 71

2. Teil

Trinius, August

Geschichte des Krieges gegen Frankreich 1870 71

2. Teil

Inktank publishing, 2018

www.inktank-publishing.com

ISBN/EAN: 9783747767894

Geschichte
des
Krieges gegen Frankreich
1870|71.

Zweiter Teil.

Nach den vorzüglichsten Quellen für die Mitkämpfer
und das deutsche Volk geschildert

von

A. Trinius.

2. Auflage.

Mit Karten und Schlachtplänen, Portraits und anderen Abbildungen.

Berlin.
Ferd. Dümmlers Verlagsbuchhandlung.

Inhalt.

Seite

Seite

Verzeichnis der in den Text gedruckten Abbildungen.

Karten-Beilagen.

Erstes Kapitel.

Unsere deutsche Marine während des Feldzuges 1870—1871. — Die französische Flotte läuft schon vor der Kriegserklärung aus Cherbourg gegen den Feind aus. — Wie das kleine deutsche Geschwader den Jade-Busen erreichte. — Eine Kriegslist des „Arminius". — Vergebliches Hoffen auf einen Angriff seitens der französischen Seeübermacht. — Eine deutsche Antwort auf französische Raubgelüste. — Die französische Ost- und Nordsee-Flotte kehrt nach Frankreich zurück. — Kleine Seegefechte in der Ostsee. — Kecke Seemannsstückchen unserer Korvette „Augusta". — Die Socialdemokratie wird mundtot gemacht. — Johann Jacoby wird durch Vogel v. Falckenstein nach der Festung Lötzen gebracht.

Wenn auch die Thaten unserer Marine während des großen Feldzuges von 1870—71 sich nicht mit jenen gewaltigen Erfolgen unserer deutschen Heere messen können, die den Boden Frankreichs erzittern machten, so hat doch unsere deutsche Flotte treulich geleistet, was man von ihr erwarten durfte, und zugleich eine berechtigte Bürgschaft für die Zukunft gegeben. Denn trotz der numerisch so geringen Kraft unserer Marine, vermochte sie doch die französische Flotte monatelang in Schach zu halten, welche zu bekämpfen einst das stolze Albion alle Kräfte hatte anspannen müssen.

Wenn auch kein Blut in einer offenen Seeschlacht floß, so darf dies doch nicht die Wertschätzung unserer Marine im Geringsten kürzen, deren Hauptaufgabe allein war, in strenger Pflichterfüllung abwartend auszuharren, da für uns kein triftiger Grund vorlag, zuerst den Kampf anzubieten. Aber er wurde uns auch nicht angeboten. Und in diesem Vermeiden, einem geringeren Gegner gegenüber, wie wir es jedenfalls waren, liegt eben eine hohe Anerkennung des Feindes selbst, dem unser Ernst und die kaltblütig bewahrte Ruhe entschieden Achtung und Respekt einflößte. Kein Schuß fiel gegen unsere Häfen und Küsten, keines Feindes Fuß betrat deutschen Boden. Längs der Meeresküsten wie des Rheins hielten deutsche Männer scharfe Wacht, das Vaterland vor einer Entweihung zu schützen. Die Verteidigung der Ost- und Nordseeküsten zu leiten, waren General Vogel v. Falckenstein und Admiral Jachmann ausersehen worden.

Die nun folgende kurze Darstellung der Thätigkeit unserer Flotte in den ersten Monaten entnehmen wir teilweise einem trefflichen Berichte des Korvetten-Kapitäns Livonius, welcher es sich zur Aufgabe gemacht hat, den vielfach verbreiteten, unrichtigen und wenig erfreulichen Urteilen über die Leistungen unserer Marine entgegenzutreten.

Fünf Tage nach der Kriegserklärung, am 24. Juli, lief eine aus 12 Schiffen bestehende französische Panzerflotte von Cherbourg aus, begleitet von der Kaiserin Eugenie, welche sie vor dem Abgang besucht hatte und ihr noch ein Stück Weges auf die See folgte, um die Kampfeslust der Besatzungen besonders anzufeuern. Diese Flotte, unter dem Befehl des verdienstvollen Admirals Bouet-Willaumez, suchte, dem französischen Berichte zufolge, mit unserem kleinen Panzergeschwader zusammenzutreffen, doch ungewiß darüber, ob dasselbe in die Jade eingelaufen sei oder nach Kiel sich begeben habe, wie die Lootsen behaupteten, was wegen der als wahrscheinlich vorausgesetzten Unterstützung Rußlands dem Admiral nicht unwahrscheinlich erschien, entschloß er sich, nach den dänischen Gewässern zu segeln, zumal nicht alle Schiffe reichlich genug mit Kohlen versehen waren. Hier erreichte ihn alsbald die bestimmte Ordre, nach der Ostsee zu gehen. Diese Kombination des Admirals war nicht richtig, denn während die Ostseehäfen infolge des überall flachen Landes schwieriger anzugreifen und Landungen aus Mangel an günstigen Operationsbasen nicht minder schwierig auszuführen sind, galt es vornehmlich, unsere Schiffe in der Jade zu postieren, um die Nordsee zu verteidigen, die kostspieligen Hafenanlagen in Wilhelmshaven gegen Zerstörung zu sichern, Hamburg und Bremen vor Brandschatzung zu wahren, sowie Landungen feindlicher Korps in diesen Gegenden zu verhindern.

Die Ausrüstung der aus Cherbourg ausgelaufenen französischen Flotte zu Kriegszwecken muß bereits zu einer Zeit eingeleitet worden sein, als man in Preußen und Deutschland noch keine Ahnung von dem drohenden Unwetter hatte. Dies wird bestätigt durch die in St. Cloud aufgefundenen Depeschen, nach denen schon am 7. Juli die großartigsten Kohlenlieferungen angeordnet worden. Am 16. Juli telegraphierte der Kaiser an den Kriegsminister in Paris: „Ich sehe, daß das Geschwader abgesegelt ist. Was für Befehle erteilt man? Man kann die Feindseligkeiten nicht eher beginnen, bis der Krieg erklärt ist.“ Die Hoffnung, daß Dänemark sich dem Vorgehen Frankreichs anschließen werde, bestärkte nur noch mehr den Gegner in seinem erträumten Siegesrausch. Doch der König von Dänemark hütete sich weislich, noch einmal Preußens Zorn heraufzubeschwören, wie heißhungrig auch sein Inselvolk nach Rache und Vergeltung für die Niederlage von 1864 sich sehnte.

Admiral und Oberbefehlshaber der Norddeutschen Bundesflotte war der Prinz Adalbert von Preußen. Unter seinem persönlichen Kommando sollte sich unser Geschwader nach den Azoren begeben, als der Admiral noch rechtzeitig genug die Nachricht von dem heraufsteigenden Kriegsunwetter empfing, um das Panzergeschwader in den Hafen von Wilhelmshaven zurückzuführen. Von hier begab er sich geraden Weges nach Berlin, um dem Könige persönlich Meldung von der glücklichen Landung zu erstatten. Unserer jungen Flotte war von vornherein nur eine abwartende Haltung angewiesen. Da aber solch ein Verhalten dem Charakter des unerschrockenen Admirals wenig zusagte, so erbat er sich von Sr. Majestät dem Könige die Erlaubnis, den Befehl über unsere Streitkräfte in der Nordsee in die Hände des Vice-Admirals Jachmann legen zu dürfen. Er selbst schloß sich dem Vorgehen unserer Armeeen zu Felde an.

Prinz Adalbert von Preußen ist am 29. Oktober 1811 als Sohn des Prinzen Wilhelm von Preußen, Bruder Friedrich Wilhelms III., aus dessen Ehe mit der Prinzessin Maria Anna von Hessen-Homburg geboren. Der Tradition des preußischen Herrscherhauses entsprechend, trat der junge Prinz mit dem 10. Lebensjahre in die Armee ein und bekleidete 1847 bereits den Posten eines General-Inspekteurs der Artillerie. Am 30. März 1854 zum Admiral der damals allerdings noch bescheidenen preußischen Flotte ernannt, entfaltete er jetzt eine rührige Thätigkeit und

1*

Energie, so daß mit dem Tage seiner Ernennung eigentlich auch der Aufschwung unserer Marine zu verzeichnen ist. Mit der jungen Flotte sollte Prinz Adalbert bereits am 7. August 1856 ein ziemlich ernstes Gefecht am Kap Tres Forcas im Mittelmeer wider die dortigen Riffpiraten bestehen, wobei der Prinz dann seine gelandeten Mannschaften im Sturme gegen die besetzten Höhen führte und dabei nicht unerheblich verwundet wurde. Auch im deutsch-dänischen Kriege 1864 scheute sich der Prinz-Admiral nicht, auf einer Rekognoszierungsfahrt, die er auf dem Aviso-Dampfer „Grille" unternahm, den Kampf mit einigen dänischen Riesenschiffen in fast überkühner Weise aufzunehmen. Der aus der morganatischen Ehe des Prinzen mit der zur Freifrau von Barnim erhobenen, durch Anmut und Herzensgüte gleich ausgezeichneten ehemaligen Tänzerin Therese Elßler stammende Sohn, Freiherr Adalbert v. Barnim, starb bereits 1860, gelegentlich einer wissenschaftlichen Reise in Afrika. Auf dem Invalidenkirchhofe zu Berlin erhebt sich sein Grabdenkmal, das die schlichten, schönen Worte trägt: „Die Liebe höret nimmer auf!"

Prinz Adalbert von Preußen.

Unser kleines Panzergeschwader befand sich bei Ausbruch des Konflikts im Hafen von Plymouth, um eine Übungsfahrt nach den Azoren anzutreten. Während diese Fahrt scheinbar angetreten wurde, hatte kluge Vorsicht, hervorgerufen durch die immer drohender heraufsteigenden politischen Gewitterwolken, den Geschwader-Chef veranlaßt, das Panzerschiff „Prinz Adalbert" nach Dartmouth zu detachieren, wohin demselben Nachrichten seitens unserer Gesandtschaft in London übermittelt werden sollten. Mit diesen versehen, stieß es am 13. Juli morgens wieder zu dem Geschwader an einem bestimmten Rendezvous-Platz und infolge der Nachrichten kehrte das Geschwader sofort nach Plymouth zurück, von wo es nach einem Aufenthalte von wenigen Stunden die Rückreise nach der Nordsee antrat. Währenddessen machten sich die Schiffe gefechtsbereit und steuerten nach der Jade, wo sie am Sonnabend den 16. Juli abends bei Wilhelmshaven ankerten. Am folgenden Morgen wurde, obgleich es ein Sonntag war, die Takelage an Land geschafft und am Nachmittage hielten die Schiffe, bis auf die Untermasten abgetakelt, bereits Schießübungen mit scharfer Munition ab. Bei dem Mangel einer offiziellen Kriegserklärung mußte man von dem Plan Abstand nehmen, die französischen Schiffe in ihren Häfen zu überraschen. Daß unser Manöver der Rückkehr nach Wilhelmshaven den Franzosen völlig unbekannt geblieben war, geht aus folgender Depesche hervor. Am 18. Juli wurde aus Brest nach St. Cloud telegraphiert: „Preußisches Geschwader ist in Torbay, Treffen bevorstehend. Gestern war Rhede von Brest in Verteidigungs-Zustand. Marine sehr glücklich über ihre wichtige Rolle in diesem Feldzuge.“

Das wiederholt gemeldete Auslaufen französischer Schiffe ließ es fraglich erscheinen, ob die für die Nordsee bestimmten, im Kieler Hafen befindlichen Schiffe „Elisabeth“ und „Arminius“ noch würden dahin abgehen können, ohne der feindlichen Flotte in die Arme zu laufen. Der Befehl wurde gegeben und widerrufen, allein für den „Arminius“ einige Minuten zu spät, denn er war bereits unter Dampf und in See. Bei Skagen kam ihm am 28. Juni die ganze französische Flotte in Sicht und daß die dänischen Lootsen, von denen er gesehen war, sofort den Feind auf seine Spur bringen würden, konnte als sehr wahrscheinlich gelten. Er mußte daher zuerst die dänischen Lootsen dadurch täuschen, daß er scheinbar den Rückweg einschlug; dann, als er der Flotte aus Sicht war, hielt er schnell nach der schwedischen Küste hinüber und steuerte an dieser weit nördlich und in großem Bogen folgenden Tages um Skagen herum. Die „Elisabeth“ wurde durch eine Zögerung ihres Lootsen noch von der Kontreordre erreicht und eilte dem „Arminius“ nach, um ihn zurückzurufen, da man mittlerweile über das Eintreffen der feindlichen Flotte näher unterrichtet war, ohne denselben ausfindig zu machen. Sie kehrte deshalb später nach Kiel zurück. — „Arminius“ mußte erwarten, bei Helgoland auf eine zweite feindliche Flotte zu stoßen, welche für die Blokade oder den Angriff auf die

Jade und Elbe bestimmt war und richtete sich deshalb so ein, daß er in dunkelster Nachtzeit sich in die Elbe einlotete; die erwartete Nordseeflotte war indessen, wie sich später ergab, noch nicht eingetroffen.

Die Stellung unserer in der Jade vor Anker gegangenen Flotte war eine ganz vortreffliche, ein ganz vorzüglicher Engpaß, durch dessen Verteidigung einigermaßen die große Übermacht der feindlichen Flotte paralysiert werden konnte. Die Vorteile der Verteidigung, die Nachteile für den Angreifer waren hier ziemlich dieselben, wie sie sich im Landkriege herausstellen, wenn es sich darum handelt, aus einem Defilee zu debouchieren. Nur trat für den Feind die allerdings bedeutende Schwierigkeit hinzu, daß die Breite und Richtung des Defilees, hier also des Fahrwassers, ihm nicht ohne weiteres kenntlich war, mithin die Information hierüber noch gewisser Vorbereitungen bedurfte. Wenn nun auch der Feind diese Schwierigkeiten erkannte, so mußte man auf deutscher Seite doch voraussetzen, daß er, indem er zwei so gewaltige Flotten in die Ost- und Nordsee entsandte, es auf etwas anderes abgesehen habe, als harmlose Kauffahrer abzufangen und eine höchst mangelhafte Blokade auszuführen. In dieser steten Erwartung des feindlichen Angriffs lagen auf den gefährlichen Stellen des Fahrwassers der Außen-Jade unausgesetzt im beschwerlichen und gefährlichen Dienst die Kanonenboote auf Außenposten, teils um jede Annäherung des Feindes zu melden, teils um für die rekognoszierenden Schiffe als Merkzeichen im Fahrwasser zu dienen und die Verbindung zwischen ihnen und dem Geschwader durch Signale zu vermitteln.

Die französische Flotte langte mit 12 Schiffen am 9. August unter dem Kommando des Admirals Fourichon, späterem Marine-Minister der Republik, darunter acht der schwersten, neuesten und bestbewaffneten Panzerfregatten, vor Helgoland an. Die Zahl dieser Panzerfregatten wurde später noch vermehrt, so daß es für uns fast unmöglich war, den Zweikampf gegenüber einer solchen Übermacht aufzunehmen. Nachdem das Eintreffen der französischen Flotte bekannt geworden, ergab eine Rekognoszierung alsbald, daß die Franzosen außer Schlachtschiffen auch das besaßen, was uns abging, schnelle Avisos: das rekognoszierende Fahrzeug wurde scharf beschossen und, obgleich ein guter Läufer, fast eingeholt. Da unsererseits die Armierung von Wilhelmshaven noch nicht weit genug vorgeschritten war, so mußte von einem offensiven Vorgehen unseres ganzen Geschwaders einstweilen abgesehen werden, um nach einem etwaigen Unterliegen die Hafenanlage nicht der Zerstörung preiszugeben. Daß aber der so starke Feind uns für unangreifbar hielt, konnten wir nicht voraussetzen; die Unthätigkeit desselben wurde allein dadurch erklärt, daß er geeignete, flacher gehende Fahrzeuge vorerst noch an sich zu ziehen suchte, um die Passage durch das Fahrwasser zu erleichtern. Eines charakteristischen Zwischenfalles sei hier noch gedacht.

Am 10. August überbrachte der Kontre-Admiral z. D. Prinz von Hessen im Auftrage des Generals Vogel v. Falckenstein an Bord des Dampfers „Schwalbe" dem französischen Befehlshaber der Nordsee-Flotte unter Parlamentärflagge ein Schreiben in deutscher Sprache, wonach für die Wegnahme deutscher Kauffahrer, womit die Franzosen bereits begonnen hatten, entsprechende Repressalien zu Lande in Aussicht gestellt wurden. Der General gab damit zugleich Kenntnis von den letzten Siegen, welche die Deutschen in Frankreich erfochten hatten, wovon die Flotte noch nichts wissen konnte. Hierauf antwortete Vice-Admiral Fourichon vom Bord des „Magnanime", nachdem ihm jenes Schreiben von den deutschen Offizieren ins Englische übersetzt worden, höflich ablehnend, indem er auf seine Regierung verwies. Es machte einen guten Eindruck in ganz Deutschland, daß General v. Falckenstein deutsch geschrieben und daß der Prinz sich weigerte, die Unterredung mit dem ihm vom Bord gesandten Generalstabschef Baron Roussin und dem Adjutanten Arago französisch zu führen, und diese dadurch nötigte, sich des Englischen zu bedienen, da sie nicht Deutsch konnten. Man sah darin ein wohlberechtigtes Selbstgefühl, das nicht gewillt war, die deutsche Sprache der französischen unterzuordnen.

„Arminius" und die kleinen Fahrzeuge kreuzten währenddessen fast täglich in See zur Beobachtung des Feindes. Vergeblich suchte dies Fahrzeug die oft zu dreien zu seiner Verfolgung abgeschickten Panzerfregatten so weit auf geeignetes Terrain zu locken, um ein Gefecht mit einiger Aussicht auf Erreichung der Rückzugslinie beginnen zu können. Am 25. August ging die Mitteilung ein, daß Admiral Fourichon folgende Ordre erhalten habe: „Forcieren Sie, was es auch koste, die Jade und zerstören Sie alle Werke." Wir warteten, erzählt nun Livonius, also auf die Ausführung dieser Ordre voll Sehnsucht, unsere Kräfte zu messen. Auffallend viel schlechtes Wetter, verbunden mit der starken Strömung, ließ die ausgelegten Torpedos von ihren Befestigungen sich lösen. Dieselben trieben bei dem Wechsel der Ebbe und Flut auf unsere Schiffe zu und später wieder zurück. Wie schön also der Gedanke, sich mit dem Feinde zu schlagen, statt der Gefahr ausgesetzt zu sein, durch die eigenen Torpedos in die Luft gesprengt zu werden! Aber Admiral Fourichon hatte draußen in See wahrscheinlich nicht weniger von dem stürmischen Wetter zu leiden, das für Operationen mit Schiffen so ungeeignet ist, als wir selber, und unsere Erwartungen wurden nicht erfüllt, um so weniger, als er bald darauf nach dem Sturze des Kaisers zum Marine-Minister berufen wurde und als solcher wohl eine Ordre widerrufen haben mag, deren Lösung ihm bis dahin nicht möglich oder nicht rätlich erschienen sein mochte.

In Ermangelung feindlicher Offensiv-Operationen trat bei uns die Frage wiederholt hervor, ob es nicht geraten sei, einen nächtlichen Coup auszuführen. Der „König Wilhelm", der in dem unbekonnten Fahrwasser nur mit ziemlich aufgestauter Flut aus- und einpassieren konnte, war hierzu nicht geeignet, „Prinz Friedrich Karl" war zu langsam, nur „Kronprinz" eignete sich hierzu und wer die Besatzung mit ganzer Vollkommenheit exerzieren gesehen, den feurigen und energischen Sinn seines Kommandanten kannte, der die gesamte Besatzung zu elektrisieren versteht, hätte der Unternehmung gewiß den günstigsten Erfolg zugesagt. Aber durfte der Geschwader-Chef, dem nur drei Schlachtschiffe zu Gebote standen, die geringste Zahl, um die einfachste Angriffsformation, den Keil, zu bilden, auch nur eins derselben der Gefahr, für längere oder kürzere Zeit kampfunfähig zu werden, aussetzen, nur um dem Verlangen, eine kühne Thal zu vollbringen, nachzugeben? Ein Einzelner kann leicht kühn sein, wer indessen die Verantwortung für das Ganze trägt, muß leider oft erst fragen, ob sich die Kühnheit mit gebotener Klugheit vereinigt. Es wurde dem „Kronprinz" daher nur wiederholt der Auftrag erteilt, den Versuch zu machen, eine oder die andere der rekognoszierenden Panzerfregatten abzukneifen; so oft er sich indessen zeigte, eilten diese einzelnen Schiffe zu dem Gros des Geschwaders zurück.

Die Jahreszeit rückte mittlerweile mehr und mehr vor, und mehr und mehr schwand unsere Hoffnung, daß der Feind einen Angriff unternehmen würde, wozu ihm die Erfolge der Unseren in Frankreich allerdings die Lust gänzlich benommen zu haben schienen, zumal nach den Ereignissen bei Sedan die erwartete Belagerung von Paris es mochte als rätlich erscheinen lassen, die Mannschaften der Flotte, so viel als angängig, zur Verteidigung der Hauptstadt heranzuziehen. Am 11. September, nachdem längere Zeit schlechtes Wetter gewesen war, ging der Geschwader-Chef mit den Panzerschiffen in See, um den Feind, dessen Schiffe inzwischen ihre Vorräte nicht hatten ergänzen können und die jedenfalls tüchtig herumgeworfen und möglicherweise zum Teil havariert oder zerstreut waren, aufzusuchen. Es hatte tags zuvor so stark geweht, daß „Arminius" nicht gegen den hohen Seegang ankommen konnte, er rollte so stark, und nahm soviel Wasser über, daß er das Signal erhielt, vor der Wesermündung die Rückkehr des Geschwaders zu erwarten. Die übrigen Schiffe setzten ihren Kurs auf Helgoland fort, jedoch nur um zu finden, daß die feindliche Flotte den bisherigen Schauplatz ihrer Thätigkeit oder Unthätigkeit verlassen und den Rückweg nach Frankreich eingeschlagen habe. Am folgenden Tage kehrte das Geschwader daher in die Jade zurück.

Immer in Erwartung der Rückkehr des Feindes wurden unsere Gefechtsvorbereitungen und sonstigen Rüstungen mit regem Eifer fortgesetzt. Ein besonderer Dampfer, mit Harvey'schen Offensiv-Torpedos versehen und zu deren Gebrauch passend hergerichtet, wurde im Auslande erstanden und stieß zum Geschwader. Die Batterieen in Wilhelmshaven schritten so bedeutend in ihrer Vollendung fort, daß sie zu wirksamem Widerstande gegen die feindliche Flotte, sowie zur eventuellen Aufnahme unserer Schiffe fast ausreichend erscheinen durften. Am 26. September nachmittags traf die Meldung ein, daß wiederum eine große feindliche Flotte bei Helgoland eingetroffen sei, — die zurückberufene Ostsee-Flotte, wie sich späterhin zeigte; die am andern Morgen in aller Frühe erfolgte Rekognoszierung ergab jedoch, daß die feindlichen Schiffe bereits wieder westwärts abgesegelt waren. Nach dieser Zeit wurde die feindliche Flotte nur noch einmal in der Gegend von Helgoland am 12. Oktober von den diesseitigen Fahrzeugen bemerkt; doch zeigte ihr ganzes Auftreten, daß es ihr nur darum zu thun war, deutsche Handelsschiffe aufzutreiben, wie der französische Bericht dies auch ergiebt. Die beiden Flotten der Ost- und Nordsee wechselten sich in diesem Dienst ab, indem sie westwärts der friesischen Inseln den Kauffahrern den Weg zu verlegen suchten.

Während also unsere in der Nordsee vereinigten Schiffe und Fahrzeuge nur beweisen konnten, daß den gesamten Besatzungen, Offizieren wie Mannschaften, die Grundlage aller Disciplin im vollen Maße eigen war: geduldiges Ausharren in strenger Pflichterfüllung, ohne Rücksicht darauf, ob ein Lohn, eine Anerkennung je daraus hervorgehen könnte, ja trotz übler Vorurteile und Meinungen von anderer Seite, so waren einige der in der Ostsee und außerhalb Europas stationierten Fahrzeuge in der glücklichen Lage, zu zeigen, daß auch kühne Thatkraft, schnelles Ergreifen geeigneter Momente zur Erlangung kriegerischer Vorteile der jungen Flotte nicht abgingen.

Was die Vorgänge in der Ostsee anbetrifft, so bezieht sich obige Anerkennung auf zwei kurze Gefechte, welche den Mut und die Energie unserer jungen Marine ins hellste Licht stellten. Das erste Gefecht fand bei Hiddensee am 17. August statt, wo Korvetten-Kapitän Graf Waldersee mit der Yacht „Grille" und den drei Kanonenbooten „Drache", „Blitz" und „Salamander" gegen eine Übermacht von vier Panzerfregatten und eine ungepanzerte Korvette einen heftigen Geschützkampf kühn bestand. Das zweite Gefecht fand am 22. August bei Oxhöft vor der Mündung der Weichsel statt. Diesseits war es der Korvetten-Kapitän Weikhmann, welcher mit der Glattdeckskorvette „Nymphe" den Kampf gegen drei Panzerschiffe und einen Aviso aufnahm.

Zum Schluß sei noch eines Unternehmens deutscher Seemänner gedacht, welches fern der deutschen Heimat sich abspielte und mit dessen Schilderung wir von unserer Marine Abschied nehmen wollen. Wir folgen auch hier dem anschaulichen Berichte des Kapitäns Livonius. In demselben heißt es: Durch die Auslegung, welche man den Neutralitätsgesetzen in England und Amerika gegeben, wurde der Feind mit Waffen, Munition und Verbrauchsgegenständen aller Art derartig versorgt, daß eine Verlängerung des Kriegszustandes herbeigeführt wurde. Es schien deshalb geboten, darauf Bedacht zu nehmen, dem Feinde diese Zufuhren teilweise abzuschneiden oder doch wenigstens zu erschweren. Zu diesem Zweck wurde zunächst die Glattdeckskorvette „Augusta", welche ihrer hervorragenden Schnelligkeit halber als besonders geeignet hierzu erscheinen mußte, im Laufe des Oktober in Dienst gestellt, nachdem deren sehr umfassende Reparatur mittlerweile beendet worden war. Das Kommando wurde dem bisherigen Kommandanten der „Nymphe", Korvetten-Kapitän Weikhmann übertragen, nachdem dieses Schiff als weniger geeignet außer Dienst gestellt war. Die „Augusta" erhielt die Ordre, im atlantischen Ocean alle Fahrzeuge, welche Kriegskontrebande an Bord hätten und deren es habhaft werden könnte, fortzunehmen. Anfänglich kreuzte dieses Schiff, zwischen Weihnachten und Neujahr, vor dem Kanal und vor Brest bei sehr schlechtem Wetter, ohne einen der erwarteten amerikanischen oder französischen Dampfer zu treffen. Deshalb wendete es sich direkt der Rhede von Bordeaux zu und nahm dort am 4. Januar die französische Brigg „Saint Marc", mit einer Ladung Mehl und Brot für die 3. Division bestimmt; dann innerhalb der Mündung der Gironde bei der zweiten Tonne die französische Barke „Pierre Adolphe", mit Weizen an den Officier des subsistences militaires bestimmt, innerhalb der Tragweite der am Lande befindlichen Batterieen. Diese beiden genannten Segelschiffe wurden den ältesten Kadetten zur Überführung nach Deutschland übergeben. An demselben Tage wurde ferner der französische eiserne Regierungsdampfer „Max", mit Fleisch und Montierungsstücken nach Rochefort bestimmt, $1^1/_2$ deutsche Meilen vom Lande entfernt genommen, in Brand gesteckt und zerstört, weil Kohlen und namentlich Maschinenpersonal fehlte, um das Schiff in einen diesseitigen Hafen überzuführen. Die Mannschaften wurden als Gefangene an Bord der „Augusta" gebracht, die ihrerseits, um Kohlen aufzufüllen, hierauf nach Vigo, einem spanischen Hafen, aufbrach.

Durch dieses kühne Seemannsstückchen zeigte sich das französische Nationalgefühl umsomehr auf das Empfindlichste berührt, als die winzige norddeutsche Marine der französischen Seemacht in ihren eigenen Gewässern und in unmittelbarer Nähe des Sitzes der Regierung (Bordeaux) entgegengetreten war und es erhob sich infolgedessen ein solcher Schrei der Entrüstung gegen die Marine-Verwaltung, daß diese sofort die „Augusta" in Vigo durch die Panzerfregatten „Heroïne", „Valeureuse", „Thetis" und den Aviso „Kleber" blockieren ließ; die Kommandanten dieser Schiffe fühlten sich sogar ihrer Aussage nach gezwungen, die Neutralitätsgesetze, den spanischen Behörden gegenüber, trotz aller Reklamationen fortgesetzt und auf das Gröblichste zu verletzen, weil sie, wenn ihnen die „Augusta" entkäme, was sicherlich der Fall sein würde, falls sie sich an die bestehenden Gesetze kehrten, nicht mehr wagen dürften, nach Frankreich zurückzukehren. Der Waffenstillstand überhob die französischen Kommandanten, wahrscheinlich zu ihrem Glücke, ihrer Verantwortlichkeit, denn die „Augusta" würde, nach den ge-

2*

troffenen Maßnahmen zu schließen, wohl aller Wahrscheinlichkeit nach ihnen entgangen sein. — —

Es muß noch, ehe wir uns der Fortsetzung des Feldzuges in Frankreich wieder zuwenden, einiger Vorgänge in Preußen gedacht werden, die sich wie dunkle Flecken von dem sonnenhellen Siegesglanze abheben, welcher zu jener Zeit alle deutschen Gemüter trotz schwerer Opfer und bitterer Verluste so einmütig erfüllte. Während das ganze Deutschland nur in einem gesicherten Frieden das blutig errungene Ziel sah, damit die Ruhe der deutschen Lande nicht mehr wie bisher nur der Spielball der Laune und Willkür eines eitlen, ruhmsüchtigen und sittlich verkommenen Volkes sei, während fast alle Stimmen in Nord und Süd darin zusammenklangen, daß die deutschen Schwerter nicht um die Siegesbeute fremden Gebietes, wohl aber um Rückgewinnung uns einst frech geraubter deutschen Landesteile so kühn und prächtig den gallischen Ruhm niedergemäht hatten — da wagten einige Parteien wie die social-demokratische und die demokratische laut die Forderung an das deutsche Volk zu stellen, gegenüber der soeben errichteten französischen Republik ehrerbietig die Schwerter zu neigen und alle deutschen Truppen schleunigst wieder über die Grenze zurückzuziehen.

Zuerst wurde der Social-Demokratie das Handwerk vorläufig gelegt, indem man die Hauptschreier festnahm. Als dann auch der Königsberger Demokrat Johann Jacoby in einer am 14. September abgehaltenen öffentlichen Versammlung es unternahm, den deutschen Regierungen wie Schulbuben die Warnung zuzurufen: „Kein Fußbreit Landes" von Frankreich zu entwenden, als dieser einzelne, vaterlandslose Sonderling sich erkühnte, sich in Widerspruch mit vierzig Millionen begeisterter Deutschen zu setzen, da zögerte der grimme Vogel von Falckenstein nicht lange, den unberufenen und verblendeten Einmischling in deutsches Recht für einige Zeit für die Öffentlichkeit unschädlich zu machen. Am 20. September ward Johann Jacoby verhaftet und auf die Festung Lötzen gebracht. Die Festnahme eines freien preußischen Bürgers erregte allerdings damals ein ebenso peinliches als gerechtfertigtes Aufsehen, da diese Gewaltmaßregel durchaus im Widerspruch zum Gesetz stand. Das geflügelte Wort: „Gewalt geht vor Recht" schien in der That sich einmal wieder bewahrheiten zu wollen. Und doch traf es nur halb ein. Da bei Veröffentlichung des Kriegszustandes es in den längs der Küste gelegenen Provinzen verabsäumt worden war, die Bestimmungen über die persönliche Freiheit zu suspendieren, so war hier allerdings formell seitens der militärischen Behörde eine Gesetzesüberschreitung geschehen. Aber Niemand vermochte sich dennoch der zwingenden Überzeugung schließlich zu entziehen, daß dieses Vorgehen ein Schritt der Notwendigkeit geworden war, wenn es auch immerhin zu bedauern blieb, daß gerade ein Mann wie Johann Jacoby den Anlaß geben mußte, von dem Paragraphen des Gesetzes im Interesse des Vaterlandes abweichen zu müssen. Hatte doch schon der alte Republikaner Venedey kurz vor seinem jüngst erfolgten Tode an Gutzkow geschrieben, daß die Haltung der Partei Jacoby's nicht wenig zu dem Kriege mit Frankreich Veranlassung gegeben habe, da die Franzosen aus dem Gebaren dieser Partei einen gewichtigen Rückschluß auf die Uneinigkeit Deutschlands gezogen hätten. Wenn schon die Social-Demokraten während des Krieges jeden deutschen Sieg mit Verwünschungen, jeden französischen Vorteil mit Jubel begrüßten, so bedarf es wenig Phantasie, um nicht zu erkennen, wieviel gefahrdrohender noch das Auftreten des hochbegabten Königsberger Demokraten sein mußte.

Aber alle Wühlereien und Verhetzungen vermochten doch nicht den Strom der Begeisterung mehr zu hemmen, der Alldeutschland durchbrauste und alle Kräfte in Fluß und Bewegung brachte. Humanität und Menschenliebe feierte daheim und auf den Schlachtfeldern stille, hohe Festtage. In Nord und Süd aber flammte es immer höher auf, wuchs das Sehnen nach einem so lange erträumten, einigen deutschen Kaiserreich.

Zweites Kapitel.

Geschichte, Lage und Befestigung von Toul. — Unser erster Versuch am 14. August, Toul zur Übergabe zu bewegen. — Die Besatzung von Toul schießt auf unsere Parlamentäre. — Unser kühner Handstreich am 16. August, Toul zu nehmen, scheitert ebenfalls. — Verschiedene Wechsel in dem Cernierungskorps vor Toul. — Die Beschießung der Festung am 23. August vom Mont St. Michel aus. — Die 17. mecklenburgisch-hanseatische Division nimmt unter dem Großherzog von Mecklenburg-Schwerin die Belagerung von Toul wieder auf. — Das Bombardement vom 23. September. — Toul kapituliert. — Schilderung eines Teilnehmers über den Einzug in Festung und Stadt Toul.

Bevor wir uns dem weiteren Vormarsche unserer deutschen Heersäulen nach Paris wieder anschließen, wollen wir erst dem Verlaufe der Belagerungen und Einnahmen der drei Festungen Toul, Straßburg und Metz folgen, mit deren Fall dem stolzen, übermütigen Frankreich noch tiefere Wunden geschlagen wurden.

Die Festung Toul, mit welcher wir den Anfang machen, liegt auf dem linken Ufer der Mosel, 35 Meilen von Paris, in einer auch von anderen kleinen Wasserläufen vielfach durchschnittenen Thaleinsenkung. Nördlich der 7000 Einwohner zählenden Festung überragt dieselbe der Mont St. Michel, als militärisch wichtigste Position, die man bei der Neuanlage der Festung vor etwa 30 Jahren merkwürdiger Weise unberücksichtigt ließ, weil man zur Zeit den Einfluß weittragender gezogener Geschütze noch nicht kannte. Als die politischen Gewitterwolken immer dräuender sich übereinander türmten, stand man vor der Frage, entweder Toul als Festung überhaupt aufzugeben, oder aber den Mont St. Michel in den Kreis der Verteidigungslinie hineinzuziehen. Die Raschheit, mit welcher jedoch die Katastrophe sich vollzog, unterbrach jede Ausführung nach dieser oder jener Seite.

Kommt man von Nancy, so überschreitet man erst die Mosel, an welche sich dann die Befestigungen lehnen. Die Mosel kann an dieser Stelle zu einer Überschwemmung angestaut werden, ebenso ist die Mitwirkung des Rhein-Marne-Kanals ermöglicht. Toul selbst besteht aus einem bastionierten Neuneck nebst mehreren Ravelinen. Die Befestigung umschließt fast im vollen Zirkel die Stadt, welche sich außerhalb der Festungsanlagen in den Vorstädten Mansuy im Nordosten und St. Evre fortsetzt. Toul gehört als Festung zur zweiten Rangordnung und ist ohne kasemattierte Räume angelegt worden. In Ermangelung letzterer waren auf dem Walle einige verdeckte Geschützstände hergerichtet. Die Garnison hatte man in Bürgerhäuser und Kasernen untergebracht. Größere bombensichere Pulvermagazine waren nicht vorhanden, ebenso fehlten der Festung Außenwerke. Der Bahnhof von Toul liegt etwa 500 Schritt nordwestlich der Festung. Obwohl Toul für den Vormarsch der III. Armee kein eigentliches Hindernis bildete, so war doch der Transport an Verpflegung und Material aller Art für dieselbe, selbst unter Benutzung der mangelhaften Seitenstraßen, sehr erschwert und sogar durch Überfälle herumlungernder Franktireurs und Mobilgarden gefährdet. Auch zeigte sich der Rücktransport von Kranken und Verwundeten, je weiter die III. Armee in das feindliche Land vordrang, immer schwieriger, ebenso war eine beschleunigte Heranziehung des für die Belagerung von Paris so äußerst notwendigen Artillerie-Materials fast ganz unmöglich gemacht worden, so daß man, Toul umgehend, sich schon mit dem Gedanken vertraut gemacht hatte, eine von Frouard sich abzweigende Eisenbahn zu bauen. Aus allen diesen angeführten Gründen mußte es strategisch für uns von hoher Wichtigkeit sein, diesen befestigten Platz so schleunigst als möglich dem Feinde zu entreißen. Die Besatzung von Toul, dies sei hier noch kurz eingeschaltet, bestand aus etwa 2300 Mann, meistens Mobilgarde, nur etwa 130 Kürassiere darunter. Der Kommandant dieser Festung war Kapitän **Huck**.

Die landschaftliche Lage von Toul inmitten eines fruchtbaren, grünschimmernden Thales, umzirkt von einem Kranze hoher, rebenbedeckter Berge, ist von außerordentlicher Lieblichkeit und Anmut. Toul, an der Bahnlinie Paris-Straßburg gelegen, ist eine sehr alte Stadt. Als Tullium Leucorum von den Römern gegründet, gehörte es unter den Merovingern und Karolingern zum fränkischen Königreiche Austrasien, wurde späterhin von eigenen

Grafen regiert und fiel nach deren Erlöschen an Lothringen, doch mit allen Rechten einer deutschen Reichsstadt. Das Bistum bestand bereits seit dem Jahre 410. 1552 ward die Stadt von König Heinrich II. von Frankreich, infolge seines Bundes mit dem Kurfürsten Moritz von Sachsen gegen Karl V., nebst Metz und Verdun besetzt und mit diesen Bistümern im Westfälischen Frieden 1648 definitiv an Frankreich abgetreten. Hervorragend ist Toul besonders für die architektonische Kunstwelt durch seine herrlichen beiden Kirchen, die Kathedrale St. Etienne und St. Gengoult, geworden, erstere als eins der großartigsten Meisterwerke der gotischen Baukunst. Beide Bauwerke entstammen dem 13. und 14. Jahrhundert.

Der erste Versuch, Toul zur Übergabe zu bewegen, war am 14. August gemacht worden. An diesem Tage war die Spitze der Avantgarde der 4. Kavallerie-Division vor Toul erschienen, um nach einem kurzen Plänkelgefecht die Stadt zur Übergabe aufzufordern. Zu letzterem Zwecke ward der Lieutenant Prinz zu Hohenlohe als Parlamentär abgesandt. Als derselbe sich der Festung näherte, ward auf ihn gegen alles Kriegsrecht lebhaft geschossen. Zwei Tage später erfolgte der zweite Versuch. Die Avantgarde des IV. Armee-Korps traf unter Führung des Generalmajors v. Zychlinski vor Toul ein. Ein Handstreich ward geplant. Zuerst ward wieder ein Parlamentär vorgesandt, bei dessen Erscheinen ebenfalls ein Kugelregen begann. Nun befahl der Korpsführer, General v. Alvensleben, daß die Beschießung der Festung von den linken Uferhöhen der Mosel beginnen solle. Zuerst wurden sämtliche 16 Geschütze der Avantgarde auf halbe Höhe des bereits genannten Mont St. Michel gebracht, endlich ganz hinaufgefahren. Zugleich ward ein Sturm auf die Festung vorbereitet. Die Avantgarde des IV. Korps bestand aus der 14. Brigade (Regimenter 27 und 93), 16 Geschützen und einer Pionier-Kompagnie unter Hauptmann v. Wasserschleben. Mit wahrhaft bewundernswerter Todeskühnheit drangen die Pioniere nördlich von Toul durch die Vorstadt, über eine Brücke bis hart an das Glacis, um nun erst gewahr zu werden, daß ein Eindringen von hier aus zum Festungsthor völlig unmöglich sei. Eine Rekognoszierung 500 Schritt weiter, mit schweren Opfern durchgeführt, ergab ein gleiches ungünstiges Resultat. Inzwischen hatte unsere Infanterie-Brigade das Feuer auf die Verteidigung des Hauptwalles eröffnet, zugleich donnerten die 16 Geschütze von der Höhe des Mont

St. Michel Schuß auf Schuß in die tapfer sich wehrende Festung. Doch alles Mühen und Bluten war vergebens. An 300 Mann waren bereits gefallen, 750 Granaten in die Stadt geworfen. Eine Wirkung war nicht erzielt worden. Toul hielt sich tapfer. So gab man diesseits für heute einen weiteren Angriff auf.

Das IV. Korps setzte am anderen Tage seinen Vormarsch auf Châlons fort. Dafür erschien jetzt die bayerische Brigade Thiereck nebst zwei Chevauxlegers-Schwadronen und zwei Fußbatterieen, um die Cernierung des Platzes aufzunehmen. Seitens des kunstsinnigen Führers der III. Armee, Kronprinz Friedrich Wilhelm, war möglichste Schonung des herrlichen Turmes der Kathedrale von Toul anbefohlen worden. Im Übrigen sollte der Angriff beschleunigt werden. Zu diesen Cernierungstruppen kamen am 22. August noch drei Bataillone des 38. Regiments, wie die Korps-Artillerie des IV. Korps. Den Befehl über beide Truppenteile übernahm jetzt General-Lieutenant v. Gordon, Kommandeur der 11. Division. Letzterer umschloß die Festung auf dem rechten Moselufer, das linke Ufer ward von den Bayern besetzt. Ehe man zur Beschießung des Platzes schritt, ward aus Gründen der Humanität abermals ein Parlamentär, Oberst Arnold, abgesandt, die denkbar ehrenvollsten Bedingungen für eine Kapitulation dem Feinde anzutragen. Doch auch diesmal verweigerte der Kriegsrat, der solche Entscheidung nach französischer Sitte an Stelle des Platzkommandanten zu fällen hat, jede Übergabe. So begann am 23. August, morgens $^3/_4$9 Uhr, die zweite Beschießung von Toul. Zuerst nahm man nur die Wälle als Zielobjekt. Doch als der Gegner noch immer keine Miene machte, sich zu ergeben,. begann man auch die Stadt mit den Granaten zu bestreichen. Dabei ging außer einer Kaserne und einem Fourage-Magazin leider auch ein Militärhospital in den Flammen auf. Diesen Augenblick benutzend, ward aufs neue ein Parlamentär in die Festung gesandt, diesmal noch freiwillig begleitet von dem Pfarrer des Dorfes Dommartin und einem dortigen Schloßbesitzer. Doch derselbe Erfolg. Toul dachte an keine Übergabe. Bald darauf wurde die Kanonade diesseits wieder aufgenommen. Über die Beschießung Touls vom Mont St. Michel aus liegt uns ein farbenfrischer Bericht eines Teilnehmers vor. Derselbe lautet:

„Am südöstlichen Moselufer, auf dem niedrigen Hügelrücken zwischen Dommartin und Chaudenay; waren sechs preußische Feldbatterieen aufgestellt, die ein lebhaftes und wohlgezieltes Feuer unterhielten. Denselben gegenüber, auf dem Gipfel des Mont St. Michel, standen zwei bayerische Feldbatterieen, jede von 6 Geschützen; die eine, westlich, eine 6-Pfünder-Batterie, unter dem Kommando des Hauptmanns Herold, die andere, östlich, eine 4-Pfünder-Batterie, unter Hauptmann Kirchhoffer, die schon bei der Erstürmung Weißenburgs am 4. August in Aktion gewesen war.

„Meine Uhr zeigte genau $8^3/_4$, als das Bombardement begann, das anfangs besonders von den bayerischen Batterieen in ungewöhnlich rascher Aufeinanderfolge der Schüsse unterhalten ward. Die von Norden und Süden in die Stadt geworfenen Granaten zündeten rasch an mehreren Stellen; ein von halb 10 bis 11 Uhr ununterbrochen herabströmender Sturzregen löschte jedoch bald die entstandenen Brände.

„Um einen besseren Aussichtspunkt zu gewinnen, beschloß ich zu den bayerischen Batterieen auf den Mont St. Michel hinaufzugehen. Gegen $11^1/_2$ Uhr vormittags erreichte ich dieselben. Es bot sich mir ein unbeschreiblich schöner und schrecklicher Anblick dar. Gerade zu meinen Füßen lag unter mir die brennende Stadt, aus welcher sich dichte Rauchwolken emporwälzten und vom Winde ostwärts getrieben wurden. Die herrliche Kathedrale war oftmals so vollständig von Rauch umhüllt, daß nur die Türme sichtbar blieben. Die Entfernung von den Batterieen bis zur vorderen Linie betrug 1400, die Entfernung bis zum Südende der Stadt vielleicht 2300 Schritt. Der Regen hatte seit einer halben Stunde gänzlich aufgehört, und es war nun an kein Löschen mehr der durch die späteren Granaten entzündeten Häuser zu denken. Am südwestlichen Ende der Stadt brannte ein großes Heu- und Strohmagazin mit hoch aufschlagender Flamme und bläulichem Rauche bis zur Erde hinab. Dicht daneben standen zwei ähnliche große mit Schiefer gedeckte Magazine, welche vom Feuer verschont blieben. Vielleicht vermied man es absichtlich, auf dieselben zu schießen, weil unmittelbar neben ihnen ein durch drei weiße, rotgekreuzte Fahnen als Lazarett kenntlich gemachtes Gebäude stand. Außerdem waren noch vier andere Häuser durch solche Fahnen als Spitäler bezeichnet. Eines derselben soll leider bei dem Brand einer großen, auf der Nordseite der Stadt gelegenen Militär-Kaserne mit von den Flammen ergriffen worden sein. Die Kaserne, welche aus vier quadratförmig zusammengebauten Häusern bestand, brannte mit langsam schwelender Flamme und gelblichem Rauche bis spät in die Nacht hinein. Es scheint, daß dort große Tabaksvorräte oder andere stark qualmende Gegenstände in dicht zusammengepackter Masse aufgespeichert waren. Der links von der Kathedrale auf der Südostseite der Stadt erbaute frühere bischöfliche Palast, welcher jetzt als Mairie-Gebäude dient, widerstand mit seinen aus Felsquadern errichteten Mauern dem Anprall der Granaten; doch wurden viele der Fenster zertrümmert. Auch auf die Türme der Kathedrale mußten drei Schüsse abgegeben werden, weil erstere vom Feinde als Observatorium benutzt wurden. Alle drei Schüsse trafen die Plattformen und zersplitterten einige der feinen Säulenzierraten, ohne sonst das schöne Bauwerk des Mittelalters erheblich zu beschädigen. Da die Herren mit den Fernrohren sich von da ab nicht mehr auf den Türmen blicken ließen, sahen unsere Artilleristen sich zu ihrer Freude der Notwendigkeit enthoben, ferner dieselben zur Zielscheibe ihrer Geschütze zu wählen.

„Die Franzosen hatten anfangs das Feuer ziemlich lebhaft erwidert; sie schossen mit 24-Pfündern, kleineren Vollkugeln, Granaten und Shrapnels, sogar mit Chassepotgewehren, deren Kugeln mehrmals bis dicht an die Batterie heranflogen. Kein einziges der feindlichen Geschosse richtete Schaden an; die meisten schlugen unter uns in die Bergwand; andere krepierten in der Luft oder flogen im weiten Bogen über den Berg hinab. Es war daher auch nutzlos für die Franzosen, daß namentlich eines ihrer Geschütze vortrefflich Richtung hielt; dasselbe ward vor Ablauf der ersten drei Viertelstunden demontiert, und als bald darauf auch zwei andere zum Schweigen gebracht waren, stellten sie das Erwidern unseres Feuers fast gänzlich ein. Von jedem Geschütz der bayerischen Batterieen wurden in der Zeit von 8¾ Uhr morgens bis 1¼ Uhr nachmittags durchschnittlich 70 Schüsse, von den Geschützen der preußischen Batterieen zum mindesten je 30 Schüsse abgefeuert.

„Um 1¼ Uhr wurde im Bombardement eine Pause gemacht, und wir sahen einen Parlamentär auf dem Wege von Dommartin nach der Festung reiten. So deutlich konnten wir von unserem hohen Standpunkte aus die ganze Stadt übersehen, daß wir nicht allein die Fenster und Türme der einzelnen Häuser, die Stuckaturarbeiten an den Kirchtürmen und die Zickzacklinien der Festungswälle mit den davorliegenden Wassergräben unterschieden, sondern daß wir durch die guten Stecher und Fernrohre der bayerischen Feldartillerie sogar gewahrten, wie in der eingetretenen Ruhepause die Frauen und Mädchen auf die Wallbrücke und die Brustwehren hinauskamen und sich mit ihrem Strickstrumpf oder ihrer Näharbeit zu den Soldaten setzten. Unter den auf dem St. Michel anwesenden bayerischen Offizieren herrschte, trotz des anstrengenden Dienstes, den sie während des Feldzuges gehabt, die fröhlichste Stimmung.

„Der Verwüstungen ungeachtet, welche das Bombardement angerichtet, weigerte sich der Kommandant von Toul, die Festung zu übergeben. In der Hoffnung, ihn durch eine erneuerte Beschießung der Stadt vielleicht zu einer Änderung seines Entschlusses zu bestimmen, wurde das Bombardement um 5½ Uhr nachmittags abermals mit Heftigkeit eröffnet, und der Donner der Kanonen rollte wieder den Berg hinab. Nach einer guten halben Stunde stellten jedoch die preußischen und die bayerischen Batterieen das Schießen ein, und da mit den hier vorhandenen leichten Feldgeschützen eine Sturmbresche doch nicht geschossen werden konnte, entschloß man sich diesseits, zur Schonung der Stadt mit dem Bombardement so lange zu pausieren, bis schweres Belagerungsgeschütz herbeigeschafft sein würde."

Da Ordre seitens des Hauptquartiers der III. Armee an demselben Abend des Bombardements eingegangen war, dem Vormarsch auf Châlons ebenfalls sich anzuschließen, so verließen die genannten Truppen bereits am anderen Tage wieder Toul. Nur drei Bataillone der Brigade Thiereck, eine Schwadron Chevauxlegers und eine Batterie blieben zur Beobachtung zurück. Dieses Detachement wurde dann nach der Schlacht von Sedan durch ein preußisches Landwehr-Regiment unter Oberst Hippel abgelöst. Volle vier Wochen verstrichen, ehe eine dritte ernste Beschießung Touls stattfinden sollte. Der eingeschlossene Feind, sicherlich unsere geringen Truppenkräfte jenseit seiner Mauern überschätzend, unterließ jeden Ausfall, dem ohne Zweifel das Glück gelächelt haben würde. Diesen Umstand ausnutzend, ward diesseits am 9. September ein Scheinangriff in Scene gesetzt, der am 10. fortgesetzt wurde. 1000 Granaten wurden in die Stadt geworfen. Aber alles erwies sich als umsonst. Noch immer hielt Toul seine Thore dem Feinde verschlossen. Am 13. September trat ein anderes Tempo in unsern Belagerungsmaßregeln ein. Das Landwehr-Regiment wurde durch die 17. mecklenburgisch-hanseatische Division, befehligt von dem General-Lieutenant v. Schimmelmann, abgelöst. Unter großen Verlusten wurden jetzt unsere Vorposten weiter vorgeschoben, der Mont St. Michel ward über Nacht stark armiert. Die Vorbereitungen zu einer ernsten Cernierung des befestigten Platzes forderten ungeheure Anstrengungen, dieselben mehrten sich noch, als die lange ersehnte Belagerungs-Artillerie, 10 gezogene 24-Pfünder und 16 gezogene 12-Pfünder, unter dem Kommando des Obersten Bartsch eintrafen. Die Vorbereitungen für den Ingenieur-Angriff, welche erhebliche Kräfte an Mannschaften in Anspruch nahmen, leitete der Major Schumann vom Ingenieur-Korps. Dieser Stabsoffizier war bereits längere Zeit vor Toul und hatte die eingehendsten Rekognoszierungen unternommen. Letztere hatten zu dem Entschluß geführt, einen abgekürzten förmlichen Angriff ins Werk zu setzen. Man beabsichtigte von einer etwa noch 500 Schritt vor der Festung zu eröffnenden Parallele nur, wo es notwendig war, durch gedeckte Kommunikation direkt nach der durch indirekten Schuß zu erzielenden Bresche sich zu nähern. Das Wasser des Festungsgrabens hoffte man durch Sprengung einiger Schleusen, sowie durch Breschieren eines mit vieler Mühe entdeckten Batardeau entfernen zu können. Nach seiner Anleitung hatte der Oberlieutenant Ströbel von der als Etappenbesatzung in Ecrouves befindlichen bayerischen Pionier-Kompagnie mit großem Geschick die Sprengung einer Schleuse bewerkstelligt. Für die Angriffsfront indes war diese Sprengung noch nicht von dem gewünschten Erfolg begleitet.

Um die folgenden Arbeiten zu sichern, wurden die Vorstädte St. Justice, St. Evre und Mansuy besetzt. Am 23. September morgens war alles bereit, die Beschießung der Festung aufzunehmen. Ein bedeutender Erfolg von dem Feuer der Belagerungsgeschütze war freilich nicht zu erhoffen. Der Gegner hatte zwar, wenn auch nicht lebhaft, das Feuer aus seinen Geschützen erwidert, aber doch nur schwach, und dann aus Mörsern, denen von preußischer Seite wenig beizukommen war. Im Gegenteil mußte angenommen werden, daß dieses spärliche Wurffeuer nur als eine Klugheitsmaßregel des eingeschlossenen Verteidigers anzusehen sei, um seine Hauptkraft für den letzten entscheidenden Augenblick aufzusparen.

In der Nacht zum 23. September war auch der neu ernannte Kommandeur des XIII. Armeekorps, Se. Königl. Hoheit der Großherzog von Mecklenburg-Schwerin, von Rheims in Choley eingetroffen, um dem letzten Stadium der Belagerung beizuwohnen. Der neben dem Mont

St. Michel gelegene Mont Varine wurde als Beobachtungspunkt ausersehen; dort hielt sich der Großherzog und der General v. Schimmelmann auf, um die Entwickelung der Dinge zu beobachten. So begann die Kanonade. Lebhafter denn je. Der Feind erwiderte das Feuer, wie schon bemerkt, hauptsächlich durch Mörser, welche unsere Artillerie jedoch bald zum Schweigen brachte. Bald standen Magazine und militärische Etablissements in hellen Flammen, auch konnte man deutlich die Wirkung unserer Geschosse

Großherzog Friedrich Franz von Mecklenburg-Schwerin.

an der Porte de France beobachten. Dafür schoß der Feind die von uns besetzten Vorstädte Mansuy und St. Evre in Brand.

In der Nacht zum 24. September sollte die durch Ingenieur-Offiziere bereits festgestellte Parallele in aller Stille ausgehoben werden. Da ging um 4 Uhr plötzlich die überraschende Meldung ein, daß hoch an der Kathedrale die weiße Fahne wehe. Da diese Fahne aber zu klein war, um mit Bestimmtheit zu ermitteln, ob sich nicht etwa in derselben das rote Kreuz befinde, da der Feind verschiedene Male zu diesem schlauen Mittel gegriffen hatte, um irgend einen Schaden an seinen Geschützen zu reparieren, aber das Wehen einer weißen Fahne an der Kathedrale als ein Zeichen verabredet worden war, daß der Kommandant von Toul gewillt sei, Unterhandlungen einzugehen, so beschloß der Großherzog sich mit seinem Stabe auf den Weg nach Toul zu begeben. Schon unterwegs begegnete er dem kommandierenden Major v. Zenner, welcher einen berittenen französischen Stabsoffizier mit verbundenen Augen mit sich führte. Derselbe überbrachte ein Schreiben des Kommandanten, in welchem letzterer den Wunsch aussprach, mit dem General des Norddeutschen Bundes verhandeln zu wollen. Oberst v. Krensky, Chef des Generalstabes des XIII. Korps, wurde jetzt zur Unterhandlung mit dem Platzkommandanten Huck nach Toul gesandt, auf dessen Glacis die Bedingungen der Übergabe auf der Grundlage der Bedingungen von Sedan dann mit Erfolg zu Ende geführt wurden. Nur ein neuer Paragraph ward hier noch eingeschoben, dessen Wortlaut war: „Mit Rücksicht auf den bedauerlichen Vorfall (accident facheux), welcher sich bei Gelegenheit der Kapitulation von Laon ereignet — (wir kommen darauf noch zurück) — wird bestimmt, daß, wenn Ähnliches beim Einzuge der deutschen Truppen in Toul vorkommen sollte, mit der ganzen Garnison nach dem Belieben (à la merci) Sr. Königlichen Hoheit des Großherzogs von Mecklenburg verfahren werden wird."

Die Besatzung von Toul defilierte auf das Glacis vor der Porte de France, während unsere Truppen unter lautem Jubel in die Festung und Stadt einzogen. Die Gefangenen brachte man in ein Biwak in die Nähe der Festung, die 109 Offiziere, soweit sie ihr Ehrenwort abgegeben hatten, nicht mehr gegen Preußen kämpfen zu wollen, wurden entlassen, die übrigen unter Garantie des Kommandanten in der Festung behalten. Unsere Beute an Kriegsmaterial war verhältnismäßig bedeutend: 30000 Gewehre, 120 Geschütze, 150000 Patronen, eine Fahne wie eine Standarte.

Am 24. September, vormittags 11 Uhr, geschah unter Anführung des Großherzogs von Mecklenburg-Schwerin und des Herzogs von Anhalt der feierliche Einzug in die Stadt. Die Truppen wurden auf der Place Dauphine versammelt, woselbst der Großherzog ein lautes Hoch auf den obersten Kriegsherrn, Se. Majestät den König, ausbrachte. Über diesen Freudentag berichtet höchst anschaulich ein Teilnehmer: „Die Lokomotive läuft pfeifend hin und her, über den Bahnhof fort, der gestern noch demoliert war. Unsere Eisenbahnabteilung stellte ihn innerhalb weniger

Stunden wieder her. Morgen schon gehen die Züge bis über Châlons hinaus. Alles rüstet sich zum Abmarsch; nur ein kleiner Truppenteil verbleibt in der Festung. Heute allerdings ist die Besatzung noch von beträchtlicher Stärke und lagert zum Teil auf dem freien Platze vor den freundlichen Kasernen, welche sich an den Hauptwall anlehnen. Welch schnelle Wandlung! Die gestern um diese Zeit die Kasernen noch inne hatten, sind heute als Gefangene mir auf dem Wege von Gondreville hierher begegnet, und wo gestern auf jenem Wallgange ein Gascogner als Schildwache auf und ab ging, thut dasselbe jetzt ein Rostocker.

„Toul hat, von Mecklenburgern, Preußen, Bayern eng eingeschlossen, doch noch das republikanische Stadium durchgemacht. Beweis: die hier an den Straßenecken angeklebten Proklamationen der republikanischen Regierung und andere offizielle Bekanntmachungen aus Paris, die dem Datum nach sogar bis vorgestern reichen. Wie sind sie in die Stadt gelangt? durch unsere Piquets, Feldwachen und Vorposten hindurch? Man sieht, was selbst in einer belagerten Festung noch möglich ist. Ich habe von schnellen Wandlungen gesprochen. — Ich glaube versichern zu können, daß die überraschendste die Umstimmung der Bewohner ist. Mir erscheint die Stadt wie im Jubel, die Gesichter strahlen überall vor Freundlichkeit; die bis gestern so geängstigten Gemüter atmen heute frei und froh, das ist unverkennbar. Wurfbatterieen, die Mörser und Haubitzen, haben unter anderem den Zweck, direkt auf die Einwohner zu wirken, und dadurch auch auf die Garnison. Nun weiß ich freilich nicht, wie viel sie dieses Mal, mit Hilfe der erschreckten Bevölkerung, den Kommandanten Huck zu beeinflussen vermochten; jedenfalls müssen sie und die zusammenbrechenden Häuser ein Entsetzen unter den Bewohnern von Toul verbreitet haben, dessen Größe allein den heutigen Jubel erklärt.

„Als gestern Abend um 6 Uhr die Thore geöffnet wurden, um die deutschen Truppen aufzunehmen, stürzten gleichzeitig Hunderte von Bewohnern zur Stadt hinein, wie umgekehrt andere Hunderte, welche aus der Umgegend in die Festung sich geflüchtet hatten, heraus, umarmten die Deutschen als ihre Befreier und küßten sie. Noch mehr, die französische Besatzung, welche entwaffnet auf dem Glacis stand, begrüßte freudig die Kameraden; deutschredende Rothosen drängten sich heran, sahen sich aber freilich bald auf Gesten beschränkt, als Elsässisch und Plattdeutsch aufeinanderstieß. Festtägliche Stimmung und festtägliches Treiben bemerkte ich schon auf meinem Wege von Gondreville nach Toul. Freigelassene Offiziere aller Grade kamen lustig, zum Teil ausgelassen, in Chaisen, Phaetons, Gigs und Broughams mir entgegen, mit Damen, Verwandten, Freunden, die sie von Toul begleiteten oder von dort abgeholt hatten.

„Die eilig angebotene Kapitulation ist unzweifelhaft als das Resultat des gestrigen Bombardements anzusehen, das gleichwohl nur ein Vorspiel dessen war, was für die Nacht bevorstand. Die Absicht war, unter Mitwirkung der gesamten Artillerie des Belagerungskorps (also der Feld- und Festungs-Artillerie) einen abgekürzten förmlichen Angriff einzuleiten. Es sollte nur eine Parallele gebaut werden und zwar auf 500 Schritt von der Enceinte der Festung. Da bei dieser kurzen Entfernung der Bau der Parallele im Bereiche des wirksamsten Kleingewehrfeuers (Chassepots mit Wallbüchsen) stattzufinden hatte, so war es Aufgabe der Artillerie, die Werke der Angriffsfront zu beschießen und so die feindliche Artillerie zu beschäftigen, damit die Sappeure möglichst geschützt unterdes ihr Werk verrichteten. Es waren drei Breschbatterieen, drei Demontierungs-Batterieen, zwei Wurfbatterieen in Thätigkeit; dieses Feuer war, wie gesagt, nur die Einleitung zu dem Bombardement, das in der Nacht, wo die Parallele auszuheben war, stattfinden sollte. Herr Huck kam durch Kapitulation der Ausführung dieses Planes zuvor. Ich bemerke noch, daß außer brandenburgischer, Magdeburger, pommerscher Festungs-Artillerie auch bayerische, mecklenburgische, preußische Feld-Artillerie vor Toul lag oder noch liegt. Die gefangenen Truppen machten einen guten Eindruck in Erscheinung wie Haltung. Wenn die 300 Mann, die mir als mobile Garde gezeigt wurden, dies wirklich waren, so bitte ich, in Deutschland die Geringschätzung vor dieser Truppe fallen zu lassen.“ —

So war denn Toul unser, der Weg nach Paris lag frei und offen da. Bis zum letzten Augenblicke hatte sich die wackere Besatzung über alle Maßen brav gehalten. Erst als die letzte Bombe verschossen war, ward die weiße Fahne, das Zeichen der Unterwerfung, an dem hohen Turm der Kathedrale von Toul aufgezogen.

Drittes Kapitel.

Die badische Division wendet sich bei Wörth über Hagenau auf Straßburg. — Proklamation des Generals v. Beyer an die Bewohner des Elsaß. — Zwei preußische Divisionen treffen noch vor Straßburg ein. — General v. Werder übernimmt den Oberbefehl. — Straßburgs Lage und Befestigung. — General Uhrich und die Besatzung von Straßburg. — Verwirrung bei dem Annähern deutscher Truppen. — General Uhrichs Erlaß an die Bevölkerung von Straßburg. — Die erste Beschießung am 15. August. — Die zweite Beschießung am 18. August. — Das furchtbare Bombardement vom 24. August. — Was Straßburg und die gebildete Welt in diesen Tagen verlor. — Straßburg nach dem Bombardement. — Aushebung von vier Parallelen. — Hüben und drüben entspinnt sich ein erbitterter Artilleriekampf mit schweren Mörsern. — Beginn des Brescheschießens. — Lünette 53 und 52 wird gestürmt. — Bericht eines Teilnehmers am Sturm.

Es sind wenige Siege während dieses ruhmreichen Feldzuges gewesen, die in dem Herzen des deutschen Volkes so innige Freude, so tiefe Dankbarkeit gegen die Vorsehung wach riefen, als es der Fall, die Kapitulation Straßburgs gethan hat. Es war ein Gefühl, als sei ein lange in der Fremde irrendes Kind wieder heim ins Elternhaus gekehrt. Nach Sedan, Metz und Paris schlug wohl die Flamme nationaler Begeisterung höher, brauste der Jubel lauter vom Fels zum Meer: die Rückgewinnung von Straßburg glich einem deutschen Familienfeste, deutsch in seiner Herzlichkeit und Treue der Empfindung. Jetzt erst durfte der stille Wunsch aller Deutschen laut werden, zur That sich wandeln, was seit Jahrhunderten in Aller Herzen hoffend blühte — die Einverleibung des Elsaß in Deutschland. Aber sturmbewegte Tage sollten erst dem Falle der deutschen Stadt am Rheine vorangehen, ehe dieselbe ihre Thore den ungeduldig draußen anpochenden deutschen Kriegern öffnete.

Am 6. August, dem Schlachttage von Wörth, hatte die der III. Armee zugeteilte badische Division, welche an diesem Tage bei Aschbach stand, den Befehl erhalten, links abzuschwenken und den Marsch auf Straßburg anzutreten. Am 7. August ward Hagenau genommen, tags darauf trafen die ersten Vortruppen bei Straßburg ein. An die Bevölkerung des Elsaß hatte der Kommandeur der badischen Division, General-Lieutenant v. Beyer, bereits am 5. folgende Proklamation gerichtet:

„Ein Mahnruf und ein Warnungsruf an die Bewohner des Elsasses! Ich muß ein ernstes Wort an Euch richten. Wir sind Nachbarn. Wir haben in friedlichen Zeiten treulich mit einander verkehrt. Wir sprechen dieselbe Sprache. Ich rufe Euch an: laßt die Sprache des Herzens, die Stimme der Menschlichkeit in Euch zu Worte kommen. Deutschland ist im Krieg mit Frankreich, in einem von Deutschland nicht gewollten Kriege. Wir mußten in Euer Land eindringen. Aber jedes Menschenleben, jedes Eigentum, das geschont werden kann, betrachten wir als einen Gewinn, den die Religion, die menschliche Gesittung segnet. Wir stehen im Kriege. Bewaffnete kämpfen mit Bewaffneten in ehrlicher, offener Feldschlacht. Den unbewaffneten Bürger, den Bewohner der Städte und Dörfer wollen wir schonen. Wir halten strenge Manneszucht. Dafür aber müssen wir erwarten — und ich fordere es hiermit strengstens —, daß die Einwohner dieses Landes sich jeder offenen und geheimen Feindseligkeiten enthalten. Zu unserem tiefsten Schmerze haben Aufreizungen, Grausamkeiten und Rohheiten uns genötigt, strenge Sühne eintreten zu lassen. Ich erwarte daher, daß die Ortsvorsteher, die Geistlichen, die Lehrer ihre Gemeinden, die Familienhäupter ihre Angehörigen und Untergebenen dazu anhalten, daß keinerlei Feindseligkeiten gegen meine Soldaten geübt werden. Jedes Elend, das vermieden werden kann, ist eine Gutthat vor dem Auge des höchsten Richters, das über alle Menschen wacht. Ich ermahne Euch. Ich warne Euch. Seid dessen eingedenk. Der Kommandierende der Großherzoglich Badischen Division: General-Lieutenant v. Beyer. Nachschrift: Ich befehle, daß diese Mahnung an die Rathäuser aller Städte und Dörfer angeheftet werde, und es wird wohl angethan sein, wenn Ihr dieselbe auch an die Nachbargebiete schicket". —

Am 8. August waren die ersten Truppen unsererseits vor Straßburg eingetroffen, am 12. hatte die gesamte badische Division Stellung gegen-

4*

über der zu belagernden Festung genommen. Tags darauf war Straßburg bereits von allen Verbindungen nach außen hin abgeschnitten. Erst nach sieben Wochen sollte die Stadt wieder frei aufatmen können. In jener unvergeßlichen Stunde, wo die weiße Fahne vom hohen Münster weit hinaus sichtbar wehte, war Straßburg wiedergewonnen, unser. Zur Unterstützung der badischen Division trafen am 14. August noch zwei weitere Divisionen ein, und zwar die Garde-Landwehr-Division und die 1. Reserve-Division. Dieselben setzten sich, wie folgt, zusammen:

Garde-Landwehr-Division.

Kommandeur: General-Lieutenant Freiherr v. Loën.

1. Garde-Landwehr-Brigade, Oberst Girodz v. Gaudi,
2. „ „ „ , Oberst v. Roehl,
2. Reserve-Husaren-Regiment, Major Graf zu Dohna.

1. Reserve-Division.

Kommandeur: Generalmajor v. Tresckow.

3. Kombinierte Infanterie-Brigade, Generalmajor v. Boswell,
1. Pommersche Landwehr-Brigade, Oberst v. Buddenbrock,
2. „ „ „ , Generalmajor v. Avemann,
1. Reserve-Kavallerie-Brigade, Generalmajor Krug v. Nidda.

Diesen drei Divisionen war die Aufgabe gestellt worden, Straßburg dem Feinde mit Gewalt wieder zu entreißen, nachdem es jahrhundertelang als geraubtes Gut bei Frankreich verblieben war. Um wenigstens den feindlichen Uebergang an dieser Stelle unmöglich zu machen, war bereits am 22. Juli die schöne Rheinbrücke bei Kehl gegenüber Straßburg unsererseits in die Luft gesprengt worden, wobei einzelne Trümmer bis an das französische Ufer geschleudert worden waren. Ehe wir uns nun den kriegerischen Vorgängen in und um Straßburg zuwenden, wollen wir erst noch über Lage und Befestigung dieses hochwichtigen strategischen Punktes einiges folgen lassen. Straßburg, so schreibt ein Fachmann, mit 85 000 Einwohnern, Hauptstadt des Elsaß, von der wasserreichen, schiffbaren, in fünf Arme geteilten Ill durchströmt und $1/2$ Stunde vom Rhein entfernt, ist ein Waffenplatz ersten Ranges; er beherrscht den dortigen Rheinübergang nach Deutschland und ist deshalb mit Metz und Paris einerseits, mit Lyon andererseits durch Eisenbahnen, Straßen und Kanäle in Verbindung gebracht. Es ist zugleich ein wichtiger militärischer Depotplatz für Ausstattung der Kavallerie, besitzt eine Geschützgießerei und ein Arsenal zur Anfertigung für Lafetten und Artilleriegerätschaften.

Der Kern der Verteidigungswerke liegt in der vom Marschall Vauban 1685 erbauten Citadelle mit fünf bastionierten Fronten, welche durch zwei vorgeschobene Hornwerke und eine Anzahl kleinerer Werke nach dem 120 Ruthen breiten Rhein zu verstärkt ist; ihre Werke überhöhen die Stadtumwallung. Nördlich und südlich wird die Stadt von einer bastionierten Umwallung mit langgestreckten Courtienen und geräumigen Bastionen umschlossen, die sich bei der Esplanade der Citadelle anfügen. Da, wo diese Befestigungen das National- und Steinthor treffen, springen sie weiter in das Feld vor, indem sie die einmündenden Straßen von Wasselonne und Molsheim bez. von Weißenburg mittelst vorgeschobener Erdwerke decken, wozu u. a. die in der Belagerung öfters genannten Lünetten 52 und 53 gehören.

Ein außerordentliches Verteidigungsmittel besitzt Straßburg in der Möglichkeit, die Ill zu einer für die Festung zwar nur teilweisen, doch wirksamen Ueberschwemmung zu benutzen; zu diesem Zweck ist beim Eintritt der Ill in die Stadt eine große Inundationsschleuse erbaut; diese und die übrigen zahlreichen für die Wassermanöver erforderlichen Schleusenwerke befinden sich in gutem Zustande und haben eine solche gedeckte Lage, daß sie aus der Ferne durch Feuer nicht so leicht zerstört werden können. Das im Süden der Festung gelegenene Vorterrain umfaßt niedrig gelegene, mit vielen Wasserläufen durchzogene Wiesen; es kann mittelst der Inundation auf weite Strecken außerhalb der Wege und des Artillerieschießplatzes unter Wasser gesetzt werden; dies kann auch mit dem niedrigliegenden Terrain längs des Glacisfußes der Nordfront und dem vor der Hauptumwallung der Nordwestfront befindlichen Glacis geschehen. Das Vorterrain der Festung ist flach und stellenweise die Einsicht in dasselbe teils durch zahlreiche Baulichkeiten, teils durch Pflanzungen behindert; nur die westliche Front erhebt sich mit kaum merklichen Steigungsverhältnissen zu den $1^1/_2$ Stunden vor der Stadt befindlichen Vorbergen der Vogesenabfälle. Die Eisenbahn, welche die Stadt im Süden und Westen umkreist, hat zwei Bahnhöfe — eine Kopfstation im Innern der Stadt, eine Haltestelle außerhalb derselben beim Austerlitzer Thor; ein dritter Bahnhof befindet sich im Westen außerhalb der Stadt; seiner wird in der Belagerung öfter gedacht.

Das Wahrzeichen Straßburgs — der Geschichte dieser Stadt ist gelegentlich der Darstellung des Raubes des Elsaß vom deutschen Reiche gedacht worden — ist der herrliche Münster, der ursprünglich 570 von Clodwig gegründet und dann nach seiner Einäscherung durch einen Blitzstrahl nach Plänen Erwin von Steinbachs wieder hergestellt wurde. Hans Hültz aus Köln hat das Gotteshaus dann später vollendet.

Straßburg war vorzüglich befestigt worden. Nur eins hatte man vernachlässigt, indem man den Fortschritten der Artillerie nicht Rechnung trug und sich durch Vorschieben eines Gürtels von detachierten Forts vor einem etwaigen Bombardement sicherte. Dieser Umstand schuf den Fall der Festung. Ursprünglich freilich mochte man wohl Straßburg überhaupt gar nicht bei Ausbruch eines Krieges in Rechnung gezogen haben. Man glaubte den Krieg auf deutschem Boden ausfechten zu können und hatte für diesen Fall bereits einen Ausfall bei Köln im Auge. Rheinbayern sollte dies Unternehmen schützen. Süddeutschlands Anschließung an Preußen änderte jedoch plötzlich die ganze Sachlage. Ein neuer Aufmarsch der französischen Armee mußte schleunigst bewerkstelligt werden und für Straßburg rückte die Möglichkeit einer ernsten Gefahr plötzlich näher. Allen Nachrichten zufolge, stand vor der Schlacht bei Wörth das VI. Korps unter Befehl des Marschalls Canrobert in und bei Straßburg; nach dem Verluste dieser Schlacht marschierte dasselbe auf Metz ab, wobei so tief in die Garnisonverhältnisse von Straßburg eingegriffen wurde, daß dieselben in eine sehr bedenkliche Lage gerieten. Nicht einmal eine Genie-Kompagnie beließ man der gefährdeten Festung, deren Besatzung zum größten Teil aus Nationalgarden bestand. Aus diesem Grunde öffnete man gern einer großen Anzahl Versprengter aus der Schlacht bei Wörth die Thore; mit diesen willkommenen Gästen fanden aber auch zugleich viele Tausende flüchtiger Landbewohner Aufnahme. Die Schiffbrücke wurde schleunigst noch abgefahren, im übrigen gelangte die fortifikatorische und artilleristische Armierung nur in ihren allerersten Anfängen zur Ausführung, als der Feind im Festungsrayon erschien.

Da Straßburg immer als ein Waffenplatz ersten Ranges angesehen und behandelt worden war, so ließ die Anzahl und Güte des Materials nichts zu wünschen übrig. Außer 1200 Geschützen verfügte man über Massen von Munition und Pulvervorräten. Noch 3000 Zentner Pulver fielen uns bei der Kapitulation in die Hände. Ebenso hat Straßburg bis zuletzt ausreichend Lebensmittel besessen. Nur die lebende Verteidigung zeigte besorgniserregende Lücken. Statt der vorgeschriebenen technischen Kräfte von 30 Offizieren, 100 Mineurs und 400 Sappeurs verfügte man über 6 Offiziere, 4 Mineurs und 16 Sappeurs, welche der unglückselige Ausgang der Schlacht bei Wörth hierher getrieben hatte.

Alles in allem bestand die Besatzung aus ungefähr 15850 Mann bunt zusammengewürfelter Truppenteile. Festungskommandant und zugleich Kommandeur der 6. Division war General Uhrich, dem ein tüchtiger militärischer Ruf voranging. Ihm zur Seite stand, wenn auch nicht offiziell so doch thatsächlich, Kontre-Admiral Exelmans, der ursprünglich für die Führung der Rhein-Flotille bestimmt gewesen war. Artillerie-General war der General Barral, welcher sich, als Bauer verkleidet, erst während der Cernierung in die Festung geschlichen hatte. Als oberster Ingenieur-Offizier fungierte Oberst Sabatier; unmittelbar unter ihm standen Oberstlieutenant Maritz und Major Ducrot (Bruder des früher oft erwähnten Generals). Major Ducrot, welcher den Geniedienst ganz allein leiten mußte, war der hauptsächliche Verteidiger der Citadelle. Platzkommandant von Straßburg war Oberst Ducasse.

v. Werder.

Diesseits hatte nach Eintreffen der beiden Divisionen der General-Lieutenant von Werder den Oberbefehl über die nun versammelten drei Divisionen, zusammen gegen 60 000 Mann, übernommen. Zu diesem Belagerungskorps gesellten sich dann noch 6—7000 Mann Artillerie (Oberst Meißner) und 2200 Mann Pioniere (Oberst Klotz). Es waren dies technische Truppen aus allen Teilen der deutschen Armeeen. Zum Kommandeur der gesamten Belagerungs-Artillerie war General-Lieutenant v. Decker ernannt worden, zum Ingenieur en chef Generalmajor v. Mertens. Das Hauptquartier kam nach Mundolsheim, eine knappe Stunde nördlich von Straßburg.

Die Belagerung von Straßburg gliedert sich in drei Operationsphasen:

1) 8.—29. August: Einschließung und Bombardement der Stadt.
2) 29. August—14. September: Aushebung der Parallelen und des Couronnements.
3) 14.—27. September: Vorbereitungen zum Sturm und — Kapitulation.

Nachdem diesseits die erste Aufgabe, Einschließung der Festung im weiteren Umkreise, beendet worden war, begann man von Nordwesten her in dem Kreise vorzudringen, dem einzigen Teile des Festungsgebietes, das nicht der Überschwemmung ausgesetzt werden konnte. Die hier der Stadt zunächst gelegenen Dörfer Wolfsheim, Ober-Hausbergen und Schiltigheim wurden besetzt, in Front des zuletzt genannten Dorfes sogar der nur 250 Schritt vom Glaciskamm entfernte St. Helenen-Kirchhof. Das Anrücken unserer Truppen hatte in Straßburg selbst eine fast unbeschreibliche Panik und Verwirrung hervorgerufen. Während man auf dem Schlachtfelde Wörth-Hagenau 8—10 000 französische Verwundete sammelte, wurden in Straßburg nicht weniger als 4000 eingebracht. Man konnte sie natürlich in der Festung nicht unterbringen und was zu transportieren war oder sich weiter schleppen konnte, wurde in die umliegenden Ortschaften des Wasgaues gebracht. In den Straßen und auf der Landstraße standen Tag und Nacht die Bauernfuhrwerke, denen man ihre blutige Last nicht abnehmen konnte. In den Straßen, vor den Häusern wurden die Soldaten reihenweise niedergelegt und starben zu Hunderten. Dazwischen drängten sich Flüchtlinge und betrunkene Marodeurs, von keiner Hand im Zaum gehalten. Viele Soldaten, namentlich Zuaven, gebärdeten sich wie rasend. Sie rissen ihre Uniformen vom Leibe und erklärten unter Flüchen auf ihre Generale, daß sie nicht wieder in die Schlacht gehen würden. Drei Tage lang dauerte diese ungeheure Verwirrung. Die Besatzung, hauptsächlich Artillerie und nur wenig Linie, hatte alle Kräfte anzuwenden, um den

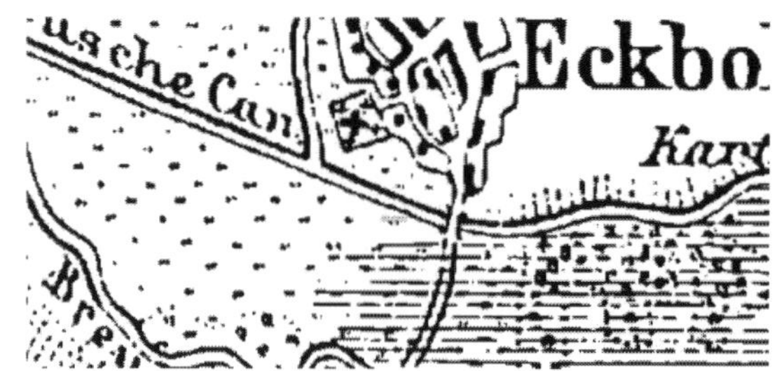
usche Can.
Eckbo

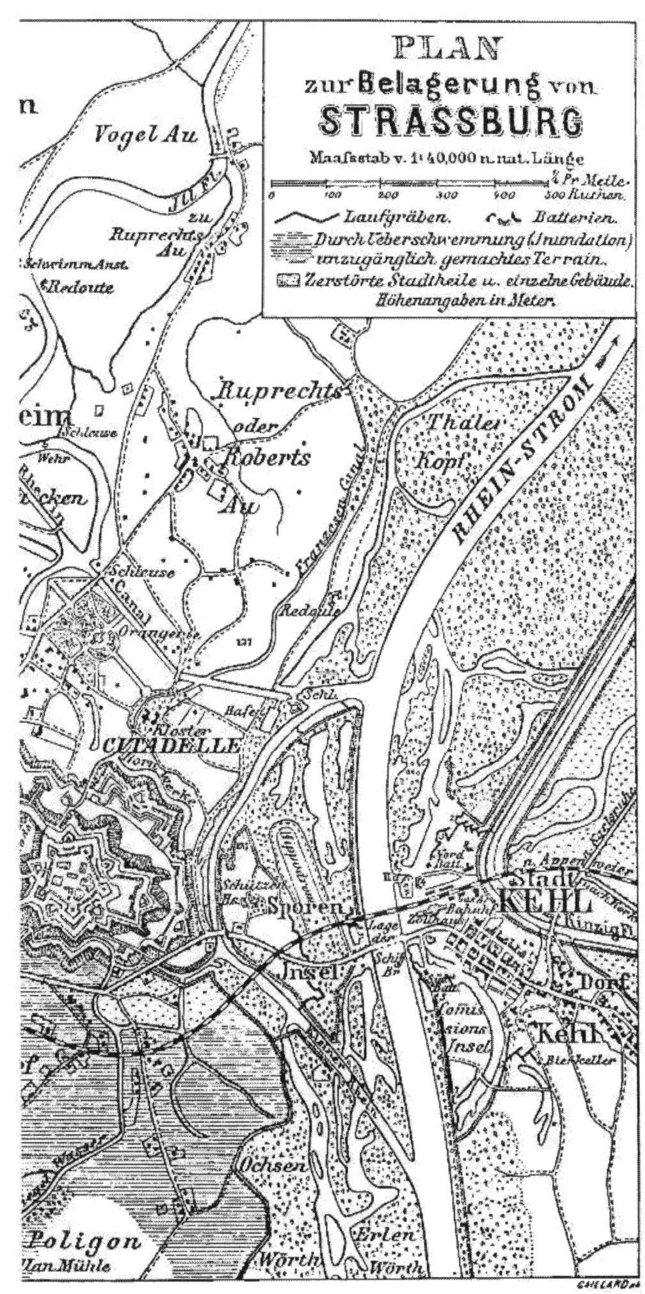
PLAN
zur Belagerung von
STRASSBURG
Maafsstab v. 1:40,000 n. nat. Länge
Laufgräben.
Batterien.
Durch Ueberschwemmung (Inundation) unzugänglich gemachtes Terrain.
Zerstörte Stadtheile u. einzelne Gebäude.
Höhenangaben in Meter.
Vogel Au
zu Ruprechts Au
Redoute
Ruprechts oder Roberts Au
Thaler Kopf
RHEIN-STROM
Schleuse
Canal
Orangerie
Redoute
Kloster
CITADELLE
Sporen
Insel
KEHL
Stadt
Dorf
Kehl
Kinzig Fl.
Ochsen
Erlen
Wörth
Wörth
Poligon

Platz zur Verteidigung herzurichten. Das Geschrei der Verwundeten und Verzweifelten wurde übertönt von dem Krachen der in die Luft gesprengten Objekte. Mehrere neue Häuser und Fabriken südlich und nordwärts wurden weggeräumt. Einen Augenblick war das Gerücht verbreitet, die Besatzung wolle Kehl zusammenschießen. Die wohlhabenden Einwohner packten ihre Habe zusammen, um nach der Schweiz zu fliehen; aber es waren keine Fuhrwerke aufzutreiben, und der Kommandant ließ den Bauern ankündigen, daß Jeder niedergeschossen würde, der sein Fuhrwerk zu anderen als militärischen Zwecken hergäbe.

General Uhrich.

Um allen erschreckenden Gerüchten und der Kopflosigkeit ein Ende zu machen, erschien am 10. August nachstehende Proklamation an den Straßenecken der Festung:

„An die Bewohner Straßburgs!

Beunruhigende Gerüchte, Schreckensnachrichten wurden dieser Tage absichtlich oder unabsichtlich in unserer Stadt verbreitet. Einige Individuen haben den Gedanken kund zu geben gewagt, daß der Platz sich ohne Schwertstreich ergeben solle. Wir protestieren nachdrücklich, im Namen der mutvollen französischen Bevölkerung, gegen diese feige und verbrecherische Zaghaftigkeit. Die Wälle sind mit 400 Kanonen armiert. Die Besatzung besteht aus 11000 Mann, die Nationalgarde nicht mitgerechnet. Sollte Straßburg angegriffen werden, wird es sich verteidigen, so lange ein Soldat, ein Zwieback, eine Patrone übrig bleibt. Die Guten mögen sich beruhigen; was die anderen anbetrifft, so mögen sie sich entfernen.

Straßburg, den 10. August 1870.

Der Divisionsgeneral, Oberbefehlshaber	Der Präfekt des Niederrheins
Uhrich.	Baron Pron."

Bald nach dem Eintreffen unserer Avantgarde kam es schon zu verschiedenen Plänkeleien und kleinen Gefechten im Vorterrain der Festung. Am 13. August gegen Abend fiel die erste Granate in die Stadt, wo sie einen Giebel und einen Kamin durchbohrte und darauf in einer Küche zerplatzte. Am anderen Morgen war halb Straßburg auf den Beinen, sich das betreffende Haus im „Grünen Bruch" anzusehen. Man bewunderte die Tragkraft des deutschen Geschützes und eine Ahnung mochte so Manchen angesichts dieser ersten Kugelwirkung beschleichen, daß Straßburg ernsten Tagen entgegengehen könnte. Am nämlichen Tage fielen mehrere Granaten in die Stadt. Eines dieser Geschosse zertrümmerte in der Kronenburgerstraße eine Laterne und verwundete beim Zerplatzen drei Personen, von denen eine, infolge einer schweren Schenkelwunde, einige Tage später starb. Dies war das erste Opfer während der Belagerung. Ganz Straßburg hielt diese Unglücksfälle für Ausnahmen, da man noch immer annahm, daß die Beschießung nur allein gegen die Festungswerke könne durchgeführt werden. Die Folge dieses ernsten Vorfalles war die Einstellung der Gasbeleuchtung. Von nun an mußte sich Straßburg mit Öllampen begnügen.

Der ersten Beschießung am 15. August, Napoleonstag, folgte eine ernste zweite Beschießung am 18. August, der sich endlich das furchtbare Bombardement am 25. anschloß. Diese drei Artillerie-Angriffe richteten sich vorzugsweise auf die Stadt, in der Hoffnung, daß die panische Wirkung unserer Feuer und Verderben speienden Geschosse vielleicht in kürzester Frist die Übergabe Straßburgs erzielen könnte. Als dies nicht geschah, ging man zu einer regelrechten Belagerung über. Alle späteren Bombardements galten dann der Festung allein; wenn trotzdem noch Baulichkeiten der Stadt dabei in Trümmer sanken, so war dies nur dem Umstande zuzuschreiben, daß dieselben in der Schußlinie unserer Ziele lagen.

Der Morgen des 15. August hatte auch noch eine andere schreckenerregende Überraschung gebracht. Um 3 Uhr früh ward unsererseits die schöne Säulenbrücke, welche bei der Ruprechtsau über den Marne-Rhein-Kanal führt, in die Luft gesprengt. Um Mittag begann dann das erste eigentliche Bombardement, das eine halbe Stunde währte und eine wahrhafte Verzweiflung hervorrief. Als unsere Geschütze die folgenden zwei Tage schwiegen, gab man sich schon der stillen Hoffnung hin, daß nichts mehr von feindlicher Seite zu befürchten stände. Da, am 18. August, abends 9 Uhr, schlug eine neue Granate ein. Ein Hagel von Geschossen folgte. Die ganze Nacht regnete es dann feuerbringende Bomben. Ganze Reihen von Häusern lohten in Flammenbränden empor, der herrliche Münster ward arg beschädigt, auf den Plätzen und Straßen hielt der Tod furchtbare Ernte. Alles flüchtete in die Keller und Kasematten, um unter Weinen und Beten den nächsten Morgen heranzuwarten. Überall Verheerungen, Trümmer, Rauchsäulen, Blut und Tod. Und doch sollte es noch schlimmer kommen. Schon am 23. August abends begannen unsere fürchterlichen Geschütze im Kreise um Straßburg einen Kugelregen auf die Stadt wieder zu eröffnen, der zahlreiche Brände verursachte. Am Morgen des 24., um 8 Uhr, begann dann das Hauptbombardement. Den Aufzeichnungen eines Belagerten entnehmen wir über die Scenen innerhalb der armen Stadt folgendes:

Die Nacht vom 24. verlief wie die voraufgegangene, oder schlimmer noch. Das Bombardement begann gegen 8 Uhr und alle Feuerschlünde, welche der Feind rings um den Platz vereinigt hatte, schienen gleichzeitig ihren verderblichen Inhalt auszuspeien. Keinen Augenblick Rast, keinen Augenblick Stille! In den Kellern Weinen und Beten; die Männer schweigsam und niedergeschlagen. Am meisten litten die Kranken und Verwundeten unter dem furchtbaren Getöse. Um 11 Uhr erschallten plötzlich zwischen dem Gekrache der Granaten Feuerrufe von den Wächtern des Münsterturmes: „Es brennt in der Neukirche!“ Ein wenig später schrieen sie: „Feuer in der Münstergasse!“ Eine halbe Stunde darauf: „Feuer am Broglie! Feuer in der Meisengasse! Feuer auf dem Kleberplatz! Feuer am Finkmattstaden! Feuer in der Schildsgasse!“ Die ganze Nacht ertönte dieser entsetzliche Notschrei und ein ungeheurer roter Widerschein beleuchtete schauerlich die ganze Stadt. Wie viele Schätze wurden ein Raub der Flammen! Das Gemälde-Museum, die Neukirche, die Stadtbibliothek, die schönsten Häuser der reichsten Stadtteile, fast ganze Straßen nur noch Ruinen, Schutthaufen.

Die Gemäldesammlung war zwar keine sehr reiche, aber sie enthielt einige berühmte Gemälde: Werke von Correggio, Tintoretto, Guido, Paul Veronese, Schöngauer, Hans Hemling, Jakob Jordans, Philipp von Champagne, Arnauld von Geldern, Adrian von Ostade („Der Streit in einer flämischen Kneipe“, eins der berühmtesten dieses Meisters); Gemälde von Claude Lorrain, von Laurent de la Hire, Karl Le Brun, Jean Baptist Oudry, Brion; zwei Statuen von Ohmacht, zwei Statuen von Graß, worunter ein prächtiger „Icarus"; Zeichnungen, Kupferstiche und andere ähnliche Kunstwerke, alles dies wurde zu Asche verbrannt.

Die Bibliothek, — ein beklagenswerter, unersetzlicher Verlust für die ganze Welt! 2—300 000 Bände, mehrere Tausend Manuscripte, Urkunden und Inkunable; ein Hortus deliciarum, von der Äbtissin Herrad von Landsberg, ein dicker Folioband, gegen 1280 geschrieben, mit hübschen Miniaturen geschmückt, wahrhafte Schätze für die Geschichte der Verzierungs- und Kostümierungskunst; eine Sammlung der Kirchengesetze von Rachio, Bischof von Straßburg, anno 788; eine Sammlung Gebete in Gold- und Silberbuchstaben auf purpurrotem Velinpapier aus dem 8. Jahrhundert; ein Meßbuch mit dem Wappen Ludwig XII., vom Bischof Franz von Lyon, aus dem 16. Jahrhundert; die Konstitutionen Straßburgs; die Akten des Prozesses Gutenbergs gegen die Erben seines Mitgenossen Dritzehn; ein im Jahre 1574 verfertigter Reliefplan der Stadt und ihrer Festungswerke; der eherne Kessel, worin die Züricher im Jahre 1574 heißen Hirsebrei von Zürich nach Straßburg brachten; die während der Schreckensherrschaft auf dem Münster aufgesteckte rote Mütze; der Säbel Klebers, die ganze Geschichte des Elsasses, Medaillen, Glasgemälde, Portraits, Sammlungen, wie es deren keine mehr auf Erden giebt und aus denen die Gelehrten Europas oft sich Rat holten. Nun war alles Asche.

Die Neukirche, — das größte protestantische Gotteshaus mit der berühmten Orgel von Andreas Silbermann, und eine der ältesten Kirchen der Stadt, welche im Jahre 1260 von den Dominikanern gebaut worden war, mit ihren schönen Grabdenkmälern, mit dem „Totentanz", einem merkwürdigen Freskogemälde, das einen Dominikaner auf der Kanzel und den Tod darstellt, wie er einen Papst und Kardinäle, einen Kaiser und eine Kaiserin, einen König und eine Königin, einen Bischof und Mönche an das Grab schleppt, — die Neukirche brannte von oben bis unten aus und ist nur noch ein Steingerippe.

In der Münstergasse die schönen Häuser Sütterlin, Laroche und Flach, die Hälfte der Neukirchgasse, am Broglie das herrliche Scheidecker'sche Haus, das schönste der Stadt, welches prächtige Magazine enthielt, ganz von Quadersteinen gebaut, mit eleganten Altanen und mit geschmackvollen Bildhauereien verziert — alles dies Ruinen, Trümmer, ein Stein-

und Aschenhaufen zwischen wankenden Mauern! Alles war fast in der nämlichen Stunde vom Feuer erfaßt worden; die Hitze, die sprühenden Funken, — eins steckte das andere an. Wie Hilfe leisten auf so verschiedenen Seiten! Man mußte das Zerstörungswerk sich vollenden lassen. Aber die Beschießung dauerte fort, die Granaten fielen zu Hunderten auf die lodernden Gebäude, verwundeten oder töteten diejenigen, welche den Verwüstungen des Feuers Einhalt thun wollten, zündeten und zerschmetterten andere Bauten und platzten krachend inmitten des Knisterns und Prasselns der Flammen und des Einsturzes der Dächer und Mauern. Der Boden zitterte und bis zum Himmel stiegen die Staub- und Rauchwolken, als die Aubette, die Neukirche, die Bibliothek und die anderen Gebäude nacheinander zusammensanken. Und doch hatte man gerufen: Vive la guerre!

Erst am folgenden Morgen, so heißt es in den Aufzeichnungen weiter, konnte man das Unglück bemessen. Außer den Verwüstungen des Feuers hatten die Geschosse überall Schaden angerichtet; die Mairie war durchlöchert, der Boden mit Trümmern, Ziegeln, Glas bedeckt, — keine Straße war verschont geblieben. Die Bevölkerung betrachtete diese Ruinen mit Entsetzen und stiller Wehmut; von Schmerz überwältigt, stürzte man fort wie von einem Grabe, um nicht zu ersticken vor tiefem Herzeleid. Aber die Trübsal war noch nicht zu Ende. Am Morgen des 25. brachen abermals Brände aus. Die Acht-Rädermühle in der Nationalvorstadt am Wall, zunächst dem Thor, wurde durch Granaten angezündet. In dieser Mühle wurde das Getreide für die Besatzungsmannschaften gemahlen. Im Kagenecker Bruch brannten acht Häuser mit Scheunen und Stallungen nieder, in der Mollgasse wurden zwei Häuser ein Raub der Flammen. Während des ganzen Tages lagerte sich eine dichte Rauchwolke und mit ihr ein brenzlicher Geruch über die Stadt.

Unbeschreiblich war die Aufregung, welche an diesem 25. August in Straßburg herrschte; noch zwei oder drei Nächte wie diese, und die Hälfte der Stadt wäre zerstört gewesen; man fragte sich, ob es kein Mittel gäbe, neue Katastrophen zu vermeiden. Es gab ein einziges, nämlich sich zu ergeben; aber niemand wollte jetzt davon wissen. Gruppen vereinigten sich auf dem Broglie, wie auf ein heimlich gegebenes Wort; Nationalgarden erklärten sich bereit, gegen die Belagerer zu marschieren und verlangten ihre Pistonflinten gegen Chassepots umzutauschen. Alsbald versammelte sich eine zahlreiche Menschenmenge vor der Mairie und vor dem Generalquartier, wohin mehrere Mitglieder des Municipalrates und andere Bürger sich begeben hatten, um vom General Uhrich Aufschlüsse über die Lage zu empfangen. Man wollte wissen, ob die Garnison stark genug wäre, um die Belagerungstruppen zurückzuwerfen. Man wollte auch wissen, ob die Frauen, die Kinder und die Greise aus der Stadt treten dürften, falls das Bombardement fortdauern sollte.

Der General antwortete, er sei im Stande, den Platz zu verteidigen und mehrere Monate zu halten; aber mit den ihm zur Verfügung stehenden wenigen Leuten sei es ihm unmöglich, einen ernsten Angriff gegen den Feind zu versuchen, dessen Übermacht den größten Teil seiner schwachen Mannschaft mit einem Schlage vernichten könnte. Er wolle also seine Soldaten schonen und sich selber nicht der Gefahr aussetzen, seine Verteidigungsmittel zu schwächen. Eben so wenig wolle er die Nationalgarde gefährden, deren Bewaffnung unzureichend sei, deren mutvolle Haltung er aber gern anerkenne. Herr Humann, damals Maire von Straßburg, teilte diese Erklärungen des Generals dem an der Vortreppe des Rathauses versammelten Volke mit und fügte hinzu, daß die Befreiung vielleicht näher sei, als man denke. Aber ach, diese Befreiung war weder nah noch fern, sie sollte niemals kommen!

Der Bischof des Sprengels unternahm es am 25. August, sich für die unglückliche Stadt zu verwenden. Um 3 Uhr nachmittags fuhr er aus der Stadt mit einem Parlamentär nach dem Hauptquartier der Belagerungsarmee, nach Holtzheim oder Mundolsheim, wo der Großherzog von Baden sich befinden sollte. Der Bischof kannte den Großherzog persönlich und konnte sich überdies auf seine alte Freundschaft mit dem Vater dieses Fürsten berufen, daher auf eine gute Aufnahme hoffen. Er wollte erbitten, daß man das Bombardement auf die Stadt selbst, gegen ihre harmlose Bevölkerung und deren Behausungen einstellen und die Feindseligkeiten nur gegen die Festungswerke, die Wälle, die Citadelle und die Garnison richten möchte. Aber der würdige Prälat kam nur bis zu den feindlichen Vorposten, wo er benachrichtigt wurde, daß sein Schritt vergebens wäre. Er kehrte traurig in die Stadt zurück.

Auf die vom General Uhrich an den General v. Werder, Oberbefehlshaber der Belagerungsarmee, gerichtete Frage, ob die Frauen, Kinder und Greise die Stadt verlassen dürften, hatte der preußische General geantwortet, die Frauen, Kinder und Greise seien ein Element der Schwäche für die Stadt, folglich ein Element der Kraft für ihn, er könne daher diesem bedeutenden Vorteil nicht entsagen. Späterhin sollte diese humane That einigen Vertretern der neutralen Schweiz gelingen, welche es hüben wie drüben durchsetzten, daß über 1000 Kranke und Schwache, Frauen, Greise und Kinder ungehindert die Festung verlassen durften, um eine vorläufige Heimat auf schweizerischem Boden zu finden.

So kam der Abend des 25. und mit ihm neues Unheil. Schon um 7 Uhr begann die Beschießung wieder mit der nämlichen Wut wie tags vorher. Furchtbares Gekrach der zerplatzenden Granaten, vermengt mit dem Donner der Wallkanonen, welche der feindlichen Artillerie antworteten.

Wie viele Millionen wieder verschlungen! Auf allen Seiten loderten die Flammen. In den Straßen das nämliche herzzerreißende Bild, wie am Abend vorher; fliehende Familien, einige in der Eile zusammengeraffte Habseligkeiten mit fortnehmend, und einen letzten wehmütigen Blick auf ihre brennenden Häuser zurückwerfend! Überall Jammer und Tragbahren mit Verwundeten; hier ein trostloser Vater neben der Bahre seines sterbenden Sohnes, dort ein weinendes Kind, der Leiche seiner Mutter folgend, die getroffen wurde, als sie ihre Lieben retten wollte! Und die andern kauerten angstvoll in den Kellern; jeder hatte einen Reisesack mit einigen Kleidungsstücken, ein Bündelchen bei der Hand, bereit dem Brand zu entfliehen, welcher jeden Augenblick über ihm ausbrechen konnte.

Gegen Mitternacht bot sich den Blicken ein schrecklich großartiges Schauspiel dar: das ehrwürdige Münster, auf dessen Plattform man unglücklicherweise einen Observationsposten aufgestellt hatte, wurde von Granaten durchlöchert und das Dach des großen Schiffes vom Feuer verzehrt. Unbeschreiblich war der Anblick dieser von Flammen umgebenen unermeßlichen Steinmasse, dieser prachtvollen, schlank emporstrebenden Turmspitze, welche sonst nur von Freudenfeuern stolz erstrahlte, und nun im grellen Widerschein einer ungeheuren Glut gen Himmel ragte wie eine Trauerpyramide!

Auch der schöne Bahnhof war vom Feuer erfaßt; die Gebäude der Citadelle standen in Flammen; das Gymnasium brannte zum zweiten Male. Überall Feuer, Zerstörung, Bestürzung! Die Vorderseite der Mairie war verstümmelt; die mit Glas gedeckten Terrassen der beiden schönen Cafés am Broglie gänzlich zerschlagen.

Das Münster hatte, außer dem durch den Brand zerstörten Dache des Schiffes, großen Schaden gelitten. Bildhauereien, Säulen, Statuen waren verstümmelt, die Orgel von einer Granate durchlöchert, die gemalten Fenster zertrümmert. In- und außerhalb war der Boden mit Glasscherben bedeckt. Die astronomische Uhr, dieses Wunderwerk, war zum Glück nicht beschädigt worden.

Am Abend dieses Tages war die Bevölkerung wie außer sich vor Freude. „Dies Mal, hieß es, ist die Sache gewiß; kein Zweifel mehr; man hat sie oben vom Münster herab gesehen und sie angekündigt. Es sind wenigstens 40000 Mann. Endlich soll also doch unsere Befreiungsstunde schlagen!" Und, o Macht der Einbildungskraft — man glaubte wirklich in der Ferne Kanonendonner zu hören. „Die Belagerer sind handgemein mit dem Entsatzkorps; der Kanonendonner rückt näher, der Feind wird gegen die Stadt getrieben und befindet sich zwischen zwei Feuern. Viktoria! wir sind gerettet!" Und man eilte freudestrahlend in die Gassen und einer drängte sich zum andern: „Wissen Sie schon die Neuigkeit?" — Ja! — „Ach, es war Zeit, ich habe immer gesagt, daß sie kommen würden." Und so ging es fort. Aber — sie kamen nicht.

Nur eine schlimme Nacht kam, schlimm wie die voraufgegangenen. Demjenigen, der von der Umgegend aus seinen Blick auf Straßburg richtete, mußte es vorkommen, als ob der Feind seinem seit einigen Tagen begonnenen Zerstörungswerk durch eine letzte Anstrengung die Krone aufsetzen wolle, die Stadt mußte ihm wie ein einziger großer Feuerherd erscheinen.

Die schon so arg geprüfte Weißenturmstraße geriet von neuem in Brand, und eine Seite derselben wurde zur Hälfte zerstört; von da teilte sich das Feuer den anstoßenden Gassen mit und der ganze Stadtteil stand bald in Flammen. Da wohnten die Ackergärtner, eine arbeitsame, wohlthätige Bevölkerung; jede Familie hatte ein Haus inne, das wie ein Bauernhof mit Stallungen, Scheune, Vieh- und Hühnerhof samt Garten versehen war. Die Kleine Renngasse, die Seeblosgasse und noch andere brannten in dieser einzigen Nacht ab.

Man suchte, wie immer, zu retten, was zu retten war, aber die Versuche waren meistens vergeblich und sogar gefährlich, denn die Geschosse fielen zu Hunderten auf die brennenden Punkte der Stadt und töteten, verwundeten, verstümmelten Unglückliche zu Dutzenden. Die von diesem ungeheuern Feuerherd ausströmende Hitze trocknete, so zu sagen, andere Gassen aus, so daß sie beim geringsten Funken Feuer fingen. Das Kagenecker Bruch, ein volkreicher Stadtteil, von Arbeiterfamilien bewohnt, wurde, so weit es nicht schon vorher von den Flammen erfaßt worden war, beinahe ganz in einen Schutthaufen verwandelt. In der Steinstraße gleichfalls wurde eine lange Häuserreihe zerstört.

Das zuletzt geschilderte dreitägige Bombardement hatte nichts an der Gesamtlage für uns geändert. Straßburg oder, besser vielleicht, General Uhrich war nicht zu bewegen gewesen, zur Übergabe sich zu entschließen, welch' schwere Wunden auch der einstigen deutschen Reichsstadt durch deutsche Geschütze geschlagen worden waren. Wie wenig man aber seitens der Besatzung und Bevölkerung von Straßburg an einen ernsthaften Angriff der Deutschen gedacht hatte, geht schon daraus hervor, daß am 27. August ein Parlamentär im diesseitigen Lager erschien, welcher um dringende Überlassung von Verbandzeug bat, eine Bitte, die bereitwilligst erfüllt wurde, wofür uns noch die Lieferung von Eis für unsere Lazarette zugestanden wurde. — Alle Ausfälle und Angriffe der Besatzung waren unsererseits bald zurückgewiesen worden und hatten nur den Grimm der französischen Truppen über das Belagerungskorps erhöht. Diese Wut machte den Feind sogar völlig blind gegen alles Kriegs- und Völkerrecht. Als der Bischof von Straßburg zu einem Vermittelungsversuch sich dem deutschen Lager näherte, ward er an der Vorpostenlinie vom Oberstlieutenant v. Leszczynsky in zuvorkommendster Weise empfangen. Wie schon oben angeführt, scheiterte der Versuch des geistlichen Würdenträgers. Kaum aber daß der Bischof sich entfernt hatte, als auch schon seitens der Besatzung von Straßburg sich ein förmliches Pelotonfeuer auf den preußischen Offizier entwickelte, trotzdem derselbe die Parlamentärflagge selbst in der Hand trug, so daß letztere völlig durchlöchert wurde.

Unser furchtbares Bombardement hatte die Übergabe von Straßburg nicht erzwungen. Nun hieß es also zu einem ernsten Angriff übergehen. Material und Menschenkräfte waren genügend vereint, um das gefährliche Werk in Scene zu setzen. Als Angriffspunkt war die nordwestliche Front, Bastion 11 und 12, zwischen denen hindurch das Steinthor läuft, ausersehen worden. In Front von Bastion 11 liegen die beiden oft genannten Lünetten 52 und 53. Auf dem den genannten beiden Bastionen resp. Lünetten vorgelegenen Terrain schritt man zur Aushebung der Parallelen.

In der Nacht vom 29. zum 30. August ward die erste Parallele in Front des bezeichneten Terrains ausgehoben und daselbst 10 Batterieen mit 40 gezogenen 12-Pfündern angelegt, welche am Morgen bereits das Feuer zur Überraschung der Besatzung auf die Festungswerke eröffneten. Zwar erwiderte der Gegner dasselbe um 5 Uhr, jedoch erlosch sein Feuer schon nach anderthalb Stunden. In der Nacht vom 1. zum 2. September begann man dann mit der Aushebung der zweiten Parallele und zwar mit zickzackförmig geführten Laufgräben, welche man an zwei Stellen vorwärts führte, um nur die Anfänge dieser neuen Parallele herzustellen. Der Feind, welcher schon in der Dämmerung unser keckes Vorgehen beobachtet und beschossen hatte, eröffnete nun ein heftiges Feuer auf unsere wackeren Arbeiterkolonnen, zumal einer der ausgehobenen Sappenschläge zu nahe einem feindlichen Werke gekommen war. An dieser Stelle fanden dann Oberstlieutenant v. Gayl und Hauptmann v. Hertzberg, beide vom preußischen Ingenieur-Korps, welche die zurückweichenden Pioniere entschlossen wieder vorgeführt hatten, den Heldentod. Erst in der Nacht vom 5. zum 6. September kam die zweite Parallele zum Abschluß. Das eingetretene Regenwetter hatte die Herstellung verzögert, indem die Laufgräben erst wieder entwässert werden mußten. Auch die verschiedenen Ausfälle des Feindes hinderten den geregelten Fortgang der Arbeiten. Zweimal ging der Gegner in der Nacht zum 3. September vor. Um Mitternacht und um $3^1/_2$ Uhr. Der erste Ausfall, bei dem auch Hauptmann Graeff fiel, kostete uns 50 Mann vom 2. badischen Grenadier-Regiment „König von Preußen", der zweite 30 Mann. Lieutenant v. Versen, der verwundet niedersank, geriet in Gefangenschaft. Unsererseits wurde ein Offizier und 4 Chasseurs gefangen genommen. Durch das Ausheben der Parallelen war unserer Infanterie Gelegenheit gegeben, endlich auch an den Angriffen sich beteiligen zu können, zu welchem Zwecke die betreffenden Truppenkörper, besonders die besten Schützen, darunter hauptsächlich Badenser, mit Wallbüchsen ausgestattet wurden. In diesen Tagen wurde auch die in rechter Flanke unser Vorgehen mittelst Parallelenbau höchst bedrohende Lünette 44 durch scharfe Beschießung von 24-Pfündern und einer gezogenen Mörser-Batterie unschädlich gemacht und am

8. September als vom Feinde verlassen rekognosziert. Mit dem Parallelenbau unsererseits ging selbstverständlich die stete Anlegung immer weiterer Batterieen Hand in Hand.

In der Nacht vom 9. zum 10. September gelang es dann auch die dritte Parallele auszuheben. Dank der thatkräftigen Unterstützung unserer trefflichen Artillerie vermochte man bereits im Laufe des 9. September aus der zweiten Parallele an drei Stellen mit den Laufgräben vordringen zu können, ja noch mehr: in der Nacht vom 10. zum 11. konnten alle drei Sappentêten mit der „gemeinen Sappe" (bei welcher, im Gegensatz zu den anderen Sappenarten, jeder einzelne Mann, anstatt durch Körbe, nur durch die von ihm aufgeworfene Erde allmählich Deckung erhält) 300 Schritt lang hergestellt, in der darauffolgenden Nacht sogar ein über 700 Schritt langes Stück der dritten Parallele mit der gemeinen Sappe vollendet werden. Dieses waghalsige Unternehmen, ein ganz specielles Verdienst des Ingenieurs en chef, Generalmajor v. Mertens, steht ohne Beispiel da in der Kriegs- und Belagerungsgeschichte. Man hatte in wenigen Stunden ebensoviel geschaffen, wie sonst unter Anwendung schützender Mittel in einer Reihe von Tagen.

Jetzt begann auch der Feind einen Wechsel in der Art seines Artilleriekampfes eintreten zu lassen. An Stelle der bisher benutzten Rohrgeschütze traten schwere Mörser, welche Bomben auf uns schleuderten. Dies Verfahren zwang auch uns zu einer Abänderung unserer bisherigen Kampfesweise, zur Aufstellung gleicher Geschützarten. Drei schwere Mörser-Batterieen wurden errichtet, welche ihr Hauptfeuer auf die Bastionen 11 und 12 richteten und eine solche verheerende Wirkung erzielten, daß in wenigen Tagen beide Bastionen kaum noch Verteidigungswerken glichen. Mit der Anlegung einer vierten (Halb-) Parallele in Front beider Lünetten, des nächtlichen Aushebens eines Couronnements — Parallel-Laufgraben in nächster Nähe des anzugreifenden Werkes — waren alle Vorarbeiten vollendet. Ehe es zum Sturm ging, sollte erst noch Bresche geschossen werden, dem sich die Wegnahme der beiden Lünetten 52 und 53 dann anschloß.

Am 13. September begann das indirekte Breschschießen. Zum ersten Male, während einer Festungsbelagerung, sah der Verteidiger einer Festung die Mauern seiner Wälle durch Geschütze zertrümmert, welche 1000 Schritt entfernt an Punkten aufgestellt waren, von denen aus jene Mauern nicht

6*

einmal gesehen werden konnten. Die Schwierigkeiten solcher Brescheschießung steigern sich naturgemäß, je näher die das Mauerwerk deckende Brustwehr vor demselben liegt und je tiefer der Graben ist, dessen Böschung die Mauer bekleidet. In beiden Beziehungen lagen auch hier bezüglich der Escarpe der Lünette 53 die Verhältnisse möglichst ungünstig. Dies Verhältnis aber änderte sich doch, als es diesseits gelang, durch Zufall Gelegenheit zu finden, die Wirkung unserer Kanonade zu beobachten. Schon in der Woche, welche dem Breschschießen voranging, hatte Hauptmann Ledebour vom Ingenieur-Korps, indem er sich in dem Graben vor der Spitze der Lünette 53 an Stricken niederließ, das Vorhandensein von Minengängen konstatiert, deren Eingänge sich an der Kontre-Escarpe dieses Grabens befanden. Nun versuchte man, diesen Minengängen mit einem Schleppschacht von der dritten Parallele aus entgegenzugehen. Am 14. morgens fand man dieselben auf, und nachdem sie entladen und an den zerstörten Stellen gangbar gemacht worden waren, konnten diese Gänge dazu dienen, um gedeckt bis zum diesseitigen Rande desjenigen Grabens vorzudringen, dessen gegenüberstehende Mauer in Bresche gelegt wurde. Von hier aus ermöglichte sich in bequemster und gesichertster Weise eine genaue Beobachtung der Wirkung unserer Geschütze. So hatte man denn auch am 17. September genaue Kenntnis gewonnen, daß ein Ersteigen der Bresche jetzt möglich sei. Nun geschah Schlag auf Schlag. Die Kontre-Escarpe der Lünette 53 wurde zuerst weggesprengt. In der folgenden Nacht begann man mit dem mühsamen Dammbau durch den Wassergraben angesichts der Bresche und mitten im feindlichen Feuer. Der kühne Dammbau gelang. Am 21. September ward Lünette 53 unter nur geringen diesseitigen Verlusten gestürmt und besetzt. Die nächste Nacht brachte uns in den Besitz der Lünette 52. Die Schilderung eines an diesem Wagstück Beteiligten lautet in höchst anschaulicher Weise:

„Blutiger als die Okkupation der Lünette 53, sollte in der Nacht vom 21. zum 22. die Besitzergreifung der Lünette 52 vor sich gehen. Über den 180 Fuß breiten Wassergraben war bis 8 Uhr abends noch keine Kommunikation zu sehen, nur die Grabendescente war fertig und zwar in der Weise hergestellt, daß zwei Reihen Schanzkörbe übereinander die beiderseitigen Böschungen des Durchstichs bekleideten und die Decke durch Eisenbahnschienen gebildet wurde, welche durch besondere Unterstützungen auf beiden Seiten getragen wurden. Die Tête nach dem Wasser zu war mit einer Maske von Sappenkörben, Faschinen und Sandsäcken eng geschlossen, als um 8 Uhr die Kompagnie Andreae (Pioniere) zum Brückenbau vorging. Das Gewehrfeuer der Festung, namentlich von den links flankierenden Linien und der Kontregarde der Hauptenceinte, war ziemlich lebhaft, wie es den ganzen Tag über gewesen, aber hauptsächlich gegen Lünette 53 und das Couronnement gerichtet. Bald begann es aber hörbar in das Innere der Lünette 52 einzuschlagen und von Zeit zu Zeit sauste ein Kartätschenhagel dahinein; ebenso gerade an der Stelle der Descente hinter dem Couronnement entlang (vom Hornwerk 47—49 aus), wo man also offenbar die Sturmkolonnen erwartete.

Die Pioniere entfernten die Têtendeckung, trugen zuerst einige Nachen herbei und ließen sie geräuschlos ins Wasser gleiten; zwei Mann mit dem Ende eines Taues fuhren zum jenseitigen Ufer der Escarpe der Lünette hinüber, so daß das Tau sich quer über den Graben spannte. Große, leere Biertonnen wurden herbeigerollt, je zwei neben einander durch einen Rahmen von Balken derart verbunden, daß die gemeinsame Achse quer zur Brückenrichtung stand, vier Balken wurden auf dem Rahmen aufgelegt, an diesen das diesseitige Tauende befestigt und nun die Tonnen vorwärts gezogen, indem vom diesseitigen Ufer mit den Balken nachgeschoben wurde. Wieder wurde eine Unterstützung aus zwei Tonnen und einem Rahmen gebildet, wieder vier Balken aufgelegt, die erste, nun freischwimmende Strecke mit Brettern eingedeckt und abermals vorgeschoben. Auf diese Weise wurde vom diesseitigen Ufer aus ein Brückenglied nach dem andern angesetzt, und um eben soviel rückte die Brückenseite dem jenseitigen Ufer, dirigiert von dem Leitseil, näher.

Unter Leitung des Hauptmanns Andreae und Premierlieutenants v. Keiser II schritt die Arbeit rasch und mit erstaunlicher Ruhe und Geräuschlosigkeit vorwärts. Um 10 Uhr gelangte die Brückenseite an das jenseitige Ufer und die Landflöße wurden gelegt, d. h. die bis jetzt frei schwimmende, nur an dem Tau drüben, an den vier Balken hüben dirigierte Brücke wurde an beiden Ufern festgelegt; eine Strohschüttung auf der ganzen Brückenbahn sollte das Geräusch beim Übergange der Kolonne dämpfen.

Um 10½ Uhr war auch diese letzte Arbeit beendet; die Kolonnen rückten an: die Pionier-Kompagnie Roese, die Kompagnie Denk (2. Kompagnie 34. Infanterie-Regiments) und eine Abteilung von 100 Mann der 12. Kompagnie 1. Garde-Grenadier-Landwehr-Regiments unter Leitung des Ingenieur-Lieutenants v. Keiser I.

Mit zwölf Pionieren und zwei Unteroffizieren ging Hauptmann Roese zuerst über die Brücke bis auf die Brustwehr der Lünette vor; einer der Unteroffiziere (Mineur) untersuchte die Hohlräume des, wie zu erwarten, leer gefundenen Werkes auf Minen, die zwölf Mann suchten an der steilen Erdböschung der Escarpe Stufen für die nachfolgenden Kolonnen herzustellen. Nachdem der Mineur gemeldet, daß alles in Ordnung, ging ein Zug Infanterie als Bedeckung über und placierte sich möglichst gedeckt im Innern des Werkes, ihnen auf dem Fuße folgten die Pionier-Kompagnie und zwei Züge Infanterie; erstere fand gegen das Feuer des Hauptwalles eine willkommene Deckung in der Pallisadierung der Kehle des Werkes, wohinter sie beginnen konnte ohne Zögern den Graben auszuheben. Die zweite Aufgabe war dann, von dieser Position zum Übergangspunkte hin eine gedeckte Kommunikation herzustellen. Die Infanterie fand in den Hohlräumen meist Unterkommen bis zur Beendigung der Sappe.

Die ersten Züge der Kolonnen waren mit möglichster Stille über die Brücke gelangt, als die zuletzt hinüberrückenden, beunruhigt durch die über ihren Köpfen pfeifenden Kugeln, in eine schnellere und damit geräuschvollere Bewegung verfielen. Dies mußte den Feind aufmerksam gemacht haben, und als die 100 Mann der Garde-Landwehr an der Escarpe ankamen, begann sich auf diesen Punkt ein mörderisches Feuer zu konzentrieren. Und gerade hier sollten die Leute placiert werden, um einen gedeckten Weg hinauf in das Innere auszuheben! Major v. Quitzow, vom Ingenieurkorps, war selbst an der Tête; die Leute warfen sich nieder, aber es half nichts; was nutzte alle Arbeit im Innern, wenn sie keine gedeckte Kommunikation nach der Brücke hatten?

Unter äußerster Anstrengung der Offiziere wurden die Mannschaften angestellt, überschüttet von Gewehr- und Kartätschenkugeln. Bald kam der erste Verwundete zurückgelaufen über die Brücke, Schuß in der Schulter, gleich darauf der zweite, Schuß im Arm, ein dritter wurde bereits herübergetragen, und die Krankenträger reichten bald nicht mehr aus, um die Gefallenen wegzutransportieren. Jetzt ein Offizier: Lieutenant v. Oppen, Schuß in der Seite. Und immer dichter hagelten die Schüsse nieder, immer wieder schlug ein Kartätschenschuß ein; es war eine entsetzliche Nacht.

Endlich hört das Laufen auf der Brücke auf; man schien tief genug im Boden zu sein, schien Deckung zu haben. Mit nichten. Immer neue Meldungen von Verlusten trafen ein: Major v. Quitzow tot, der zweite Tranchéemajor tot, und hier lagen im Laufgraben noch 10 Tote und 38 Verwundete.

Aber das Werk war unser und wieder waren wir einen Schritt näher zum Ziele."

Viertes Kapitel.

Unser Vorgehen gegen die Bastionen 11 und 12. — Was wir an Kugel- und Wurfgeschossen gegen Straßburg schleuderten. — Friedrich Gerstäcker in den Parallelen vor Straßburg am Tage vor der Kapitulation. — Eindruck auf die deutschen Krieger, als Straßburg kapitulierte. — Straßburg am 27. September 1870. — Die Kapitulations-Bedingungen. — Die französische Besatzung verläßt Straßburg. — Unsere Truppen besetzen Straßburg. — Der Einzug des Generals v. Werder. — „Lieb' Vaterland, kannst ruhig sein!" — Wie Straßburg die deutschen Krieger empfing. — General-Lieutenant v. Olleck wird zum Gouverneur von Straßburg ernannt. — Graf Bismarck-Bohlen empfängt die Behörden von Straßburg. — Aus der Verteidigungsschrift des Generals Uhrich. — Straßburg ist wieder eine deutsche Stadt.

Durch die Besetzung der Lünetten 52 und 53 waren die deutschen Belagerer ein gut Stück ihrem Hauptziele näher gerückt. Aber doch immer nur ein Stück. Als nächste Aufgabe galt es Erstürmung der Bastionen 11 und 12. Unser Vorgehen gegen diese Bastionen schrieb genau dasselbe Angriffsprogramm, wie gegen die Lünetten vor: Breschescheßung, Übergang und Sturm. Am 23. September begann man diesseits mit Breschieren der rechten Face von Bastion 11, tags darauf folgte das gleiche Vorgehen gegen die linke Face von Bastion 12. Drei Tage Kanonade genügten, das Mauerwerk zum Sturz zu bringen und die Breschen ersteigbar zu machen. Die Sappeur-Arbeiten schritten inzwischen rüstig vorwärts, obschon der Feind nicht abließ, unsere braven Arbeiter mit Hagelschauern von Geschossen zu bewerfen. Bei dieser Gelegenheit empfing leider auch der Hauptmann Ledebour eine tödliche Verwundung, der sich um die Rekognoszierung der Festungswerke von Straßburg unvergeßliche Verdienste erworben hatte. Die Lage der Verteidiger Straßburgs gewann mit jedem Tage eine hoffnungslosere Aussicht. Wenn es auch noch Opfer uns kosten mußte, vielleicht sogar hohe, ein völliges Abschlagen eines Sturmes unsererseits war gar nicht mehr möglich. Die deutschen Geschütze hatten unbarmherzig die tapfere und zähe Verteidigung der Festung fast jeden Schutzes bereits beraubt. Wälle und Stadt ein Chaos von Ruinen und Trümmern; selbst die Citadelle war verwüstet worden. Einschließlich der bei Kehl Stellung nehmenden badischen Artillerie gaben unsere 241 Geschütze während der Belagerung von Straßburg nicht weniger denn 193 722 Schuß und Wurf ab, wovon 162 600 auf die 197 preußischen, 31 122 auf die 44 badischen Geschütze fallen. Verfolgen wir dieses statistische Resultat weiter, so ergiebt sich, daß bei dem Bombardement von 31 Tagen durchschnittlich an jedem Tage 6249, in jeder Stunde 269, in der Minute also fortlaufend 4—5 Schuß oder Wurf abgegeben worden sind, davon waren 81 000 Granatschüsse 6-, 12- und 24-Pfünder; 28 000 Shrapnelschüsse 6-, 12- und 24-Pfünder; 3600 Langgranatschüsse aus 11-Centimeter-Mörsern und 15-Centimeter-Kanonen; 58 000 Bombenwürfe aus verschiedenpfündigen glatten Mörsern.

Über die letzten Stunden in den Parallelen vor Straßburg, zugleich ein anschauliches Bild des dortselbst sich entfaltenden Belagerungslebens entrollend, schrieb damals Friedrich Gerstäcker in einem Briefe an „die Gartenlaube“:

„Jetzt erreichten wir den Graben vor Lünette 52 und 53, der damals mit so ausgezeichneter Bravour, alle Schwierigkeiten und Gefahren überwindend, genommen war, und hier einen insofern etwas gefährdeten Punkt, als die weit offene Fläche dem Feinde einen trefflichen Zielpunkt geboten hätte. Die Gefahr war allerdings dadurch etwas gemindert, daß unsere Truppen eine rohe Schutzwand von einfachen Brettern errichtet hatten. Diese hielten nun allerdings die Chassepotkugeln nicht ab, durchzudringen und Schaden genug dahinter anzurichten, aber sie verdeckten doch wenigstens die sich dort hin und her bewegenden Gruppen und Gestalten, und nur die Warnung: „Wir müssen hier ein wenig schneller gehen,“ machte mich auf den exponierten Platz aufmerksam.

„Und hier, nachdem wir die Stelle überschritten, begann das eigentliche Leben der Laufgräben in aller seiner Romantik und auch Gefahr. — Piff — paff — knallten die Schüsse aller Orten und Enden, und als ich aufsah, ragten von jedem erhöhten Punkt aus die Zündnadelflinten mit aufgesteckten Bajonetten oder die Wallbüchsen heraus, Tod und Verderben jedem bringend, der sich da drüben über den Wällen zeigte.

„Es war ein malerischer Anblick. Überall an den neun und oft zehn Fuß hohen Erdwällen hingen die Schützen, Fußhalt suchend, wo sie ihn eben finden konnten. Der obere Rand solcher Stellen war dann mit Sandsäcken gedeckt, das heißt kleine Sandsäcke, etwa zwei Fuß lang und im Verhältnis dick, waren dort so zusammengelegt, daß sie oben auf dem aufgeworfenen Damme eine Art von Schießscharte bildeten, um den dahinter lagernden Posten soviel als möglich gegen die Kugeln der Chassepots zu schützen. Durch die gelassene Öffnung aber hatten unsere deutschen Soldaten ihre Gewehre gesteckt und lagen dort im Anschlag, bis sie den Kopf ihres Feindes über den Schanzen dort drüben erkennen konnten. Sie dachten gar nicht daran, einen Schuß ohne Ziel abzugeben, während die Franzosen dagegen förmliche Bleiminen in endlosen Salven herüberschickten. Es ist wahr, dann und wann trafen sie allerdings einen der Unseren, aber doch nie eher, als bis sie sein Gewicht in Eisen oder Blei herübergesandt.

„Besonders gefährlich in diesem kleinen Vorpostenkriege waren übrigens die Wallbüchsen, nach einer ganz eigenen Konstruktion. Es sind Büchsen mit einem Laufe wie unsere sogenannten Standbüchsen, die eine Kugel wie ein in die Länge gezogenes Ei von über vier Lot schossen, statt des Kolbens aber eine wie aufgebogene Feder hatten, die, elastisch, gegen die Schulter gelehnt wurde, und dadurch den Rückschlag bedeutend mildern mußte.

Gerade vor uns lag einer der Schützen im Anschlag, und sein blitzendes Auge, der scharfspähende Blick verriet, daß er da drüben einen Feind erspäht und auf dem Korn habe. Jetzt eine rasche, aber leise Bewegung — die ganze Gestalt blieb einen Moment wie aus Stein gehauen — ein Blitz plötzlich — ein Schlag und ein triumphierendes Lächeln glitt über die sonnengebräunten Züge des Mannes.

„Trefft Ihr denn auch manchmal?“ frug den einen mein freundlicher Führer, der Oberstlieutenant v. d. Osten-Sacken.

„Ei gewiß,“ lachte der Mann, „vorhin zeigte sich so eine Rothose ganz keck oben auf dem Wall, der habe ich aber gleich eins hinübergeschickt, daß sie vornüber herunterkugelte.“

„Wenn der Feind die fast fünflötige Kugel bekommen hatte, war's kein Wunder.

„Wir waren durch ein bombenfestes Mauerwerk, die frühere Lünette der Straßburger Befestigungswerke, geschritten und erreichten den Wall, als ein Soldat auf den Oberstlieutenant zugestürzt kam und ihm meldete, es hätten sich da drüben auf dem Walle französische Soldaten gezeigt und gewinkt, als ob sie herüber zu uns kommen wollten. Ein Unteroffizier mit zwei Mann sei dann hinübergesprungen, um sie in einem Nachen zu holen. Da hätten sie Feuer vom Feinde bekommen, zwei von ihnen wären nicht mehr zu sehen und lägen wohl da drüben tot oder verwundet, einer aber sei da hinüber in den sogenannten „toten Winkel" geflohen und halte sich jetzt verdeckt. Was jetzt thun? sie holen oder bis Dunkelwerden liegen lassen?

„Der Oberstlieutenant war unschlüssig. Er konnte keine Leute dazu kommandieren, ihr eigenes Leben aufs Spiel zu setzen, um zwei vielleicht schon tödlich verwundete Kameraden hereinzuschaffen.

„Wir werden bis Abend warten müssen," sagte er, und es fehlte allerdings kaum noch eine Stunde daran; „denn wenn die Kanaillen da draußen wieder Feuer geben, büßen wir noch mehr Leute ein und erreichen unsern Zweck dann gar nicht."

„Wir alle waren an der Verschanzung hinaufgesprungen und entdeckten jetzt in dem einen und gegen die Kugeln des Feindes vor der Hand allerdings geschützten Winkel die Gestalt des einen Soldaten, der sich aber auch zurückzog und hinter einem Erdaufwurfe verschwand. Sicher war er aber dort auch nicht, denn um die Laufgräben und deren Schutz zu erreichen, mußte er erst wieder über den hohen Wall, wo er den Kugeln völlig preisgegeben blieb.

„Peinliche Minuten vergingen. Von den Verwundeten ließ sich nichts erkennen. Sie waren entweder in den Graben gerollt oder hatten dessen momentane Deckung selber gesucht. Der Vorschlag wurde gemacht, unter dem Schutze der weißen Flagge mit dem roten Kreuze die Gefallenen heimzuholen, aber würden die Feinde diese respektieren? — gingen doch Gerüchte genug, daß sie sogar auf Ambulancen und Verwundete geschossen, und war es glaublich, daß sie sich hier würden eine Gelegenheit entgehen lassen, ihre Kugeln auf die abzufeuern, die ihnen noch vor Minuten kaum mit der gefährlichen Zündnadel gegenüber gestanden? Der Oberstlieutenant

7*

mochte die Verantwortung nicht übernehmen, als plötzlich der eine von den dreien, der Unteroffizier, der sich mit einem kecken Entschlusse über den Wall geschwungen, in den Trancheen erschien und jetzt bestimmt erklärte, er wolle wieder hinausgehen und die Kameraden holen, denn er denke gar nicht daran, sie im Stiche zu lassen. Einer der anderen Soldaten, ein Mann von etwa 24 Jahren, der sich schon oft durch kühne Streiche ausgezeichnet haben soll, erbot sich augenblicklich, ihn zu begleiten, und eine weiße Flagge wurde rasch herbeigeschafft, um der kühnen That den einzigen Schutz zu geben, den man ihr für den Augenblick geben konnte.

„Aber „Feuer einstellen auf der ganzen Linie" lief jetzt der rasch gegebene Befehl entlang. Den Nächststehenden konnte er auch mitgeteilt werden, doch in diesem Gewirr von Schanzen war es nicht möglich, die ganze im Zickzack liegende Linie mit dem bekannt zu machen, was im Werke war. Einzelne Schüsse fielen noch von da und dort; der wackere Unteroffizier und sein Begleiter, deren Namen aber von den Kommandierenden notiert wurden, ließen sich selbst nicht aufhalten. Die weiße Flagge mit dem roten Kreuze hoch in der Hand sprangen sie hinaus — der nächste Augenblick konnte eine tödliche Salve auf sie lenken, und nicht einmal ihre Gewehre hatten sie mitgenommen, aber sie zögerten auch keinen Moment und eilten unerschrocken der Stelle zu, wo sie die Verwundeten wußten.

„Es waren peinliche Minuten. Von dem Walle aus konnten wir jetzt wohl noch die auswehende Fahne aber nichts von den Leuten selber bemerken, die sich unbeschützt dem Feinde gegenüber befanden, doch von drüben kam kein Schuß — die Fahne mit dem roten Kreuze wurde vom Feinde geachtet, und etwa zehn Minuten später erreichten die unerschrockenen, wackeren Männer mit den Geretteten wieder den Schutz der Brustwehren. Dadurch schien aber eine Art von Waffenstillstand zwischen diesen beiden feindlichen Posten eingetreten zu sein. Es war, als ob die Unserigen sich scheuten, wieder auf Leute zu schießen, die eben noch erst ihre Kameraden geschont hatten, und auch von drüben fiel, so lange ich mich dort befand, kein Schuß — das menschliche Gefühl hatte für den Augenblick die Oberhand gewonnen.

„Die Nachbarschanze übrigens, die von der kleinen Zwischenscene nichts gesehen, ließ sich in ihrem Feuern nicht stören.

„Bei uns war es still geworden — auf einer Bahre trugen die Pioniere die Verwundeten vorüber, und einen scheuen Blick warf die Besatzung auf die Getroffenen, wie sich der kleine Zug langsam durch die Schanzgräben wand. Konnte ja doch auch schon in der nächsten Stunde, ja im nächsten Augenblick ihr Loos das nämliche sein.

„Diese Tragbahren sind überhaupt ein sehr fatales memento mori in den Schanzen, denn sie lehnen überall, da man nie wissen kann, wann oder wo sie gebraucht werden. Hier draußen kann der Tod jeden einzelnen im Nu abrufen. Keiner ist sicher, denn wenn man sich auch notdürftig gegen Chassepotkugeln schützen kann, eine Granate oder ein Bombensplitter schleudert ihre eisernen Bruchteile überall hin und in jeden Winkel.

„Arme Teufel, wie blaß und still sie aussahen, als sie da vorübergetragen wurden und nun das aufregende Leben in den Schanzen mit dem Schmerzenslager im Lazarett vertauschen mußten — und doch verdankten sie es jetzt gerade dem Feinde, daß sie nicht gezwungen waren, noch Stunden lang da draußen zu liegen, und rasch an einen Ort geschafft werden konnten, an dem sie wenigstens jede nötige Pflege fanden.

„Es ist viel darüber geschrieben, daß die Franzosen die Sanitätsflagge nicht respektierten und oft sogar auf Ambulancen und Verbandplätze gefeuert hätten, aber ich kann mir nicht denken, daß es absichtlich geschehen sein soll. Thatsache ist allerdings, daß viele französische Soldaten die Bedeutung der Flagge mit dem roten Kreuz gar nicht kannten, und hier tragen die Führer der französischen Armeeen die Schuld; aber daß eine Verletzung der Genfer Konvention absichtlich und mit bösem Willen begangen wäre, ist doch wohl noch nirgends konstatiert worden und wird es auch hoffentlich nicht.

„Wir wandten uns der nächsten Schanze zu, von wo man Straßburg, und besonders den Münster, ganz deutlich vor sich hatte, und hier wurde wieder von beiden Seiten scharf herüber und hinüber geschossen. Die Sandsäcke dienen da zu Observationsplätzen, schützen aber auch nicht in allen Fällen, denn auf diese Entfernung schlägt eine Chassepotkugel, wenn sie den Sack nicht gerade im Centrum trifft, ebenfalls durch. So war am vorigen Tage ein Soldat gerade vor die Stirn getroffen, und zwar hatte die Kugel erst den Sandsack, etwas tief, durchbohrt und dann den Mützenschirm getroffen, dadurch aber glücklicher Weise nur noch Kraft genug behalten, den Getroffenen hintenüber zu werfen, der diesmal mit einem Tag Kopfschmerzen davon kam.

„Welch ein eigentümlicher Anblick das war, sich so dicht, ja fast unmittelbar vor der belagerten Stadt zu wissen, während die schweren Sprenggeschosse über unseren Köpfen hin und her flogen, und Wallbüchsen- wie Zündnadelkugeln die Privatkonversation zwischen den feindlichen Posten unterhielten! Und da drüben die belagerte Stadt! Der Münster lag so nahe, daß ihn jede Zündnadelkugel mit Bequemlichkeit hätte erreichen, ja einen bestimmten Punkt hätte treffen können — die beschädigten Stellen an der äußeren Steinhauerarbeit waren deutlich sichtbar, aus dem Dachstuhl ragten nur noch einzelne Sparren empor —, und die Häuser dazwischen! — Großer Gott! da sah man freilich nur noch einzelne ausgebrannte Mauern stehen, Schutthaufen und Überreste friedlicher Gebäude, die Spuren von Fenstern, welche den Platz anzeigten, wo früher glückliche, friedliche Menschen gewohnt.

„Festungen! — Es hatte früher und in vergangenen Jahrhunderten einen Sinn, als friedlicher Bürger in eine Festung zu ziehen, um gegen die Vorfahren unserer „edeln Geschlechter" geschützt zu sein, die als Raubritter die Welt durchzogen und besonders die Landstraßen unsicher machten. Damals und mit den schlechten und einfachen Geschützen bot eine starke Mauer hinlänglichen Schutz gegen die herumlungernden Wegelagerer, und der Kaufmann wußte in solchen befestigten Plätzen seine Güter sicher und unangreifbar. Wie aber hat sich das schon in jetziger Zeit geändert, und wie wird es sich noch ändern, wo man auf gar nichts weiter sinnt, als die Mordwerkzeuge und Geschütze derartig zu verbessern, daß ein Widerstand dagegen fast gar nicht mehr möglich ist! Ich gebe zu, daß es für die Besatzung einer Festung in Friedenszeiten außerordentlich angenehm ist, Theater, geselligen Verkehr, Bibliotheken, Kunstschätze, zoologische Gärten und alle dergleichen Dinge, die der Bürgerstand anschafft und unterhält, haben und benutzen zu können, aber wer schützt das alles bei einem ausbrechenden Kriege und bei einer Belagerung? Kein Mensch. Die Vergnügungsorte und schattigen Spaziergänge werden erbarmungslos rasiert, die Gebäude den feindlichen Bomben und Granaten preisgegeben, und die Privathäuser, Theater, Bibliotheken, Klubs und sonstige Vergnügungs- und Erholungsorte, wenn irgend möglich, von dem Feind in Brand und Trümmer geschossen.

„Nein! — Ich gebe zu, daß Festungen als Waffenplätze und Depôts von Munition und Lebensmitteln noch ebenso nötig sind, als in früheren

Jahrhunderten, aber dann soll man auch nur rein militärische Stationen aus ihnen machen, und kein friedlicher Bürger hat unter den jetzigen Verhältnissen etwas in ihren Mauern zu thun oder zu suchen. Langweilt sich die Besatzung in der Zwischenzeit, so ist das ihre Sache, aber mit der Verbesserung, ja man könnte sagen, der Vervollkommnung der Geschütze und Mordgeschosse handelt eine Regierung wahrhaft gewissenlos, wenn sie den ruhigen Bürger zwischen ihre Geschütze einkeilt und von ihm verlangt, seinen Wohnort an solchen gefährdeten Stellen zu nehmen. Nehmen wir Köln! Die ganze deutsche Nation hat beigesteuert, um den prachtvollen und herrlichen Dom aufzubauen, und denken wir uns, daß ein französisches Heer gegen die alte Stadt vorgedrungen wäre und sie beschossen hätte. Der Kommandant würde so wenig an eine Uebergabe gedacht haben, wie Bazaine in Metz daran denkt, oder wie Uhrich, der Kommandant von Straßburg, daran dachte, und wie wäre dies Kunstwerk, das dem ganzen Deutschland gehört, dann von französischen Kugeln mißhandelt und zerstückelt worden! Nein, die Verhältnisse haben sich in jetziger Zeit total geändert — Festungen sind nicht mehr das, was sie sein sollten und für was sie von Anfang an bestimmt waren, denn man kann sie wohl noch eine Zeit lang verteidigen, aber ihre Insassen nicht mehr schützen. Müssen Festungen bestehen — und daran zweifelt niemand —, dann soll man sie abgesondert von friedlichen Wohnungen anlegen. Der Kommandant wird dann auch nie in die peinliche Lage kommen, zwischen seiner Pflicht und seinem menschlichen Gefühl zu schwanken — er darf seine Mauern bis auf den letzten Stein verteidigen, ohne daß das Wimmern von Frauen und Kindern zu ihm dringt, und selbst die Verteidiger entmannt. In früheren Jahrhunderten genügte, wie gesagt, eine starke Mauer, um einen Platz fest zu machen und den damals unvollkommenen Geschützen Trotz zu bieten; jetzt ist das nicht mehr. Unsere Geschütze werfen Kugeln und Sprenggeschosse in ganz unglaubliche Entfernungen, ja werden noch immer verbessert, so daß der frühere Schutz, den die Festungen gewährten, in das gerade Gegenteil umgeschlagen ist. Bei jedem ausbrechenden Kriege sind gerade die in einer Festung Wohnenden am allermeisten gefährdet, und wir werden es in allernächster Zeit in Frankreich erleben, daß Paris z. B. keine größere Thorheit begehen konnte, als sich mit Forts und Wällen zu umgeben.

„Wir befanden uns hier am äußersten Ende der auf dieser Stelle ausgeführten Gräben, und ich konnte dort genau beobachten, wie sich die Leute immer weiter in den Boden hineinwühlten, um der bedrohten Stadt näher und näher zu rücken. Der Laufgraben zog sich nach links in die Höhe und auf offenen und hohen Boden hinaus, aber gebückt standen hier zwei Mann mit Schaufeln, gruben aus Leibeskräften, und warfen dann die Erde stets rechts hinauf, wodurch sie mit jedem Spatenstich die Grube tiefer machten und den Wall zugleich erhöhten. Allerdings entgingen diese vorgeschobenen Arbeitspunkte dem Feinde nicht, und er richtete mit Vorliebe sein Chassepotfeuer darauf; aber es zeigte sich auch kein Kopf über der Umwallung, und langsam, doch sicher rückten die Erdarbeiten solcher Art vor.

„Von diesen Vorschanzen aus hatte man übrigens einen vortrefflichen Überblick über Straßburg; aber es war ein weit mehr wehmütiges als erhebendes Gefühl, die arme mißhandelte Stadt da drüben zu beobachten. Ununterbrochen zischten dabei die Bomben und Granaten hinüber und zeigten durch den aufsteigenden Dampf und Staub, wie sicher sie gezielt gewesen und wie unfehlbar sie stets explodierten. Übrigens unterhielt der Feind, hinten von seinen Wällen vor, auch ein sehr lebhaftes Feuer gerade auf diesen Punkt, ohne daß er jedoch vielen Schaden angerichtet hätte. Einzelne Verwundungen kamen aber trotzdem vor, und wirklich sicher durfte man sich nirgends fühlen.

„Eine Stunde etwa hatten wir an diesen Stellen zugebracht, und ich konnte mich in der Zeit wahrlich nicht satt sehen an den malerischen Gestalten unserer wackeren Soldaten, wie sie da, jeden Punkt an der schrägen Wand benutzend, um ihr Gewehr aufzulegen, hingen, und nie auf das Geratewohl ihren Schuß hinausfeuerten, wie es die Franzosen unausgesetzt thaten, sondern immer erst ihr Ziel zu fassen suchten. Als wir zurückgingen und dicht vor den Lünetten den durch die Planke nur scheinbar geschützten Graben wieder passierten, lag Blut im Weg.

„Ist jemand getroffen?"

„Mann durch den Kopf geschossen — haben ihn eben weggetragen!" und mahnend zischten dabei ein paar Chassepotkugeln über unsere Köpfe weg.

„Jetzt wurde die Ablösung vorgenommen. Die jetzige Wache hatte vierundzwanzig Stunden in den Laufgräben zugebracht und zog sich nun an den neu Einrückenden hin durch die engen Gänge hinaus, um einen wenigstens etwas sicherern Posten zu beziehen. Die Geschütze donnerten dabei ununterbrochen fort, und unaufhörlich rasselten Bomben hoch durch die Luft den schon zusammengeschossenen Mauerwerken zu. So lange es dabei hell war, gehörte ein gutes Auge dazu, den matten Nebelstreifen zu erkennen, den sie da oben am blauen Himmel zogen; aber die Sonne neigte sich mehr und mehr zum Horizont, und ich war fest entschlossen, den Abend hier in den Laufgräben abzuwarten. Bis dahin war auch aus Straßburg selber heraus wenig mit schwerem Geschütz gefeuert worden. Es schien fast, als ob sie dort nicht so sehr mit schwerer Munition versehen wären. Wie es aber dunkel wurde, begann von dort das Feuer, und der Grund wurde mir bald erklärt. In der Dunkelheit versahen unsere Truppen nämlich ihre Geschütze mit Munition — Wagen auf Wagen folgte dabei der Chaussee, und auf den jetzt trockenen und harten Wegen hörte man das Rasseln derselben auf weite Entfernung. Die Wagen fuhren aber auch in scharfem Trab, denn sie wußten recht gut, daß die Belagerten sofort ihr Feuer darauf richteten, und daß die Führer der Transporte die Zeit abzukürzen wünschten, in der sie sich auf der offenen, den Kugeln völlig ausgesetzten Landstraße befanden, läßt sich denken — und jetzt wurde der Anblick wahrhaft wundervoll. Nicht mehr ungesehen sausten die Bomben, mit einem Geräusch, das fast selber einem rollenden Wagen glich, durch die Luft, sondern der glühende Zünder daran bezeichnete die Bahn, die sie nahmen, mit einem Feuerstreif, und zugleich konnte man dabei deutlich die wirbelnde Drehung erkennen. Sie kamen aus jenen furchtbaren Geschützen, den gezogenen Mörsern, von denen zwei — ich glaube die ersten, die je bei einer Belagerung verwandt wurden — in Gebrauch waren.

„Und wie das jetzt knatterte, knallte, zischte und brummte! Chassepotkugeln machten ein Geräusch, als ob man sich vor einem Bienenschwarm befände, und es verging sicher keine Minute, in der man nicht acht oder zehn vorüberpfeifen hörte. Gingen sie ziemlich hoch, so verriet ein länger anhaltendes Pfeifen die Bahn, die sie nahmen; fuhren sie dicht und unmittelbar über die Wallgräben fort, so war es mit einem kurzen, scharfen „sst" abgethan. Zu verführerisch blieb es dabei, dem Flug, den die feuerausstrahlenden Bomben nahmen, mit den Augen zu folgen und zu beobachten, wo sie einschlugen; aber man mußte zu diesem Zweck den vollen Kopf über der Brustwehr zeigen, und Oberst-Lieutenant v. d. Osten-Sacken wollte endlich nicht mehr dulden, daß ich oben blieb.

„Shrapnels und Granaten kreuzten sich dabei unaufhörlich, aber das unheimlichste Geräusch von allem machten die zurückfahrenden Bombensplitter, die, an dem Wall zersprungen, teilweise wieder über die Laufgräben sausten. Es war ein tiefbrummender, modulierender Schall, wie gerade der Wind in die ungleichen Stücke griff, diese aber wurden um so gefährlicher, als die von ihnen genommene Richtung unberechenbar blieb. Seitwärts, schräg, gerade zurück dröhnten sie, bald da, bald dorthin, und wo sie dann zufällig einschlagen, bereiten sie unrettbar Verderben.

„Die Besatzung der Laufgräben selber durfte sich aber nicht unnötiger Weise exponieren, obgleich sie sich lange an das Kugelpfeifen gewöhnt hatte und es wenig genug beobachtete. Nur ein Doppelposten stand an jeder vorspringenden Ecke, den Kopf, so gut es eben gehen wollte, durch Sandsäcke geschützt, und wachsam umherspähend, ob der Feind nicht doch etwa, im Dunkel der Nacht, einen Ausfall versuchen sollte. Er hätte, wenigstens wenn er unbemerkt ankam, bösen Schaden anrichten können. Die Belagerten schienen aber doch zu etwas Derartigem die Lust verloren zu haben und nicht daran zu denken, ihre wenn auch zerschossenen Mauern zu verlassen. Das Feuer von der Stadt aus wurde allerdings, je deutlicher das Rollen der Munitionskolonnen gehört werden konnte, desto heftiger, und die Chassepot-Schützen hatten — wie das ja auch schon selbst im offenen Felde beobachtet ist — Körbe mit Patronen neben sich stehen, in die sie nur zum Laden hineingriffen, um die ganze Nachbarschaft mit Blei zu bestreuen. Es ist unglaublich, welch' rasende Munition die Franzosen in diesem Kriege vergeudet haben.

„Unter dem Kugelpfeifen hatten wir es uns indessen ganz gemütlich gemacht, und zwar vor einer Ecke, in welcher starke Balken einen ziemlich engen Schlafraum überdeckten und ihn dadurch wenigstens gegen aufschlagende Granaten oder Bombensplitter schützten. Einer vollen Bombe würden sie jedoch kaum gewachsen sein. Hier tranken wir vor allen Dingen einen heißen Kaffee, den der Bursche des Oberstlieutenants gebracht, verzehrten ein delikates kaltes Huhn, und setzten dann einen tüchtigen Cognac darauf. Die Herren lebten hier überhaupt gar nicht schlecht, da ihnen Deutschland so nahe lag, und sie von dort rascher und leichter mit Vorräten versehen werden konnten, als die armen Teufel, die weit ab in ihrem oft versteckten und zerstreuten Biwak lagen. Und wie schmeckte das, während uns Freund wie Feind dabei mit einem brillanten Feuerwerk versorgte! Es ist wahr, die Unterhaltung stockte manchmal, wenn ein grober Bombensplitter mit dumpfem Baßton angebrummt kam, und man lauschte dann wohl vorsichtig für etwa zehn Sekunden der Richtung, die er nahm, und ob er nicht gesonnen sei, gerade hier einzuschlagen — aber der war auch im Nu vergessen, und auf das Pfeifen der Chassepotkugeln achtete niemand mehr, sie kamen zu dick und verloren dadurch an Interesse.

„Die Unterhaltung drehte sich allerdings ausschließlich um die Gegenwart, also die Belagerung der Stadt — aber auch hier hörte ich die Behauptung, der ich schon bei vielen anderen Ingenieur-Offizieren begegnet war, daß sich die Feste höchstens noch fünf Tage — wenn so lange — halten könne. Man hatte vor einigen Tagen zufällig vor Nr. 52 eine Schleuse entdeckt und war, ohne einen Augenblick zu versäumen, darangegangen, sie zu unterminieren; denn so nahe standen wir schon dem Feinde, daß man sich ihm auf andere Weise nicht nähern konnte. Die Schleuse sollte am nächsten Mittag gesprengt werden und man hoffte, das Wasser in dem letzten Festungsgraben so zu verringern, daß ein Sturm nachher gewagt werden konnte. Niemand dachte natürlich daran, wie schon wahrscheinlich in diesem nämlichen Augenblick in Straßburg selber die Übergabe, die am nächsten Abend denn auch wirklich stattfand, diskutiert wurde.

„Und wie das nun, während wir so in unserer Deckung saßen und plauderten, prasselte und krachte, wie das knallte, blitzte und zischte und durch die Luft flog in sausendem Feuerbogen; aber deshalb schmeckt der Cognac nicht schlechter. Ja — es war möglich, daß im nächsten Moment schon eine ungeschickte Granate oder Bombe mitten in uns hineinschlug und Tod und Verderben rings verbreitete; aber vor der Hand gingen die Geschosse noch alle über uns hin, oder trafen auch wohl hie und da mit dumpfem Schall die weiche Erde der Außenwerke — und jetzt hatten es die Leute auch hier, wenn nicht gerade einer von einer Kugel getroffen wurde, verhältnismäßig gut, denn die schon länger anhaltende Trockenheit bot ihnen wenigstens eine trockene Bahn und ein eben solches Lager. Furchtbar aber soll der Aufenthalt in diesen Gräben gewesen sein, als der Regen noch unabläßig herabströmte und den ganzen Boden in einen flüssigen Schlamm verwandelte, in dem man, bis an die Kniee einsinkend, herumwaten mußte. Noch jetzt gab es Stellen in den Laufgräben, wo man auf der elastischen,

8*

oben aber trocken und hart gewordenen Kruste fühlte, daß man auf weichem Schlamm ging, und ganz entsetzlich muß in dieser nassen Zeit der Aufenthalt hier gewesen sein, denn an ein Ausweichen oder Umgehen der Schmutzstellen war ja nicht zu denken.

„Es war spät am Abend, als ich die Parallelen wieder verließ, aber ein Soldat mußte mich durch das Labyrinth derselben hindurchführen, wenn ich nicht lange Stunden brauchen wollte, um mich hinauszufinden. Für Schrecken durfte übrigens niemand empfindlich sein, der hier hindurchging, denn ein paar Mal geschah es, daß ein Geschütz, von unten gedeckt und deshalb nicht sichtbar, ganz plötzlich und unmittelbar über unseren Köpfen abgefeuert wurde — aber man gewöhnt sich ja an alles, warum nicht auch an das Knallen!

„Sobald ich die Chaussee endlich erreichte, bekam ich wieder einen ziemlichen Überblick über Straßburg — rechts davon glühte noch ein Brand aus einem der Dörfer, den ich schon am vorigen Abend bemerkt hatte, und deutlich ließ sich auch von den Wällen das da und dort aufblitzende Geschützfeuer erkennen. Sicher war man auch hier keineswegs, denn Bomben und Granaten hatten schon häufig das noch vor mir liegende Schiltigheim erreicht, und auf der Chaussee selber wäre ich beinahe gefallen, weil ich in ein von einer Bombe aufgewühltes Loch geriet.

„Die ganze Nacht hindurch feuerten noch unsere, wie die feindlichen Geschütze mit vollem Ingrimm gegen einander, als ob die Festung an gar keine Übergabe denke, und doch wehte am nächsten Nachmittag um fünf Uhr schon die weiße Fahne vom alten Münster, und Straßburg — war wieder eine deutsche Stadt!"

Niemand mochte es geahnt haben, weder hüben noch drüben, daß die Stunde der Erlösung, die Kapitulation der tapferen Festung so nahe bevorstände. Und doch wars so. Schon war alles zum blutigen Sturm vorbereitet, mit ernsten Empfindungen sahen die deutschen Krieger den nächsten Tagen entgegen. So kam der 27. September. Dichter Nebel lagerte über Stand und Land. Erst als dieser sich gegen 10 Uhr vormittags allmählich verzog, vermochte unsere Artillerie den Geschützkampf wieder aufzunehmen. Zum ersten Male traten heute die furchtbaren 21-Centimeter-Mörser in Kraft. Ein donnerähnliches Krachen und Toben wütete, das die Erde meilenweit erbeben machte. Auf einmal schwieg das

Feuer. Staunen und Verwunderung ringsum. Was ist geschehen? Man horcht hinaus, doch stumm bleibt alles. Und dann auf einmal gehts von Mund zu Mund, ein Jubelschrei pflanzt sich fort von Parallele zu Parallele, Tausender Hände und Augen sind hinauf zum ehrwürdigen Münster gerichtet, von dem jetzt deutlich die Fahne des Feindes herniederweht. „Niemand," so schreibt ein Offizier der Belagerungs-Armee, „der diesen 27. September vor Straßburg mit erlebt hat, vermag sich einen Begriff von dem hellen Sonnenschein zu machen, der plötzlich unsere Herzen durchdrang, als der Donner der Geschütze verstummte und alle Augen gleichzeitig zu der weißen Fahne, welche auf dem Münsterturm flatterte und — zu Gott aufblickten, der diese denkwürdige Arbeit deutscher Waffen endlich mit seinem Siege gekrönt hatte. Es war, als ob alles aus einem schweren Traume erwacht sei. Auf einmal war alles froh belebt, die Soldaten stiegen auf die Brustwehren der Laufgräben und Batterieen, ein endloses Hurra erscholl aus tausend Kehlen, man drückte sich die Hände, man umarmte sich." — Und wie sah es in Straßburg an diesem denkwürdigen Tage aus? Das schon früher mehrfach herangezogene Tagebuch berichtet darüber: „So kam der 27. September. Es war der 46. Tag. Fast 8000 Einwohner waren obdachlos, von milden Gaben lebend, geflüchtet in die Kirchen und Schulen, in Löcher am Fuße der Wälle, in Bretterhütten auf den Staden oder auf den Leinpfaden. 500 Häuser waren abgebrannt, eingestürzt, zerstört. Die schönsten Straßen, die volkreichsten Stadtteile: Ruinen! Die Kunstschätze, die wissenschaftlichen Sammlungen, Meister- und Wunderwerke, was waren sie noch! Schutt- und Steinhaufen, verkohlte Balken, krummgebogenes Eisen, Trümmer, Splitter, Asche. Vor der Stadt die Promenaden verwüstet, die Brücken abgebrochen, die Straßen aufgewühlt und kotig; überall Brandspuren, das Gras und die Blätter vergilbt, Baumstämme umgestürzt! Die Garnison entschlossen, aber jeden Tag vermindert; nahe an 700 Soldaten im Grabe nebeneinander! In jeder Familie ein Verwundeter, den man beweinte; in den Kellern Frauen und Kinder; Kranke, welche keinen Schlaf mehr fanden; andere, deren Verstand sich verwirrt hatte durch die Wirkung des Schreckens. Tote, die in die Grube geworfen wurden, ohne daß ein Freund sie begleitet; in der Luft ein furchtbares und endloses Tosen und Krachen; Angst- und Schmerzensgeschrei und Verwüstung. Die Mauern der alten Festung zerschossen; die Wälle durchfurcht, unförmliche Klumpen; Feuerschlünde zertrümmert und stumm, und darunter die eingestürzte Mauer. Seit lange schlugen die Kirchenuhren nicht mehr und die Stunden und Tage schienen still zu stehen. So kam der 46. Tag. Man hoffte nichts mehr, man konnte sich keinen Täuschungen mehr hingeben und man fügte sich mit Ergebung dem fürchterlichen Schicksal. Da gegen 5 Uhr wurde es in den Straßen plötzlich rege und belebt. Man läuft, man bestürmt einander mit Fragen; alle Blicke wenden sich auf einen einzigen Punkt: eine weiße Fahne flattert auf dem Münster! Man traut seinen Augen nicht; man blickt wieder und wieder hinauf. Nein, es ist keine Täuschung! Ungläubig sagt man, dies sei eine Fahne, welche andeute, daß Kranke, Verwundete im Münster sich befinden, und den Belagerern als Mahnung dienen solle, das Gebäude zu schonen. Aber doch, wenn die Fahne diese Bedeutung hätte, so würde sie das rote Kreuz in der Mitte tragen, — und dieses Kreuz fehlt. Man hört auch keine Schüsse mehr. Wär' es ein Waffenstillstand?"

Es war mehr als das, es war die Kapitulation. Straßburg war wieder frei! Noch am Abend desselben Tages begannen die Unterhandlungen in einem Zelte bei Königshofen. Anwesend waren von unserer Seite der Großherzog von Baden, General v. Werder, Oberstlieutenant v. Leszczynski und Graf Henckel v. Donnersmarck. Am 28. September, morgens 2 Uhr, waren die Unterhandlungen zu Ende gediehen, die Kapitulation abgeschlossen. Dieselbe lautete:

„Der königlich preußische General-Lieutenant v. Werder, Kommandeur des Belagerungskorps vor Straßburg, aufgefordert vom französischen General-Lieutenant Uhrich, Gouverneur von Straßburg, die Feindseligkeiten gegen die Festung einzustellen, ist mit demselben dahin übereingekommen, in Anbetracht der ehrenvollen und tapfern Verteidigung dieses Platzes folgende Kapitulation zu schließen:

Art. 1. Um 8 Uhr morgens, den 28. September 1870, räumt General-Lieutenant Uhrich die Citadelle, das Austerlitzer, Fischer- und National-Thor. Zur gleichen Zeit werden die deutschen Truppen diese Punkte besetzen.

Art. 2. Um 11 Uhr desselben Tages verläßt die französische Besatzung incl. Mobil- und Nationalgarden durch das National-Thor die Festung, marschiert zwischen Lünette 44 und Redoute 37 auf und legt daselbst die Waffen nieder.

Art. 3. Die Linientruppen und Mobilgarden werden kriegsgefangen und marschieren mit ihrem Gepäck sofort ab.

Die Nationalgarde und Franctireurs sind frei gegen Revers und haben die Waffen bis um 11 Uhr früh auf der Mairie abzulegen. Die Listen der Offiziere dieser Truppen werden um diese Stunde dem General v. Werder übergeben.

Art. 4. Die Offiziere und die im Offiziersrang stehenden Beamten sämtlicher Truppen der französischen Besatzung Straßburgs können nach einem von ihnen zu wählenden Aufenthaltsort abreisen, wenn sie einen Revers auf Ehrenwort ausstellen; das Formular desselben ist der Verhandlung beigeschlossen. Diejenigen Offiziere, welche diesen Reversschein nicht ausstellen, gehen mit der Besatzung als Kriegsgefangene nach Deutschland. Die sämtlichen französischen Militärärzte verbleiben bis auf Weiteres in ihren Funktionen.

Art. 5. General-Lieutenant Uhrich verpflichtet sich, gleich nach vollzogener Niederlegung der Waffen sämtliche militärischen Bestände und sämtliche Staatskassen u. s. w. in ordnungsmäßiger Weise durch die entsprechenden Beamten den diesseitigen Organen zu übergeben. Die Offiziere und Beamten, welche hiermit von beiden Seiten beauftragt sind, finden sich am 28. 12 Uhr mittags, auf dem Broglieplatz in Straßburg ein.

Gegenwärtige Kapitulation wurde von nachbenannten Bevollmächtigten verfaßt und unterzeichnet: deutscherseits Oberstlieutenant Leszczynski, Stabschef der Belagerungsarmee; Hauptmann Graf Henckel v. Donnersmarck, Adjutant; französischerseits: Oberst Ducasse, Platzkommandant von Straßburg und Oberstlieutenant Mangin, Unterdirektor der Artillerie.

Vorgelesen, genehmigt und unterschrieben.

v. Leszczynski. Graf Henckel v. Donnersmarck.

Ducasse. Mangin.

Der Protokollführer

Freiherr von La Roche."

Um 8 Uhr morgens besetzten unsere Truppen die Citadelle und die Thore. Um 11 Uhr war ein Halbkreis vor dem Glacis der Lünette 44 gebildet worden. General-Lieutenant v. Werder mit sämtlichen Generalen und Stäben in der Mitte. Nachdem ein dreifaches Hoch auf König Wilhelm ausgebracht worden, begann das Defilieren der französischen Truppen. An der Spitze General Uhrich, Artillerie-General Baral, Admiral Excelmann und etwa 50 Offiziere der höheren Stäbe. Der Großherzog von Baden und General-Lieutenant v. Werder stiegen vom Pferde und empfingen den General Uhrich, welcher eine würdige Haltung zeigte. Das Defilieren der Gefangenen begann bald darauf, anfangs in leidlicher Ordnung, nach und nach in vollständiger Auflösung. Den Offizieren nicht mehr gehorchend, auch teils betrunken, zerschlugen sie die Waffen auf den Steinen. Erst gegen 3 Uhr gelang es unseren Truppen, welche die beste Disciplin bewahrten, die Besatzung aus der Stadt zu entfernen und leidliche Ordnung herzustellen.

Das Defilieren der Gefangenen war zunächst ein peinlicher, zuletzt ein unangenehmer Anblick. Dem Berichte eines Augenzeugen entnehmen wir das Folgende:

„Wie soll ich aber nun diese historisch ewig denkwürdige Stunde beschreiben. Bald nach 11 Uhr sahen wir in langsamer Bewegung aus dem Nationalthor die Besatzung herausziehen. Der Stab ging zu Fuß an der Spitze. Unmut und Schmerz lagen in den Gesichtern der Offiziere. Manchem alten Helden standen die Thränen in den Augen und gebeugt unter dem Bewußtsein dieser schweren Stunde, vermochte der Blick nicht, vom Boden sich zu erheben, der Fuß zögerte bei jedem Schritte, sich zu entfernen von der lange verteidigten Stadt.

Die Offiziere des Stabes blieben auf dem Glacis stehen und zwischen jenen und dem diesseitigen Stabe defilierte nun in langem Zuge die Garnison. Aber wie ganz anders, als man erwartet hatte, war der Anblick! Hatte man doch schon vor sechs Wochen von Aushungern gesprochen, vom Elend und der Verkommenheit der Besatzung; und nun zogen sie da vor unseren Augen vorbei, neu, ganz neu bekleidet vom Kopf bis zu Fuß, den Tornister mit Zeltstange und Lagerdecke, mit Mantel und Kochgeschirr bedeckt, alles neu und komplett, und — jeder Mann mit seinem Brot; die Trunkenheit vieler Leute bewies auch hinreichend, daß an geistigen Getränken kein Mangel gewesen war.

Was aber fehlte, fast bei allen Regimentern, das war Disciplin und Ordnung. Die da an uns vorbeizogen, waren noch die besten Truppen, und doch ging kaum eine Kompagnie geschlossen und zusammen; andere Waffengattungen mischten sich dazwischen, besonders Turkos und Zuaven.

Die Leute blieben zurück, versuchten schon hier ihr Gepäck wegzuwerfen, äußerten aber hauptsächlich ihre Wut über die Kapitulation: »nous sommes vendus!« schrieen sie; »Uhrich est un coquin!« und schwangen die zerbrochenen Waffen, die sie noch bei sich trugen, um sie mit aller Kraft auf der Chaussee vollends zu zerstückeln. Die Säbelscheiden und Klingen verbogen und zerbrachen sie; die Gewehre hatten sie in der Stadt bereits an den Eckfteinen zerschlagen, teilweise in den Festungsgraben geschleudert, wo sie aus dem Wasser in Haufen heraussahen. Am besten sah die Artillerie aus, von welcher Waffe übrigens eine ungemein große Anzahl defilierte. Die Mobilgarde war ruhig und bescheiden; dann kamen Marketender-Wagen; die uniformierten Frauenzimmer ein widerlicher Anblick.

„Und immer verwirrter und immer bunter zog die Masse vorüber, dann riß sie einmal ganz ab, dann drängte sich wieder ein Haufen schreiend nach. Es mußte eine Aufgabe gewesen sein, diese wüsten, ersichtlich zu jeder Auflehnung bereiten Elemente zusammenzuhalten!"

Die Verluste der französischen Besatzung betrugen während der Dauer der Belagerung 2500 Mann, mit Einschluß der getöteten und verwundeten Einwohner 4300 Köpfe. Wir selbst hatten eine Einbuße von 39 Offizieren und 894 Mann zu verzeichnen, darunter tot: 12 Offiziere und 165 Mann. Die meisten der französischen Offiziere wurden auf Ehrenwort frei gegeben, in Kriegsgefangenschaft kamen über 17000 Unteroffiziere und Mann, Franctireurs und Nationalgarden ausgeschlossen. Außer den Baarbeständen der Staatsbank fielen uns noch 1200 Geschützrohre, 800 Lafetten, über 200000 Handfeuerwaffen, ansehnliche Munitionsvorräte und andere reiche Kriegsbeute in die Hände.

Am 30. September befahl Sr. Majestät der König, daß aus allen durch die Einnahme von Straßburg verfügbar gewordenen Truppen des Belagerungskorps ein XIV. Armeekorps gebildet werden sollte, zu dessen Befehlshaber der am Tage der Kapitulation zum General der Infanterie beförderte bisherige General-Lieutenant v. Werder ernannt wurde. Am 30. September, dem Geburtstage der Königin Augusta, waren es gerade 189 Jahre, daß Straßburg durch Hinterlist und Raub an den unersättlichen Erbfeind Deutschlands gekommen war. Am 26. September 1681 brachen französische Truppen unter General Louvois und Montelas ohne vorherige Kriegserklärung über die wehrlose Stadt herein und zwangen die erschreckte Bürgerschaft zu einer Kapitulation, die am 30. September zu Illkirch dann auch unterzeichnet wurde.

Und wieder war es ein 30. September, als Straßburg seine Thore den Siegern öffnen mußte. Aber nicht Feinde zogen ein, sondern Stammesbrüder, deutsche Männer, jeden Augenblick bereit, die Hand zu Gruß und Freundschaft zu bieten. General von Mertens hatte vorher die Ordnung wieder einigermaßen in der verwüsteten Stadt herstellen lassen. Am 30. September nun hielt General v. Werder mit seinem Stabe an der Spitze seiner wackeren Soldaten Einzug in der alten Reichsstadt. Der erste Gang galt der schönen und auch wohl erhaltenen evangelischen Kirche St. Thomas. Am Eingang zum Gotteshaus empfing den General der erste Geistliche, Professor theol. Baum, an der Spitze der evangelischen Geistlichkeit, welcher sich der Maire und die Magistratsbeamten freiwillig angeschlossen hatten, mit einer warmen Anrede, worin die Stadt mit ihren milden Stiftungen und Bildungsstätten dem Schutze König Wilhelms anempfohlen wurde. Nachdem der General v. Werder beruhigend geantwortet hatte, daß alles geschehen solle, so bald wie möglich die schweren Wunden der Stadt zu heilen, daß er aber auch hoffe auf Ordnung und Friedensliebe seitens der Bevölkerung, begab man sich, geführt von der Geistlichkeit, in die mit Deputationen aller Truppenteile dicht gefüllte Kirche, worauf der Gottesdienst seinen Anfang nahm. Der Divisionsprediger der Garde-Landwehr-Division, Frommel, wies in ergreifenden und tief die Seelen bewegenden Worten auf die Bedeutung des heutigen Tages und auf die wunderbare Fügung, welche es gewollt, daß deutschen Kriegern die Befreiung einer urdeutschen Stadt aus französischer Herrschaft nach langem Hoffen und Sehnen nun doch noch beschieden gewesen sei. — Nach Beendigung des Gottesdienstes begab man sich nach dem Münster, welcher übrigens sich doch nicht so arg durch das Bombardement beschädigt erwies, als wir es bisher befürchtet hatten.

Über den Einzug der deutschen Truppen in Straßburg lassen wir einen Augenzeugen sprechen: „Mitten in meinem Staunen über die Wirkung der deutschen Geschosse in der Stadt traf mich der Schall von Musik. Er kam von der Richtung des Fischerthores her. Dorthin stürzten die Einwohner und ich unter ihnen. Eben rückten die ersten Preußen mit der Regimentsmusik ein, und zwar von dem Thore an einem Kanale entlang.

Nach welchem Plan der Einzug der Unsrigen und der Ausmarsch der gefangenen Garnison erfolgte, kann ich nicht beurteilen. Ich berichte nur über das, was ich mit eigenen Augen gesehen. „Lieb' Vaterland, kannst ruhig sein!" Dies war die erste Melodie, welche deutsche Musik ertönen ließ und welche der stramme Schritt unserer Soldaten begleitete. Die Einwohnerschaft verriet teils Neugierde, teils Trauer. Ich habe viele verweinte Augen an den Fenstern und in den Thüren gesehen. Aber diese Augen konnten sich doch nicht von dem Anblick unserer Truppen abwenden. Ehe diese eine über den Kanal führende Brücke erreichten, marschierten einige Tausende von Rothosen quer über ihren Weg. Wir machten Halt und ließen sie passieren. Das waren erbitterte Leute. Sie schlugen die Gewehre auf dem Pflaster entzwei oder schleuderten sie ins Wasser, rissen die Epauletten und Patronentaschen sich vom Leibe und traten dann mit Füßen darauf. Die Säbel wurden auf dem Boden krumm geschlagen. So kam es, daß wir auf unserem Marsche durch die Stadt über lauter Armaturstücke schritten. Auf dem Kleberplatze sammelten sich verschiedene Regimenter und stellten sich in Ordnung auf, der General Werder und sein Stab in der Mitte. Die Musik an dem Fuße der — von den Franzosen mit einem Epheukranze geschmückten — Statue des napoleonischen Generals Kleber spielte „Heil Dir im Siegerkranz" und „Was ist des Deutschen Vaterland". Es war ein großer Augenblick! Uns Deutsche als Zuschauer durchzitterte die Erinnerung an den 30. September 1681, wo Ludwig XIV. diese Stadt überrumpelte, diese Stadt, welche heute von deutschen Truppen wieder eingenommen ist. Und auf die Scene schaute der alte Münster herab, blickten die Einwohner aus allen Fenstern, heimlich wohl mit sehr gemischten Gefühlen, aber doch sichtlich von Staunen über diese Truppen erfüllt, die in kräftigen Hochs ihren Sieg feierten und von den patriotischen Melodieen ergriffen, die Wichtigkeit des Momentes fühlten. Die Straßen der Stadt füllte bald ein dichtes Gewoge. Unter unsere Soldaten mischte sich bald eine immer zahlreichere Bevölkerung. War diese doch endlich aus den Kellern befreit, in denen sie Wochen verlebt hatte! Es gab rührende Scenen auf den Straßen. Die Einwohner waren sich unter einander und der Stadt fremd geworden. Sie eilten jetzt, wieder Freunde und Verwandte aufzusuchen, und stürzten sich bei der Begegnung freudig in die Arme. Die zerstörten Gebäude, auch der Münster, wurden Wallfahrtsorte

9*

der Unserigen, wie der Einheimischen. Unordnungen kamen nicht vor, keinerlei Reibung zwischen der neuen Garnison und der Einwohnerschaft. In einem Wallgraben hörte ich in der Nachmittagsstunde ein kleines Gewehrfeuer. Ein betrunkener Zuave hatte einen badischen Soldaten vom Leib-Regiment erschossen und empfing auf der Stelle den verdienten Lohn. Zwischen Civilbevölkerung und den Unserigen habe ich dagegen nur anständige Begegnungen, wenn auch keine große Zuvorkommenheit, gesehen. Das Gefühl der Befreiung von der Belagerungsnot beherrschte noch alle anderen Empfindungen." —

Zum Gouverneur von Straßburg wurde der bisherige Gouverneur von Koblenz, General-Lieutenant v. Olloch ernannt. Am 8. Oktober feierten dann das General-Gouvernement, das Civil-Kommissariat und die Präfektur ihren Einzug. Dem Gottesdienste folgte die Vorstellung sämtlicher Behörden, wobei der General-Gouverneur im Elsaß, Graf Bismarck-Bohlen, mit warmen Worten betonte, daß er zu ihnen als Landsleuten gekommen sei und daß die Huld des Königs, in dessen Namen er eine Summe von 5000 Thalern den Behörden übergab, sowie die überall in Deutschland jetzt zu Tage tretende begeisterte Opferwilligkeit zur Genüge beweise, mit welchen brüderlichen Empfindungen man Straßburg nach so langer Trennung wieder willkommen heiße. —

Natürlich war auch Straßburg wieder allein nur durch Verrat in deutsche Hände gelangt. Die französische Presse, das gesamte Volk zeterte es. General Uhrich hatte es verraten. „Ich weiß schon lange," schrieb der tapfere Verteidiger von Straßburg am 4. Oktober aus seinem Asyl Basel an einen Verwandten, „daß vom Kapitol zu dem Tarpejischen Felsen nicht weit ist; jetzt mache ich die traurige Erfahrung davon an mir selber. Wenn man mich beschuldigte, daß ich meinem Posten nicht gewachsen, daß ich unerfahren war, so würde ich es begreifen, aber die Anklage des Verrates, das ist infam. Der Weg nach Straßburg ist offen! Man gehe doch hin und schaue sich seine zerstörte Citadelle, seine zerschossenen Wälle, seine vernichtete Artillerie, seine unhaltbaren vorgeschobenen Werke und seine zwei in Bresche geschossenen Bastionen an; vor den Ruinen seiner Monumente, vor denen seiner Häuser bleibe man stehen, gebe sich Rechenschaft über den Eisen-, Blei- und Feuerregen, der sein ganzes militärisches Terrain bedeckte; man prüfe diese mächtigen und bisher unbekannten Geschosse, die aus 200 Kanonen auf uns geschleudert wurden, und weit entfernt zu sagen, daß die Übergabe der Stadt verfrüht war, wird man staunen müssen, daß der Widerstand sich so in die Länge zog, daß man 38 Tage und 38 Nächte lang ein bisher noch nie gesehenes Bombardement aushalten konnte." —

Straßburg war unser! Was in hohen Worten und innigen Liedern begeisterten und sehnsuchtsvollen Ausdruck so oft gefunden hatte, was in Millionen deutscher Herzen seit Jahrhunderten wie ein stiller, süßer Traum fortblühte von Geschlecht zu Geschlecht, es war nun erfüllet worden: Straßburg war wieder eine deutsche Stadt und soll es hoffentlich auch nun für alle Zeiten bleiben.

Fünftes Kapitel.

Ein Bild der Stadt Metz. — Stellungen unserer Korps bei Metz in den ersten Tagen der Cernierung. — Deutsche Observationsposten im Kreise von Metz. — Ein landschaftliches Rundbild um Metz. — Zusammensetzung der bei Metz eingeschlossenen Rhein-Armee und Stellung derselben. — Die Tage vor der Schlacht bei Noisseville. — Einbringung verschiedener Spione in das deutsche Lager. — Austausch von Gefangenen am 21. August. — Bericht eines deutschen Gefangenen über die Behandlung in Metz. — Aus dem Tagebuche eines in Metz eingeschlossen gewesenen englischen Zeitungskorrespondenten.

Oft noch wird, nachdem Metz seit diesem gewaltigen Feldzug in deutschen Besitz übergegangen ist, mit stolzer Genugthuung empfunden werden, daß dieser Platz von Frankreich selbst als die stärkste Festung nächst Paris angesehen wurde, welche es bis dahin besaß.

Die Geschichte der Stadt und Festung Metz haben wir schon früher in kurzen Zügen wiedergegeben, so erübrigt es nur noch, einen flüchtigen Blick auf die Stadt selbst zu werfen. Metz, das bei Ausbruch des Krieges ungefähr 60 000 Einwohner zählte, war Hauptstadt des Mosel-Departements, Kriegsplatz erster Klasse und eine der stärksten Festungen Europas, außerdem uralter Bischofssitz und Garnison der 5. Militär-Division. Der Kern der Stadt zeigt sich eng und mittelalterlich, das teilweise düstere Gepräge wird durch auffallende Sauberkeit einigermaßen verwischt. An schönen freien Plätzen ist aber trotzdem kein Mangel. Vor allem ist hier die „Place Royale“ mit der anstoßenden „Esplanade“ zu erwähnen. An hervorragenden Sehenswürdigkeiten weist die Stadt unter anderem auf: das Rathaus und den Justizpalast, das Jesuitenkollegium und das bedeutende Arsenal, die St. Vincenz-Kirche und die köstliche Kathedrale St. Stephan.

Letztere gilt allgemein als das großartigste Werk des französisch-gotischen Kirchenbaues in ganz Lothringen. Im 13. Jahrhundert begonnen, wurden die oberen Teile erst im nächsten Jahrhundert in glänzendster Weise beendet. Der völlige Abschluß des Riesenbaues erfolgte jedoch erst im Jahre 1519 oder 1546, und zwar in Fortsetzung des im 14. Jahrhundert beabsichtigten Stiles. Metz hat zehn Thore, von denen durch die „Porte des Allemands", im gotischen Stile 1445 erbaut und noch sehr wohl erhalten, die große Straße nach Deutschland führt. Seit 1864 besitzt Metz auch eine unterirdische Quellwasserleitung, deren Reservoirs bei Gorze liegen und durch eine Röhrenleitung von fast zwei Meilen Länge ihren Inhalt nach der Festung und Stadt, täglich 10 000 Kubikmeter, führen. —

Durch das furchtbare Ringen am 18. August bei Gravelotte-St. Privat war die stolze Armee des Marschalls Bazaine hinter die Wälle von Metz geworfen worden. Am 19. August bereits begann dann unsererseits die völlige Einschließung der Festung sich zu vollziehen. Schon am darauf folgenden Tage standen die I. und II. Armee im ein- bis anderthalbmeiligen Umkreise von Metz. Nur einige Korps hielten noch etwas mehr rückwärts. Diese Stellungen unserer Cernierungs-Armee aber waren folgende:

I. Korps (v. Manteuffel) östlich der Mosel, zwischen St. Barbe, Courcelles sur Nied und Pouilly;
VII. " (v. Zastrow) südlich Metz an der Mosel bei Jouy;
VIII. " (v. Goeben) bei Gravelotte;
IX. " (v. Manstein) zwischen Chautrenne und Amanvillers;
X. " (v. Voigts-Rhetz) nördlich bei Nocroy und Semecourt;
II. " (v. Fransecky) in Reserve bei Batilly;
III. " (v. Alvensleben) in Reserve bei Roncourt;
1. Kavallerie-Division (v. Hartmann) bei Verneville.

Das Hauptquartier des Oberbefehlshabers dieser aus der ursprüng- I. und II. Armee zusammengesetzten Cernierungs-Armee, Prinzen Friedrich Karl, kam vorläufig nach Doncourt. Zu diesen sieben Korps und einer Kavallerie-Division gesellte sich späterhin noch die Reserve-Division Kummer, welche sich nordöstlich zwischen dem I. und X. Korps in den Umschließungsring einschob. Unsere Hauptaufgabe mußte vor allen Dingen diese sein, die Cernierung so dicht und geschickt herzustellen, daß jeder Durchbrechungsversuch vereitelt werden konnte. Zu diesem Behufe wurde bereits am

20. August mit Feldbefestigungen begonnen, meist Batterie-Emplacements und Schützengräben. Die Vorpostenkette wurde auf Grund genauester Rekognoszierungen geregelt und vollendet. Die Linie unserer Doppelposten begann im Norden auf dem rechten Ufer der Mosel südlich von Malroy und zog sich am rechten Flußufer hinauf nach Rupigny, Failly, Poix, Servigny, Noisseville, Brauerei L'Amitié, Montoy, Coincy, Aubigny, Ars Laquenexy, Mercy le Haut, Peltre bis zum Gehöfte St. Thibault, dann über Marly sur Seille und das Orly-Gehöft nach der Eisenbahnbrücke von Ars sur Moselle. Hier wurde die Mosel überschritten und am linken Ufer lief nun die Linie der Doppelposten weiter über Jussy, Rozerieulles, Bois de Chatel, Saulny, Bois de Woippy, Bellevue, St. Remy und Les Grandes Tapes bis wieder ans Moselufer gegenüber von Malroy. Dies war der Kreis, welchen unsere Vorpostenkette gezogen hatte. Einige Alarmposten waren noch weiter vorgeschoben worden. Letztere standen den Vorposten des Feindes auf Schußdistance gegenüber. So besonders auf der Strecke zwischen dem Bois de Chatel und dem Bois de Woippy.

Zur bequemen und raschen Verbindung der auf beiden Flußufern lagernden Truppenteile bestanden südlich Metz zwei feste Brücken, bei Ars sur Moselle und ein eiserner Brückensteg bei Noveant. Zur Erleichterung wurde dann noch bei Corny eine Feldbrücke geschlagen. Dasselbe geschah nördlich der Festung durch zwei Brücken bei Hauconcourt. Am 23. wurde auch die alle Generalkommandos und Divisionen mit dem Oberkommando verbindende Telegraphenleitung fertiggestellt. Wenn eines Schwierigkeiten schuf, so war es für die ersten Wochen die Verpflegung der um diesen einen Punkt so dicht versammelten, starken Truppenkörper. Man war auf die mitgeführten Vorräte oder aber auf Requisition angewiesen. Letztere Maßregeln fielen einträglicher aus, als wir es anfangs gehofft hatten. Da der Feind die weite Umgegend noch nicht selbst ausfouragiert hatte, so fanden wir nicht nur gefüllte Scheuern und Keller, auch der Kavallerie gelang es bald, in überraschender Fülle frisches Schlachtvieh unseren Lagerstätten zuzuführen. Freilich allzu lange sollten auch diese Hilfsquellen nicht ausreichen. Waren doch alles in allem mehr als 200 000 Menschen um Metz versammelt, so daß die reichen Zufuhren an Lebensmitteln immer nur Tropfen auf einen heißen Stein glichen. Eine günstige Änderung dieser bedenkliche Sachlage konnte nur durch rückwärtsführende Bahnverbindungen

345

Mo
otte

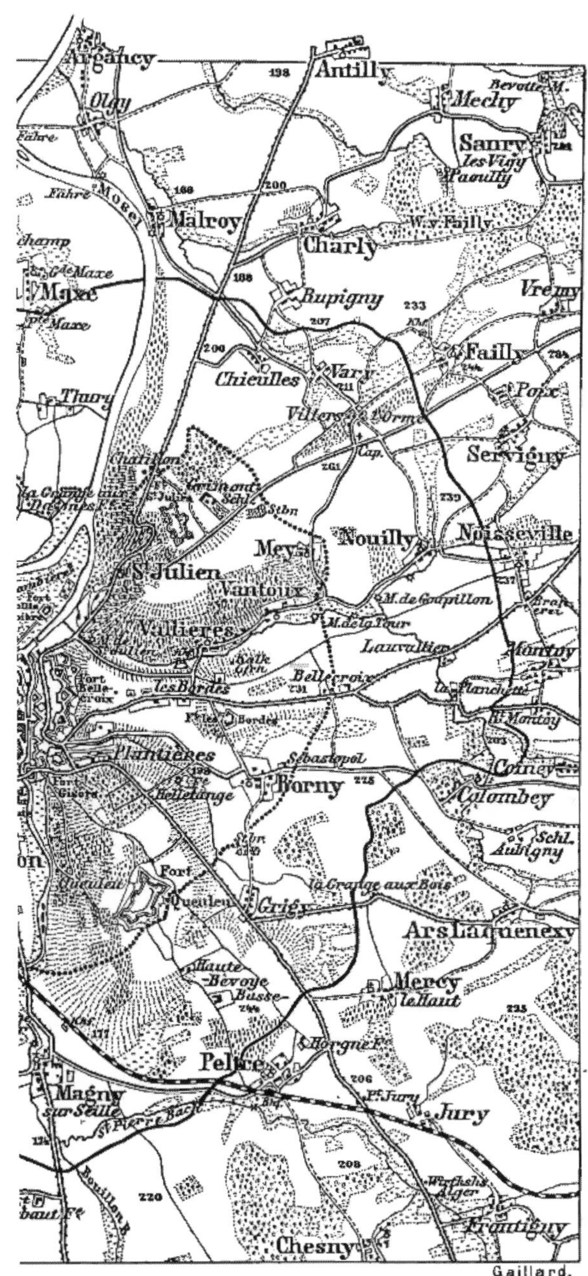
Argancy
Antilly
Olgy
Mechy
Sanry
Fähre
Malroy
Charly
Maxe
Rupigny
Vremy
Failly
Chieulles
Vany
Poix
Villers l'Orme
Servigny
Thury
Chatillon
St Julien
Nouilly
Noisseville
Mey
Vantoux
M. de Goupillon
Villers
M. de la Tour
Lauvallier
Montoy
Bellecroix
Les Bordes
La Planchette
Plantières
Sebastopol
Borny
Coincy
Colombey
Belletange
Aubigny
Fort Queuleu
Grigy
La Grange aux Bois
Ars Laquenexy
Mercy le Haut
Haute Bevoye
Basse
Hongne F.
Peltre
Magny sur Seille
Jury
St Pierre Bach
Chesny
Frontigny
Gaillard.

erwartet werden. Die Cernierungs-Armee von Metz besaß deren zwei: die Linie von Courcelles sur Nied, beziehungsweise Remilly, rückwärts bis Saarbrücken und die Linie von Pont à Mousson über Nancy und Luneville bis Hagenau-Weißenburg nach der Pfalz. Letztere fiel aber insofern aus, daß dieselbe nur zur Fortschaffung der Verwundeten benutzt werden durfte, im übrigen aber für die Transporte diente, welche der III. und IV. Armee nachgesandt wurden. Aus diesem Grunde war es nur eine gebieterische Forderung, daß man sofort an die Herstellung einer neuen Verbindungsbahnlinie ging, welche Metz nördlich lassend, von Remilly aus auf Pont à Mousson sich wandte und somit die Verpflegung für alle links der Mosel liegenden Korps uns ermöglichte. Denn die Hauptlinie Saarbrücken-Forbach-Metz konnte unsererseits eben nur bis Remilly benutzt werden, in Ausnahmefällen wurde der Train auch bis Courcelles sur Nied vorgeschoben, und war daher eben nur für die Verpflegung der am rechten Mosel-Ufer lagernden deutschen Truppen von Nutzen. Am 19. August wurde bereits diese neue Zweiglinie geplant, die Studien und Untersuchungen zur Anlegung dieser Bahnstrecke waren bereits einige Jahre früher durch einen höheren Eisenbahnbeamten in aller Stille unternommen worden. 4000 Arbeiter wurden angestellt, um den Bau der zwar nur eingeleisigen aber erhebliche Steigungen überwindenden Bahn zu beschleunigen. Die Feindseligkeit der längs des abgesteckten Bahnkörpers wohnenden Bevölkerung war so groß und vor allem dem Werke hinderlich und schadenbringend, daß diesseits starker militärischer Schutz angewiesen werden mußte. Am 29. August war die neue Bahn in der Hauptsache bereits fertiggestellt, trotzdem dieselbe lange Dammaufschüttungen und mehrere Viadukte und Brücken erfordert hatte.

Doch damit waren noch immer nicht die nötigen Vorarbeiten zu einer wirksamen Einschließung der einstigen „Pucelle“ erschöpft. Den Feind zu beobachten und nach Möglichkeit sein Thun und Treiben einer Kontrolle zu unterwerfen, wurden auch noch an geeigneten Punkten im Kreise rings um Metz Observationsposten eingerichtet, mit Fernrohren ausgestattet und mit Offizieren dauernd besetzt. Berittene Ordonnanzen, zur Überbringung von Meldungen, waren ihnen außerdem noch beigegeben. Solche Observationsposten befanden sich an folgenden Punkten:

1. auf dem Horimont, nordwestlich Fèves;

2. auf dem Turm von Gravelotte;
3. auf einer Höhenkuppe im Bois de Vaux;
4. auf der Höhe von Jussy;
5. auf dem St. Blaise, südöstlich von Jouy-aux-Arches;
6. auf dem Schloßturm von Mercy-le-Haut;
7. auf dem Turm von Noisseville;
8. auf der Kuppe westlich von St. Barbe;
9. bei Argancy (an der Mosel).

Jeder dieser soeben bezeichneten Punkte gestattete einen vollen Einblick in das fruchtbare, weite Thal der Mosel, zum Teil auch auf die Festung und das Innere der Stadt. Der Schilderung eines auf der Höhe von Jussy stationiert gewesenen Offiziers entnehmen wir über den daselbst sich erschließenden Ausblick folgendes: „Die Einschließung hat sich vollzogen und im Großen und Ganzen darf gesagt werden, Metz ist ohne Verkehr mit der Außenwelt. Ich beschränke mich hier darauf, von der Gegend zu sprechen, die zu bewachen der Division übertragen ist, zu der ich gehöre. Es ist der Terrainabschnitt zwischen dem linken Moselufer und der Chaussee Metz-Verdun, vielleicht der interessanteste, da er einmal das mächtige Fort St. Quentin mit einschließt, dann aber auch, weil die Abhänge, an denen unsere Vorposten stehen, die lieblichste Aussicht in das herrliche Moselthal mit seinen Weinbergen, Obstgärten und Villen gewähren. Die Höhen selbst sind jetzt von einer fortlaufenden Antivallationslinie und Geschützemplacements und Redouten gekrönt, hinter denen sich ausgedehnte Laubhüttenlager unserer biwakierenden Truppen zeigen. Bei Anlage dieser durch die Cernierung gebotenen Bauarbeiten mußten leider die Schönheitsrücksichten in den Hintergrund treten und ist manch schöner Baum gefallen, um als Verhau dem Feinde die Fahrwege zu versperren, ist manches Blumenbeet von einem Schützengraben durchzogen, auch mancher Wald gelichtet worden, um Material zum Hüttenbau und Kochholz zu liefern. Es ist hart, aber es muß sein und vor diesem Muß schwinden alle Rücksichten.

„In der vordersten Linie der Vorposten befinden sich einige vorspringende Höhenpunkte, von denen aus die beste Fern- und Übersicht über das vorliegende Metz und seine Werke zu gewinnen ist.

„Fangen wir im Norden an. Der Horizont nach dieser Richtung hin wird meinem Fernrohr gegenüber durch die Höhe von Plappeville begrenzt, auf der die Franzosen mit vieler Emsigkeit an der Errichtung eines neuen großen Erdwerkes arbeiten; es sind nicht allein Soldaten, sondern auch Civilarbeiter, die thätig sind, die letzteren wahrscheinlich gezwungen. Da der Baugrund zum Teil sehr steinig ist, so wird hier und dort die Erde in Säcken herbeigeschleppt; auf den fertigen Traversen stehen die dirigierenden Offiziere, breitbeinig, die Hände in den Taschen. Von dem Fort Plappeville zieht sich eine von einer neu angelegten Lünette durchbrochene Kommunikation nach dem Fort St. Quentin, das die ganze Umgegend weithin sichtbar dominiert und dessen nach Süden hin belegene Kehle sehr massiv aussieht. Auf dem Glacis des Forts ist immer viel Leben, dem aber das militärisch geordnete Äußere, wie wir es in solchem Falle gewohnt sind, gänzlich mangelt; auf der höchsten Traverse, oder besser einem Cavalier, steht, wenn es nicht zu arg regnet, ein Fernrohr auf dreibeinigem Stativ, durch welches ein Offizier die Stellung unserer Vorposten, soweit sie nicht durch Schluchten und Thäler verdeckt ist, beobachtet. Mittags nach 12 Uhr erfolgt die Ablösung der französischen Vorposten, und kommen dann die Trupps hinter dem Fort herum, um in ihre Positionen zu marschieren. Es scheint, daß ein unserem Fernrohr nicht sichtbares großes Lager zwischen Fort Plappeville und St. Quentin am Ostabhange beider Höhen aufgeschlagen ist.

„Am Fuße des St. Quentin links der Mosel liegen Scy, Chazelles, Lessy, Ruffine, Moulins les Metz und Longeville. Alle Ortschaften, die hier genannt wurden, enthalten Sommerwohnungen und schöne Obstgärten der Metzer haute finance und haute volée und sind im Besitze des Feindes, während die nur wenig davon abgelegenen Dörfer Chatel, Rozerieulles, Jussy, Vaux von uns besetzt sind und die gegenseitigen beati possidentes zu häufigen Neckereien zwischen Dreyse und Chassepot veranlassen. In den vom Feinde besuchten und besetzten Ortschaften zeigt sich derselbe nur in starken Patrouillen, die zeitweise posto fassen und auf bedeutende Entfernungen zu uns herüberknallen, besonders gern nach unserem Observatorium, das aber seine Intregrität bisher bewahrt hat. Hinter diesen Ortschaften nach Osten hin liegt Metz, von seiner mächtigen Kathedrale überragt und endlich gegen den Horizont in derselben Richtung St. Julien mit seinem Fort.

„Bevor wir aber Metz betrachten, müssen wir auf die von Ars sur Moselle über Montigny in einer großen Kurve nach Metz führende Eisen-

10*

bahn sehen. Der Eisenbahndamm bildet bei Montigny eine natürliche Deckung, hinter der größere Truppenmassen in Zelten lagern. Es ist überaus unterhaltend, auf so große Entfernung das französische Lagerleben zu beobachten, denn man sieht und erkennt durchs Fernrohr die einzelnen Personen. Auf den, dem Lager vorliegenden Wiesen weiden Pferde, meist Schimmel, wohl normännischer Abstammung; vor einigen Tagen waren auch einige Rinder auf die Weide geschickt, als wolle man uns damit zeigen, daß die Not noch nicht so groß sei und Bazaine immer noch über Beefsteaks verfüge.

„Von Metz selbst sieht man am besten das auf der Esplanade belegene große Gebäude, soweit ich mich aus eigener Anschauung erinnere, ist es die Artillerieschule. Vor diesem Gebäude stehen ausgedehnte Zelte, anscheinend Lazarette, da die Lagerzelte nicht so groß und auch nicht rund wie diese sind. In die Straßen ist der Einblick durch Wälle und quer vorliegende Gebäude nicht gestattet, wohl aber auf eine sehr starke, frequente Brücke. Auf dieser Brücke bewegen sich elegante Equipagen, wenn auch nur vereinzelt, während die Wagen du service militaire sehr häufig und dann immer sehr eilig sind. Auch Truppenabteilungen ziehen über diese Brücke. Nach Osten hin steigt hinter Metz das Terrain zum Fort St. Julien wieder an, und man sieht deutlich in das nicht unbedeutende Lager auch am Fuße dieser Höhe. Vom Fort St. Julien aus nach Süden hin fällt das Terrain bis zum Moselthale ab, das auf dem rechten Ufer sich zu einer Thalebene erweitert." —

Wie wir der Zusammensetzung und Stellung der deutschen Belagerungsarmee schon einmal gedachten, so erübrigt es noch, einen Blick auf die eingeschlossene Armee Bazaines zu werfen. Die einzelnen Korps derselben hatten am Morgen des 20. August folgende Stellungen inne:

Die Garden (Bourbaki) östlich am Abhange des Mont St. Quentin;
das II. Korps (Frossard) bei Longeville;
" III. " (Leboeuf) bei Plappeville;
" IV. " (L'Admirault) von Lorry bis Tignomont;
" VI. " (Canrobert) von Mosel-Fort bis La Sansonnet.

Wie aus dieser Aufstellung ersichtlich ist, hatte Marschall Leboeuf an Stelle des schwer verwundeten Generals Decaen das Kommando des

III. Korps übernommen. Außer den genannten fünf Korpsführern, welche sich um den Oberbefehlshaber Marschall Bazaine scharten und auch bei allen Beratungen und Beschließungen ihr gewichtiges Wort in die Wagschale zu legen hatten, sind die Generale Changarnier und Coffinières zu erwähnen. Ersterer hatte sich dem Oberkommando gleichsam als Volontär unterstellt, während Coffinières die Stellung eines obersten Kommandanten der Festung Metz bekleidete.

Die Zeit, welche bis zum ersten und wohl auch einzig ernstgemeinten Durchbrechungsversuch Bazaines, der Schlacht bei Noisseville am 31. August, verstrich, wurde hüben und drüben mit Herstellung von Verteidigungsmaßregeln, Rekognoszierungen und unbedeutenden Plänkeleien ausgefüllt. Daß es an interessanten Einzelvorfällen dabei nicht mangelte, braucht wohl kaum betont zu werden. Fast jeder Tag brachte irgend ein Ereignis, eine Neuigkeit und so war die Stimmung unserer Belagerungstruppen, so lange kein anhaltender Regen Gesundheit, Bequemlichkeit und Humor schädigte, eine überaus angeregte und fröhliche. Die furchtbaren Opfer, welche die drei gewaltigen Schlachten vor Metz gefordert hatten, sie waren zwar nicht vergessen, aber neue Ereignisse, frische Eindrücke minderten doch allmählich die schmerzliche Erinnerung. Man pries und ehrte die Toten, doch man trauerte nicht mehr um sie. Es ist überaus fesselnd und anregend, Tagebücher, Briefe und sonstige Aufzeichnungen aus jenen Tagen in und um Metz noch einmal zu durchblättern, welch' eine Fülle lebensfrischer, dramatisch bewegter und charakteristischer Episoden aus diesen kriegerischen Tagen uns darin entrollt werden. Ernst und Frohsinn, Schmerz und Lust wechseln im bunten Durcheinander.

Am Abend des 23. August wurde durch Vorposten des X. Korps ein Mann eingebracht, der den Versuch gemacht hatte, sich durch unsere Linien hindurchzuwinden. Es war der Brauer Johann Friedrich Goeker aus Metz, der voll patriotischer Hingabe sich freiwillig erboten hatte, Nachrichten von Bazaine, chiffrierte Depeschen, an Napoleon sowie den Kriegsminister Palikao gerichtet, durch das deutsche Lager zu schmuggeln. Als Legitimation war ihm ein Schreiben des Generalstabschef Jarras mitgegeben worden. Goeker war beauftragt, seine wichtigen Depeschen an den französischen Gesandten in Luxemburg zu übermitteln. Letzterer war in dem betreffenden Schreiben um Nachrichten über die Stellung der deutschen Truppen ersucht worden. Auf Grund dieses Belastungsmaterials wurde Goeker am 25. August kriegsrechtlich wegen Spionage zum Tode verurteilt, dies Urteil bestätigt und am 27. August durch Erschießen vollstreckt.

In der Nacht zum 25. ging durch einen in unserem Sold stehenden Spion die Nachricht beim Oberkommando der I. Armee ein, daß am kommenden Morgen ein als Franziskanermönch verkleideter Bote versuchen werde, mit gewichtigen Depeschen die deutsche Vorpostenlinie zu durchschreiten. Sofort wurden alle Feldwachen davon benachrichtigt, außerdem eine halbe Schwadron eigens für den Fang des frommen Bruders in Streifkommandos aufgelöst. In der That gelang es, im Walde von Saulny den mit dem roten Kreuz bezeichneten Spion aufzufangen, nachdem derselbe bereits, die Täuschung zu vollenden, mehrere Lazarette besucht hatte. Zwischen den doppelten Sohlen seiner Schuhe fand man drei an Palikao, Trochu und Mac Mahon gerichtete Briefe vor, in welchen der Marschall Bazaine einen verzweifelten Ausfall in Aussicht stellte, für den Fall daß nicht innerhalb der nächsten zehn Tage wirksame Unterstützung ihm zu Teil werde. Bazaine empfahl fernerhin, sämtliche verfügbare Truppen von Paris nach Châlons zu führen und dann mit diesen über Clermont, Dun, Briey nach Metz vorzurücken. Der fromme Franziskaner entging übrigens — aus welchem Grunde ist nicht recht ersichtlich — der standrechtlichen Verurteilung; er wurde einfach als Gefangener nach Spandau mit abgeführt.

Ein festlicher Tag war es für die Cernierungs-Armee, als am 24. August der bereits am Tage zuvor zwischen dem General v. Goeben und dem französischen Oberstlieutenant Fay verabredete und vom Prinzen Friedrich Karl genehmigte Austausch von Gefangenen und Verwundeten stattfand. Gegen 730 deutsche Gefangene wurden bei Moulin les Metz, ebenso eine Anzahl transportfähiger Verwundeter unweit Gripy an deutsche Offiziere übergeben, wofür wir freilich vorläufig nur französische Verwundete nach Metz zurücksenden konnten, da sämtliche Gefangene sich bereits auf dem Wege nach Deutschland befanden. Die Schlacht bei Sedan wie dann auch Noisseville ermöglichte es uns jedoch bald, die eingegangene Schuld wieder quitt zu machen. Daß die aus Metz entlassenen deutschen Gefangenen, welche meist bei Vionville und Gravelotte in französische Hände gefallen waren, Gegenstand allgemeinster Neugierde und des ungeteiltesten Interesses waren, versteht sich von selbst. Die Tage in Metz hatten sie nicht auf Rosen gebettet. „Wir litten Hunger", so schreibt ein 40er, „die schmale Kost reichte nicht aus; dazu gönnte man uns kaum das ohnehin schlechte Wasser; nur Ratten, Mäuse und Fledermäuse hatte unsere Kasematte im Überfluß. Insektenpulver erhielten wir acht Pfund, aber es versagte den Dienst. Es gab eben viel zu bekämpfen. Dazu dumpfig schlechtes Lager auf Pritsche und Strohsack; mißtrauische und pöbelhafte Bewachung. Wir waren einfach Arrestanten. Ruhrkranke in Menge und kein Arzt. Der nach zehn Tagen zum ersten Male erschienene Doktor (sog. Thierarzt) kurierte mit der Hungerkur. Viele Verwundete waren anwesend und stets ohne Doktor; diese armen Soldaten verbanden wir mit unserem notdürftigen Verbindezeug. Ein Kapitän vom Platz, Namens Lamet, wollte uns alle erschießen lassen; er schlug einzelne sogar, weil sie die Mütze (was ganz wider unsere Instruktion ist) nicht vor ihm abnahmen. Auf die Antwort eines echten Brandenburgers: „Det is bei uns keene Mode nich!" sagte Lamet, er wolle uns dann mit Gewalt dazu zwingen. Unser Zeitvertreib war: Wasser, Zwieback knabbern und schlafen." Aber auch für die Franzosen und die Bevölkerung von Metz waren mit der vollendeten Cernierung die eigentlichen Festtage vorüber, wie sehr man sich auch noch immer bestrebte, von zurückliegenden und bevorstehenden Siegen zu träumen und sich daran zu berauschen. Es wird nicht uninteressant sein, den Aufzeichnungen eines in Metz eingeschlossenen englischen Berichterstatters, Mr. Robinson, zu folgen, welche in trefflicher und höchst charakteristischer Weise jene Tage schildern, die der doppeltägigen Schlacht bei Noisseville, 31. August und 1. September, vorangingen. In diesen Aufzeichnungen heißt es:

„Erschöpft durch die blutigen Kämpfe vom 14., 16. und 18. lagerte am 19. mittags die französische Armee im Halbkreise um Metz her, auf dessen schützende Forts und Wälle sie zurückgeworfen war. Der Mont St. Quentin stand scharf profiliert im Licht der heißen Augustsonne; an seinem Fuße vorüber bewegte sich in langer Kolonne der Zug der Verwundeten: Krankenwagen, Sessel, Bahren, dazwischen die Leichtblessierten gruppenweise zu Fuß. Alles drängte in die Stadt, zumeist den Klöstern und den Kasernen zu. Was in letzteren von Truppen lag, wurde in Zelten untergebracht, um Raum für die Verwundeten zu schaffen, aber alle vorhandenen Lokalitäten reichten nicht annähernd aus und so mußten Baracken-

Hospitäler hergerichtet werden, die sich — denn man hatte nur Stunden zu ihrem Aufbau — durch die denkbar primitivsten Formen auszeichneten. Bretter wurden von zwei Seiten her schräg zusammengestellt, so daß Giebeldächer entstanden, die ein temporäres Unterkommen und leidlichen Schutz gegen Sonne und Regen gewährten. Die Stadt benahm sich musterhaft; patriotisches Gefühl und christliche Barmherzigkeit erwiesen sich gleich lebendig. Tage lang drehte sich alles Thun und Denken um die Verwundeten; Protestant und Katholik, Arm und Reich waren gleich geschäftig, gleich hilfebereit; die Frauen (wie während des ganzen Verlaufs der Belagerung) bewundernswert.

„Als wir endlich Zeit gewannen, wieder einen Blick auf die eigene Lage zu werfen, fiel es uns auf's Herz: „Umstellt! wir sind eingeschlossen." Und doch, es konnte nicht sein. Der Hang nach Selbsttäuschung, der das Erbteil unseres Geschlechts ist, war erfinderisch in Beweisen, daß unsere Lage keineswegs eine hoffnungslose sei. Der ganze Rückzug auf Metz war eine Kriegslist Bazaines und die Preußen, ihrer sonstigen Schlauheit zum Trotz, waren in die Falle gegangen. Mac Mahon, mit einem Ersatzheer, das wir beliebig auf 100000 Mann oder auch auf das Doppelte und Dreifache berechneten, war im Anzug; Prinz Friedrich Karl zwischen zwei Feuern; Frankreich in Erhebung bis auf den letzten Mann; kein Deutscher (dessen waren wir in unsern enthusiastischen Augenblicken sicher) werde je wieder, heimatwärts, den Rhein überschreiten. „Denken wir an Anno 93! Erinnern wir uns der Antwort, die damals Frankreich dem Herzog von Braunschweig gab. Machen wir uns gegenwärtig, daß das damalige Paris drei Wochen lang 2000 Freiwillige täglich gegen den Feind schickte; erinnern wir uns des großen Tages von Valmy!" So hieß es in jedem Gespräch, das an jeder Ecke und in jedem Café geführt wurde.

„Aber, wie das zu sein pflegt, nüchterne Erwägungen gingen nebenher und am 24., genau an dem Tage, an dem unsere Hoffnung auf der Höhe stand und wir jede Minute den ersten Kanonenschuß Mac Mahons zu hören gewärtigten, an eben diesem Tage hielten „Mssrs. les Messins" eine große Versammlung im Stadthause ab, in der eine „Bombardements-Versicherungsgesellschaft" gegründet werden sollte. Man konnte sich über 5 oder 10 Procent nicht einigen und ließ, nach heftigster Debatte, das ganze Unternehmen fallen, weil ein feiner Kopf inzwischen die Frage angeregt hatte, ob durch eine solche Versicherungsgesellschaft von durchaus privatem Charakter nicht die später an den Staat zu erhebenden Ansprüche jedes Einzelnen kompromittiert werden könnten.

„Zwei Tage darauf, am 26., kulminierte die frohe Erwartung jedes Einzelnen. Im Lager zeigte sich Bewegung und gleich darauf hieß es: „das Korps Frossard marschiert bis in Höhe von Fort St. Julien und hat Ordre, den Fluß zu überschreiten.“ Diese Nachricht hätte die Metzer elektrisiert, auch wenn jedes andere Korps zu diesem Marsche beordert worden wäre; daß es aber das Korps Frossard war, hatte doch noch eine ganz besondere Bedeutung. Frossard hatte Saarbrücken genommen, hatte den ersten großen Stoß bei Spicheren, dann den zweiten bei Vionville, endlich den dritten bei Rozericulles und Ruffy auszuhalten gehabt, er war deshalb zu einer Art Kriegsmesser — zu einem Bellometer, wie die Metzer sagten — geworden, und Frossard in Front bedeutete so viel wie Wiederaufnahme des Kampfes. Wiederaufnahme des Kampfes aber hieß: Vereinigung mit Mac Mahon, Sieg, Freiheit!

„Alle diese Träume sollten Träume bleiben, und in der That gleich die ersten Stunden stellten dem Unternehmen ein wenig günstiges Horoskop. Es begann zu regnen, erst mäßig, dann heftig, dann fiel es wie in Strömen vom Himmel. Von der Höhe von Plappeville hernieder stiegen zwei unserer Divisionen; um Montigny herum wand sich eine lange Kavallerie-Kolonne; das Wasser spritzte auf, die Hufe der Pferde versanken in dem aufgeweichten Boden. Endlich war die Mosel überschritten, etwa in Stärke von zwei Korps hielten die Unseren an den lehmigen Abhängen von St. Julien, Front gegen den Feind. So standen sie dreizehn Stunden ohne sich zu rühren; der Regen klatschte nieder; dann kam Ordre in das Lager am linken Moselufer zurückzumarschieren. Und so geschah es. Aber was die ermüdeten Regimenter am Morgen des 27. auf ihrer alten Lagerstätte vorfanden, das waren Pfützen, in denen sie nun die 24 Stunden zuvor abgebrochenen Zelte wieder aufzuschlagen hatten.

„Diese Rückkehr ins alte Lager war die Folge eines Kriegsratsbeschlusses, der am 26. nachmittags in Schloß Grimont gefaßt worden war. Alle Korpskommandeure und die Chefs der Specialwaffen waren zugegen. Man kam überein, die Armee im verschanzten Lager von Metz zu belassen und fortan durch Unternehmungen des kleinen Kriegs die Kräfte der zur Einschließung verwendeten deutschen Truppen aufzureiben. Die Motive zu dieser Beschlußfassung waren mannigfacher Art. Unter andern war auch geltend gemacht worden, daß die Witterungsverhältnisse (der Regen) einem Durchbrechungsversuche nicht günstig seien.

„Was das wahrhafte Motiv dieses Aufgebens der Offensive und der Rückkehr ins Lager am linken Moselufer war, wird vielleicht niemals aufgeklärt werden. Nur Vermutungen sind darüber gestattet. Es scheint, daß schon zu einem so frühen Zeitpunkt, wie der 26. August, Bazaine entschlossen war, in Metz zu bleiben und seine Chancen abzuwarten. Nur durch Andere sah er zuweilen seine Pläne durchkreuzt und sich selber (wenn auch nur vorübergehend) zu Konzessionen gezwungen. Eine solche Konzession war auch die Truppenkonzentration bei Fort St. Julien am 26. August. General Coffinières hatte all die Zeit über darauf gedrungen, „das Erscheinen Mac Mahons nicht abzuwarten, sondern ihm entgegenzugehen" und selbst noch während des auf Schloß Grimont abgehaltenen Kriegsrathes scheint er, im Gegensatz zu der Mehrzahl der Generale, für Durchbrechung der feindlichen Linie gesprochen zu haben. Der Antagonismus zwischen Bazaine und Coffinières, der später ein öffentliches Geheimnis und von den Gegnern selbst so gut wie zugestanden war, trat schon in den ersten Wochen der Belagerung hervor und wurde wahrscheinlich in jener Kriegsratssitzung auf Schloß Grimont geboren. Bazaine war nicht der Mann, entgegenstehenden Ansichten, zumal wenn sie die Kreise seines Ehrgeizes störten, ein williges Gehör zu leihen.

„Alles, was auf Schloß Grimont vorging, blieb uns, bis mindestens zum nächsten Tage (wo die Rückkehr des Frossardschen und Leboeufschen Korps ins alte Lager die beredteste Sprache führte), ein Geheimnis und so waren dieselben Stunden, die unseren bis auf die Haut durchnäßten Truppen am Abhange des Fort St. Julien so unbehaglich wie nur möglich vergingen, für uns Zurückgebliebene und Caféhausgeschützte so ziemlich die hoffnungsreichsten und heitersten, die wir in den 70 Tagen der Metzer Belagerung erlebten. Die Stadt fieberte vor Aufregung, aber es war die Aufregung wie vor einem Fest. Extrablätter wurden ausgegeben, jede Stunde ein neues, und als um 9 Uhr die bis dahin überfüllten öffentlichen Lokale geschlossen wurden, war jede Straßenecke ein Versammlungspunkt, wo bis in die Nacht hinein politisiert wurde. Ein Chasseur war angekommen (dies war wahr), er hatte die ganze Strecke zwischen Verdun und Metz verhängten Zügels zurückgelegt (dies war halb wahr). Mac Mahon, so sagte er aus, habe am 25. Verdun erreicht und den Preußen eine entscheidende Niederlage beigebracht; enorme Verluste, fünf preußische Generale gefangen genommen, 140 Kanonen erobert. Auf der ganzen Strecke zwischen Verdun und Metz sei er keinem einzigen Preußen begegnet. So weit sein Bericht. Da er verdurstet war und ein lebhaftes Verlangen nach kaltem Grog zu erkennen gab, so wurde für ihn gesammelt, was ihm seinerseits immer erneute Veranlassung gab, uns zu erzählen, was und so viel wir hören wollten. Es ging Zug um Zug; für jedes Glas Grog eine Gemetzel mehr. Endlich wurde er zum General Coffinières geführt, einem strengen Examen unterworfen, dann eingesperrt und nach drei Wochen vor ein Kriegsgericht gestellt, das ihn zu drei Monat Festungsarbeit verurteilte. Das war das Ende unseres Chasseurs.

„Am 26. abends indes lagen alle die entsprechenden Aufklärungen noch fern, wir glaubten an den großen Sieg bei Verdun, der Moment unserer Befreiung schien nahe und ich begab mich zum großen Postamt, um anzufragen, ob es möglich sein werde, folgenden Tages einen Brief zu befördern. Man antwortete „ja"; um 7 Uhr früh werde expediert, Briefe, die mitsollten, müßten bis um 6 Uhr eingeliefert sein. Sie gaben mir die Antwort bona fide; sie glaubten es wirklich.

„Kaum hatte sich die Nachricht in der Stadt — die seit dem 17. ohne allen Verkehr mit der Außenwelt war — verbreitet, daß am nächsten Morgen Briefe befördert würden, so setzte sich alles an den Schreibtisch. Ich meinerseits schrieb die ganze Nacht, stand um 6 Uhr früh am Schalter und sah hier Scenen, wie ich sie selbst bei Prozessionen und erstem Auftreten von Primadonnen kaum erlebt habe. In der engen Gasse — große Postämter sind immer in Gassen — drängten sich Tausende; Bitten und Schreien, Beschwörungen und Verwünschungen, — wohl dem, der eine breite Brust und spitze Ellenbogen hatte; nur mit der Flanke war hier vorzudringen. Endlich war ich an den Kasten heran und der Brief hinein. Was aus ihm geworden ist, habe ich nie erfahren; in England jedenfalls ist er nicht angekommen. Ich unterhalte einen starken Verdacht, daß er, wie die übrigen Briefe, einer Musterung unterworfen wurde, an die keiner der Schreiber während der geopferten Nachtstunden gedacht hatte. Um das

Metzer Postamt jener Wochen und Monate sind Geheimnisse her, die wenig Aussicht haben, jemals gelöst zu werden.

„An einem dieser letzten Augusttage, ich weiß nicht mehr genau an welchem, schnitten uns die Preußen den Wasserzufluß ab, der, wie in alten Römertagen und teilweise unter Benutzung des alten Aquädukts, von Gorze her in die Stadt geführt wurde. Die Verlegenheit war groß, aber nur momentan. General Coffinières wußte Hilfe zu schaffen, ließ, mit Hilfe dreier Dampfmaschinen, das Moselwasser bei Pont des Roches in große bereits vorhandene Reservoirs hineinpumpen, staute das Wasser der Seille auf und wußte aus dem in Strömen herabfallenden Regen, den er in Cisternen auffangen ließ, wenigstens diesen einen Vorteil zu ziehen. Die Umsicht, mit der General Coffinières dabei verfuhr, gab mir ein großes Vertrauen zu diesem Mann, das er nach dem Geist und guten Willen, den er besaß, vielleicht gerechtfertigt hätte, wenn er zugleich von einem größeren Selbstvertrauen erfüllt gewesen wäre. Unter ihm hätte Metz noch Wochen, vielleicht noch Monate lang ausgehalten, und wie anders wäre dieser Krieg verlaufen, welche Opfer wären Frankreich erspart worden, wenn die Armee des Prinzen Friedrich Karl nur noch 14 Tage länger an der Mosel festgehalten worden wäre.

„Die Nacht vom 27. auf den 28. August verbrachte ich auf Vorposten bei Montigny und zwar mit einem Trupp der Unsrigen zusammen, die sich einer bei Augny errichteten neuen preußischen Batterie gegenüber, kaum 2000 Schritt in Front derselben, eingegraben hatten. Die Nacht vorher (briefschreibend) nicht geschlafen und nun diese Nacht! Mit Schaudern denk' ich daran zurück. Erst ein Gewitter, daß die Flammen überall aus der Erde aufzuschlagen schienen, — es blitzte gen Himmel, nicht vom Himmel herab. Und dazwischen, mit den Elementen um die Wette, die Schüsse der preußischen Batterie. Endlich schwiegen beide, aber nun fiel der Regen, als würden Kannen ausgegossen; wir standen knietief im Wasser und es war unmöglich, eine Pfeife brennend zu erhalten. Gegen Morgen ließ das Unwetter ein wenig nach, aber es regnete noch immer. Heimkehrend in die Stadt, hört' ich in einem der Wallgräben an der Porte Serpenoise eine Flintensalve. Ich war zu müde, um zu fragen, was es sei; zwei Stunden später hörte ich: ein Spion sei erschossen. Es war während all der Wochen, die ich in Metz zubrachte, die einzige Exekution derart.

„Über diesen Spion habe ich nachträglich Erkundigungen eingezogen und dabei das Folgende erfahren. Der Unglückliche war Nikolaus Schull, ein Ungar von Geburt, in Wien erzogen, in Amerika naturalisiert, wo er lange Zeit als ein Partisan des Kaisers Maximilian gelebt und den Guadeloupe-Orden erhalten hatte. Mager, lang aufgeschossen, mit starkem rotem Backenbart, machte er auf den ersten Blick ganz einen Yankee-Eindruck. Er hatte viel gesehen und viel befahren, war ein Abenteurer, aber ein Mann von Geist und Charakterstärke, nur in seinen Grundsätzen schwach. Er war höchst wahrscheinlich ein Doppelspion, der gegen gute Zahlung ebenso Deutschland an Frankreich, wie Frankreich an Deutschland verraten hatte. Am 10. August, also vier Tage vor dem Erscheinen der Preußen, wurde er im Wagen verhaftet, als er sich eben anschickte, die neuen Erdwerke aufzuzeichnen oder vielleicht nur zu überblicken. Der Beweis seiner Schuld nach dieser Seite hin war und blieb sehr schwach. Was gegen ihn entschied, waren die Papiere und Legitimationszeichen, die bei ihm vorgefunden wurden. Er hatte französische, vom General Ducrot (in Straßburg) und preußische, wie es hieß, von der Mainzer Kommandantur ausgestellte Papiere, die ihm also freie Bewegung hüben und drüben gaben, außerdem führte er eine preußische Erkennungs-Medaille, die ihn als Mitglied des preußischen Aufklärungs-Departements (Intelligence-Department) erkennen ließ und 1000 Francs in Gold mit sich. Auf diese Dinge hin, wozu sich der Verdacht gesellte, die Stärke der französischen Armee bei Weißenburg und Wörth an die Preußen verraten zu haben, wurde er verurteilt und Sonntag, den 28. August, während der Regen vom Himmel fiel, an schon genannter Stelle erschossen. Er starb wie ein Held, nachdem er nur zwei letzte Wünsche geäußert hatte. Diese gingen dahin, daß man ihn anständig begraben und zwei Gebetbücher, die er hatte, an seine Kinder senden möge. Beide Wünsche sind erfüllt worden. Ein einfacher Stein auf dem Chambière-Friedhof zeigt die Stelle, wo er liegt.

„Am 24. waren, wie ich bereits erwähnt, unsere aufs rechte Moselufer geschobenen Korps in die alten Lagerplätze zurückgekehrt und während man seitens derselben bemüht war, sich so gut wie möglich wieder einzurichten, wurden einzelne Scharfschützen-Abteilungen auf das große Plateau von Amanvillers zu detachiert, um wo möglich Fühlung mit dem Feinde zu gewinnen. Denn wiewohl wir uns hier und da unter seinen Kanonen, ja gelegentlich selbst unter seinem Gewehrfeuer befanden, so konnten wir daraus doch nur schlußweise die Existenz eines Feindes feststellen, — zu sehen war er nicht. Er steckte in den zahlreichen Wäldern und Wäldchen, in denen er sich, in Gemäßheit seiner ursprünglich den Polarkreisen entstammten Natur, troglodytenhaft eingenistet hatte.

„Wir sahen ihn nicht, aber desto mehr war er der Gegenstand unserer Unterhaltung und die Epoche leitete sich ein, wo die hundertfältig variierte Geschichte vom „grausamen Preußen“ und „tapferen Franzosen“ das Entzücken jeder Caféhaus- und Wachtfeuer-Versammlung zu bilden begann. Alle die alten »irish bulls« wurden wieder lebendig, nur national gemodelt, und der „Chasseur zu Fuß,“ der sechs Ulanen umringt und eingefangen hatte, war schon innerhalb der ersten 10 Tage eine stehende Figur. Aber auch Harmloseres, in dem sich die liebenswürdigste Seite der Franzosen, ihr heiterer Sinn und der bei aller Eitelkeit doch vorhandene Hang zur Selbstpersiflage aussprach, lief dazwischen und so entsinne ich mich, wie die Schilderung einer „Kavallerie-Attacke“, die von einem Kompagnie-Komiker mit reizend outrierter Ernsthaftigkeit vorgetragen wurde, uns alle amüsierte. Der Gegenstand des Angriffs war eine alte, in ihrem Beruf emsig beschäftigte Waschfrau, die sich plötzlich am Seille-Ufer einem gefürchteten Ulanen gegenüber sah. Sie sinkt in die Kniee, sie hebt die Hände gen Himmel, sie beschwört, — umsonst, weder ihr Alter noch ihre Häßlichkeit scheinen sie beschützen zu sollen. Wie ein Rasender dringt der aus dem Sattel Gesprungene auf sie ein, den Säbel aus der Scheide, noch ein Augenblick und . . . Nein, die Scene hat sich verändert. Mit der Linken ein neben ihr liegendes Stück Seife aufnehmend, dem die ganze Attacke gegolten hatte, teilt er das Stück mit Hilfe seiner gezückten Waffe in zwei Teile, reicht der alten Frau die eine Hälfte, steckt die andere Hälfte auf seine Säbelspitze und — jagt grüßend von dannen.

„Diese kleinen Vorkommnisse unterhielten uns mehr, als sich der inmitten eines freien geistigen Verkehrs Stehende nur irgendwie vorstellen kann. Wir hatten keine Briefe; unsere neuesten Tagesblätter brachten nichts Neues; so waren uns Anekdoten, gleichviel ob erlebt oder erfunden, hoch willkommen; sie hielten uns bei Laune und bewahrten uns vor Zänkereien und malcontentem Gerede.

„Im Übrigen war das Wenige von Zerstreuung und Erheiterung, das diese Dinge gewährten, uns wohl zu gönnen, denn wir hatten gleichzeitig den Anblick von viel Traurigem. Die armen Verwundeten! Zu Hunderten fielen sie der Unbill des Wetters zum Opfer. In den Zeltlazaretten auf Ile de Saucly kam das Wasser oben vom Himmel und unten von der Mosel gleichmäßig über sie. Die Zelte wurden weggeschwemmt und mancher Amputierte ertrank auf seinem Strohlager, ehe man ihn retten konnte. Auch die Insel Chambière hatte eine Zeltlazarett und der monotone Schlag des Regens, der erst auf das Segeltuch-Dach und dann endlos, von Sekunde zu Sekunde, in einzelnen Tropfen auf die Betten fiel, brachte die Dabeistehenden halb von Sinnen, während die ohnehin nervenerregten Kranken geradezu daran zu Grunde gingen.

„So war es in den letzten Tagen des August. Da klärte sich das Wetter auf; die heiße Sonne trocknete rasch die Wege und am 30. August — im Gegensatz zu den Beschlüssen, die am 26. auf Schloß Grimont gefaßt worden waren — ging den einzelnen Korps erneute Weisung zu, sich marsch- und schlagfertig zu machen. Wir waren thöricht genug, allem zum Trotz, was wir bis dahin schon erlebt hatten, noch einmal unsere Hoffnung aufflackern zu lassen. Freilich zum letzten Mal. Der nächste Tag brachte die Schlacht bei Noisseville, der dann folgende unsere abermalige Rückkehr ins „alte Lager". Von da ab kannten wir unser Loos." —

Sechstes Kapitel.

Dispositionen des Marschall Bazaine für einen Durchbrechungsversuch. — Mac Mahon entsendet einen Spion nach Metz. — General von Manteuffel meldet die Bewegungen des Feindes. — Bazaines Plan für eine Eroberung des Plateaus von St. Barbe. — Zusammensetzung der Division Kummer. — Diesseitige Besetzung des rechten Moselufers am 31. August. — Der Feind besetzt Noilly und die Brasserie. — Der Kampf um St. Poix und Servigny. — Fortsetzung der Schlacht am 1. September. — Der Feind wird auf allen Punkten geworfen und flüchtet nach Metz. — Bazaines Meldung von der verlorenen Schlacht. — Verluste hüben und drüben. — Stimmung in Metz nach dem vereitelten Durchbrechungsversuch. — Luftballons als Verkehrsmittel.

Am 25. August hatte Marschall Bazaine den Entschluß gefaßt, für den nächsten Tag sämtliche französische Korps der Rhein-Armee am rechten Ufer der Mosel zu konzentrieren und dann die deutschen Stellungen in Front wie bei St. Barbe anzugreifen. Diesem Plane gemäß ergingen an alle Korps die entsprechenden Dispositionen. Am 26. August, die Korps hatten bereits alle Stellung am rechten Ufer genommen, erhob sich ein furchtbares Unwetter, so daß Bazaine zur Mittagsstunde sämtliche Kommandeure und die Chefs der Specialwaffen zu einer Beratung in Schloß Grimont versammelte, wobei beschlossen ward, den Durchbrechungsversuch aufzugeben und alle Korps in das befestigte Lager am linken Moselufer zurückkehren zu lassen. Zugleich beschloß man, die deutschen Armeeen fortwährend durch kleinere Unternehmungen zu beunruhigen. In den nächstfolgenden Tagen geschah jedoch auch in dieser Hinsicht nichts, das Wetter zeigte wenig günstige Veränderung, und so unterblieben auch die gegen Peltre und St. Thibault Ferme angeordneten Vorstöße. Man begnügte sich damit, die Befestigungsarbeiten der Deutschen durch Granatfeuer zu belästigen, Foura-

gierungen in der allernächsten Umgebung von Metz ins Werk zu setzen und besonders bei Nacht einen stärkeren Patrouillengang zu unterhalten. Daß ein Angriff des deutschen Lagers für die nächste Zeit trotzdem ins Auge gefaßt war, geht aus dem Tagesbefehl vom 28. August hervor, wonach die Truppen jederzeit mit dreitägigem Mundvorrat versehen sollten werden.

Es war am 30. August, als früh morgens ein Spion im Hauptquartier Bazaines zu Ban St. Martin eintraf, der folgende Depesche Mac Mahons überbrachte: „Ich bin in Rheims (22. August) und marschiere auf Montmedy; übermorgen, am 24., werde ich an der Aisne stehen und dann nach den Verhältnissen so operieren, daß ich Ihnen Hilfe bringe.“ Auf diese Nachricht hin beschloß Bazaine, den Durchbrechungsversuch wieder aufzunehmen, zumal er auch in Erfahrung gebracht hatte, daß zwei deutsche Korps westwärts Mac Mahon entgegenmarschiert seien. Am Abend des 30. August ging daher allen Korps die Meldung zu: „daß man am folgenden Morgen die deutsche Position bei St. Barbe auf Grundlage der am 25. August zu gleichem Zwecke erteilten Disposition angreifen wolle“. Dieser Armeebefehl führte zur Schlacht bei Noisseville.

Generalmajor v. Stiehle.

Geräuschvolles Treiben und wiederholtes Erklingen von Militärmusik in den Stellungen der eingeschlossenen Armee hatte schon am Abend des 30. August die Aufmerksamkeit der preußischen Beobachtungsposten erregt. In den Frühstunden des 31. wiederholten sich diese auffallenden Vorgänge und beim ersten Morgengrauen wurde eine lebhafte Bewegung in den zum

Teil noch in Nebel gehüllten Lagern bemerkbar. Bei zunehmender Tageshelle sah man, daß westlich der Mosel einige Lagerstellen geräumt waren, daß zahlreiche Truppen beim Fort St. Julien versammelt standen, und andere vom linken Ufer aus dorthin nachrückten. Infolge dieser Wahrnehmungen war anfangs nur die 1. Infanterie-Division alarmiert worden, bald jedoch ließ General v. Manteuffel sein gesamtes I. Korps in die bestimmten Gefechtsstellungen einrücken. Um 8 Uhr sandte er dann an den Oberbefehlshaber der I. Armee, General v. Steinmetz, folgende telegraphische Meldung: „Auf feindlicher Seite große Bewegung; starke Kolonnen bedecken die Straße von Metz nach Bellecroix. Achtzehn Geschütze hinter Bellecroix sichtbar; etwa zehn Schwadronen marschieren zwischen Vantoux und der Straße Metz-Poix gegen St. Barbe. Es ist alarmiert." Zwei Stunden später lief von General v. Manteuffel nachstehendes Telegramm im Hauptquartier der Einschließungsarmee ein: „Der Feind entwickelt zwischen den Straßen Metz-Saarlouis und Metz-Poix anscheinend seine ganze Armee. Das I. Armeekorps hat seine Stellungen besetzt." Prinz Friedrich Karl, welcher schon im Laufe der früheren Morgenstunden durch die Berichte der Beobachtungsposten von den Vorgängen im feindlichen Lager in Kenntnis gesetzt worden war, hatte inzwischen bereits die nötigen Anweisungen und Befehle erteilt, und begab sich um $10^1/_4$ Uhr in Begleitung des Generalstabschefs der II. Armee, Generalmajor v. Stiehle, einem der genialsten und kenntnisreichsten Offiziere der preußischen Armee, auf die Höhe des Horimont bei Fèves, um von dort aus die weitere Entwickelung der Dinge zu beobachten.

Der Plan des Marschall Bazaine ging dahin, das Plateau von St. Barbe zu gewinnen und dann mit linker Schwenkung vielleicht Thionville zu erreichen. Nur die auf Vorposten befindlichen 10 Bataillone, außerdem die Division Castagny des III. und die Division Laveaucoupet des II. Korps sollten in Metz verbleiben. Der Aufmarsch der einzelnen Korps war folgendermaßen bestimmt worden:

VI. Korps (Canrobert) von der Mosel bis Villers l'Orme,
IV. " (L'Admirault) rechts daneben à cheval der Straße St. Barbe;
III. " (Leboeuf) noch weiter rechts daneben bis zu der nach Saarlouis führenden Straße.

In Reserve verblieben die Garden am linken, das II. Korps (Frossard) am rechten Flügel.

Der Aufmarsch der einzelnen Korps gestaltete sich jedoch nicht mit jener Präzision, wie es der geplante Angriff bedurfte. Während das II. und III. Korps bereits am Morgen gefechtsbereit standen, rückten die übrigen Korps langsam nach einander in die vorgeschriebenen Stellungen — zuletzt, um $2^1/_2$ Uhr nachmittags, die Garden, da die Toilette ihres Kommandeurs, des schönen Weiberhelden General Bourbaki, eine Beschleunigung nicht gut zuließ. So gewannen wir Zeit und Gelegenheit, unsere entfernt stehenden Truppen teils näher an das Moselufer zu ziehen, teils den Fluß überschreiten zu lassen. Staffelweise standen diejenigen unserer Divisionen, welche an dem später entbrennenden Kampfe nur in geringem Maße Teil nahmen, nordwärts Metz an beiden Flußufern hin, um einen etwaigen Durchbruch nach Thionville zu vereiteln. Aber unsere Korps ließen es erst gar nicht bis zum Durchbruch kommen. Am Abend des nächsten Tages war die Rhein-Armee wieder unter schweren Verlusten hüben wie drüben hinter die Wälle der stolzen Feste geworfen worden.

Auf dem rechten Moselufer hatten unsererseits bisher nur von Cernierungstruppen das I. Korps, die 3. Kavallerie-Division und die Brigade Woyna (VII. Korps) gestanden. Am 25. August war zu diesen Truppenteilen noch als eine erhebliche Verstärkung die 3. Reserve-Division, Generalleutenant v. Kummer, zugestoßen. Diese Division setzte sich zusammen:

Kombinierte Linien-Infanterie-Brigade: Generalmajor v. Blankensee,

Posensche Landwehr-Brigade: Oberst v. Gilsa,

Westpreußische Landwehr-Brigade: Generalmajor v. Ruville,

4 Reserve-Kavallerie-Regimenter, 36 Geschütze.

Den 31. August, 4 Uhr nachmittags, hatten unsere Truppen, abgesehen von der Cernierung auf dem linken Ufer der Mosel, auf dem rechten Ufer einen doppelten Halbkreis gezogen, der jedes Durchbrechen des Gegners vereiteln sollte. Der innere Halbkreis war, wie folgt, besetzt:

Malroy-Charly: Brigade Blankensee (Reg. 19 und 81).

Charly-Failly: zeigte eine Lücke, späterhin durch die Landwehr-Division v. Senden ausgefüllt.

Failly-Poix-Servigny-Noisseville: Brigade Gayl (Reg. 1 und 41).

12*

Noisseville-Montoy: 1. und 10. Dragoner-Regiment.

Montoy-Aubigny: Lücke.

Aubigny-Ars Laquenexy-Mercy le Haut: Brigade Zglinitzki (Reg. 5 und 45).

Mercy le Haut-Pouilly: 3. Kavallerie-Division General Graf Groeben.

Der äußere Halbkreis zeigte folgende Besetzung:

Argancy: 6 Bataillone der 20. Division.

Antilly: 25. großh. hessische Division.

Bremy-St. Barbe: rechts Landwehr-Division v. Senden, links Brigade Falkenstein (Reg. 3 und 43).

Retonfay-Flanville: Brigade Memerty (Reg. 4 und 44).

Courcelles sur Nied-Frontigny: Brigade Woyna (Reg. 53 u. 77).

Dies war unsere Doppelstellung, gegen welche um 4 Uhr nachmittags sich der feindliche Angriff richtete, nachdem bereits vorher verschiedene Tirailleurgefechte und Plänkeleien stattgefunden hatten. Diese kleinen Scharmützel hatten sich im Laufe des Vormittags abgespielt. Um 12 Uhr wurde es still und man glaubte bereits, der Feind hätte auf einen Durchbrechungsversuch wieder Verzicht geleistet. Da, um 4 Uhr, eröffnete der Gegner, das III. Korps Leboeuf, ein heftiges Artilleriefeuer auf unsere Division Bentheim (Brigade Gayl und Falkenstein), welche, wie schon oben angeführt, bei Poix-Servigny hielt — Noisseville bildete den linken, Failly den rechten Flügel — auf welchen Donnergruß unsere Divisions-Artillerie prompt und entgegenkommend antwortete. Um freies Schußfeld zu bekommen, gingen darauf sämtliche 4 Batterieen der Division Bentheim 600 Schritt über die Verteidigungslinie hinaus, und nahmen nun auf den Höhen südwestlich der Dörfer Poix und Servigny Stellung. Nicht lange darauf, und die Korps-Artillerie (6 Batterieen) des I. Korps rückten zur Unterstützung heran und postierten sich zu beiden Seiten der bereits im Feuer befindlichen Divisions-Artillerie. Nun entsandte der Feind seine Infanterie. Division Metmann avancierte auf Nouilly, Division Montaudon auf Noisseville.

Das Schlachtterrain zeigt folgendes Bild. Östlich von Metz, 200 Schritt hinter der Ferme Bellecroix, senkt sich die nach Saarlouis führende Chaussee zu einer Thalsohle nieder, die von einem von Süden nach Norden fließenden Bächlein bewässert wird. Jenseit dieses Thales steigt dann der Weg wieder bergan zu dem Plateau St. Barbe. Diesseit des kleinen Thales, immer links hart an der Chaussee, liegt die „Tannerie", jenseits die „Brasserie", und höher hinauf, wo die Chaussee das Plateau berührt, die „Auberge l'Amitié". Unsererseits war die Brasserie und Noisseville als äußerster Vorposten besetzt worden. Brigade Gayl hielt als vorgeschobener rechter Flügel, links etwas zurück Brigade Memerty. Als Reserve verfügten wir vorerst nur über die Brigade Falkenstein. Brigade Zglinitzki und die Reserve-Division Kummer hielten noch zu weit links und rechts ab, um sofort mit in den Kampf eingreifen zu können. — Um 5 Uhr hatte die französische Division Metmann das unbesetzte Nouilly, die Division Montaudon den Terrainabschnitt vor der Brasserie erreicht. Da Marschall Leboeuf allem Anscheine nach ein weiteres Vordringen für die letztgenannte Division nicht für ratsam hielt, vielleicht auch von diesem Entschlusse durch mangelnde bestimmte Weisungen seitens des Oberkommandos abgehalten, so ordnete der eben auf dem Schlachtfelde erscheinende General Changarnier ein weiteres Vorrücken an, worauf die Töten-Brigade unter geschickter Ausnutzung des Schluchtenterrains zum Sturm gegen die Brasserie vorging und dieselbe dann auch siegreich einnahm, wobei unsere kleine tapfere Besatzung (2. Kompagnie 4. Regiments) gefangen genommen wurde.

Durch diese Wegnahme war die Lage unseres 1. Bataillons 1. Regiments (Kronprinz), welches Noisseville besetzt hielt, äußerst bedenklich geworden, zumal auf vorläufige Unterstützung nicht gerechnet werden durfte. Und als nun auch noch durch Abteilungen der Division Metmann ein doppelter Flankenangriff auf Noisseville sich vorbereitete, hielt es die Besatzung für zweckdienlicher, freiwillig den Ort zu räumen. Ungesehen von der Brigade v. Gayl war inzwischen die Brigade Memerty aus ihrer links zurückliegenden Stellung aufgebrochen, in breiter Front gegen den Feind vorgehend. Zwei Bataillone 4. Regiments wandten sich auf Noisseville und die Brasserie, das 44. Regiment auf Montoy. Dieser Doppelangriff scheiterte jedoch. Als man bei Noisseville den Abzug des 1. Bataillons Kronprinz bemerkte, hielt man dies für einen ausgegebenen Befehl, Noisseville freiwillig zu räumen, Montoy aber, das man für kurze Zeit innehielt, dauernd zu besetzen, war ebenfalls unmöglich, da das Korps Leboeuf sich bald zu einem umfassenden und heftigen Angriff unserer Truppen anschickte.

Um 6 Uhr waren Nouilly, die Brasserie und Noisseville in den Händen des überaus tapferen Gegners. Diese Errungenschaften, so bedeutend sie auch schon für Bazaine sein mußten, genügten doch immer noch nicht, den ersehnten und lang geplanten Durchbrechungsversuch auszuführen. Sollte das Plateau von St. Barbe völlig in seinen Besitz gelangen, so mußte erst noch unsere Artillerie-Linie erschüttert werden, vor allem aber unsere Zentrumsstellung Poix-Servigny. Gegen diese wandte sich der entschlossene Feind, bis zum Anbruch der Nacht unter schweren Verlusten hin und her wogend. Division Metmann avancierte gegen unsere linke Flanke, die Divisionen Grenier und Cissey vom IV. Korps l'Admirault gegen die Front unserer Artillerie-Stellung.

Auch dieser Angriff sollte dem unerschrockenen Gegner zuerst gelingen, der trotz unseres vernichtenden Kartätschenfeuers immer wieder vorwärts drängte. Unsere Artillerie, überschüttet von einem Regen von Gewehrkugeln, hielt anfangs tapfer Stand. Da aber jegliche Unterstützung von Infanterie diesseits ausblieb, die herannahende Dunkelheit die weit über die Infanterie-Linie vorgeschobene Stellung unhaltbar machte, der Feind auch einen energischen Massenangriff vorbereitete, so zogen wir es vor, hier den Kampf einzustellen und gesicherte Stellungen südlich und nördlich der Dörfer Poix und Servigny zu nehmen. Der Feind, das Zurückgehen unserer Artillerie bemerkend, ließ sich dadurch nicht in seinem geplanten Massenangriff abhalten, nur daß er jetzt anstatt gegen die Artillerie-Linie, gegen Front und Flanken der eben genannten Dörfer avancierte. Division Garnier wandte sich auf Poix, die Divisionen Cissey und Metmann wandten sich von Noisseville her in die linke Flanke von Servigny. Das Hauptringen, das auch noch durch starkes Feuer aus dem Fort St. Julien unterstützt wurde, entfaltete sich jetzt im hereinbrechenden Dämmerlichte um Servigny.

Zuerst wurden unsererseits die südlich Servigny haltenden Batterieen zurückgezogen, dann gab man auch den daselbst belegenen, durch Infanterie-Abteilungen besetzten Friedhof auf. In demselben Augenblicke jedoch, wo der Feind Miene machte, mit stürmender Hand die südliche Dorflisière zu nehmen, erschienen, uns zur Rettung, zwei Bataillone der bei St. Barbe haltenden Brigade Falkenstein, denen bald noch zwei andere folgten. Nun ging es tambour battant, untermischt von Teilen der bereits seit länger als drei Stunden im Gefechte stehenden Brigade v. Gayl, vorwärts gegen den Feind, worauf wir den kurz zuvor erst verlassenen Friedhof wieder besetzten. Der Angriff auf Poix war ebenfalls diesseits abgeschlagen worden. Inzwischen war es dunkel geworden. Der Feind hatte sich auf allen Punkten zurückgezogen. Unsere Soldaten harrten noch bis 9 Uhr jenseit der Dörfer Poix und Servigny. Als sich nichts regte, zogen sie sich langsam hinter die Verteidigungslinie zurück. Trotzdem sollte es noch einmal heute zu Thätlichkeiten kommen.

In Servigny hielt das 2. Bataillon vom 1. Regiment. Kleinere Abteilungen vom 41. und 43. Regimente hatten sich ebenfalls in und dicht bei dem Dorfe festgesetzt. Nach und nach trafen noch mehrere kleinere Trupps ein. Als um 10 Uhr sich in der herrschenden Dunkelheit abermals eine Kolonne Krieger von Westen her näherte, glaubte man auch diese für zurückgehende befreundete Trupps halten zu dürfen. Aber es war der Feind, der sich geräuschlos und behutsam bis zur Dorfgrenze herangeschoben hatte. Und nun auf einmal bricht der unkenntbare Knäuel Gegner mit Bajonettangriff auf unsere Schützenlinie, unsere Vorposten ein, die überrascht, erschrocken und erstaunt zugleich, zurückweichen. Ein blutiges, lautloses Ringen entspinnt sich in den Dorfgassen, hinter Zäunen und Bäumen. Kein Schuß, kein Aufblitzen! Nur das Krachen der Kolben, Flüche und Aufschrei hallt durch die stille Nacht. Mann gegen Mann tobt der Kampf. Dann ist das Dorf uns entrissen. Der Feind hat aufs neue einen Sieg errungen. Es ist 10½ Uhr. General v. Bentheim, dem Mitteilung von dem jähen Verlust des Ortes gemacht wird, ordnet einen sofortigen Angriff an. Mit dem Bajonett ist Servigny uns verloren gegangen, mit dem Bajonett soll es wiedergewonnen werden. Um 11 Uhr war Servigny wieder in unserem Besitz.

Was uns der 31. August genommen hatte, sollte uns der 1. September wiedergeben. Für uns konnte die Aufgabe dieses Tages nur die Zurückeroberung der verloren gegangenen Punkte, Noisseville und die Brasserie, sein. Um 4 Uhr morgens stand alles gefechtsbereit. Nun gab General v. Manteuffel Befehl zum Angriff. Division Bentheim und die Brigade Memerty sollten den Feind werfen. Artilleriekampf leitete das Unternehmen ein. Als unsere südöstlich von Servigny aufgefahrenen Batterieen um 7 Uhr Noisseville in Brand geschossen hatten, schien der Zeitpunkt gekommen zu sein, mit stürmender Hand dem Gegner den gestrigen Siegespreis wieder abzuringen. Als jedoch unsere vier vorgesandten Bataillone — das Regiment 43 und das 1. Bataillon Kronprinz — versuchten, von Norden her in Noisseville einzudringen, empfing sie ein solch' verheerendes Feuer des mit drei Regimentern in dem Orte haltenden Gegners, daß unser Angriff ins Stocken geriet. Zwar drangen einige kühne Abteilungen bis zum westlichen Ausgange des Dorfes vor, doch auf die Dauer war es innerhalb des rings sie umtobenden Kreuzfeuers unmöglich, die gewonnene Position zu behaupten, ohnehin auch unsere Artillerie ihre Unterstützung einstellen mußte. So gab man Noisseville wieder frei. Nun beschloß General v. Manteuffel ein Massenfeuer der Artillerie auf Noisseville zu eröffnen, bevor ein neuer Sturm in Scene gesetzt werden sollte. 78 Geschütze fuhren auf und begannen ein rasendes Schnellfeuer auf das von feindlichen Truppen dicht besetzte Noisseville. Um 10 Uhr schwieg die Kanonade. Jetzt durfte man ein neues Vorgehen wagen. Der Feind mußte tief in seiner Stellung erschüttert sein. Und so war es auch. General v. Senden empfing Befehl, mit seinen im Grunde zwischen Servigny und Noisseville haltenden Truppen auf letzteren Ort vorzugehen. Es war dies die Posensche Landwehr-Brigade v. Gilsa. Diese nahm die Tête, das 1. Bataillon Kronprinz setzte sich an den rechten Flügel, Regiment Nr. 43 folgte im zweiten Treffen. Als linker Flügel avancierte die Brigade Memerty. Wohl empfing uns auch jetzt wieder ein heftiges Feuer. Aber das Stocken der Unsrigen währte diesmal nur einen Augenblick. Um 11½ Uhr drangen unsere Bataillone von Osten und Norden her in den Ort ein, eine halbe Stunde später war sowohl Noisseville als auch die Brasserie wieder in unseren Händen. Das Gefecht schwieg auf allen Punkten. Der geschlagene Feind hatte sich wieder hinter die schützenden Wälle seiner Festung zurückgezogen. Er hatte sich durchgängig mit außerordentlicher Bravour geschlagen. Wenn trotzdem der Versuch einer Durchbrechung unseres eisernen Ringes nicht gelang — ein Versuch, der nach Lage der Dinge unter allen Umständen, wenn auch nur für einen Teil der eingeschlossenen Armee gelingen mußte —, so lag dies auch hier wieder an der mangelnden Energie und Haltlosigkeit der französischen Führer, dem Durcheinander der Befehle und Anordnungen, die wie überall so auch hier eine straffe, einheitliche Oberführung vermissen ließen.

Daß der Ausfall am 31. August ein unglückseliger Mißerfolg für die

Rhein-Armee war, hat selbst Bazaine nicht geleugnet. Sowohl an den Kaiser wie an Palikao sandte er am 1. September eine Depesche, die freilich nicht an das Ziel gelangte, und worin es hieß: „Nach einem mit aller Kraft ausgeführten Vorstoß, welcher zu einem zweitägigen Kampfe um St. Barbe herum geführt hat, befinden wir uns im befestigten Lager von Metz, mit wenigen Hilfsquellen für Munition zur Feldartillerie, Fleisch und Schiffszwieback, und da der Platz mit Verwundeten überfüllt ist, in einem nicht befriedigenden Gesundheitszustande. Ungeachtet dieser zahlreichen Kämpfe ist der Geist der Armee gut geblieben. Ich fahre fort, Anstrengungen zu machen, um aus der Lage, in welcher wir uns befinden, herauszukommen. General Decaen ist tot; Verwundete und Kranke ungefähr 18 000." —

Neben dem I. Armeekorps hatte sich vor allem auch die Landwehr-Division Kummer ausgezeichnet, mit einer Bravour, die das höchste Lob der fremden Offiziere einerntete und zu dem alten Ruhm der preußischen Landwehr neuen hinzufügte. Aber auch die anderen Truppenteile hatten sich mit Bravour und Energie geschlagen.

Der Verlust des Feindes betrug nach dem „Journal d'un officier de l'armée du Rhin" an Toten, Verwundeten und Vermißten: 145 Offiziere und 3 397 Unteroffiziere und Soldaten. Unsere Verluste in der zweitägigen Schlacht bei Noisseville bezifferten sich auf:

	Tot.		Verwundet.		Vermißt.	
	Offiz.	Mann.	Offiz.	Mann.	Offiz.	Mann.
I. Korps	22	554	66	1 417	2	231
VII. Korps	—	3	2	22	—	—
IX. Korps	2	38	6	153	—	—
3. Reserve-Division . . .	7	50	18	358	—	11
3. Kavallerie-Division . .	1	1	—	11	—	1
	32	646	92	1 961	2	243

Dies ergiebt einen Gesamtverlust von 126 Offizieren und 2850 Mann, wozu noch als verwundet 2 Stabsärzte kommen. Trophäen und Geschütze wurden weder erbeutet noch eingebüßt. Von höheren Offizieren fielen auf dem Schlachtfelde oder erlagen doch bald ihren Wunden: Oberstlieutenant Freiherr v. Bönigk (1. komb. Posener Landwehr-Reg.); Major v. Arnim (2. ostpreuß. Gren.-Reg. Nr. 3); Major v. Wedell (8. ostpreuß. Inf.-Reg. Nr. 45); Major Poten (Westf. Ulanen-Reg. Nr. 5).

Fast zu derselben Stunde, in welcher auf den Gefilden von Sedan das Geschick der Armee von Châlons besiegelt wurde, scheiterte auch der erste und letzte in größerem Maßstabe unternommene Versuch der französischen Rhein-Armee, die Linien des deutschen Einschließungsheeres zu durchbrechen, teils an dem nur zu fühlbaren Mangel einer straffen und willensstarken Oberleitung, teils aber auch an dem Heldenmute unserer wackeren Truppen. „So war denn“, schreibt Mr. Robinson, der die Schlacht auf französischer Seite mitmachte und dessen Aufzeichnungen wir um so lieber hie und da benutzen, da dieselben sich durch Anschaulichkeit und Unparteilichkeit auszeichnen, „das am 31. August glücklich Begonnene am 1. September, weil es an Einsicht oder gutem Willen gebrach, wieder verloren gegangen. So endigte unser letzter Hoffnungstag in Metz. Unser Vertrauen in die Fähigkeit Bazaines war von da ab völlig tot. Was hatten wir gesehen? Wir sahen eine Armee ohne Einheit des Kommandos sich in Bewegung setzen und diese Bewegung unterbrechen in dem Moment, wo ein Nachtmarsch die Position in unsere Hände gegeben hätte. Wir sahen eine Truppe, nachdem sie einen Tag lang gekämpft und eine Nacht gewacht hatte, ohne Unterstützung gelassen. Wir sahen unseren Sieg, den wir trotz alledem in Händen hielten, nur durch thörichte Ordres weggeschnappt. Das alles war zu viel. Vertrauen kam nicht wieder und als wir schließlich wahrnahmen, daß sich politische Intrigue zu militärischer Unfähigkeit gesellte, war der Moment da, wo wir unseren General en chef weder für ehrlich noch für fähig hielten.“

General-Lieutenant v. Kummer.

Mit der verlorenen Schlacht bei Noisseville war für Metz und seine

Bewohner die letzte Hoffnung auf Befreiung geschwunden. Aber nicht nur das bedrückende Gefühl, über kurz oder lang dem Feinde preisgegeben zu sein, trug zu den seelischen Leiden der Bevölkerung bei, noch mehr vielleicht war es die völlige Absperrung von der Außenwelt, das Aufhören jedes Zuströmens von Neuigkeiten, von Nachrichten von dem, was da draußen ganz Europa in Atem hielt, welches den Zustand bis zur Unerträglichkeit allmählich steigerte. Man hatte sich mit der Zeit daran gewöhnt, statt des frischen Wassers mit dem wenig einladenden Moselwasser fürlieb zu nehmen; was man aber nicht vergessen und überwinden lernte, das war das Abgeschnittensein von jedem geistigen Verkehr. Um so hellere Freude erweckte deshalb die Nachricht, daß unser schon mehrfach citierter Mr. Robinson sich anheischig gemacht hatte, Luftballons anzufertigen, welche es fortan der Einwohnerschaft wie der Besatzung von Metz ermöglichen sollten, wenigstens einen einseitigen Verkehr mit der Außenwelt zu unterhalten. Der unternehmungslustige Engländer schreibt selbst über jene Tage des Enthusiasmus, in welchen die ersten briefbeschwerten Luftsegler aus der Festung hinaus ihre Reise in die weite Welt nahmen: „Schon anfangs September, unmittelbar nach dem gescheiterten Durchbrechungsversuch vom 31. August, entstanden Pläne, dieser Verkehrsnot abzuhelfen. Meinerseits wurden Luftballons proponiert, was angenommen wurde. Ich begann nun damit, Nachforschungen nach dem für unseren Zweck unerläßlichen Material anzustellen: Papier, Kattun, Seide, Kautschuk, Benzin und Terpentingeist, letztere beide um den Kautschuk zu lösen. Auch die Seilerläden wurden besucht, um uns der nötigen Schnüre und Stricke zu versichern. Als Beweis dafür, an wie kleinen Dingen oft die bessere oder schlechtere Ausführung eines Planes hängt, mag angeführt werden, daß uns die Limonaden- und Sodawasserfabrikanten um die Möglichkeit brachten, unsere Ballons mit Wasserstoffgas zu füllen; die starke Nachfrage nach Limonade und Sodawasser hatte zu vorzeitiger Konsumierung aller Salz- und Schwefelsäure geführt, so daß sich die Entwickelung des betreffenden Gases (Hydrogen) aus Zink und Mineralsäure verbot. Hundert ähnliche Hindernisse waren zu überwinden; es glückte aber schließlich doch.

„Die Autoritäten hatten mich förmlichst zum Luftballonfabrikanten ernannt und ein großer Boden in der Artillerie- und Ingenieurschule war mir als Atelier überlassen worden. Schon am 4. September ging ich aus

Werk; nach wenigen Tagen war ein Ballon, der nach Art der Montgolfièren mit verdünnter Luft gefüllt wurde, glücklich hergestellt und eine „erste Auffahrt“ schien sich glücklich bewerkstelligen zu wollen, als einer meiner Arbeiter, in der Hitze des Gefechts, den eben gefüllten, prächtig aufgeblasenen Ballon mit einer Leiter zerstieß. Die Verstimmung war groß; aber neue Arbeit war das beste Mittel, dieser Verstimmung Herr zu werden, und bereits am 12. September konnte in Affichen angekündigt werden, daß man vom 13. September ab im „Bureau de poste aérostatique“ Briefe in Empfang nehmen werde, von denen jeder auf einem Papierstreifen von 2 Zoll Breite und 3¾ Zoll Länge geschrieben sein müsse. Inhalt: „ich lebe noch und befinde mich gut oder schlecht.“ Eine enorme Zahl von Briefen ging ein. Vorerst konnten nur 8000 befördert werden, die hundertweise zusammengebunden wurden; alle zusammen in einer Kautschukhülle, an der äußerlich folgende Notiz befestigt war: „Derjenige, der dies Packet findet und es gegen eine Empfangsbescheinigung bei einem Postamte abliefert, erhält gegen Vorzeigung dieser Bescheinigung eine Belohnung von 100 Francs. Divisionsgeneral Coffinières.“ Nun wurden die Stricke gelöst und siehe da, unter ungeheurem Jubel der ganzen Bevölkerung und unter dem beständigen Rufen „bon voyage“, stieg der Ballon in die Luft. Von hohen Punkten aus konnten wir ihm lange folgen; mit der Schnelligkeit von 7 deutschen Meilen die Stunde steuerte er südwärts auf Vesoul und Besançon zu. Alles war voll Dank; auch die Autoritäten gaben dadurch ihre Zufriedenheit zu erkennen, daß sie mir und meinen Mitarbeitern statt des großen Bodens den Manöversaal einräumten. Sofort schritten wir zur Herstellung neuer Ballons. Unser Verfahren dabei mag in Kürze beschrieben sein.

„Auf langen Tischen waren Muslinfahnen ausgebreitet, auf die wir zunächst Papier aufklebten. Sobald alles trocken war, gaben wir dem Papier zwei Collodium-Überzüge und schnitten nun die hergerichteten großen Fahnen in Stücke, wie sie zur Formung eines Ballons nötig waren. Nun klebten wir diese einzelnen Stücke zusammen, derart, daß der Muslin die Außenseite bildete. Der so hergestellte Ballon wurde mit Hilfe eines großen Blasebalgs einfach aufgeblasen und mit einer luftdichten Masse überzogen. Eine Mischung von Leim, gekochtem Oel und Glycerin hatten wir schließlich als bestes Anstrichsmaterial festgestellt. Nach diesem Anstrich war der

Ballon fertig, es fehlte dann aber nur noch die Füllung mit verdünnter Luft, um ihn steigen zu lassen. Unsere Geschicklichkeit wuchs so schnell, daß wir alsbald im Stande waren, täglich einen Ballon herzustellen. Da wir demselben, über die anfänglichen drei Meter hinaus, bald einen Durchmesser von fünf Meter gaben, so vermochten wir in der Regel 25 000 Briefe aufsteigen zu lassen. Wie viele von der enormen Gesamtsumme der expedierten Briefe (150 000) ihren Bestimmungsort erreicht haben, vermag ich nicht zu sagen; — wohl kaum der vierte Teil, denn Wind und Wetter waren uns nicht immer günstig und die Preußen außerordentlich auf der Hut. Bei einer bestimmten Gelegenheit ließen wir, am Ballon befestigt, ein Bauer mit Brieftauben aufsteigen, an deren Hals ein Zettel hing: „wer diese Taube mit Nachrichten zurückschickt, erhält 100 Francs"; aber das Schicksal dieser armen Tiere war, in einer preußischen — Taubenpastete unterzugehen. Die Belagerer sandten uns anderen Tages schon einen Parlamentär mit der kurzen Notiz: „Besten Dank; sie waren weich und schmackhaft."

„An solchen Zwischenfällen war kein Mangel, aber unser Eifer blieb unausgesetzt derselbe, bis wir (und vielleicht speziell ich) Ende September mit unserem ganzen Plan in Ungnade fielen. Die Preußen schickten einen Teil der in ihre Hände gefallenen Korrespondenz an Bazaine zurück, der nun in verschiedenen Briefen, namentlich auch in den meinigen, allerhand Verräterisches finden wollte. Selbstverständlich war dies bloße Vorgabe, um dahinter Groll und Mißmut darüber zu verbergen, daß ein Civilist und Fremder zu einer Art von populärer Figur geworden war. Ich muß dies annehmen, weil es bei solchen allgemeinen Redensarten blieb und nie und nimmer auch nur der Versuch gemacht wurde, mich und meine Korrespondenzen vor Gericht zu stellen. Sie waren eben alle aufs sorglichste unter Vermeidung alles dessen, was als Geheimnis angesehen werden konnte, abgefaßt. Ein Verbot erfolgte nicht geradezu, aber man ließ ein solches wie ein drohendes Gewölk über mir und meinen Genossen schweben und erreichte dadurch, was man wollte: man verdarb uns die Lust an der Arbeit. So wurden Ende September die Post-Ballons aufgegeben.

„Mit dem großen „Rekognoszierungs-Ballon", den wir zu bauen vorhatten, ging es noch minder glücklich. Er kam gar nicht zu Stande. Die Kosten eines solchen, mit dem ich dann selber in Gemeinschaft mit einem französischen Offizier aufsteigen wollte, waren auf 14 000 Francs berechnet worden, eine Summe, die der Marschall ohne weiteres als zu hoch erklärte. Vergebens erboten sich Prinz Murat und der Marquis de la Motte Fenelon den größten Teil dieser Summe zu zahlen, — der Marschall blieb bei seiner Weigerung. Er unterhielt höchst wahrscheinlich damals schon einen mehr oder weniger intimen Verkehr mit dem preußischen Hauptquartier und wollte in seinen Plänen durch nichts gestört werden. Sein Spiel hatte nur einen Zweck und dieser eine Zweck war er selbst.“ —

Siebentes Kapitel.

Leiden und Strapazen unserer Truppen vor Metz. — Prinz Friedrich Karl verlegt sein Hauptquartier nach Corny. — Bazaine fährt fort, uns durch kleinere Gefechte zu beunruhigen. — Ladonchamps, Colombey, Crépy, Peltre und Mercy le Haut werden vom Feinde überfallen und geplündert. — Bericht eines Teilnehmers über den Raubzug gegen Peltre. — Bourbaki begiebt sich in geheimer Mission zur Kaiserin Eugenie. — Der Kampf bei Bellevue am 7. Oktober. — Schilderung eines Augenzeugen über den letzten Ausfall Bazaines. — Beiderseitige Verluste am 7. Oktober. — Ein Lob unserer Landwehr. — General Boyer versucht umsonst günstige Bedingungen für die Rhein-Armee zu vermitteln. — Metz empört sich gegen Bazaine. — Elend und Hunger steigert sich in Metz. — Changarniers erste Verhandlung wegen der Übergabe. — Die Kapitulationsverhandlungen im Schlosse Frescaty. — Die Kapitulationsbedingungen für die Rhein-Armee. — Was mit dem Falle von Metz in unsere Hände kam. — Auszug der Rhein-Armee aus Metz. — Transport der Gefangenen nach Deutschland. — Kronprinz Friedrich Wilhelm und Prinz Friedrich Karl werden zu General-Feldmarschällen ernannt, Moltke in den Grafenstand erhoben. — Armeebefehl König Wilhelms.

Der Aufenthalt für die deutschen Belagerer um Metz war auf die Dauer nicht gerade von Annehmlichkeiten begleitet, zumal andauernde Regenperioden den Gesundheitszustand noch bedenklich erschüttern mußten. Was in den Kräften unserer Verwaltung und Führung lag, ward selbstverständlich aufgeboten, die Lage der Truppen nach Möglichkeit zu verbessern. Anfangs hatten die einzelnen Korps im offenen Biwak und im Laubhüttenlager gelegen, bis sie um die Mitte September so viel als thunlich in schicklich gelegene enge Kantonnements untergebracht wurden. Für die Vorposten und Feldwachen wurden Wetterschirme, Baracken, Laubhütten hergerichtet und außerdem dazu passend gelegene Häuser und Stallungen benutzt; aber trotz alledem mußten die Truppen bei der Ungunst der Witterung entsetzlich viel leiden. Ruhr und Typhus rafften viele dahin; aber diese Krankheiten würden ungleich mehr Opfer noch gefordert haben, wäre nicht diesseits für das Lazarettwesen und die Verpflegung in umfassendster Weise gesorgt worden. In letzterer Beziehung hat es nie gefehlt und die nachhaltigen Lieferungen und Verteilungen von Erbswurst, von Dauer- und frischem Fleisch waren vom günstigsten Einflusse. Als in Elsaß und Lothringen die Rinderpest ausbrach, schien allerdings eine Stockung in der Fleischlieferung einzutreten; da ließ man statt Rindfleisch jetzt Hammelfleisch verteilen und trug dafür Sorge, daß Rinderherden aus Belgien und Holland den Cernierungstruppen zugeführt wurden. Der Bevölkerung und Besatzung von Metz hatte man einen tiefgehenden Schlag versetzt, daß man Ende August die in Gorze entdeckten Wasserleitungen, welche die Festung mit frischem Quellwasser versorgten, zerstörte.

Am 9. September wurde das Hauptquartier des Prinzen Friedrich Karl nach Corny südlich Metz verlegt, wo es auch bis zur Kapitulation verblieb. Hier bewohnte der Prinz das dem Herrn v. Corny gehörige Schloß, das sich mitten in einem herrlichen, bis zum Moselufer hinziehenden Parke befand. In dem Dorfe selbst war auch das große Johanniter-Depot eingerichtet worden. Am 9. September fand auch eine Beschießung des Lagers und der noch vom Feinde besetzt gehaltenen Dörfer vor Metz statt, namentlich in der Richtung des Forts St. Quentin. Dies Artilleriefeuer wurde jedoch vom Feinde nur schwach erwidert. Nach der Schlacht von Noisseville hatte der Gegner sein altes Programm wieder aufgenommen, uns durch kleine Vorpostengefechte immer in Alarm zu halten und zu beunruhigen. Ein bezüglicher Armeebefehl Bazaines besagt selbst darüber: „Das Erste, was man zu diesem Zwecke thun muß, ist, den Feind ohne Unterlaß zu belästigen, für ihn dasjenige zu sein, was die Leute sind, die im Zirkus den Stier aufregen und ermüden, ihn auf unvorhergesehene Weise nach allen Richtungen der Windrose anzugreifen. Dies läßt sich mit leichten Kolonnen thun, die niemals eine Schlappe erleiden werden, da sie ja stets eine sichere Zuflucht hinter den Mauern unserer Festungswerke haben."

„Diese Art von offensiven Rekognoszierungen", sagt Vauban, „werden noch den Vorteil haben, die vom Feinde besetzten Stellen und seine Stärke kennen zu lernen, sie werden die Mittel liefern, ihm Proviant und selbst Kanonen zu nehmen. Sie werden die Thätigkeit und den guten Humor unserer Truppen erhalten und sie die mit dem Kriege unzertrennlichen Übel vergessen machen, endlich auch die Disziplin unter ihnen leichter aufrecht erhalten. Um solche Resultate zu erzielen, ist es notwendig, daß sich unsere Soldaten daran gewöhnen, oft die Nacht zum Tage zu machen und sich ohne unzählbare Wagenmenge zu bergen. Es ist endlich notwendig, daß sie sich mit einer großen Anzahl von Patronen und einem Stückchen Biskuit in ihren Taschen in Bewegung setzen lernen, ohne jede sonstige Vorbereitung, da sie ja niemals lange von ihren Lagern abwesend sein werden."

Diesem Programm entsprachen denn auch die bald größeren, bald kleineren Unternehmungen, welche der Feind gegen unsere Vorposten und die von ihnen besetzten Gehöfte in Scene setzte. Sie gleichen in ihrer verwegenen List und der überraschenden Schnelligkeit den Kriegszügen einzelner Indianerstämme, welche das Lager der verhaßten und gefürchteten Weißen überfallen. In der Hauptsache richteten sich allerdings diese kecken Angriffe mehr auf die Erbeutung von Heu und Stroh für die Pferde in Metz, von Kartoffeln, Salz und besonders Viehherden für die kolossale, hinter den Mauern eingekeilte Menschenmasse. Alles dies suchte man auf den benachbarten, von Preußen besetzten Dörfern, wo man nicht mit Unrecht Aufspeicherung alles in Metz Fehlenden vermutete. Diese Raubzüge trugen bisweilen geradezu ein romantisches Gepräge, trotz der blutigen Opfer für Freund und Feind. Im Allgemeinen entfalteten sie sich alle nach einem Muster. Der Gegner ging in konzentrierten Truppenmassen gegen die Vorposten vor, welche in solchem Falle die ausdrückliche Instruktion hatten, bei Angriffen sich in die befestigten Stellungen zurückzuziehen. Es entspann sich dann ein Kampf mehr oder weniger ausgedehnt, mehr oder weniger heftig, einzelne Dörfer wurden in Brand gesteckt. War der Zweck des Feindes erreicht, so zog er sich unter dem Schutze des Geschützfeuers aus den Forts, die gegen eine Verfolgung von Seiten deutscher Truppen gerichtet waren, zurück, und gegen Abend waren dann gewöhnlich die Positionen der Vorposten wieder in unseren Händen.

Der größte Raubzug gegen unsere Vorpostenlinie fand am 27. September statt. Dies Unternehmen zergliederte sich in drei Teile: in einen Überfall von Ladonchamps, von Colombey und Peltre. Eine Brigade vom VIII. Korps (Canrobert) stürmt das Schloß Ladonchamps, nimmt eine

Anzahl deutscher Soldaten als Gefangene mit, erbeutet aber an Vorräten nur wenig. Die kombinierte Brigade vom III. Korps (Leboeuf) wendet sich auf Colombey und erbeutet 300 Zentner Korn. Ein dritter Trupp, die Brigade Lapasset vom II. Korps (Frossard) geht auf Peltre vor und überrascht gleichzeitig den linken Flügel der vor Crépy stehenden Abteilungen, indem eines ihrer Bataillone von Montigny aus per Bahn nach Crépy fährt und dort die Vorposten in Flanke und Rücken faßt. Von Grigy her dringen andere französische Bataillone gegen Mercy le Haut vor. Durch diesen ebenso geschickt als energisch ausgeführten Angriff werden Crépy, Peltre und Mercy le Haut genommen, einiges Getreide, Ziegen und Schweine und eine stattliche, einem preußischen Armee-Lieferanten gehörige Rinder-Herde erbeutet. Über diesen Angriff berichtet ein Teilnehmer in höchst charakteristischer Weise:

„Mit Hilfe der Forts und kleiner Kämpfe glückte es, fast nach allen Seiten hin, ein gutes Stück der unmittelbaren Umgebung von Metz wieder unser zu nennen: Gärten, Gemüse- und Wiesenland, von dem wir nun Gras und Kartoffeln hatten. Die Preußen schlossen uns nicht enger ein, sondern wir umgekehrt gewannen an Terrain. Sie hatten anfangs Magny, St. Ruffine, Lorry, Mey und Nouilly inne, lauter Punkte, die wir nunmehr besetzt hielten, oder doch beherrschten.

„Das ermutigte namentlich die Bürgerschaft, die im Übrigen auch beständig davon träumte, den Prinzen Friedrich Karl gefangen nehmen zu wollen, auf größere Fouragierungen zu dringen. Wir wußten, die Preußen hatten in Remilly, Courcelles und Peltre große Vorräte; diese in unseren Besitz zu bringen, wurden in der letzten Woche des September verschiedene Expeditionen in Scene gesetzt, die meist glückten und unter denen das „Unternehmen gegen Peltre" das interessanteste war.

„Peltre ist, nach Südosten zu, der erste Eisenbahn-Haltepunkt von Metz: die nächsten Stationen sind Courcelles und Remilly; die Linie selbst ist die nach Saarbrücken führende, also genau die, die den direkten Verkehr der Belagerer mit Deutschland vermittelte. Von Remilly aus zweigte ein von den Preußen gelegtes Geleise nach Pont à Mousson hin ab; diese wichtige Zweigbahn erleichterte, ja ermöglichte vielleicht überhaupt nur die regelrechte Verpflegung der am linken Moselufer stehenden preußischen Korps, alles aber was diesseits am rechten Ufer des Flusses stand, erhielt seine Lebensmitel von Remilly und Courcelles aus. Wie es scheint, wurden dann und wann einige Waggons sogar bis Peltre vorgeschoben und kamen den Truppenabteilungen zu statten, die teils in Peltre selbst, teils links und rechts daneben in Crépy und Mercy le Haut standen. Auch die an der Seille hin, südlich von Metz gelegenen Ortschaften wurden wohl von hier aus verproviantiert.

„Also gegen Peltre ging es. Viehherden, Stroh, Heu, Hafer, alle möglichen Herrlichkeiten waren uns in Aussicht gestellt. Der Brigade Lapasset fiel es zu, von Montigny her diesen Stoß auszuführen; schon in aller Frühe setzten wir uns in Bewegung. Es war unter allen Fouragierungs-Expeditionen, ja unter allen Vorstößen und Ausfällen überhaupt, die während der ganzen Belagerung stattfanden, das wahrscheinlich bestgeplante und bestausgeführte Unternehmen. General Lapasset disponierte über seine Truppen derart, daß er einen Teil derselben die im Betrieb verbliebene Eisenbahn benutzen, dieser rasch vorgeschobenen Avantgarde aber das Gros seiner Brigade am Bahnkörper hin folgen ließ. Das Gros — dem eine Mitrailleusen-Batterie beigegeben war — marschierte bis Basse Bevoye und griff später von hier aus in den Gang des Gefechtes ein.

„Der die Avantgarde bildende Eisenbahnzug hatte sich mittlerweile Peltre genähert; auf dem vordersten Wagen befanden sich zwei Geschütze; die Lokomotive schloß. Lautlos glitt der Zug bis hart an den Bahnhof und hielt; an den Waggons hin, der Seite abgewandt, von wo wir die Preußen vermuteten, sammelten sich die Unseren, umschlichen das Schloß von Crépy und jetzt, plötzlich laut und lebendig werdend, brachen sie mit Krach und Schuß in das still daliegende Chateau ein. Die Überraschung war vollständig, der Kampf kurz. Eine andere Abteilung, wohl die größere Hälfte, hatte sich mittlerweile gegen Peltre gewandt. Peltre und Crépy, wie zunächst hier bemerkt werden mag, bilden ein Ganzes; die Bahn zieht genau die Grenze. Auch hier glückte es uns. Die überraschten Preußen, so weit sie nicht beim ersten Anlauf fielen oder zu Gefangenen gemacht wurden, suchten das Hauptgebäude des Dorfes, ein neu errichtetes Frauenkloster (le Couvent des soeurs de Providence), zu erreichen und setzten sich an dieser Stelle fest. Hier entbrannte nun der eigentliche Kampf. Sie wehrten sich wie Verzweifelte; Schritt um Schritt mußte erstritten werden, Pardon wurde weder gegeben noch genommen. Zuletzt stand man in der

14*

Kapelle; an den Stufen des Altars, dem sie instinktmäßig zudrängten, wurden die letzten niedergemacht.

„Ein rasch errungener Erfolg, aber bedeutungslos, ja widerwärtig fast (wie jedes Massacre) wenn es nicht glückte, den Sieg auch praktisch auszunutzen. Daß man hier nicht lange sicher sein werde, war klar, schon bewegten sich, von Courcelles und Laquenexy her, lange Kolonnen heran; also rasch, rasch! Mit den Menschen war man fertig, jetzt an die Hauptsache: das Vieh. Ihr Gebrüll war wie Musik; lachende Zukunft, die sich uns bot, denn ach! des Pferdefleisches waren wir satt. Hinein in die Hürden, und während organisierte Kommandos die Rinder dem Bahnhof zutrieben, trugen andere, die auf eigene Hand operieren zu können glaubten, einen Hammel auf den Schultern, oder ein Lamm unterm Arm davon. Auch Heu und Hafer, Zucker und Kaffee wurde gefunden; hinein in die Waggons, Mensch und Vieh, Stroh und Hühner, alles bunt durcheinander; ein Pfiff — und der siegreiche Eisenbahnzug glitt wieder heimwärts auf Montigny zu, während Fort Queuleu über unsere Köpfe fort dem Feinde entgegendonnerte.

„Wie im Triumph hielten wir unseren Einzug. Hundert Gefangene vorauf. Dann ein Sappeur, dem ein Jungschwein am Halse hing, die Beine zusammengebunden, den Kopf nach unten. Dann die Herde. Rechts der Flügelmann der letzteren, hatte einen Papierstreifen zwischen den Hörnern, darauf „Bismarck" zu lesen war. Ungeheurer Jubel! Als die Kühe vorbeidefilierten, drängten sich junge Mütter heran und baten um Milch für ihre Kleinen. Es war, als hätten wir einen großen Sieg errungen. Und doch was war es schließlich: 40 Kühe, erkauft mit dem Einsatz von 200 Menschenleben." —

Der Überfall von Peltre hatte in Metz einen gewissen Enthusiasmus erregt, dessen hohe Wogen sich jedoch nur zu bald wieder glätteten. Denn schon drei Tage später erschien der Bürgermeister von Metz, Felix Maréchal, um dem Marschall Bazaine eine Petition der Bürgerschaft zu überreichen, worin dieselbe den Oberbefehlshaber der Rhein-Armee aufforderte, so rasch und so energisch wie möglich, nun endlich doch die deutschen Linien zu durchbrechen. Bazaines Antwort wird mutmaßlich wenig aufmunternd gewesen sein, da ohnehin seit einigen Tagen politische Fäden mehr als je hin und her gesponnen wurden. Am 23. September war abends 8 Uhr ein gewisser Regnier im Hauptquartier Bazaines in Ban St. Martin eingetroffen, nachdem er vorher in Hastings mit der Exkaiserin Eugenie, in Ferrières bald darauf mit Bismarck Unterhandlungen gepflogen hatte. Ungehindert schreitet er durch das deutsche Lager und seine Vorpostenkette und trifft nun beim Führer der Rhein-Armee ein. Sein weiterer Plan geht dahin, von Metz aus nach Wilhelmshöhe sich zu wenden. Wer dieser Regnier gewesen ist, in wessem Solde er gestanden, für welches Interesse, deutsches oder französisch-kaiserliches, er gewirkt hat, wird wohl immer unaufgeklärt bleiben. Mit seinem Erscheinen entwickelt sich ein auffallend lebendiger Depeschenverkehr, mit Unterhandlungen zuweilen verknüpft, zwischen Ban St. Martin, Corny und Ferrières, deren Resultat die geheimnisvolle Sendung des schönen Generals Bourbaki an seine Herrin Eugenie ist. In der Verkleidung eines internationalen Arztes verläßt Bourbaki, erkannt und doch ungehindert, die Festung und geht nach Hastings, der einsamen Messalina den reparierten Kaiserthron wieder anzubieten. Doch Eugenie lehnt jede Verantwortung für diesen Schritt ab, Regnier, bei einer dritten Unterredung mit Bismarck, erweist sich als völlig unautorisiert — nur ein paar Photographieen Lulus mit eigenhändiger Unterschrift stehen ihm zur Verfügung — und das seltsame Spiel hat ein Ende. Bourbaki ist entflohen, Regnier ein vergessener, toter Mann — die Feindseligkeiten bei Metz nehmen ungehindert ihren Fortgang, nur daß wir durch die Berichte des geheimnisvollen Zwischenhändlers bestimmtere und klarere Einblicke in die Verhältnisse von Metz gewonnen haben, ein Gewinn, der möglicherweise nicht ganz zufällig und ungewollt uns zu statten kam.

So rückte der Oktober heran. Der Zustand bei der eingeschlossenen französischen Armee wurde immer unerträglicher. Regentage reihten sich aneinander, die Nächte wurden kalt, die Lager unwohnlicher mit jedem Tage. In Massen verendeten die Pferde und verpesteten die Lager des Feindes, da man verabsäumte, die Kadaver sorgfältig einzugraben und sich einfach damit begnügte, dieselben in die Wallgräben oder in die Mosel zu werfen. Eine dumpfe Resignation bemächtigte sich allmählich der Armee, von welcher General Deligny bitter und wahr bemerkte, daß sie „lebendig begraben werde". Immer vernehmlicher drang die Kunde der allgemeinen Mißstimmung in das Hauptquartier von Ban St. Martin, so daß sich endlich Bazaine entschloß, um die Gemüter zu besänftigen, einen neuen Vorstoß behufs Erbeutung von Lebensmitteln zu unternehmen. Dieser Überfall, für den 7. Oktober geplant, war der letzte und von allen „Fouragierungs-Expeditionen“ die opferreichste. Das Ziel des Tages war die Wegnahme der im Besitze der Deutschen gebliebenen Pachthöfe nördlich von Ladonchamps, am linken Moselufer, und zwar „Les Petites Tapes“ und „Les Grandes Tapes“.

Das kecke Unternehmen, zu dessen Ausführung 400 Wagen bereit standen, sollte durch das VI. Korps und die Garde-Voltigeur-Division unmittelbar gedeckt, außerdem aber durch Vorgehen des IV. Korps in den Waldungen nordwestlich von Woippy, sowie des III. Korps auf dem rechten Moselufer gegen Malroy in beiden Flanken unterstützt werden. Ursprünglich war der starke Angriff auf 11 Uhr vormittags festgesetzt worden. Eine zu späte Befehlsausgabe verzögerte jedoch die Ausführung. Erst um 1 Uhr traten die zwischen dem Bois de Woippy und der Mosel entwickelten Truppen, von lebhaftem Feuer des Forts St. Julien begleitet, die vorgeschriebenen Bewegungen an. Die 1. Garde-Voltigeur-Brigade gegen Franclonchamp und les Grandes Tapes, die 2. gegen St. Remy und les Petites Tapes, das Garde-Jäger-Bataillon gegen Bellevue. Die Division Le Vassor Vorval vom VI. Korps besetzte Schloß Ladonchamps und schob die Brigade Gibon (früher de Marguenat) durch den östlichen Teil des Bois des Woippy gegen die Höhen von St. Anne vor. Auf dem linken Flügel nahm die Division Grenier des IV. Korps mit einer Brigade die Richtung auf Villers les Plenois, mit der anderen nach dem Bois de Vigneulles. Den Raum zwischen der Mosel und dem rechten Flügel der Garde-Division deckte das 9. Jäger-Bataillon; starke Reserven standen bei La Maison rouge und Woippy.

Unsererseits war es die Landwehr-Division Kummer, welche die vordersten Stellungen inne hielt und zuerst mit den vorgeschobenen Abteilungen des französischen VI. Korps ins Gefecht gerieth. Ohne eigentliche Rückendeckung, war unsere Division nur auf die Unterstützung des links und rechts neben ihr stehenden X. und III. Armee-Korps angewiesen, während, wie oben angeführt, die französischen Abteilungen starke Reserven bereit hielten. So glückte es dem Feinde denn auch, die Aufgabe seines Angriffes in der Hauptsache zu lösen. Trotz unserer heldenmütigen Gegenwehr behielt der Gegner doch den Sieg. Um $3^1/_2$ Uhr war unter blutigen

Opfern die ganze Linie von Malroy bis St. Remy in seinen Händen, nur allein das hart links davon belegene Bellevue wurde noch von unserer Landwehr gehalten.

Prinz Friedrich Carl hatte sofort eine ungesäumte Rückeroberung beschlossen. Um 4 Uhr, nach also kaum einer halben Stunde Rast, schritten wir jetzt zum Angriff. Und noch einmal sollte der Tod reiche Ernte halten. Voran drang die Landwehr-Division v. Senden mit zwei Bataillonen 19er; rechts daneben zwei Bataillone 57er; links zwei Bataillone 16er. In zweiter Linie folgten die übrigen Teile der Brigaden Blankensee und Wedell, also vorzugsweise das Regiment Nr. 81 und die Restbataillone der Regimenter Nr. 19, 57 und 16. Die Rückgewinnung des verloren gegangenen Terrains fand jedoch in der Hauptsache allein durch die Bataillone des ersten Treffens statt. Richtete sich also unser Hauptangriff in Front von Bellevue, St. Remy, les Petites Tapes, les Grandes Tapes und Franclonchamps gegen den Feind, so war es unsere 9. Infanterie-Brigade vom III. Korps, die auf Befehl des General v. Alvensleben VI. unter Führung des Oberst v. Conta mit Unterstützung von zwei Batterieen von Norroy dem Gegner in die linke Flanke fiel, ihm Bois de Woippy entriß, sowie die nördlich desselben gelegenen Waldparcellen und ein Gehöft westlich Bellevue. Als die Dämmerung hereinbrach, waren sämtliche genannten Örtlichkeiten, Dank dem vereinten kraftvollen Vorgehen der Unsrigen, wieder dem Feinde entrissen. Alle Versuche des Gegners, uns diese Punkte wieder streitig zu machen, scheiterten. Einzelne Vorstöße einiger Kompagnieen 19er und 81er gegen Ladonchamps wurden bald eingestellt, als man die daselbst aufgestellten starken feindlichen Truppenmassen erkannt hatte. Ein preußischer Offizier, welcher von der Höhe bei Argancy dem Gange des Gefechtes folgte, berichtet über den Verlauf desselben: „Die Gefechtslinie war über eine Meile lang. Rechts und links der Mosel eiferten die Geschütze, sich gegenseitig zu überbieten. Obwohl ich gleich nach dem Alarm auf eine Anhöhe bei dem Dorfe Argancy geritten war, von welcher man den ganzen Kampfplatz überblicken konnte, so war es mir wegen der durch nebliges Wetter und den Pulverdampf verursachten dicken Luft nicht möglich, die einzelnen Bewegungen genau zu beobachten. Der ganze vorbezeichnete Teil der Moselebene wurde von einer einzigen Dampfnebelwolke bedeckt. Nur hier und da machte sich das Aufblitzen einer Kanone und der dadurch verursachte heftigere Dampf bemerkbar. Um $3^1/_4$ Uhr stiegen zwei Rauchwolken als Zeichen brennender Ortschaften (wahrscheinlich Ladonchamps und Bellevue) auf. Die Heftigkeit des Kampfes erinnerte an den 18. August. Bald war der Kanonendonner, bald das Kleingewehrfeuer überwiegend, fort und fort dauerte beides. Die Richtung des Kleingewehrfeuers, welches sich von $3^3/_4$ Uhr an südöstlich hinzog, bewies den Rückzug des Feindes. Kaum aber war der Kampf an irgend einer Stelle ruhiger geworden, so begann er an irgend einer anderen desto lebhafter. Unsere Batterieen waren wieder in dem Halbkreis, der sich von dem Dorfe Norroy über Fèves, Semecourt, Maizères, Argancy, Olgy, Malroy und Charly hinzieht, aufgestellt und feuerten mit abwechselnder Heftigkeit, teils einzelne Schüsse, teils ganze Salven in die feindlichen Kolonnen sendend. Im Ganzen mögen etwa 120—150 Kanonen auf unserer Seite thätig gewesen sein. Besonders wirksam sollen sich in Folge dieser Aufstellung die Batterieen in der Nähe der Dörfer Argancy und Olgy gezeigt haben. Die Position südlich vom Dorfe Olgy wurde gegen 5 Uhr durch zwei frisch herangefahrene Batterieen verstärkt. Von feindlicher Seite machten sich auch diesmal wieder die Kanonen von Fort St. Julien bemerkbar. Dieselben sandten ihre Geschosse fast $^3/_4$ Meilen weit, so daß sie verschiedene der von uns besetzten Orte nicht nur erreichten, sondern darüber hinweggingen. Eine große Anzahl ihrer Granaten schlug auf der nördlich von den Dörfern Argancy und Antilly, südlich von den Dörfern Olgy, Malroy und Charly begrenzten Höhe ein; einzelne im Dorfe Olgy, welches, wie auch die übrigen, während des Kampfes von unseren Truppen besetzt war. Glücklicherweise verfehlten die meisten dieser fürchterlichen Geschosse ihr Ziel, welches augenscheinlich unsere in der Gegend aufgestellten Batterieen bildeten. Auch die im Dorfe Olgy niedergefallenen Geschosse richteten keinen erheblichen Schaden an.

Zwischen 5 und 6 Uhr, bei beginnender Dunkelheit, entbrannte der Kampf noch einmal besonders heftig. Der Feind ließ auch die Mitrailleusen mit ihrem eigentümlichen Gerassel wieder hören. Gegen 6 Uhr schien der Kampf beendet zu sein, wurde aber noch mehrfach, sogar mit Heftigkeit, wieder aufgenommen und dauerte — da der Mondschein eine Orientierung zuließ — bis gegen 9 Uhr. Es war der bedeutendste und heftigste Kampf, welcher seit dem 1. September vor Metz stattgefunden. Bei der eigentümlichen Lage, in welcher sich unsere Armee hier befindet, ist ein Verfolgen des Sieges bis in die Umgebung der Festung ganz unmöglich. So tapfer daher auch die feindlichen Ausfälle zurückgewiesen werden mögen, die errungenen Siege können uns nicht befriedigen."

Der Nachmittagskampf am 7. Oktober hatte auf beiden Seiten schwere Opfer gefordert, Menschenleben, die nutzlos hingeopfert wurden, eine Ansicht, welche auch allgemein in Metz die Gemüter beschäftigte, obgleich Bazaine gerade das Gegenteil erhofft hatte. Denn die Erbeutung gewisser Massen von Lebensmitteln stand durchaus nicht im Einklang mit dem Blute, das man leichtsinniger Weise hatte dahinfließen lassen. Nicht der geringste strategische Vorteil war dabei geplant, noch auch erzielt worden. Man hatte, die Öde und Langeweile der Belagerungsfrist zu kürzen, Krieg ohne Nutzen gespielt und dadurch den Gegner ebenfalls gezwungen, viele Hunderte von tapferen Kriegern um einer Laune willen dem Tode zu weihen. Der Verlust des Feindes bezifferte sich zusammen auf 64 Offiziere und 1193 Mann. Diesseits hatte der zwecklose Kampf an Opfern gefordert:

	Offiz.	Mann.
Tot:	23	254
Verwundet:	49	928
Vermißt:	3	521

In Summa: 75 Offiz. 1703 Mann = 1778.

Unter den Offizieren befanden sich 9 Hauptleute, welche den Tod fürs Vaterland gestorben waren. Außer dem Leib-Grenadier-Regiment hatte sich auch diesmal wieder unsere Landwehr glänzend hervorgethan. Ein begeisterter Engländer, der ihr Vorgehen begleitete, schrieb späterhin darüber: „Der Landwehr gebührt die Ehre des Tages. Sie war es, die den französischen Angriff aufhielt, bis kein Mann mehr stand, der ein Zündnadelgewehr halten konnte. Sie führte auch den großen allgemeinen Schlag, der die Franzosen aus den Dörfern fegte. Ich habe die preußische Linie vor dem heutigen Tage im Kampfe gesehen. Ich sah sie auf Hand und Fuß die Höhen von Spicheren erklettern, ich sah sie deployieren von Colombey und Montoy in der Schlacht vom 14. August, ich sah sie Stand halten vor der Mitrailleuse auf den Abhängen von Gravelotte, und ich sah sie, wie sie die Franzosen am 1. September in die Festung Sedan hineinwarf. Ich habe glauben gelernt, daß die Männer der preußischen Linie vermögen, was nur irgend einem Heere der Welt möglich ist. Aber gestern erst habe ich das Kaliber der Landwehr kennen gelernt. Ruhig in den Verschanzungen, wo sie, gelassen am Boden liegend, die in ihrer Nähe niederfallenden Kugeln auflas, entschlossen und unaufhaltsam in ihrem Vordringen, unwiderstehlich in dem Bajonettangriff, mit dem sie die Dörfer säuberte, stellt sie eine Truppe dar, die das Herz eines Mannes mit soldatischem Instinkte erfreuen muß. Nichts war bemerkenswerter als die Ruhe, mit welcher die Verwundeten, die nur irgend gehen konnten, sich auf sich selbst verlassend und Unterstützung ablehnend, hinter die Front gingen. Und es waren keine leichten Wunden, mit denen die Wackeren zurückkehrten. Ich selbst begegnete Einem, der durch die Lunge geschossen war, und dem der Atem röchelnd durch die Wunde drang. Es geht dem Zuschauer zu Herzen, wenn er diese Tapferen sterben sieht. Der Landwehrmann kann nicht leichten Herzens in den Kampf gehen, wie der Soldat von der Linie, der niemand zurückläßt, wenn er auf dem Schlachtfelde bleibt. Für jeden zweiten Landwehrmann, der da gefallen, giebt es nun eine Wittwe daheim im Vaterlande, und bei dem Gedanken an meine Kinder schwillt mir das Herz, wenn ich mir die Zahl der Waisen in den freundlichen Dörfern und friedlichen Ebenen Deutschlands vorstelle, welche noch nicht wissen, daß ihnen der gestrige Tag den Vater geraubt. Nicht daß es schien, als ob die Landwehrmänner lange bei dem Gedanken an Frau und Kinder verweilten. Der Mann, der schon einiges Grau im Barte und wer weiß wie viel junge Vögel im Neste hat, ging gerade so kühn auf den Feind, wie der muntere junge Freiwillige, dem nur die Liebste nachweint, wenn er fällt."

Bazaines Lage wurde mit jedem Tage bedenklicher, zumal auch innerhalb seiner Armee immer unverhohlener Widerstand und Murren sich kundgab, endlich tumultuarische Schilderhebungen stattfanden. Und Bazaine selbst stand mit sich und seinem Handeln im steten Widerspruch. Mehr napoleonisch als französisch gesinnt, stets darauf bedacht, das Kaiserreich wieder zu Ehren zu bringen, mußte er sich fortwährend fragen, ob es nicht ratsamer sei, dem Kaiserreich die Rhein-Armee zu erhalten, als solche für eine nur unsicher umhertastende republikanische Regierung hinzuopfern. Dazu kam dann noch das peinliche Verhältnis dem eigentlichen Befehlshaber von Metz gegenüber, dem durchaus republikanisch gesonnenen General Coffinières, der selbst in einer öffentlichen Kundgebung sich für die neue Regierung erklärt hatte.

Als am 8. Oktober Meldung beim Festungskommandanten einging, daß für die Armee die Vorräte höchstens noch für 12 Tage ausreichen würden, ließ Bazaine am 10. Oktober einen Kriegsrat berufen. Derselbe erklärte: „Das Ausharren bei Metz sei noch immer der beste Dienst, den die Rhein-Armee dem Vaterlande zu leisten vermöge, weil ein starkes deutsches Heer dadurch vor den Mauern der Festung gefesselt und für die Rüstungen im Lande Zeit gewonnen werde. Die bedenkliche Abnahme der Vorräte gebiete indessen ein sofortiges Anknüpfen von Unterhandlungen mit dem Gegner, um, falls letzterer unannehmbare und die Waffenehre verletzende Forderungen stellen sollte, noch ein Durchbrechen der Einschließungslinie versuchen zu können, bevor der Hunger die eigenen Kräfte völlig erschöpft habe." Auf Grund dieses Beschlusses ging am anderen Tage der General Boyer mit dem Auftrage des Marschalls nach Versailles in das deutsche Hauptquartier, um für die Besatzung von Metz freien Abzug mit allen kriegerischen Ehren zu fordern, die Bedingungen der Kapitulation von Sedan aber unter allen Umständen abzulehnen. Da aber Bismarck zuerst die Bedingung einer Persönlichkeit forderte, welche bei der augenblicklichen Lage Frankreichs dazu berechtigt sei, bindende Verträge zu schließen, begab sich General Boyer erst zurück nach Metz, von da aus nach England zur Königin Viktoria, da die Kaiserin Eugenie jede Unterhandlung abgelehnt hatte. Die Königin von England ließ jedoch dem König Wilhelm eröffnen, daß sie nie einwilligen werde, daß jemals eine Schmälerung französischen Länderbesitzes stattfinde. Unter solchen völlig unannehmbaren Forderungen wurden die Unterhandlungen abgebrochen. In Metz aber stieg der Unwille immer höher über das politische Doppelspiel Bazaines, so daß sich endlich am 15. Oktober eine Deputation der durchaus für die Republik entflammten Metzer Nationalgarde in das Lager von Ban St. Martin begab, wo der Sprecher der abgesandten Stabsoffiziere, Major Pardon, vor den Marschall Bazaine trat und ihm gerade ins Gesicht sagte, was man in Metz von ihm und seinen Handlungen halte und denke:

1) Absichten auf Wiederherstellung des Kaiserreiches,

2) die Absicht auf Regentschaftsführung während der Minderjährigkeit des kaiserlichen Prinzen, und

15*

3) absichtliche Verurteilung der Rhein-Armee zur Unthätigkeit, da die Kapitulation längst so gut wie beschlossene Sache sei.

Bazaines Antwort war höflich, glatt und — verneinend. Er bestritt sowohl, irgendwie bisher in Kapitulationsverhandlungen eingetreten zu sein, noch auch je daran gedacht zu haben, das Kaiserreich wieder herzustellen. In beiden Fällen aber log der Marschall. Die Reise des Generals Boyer war durchaus eine Einleitung zur Kapitulation und was die Herstellung der kaiserlichen Dynastie anbelangt, so fand dieselbe keinen wärmeren Verfechter als gerade Bazaine. Nicht daß dem so war, gereicht dem Marschall zur Unehre — im Gegenteil! —, wohl aber der Umstand, daß der Soldat im geeigneten Augenblick, wo es galt, den Mut der Überzeugung zu wahren, zum System des Leugnens seine Zuflucht nahm. — Die Stimmung der Bevölkerung von Metz ward nach der Rückkehr der Nationalgarden-Deputation eine geradezu feindselige Bazaine gegenüber. Die bereits erwähnte Proklamation des Generals Coffinières trug nicht wenig zur Erhitzung der Generale bei. Man beschloß das Oberkommando über die Rhein-Armee dem General Changarnier zu übergeben, und wenn dieser Wechsel sich schließlich doch nicht vollzog, so lag dies allein an der loyalen Haltung Changarniers. Bazaine selbst ließ sich durch nichts erschüttern. Aber er hielt es doch für angebracht, den Sold bereits im Voraus auszuzahlen, ebenso eine Flut von Orden und Belohnungen auf seine rebellische Armee niederregnen zu lassen. Als der flüchtige Rausch über diese Huldbezeugungen verflogen war, war der Zustand der Entkräftung und Willenlosigkeit in Festung wie Stadt bereits so weit gediehen, daß an eine erneute Auflehnung nicht mehr zu denken war.

Am 21. Oktober sandte Bazaine folgende Depesche in sechs Kopieen nach Paris und Tours: „Mehrere Male habe ich Männer, die sich freiwillig dazu erboten, fortgesandt, um Nachricht von der Armee in Metz zu geben. Seitdem hat sich unsere Lage von Tag zu Tag verschlechtert und ich habe nie die geringste Mitteilung, weder von Paris, noch von Tours erhalten. Es ist dringend, daß ich erfahre, was im Innern des Landes und in der Hauptstadt vorgehe, denn in wenigen Tagen wird der Hunger mich zwingen, einen Entschluß im Interesse Frankreichs und dieser Armee zu fassen." — In der That steigerte sich das Elend unter den Truppen in Metz von Stunde zu Stunde. Drei Tage hatten die Soldaten bereits kein Brot mehr bekommen. Um ihren Hunger zu stillen, kamen die Ärmsten in dichten Scharen bis auf hundert Schritt zu unseren Vorposten, um Kartoffeln und Pferdefutter zu suchen. Die Franzosen nahmen vor unseren Doppelposten die Mützen ab, zeigten auf den Bauch und gaben dann durch Gebärden zu verstehen, daß sie großen Hunger hätten. Unsere Soldaten winkten dann heran und ließen die Franzosen gewähren, bis dieselben mit gefüllten Säcken wieder dankend abzogen. Überläufer meldeten sich schließlich in so starken Trupps, daß der Befehl erging, alle wieder zurückzuweisen. So wies alles auf die bevorstehende Katastrophe hin.

Als von allen Seiten Meldungen bei Bazaine einliefen, daß die vorhandenen Lebensmittel binnen wenigen Tagen völlig erschöpft sein würden, ließ derselbe abermals den Kriegsrat zusammentreten, welcher nun beschloß, General Changarnier in das feindliche Lager zu entsenden, um die Internierung der Armee im Innern Frankreichs oder die Überführung nach Algier nachzusuchen. Am 25. Oktober begab sich der genannte General auf den Weg, da sich Prinz Friedrich Karl bereit erklärt hatte, einen Abgesandten zu empfangen, welcher vormittags 11 Uhr von zwei preußischen Ordonnanz-Offizieren an der Vorpostenlinie abgeholt werden solle. Ein Augenzeuge schildert nun die betreffenden Vorgänge, wie folgt: „Unsere Ordonnanz-Offiziere waren zu festgesetzter Stunde bei den Vorposten. Da sie den General daselbst nicht trafen, nahmen sie eine Parlamentärflagge und gingen, von Hunderten unbewaffneter Feinde umschwärmt, bis zu dem französischen Verhau, wo die Wache sie mit Gewehr bei Fuß empfing. Als sie sagten, daß sie den General Changarnier erwarteten, zeigte der Wachthabende auf einen eben sich heranbewegenden Wagen. In der That, es war der General, ein hoher 70er, noch ziemlich rüstig, bat aber so weit als möglich fahren zu dürfen, da ihm das Gehen schwer falle. Selbstverständlich entsprachen unsere Offiziere seinem Wunsche und, nachdem ihm die Augen verbunden und die kurze Wegstrecke zurückgelegt war, wurde der greise Parlamentär durch den General v. Stiehle vor den Prinzen geführt. Die Konferenz dauerte eine halbe Stunde, Changarnier schien gebrochen und das Letzte, was er sagte, war: „Wir werden fallen, aber mit Ehren. Ich wünsche Ihnen, meine Herren, daß Sie und kein braver Soldat Ähnliches erleben mögen.“ Er war tief bewegt, als ihn die Ordonnanz-Offiziere bis zu den Vorposten zurückführten. — Um 3 Uhr traf General

Changarnier wieder im Hauptlager von Ban St. Martin ein, wo er die Mitteilung überbrachte, daß Prinz Friedrich Karl darauf bestehe, daß ein „mit ausdrücklicher Vollmacht versehener, aktiver General der Armee" ins deutsche Lager gesendet werde, um eine regelrechte Verhandlung einzuleiten. Bazaine war sofort zu diesem Schritt entschlossen. Bereits um 5 Uhr fand im Schloß Frescaty, halben Weges zwischen Metz und Corny, die große Verhandlung statt. Unsererseits nahmen General v. Stiehle und Hauptmann Steffen vom großen Generalstabe, französischerseits Divisionsgeneral Cissey vom IV. Korps (L'Admirault) teil. Letzterer zeigte sich vorläufig noch nicht einverstanden, Bedingungen einzugehen, welche die Kapitulation von Sedan zur Grundlage hatten. In der Nacht zum 26. kehrte General Cissey nach Ban St. Martin zurück. Daselbst fand am frühen Morgen erneuter Kriegsrat statt, in welchem sowohl Changarnier als Cissey die Erklärung abgaben, daß sie, ersterer in Corny, letzterer in Frescaty, die Überzeugung gewonnen hätten, daß preußischerseits nicht von den Forderungen abgewichen werden würde. Die darauf folgende Abstimmung ergab die beschlossene Kapitulation. Nur eine Stimme erhob sich dagegen. General Desvaux, der seit dem Fortgang Bourbakis die Führung der kaiserlichen Garde übernommen hatte, war es, welcher versuchte, Protest zu erheben. General Jarras, Chef des Generalstabes, empfing den Auftrag, in die endgültigen Verhandlungen einzutreten.

Am 26. Oktober, abends 6 Uhr, begab sich darauf General Jarras, in Begleitung des Oberstlieutenant Fay und des Major Samuel, nach Schloß Frescaty, wo ihn bereits General v. Stiehle mit ebenfalls zwei Generalstabs-Offizieren erwartete. Artikel für Artikel ward schließlich von den französischen Abgesandten genehmigt. Nur über den 4. Artikel schien man nicht einig werden zu wollen, da man französischerseits daran festhielt, daß sämtlichen Offizieren, ohne Rücksicht auf die Ausstellung eines unsererseits geforderten Reverses, Waffen und Privatgepäck belassen werden solle. General v. Stiehle erklärte sich endlich bereit, telegraphisch bei Sr. Majestät dem Könige die Genehmigung dazu einzuholen. Morgens 2 Uhr waren die Unterhandlungen abgeschlossen. General Jarras kehrte mit seinen beiden Begleitern nach Ban St. Martin zurück. Schon am Vormittag traf dann die Nachricht im französischen Hauptquartier ein, daß

König Wilhelm eingewilligt habe, sämtlichen Offizieren Waffen und Gepäck zu belassen. Prinz Friedrich Karl hatte dieser Meldung dann noch die Mitteilung seinerseits beigefügt, „daß die Übergabe der französischen Armee mit militärischen Ehren stattfinden solle.“ So war denn alles geregelt und um 6 Uhr abends den 27. Oktober fand dann im Schlosse Frescaty der definitive Abschluß und die Unterzeichnung der Kapitulationsbedingungen für die in Metz eingeschlossene Rhein-Armee statt. Diese Kapitulationsurkunde hatte in deutscher Sprache folgenden Wortlaut:

„Zwischen den Unterzeichneten, dem Chef des Generalstabes der preußischen Armee vor Metz und dem Chef des Generalstabes der französischen Armee in Metz, alle beide mit Vollmacht versehen von

Seiner Königlichen Hoheit dem General der Kavallerie Prinzen Friedrich Karl von Preußen und von Seiner Excellenz dem Ober-Befehlshaber Marschall Bazaine,

ist nachstehende Übereinkunft abgeschlossen:

Art. 1. Die unter dem Befehl des Marschalls Bazaine stehende französische Armee ist kriegsgefangen.

Art. 2. Die Festung und die Stadt Metz mit allen Forts, dem Kriegsmaterial, den Vorräten aller Art und allem Staatseigentum wird der preußischen Armee in dem Zustande übergeben, in welchem es sich im Augenblick der Unterzeichnung dieser Übereinkunft befindet. Die Forts St. Quentin, Plappeville, St. Julien, Queuleu und St. Privat, sowie das Marzellenthor (Straße nach Straßburg), werden am Sonnabend, den 29. Oktober nachmittags den preußischen Truppen übergeben. Um 10 Uhr morgens desselben Tages werden Artillerie- und Ingenieur-Offiziere mit einigen Unteroffizieren in die genannten Forts hineingelassen, um die Pulver-Magazine in Besitz zu nehmen und etwaige Minen unschädlich zu machen.

Art. 3. Die Waffen, sowie das ganze Kriegsmaterial der Armee, bestehend in Fahnen, Adlern, Kanonen, Mitrailleusen, Pferden, Kriegskassen, Militär-Fahrzeugen, Munition u. s. w. wird in Metz und in den Forts an eine von Herrn Marschall Bazaine eingesetzte Militär-Kommission überliefert, um unmittelbar darnach an preußische Kommissäre übergeben zu werden.

Die unbewaffneten Truppen werden regimenter- oder korpsweise rangiert und in militärischer Ordnung an die Plätze geführt, welche für jedes Korps bezeichnet werden.

Die Offiziere kehren dann allein unter der Bedingung in das Innere des verschanzten Lagers oder nach Metz zurück, daß dieselben hierdurch auf ihr Ehrenwort verpflichtet sind, Metz nicht ohne Befehl des preußischen Kommandanten zu verlassen.

Die Truppen werden dann durch ihre Unteroffiziere auf die Biwaksplätze geführt. Die Soldaten behalten ihre Tornister, Effekten und Lager-Gegenstände (Zelte, Decken, Kochgerätschaften u. s. w.).

Art. 4. Alle Generale und Offiziere, sowie die Militär-Beamten mit Offizierrang, welche schriftlich ihr Ehrenwort abgeben, bis zum Schluß des gegenwärtigen Krieges nicht gegen Deutschland zu kämpfen und auch auf keine andere Weise gegen seine Interessen zu handeln, werden nicht kriegsgefangen.

Die Offiziere und Beamten, welche diese Bedingung annehmen, behalten ihre Waffen und ihr persönliches Eigentum.

Um den Mut anzuerkennen, den die Armee wie die Garnison während der Dauer des Feldzuges gezeigt haben, wird außerdem denjenigen Offizieren, welche die Kriegsgefangenschaft wählen, erlaubt, ihre Degen oder Säbel mit sich zu nehmen, sowie all ihr persönliches Eigentum.

Art. 5. Sämtliche Militär-Ärzte bleiben in Metz zurück, um für die Verwundeten zu sorgen, sie werden gemäß der Genfer Konvention behandelt werden. Dasselbe findet statt mit dem Personal der Hospitäler.

Art. 6. Erörterungen über einzelne Punkte hauptsächlich in Betreff der städtischen Interessen sind in einer hier angeschlossenen Beilage behandelt, welche dieselbe Gültigkeit hat, wie das gegenwärtige Protokoll.

Art. 7. Jeder Artikel, welcher Zweifel herbeiführen könnte, wird stets zu Gunsten der französischen Armee ausgelegt werden.

Verhandelt im Schloß Frescaty, den 27. Oktober 1870.

gez. v. Stiehle. gez. Jarras.

Am 28. Oktober verkündete ein Armee-Befehl des Prinzen Friedrich Karl unseren wackeren Truppen das langersehnte, hochwichtige Ereignis. Der Jubel und die Begeisterung, welche in unseren Lagern herrschte, bedarf wohl keiner Beschreibung. Man atmete auf und beglückwünschte sich. Die Kehrseite dieser gehobenen Stimmung zeigte Metz. Nicht seine Armee, wohl aber die Bevölkerung war es, welche in die grimmigsten Wutanfälle ausbrach. Eine Stimmung war daselbst geschaffen, welche zur größten

Vorsicht mahnen mußte. Die Nationalgarde weigerte sich die Waffen zu strecken, ein Dragonerkapitän ritt durch die Straßen an der Spitze einer Truppe, welche schworen, eher sterben als sich ergeben zu wollen. Man sang die Marseillaise, sprengte die Thüren der Kathedrale, setzte die Sturmglocken in Bewegung, und als der Platzkommandant General Coffinières erschien, wurden drei Pistolenschüsse auf ihn abgegeben. Als aber dann am nächsten Morgen bekannt wurde, daß in Courcelles bereits 2000 Wagen mit Lebensmitteln für die Bevölkerung ständen, als die ganze Belagerungsarmee freiwillig ihre Brotportionen an die Gefangenen abtrat, da brach es wie Rührung und Dank hervor und Metz begann sich zu beruhigen.

Der 28. Oktober war dazu benutzt worden, die Vorbereitungen zur Kapitulation zu treffen, denn es war eine Übergabe, wie sie in gleicher gewaltiger Größe und Bedeutung wohl noch nie und nirgends sich vollzogen hatte. Die französische Rhein-Armee zählte bei Eintritt der Kriegsgefangenschaft noch immer 173,000 Köpfe, einschließlich der vorläufig noch in Metz verbleibenden 6000 Offiziere und 20,000 Kranken. Mit dem bis dahin noch unbezwungenen nordöstlichen und stärksten Bollwerke Frankreichs fielen 56 kaiserliche Adler, 622 Feld-, 876 Festungsgeschütze, 72 Mitrailleusen, 137 000 Chassepot-, 123 000 andere Gewehre, ansehnliche Munitionsmassen und eine große Menge sonstiger Vorräte in die Hände des Siegers. Die Mehrzahl der Adler war zuerst auf Befehl Bazaines ins Arsenal gebracht worden, um dort verbrannt zu werden. Da aber deutscherseits energisch Einspruch dagegen erhoben wurde, unterblieb die Zerstörung. Nur einige Truppenteile hatten bereits mit ihren Feldzeichen aufgeräumt, um sie vor der Erbeutung durch den verhaßten Feind zu retten.

Was nun die Verluste hüben und drüben während der zehnwöchentlichen Cernierung anbetrifft, so giebt ein französischer Bericht dieselben selbst, einschließlich der großen Schlachttage vom 14. bis 18. August auf ungefähr 42 000 Mann an. Diesseits wurden durch Kampf und Krankheiten getötet oder verwundet 240 Offiziere und 5500 Mann, mit Einschluß der Schlachttage vom 14., 16. und 18. August aber alles in allem ungefähr 46 000 Mann. Der Minderverlust des Feindes erklärt sich daraus, daß derselbe bei Gravelotte-St. Privat in gedeckten Stellungen focht.

Nachdem am 29. Oktober morgens bereits lange Züge von in Metz eingeschlossen gewesenen Landleuten mit ihren Habseligkeiten die Stadt verlassen hatten, begann um 1 Uhr nachmittags unter strömendem Regen der Ausmarsch der französischen Korps auf sechs in das Vorland führenden Straßen. An jeder der letzteren stand ein Korps des Einschließungsheeres zur Übernahme der Gefangenen bereit, welche meist in lautloser Stille und würdiger Haltung an den Siegern vorbeizogen und dann sogleich in die für sie eingerichteten und mit Lebensmitteln versehenen Biwaks abgeführt wurden. Die höheren französischen Generale hatten sich für ihre Person der Truppen-Übergabe entzogen, und auch die übrigen Offiziere kehrten auf Grund erhaltener Erlaubnis zunächst nach Metz zurück. Marschall Bazaine erwartete in Corny die Rückkehr des Prinzen Friedrich Carl, welcher an der Spitze seines Stabes in der Nähe von Tournebride der Übergabe der kaiserlichen Garde beigewohnt hatte, und reiste nach einer Unterredung mit dem Prinzen nach Kassel ab. Seine Rolle war ausgespielt. Derselbe Mann, der einst gelassen zuschaute, als man den nach Mexiko hinübergelockten, unglückseligen Erzherzog Maximilian auf der Ebene von Queretaro wie einen Hund niederschoß, derselbe Verräter, den das französische Volk damals bei seiner Landung in Marseille mit Flüchen und Steinwürfen empfing, er hat es dann erfahren müssen, daß man ihn des Verrates anklagte und mit „Schuldig" zum Tode verurteilte. Mac Mahon, als Präsident der Republik Frankreich, hat dann, aufs Tiefste erschüttert durch diese Wandlung der Dinge, die Todesstrafe für seinen einstigen Waffenkameraden, den er im Stiche ließ, in Begnadigung umgewandelt.

Am Tage des Auszuges der französischen Armee aus Metz brachte der preußische „Staatsanzeiger" folgende Begleitworte: „Die Blicke von Millionen sind heute auf Metz gerichtet, wo sich ein denkwürdiges Ereignis vollzieht. Nach fünf großen Schlachten und Gefechten, nach zahllosen kleinen Kämpfen, nach unsäglichen Mühsalen und Entbehrungen, zieht unser Heer als Sieger in den gewaltigen Waffenplatz. Die französische Hauptarmee, an ihrer Spitze drei Marschälle von Frankreich, senkt die Waffen. Es ist der Kern der französischen Heere, der sich unserem königlichen Prinzen ergiebt, Krieger von erprobter Tapferkeit, Führer von bewährter Umsicht. Die Sieger versagen dem Gegner, mit dem sie Monate lang gerungen, das Zeugnis nicht, daß er es an Kühnheit, Mut und Ausdauer bei der Verteidigung nicht habe fehlen lassen. Daß aber eine so große tapfere Armee einem solchen Geschicke anheimfallen mußte, steht einzig da in der Geschichte. Indem unsere Sieger den schwerverdienten Lorbeer mit dem Danke ihres Königs und des Vaterlandes empfangen, erfüllt sie eine besondere stolze Genugthuung. Sie haben das Bewußtsein, daß sie in dem erkämpften Waffenplatze das stärkste Bollwerk für Deutschlands künftige Verteidigung im Westen und eine vorzügliche Bürgschaft zur Sicherung des Friedens errungen haben. Wir wollen aber heute auch der Helden gedenken, die ihr Leben hingaben in den blutigen Kämpfen um Metz. Hunderttausende daheim werden schmerzlich bewegt bei diesem Namen. Ihre feuchten Blicke richten sich nach der großen Grabesstätte, wo ihre Väter, ihre Gatten, ihre Söhne und Brüder schlummern. Das Vaterland trauert mit ihnen. Es bringt den gefallenen Helden ihre Lorbeerkrone in der festen Zuversicht, daß sie sicher ruhen werden in der mit ihrem Blute erkämpften deutschen Erde."

Über den Ausmarsch der Truppen selbst, speciell der kaiserlichen Garde, schreibt ein preußischer Offizier, wie folgt: „Um 1 Uhr waren wir in unserer Aufstellung bereit, die Franzosen zu empfangen. Trotz des schauderhaften Wetters mußte der Gala-Anzug angelegt werden. Helm und Überlegeschabracke; nur die Generale erschienen mit Unterlegedecke. Es wurde einem schwer die tadellosen neuen Sachen aus dem Koffer zu holen und dieselben bei strömendem Regen verderben zu lassen, aber was half es? Galt es doch auch die Begehung eines Festes, das für die preußische Armee von weltgeschichtlicher Bedeutung ist und bleiben wird. Prinz Friedrich Karl wollte dem Vorbeimarsch beiwohnen. Auf dem rechten Flügel des Königsregiments hatte der kommandierende General und der Stab Aufstellung genommen. Um 1 Uhr erschien der Prinz, die Regimenter salutierten und riefen drei mal Hurra, während die endlose Kavalcade die Front hinunter galoppierte. Wir schlossen uns an, in wenigen Minuten mit Schmutz bedeckt. Die Pferde versanken beim Galoppieren in dem lehmigen Acker, einige stürzten und bei dem dichten Gedränge schossen bald nachher ein halb Dutzend der nächstfolgenden drüber weg. Es ging indessen glücklich ab, Niemand war zu Schaden gekommen. Nach Begrüßung der Truppen nahm Prinz Friedrich Karl mit dem ganzen großen Stabe der I. und II. Armee rechts von uns Aufstellung, neben ihm General v. Stiehle. Eine ganze Stunde feierlichen Wartens verging, ehe die Tête des französischen Korps vom Eisenbahndamm her sichtbar wurde. Es herrschte lautlose Stille, als ein französischer General, „der einzige, welcher überhaupt kam,“ auf einem kleinen Berberhengste angesprengt kam. Ihm folgte einer seiner Diener in Zuaven-Uniform. Er sprengte zum Prinzen heran, nahm schon vorher die Mütze in die Hand und meldete den Anmarsch des Garde-Korps. Der Prinz verwies ihn nach wenigen Worten an den General v. Fransecky. Dieser hielt unmittelbar neben der Chaussee, neben ihm Oberst v. Wichmann, der Generalstabs-Chef, und hinter diesem folgten alle Offiziere des Stabes. Man sah es dem verzweifelten Gesichte des französischen Generals an, eine wie schwere Aufgabe er erfüllte. Für uns Preußen macht das Abnehmen der Kopfbedeckung, welches als militärischer Gruß uns unbekannt ist, den Eindruck der Unterwürfigkeit. Bald waren nun die Têten heran; die höheren Offiziere hatten sich sämtlich krank gemeldet, selbst von den Regiments-Kommandeuren fehlten die meisten. Das erste Regiment waren die Dragoner der Kaiserin, alle kolossale Gestalten. Jeder Führer sprengte zum kommandierenden General heran, nahm die Mütze ab, meldete die Truppe an und überreichte den Rapport. Es folgte die ganze Garde-Kavallerie, darauf die reitende Artillerie, die Fuß-Artillerie, der Train und schließlich die Infanterie. Leider brach die Dunkelheit zu früh herein, erst um 6¼ Uhr war der Vorbeimarsch beendet. Namentlich interessant waren die Garde-Zuaven mit ihren abenteuerlich bunten Uniformen, darunter einzelne wahre Riesen. Jeder Soldat hatte einen großen Wanderstab. Die geschmackvollen, teilweise theatralischen Uniformen waren noch gut erhalten. Alle waren schöne Gestalten, darunter Leute mit schon grauen Bärten. Ruhig und würdevoll marschierten sie an uns vorüber, ohne irgend eine Spur von Mangel an Disciplin, mit seltenem Anstand, aber im Vollgefühl der Verzweiflung. Nur das Kommandowort „En avant“, und hier und da ein Ruf „Adieu, mon capitaine!“ unterbrach die feierliche Stille. Kurz, der Gesamteindruck war der, daß sich Jeder sagte, eine Elitetruppe vor sich zu haben. Viele der Kompagnie- resp. Bataillonschefs rc. begleiteten die Truppen nur bis zur Übergabe des Rapports und nahmen also vor unseren Augen Abschied von denselben. So wurden wir Zeugen der rührendsten Bilder. Da stürzten die Leute zu ihrem Chef heran, drückten ihm die Hand und viele Thränen wurden auf diesem schweren Gange vergossen. Dabei floß der Regen in Strömen, der Sturm heulte und dunkle Wolken bedeckten den Himmel. Es war, als habe der Himmel zu diesem

Leichenbegängnisse Frankreichs kein freundliches Gesicht machen können. Es war völlig dunkel, als die letzten Truppen vorbei kamen.

Bevor die gefangenen Korps die Festung verließen, war bereits unsererseits die Festung untersucht und besetzt worden. Artillerie- und Ingenieur-Offiziere hatten die Pulvermagazine in Besitz genommen, wie die Leitung der vorhandenen Minen unterbrochen. Um 12 Uhr wurden dann die Forts und das Marzellen-Thor durch preußische Infanterie besetzt und auf dem Fort St. Quentin die preußische Fahne aufgezogen. In jedes der äußeren Forts rückte zur Mittagsstunde ein Detachement von 2 Bataillons, 2 Feldgeschützen, 100 Mann Artillerie und einer halben Pionier-Kompagnie. In die innere Stadt rückten Abteilungen des II. Armeekorps. Zum Gouverneur von Metz war General-Lieutenant v. Löwenfeld, zum Kommandanten der General-Lieutenant v. Kummer ernannt worden. Die gefangenen Mannschaften wurden abteilungsweise bis zur Grenze zu Fuß, von da ab per Bahn nach ihren Bestimmungsorten befördert. Die 6000 Offiziere verblieben bis zum 1. November in Metz. Dann wurden sie in sechs großen Eisenbahnzügen bis nach Saarbrücken geschafft, ein Extrazug nach derselben Richtung brachte die Korpskommandeure und das Personal der höheren Stäbe nach Deutschland.

Ehe die um Metz versammelte I. und II. Armee nach ruhmvoller Erfüllung ihrer schweren und großen Aufgabe wieder aus dem gemeinsamen Verbande sich löste, um den Weitermarsch anzutreten, richtete erst noch ihr bisheriger Oberfeldherr, Prinz Friedrich Karl, warme und dankbewegte Worte der Anerkennung und Bewunderung in einem längerem Armeebefehl an dieselben. Aber auch König Wilhelm drängte es, seinem dankerfüllten Herzen Ausdruck zu geben. Mit dem Fall von Metz erfolgte die Erhebung des Generals v. Moltke in den Grafenstand, während der Kronprinz von Preußen und Prinz Friedrich Karl zu General-Feldmarschällen ernannt wurden. An sämtliche im Felde stehenden deutschen Truppen ward nachstehender Armeebefehl verkündet:

„Soldaten der verbündeten Deutschen Armeeen!

„Als wir vor drei Monaten ins Feld rückten gegen einen Feind, der uns zum Kampf herausgefordert hatte, sprach ich Euch die Zuversicht aus, daß Gott mit unserer gerechten Sache sein würde.

„Diese Zuversicht hat sich erfüllt.

„Seit dem Tage von Weißenburg, wo Ihr zum ersten Male dem Feinde entgegentratet, bis heute, wo Ich die Meldung der Kapitulation von Metz erhalte, sind zahlreiche Namen von Schlachten und Gefechten in die Kriegsgeschichte unvergänglich eingetragen worden. Ich erinnere an die Tage von Wörth und Saarbrücken, an die blutigen Schlachten um Metz, an die Kämpfe bei Sedan, Beaumont, bei Straßburg und Paris; jeder ist für uns ein Sieg gewesen.

„Wir dürfen mit dem stolzen Bewußtsein auf diese Zeiten zurückblicken, daß noch nie ein ruhmreicherer Krieg geführt worden ist, und Ich spreche es Euch gern aus, daß Ihr Eures Ruhmes würdig seid. Ihr habt alle die Tugenden bewährt, die den Soldaten besonders zieren: den höchsten Mut im Gefecht, Gehorsam, Ausdauer, Selbstverleugnung bei Krankheit und Entbehrung.

„Mit der Kapitulation von Metz ist nunmehr die letzte der feindlichen Armeeen, welche uns beim Beginn des Feldzuges entgegentraten, vernichtet worden. Diesen Augenblick benutze Ich, um Euch Allen und jedem Einzelnen, vom General bis zum Soldaten, Meinen Dank und Meine Anerkennung auszusprechen. Ich wünsche Euch Alle auszuzeichnen und zu ehren, indem Ich heute Meinen Sohn, den Kronprinzen von Preußen, und den General der Kavallerie, Prinzen Friedrich Karl von Preußen, die in dieser Zeit Euch wiederholt zum Siege geführt haben, zu General-Feldmarschällen befördere.

„Was auch die Zukunft bringen möge, — Ich sehe dem ruhig entgegen, denn Ich weiß, daß mit solchen Truppen der Sieg nicht fehlen kann, und daß wir Unsere bis hierher so ruhmreich geführte Sache zu Ende führen werden.

Wilhelm."

Achtes Kapitel.

Vormarsch der Sieger von Sedan auf Paris. — Das Große Hauptquartier auf dem Wege nach Paris. — Rheims wird von den Unsrigen besetzt. — König Wilhelm hält in Rheims Einzug und besucht das Lager von Châlons. — Schilderungen aus der Umgebung der Hauptstadt. — Der Vormarsch der III. Armee und ihres Hauptquartiers. — Kronprinz Friedrich Wilhelm in Rheims. — Über die Kathedrale von Rheims. — Die „Deutsche Invaliden-Stiftung" wird begründet. — Öde und Verlassenheit rings um Paris. — Der Vormarsch der IV. Armee und ihres Hauptquartiers. — Die Vorgänge in Laon. — Stellungen unserer Truppen am 18. September abends rings um Paris.

Wir verließen das Große Hauptquartier nebst der III. und IV. (Maas-) Armee bei Sedan, von wo die Sieger unter Zurücklassung des XI. preußischen und I. bayerischen Korps am 3. September den Marsch auf Paris zur Niederwerfung der Hauptstadt, der Republik antraten. Die IV. Armee nahm unter Führung des Kronprinzen von Sachsen ihren Weg rechts der Marne, die III. Armee unter dem Kronprinzen von Preußen links dieses Flusses. Anfangs sich noch kreuzend und durcheinanderschiebend, gewann man endlich die gerade Linie und rückte nun in sechs Kolonnen der französischen Hauptstadt entgegen, das IV. Korps als äußerster rechter Flügel, woran sich das Garde-Korps, das XII. und jenseit der Marne das VI., V. und II. bayerische Korps anschloß.

Zwischen beiden Armeeen bewegte sich das Große Hauptquartier, bis Rheims dem Gros beider Armeeen vorauf, von da ab ihnen folgend. Der Aufenthalt unseres Großen Hauptquartiers verteilte sich für die verschiedenen Punkte, wie folgt:

am 4. September in Rethel,
vom 5. bis 13. in Rheims,
am 14. in Chateau-Thierry,

am 15. bis 18. in Meaux,

vom 19. September bis 4. Oktober in Ferrières,

am 5. Oktober in Versailles, wo es bis zur Rückkehr des nunmehrigen Kaisers von Deutschland verblieb.

Am 5. September sollte der Einzug des Königs Wilhelm in der alten französischen Krönungsstadt Rheims stattfinden, beziehentlich also die Verlegung des Großen Hauptquartiers nach dort erfolgen. Zu diesem Zwecke war die vorangehende Besetzung dieser Stadt für den 4. anbefohlen worden. Die 11. Division des an der Spitze marschierenden VI. Korps, v. Tümpling, sollte dieselbe vollziehen. Der 4. September war ein Sonntag. Lieutenant v. Plüskow vom 8. Dragoner-Regiment war in aller Morgenfrühe in Rheims eingeritten und hatte sich bald überzeugt, daß die Stadt völlig vom Feinde verlassen sei. Auf diese Meldung empfing die 11. Division Befehl, unverzüglich in Rheims einzurücken. Der Vormarsch wurde sofort angetreten. Ein kurzer Aufenthalt fand im Dorfe Lavannes statt, wo man aus den Fenstern auf die voransprengenden Husaren schoß, wobei ein Husar getötet wurde. Nachdem unsere Artillerie das Dorf gesäubert hatte, rückten um 12 Uhr schlesische Jäger ein, um die Häuser nach etwa noch versteckt sich haltenden französischen Soldaten abzusuchen. Doch man fand nichts mehr. Die acht Häuser, aus welchen geschossen worden war, wurden in Brand gesteckt. Dann ging es weiter.

Eine Husaren-Schwadron unter Rittmeister Baron v. Baerst stand zuerst vor Rheims. Vier Husaren wurden hineingeschickt. Es war dies 12½ Uhr. In der Straße Ceres angekommen, hielten sie vor dem Laden eines Zuckerbäckers und kauften einiges von seinem Gebäck. In diesem Augenblicke warf sich ein alter Mann über einen der Reiter her, faßte dessen Pferd am Zügel und rief aus: „Ihr werdet das nicht essen!“ Der Reiter schlug mit dem Kolben seines Pistols auf den Mann ein; da derselbe aber nicht losließ, so schoß er auf ihn und verwundete ihn am Nacken. Die Reiter verließen darauf im Galopp die Stadt, wobei jedoch noch ein junger Mann auf sie feuerte. Um 3 Uhr erschien nun die ganze Schwadron. Rittmeister Baron v. Baerst ritt vor das Haus des Maire, Mr. Dauphinot, beklagte sich bei demselben über die Haltung der Einwohner und verlangte die Schlüssel der Stadt. „Die Stadt besitzt keine Schlüssel,“ antwortete der Maire. „Gut,“ sagte der Offizier, „dann übergeben Sie mir die Stadt offiziell!" „Das thue ich hiermit," entgegnete der Maire und besiegelte die Übergabe durch einen Handschlag. „Und jetzt," fuhr der Offizier fort, „müssen Sie sich mit Ihren Beamten an das Thor begeben, das auf der Straße nach Rethel liegt, um den kommandierenden General v. Tümpling zu empfangen." Dies geschah. Auch der General unterließ es nicht, dem Maire Vorwürfe über die Ausschreitungen der Bürger zu machen und sprach es offen aus, daß er bei einer ähnlichen Wiederholung sich gezwungen sehen würde, die Stadt dafür zur Strafe zu schädigen.

Darauf ritt General v. Tümpling mit seinem Stabe durch die Straßen Rheims bis zur Place royale, wo er vor der Statue Ludwig XV. Stellung nahm und die 11. Division vorbeimarschieren ließ, die mit festem Schritt an ihm vorüberzog. Tags darauf traf noch die 12. Division in Rheims ein, so daß jetzt das vollständig vereinte VI. Korps in der Stadt Quartier nehmen konnte. Mit der letztgenannten Division hielt auch das Große Hauptquartier seinen Einzug. König Wilhelm hatte seine Wohnung im erzbischöflichen Palaste, dicht neben der berühmten Kathedrale, genommen. Nachstehend mögen einige Briefe aus der Umgebung des Königs über die Tage in Rheims und die darauf folgenden Platz finden, die es uns in farbenfrischen Bildern ermöglichen, dem Großen Hauptquartier bis vor Paris folgen zu dürfen. Ein solcher Brief lautet aus Rheims vom 9. September:

„Seit dem 5. befindet sich der König hier und hat im erzbischöflichen Palaste Quartier genommen. Truppendurchzüge ohne Ende. Die beiden Divisionen des VI. Korps haben uns bereits wieder verlassen und die Württemberger, vortrefflich aussehende Bataillone, sind an Stelle derselben eingerückt. Was die Einwohner angeht, so sind die besseren Klassen durch entgegenkommende Haltung bemüht, die am 4. vorgekommenen Vorfälle vergessen zu machen, während sich die Masse der Bevölkerung in das Unvermeidliche zu schicken beginnt. Eine große Stadt, wenn sie nicht zu einem Moskau zu werden entschlossen ist, muß sich mit einer fremden Okkupationsarmee auf einen verträglichen Fuß stellen und dies ist auch hier geschehen. Das französische Sprüchwort: „Contre la force il n'y pas de résistance" wird im weitesten Sinne des Wortes bestätigt und bethätigt. Die militärischen Behörden verfahren dabei auch ihrerseits mit eben so viel Umsicht als Humanität. So läßt man z. B. die Leute hier herumstehen, einzeln oder in Gruppen, wie es ihnen beliebt, und kümmert sich um den Gegenstand ihrer Unterhaltungen nicht. Es scheint aber auch keine Gefahr zu befürchten. Gestern wurde, um eins zu erwähnen, ein Mann von einer Patrouille über den Platz des Hôtel de ville geführt. Er versuchte zu entspringen, die drei Soldaten liefen ihm nach und holten ihn ein, aber, obgleich der Platz fast voll von Blousenmännern stand, es rührte sich auch nicht eine Hand oder ein Fuß, um dem Flüchtling zu helfen.

„Der Platz vor dem Hôtel de ville ist deshalb so anziehend für die Massen, weil nach diesem Gebäude die Waffen der Stadt gebracht worden sind, die seit gestern in einem seitlichen Hofe zerstört werden. Heute ist noch ein anderer Grund vorhanden, welcher das Publikum dorthin lockt. In dem Saale der Mairie (ein geräumiger Saal mit den Bildern des Kaisers Napoleon und der Kaiserin Eugenie) ist nämlich der Maire mit einigen Mitgliedern der Municipalität anwesend, um den dürftigen Einwohnern Atteste auszustellen, durch welche dieselben von der Verpflichtung befreit werden, ihre Einquartierung (die ihre Lebensmittel auf dem Eisenbahnhofe empfängt, wo ein großes Magazin errichtet ist) zu verpflegen. Alles, was dorthin geliefert wird, wird von der Militärbehörde baar bezahlt, und die Fuhrleute, welche ihre Waaren auf den Markt bringen, sollen in keiner Weise behindert werden. Infolge dessen war derselbe heute schon recht besucht, und während er von den Einheimischen Zulauf hat, machen die Magazine die besten Geschäfte mit den fremden Offizieren und Soldaten, die, wie die Seeleute, sobald sie ans feste Land kommen, ihre Ersparnisse zu mehr oder weniger notwendigen Ankäufen verwenden.

„Die städtische Behörde hat sich bisher im Ganzen verständig benommen. Der Maire und die ganze Municipalität hatten vorgestern infolge der Ereignisse in Paris ihre Aemter niedergelegt, um fortan als Municipalräte die Geschäfte weiter zu führen. Man hat ihnen jedoch bedeutet, daß dieses Versuchen unzulässig sei, und nach einer Verhandlung, deren Text bezw. Protokoll die heutigen Blätter bringen, hat Mr. Dauphinot (der Maire) sein Amt aufs neue übernommen.

„Die beiden Zeitungen, der „Independant Rémois" (liberal) und der „Courrier de la Champagne" (ultramontan), sind seit gestern wieder erschienen und werden massenhaft gekauft. Die Censur ist sehr mild und es dürfen nicht nur die Aktenstücke der neuen republikanischen Regierung in

Paris abgedruckt werden, sondern die Redakteure können auch ihren patriotischen Gefühlen freien Lauf lassen. Die Einheimischen kaufen und lesen deshalb auch die Zeitungen ebenso eifrig wie die Deutschen (selbstverständlich hauptsächlich die Offiziere) und, so traurig-scherzhaft es klingt, sie haben sicher seit vielen Wochen kein so wahrheitstreues Blatt in den Händen gehabt wie jetzt, wo diese ihre Zeitungen unter dem Zwange der Verhältnisse erscheinen. Nur über Truppenbewegungen ist den Blättern zu schreiben absolut untersagt. Eine beträchtliche Anzahl von Exemplaren beider Blätter wird durch die deutschen Behörden in die rückwärts liegenden Ortschaften gesandt, um dort wenigstens einige Nachrichten über die wirkliche Sachlage zu verbreiten. Das vollständige Fehlen solcher mußte der Phantasie und der Fama den weitesten Spielraum geben, da der Masse jedes Verständnis der Thatsachen, jede kritische Fähigkeit fehlt.

„Die hiesigen Fabriken feiern schon seit Monaten und unter den Arbeitern herrscht deshalb bittere Not. Man hofft indessen auch diesmal wieder durch eigentümlich ersonnene „Anleihen“ sich helfen zu können. Die Franzosen vergessen und lernen einmal nichts und die zahlreichen Bilder der verschiedenen Arten von Assignaten aus der Revolutionszeit, die man häufig unter Rahmen in den Wohnungen findet, scheinen als unschuldige Kuriosität betrachtet zu werden.

„Gestern traf hier eine Masse heimischer Liebesgaben für die Württemberger ein. Fast der ganze Markt war mit ihren Wagen bedeckt, auf denen sich hauptsächlich warme Bekleidungsgegenstände (die bei der jetzt eingetretenen sehr kühlen und auch wiederum sehr nassen Witterung höchst gelegen kommen müssen) und Kisten mit den unschätzbaren Cigarren befanden, — unschätzbar, weil man hier nichts derartiges kaufen kann. Die Franzosen haben den vorhandenen Tabak selbst konsumiert und die Reste mitgenommen. Die meisten unserer Soldaten entbehren aber nichts so sehr, als den Genuß einer Pfeife oder Cigarre.

„Wir haben jetzt hier die ersten Dolmetscher der Armee gesehen, eine Einrichtung, welche der Gouverneur von Mainz getroffen haben soll. Es sind stattliche Männer in Kavalleristen-Uniform, welche auf dem linken Arm ein Blechschild mit der Inschrift: „Dolmetscher, Interprête,“ tragen und von denen einige die Avantgarde, andere verschiedene Truppenteile begleiten.

„Das Benehmen der Soldaten in der Stadt ist vortrefflich, obgleich es schwerlich einen Eindruck auf die Franzosen machen wird, die sich, bei aller äußerlichen Ergebenheit, doch nach wie vor von einer unbeschreiblichen Arroganz erfüllt zeigen. Wenn ein Soldat, dem die unverschämten Preise, die man ihm abfordert, zu hoch erscheinen, bei der Rechnung eine kleine Schwierigkeit erhebt, so schreit der Gastwirt oder Kaufmann, der an einem Tage Hunderte von blanken Thalern verdient, sicher, wie wenn ihm die Haut vom Leibe gezogen würde und unter Zehnen ist kaum Einer, welcher seine deutsche Einquartierung nicht als die höchste Ruchlosigkeit ansieht, die in der Gestalt der französischen Nation, zugleich der ganzen Menschheit angethan wird. Daneben herrscht aber eine Blasirtheit ohne Grenzen, welche auch für die Zukunft wenig erwarten läßt. Indessen ist es unnütz, darüber Vermutungen auszusprechen, die nächsten Wochen müssen es ja lehren, ob die Republik in Frankreich Aussichten hat oder nicht."

Am 10. September fuhr König Wilhelm zur Besichtigung des einst so viel bewunderten Lagers nach Châlons. Nur wenig Personen begleiteten den Monarchen. Charakteristisch schildert ein Brief den Eindruck, welchen dieses „befestigte Lager" an diesem Tage hervorrief, als der greise Sieger von Sedan mit dem Prinzen Karl von Preußen, dem Großherzog von Sachsen-Weimar, dem Prinzen Luitpold von Bayern und dem Erbgroßherzog von Mecklenburg-Schwerin dort eintraf, den Pavillon besichtigte und dann das Lager in seiner ganzen Ausdehnung umritt.

„Das „Lager" ist oft und ausführlich nach allen Richtungen hin beschrieben worden; eingehende Schilderungen Sachverständiger in militärischen Blättern und Feuilletonartikeln geistreicher Touristen haben den Gegenstand fast erschöpft. Man kann sich aber beim Überblicken der ganzen, so umfassenden Anlage des Gedankens nicht erwehren: und das Alles war umsonst! Gerade das Gegenteil von dem ist erreicht worden, was man erreichen wollte! Hier sollte das geübt und zur Gewohnheit werden, was zu unsrem Verderben, zu unsrer Knechtung bestimmt war, aber der Allmächtige fügte es anders. Über all den Glanz und Schimmer dieses Kriegslagers ist der Engel der Verwüstung hingeflogen. Zerrissen liegen die Zelte am Boden, die Leinewand ist von den Einwohnern der beiden Mourmelons teils schon weggeschleppt, teils im Kot umhergeschleift worden; nur an den ebenfalls umgestürzten Zeltstangen, den zerrissenen Stücken, den im Boden ausgegrabenen Rundungen, kann man noch erkennen, daß hier Zeltreihen gestanden haben. Jetzt existieren nur noch die Giebel niedergebrannter Magazine, dazu umgestürzte Bretterschuppen, Schilderhäuser, Gewehrständer. Die Truppen, welche hier gelegen, müssen ihr Lager in fluchtähnlicher Eile oder in einer wutgleichen Stimmung verlassen haben, denn es ist nicht abgebrochen, sondern umgestürzt worden. Das sonst so lebendige Treiben in den Dörfern Grand- und Petit-Mourmelon hat aufgehört; das Theater, die ganze Reihe der Cafés, Estaminets stehen leer; die Wirtshäuser »à la gloire française«, »au triomphe«, »à la victoire« glotzen aus hohlen Augen auf die Straße hinaus; eine Unzahl von Schänkmädchen und liederlichen Dirnen machen verlegene Gesichter. Es liegt nur eine Kompagnie des 15. bayerischen Infanterie-Regiments hier, wo sonst 3 Infanterie-Divisionen lagerten. Am übelsten sieht es freilich in der kleinen Kolonie des Pavillon impérial aus. Als unsere Truppen im Lager eintrafen, fanden sie eine Bande französischer Marodeurs beschäftigt, alles im Innern der verschiedenen Pavillons zu demolieren, die Spiegel zu zerschlagen, die Möbel zu zertrümmern, die Vorhänge abzureißen und wegzuschleppen, kurz eine allgemeine Devastation der schlimmsten Art! Nichts, absolut nichts in den sämtlichen Gebäuden, dem Kasino, den kleinen Pavillons für das Gefolge, ist verschont geblieben; der Ruin vollständig. Man ist beschäftigt, die Matratzen, das Bettzeug, Uhren und sonst Transportables in den verrufenen Häusern Mourmelons aufzusuchen; denn das liederliche Gesindel hat sich die allgemeine Verwirrung zu nutze gemacht.“

Am 14. hielt das Große Hauptquartier seinen Einzug in Chateau-Thierry, tags darauf in Meaux, wo der König nachmittags eintraf und in dem palaisartigen Hause eines Herrn Dassi auf dem Boulevard, der Kathedrale gegenüber, Wohnung nahm. Aus diesen Tagen lautet ein Brief aus Meaux, den 16. September: „Soeben kehre ich von einer Exkursion gegen Livry und Sevran in der Richtung auf St. Denis nach Meaux zurück. Dieselbe Todesstille auf dem ganzen Wege. Die Gehöfte am Wege verlassen, gähnende Thüren und Fenster. In dem Flecke Claye, zwei, drei Meilen von hier, war ein altes Weib, das unter den auf dem offenen Hofe des „Cheval blanc“ umhergestreuten Trümmern und Fetzen suchte, das einzige, menschliche Geschöpf, das mir entgegenkam, eine Deutsche, die behauptete, aus Paris verwiesen zu sein. Alles Verwüstung und Zerstörung bis in den Keller hinab. Die Locken und Chignons, die Krinolinen und

Jupons, die Hemden und die geheimsten Gegenstände der Toilette lagen in den Corridors umher, die Schüsseln und Teller, die Kasserollen und Bratpfannen, die ganze Wirtschaft lag pêle-mêle durcheinander, alles war zerbrochen, zerrissen, zerfetzt, mit der scheußlichsten Brutalität vernichtet. Rechts und links lagen am Eingange des Städtchens die schönsten Landhäuser; in den Gärten die schönsten Blumenbeete, die herrlichsten Bosketts. Ich trat durch die eisernen Gitterthore und schlenderte durch die Parkwege, schritt die kleinen Freitreppen hinauf in die Villen, die sich der Reichtum des von den Geschäften zurückgezogenen Parisers mit allem Comfort und Luxus ausgestattet. In dem Salon gedeckte Tische, schmutzig bis zum Ekel, mit Champagner- und Rotweinflaschen, zerbrochenen Gläsern, zerschlagenen Assietten beladen, die durcheinander geworfen, von den wildesten Gelagen zeugten. Die Reste der Braten, der Omeletten, der Desserts, der zerquetschten Früchte, zertretener Pasteten, Scherben und Brocken lagen auf dem Boden umhergestreut; die Vorhänge waren von den Fenstern gerissen, die Spiegel über den Kaminen durch hineingeschleuderte Flaschen zertrümmert; widerliche Zoten mit Kohle auf die kostbarsten Tapeten gezeichnet, allerlei hinterlassener Unflat, zerbrochene Stutzuhren, zerrissene Ölgemälde und Kupferstiche — das war der Anblick, der sich mir in zwei, drei dieser reizenden Landhäuser in den unteren Räumen bot. Ich rede nicht von dem scheußlichen Zustande der oberen Gemächer, der Schlafgemächer der Hausfrauen, der Boudoirs. Kein Schrank, keine Schublade war verschont, alle Schlösser waren erbrochen, der Inhalt über den Boden hingeworfen, bis in die Mansarden hinauf dieselbe Zerstörung.

„Wohl eine Stunde währte meine Promenade durch die tote Stadt. Niemand zu sehen. Endlich fand sich ein Mann, der mir mit einem Buche in der Hand entgegenkam und sich bei mir als den einzig zurückgebliebenen Bewohner des Städtchens, als Verwalter der Pariser Omnibus-Gesellschaft, präsentierte. „All' diese Verwüstung," klagte er mir, „haben wir unseren eigenen Leuten zu danken! So haben vor einigen Tagen gerade diejenigen bei uns gehaust, von denen wir unsere Rettung erwarten sollten! Sie haben die letzten Bewohner der Stadt, die noch den Mut hatten, ihre Wohnungen zu hüten, durch die schändlichsten Rohheiten vertrieben, die Frauen beleidigt, die Männer mit ihren Säbeln und Bajonetten gemißhandelt und sind erst abgezogen, als nichts mehr übrig war, was ihre Habsucht hätte versuchen können!" — Ein Artikel des „Siècle" hatte mir am Morgen erst erzählt, daß die Preußen in Frankreich stets die Zeiten Attila's wieder wach gerufen, daß sie die schrecklichsten Verwüstungen angerichtet hätten. Ich bestreite nicht, daß die unverzeihliche Thorheit der französischen Bevölkerung, ihre Städte und Dörfer zu verlassen, zu mancherlei Ungehörigkeiten unsererseits Veranlassung gegeben hat; ich bestätige dies sogar, denn der vom Marsch ermüdete, von Hunger und Durst gequälte Soldat verlangt zu essen und zu trinken, und wo er eine verschlossene Thüre findet, ist der Kolben der beste Schlüssel. Der Franzose würde auf solche Vorwürfe antworten: „à la guerre comme à la guerre". Wie aber rechtfertigt das „Siècle" die Thatsache, die ich schon in zehn Ortschaften bestätigt gefunden habe, daß die reguläre französische Armee die Städte ihres eigenen Vaterlandes geplündert und ein Schrecken für ihre eigenen Landsleute geworden ist? Ich lade das „Siècle" ein, sich nach dem Friedensschlusse in Claye zu erkundigen; das Blatt, wenn es der Wahrheit nicht sein Ohr verschließt, wird dann erfahren, daß nicht nur die Francitireurs, die man zum „Heile und zur Rettung Frankreichs" bewaffnet hat, sondern reguläre französische Infanterie und Kavallerie, mit den Chasseurs d'Afrique an der Spitze, in diesem Orte Schandthaten verübt haben, vor denen sich der Gedanke sträubt.

„Und ähnlich ist es in allen verlassenen Ortschaften im Umkreise des Weichbildes von Paris. Noch ist kein deutscher Soldat in diese Ortschaften zwischen Meaux und Paris gedrungen. Die sächsische Feldwache lag nur eine Meile von Meaux, und der mir begegnende Lieutenant derselben warnte mich sogar, weiter zu gehen, da draußen keine Vorposten mehr ständen. Etwa eine halbe Meile hinter Claye aber fand ich schon eine Probe der formidablen Verteidigungsmaßregeln von Paris, eine Barrikade, welche den alten französischen Quaderndamm dieser Straße sperrte.

„Es ist mir gestattet, von den augenblicklichen Dispositionen zu reden, weil die Ereignisse den Druck meiner Mitteilungen längst überholt haben werden. Schon am frühen Morgen sind die schlesischen Regimenter mit klingendem Spiele durch Meaux nach links marschirt, das VI. Armeekorps breitet sich gegen Sceaux aus, während die Armee des Kronprinzen von Sachsen sich gegen St. Denis bewegt. Man spannt also bereits die eisernen Arme aus, deren Spitzen von beiden Seiten die Kavallerie bildet.

Vielleicht haben unsere Nachbarn in der Nacht wieder einige Brücken gesprengt, wie vor Lagny, wo die französischen Pioniere vor einigen Tagen die Bewohner auf diese Operation vorbereiteten und gleich einige Häuser mit in die Luft sprengten. Als sie in der Nacht darauf die zweite Brücke sprengten, war niemand vorher davon benachrichtigt worden und die harmlosen Einwohner wurden durch den jähesten Schreck aus ihren Betten gesprengt, in der Überzeugung, die Preußen seien da, die allerdings auch ohne alle Vorbereitung am nächsten Tage bereits einrückten und morgen früh schon weiter gegen Paris vorgehen werden." —

Am 19. September kam das Große Hauptquartier nach Ferrières, beziehungsweise Lagny, wo es, wie schon früher bemerkt, bis zum 5. Oktober verblieb.

Wenden wir uns nun der III. Armee und ihrem Hauptquartiere zu. Die drei Korps der III. Armee, das V., VI. und II. bayerische, hielten natürlich in den Hauptzügen die Richtung des Hauptquartiers ihres Armeeführers inne, indem sie so viel als möglich Parallelstraßen des Weges einschlugen, welchen dasselbe nahm, gelegentlich auch, wie bei Rheims, mit demselben zusammentrafen. Am 2. September hatte der Kronprinz von Preußen einen mehrstündigen Ritt über das Schlachtfeld von Sedan gemacht, worauf noch an demselben Tage sein Hauptquartier von Chémery nach Donchery verlegt wurde. Dort verblieb es auch während des 3. Septembers. Von da ab waren es folgende Punkte, wo dasselbe seinen Stand nahm:

4.	September	Attigny,
5.	"	Warmereville,
6.—8.	"	Rheims,
9.—11.	"	Boursault,
12.—14.	"	Montmirail,
15.—16.	"	Coulommiers,
17.	"	Chaumes,
18.	"	St. Germain les Corbeil,
19.	"	Palaiseau,
20.	"	Versailles.

Einige Briefe mögen auch hier uns einige Scenen und Erlebnisse aus der Umgebung des Hauptquartiers der III. Armee schildern. So lautet ein Brief über den Aufenthalt in Rheims: „Der Kronprinz hatte kaum seine Wohnung bezogen, als er sich auch bereits anschickte, die Sehenswürdigkeiten der Stadt in Augenschein zu nehmen: die Place Royal, die Kathedrale, die Kirche St. Remi, letztere die älteste der Stadt. Der Kronprinz hatte St. Remi kaum betreten, als auch schon das Publikum in die Kirche nachgeströmt war, und Kopf an Kopf stehend, alle Gänge vom Portal bis zum Hochaltar eingenommen hatte. Bei dem Nachdrängen der Massen war es unmöglich, eine Chaîne zu bilden, die es dem Kronprinzen erlaubt hätte, die Figuren des Katafalks zu betrachten, den man im Jahre 1847 zu Ehren des heiligen Remigius, hinter dem Hochaltar, an Stelle der ursprünglichen, in der Revolutionszeit zerstörten Grabstätte errichtet hatte. Von besonderem Interesse erwies es sich dabei, auf die Bemerkungen aus den Reihen der Zuschauenden zu hören. Den meisten Eindruck schien es zu machen, daß der Kronprinz, trotz der Scene am 4. September, sich ohne jede Bedeckung inmitten einer so zahlreichen Volksmenge zeigte.

„Die berühmte Kathedrale bildet natürlich für uns alle den Hauptanziehungspunkt; sie wird von Besuchern nicht leer. Was mich persönlich angeht, so habe ich es zu einer eigentlichen Schönheits-Bewunderung der inneren Struktur dieses Baues nicht recht bringen können, wodurch ich freilich in einen gewagten Gegensatz zu den bedeutendsten Autoritäten gerate. Violet le Duc, der große moderne Gothiker der Franzosen, sagt beispielsweise in seinem Dictionnaire d'Architecture: „Wenn wir uns eine Vorstellung davon machen wollen, wie das 13. Jahrhundert, also jene Epoche, in der der Spitzbogenstyl sein Erhabenstes leistete, concipiert wurde, so müssen wir nach Rheims gehen; und wenn wir uns dann ferner eine Vorstellung davon machen wollen, wie das 13. Jahrhundert eine derart concipierte Kathedrale ausführte und vollendete, so müssen wir abermals nach Rheims gehen. Nur die zwei Turmspitzen in der Front und die Glockentürme des Querschiffes haben wir uns hinzuzudenken." Die Bewunderung dieses mächtigen Baues findet hier also einen ganz uneingeschränkten Ausdruck und zwar von Seiten einer allergrößten Autorität. Es mag verdient sein. Meinem Gefühl indeß ist der innere Aufbau viel zu schwer und massig erschienen; ich gebe dem graziösen, palmenhaften Anwachsen der Pfeiler-Avenuen entschieden den Vorzug. Hier in Rheims geht das Schönheitliche im Königlichen, im Feierlichen und Imposanten unter. Auch was unter den restaurierenden Händen der Neuzeit geschehen ist: mattvergoldete Kapitäle und goldgestirnte blaue Deckengewölbe, es hat mich nicht begeistern können.

„Ich hoffte indes, daß der historische Glanz alles dessen, was hier geschah, schließlich einen poetischen Schimmer um diese schweren Pfeilermassen ausgießen würde und so schritt ich denn das Mittelschiff hinauf, dem Hauptaltar entgegen, der seinerzeit mit Goldplatten bekleidet und mit einem schwebenden Tabernakel geschmückt war. Welches Sanktuarium dieses! Die Stelle, wo alle Könige Frankreichs von Philipp August (1179) bis auf Karl X. (1825) das heilige Salböl empfangen hatten. Nur drei Ausnahmen: Heinrich IV., der in Chartres, Napoleon, der in Paris, Ludwig XVIII., der gar nicht gekrönt wurde. An diesen Altarstufen war es auch, wohin Jeanne d'Arc den Dauphin führte. Ich finde über diesen einen Krönungstag, der alle anderen in Schatten stellt, das Folgende:

„Am 16. Juli 1429 erschien der König vor der Stadt; man empfing ihn und führte ihn in den erzbischöflichen Palast. Das Volk erhob den alten Freudenschrei: „Noël, Noël!", aber die Augen aller waren auf die Jungfrau gerichtet. Am folgenden Tage sollte die Krönung stattfinden. Vier Würdenträger der Krone, die Marschälle v. Boussac und v. Rais, Sir Graville, Grandmaître der Arkebousiere, und Sir Culan, Admiral von Frankreich, stiegen zu Pferde, ließen ihre Banner im Winde flattern und ritten auf die alte Kirche St. Remi zu, um daselbst die heilige Ampulla (la sainte ampoule) zu holen, die in der ältesten Kirche von Rheims aufbewahrt wird. Sie empfingen die Salböls-Phiole, leisteten dem Abt den Eid, dieselbe sicher wieder zurückzubringen, und ritten nunmehr auf die St. Dionysius-Kirche zu, wo der Erzbischof, an der Spitze des Kapitels, bereits ihrer wartete und die sainte ampoule aus ihren Händen nahm, um sie nun seinerseits zu tragen und auf den großen Altar der Notre-Dame-Kirche niederzustellen. An den Stufen des Altars stand bereits der König. Zwölf Pairs des Reiches sollten ihn umgeben. Da die Zeitverhältnisse es aber nicht gestattet hatten, jene zwölf, die ihrem Range nach zugegen sein mußten, an dieser Stelle zu vereinigen, so traten die vornehmsten unter den anwesenden weltlichen und geistlichen Herren für jene Abwesenden ein; — für den Herzog von Burgund, der auf Seiten Englands stand, der Herzog von Alençon. Der Erzbischof funktionierte.

Sir d'Albret hielt den Degen. Zu Seiten des Königs, ihr Banner in der Hand, stand die Jungfrau. Als die Ceremonie vorüber war, als der Herzog von Alençon den König zum Ritter geschlagen und der Erzbischof ihn gesalbt und gekrönt hatte, warf sich die Jungfrau zu Füßen Karls VII., umklammerte seine Kniee und rief unter Thränen: „Gnädigster König, nun ist der Wille Gottes erfüllt, der gewollt hat, daß Du gen Rheims zögest, um die Krone zu empfangen, auf daß alle Welt sähe, daß Du der wahre König bist!" Sie weinte, als sie diese Worte sprach und alle Umstehenden weinten mit ihr.

„Die Stelle, an der sich dies Alles vollzog, ist geblieben, aber ein paar umherliegende Grabsteine und die mächtigen, das Gewölbedach tragenden Pfeiler abgerechnet, die nach wie vor hier aufragen, hat sich alles gerade hier verändert. Vor allem der Altar selbst. Ich weiß nicht, ob er das große Feuer von 1481 überstand, das ihm zu Häupten, um den großen Glockenturm herum, ausbrach und solche Gewalt hatte, daß das ganze Bleidach und das Erz von wenigstens 15 Glocken wie ein Regenstrom in die Kirche niederstürzte, — jedenfalls machte der wechselnde Geschmack der Zeiten der alten Herrlichkeit ein Ende und eine Art Roccoco-Altar trat in den Tagen Louis XV. (1747) an die Stelle dessen, was sich bis dahin, sei es intakt, sei es zerbröckelt, durch die Jahrhunderte hin erhalten hatte. Diese Neuschöpfung ist nicht ohne künstlerischen Wert; Kandelaber und Marmorstatuen von jener glänzenden Technik, wie sie den Meistern des vorigen Jahrhunderts zu Gebote stand, ragen auf; aber zweierlei fehlt diesen Gestaltungen: die Harmonie mit der architektonischen Gesamtheit des Baues und — der historische Reiz.

„Dieser historische Reiz, dessen Schönheit hier verklärend wirken, das Schöne noch schöner, das Massige leichter, das Schwere graziöser gestalten sollte, läßt einen im Stich, wie am Altare, so in der ganzen Kathedrale. Man erfährt nur: „Dies geschah hier," aber man sieht nichts, woran unsere Vorstellung sich anlehnen, nichts, was unsere Phantasie unterstützen könnte. Die Kirche ist kahl, Bilder und Denkmäler fehlen, das Wenige, was davon da ist, berührt nicht die wirklich großen Momente im Leben des Landes oder dieser Stadt. So verläßt man die vielberühmte Kathedrale schließlich bis zu einem gewissen Grade enttäuscht.

„Anders ist es mit dem Äußeren derselben; der enorme Detailreichtum

18*

ihrer vielberühmten Front steht vielleicht einzig da und gleicht einem riesenhaften Gesamtfriese, in dem die drei großen Portale nur selbst wieder integrierende Teile sind. Ja, der produktive Drang jener Epoche hatte sich auch daran noch nicht genug sein lassen; dieser Façadeschmuck wuchs noch nach links und rechts hin um beide Ecken herum, etwa (um der Trivialwelt einen Vergleich zu entnehmen) als habe man einen figurenreichen Bilderstreifen an die Front eines Kastens zu kleben gehabt, habe aber, weil der Streifen eben länger war als nötig, ihn, so weit er reichte, auch noch nach seitwärts geklappt. Es giebt nichts, was einem die Schaffenslust und Fülle jener Jahrhunderte so veranschaulichen könnte, wie dieser über Ziel und Aufgabe hinauswachsende Überschuß. Mitunter sprechen auch Zahlen. Es gehören dieser Façade 2062 Figuren an, von denen 1274 die menschliche Gestalt, 788 die der verschiedensten Tiere darstellen.

„Dem Besuch der Kathedrale ließ ich noch einen Spaziergang durch die Stadt folgen. Die Straßen bieten einen Anblick dar, als ob der Friede schon wieder hergestellt wäre. Allenthalben ziehen die Soldaten in Begleitung der Wirte, bei denen sie kantonieren, umher und lassen sich die Sehenswürdigkeiten erläutern. Der Schlesier, Pommer, Württemberger sitzt in den Kaffeehäusern und Wirtsschänken friedlich neben dem französischen Bürger. Die Verschiedenheit der Sprache macht sich hier gerade wenig fühlbar, da ein verhältnismäßig sehr beträchtlicher Teil der arbeitenden Klassen in Rheims aus deutschen Eingewanderten besteht." —

In Rheims war es auch, von wo der Aufruf zur Organisation der „Deutschen Invaliden-Stiftung" erging, deren Leitung der Kronprinz von Preußen im Auftrage des Königs übernahm. Von Rheims ging es durch liebliche, fruchtreiche Gegenden, von Weinterrassen, Obstgeländen verlockend eingefaßt, immer dem Thale der Marne entlang. Je mehr man sich Paris näherte, um so häufiger mehrten sich die Anzeichen, welche Verwirrung und Ratlosigkeit unter den Einwohnern dieser freundlichen Dörfer und hübschen Städtchen geherrscht haben mochte, als der thatsächliche Vormarsch der blonden Barbaren keinen Zweifel mehr übrig ließ. „Der Umkreis von Paris hat der von der Hauptstadt gegebenen Ordre pünktlich gehorcht," heißt es in einem Briefe. „Alles ist verschwunden, was gegessen oder getrunken werden könnte. Unheimlich ist's in den öden Dörfern. Durch die aufgebrochenen, klaffenden Thüren der Häuser, in welchen unsere Soldaten gerastet, blickt uns das übereinander geworfene Hausgerät entgegen; aus den offen gebliebenen Fenstern schaut streng und vorwurfsvoll unter der Perrücke das lebensgroße Bild des Großvaters heraus, der gewiß schon den vorigen Einmarsch der Preußen erlebte. Die Stutzuhren auf den Kaminen sind stehen geblieben; eine Staubkruste liegt auf den Damast- oder Sammet-Überzügen der Fauteuils, die Blumen in den Zimmern lassen die Köpfe hängen und hier und da sieht man einen mit roten Backen bemalten Haubenstock am Fenster stehen, dem unsere Soldaten das koquette seidene Hütchen der Tochter aufgesetzt. Es sieht trist und öde aus überall; es ist viel Verwüstung in den Häusern angerichtet; aber sie wollten es so; sie liefen davon und werden später von Vandalismen reden, wenn sie ihre schönen Kanapees nicht mehr wiedererkennen. Und wie thöricht sie bei dem Wegschaffen ihrer Vorräte zu Werke gegangen sind! Da finden unsere Soldaten z. B. in einem Hause in Couilly oder Chassy einen ganz frischen Cementboden im Hause eines Krämers. Hacke und Axt ist schnell gefunden, der Cement wird entfernt und in dem Keller liegt der ganze Vorrat des Epiciers: Wurst, Schinken, Käse, Reis, Wein, Liqueure. Ein solcher Fund führt allemal zu anderen, und die Einwohner werden sich bei ihrer Rückkehr wundern über die Spürnasen der Preußen.

„Todesstille herrscht auch auf den Landstraßen. Die Elstern und die zurückgelassenen Jagdhunde beleben einzig die Felder. Die großen Parks der Schlösser gleichen den Friedhöfen; in den Teichen spielt der Wind mit den dürren Blättern, die der Herbst dahin gestreut. Nur dann und wann kommt ein char à banc mit einem Offizier des Weges daher gefahren, oder der Feldpostillon reitet über die Höhe hinab. Selten begegnet man einer blauen Blouse, denn sie sind alle davon gegangen und, wie ich glaube, meist in den Wäldern versteckt. Ohne alle Frage betrachten sie die Preußen als Botokuden, selbst die einzelnen Leute, die zurückgeblieben, sind sichtlich erfreut, wenn man mit ihnen in harmloser Weise verkehrt. Wohin diese Menschen alle geflohen, das ist unbegreiflich. Viele sind in den Wäldern, wie ich sagte, aber schwerlich werden sie sich alle dort verkrochen haben; sind sie nach Paris, so werden sie ihre dortigen Vorräte wohl selbst verspeisen.

„Unsere Vorposten stehen schon wenige Meilen von Paris und die Reiter-Division Stolberg tränkt bereits seit gestern ihre Pferde in der

Seine. Wird es zu einem Bombardement kommen? Paris auf allen Seiten mit unserer Kavallerie flankieren zu lassen, wird immer das Vorteilhafteste sein. Übermorgen geht unsere Avantgarde wahrscheinlich schon über die Seine. Das Abschneiden der Wasserleitungen, wie es in Quincy geschehen, wird keinen großen Erfolg haben. Die Seine können wir den Parisern nicht abschneiden, und da jede Familie ihre „Fontaine" mit dem Kohlenfilter in der Küche hat, wird man sich nach wie vor mit diesem Wasser behelfen. Viel Freude werden wir von dem Aufenthalte in Paris nicht haben; die Offiziere sind auch bereits darauf gefaßt, die schönste der Städte in Trauer und Verzweiflung zu finden; indes ist Jeder mit der Zuversicht zufrieden, daß es wirklich zum Einmarsch kommen werde, trotz der angenehmen Friedenspropositionen, welche Jules Favre dem Könige gemacht haben soll." —

Am 18. September traf das Hauptquartier in St. Germain les Corbeil ein. Tags darauf trat man mit dem Feinde in einige Gefechte ein, welche die Einschließung der Hauptstadt Frankreichs vollendeten. Es erübrigt nun noch, dem Vormarsche der IV. Armee und ihres Hauptquartiers zu folgen.

Das Hauptquartier des Führers der Maas-Armee, des Kronprinzen von Sachsen, befand sich bis zum Eintreffen vor Paris an folgenden Punkten:

3. bis 5.	September	Mouzon,
6.	"	Vendresse,
7.	"	Launois,
8.	"	Nouvion Porcien,
9.	"	Seraincourt,
10. bis 11.	"	Chateau Marchais bei Laon,
12.	"	Corbény,
13.	"	Soupire sur Aisne,
14.	"	Arcy St. Restitue,
15.	"	Neuilly,
16. bis 17.	"	Crouy sur Ourcq,
18.	"	St. Soupplets,

19. September bis 8. Oktober Grand Tremblay.

Das bedeutsamste Ereignis des Vormarsches der Maas-Armee war die Explosion in Laon. Sie traf das am rechten Flügel marschierende

IV. Korps, speziell die um eine Etappe vorausreitende VI. Kavallerie-Division, Herzog Wilhelm von Mecklenburg. Laon befand sich noch in den Händen des Feindes. Es für uns zu gewinnen schien in mancherlei Beziehungen wichtig und so empfing die genannte Kavallerie-Division, der noch das 4. Jäger-Bataillon (Sangerhausen) beigegeben war, Befehl, diesen Ort mit seiner Citadelle wegzunehmen. Ein amtlicher Bericht über die sich nun vollziehenden traurigen Vorgänge lautet, wie folgt:

„Meldung der 6. Kavallerie-Division. Laon, 9. September, mittags 3½ Uhr.

„Der Lieutenant v. Rohr mit einem Zuge des Ulanen-Regiments Nr. 15 hatte am gestrigen Tage den Kommandanten der Citadelle von Laon zur Kapitulation aufgefordert und hatte hierauf der Kommandant sich bis Nachmittag 4 Uhr Bedenkzeit ausgebeten. Als diese Meldung der Division zuging, wurde der Oberst v. Alvensleben mit der 15. Kavallerie-Brigade und der reitenden Batterie nach Laon gesandt mit einer diesseits aufgesetzten Kapitulationsverhandlung. Dem Oberst v. Alvensleben gegenüber machte der Kommandant wieder Schwierigkeiten und bat sich endlich eine neue Bedenkzeit bis heute früh 9 Uhr aus. Das Jäger-Bataillon Nr. 4 war gestern noch nach Eppes herangezogen und eine Batterie des 4. Korps in St. Quentin eingetroffen. Heute früh 6 Uhr brach die 14. Kavallerie-Brigade und diese zweite reitende Batterie ebenfalls nach Laon auf. In Eppes angekommen, meldete Oberst v. Alvensleben, daß die Kapitulation abgeschlossen sei, und die Citadelle mit allen Truppen und Armee-Material um 11½ Uhr an die Division übergeben werden würde. Die Division rückte in Laon ein; die beiden Batterieen fuhren vor der Stadt auf, neben denselben formierte sich die 14. Kavallerie-Brigade, die 15. hatte alle Straßen um Laon gestern schon besetzt und blieb in ihrer Stellung. Das Jäger-Bataillon ließ eine Kompagnie in den Vorstädten zur Besetzung derselben, zwei Kompagnieen marschierten auf dem Marktplatz von Laon auf und besetzten alle Ausgänge, die 4. Kompagnie marschierte mit dem Divisionsstabe und den beiden Brigadestäben nach der Citadelle. Der Intendantur-Vorstand der Division und der Hauptmann Mann der reitenden Batterie kamen ebenfalls mit; ersterer zur Übernahme der Vorräte, letzterer zur Übernahme der Festungsgeschütze und des Armee-Materials. Am Eingange der Citadelle stand eine Wache der Mobilgarde, welche sofort durch eine

Sektion Jäger abgelöst wurde. Auf dem Hofe der Citadelle stand die Garnison der Citadelle, bestehend aus etwa 2000 Mann Mobilgarde und einem Zug Linien-Infanterie des 55. Regiments. Die Kapitulation erfolgte auf Grundlage der Kapitulation von Sedan. Sämmtliche Offiziere, welche ihr Ehrenwort gaben, nicht mehr gegen Deutschland zu fechten, wurden entlassen. Die Waffen wurden niedergelegt, und die Mobilgarde, nachdem sie ebenfalls verpflichtet war, nicht mehr gegen Deutschland zu fechten, wurde ebenfalls entlassen, die Sektion Linien-Infanterie dagegen unter Eskorte nach der Stadt abgeführt. Ein großer Teil der Offiziere, sowie der französische Kommandant blieben noch im Hofe der Citadelle zurück, als, nachdem der letzte Mann der Mobilgarde das Thor der Citadelle passiert hatte, kurz hintereinander zwei furchtbare Detonationen erfolgten. Das Pulvermagazin, auf das wahrscheinlich sämtliche Bomben und Granaten gebracht waren, sowie alle Patronen und wahrscheinlich noch eine Mine gingen in die Luft. Das Magazin steht oder stand vielmehr im Hofe der Citadelle. Alle im Hofe der Citadelle anwesenden Personen, sowie die darin aufgestellte Kompagnie Jäger wurden unter Schutt und Trümmern beinahe begraben. Die Bomben und umliegenden Steine und Mauerstücke flogen in die Stadt, die Vorstädte und weit darüber hinaus. Die Verwüstung war eine furchtbare. Fast alle im Hofe der Citadelle anwesenden Personen wurden teils getödtet, teils leichter oder schwerer verletzt. Die Hälfte der Kompagnie Jäger liegt verstümmelt auf dem Platze. Alle Verluste sind im Augenblick noch nicht zu übersehen. So weit bis jetzt bekannt, ist von Offizieren nur tot der Hauptmann Mann der reitenden Batterie des 4. Korps. Verwundet sind Unterzeichneter durch eine Kontusion des rechten Oberschenkels, Oberst Graf Groeben durch mehrere Kontusionen am Kopfe und Körper, Major v. Schönfeld Kontusion am Backen und den Beinen, Rittmeister v. Treskow wurde am Kopfe, Lieutenant Graf Roß (noch unbekannt), Lieutenant Krause vom 16. Husaren-Regiment Kontusion an beiden Beinen, Divisionspfarrer Dietrich Kontusion an der Brust. gez. Wilhelm, Herzog von Mecklenburg."

„Bemerkung. Einem weiteren Bericht zufolge sind von der 4. Kompagnie des Jäger-Bataillons Nr. 4 50 Mann tot, 45 teils schwer verwundet, von den Mobilgarden etwa 10—12 Offiziere verletzt. In der Citadelle wurden 23 Geschütze und eine größere Anzahl von Gewehren vorgefunden."

General Theremin, der Kommandant von Laon, ein vorzüglicher Offizier, dessen Nichtbeteiligung an diesem unglückseligen Ereignis übrigens aufs glänzendste bald nachgewiesen werden konnte, starb bereits nach einigen Tagen infolge der bei der Explosion empfangenen Verwundungen im Lazarett, nachdem ihm der Herzog von Mecklenburg aufs huldvollste seinen Degen zurückgegeben hatte. —

Am 18. September abends standen die sechs Korps unserer III. und IV. Armee, welche von Sedan aus zuerst den Vormarsch auf Paris angetreten hatten, wie folgt, um Paris:

IV. Korps: Le Menil Amelot,
Garde-Korps: Thieux,
XII. Korps : Claye,
V. Korps: Palaiseau-Bièvre,
II. bayerisches Korps: Longjumeau-Monthery,
VI. Korps: Villeneuve St. Georges.

Die württembergische Division kam bis Lagny; das am 11. September von Sedan aufgebrochene XI. und I. bayerische Korps standen noch weiter zurück. Im Norden war also die Einschließung von Paris nahezu vollendet, im Osten und Süden hatte sie sich vollzogen. Für den 19. September war nun sowohl von Norden als auch von Süden her eine weitere Umschließung nach Westen hin anbefohlen worden. Dieses Vorgehen schuf eine Reihe nicht unerheblicher Gefechte. Diesen sowohl als auch den Vorgängen innerhalb der französischen Hauptstadt wenden wir uns jetzt zu.

Neuntes Kapitel.

Die ersten Wochen in Paris nach der Katastrophe von Sedan. — Gambettas Rundschreiben an die Präfekten Frankreichs. — Die Antwort der „roten" Partei darauf. — Victor Hugos zweites Manifest. — Wie Paris sich verproviantiert. — Das Bois de Boulogne wird vernichtet. — Die Verteidigungskräfte der französischen Hauptstadt. — Der Sitz der Regierung wird nach Tours verlegt. — Paris in den ersten Tagen der Belagerung. — Paris am Abend des 19. Septembers. — Jules Favre begiebt sich zum Grafen Bismarck in das Große Hauptquartier. — Berichte von Jules Favre wie des Grafen Bismarck über die Verhandlungen in Haute Maison und Ferrières. — Thiers unternimmt eine Rundreise durch Europa, Schutz für Frankreich bei den europäischen Großmächten zu suchen.

Während die deutschen Armeeen immer enger ihren eisernen Gürtel um die stolze französische Hauptstadt spannten, begann dieselbe, nachdem die nach der niederschmetternden Hiobspost von Sedan eingetretene Lähmung und Verwirrung aller Geister gewichen war, auf Mittel und Wege zu sinnen, kampfbereit den deutschen Barbaren, deren Anmarsch immer deutlicher einherdröhnte, entgegenzutreten und Paris selbst in jene Lage zu versetzen, welche eine längere Abgeschlossenheit von der Außenwelt und allen Hilfsquellen ermöglichte. Und wie Paris, so war auch das ganze übrige, noch nicht von den Siegern überschwemmte Land entschlossen, mit Aufbietung aller Kräfte und Opfer sich gegen eine feindliche Invasion zu schützen. Die Seele aller dieser Anstrengungen war Gambetta, der so eben zum Minister des Innern bei der „Regierung der nationalen Verteidigung" ernannte, wortberedte Anwalt und Volksredner, dessen stählerne Willenskraft und heißblütige Energie ihm bald den Namen eines „Diktators" einbrachten. Während Jules Favre bei den europäischen Regierungen versuchte, durch friedenheuchelnde Proklamationen Frankreichs Unschuld an diesen männermordenden Blutfesten darzuthun, war es der feurige Gambetta, der mit gewaltiger

Stimme in die Kriegsdrommete blies, ganz Frankreich zum Sturme und zur Selbstverteidigung aufrufend. Schon in dem ersten Rundschreiben dieses unbeugsamen Republikaners an die Präfekten Frankreichs spricht sich die Größe eines Mannes aus, dem das Vaterland noch einmal unendlichen Dank schulden sollte, der den Gedanken wiedervergeltender Rache bis zu seinem letzten Atemzuge, wie ein Glaubensbekenntniß, festhielt, um ihn dann als Erbschaft an Frankreich abzutreten.

„Um was es sich handelt", hieß es in dem Rundschreiben an die Präfekten Frankreichs, „das ist vor allem die Verteidigung des Landes, also nicht nur Ausführung aller Maßnahmen, welche schon, zu gleichem Zwecke, unter der früheren Regierung beschlossen wurden, sondern ebenso Erweckung aller lokalen Kräfte, Disciplinierung aller Äußerungen hingebender Vaterlandsliebe. In dieser Hinsicht haben Sie das Recht, auf Gutheißung aller Maßnahmen zu zählen, welche Sie zu diesem Hauptzweck ergreifen werden. Wenn Sie, wie ich nicht zweifle, sie rasch fassen und alle Lebenskräfte der Nation diesem großen Ziele zuwenden, werden Sie mit einem Male allen Zwistigkeiten, allen Reibungen zwischen den verschiedenen Behörden vorbeugen. Hinsichtlich Ihrer Beziehungen zu dem ehemaligen Personal der gefallenen Regierung, den Maires, Adjunkten, Municipalräten und Funktionären, ist Ihr Verfahren in den soeben auseinandergesetzten Ideen vorgezeichnet. Unser eingeschläfertes und seit achtzehn Jahren entnervtes Land bedarf und benötigt am Tage dieses furchtbaren Erwachens einer Thätigkeit ohne Verwirrung, des Lebens, aber eines regelmäßigen und organisierten Lebens. Überall, wo sich demnach Neigungen zur eigenen Initiative der in Ihren Gemeinden versammelten Bürger kundgeben werden, ermutigen Sie dieselben, indem Sie sie regeln, wenn sie vom Geist des Patriotismus und der Hingebung inspiriert sind, welcher die Vertreter der öffentlichen Gewalt beseelt.

Gambetta.

„Die Regierung der Nationalverteidigung ist durch das Volk aus seinen eigenen Erwählten gebildet: sie repräsentiert in Frankreich den großen Grundgedanken des allgemeinen Stimmrechtes. Diese Regierung würde ihre Pflicht, wie ihren Ursprung verleugnen, wenn sie nicht von Anfang an ihre Blicke auf die Municipalitäten richtete, welche, wie ihre eigenen Glieder, aus den Wahlurnen hervorgegangen sind. Überall, wo Municipalräte angestellt sind, welche unter dem Einfluß des liberalen und demokratischen Zuges erwählt sind, werden die Mitglieder dieser Behörden Ihre besten Stützen sein. Überall, wo im Gegenteil die Äußerungen des Bürgers unter dem verhängnisvollen Drucke des vorigen Regimes zurückgedrängt wurden, und wo die erwählten Räte und Municipalbeamten nur retrograde Tendenzen vertreten, umgeben Sie sich mit provisorischen Gemeindebehörden und stellen Sie Männer an ihre Spitze, welche diese selbst aus ihrem Herzen gewählt haben, vorausgesetzt, daß sie bei ihrer Wahl den patriotischen Bedrängnissen Gehör zu geben verstanden, welche Frankreich belasten. Mit einem Worte, denken Sie nur an den Krieg und an die Maßregeln, welche dieser erzeugen muß; schaffen Sie Ruhe und Sicherheit, um dagegen Einigkeit und Vertrauen zu erzielen. Halten Sie von Ihrer Amtsthätigkeit alles fern, was nicht auf die Nationalverteidigung gerichtet ist oder sie hemmen könnte. Geben Sie mir Rechenschaft über alle Ihre Schritte und zählen Sie auf mich, um sich in dem großen Unternehmen zu behaupten, welchem Sie sich angeschlossen haben und welches uns alle mit dem glühendsten Eifer beseelen muß, weil es die Rettung des Vaterlandes gilt.“ —

Das Ereignis von Sedan hatte Paris anfangs niedergeworfen, die Verkündigung der Republik hob es wieder empor, höher vielleicht als thunlich. Alle Mutlosigkeit war verschwunden. Die Republik, das fühlte ein jeder Pariser, war der letzte Hort gegen die heranziehenden Sieger. Im Nu wurden Straßennamen umgetauft; Proklamationen jagten sich förmlich; man sang, jauchzte, prahlte und hoffte das Kühnste. Denn Frankreich war jetzt unüberwindlich, Frankreich war bereits im voraus gerettet. Europa hielt nur schwer an sich, ihm Beifall zuzujubeln. Jules Favre hatte es versichert, Victor Hugo mit hirnverbrannten Phrasen der Welt verkündet. Wenn etwas diese allgemein herrschende Stimmung trüben konnte, so war es allein die quälende Besorgnis, welche Stellung die breiten Massen der vorstädtischen Arbeiterbevölkerungen gegenüber der so jäh veränderten Sachlage einnehmen würden. Von ihnen hing ein gut Teil davon ab, ob sich das Triumvirat Jules Favre-Trochu-Gambetta dauernd werde behaupten können. Ein Glück für Paris, daß diese Widersacher der nationalen Verteidigung, welche im fortwährenden Schwanken blieben, ob sie als Franzosen den Feind, oder als „Rote" das eigene Vaterland bekämpfen sollten, mehr und mehr angesichts des furchtbaren Ernstes der allgemeinen Lage verstummten. Anfangs freilich rührten sie die Trommel. Kaum daß das Rundschreiben Gambettas veröffentlicht worden war, als auch schon seitens eines Anführers der Roten, des sogenannten „Generals" Cluseret, folgende Antwort in der „Marseillaise" erschien:

„Herr Gambetta, der Exkandidat des Volkes von Belleville, beginnt seinen neuen Verbündeten von der Chaussee d'Antin Bürgschaften zu geben. Er hat gestern ein Dekret publiciert, durch das er das Volk von der Nationalgarde ausschloß. Nur die bewaffneten Nationalgarden sollen stimmen, sagt das Dekret, und da man nur die Bourgeois, Bonapartisten oder Feiglinge bewaffnet hat, haben sie allein Stimme und wählen folglich die Offiziere. Das Volk ist, wie unter dem Kaiserreich, nur gut zu producieren und sich töten zu lassen für die, welche verzehren. Schweigen dem Armen! sagt die Julimonarchie. Zurück die Kanaille! sagt Herr Gambetta, der Erwählte des Volkes. Und die Preußen stehen vor den Thoren von Paris. Und die Prinzen von Orleans sind drinnen. Und die Municipalgarden mit geladenen Waffen erwarten in ihren Kasernen das Signal. Und die Polizeipräfektur in den Händen Kératrys, und Paris in den Händen Trochus, wie auch die Armee. Was das Volk anbetrifft, so hat man ihm das Recht zu warten überlassen. Ist das genug? Die Armee, Paris, die Polizei, die Verwaltung bei den Orleans; die Kultur und der Unterricht bei der Republik. Auf baldiges Wiedersehen, die Casse-têtes, Mazas und das Exil! Indem er das Volk von der Nationalgarde ausschloß, indem er es als verdächtig behandelt, ebenso wie die Mobilgarde, hat Gambetta mehr für Wilhelm gethan, als Steinmetz. Er hat sich wohl verdient um Preußen gemacht, mag das Volk sagen, ob auch um das Vaterland!

General Cluseret."

Als die Gerüchte von den heranrückenden Deutschen immer festere Gestaltungen annahmen, als man fühlte, daß die blonden Sieger nicht vor der „Schande" zurückbebten, das stolze Paris zu umzingeln und zur Uebergabe zu zwingen, da war es abermals **Victor Hugo**, der in einem zweiten Manifeste, diesmal an Frankreich gerichtet, mit groteskem Pathos das Vaterland feierlich zum Totenschmause einlud, zur wütenden Vernichtung, die über die deutschen Heere einherbrausen sollte. „Paris wird triumphieren!" rief er aus. „Aber daß es triumphieren kann, dazu Sturmgeläut, Sturmgeläut über ganz Frankreich hin! Es stürze aus jedem Hause ein Soldat heraus, es werde aus jedem Flecken ein Regiment, aus jeder Stadt eine Armee! Die Preußen sind achthunderttausend stark, ihr seid vierzig Millionen. Richtet euch auf und hauchet sie weg! Lille, Nantes, Tours, Bourges, Orleans, Colmar, Toulouse, Bayonne, gürtet eure Lenden! Jeder sei ein **Camille Desmoulins**, jede Frau eine **Théroigne**, jeder Jüngling ein **Barras**! Macht es wie **Bonbonnel**, der Pantherjäger, der mit fünfzehn Mann zwanzig Preußen getötet und dreißig Gefangene gemacht. Die Straßen der Städte mögen die Feinde verschlingen; es öffne sich jedes Fenster in Wut; es speie die Wohnung ihre Möbel und werfe das Dach seine Ziegel herab. Es mögen die Gräber schreien, man höre hinter jeder Mauer das Volk und Gott, überall schlage das Feuer aus der Erde, es werde jedes Gesträuch zu einem feurigen Busche! Quälet den Feind hier, zerschmettert ihn dort, fanget die Zufuhren ab, zerschneidet die Stränge, brechet die Brücken ab, versperrt die Straßen, unterminiert den Boden! Frankreich werde unter den Preußen zum Abgrund. Führt den Krieg bei Tage und bei Nacht, auf den Bergen, in den Ebenen, in den Wäldern! Erhebt Euch! Erhebt Euch! Keine Ruhe, keine Rast, kein Schlaf! Der Despotismus greift die Freiheit an, Deutschland bedroht Frankreich. Vor der düsteren Glut unseres Bodens schmelze diese kolossale Armee wie der Schnee. Kein Fuß breit unseres Landes entziehe sich seiner Pflicht. Organisieren wir die erschreckende Schlacht des Vaterlandes! Paris wird triumphieren, weil es die menschliche Idee und den Instinkt des Volkes repräsentiert!" —

In der That begann Paris und die neue Regierung jetzt aufs energischste die Maßregeln zum Widerstande zu betreiben: die Befestigungswerke der Hauptstadt noch zu verstärken, eine ungeheure Besatzungs- und Verteidigungsmacht herzustellen, wie endlich auch ganz enorme Massen Lebensmittel anzuschaffen und aufzuspeichern, welche sich schließlich doch noch als unzureichend erweisen und die Bevölkerung in eine peinliche Zwangslage für Monate versetzen sollten. Fieberhaft war die sich jetzt entfaltende Thätigkeit. Gambetta, Trochu, Jules Favre, selbst der greise Thiers entwickelten, jeder in seiner Weise, eine Beredsamkeit und Rührigkeit des Handelns, die wahrhaft zündend die gesamte Bevölkerung mit fortriß. Was noch an Deutschen in Paris bisher belassen worden war, wurde jetzt kategorisch ausgewiesen, selbst solche, welche länger als dreißig Jahre in der französischen Hauptstadt ihre neue Heimat sich begründet hatten. Den französischen Prinzen von Orleans, welche bei der Nachricht des Sturzes der bisherigen Kaisermacht von England schleunigst nach Paris gekommen waren, um, die Gelegenheit nutzend, vielleicht im Trüben fischen zu können, wurde bedeutet, so rasch als möglich wieder der Hauptstadt den Rücken zu kehren.

Außer unglaublichen Mengen von Mehl, Salz, Kaffee, Reis und anderen Lebensmitteln wurden an Schlachtvieh allein an 220 000 Hammel und 40 000 Ochsen in Hürden zusammengetrieben, welche innerhalb der öffentlichen Parkanlagen, wie auf den unbebauten Strecken zwischen der Stadt und den Festungswerken hergerichtet worden waren. Im meilenweiten Umkreise von Paris wurden sämtliche Wälder und Gehölze niedergebrannt, selbst Dörfer verschonte man nicht, um den Feind dadurch, wie man glaubte, jedes natürlichen Schutzmittels zu berauben. Und nicht genug damit, zögerte man nicht, auch innerhalb der Stadt wie in deren nächster Nähe jeden Baum wegzurasieren. Als rund herum ein Feuermeer um Paris wogte, als die köstlichen Wälder krachend zusammenstürzten, war halb Paris auf den Montmartre gestiegen, diesem großartigen Schauspiele beizuwohnen. Ein paar Tage darauf mußte der Pariser mit Wehmut sehen, wie unter den Äxten der Holzhauer sein Lieblingspark, das schöne Bois de Boulogne, niedersank. Ein Pariser schreibt: „Am letzten Tage, bevor das Boulogner Gehölz dem Publikum verschlossen werden sollte, ging ich noch einmal hinaus. Es war ein sonniger Nachmittag, und das Wetter hat von jeher einen wundervollen Einfluß auf die Stimmung der Pariser ausgeübt. Wenn die Sonne hell auf die Stadt herabscheint und ihre Türme vergoldet, so scheint jede Trauer gebannt und Festtag ist es in den Herzen, wie an dem blauen Himmel. Aber ein Regentag verdüstert unseren Geist und läßt uns alles Schreckliche noch schwärzer sehen. Noch stand der schönste Teil des Parkes. Die Blätter färbten sich schon rot, was der Landschaft einen so schönen und zugleich so traurigen Charakter giebt. Die Alleeen, die ich sonst so befahren, so voll Leben und Frohsinn gesehen hatte, waren völlig verlassen und öde, und inmitten der Stille und Einsamkeit hörten wir die eigenen Schritte wiederhallen. Dann und wann stießen wir auf umgehauene Bäume, die uns das Bild der Zerstörung gaben; die Stämme waren durch unsichtbare Drahtbande untereinander verknüpft und bildeten ein unentwirrbares Netz, in welchem man sich leicht mit den Füßen verwickeln und straucheln mußte. Von da kamen wir zu den Seeen; aber auch hier sah man keinen Wagen mehr fahren, keine Schwäne, keine Enten mehr sich auf dem Wasser herumtreiben. Sie und die Hirschkühe und Rehböcke waren tags zuvor von Moblots geschossen worden. Hier und da fanden wir auf dem Grase eine weiße Feder, die letzte Erinnerung an das Tierleben, das diese Teiche (nun traurige Tümpel) bis dahin belebt hatte. Je weiter wir nach den Verschanzungen kamen, desto mehr Holzfäller und Soldaten begegneten uns mit ihren großen Holzäxten, und wir hörten den dumpfen Schlag des Eisens auf die Stämme, die bald mit lautem Gekrach zu Boden stürzten. Die erschreckten Vögel entflohen wehklagend. Bis hierher war unsere Unterhaltung lebhaft, selbst scherzend gewesen, nun wurde sie schwerfällig und verstummte bald ganz und gar. Als wir dies von jedem Pariser mit einer gewissen Zärtlichkeit betrachtete Gehölz so vor uns hinsinken sahen, hatten wir alle ein grausiges Vorgefühl von der Vernichtung der großen Stadt. Nur ahnten wir damals nicht, daß wir selbst den schlimmsten Teil des Werkes vollbringen würden." — Mit der Vernichtung des Bois de Boulogne, wie der Inangriffnahme sonstiger energischen Maßnahmen begann es den Parisern klar zu werden, daß es jetzt Ernst werden wolle. Wie einerseits Tausende von Landleuten und sonstigen Umwohnern sich in die französische Hauptstadt schutzsuchend flüchteten, so zog es ein Bruchteil der Pariser Bevölkerung vor, schleunigst derselben den Rücken zu kehren, eine Feigheit, welche denn auch die schärfste Verspottung der Zurückbleibenden erfuhr.

Hand in Hand mit der Verproviantierung von Paris, — auch das noch nicht vollendete neue prächtige Opernhaus ward von dem Erbauer Charles Garnier in ein Magazin umgewandelt, — ging die Befestigung der Außenwerke, auf deren Beschaffenheit wir späterhin zurückkommen werden. Trotz aller angewandten Mühen, dieselben zu verstärken, wehrhafter zu machen, schien der Glaube an ihre Uneinnehmbarkeit bei den leitenden Personen ein nur schwacher zu sein. Man erzählte damals, daß Trochu, von einem Deputirten über die Verteidigungskraft von Paris befragt, geantwortet habe: „Die Preußen werden in Paris einziehen, wann und wo sie wollen.“ — „„Und was werden wir thun?““ — „Wir werden“, antwortete mit echt französischem Phrasenschwunge der Kommandant, „uns vorher töten lassen, wir werden den Humus bilden für künftige Generationen“.

Weit besser, als die Forts und sonstigen Befestigungen, war die lebendige Verteidigung, welche die schöpferische Thatkraft der Führer innerhalb weniger Tage geradezu aus der Erde gestampft hatte. Denn als die deutschen Heere den Bannkreis der französischen Hauptstadt überschritten, besaß Paris mehr als 400 000 bewaffnete Streiter, bereit, auf die Wälle zu steigen und die stürmenden Deutschen zu empfangen. Kein Mittel war unversucht gelassen worden, so viel als möglich streitbare Kräfte zusammenzutrommeln. Nicht immer freilich stieß man auf opferfreudige Hingabe. Der Armeebefehl an die Mobilgarden beweist dies. Derselbe lautete:

„Die Mobilgarden der Seine sind zu einem Ehrenposten, dem der Verteidigung der Forts von Paris, berufen. Eine Anzahl von ihnen hat sich noch nicht zu ihren Abteilungen verfügt. Der Gouverneur von Paris erteilt ihnen Befehl, sich zu diesen vorgeschobenen Posten zu begeben. Diejenigen, welche nicht innerhalb vierundzwanzig Stunden diesem Befehle entsprochen haben, werden gemäß dem Kriegsgesetz wegen Verlassung ihres Postens vor dem Feinde verfolgt und ihre Namen der Öffentlichkeit überliefert.

Paris, den 8. September 1870.

Der Präsident der Regierung der Nationalverteidigung,
Gouverneur von Paris. General Trochu.“

Gegenüber der gerade staunenswerten Streitkraft, über welche Paris innerhalb einer kurzen Spanne Zeit wieder verfügte, darf man jedoch auch nicht vergessen, daß dieselbe doch nur zum geringsten Teile aus wirklich brauchbaren und zuverlässigen Truppen bestand. Wirklich ausgebildete und bewährte Soldaten waren doch nur einige Regimenter des XIII. Korps Vinoy, desselben, das schleunigst, auf halbem Wege nach Sedan, wieder in heilloser Verwirrung nach der Hauptstadt zurückgekehrt war, und die tüchtigen Marinetruppen. Die Mobilgarden, „Moblots“ gewöhnlich genannt, ließen viel zu wünschen übrig und die „Fremdenlegion“ repräsentierte eine bunte Musterkarte aus aller Herren Länder zusammengewürfelter „verlorener Söhne“. Die Streitkräfte von Paris setzten sich ungefähr, wie folgt, zusammen:

XIII. Korps Vinoy	30 000	Mann,
XIV. „ Ducrot	30 000	„
16 Bataillone Marine-Truppen	14 000	„
4 Divisionen Mobilgarden	100 000	„
Nationalgarden-Bataillone	250 000	„
Summa	424 000	Mann,

wozu noch einige tausend Mann Garde de Paris, Gensdarmen, Douaniers und Forstwächter kamen. Die Nationalgarden waren für die Verteidigung der Stadtmauer, die Mobilgarden, in Gemeinschaft mit den Marine-Truppen, für die Forts bestimmt, während das XIII. und XIV. Korps für Offensiv-Angriffe auserſehen waren.

Auch die innere Stadt Paris rüstete sich zur Gegenwehr. Jedes Stadtviertel erhielt sein Verteidigungs-Komitee; ein Zentral-Komitee, an dessen Spitze Rochefort stand, der berüchtigte „Laternenmann," — der bis zum Sturze des Kaiserreiches mit seiner „Laterne" in grellster und schneidigster Weise die Mißwirtschaft des Drohnengeschlechtes der Napoleoniden beleuchtet hatte, — leitete die ganze Sache. Ein aus bewährten Chemikern bestehendes Komitee wirkte mit. Es ward geplant, siedendes Öl auf die deutschen Barbaren niederzugießen. In einem Teile der Straßen ward das Pflaster aufgerissen und in den Häusern aufgespeichert, um von dort aus zu Wurfgeschossen verwandt zu werden. Bewegliche Panzer-Barrikaden, vom General Trochu erfunden, sollten außerdem die Straßen sperren. Die Bewohner wurden angehalten, Salpeter behufs Pulverbereitung in ihren Kellern bereit zu halten. Die Waffenfabrikation wurde freigegeben; ein großer, von Matrosen bedienter Beobachtungs-Luftballon war, an Seilen befestigt, auf der Place St. Pierre (Montmartre) in Thätigkeit. Ein Feuereifer, Paris uneinnehmbar zu machen, durchglühte die Einwohner, so daß das „Siècle" wohl mit ungeheuchelter Bewunderung ausrufen konnte: „Welcher Unterschied zwischen dem heutigen Paris und dem kaiserlichen, dem Paris der Zieraffen, der Velocipeden und der Kokotten! Jetzt schaut man hier nur Pulverwagen und Kanonen, die nach den Wällen ziehen, Bürger, die von der Gewehrverteilung heimkommen, Pelotons, die auf Boulevards und Plätzen exercieren, Bataillone, die unter Trommelschlag vorüberziehen, Freischützen zu Fuß und Eclaireurs zu Roß, ausrückend zu unbekannten Geschicken, überall Waffengeklirr. Paris ist ein Feldlager."

Da man wohl mit Bestimmtheit voraussah, daß Paris infolge der sich vorbereitenden Belagerung von aller Verbindung mit den Provinzen und der Außenwelt abgeschnitten sein würde, wurde von der Regierung der nationalen Verteidigung beschlossen, eine Delegation zur Vertretung in eine südlicher gelegene Stadt zu entsenden. Tours ward dazu ausersehen. Vorläufig begab sich der Siegelbewahrer und Justizminister Crémieux dorthin, von wo er unterm 13. September eine Proklamation an die Republik Frankreich erließ und darin zum einmütigen Zusammenhalten aufforderte. „Erinnern wir uns“, so schloß der patriotische Aufruf, „daß wir vor kaum zwei Monaten das erste Volk der Welt waren; wenn die gehässigste und unfähigste Regierung, ungeachtet der heroischen Wunder unserer Armee, die zu führen sie machtlos war, dem Feinde die Mittel lieferte, in unser Territorium einzudringen, so erinnern wir uns an 1792, und, würdige Söhne der Soldaten der Revolution, erneuern wir mit dem Mute, den sie auf uns vererbt, ihre prachtvollen Siege; wie sie, laßt uns den Feind zurückdrängen und ihn von dem Boden der Republik verjagen!“ — Der größte Teil des diplomatischen Korps der europäischen Mächte verlegte ebenfalls seinen Sitz nach Tours, um so mit der republikanischen Regierung Frankreichs wenigstens vorläufig in offiziöser Beziehung zu bleiben. Auch die größeren Zeitungen von Paris entsandten ihre Vertreter dorthin und ließen gleichzeitig eine Ausgabe in Paris und in den Provinzen erscheinen.

Was nun die Proklamation der Republik Frankreich in den Provinzen anbetrifft, so fand dieselbe anfangs eine ziemlich laue Aufnahme. Nur in Südfrankreich kam es in einigen größeren Städten zu lärmenden Kundgebungen. Während man in Bordeaux die neue Regierung jubelnd begrüßte und die Statue des Kaisers hohnlachend von dem Postament stürzte, versuchte man in Lyon und Marseille an Stelle dieser Republik die „socialistische Republik“ zu proklamieren und die rote Fahne aufzuhissen, worauf die Regierung in Paris mit folgender Verfügung an den provisorischen Maire von Marseille antwortete: „Die dreifarbige Fahne ist die Fahne der Nation; wir untersagen ausdrücklich den Gebrauch jeder anderen; unter der Trikolore werden wir den Feind zurückschlagen.“ Doch mit dem Schlagen sollten sich die Herren Franzosen noch etwas gedulden. Vorläufig drangen die deutschen Kolonnen immer näher, immer mehr sich ausbreitend, der französischen Hauptstadt zu, die in fieberhafter Emsigkeit sich zum Empfange der unwillkommenen Gäste rüstete, ja mehr wie ein Mal entschlossen war, beim Erscheinen der Sieger von Sedan die wilden Tiere des Zoologischen Gartens auf dieselben loszulassen. Wie man sich freilich dieses wundersame Verfahren eigentlich dachte, ist nie laut geworden. So kam der 19. September heran, welcher die ersten ernsthaften Gefechte bei Paris bringen sollte, auf welche wir späterhin zurückkommen werden. Wie es an diesem Tage in Paris aussah, schildern uns in anschaulichster Weise einige Aufzeichnungen eines in Paris eingeschlossenen englischen Zeitungsberichterstatters.

Darin heißt es am Morgen: „Niemand, der gestern (18.) in den Champs Elysées oder auf den Boulevards lustwandelte, würde geglaubt haben, daß 300 000 Feinde nur noch wenige Meilen von der Stadt entfernt seien und dieselbe zu belagern beabsichtigten. „„Glücklich, sagt Lorenz Sterne in seiner „Empfindsamen Reise“, „glücklich die Nation, welche einmal wöchentlich ihre Sorgen vergessen kann.““ Die Franzosen haben sich seitdem nicht verändert. Gestern war Feiertag und als Feiertag mußte er begangen werden. Jeder schien die Existenz der Preußen vergessen zu haben. Die Cafés waren von einer heiteren Menge gefüllt. Auf den Boulevards spazierten Monsieur und Madame ruhig mit ihren Kindern einher. In den Champs Elysées ergingen sich ehrliche Handwerker und Bürger im Sonnenschein und Kinderwärterinnen liebelten mit den Soldaten. Selbst in dem allgemeinen Exerzieren war eine Ruhepause eingetreten. Die National- und Mobilgardisten trugen in den Mündungen ihrer Gewehre grüne Reiser. Um die Statue der Stadt Straßburg war die gewöhnliche Menge versammelt und Spekulanten machten mit Portraits des Generals Uhrich ein lebhaftes Geschäft. „Hier, Bürger“, schrie Einer, „hier ist das Portrait des heldenmütigen Verteidigers von Straßburg, nur einen Sou — zwei kostet es mich selbst — ich wollte, ich wäre reich genug, um es verschenken zu können!“ — „Hört zu, Bürger“, rief ein Anderer, „ich will das Gedicht einer Dame deklamieren, welche aus Straßburg entronnen ist. Diejenigen, welche, nachdem sie es gehört, es ihren Familien vorzulesen wünschen, können es für zwei Sou zu kaufen bekommen!“

„Ich sah nur eine einzige Störung. Als ich an dem Rond Point vorüberging, ward eine sehr lange Frau vom Volke verhöhnt, weil man glaubte, sie sei ein verkleideter Ulan. Dabei aber wurde die ganze Sache doch auch wieder als Scherz betrachtet. Man war so sehr beflissen, heiter zu sein, daß ich das Gefühl hatte, selbst das Erscheinen eines wirklichen Ulanen würde keinen ernsten Auftritt herbeigeführt haben." —

Nachmittag um 5 Uhr fährt der Berichterstatter in seinen Aufzeichnungen fort: „Um ganz Paris herum wird gekämpft. Der Boulevard ist gedrängt voll Menschen. Jeder fragt seinen Nachbar, war es Neues giebt. Ich ging nach einer der Mairieen, um den Inhalt der Bülletins zu erfahren. Die Straße war fast nicht zu passieren. Endlich kam ich nahe genug, um einen Beamten eine Depesche verlesen zu hören. Dieselbe enthielt nichts Wichtiges. Die Kommandanten der Forts von Montrouge und Vincennes meldeten, daß die Preußen zurückgetrieben worden seien. „Et Clamart?" rief Einer. „A bas les alarmistes!" antwortete man ihm. Alles ist entmutigt. Soldaten sind in wilder Flucht von Meudon zurückgekommen. „Wir haben eine Position verloren", flüstert man. Ich traf einen Freund, auf dessen Zeugniß ich mich verlassen kann und der bis zwölf Uhr in Meudon war. Er sagte mir, daß einzelne Abteilungen der Linientruppen, wahrscheinlich Marschregimenter, sich nicht gut benommen hätten. Sie warfen zum Teil ihre Musketen weg, ohne einen Schuß abzufeuern; die Mobilgarden hielten sich besser. Zu verkennen ist freilich nicht, daß alle Welt geneigt ist, die Mobilen auf Kosten der Linie zu erheben.

12 Uhr nachts. Ich war nach der Barrière de l'Enfer gefahren. Nichts dort. Auf dem Marsfelde traf ich Truppen, die von Clamart zurückgekehrt waren. Sie beklagen sich, daß sie während des Gefechts ihre Offiziere nicht zu sehen bekamen, daß in dem Walde von Clamart keine Tirailleurs vorgeschickt wurden und daß die Preußen dadurch den Vorteil über sie gewannen, daß sie sich, nach ihrer alten Weise, in gedeckter Stellung hielten. Anfangs gingen sie zurück, die Franzosen drängten nach und sahen sich plötzlich einem konzentrischen Feuer ausgesetzt. Von den Champs Elysées fuhr ich nach den Buttes de Montmartre. Tausende von Menschen standen überall herum, wo sie nicht von den Nationalgardisten, welche die Batterieen bewachten, abgehalten wurden. Der nördliche Himmel war von dem Wiederschein einer Feuersbrunst gerötet, — der Wald von St. Germain brannte. Es war fast tageshell. Wir konnten fast jeden Kanonen- und Bombenschuß sehen, der von den Forts um St. Denis herum abgefeuert ward. Um 10 Uhr kehrte ich nach dem Boulevard des Italiens zurück.

Jedes Café war geschlossen. Wie ich hörte, war gegen 9 Uhr das Café Riche voll Mobilgardisten, Offiziere und Loretten gewesen. Dieselben machten so viel Lärm, daß das Publikum draußen sich entrüstete und verlangte, daß diesem Skandal ein Ende gemacht werde. Die Nationalgarde stimmte diesem Verlangen bei und es ward sofort Befehl gegeben, jedes Café zu schließen. Vor der Maison Dorée sah ich einige Lebemänner, welche die geschlossenen Fenster betrachteten, als ob das Ende der Welt da sei. Dieses Café ist nämlich seit zwanzig Jahren Tag und Nacht offen gewesen. — Kanonendonner höre ich von meinem Balkon aus nicht mehr, der Feuerschein am Himmel aber ist noch heller geworden." —

Während südlich von Paris also die ersten Kämpfe stattfanden, wurde an diesem und dem nächsten Tage östlich der französischen Hauptstadt, in Haute Maison und Ferrières, über ein möglichst friedliches Abkommen zwischen beiden kriegführenden Nationen verhandelt.

Jules Favre, der vom ersten Augenblicke seiner Wahl zum Mitgliede der neuen Regierung von dem heißen Wunsche beseelt war, einen ehrenvollen Frieden mit dem Sieger zu schließen, um weiteres Blutvergießen zu verhindern, er war es, welcher sich jetzt ohne Mitwissen seiner Kollegen auf den Weg nach dem Großen Hauptquartier gemacht hatte, um, wenn irgend möglich, eine Beendigung dieses Feldzuges zu bewirken. Anfänglich hatte Graf Bismarck diesem Ansinnen widerstanden, indem er mit Recht betonte, daß Frankreich überhaupt einer geordneten Regierung entbehre, um eine sicherstellende Grundlage für solche bedeutsamen Abmachungen zu geben. Dann aber hatte sich der geniale Staatsmann doch geneigter gezeigt und Jules Favre es überlassen, sich einen Weg in das Hauptquartier des Königs von Preußen zu bahnen. Jules Favre schlug ein und begab sich mit zwei Begleitern, Baron v. Ring und Herrn Heindel, nach Gros Bois, wo er anfangs das Große Hauptquartier vermutete, bis man ihn auf die richtige Spur führte. Er selbst hat in einem langen Schreiben an einen Kollegen gleichsam einen Rechenschaftsbericht über diese Fahrt niedergelegt, aus dem wir auszugsweise einige interessante Stellen hier Platz finden lassen wollen.

„Ich unterdrücke", schreibt Jules Favre, „alle Einzelheiten dieser peinlichen, aber doch höchst interessanten Reise; sie würden hier nicht an ihrem Platze sein. Nach Villeneuve St. Georges geführt, wo sich der

Kommandierende des VI. preußischen Armeekorps, General v. Tümpling, befand, erfuhr ich ziemlich spät am Nachmittage, daß das Hauptquartier in Meaux wäre. Der General v. Tümpling, über dessen Auftreten ich mich nur belobend aussprechen kann, schlug mir vor, einen Offizier mit dem Briefe, welchen ich für Herrn v. Bismarck vorbereitet hatte, abzusenden. Der Brief lautete:

„Herr Graf! Ich habe immer geglaubt, daß es unmöglich sei, vor Beginn der Feindseligkeiten unter den Mauern von Paris eine ehrenvolle Transaktion unversucht gelassen zu haben. Die Person, welche die Ehre hatte, Ew. Excellenz vor zwei Tagen zu sprechen, hat mir gesagt, daß sie aus Deren Munde denselben Wunsch gehört hätte. Ich bin zu den Vorposten gekommen, um mich Ew. Excellenz zur Verfügung zu stellen. Ich erwarte, daß Dieselben mich wissen lassen wollen, wo ich die Ehre haben kann, auf einige Augenblicke mit Ew. Excellenz zu konferieren. Ich habe die Ehre, mit aller Hochachtung zu sein Ew. Excellenz sehr ergebener und sehr gehorsamer Diener

Jules Favre."

Jules Favre.

„Wir waren durch eine Entfernung von 48 Kilometern getrennt. Den folgenden Morgen um 6 Uhr empfing ich folgende Antwort:

„Ich habe das Schreiben erhalten, welches Ew. Excellenz die Gefälligkeit gehabt hat, an mich zu richten, und es wird mir außerordentlich angenehm sein, wenn Sie mir die Ehre erzeigen wollen, mich morgen hier in Meaux zu besuchen. Der Überbringer dieses Schreibens, Prinz Biron, wird darüber wachen, daß Ew. Excellenz durch unsere Truppen hindurch geführt werden. Ich habe die Ehre, zu sein mit aller Hochachtung Ew. Excellenz sehr gehorsamer Diener v. Bismarck."

„Um 9 Uhr war die Eskorte bereit, und ich ging mit ihr ab. In der Nähe von Meaux gegen 3 Uhr nachmittags angekommen, wurde ich von einem Adjutanten angehalten, welcher kam, mir anzukündigen, daß der

Graf mit dem Könige Meaux verlassen habe, um die Nacht in Ferrières zuzubringen. Wir hatten uns gekreuzt. Ich kehrte also um und stieg in einem Pächterhofe ab, der, wie fast alle Häuser, welche ich auf dem Wege gesehen, vollständig verwüstet war. Nach einer Stunde kam Herr v. Bismarck an. Es war für uns schwierig, an einem solchen Orte mit einander zu sprechen. Das dem Grafen v. Rillac angehörige Schloß Haute Maison war in unserer Nähe; wir begaben uns dorthin, und die Unterredung begann in einem Salon, wo Trümmer jeder Art in Unordnung herumlagen.

„Ich möchte Ihnen diese Unterredung vollständig wiedergeben, so wie ich sie am nächsten Tage einem Sekretär diktierte. Jede Einzelheit darin hat ihre Wichtigkeit. Ich kann sie hier nur analysieren.

„Ich stellte zuerst genau den Zweck meines Schrittes fest. Da ich durch mein Cirkular die Absichten der französischen Regierung bekannt gemacht, so wollte ich die des ersten Ministers von Preußen erfahren. Es schien mir unzulässig, daß zwei Nationen, ohne sich vorher zu erklären, einen schrecklichen Krieg fortsetzen, der, ungeachtet der errungenen Vorteile, dem Sieger harte Leiden auferlegt. Durch die Macht eines Einzigen hervorgerufen, hatte dieser Krieg keinen Grund mehr, fortzudauern, sobald Frankreich wieder Herr seiner selbst geworden war. Ich stand für dessen Liebe zum Frieden ein und zugleich für dessen unerschütterlichen Entschluß, keine Bedingung anzunehmen, welche aus diesem Frieden einen kurzen und drohenden Waffenstillstand machen werde.

„Herr v. Bismarck antwortete mir, daß, wenn er die Überzeugung hätte, daß ein solcher Friede möglich wäre, er ihn sofort unterzeichnen werde. Er erkannte an, daß die Opposition den Krieg immer verdammt habe. Aber die Regierung, welche heute diese Opposition repräsentiere, sei mehr als prekär. Wenn in einigen Tagen Paris nicht genommen werde, so werde der Pöbel diese Regierung stürzen. — Ich unterbrach ihn lebhaft, um ihm zu sagen, daß es in Paris keinen Pöbel gebe, sondern eine intelligente, ergebene Bevölkerung, die unsre Absichten kenne, und sich nicht zum Helfershelfer des Feindes machen werde, indem sie unserer Aufgabe der Verteidigung Hindernisse in den Weg lege. Was unsere Gewalt anbelange, so seien wir bereit, sie in die Hände der bereits von uns zusammenberufenen Versammlung niederzulegen.

„Diese Versammlung", so entgegnete der Graf, „wird Absichten haben, die nichts voraussehen läßt. Aber wenn sie dem französischen Gefühl Gehör schenkt, so wird sie den Krieg wollen. Sie werden ebenso wenig die Kapitulation von Sedan vergessen, wie Waterloo und Sadowa, welches letztere sie nichts anging.

„Er ließ sich dann über den festen Willen der französischen Nation aus, Deutschland anzugreifen und ihm einen Teil seines Gebietes zu entreißen. Von Ludwig XIV. bis auf Napoleon III. hätten sich diese Tendenzen nicht geändert, und als der Krieg angekündigt worden, hätte der Gesetzgebende Körper die Worte des Ministers mit Beifall überschüttet. Ich bemerkte ihm, daß die Majorität des Gesetzgebenden Körpers einige Wochen vorher den Frieden akklamiert habe; daß diese dem Kaiser ergebene Majorität unglücklicherweise es für nötig erachtet hätte, ihm blindlings zu folgen, daß die Nation jedoch, zweimal konsultiert, bei den Wahlen von 1869 und bei der Abstimmung des Plebiszits, der Friedens- und Freiheitspolitik energisch zugestimmt habe.

„Die Unterredung über diesen Gegenstand verlängerte sich; der Graf hielt seine Meinung aufrecht und ich verteidigte die meinige; da ich betreffs seiner Bedingungen in ihn drang, so antwortete er mir klar und deutlich, daß die Mehrheit seines Landes ihm auferlege, das Gebiet zu behalten, welches Deutschland sicher stellt. Er wiederholte mir mehrere Male: „Straßburg ist der Schlüssel zum Hause, ich muß ihn haben". Ich forderte ihn mehrere Male auf, deutlicher zu sein. „Es ist unnütz"; entgegnete er, „da wir uns nicht verständigen können, so ist dies eine Sache, welche später geordnet werden muß." Ich bat ihn, es sofort zu thun, und er sagte mir alsdann, daß die beiden Departements des Ober- und Niederrheines, ein Teil des Mosel-Departements mit Metz, Chateau-Salins und Pont à Mousson ihm unumgänglich notwendig seien und daß er nicht darauf verzichten könne.

„Ich machte ihm bemerklich, daß die Zustimmung der Völker, über die er auf diese Weise verfüge, mehr als zweifelhaft sei, und das europäische Staatsrecht ihm nicht gestatte, diese zu umgehen. „Doch", antwortete er mir, „ich weiß sehr wohl, daß sie von uns nichts wissen wollen. Es wird eine große Last für uns sein, aber wir können nicht umhin, sie zu nehmen. Ich bin sicher, daß wir in einer nahen Zeit einen neuen Krieg mit Ihnen haben werden. Wir wollen ihn mit allen Vorteilen für uns führen."

„Ich lehnte mich, wie ich es mußte, gegen solche Lösungen auf. Ich sagte ihm, daß er zwei wichtige Elemente der Diskussion zu vergessen scheine. Zuerst Europa, welches diese Forderungen übertrieben finden und sich ins Mittel legen könnte; dann das neue Recht und der Fortschritt der Sitten, welche solchen Forderungen ganz antipathisch seien. Ich fügte hinzu, daß, was uns betreffe, wir sie niemals annehmen würden. Wir könnten als Nation untergehen, aber uns nicht entehren; übrigens sei das Land allein kompetent, um sich über die Abtretung von Gebiet auszusprechen. Wir wollten es deshalb konsultieren. Ihm gegenüber befände sich Preußen. Und um klar und deutlich zu sein, müsse man sagen, daß es, vom Siege berauscht, die Vernichtung Frankreichs wolle.

„Der Graf protestierte, indem er immer die Verteidigung der nationalen Sicherheit vorschützte. Ich fuhr fort: „Wenn es Ihrerseits kein Mißbrauch der Gewalt ist, der geheime Absichten verbirgt, so gestatten Sie mir, die Versammlung zusammentreten zu lassen; sie wird eine definitive Regierung ernennen, welche Ihre Bedingungen beurteilen wird.“

„Um dieses Projekt auszuführen — antwortete mir der Graf —, bedürfe es eines Waffenstillstandes, und er wolle denselben um keinen Preis.

„Die Unterredung nahm einen immer peinlicheren Verlauf. Der Abend kam heran. Ich verlangte von Herrn v. Bismarck eine zweite Unterredung zu Ferrières, wo er die Nacht zuzubringen gedachte, und jeder ging seinen Weg.

„Da ich meine Mission bis zum Schluß erfüllen wollte, so mußte ich auf mehrere der Fragen, welche wir behandelt hatten, zurück- und zu Ende kommen. Deshalb bemerkte ich dem Grafen, als ich gegen 9½ Uhr abends (nunmehr in Ferrières) mit ihm wieder zusammentraf, daß, da die Auskunft, welche ich von ihm haben wollte, für meine Regierung und das Publikum bestimmt sei, ich zum Schluß unserer Unterredung resumieren werde, um nur das zu veröffentlichen, worüber wir übereingekommen seien. „Geben Sie sich diese Mühe nicht“, — antwortete er mir — „ich gebe sie Ihnen ganz preis; Ihrer Veröffentlichung steht nichts entgegen.“ Wir nahmen die Diskussion wieder auf, die bis Mitternacht dauerte. Ich hob besonders die Notwendigkeit hervor, eine Versammlung zu berufen. Der Graf ließ sich nach und nach überzeugen und kam auf den Waffenstillstand zurück. Ich verlangte 14 Tage. Wir diskutierten die Bedingungen. Er erklärte sich auf sehr unvollständige Weise und behielt sich vor, den König zu konsultieren. Deshalb verabschiedete er mich auf den folgenden Tag um 11 Uhr. Ich habe nur noch ein Wort zu sagen: denn, indem ich diese peinliche Erzählung mitteile, wird mein Herz von allen Aufregungen zerrissen, welche es während der drei schrecklichen Tage gequält haben, und es drängt mich, zu Ende zu kommen. Ich war im Schloß zu Ferrières um 11 Uhr morgens. Der Graf trat um $11^3/_4$ Uhr aus dem Zimmer des Königs, und ich vernahm von ihm die Bedingungen, welche er an den Waffenstillstand knüpfte. Sie waren in einem in deutscher Sprache geschriebenen Text niedergelegt, von welchem er mir mündlich Mitteilung machte. Er verlangte als Pfand die Besetzung von Straßburg, Toul und Pfalzburg, und da ich am Tage vorher gesagt, daß die Versammlung in Paris zusammentreten solle, so wollte er in diesem Fall ein Fort, welches die Stadt beherrsche, z. B. das des Mont Valérien.

„Ich unterbrach ihn, um ihm zu sagen: „Es wäre viel einfacher, Paris von uns zu verlangen. Wie, wollen Sie, daß eine französische Versammlung unter Ihren Kanonen berate? Ich hatte die Ehre, Ihnen zu sagen, daß ich meiner Regierung unsere Unterhaltung mitteilen werde; ich weiß wahrlich nicht, ob ich wagen werde, zu sagen, daß Sie mir eine solche Proposition gemacht haben."

„Suchen wir eine andere Kombination", erwiderte er mir. „Ich sprach ihm von dem Zusammentritt der Versammlung in Tours, wodurch die seinerseits in Vorschlag gebrachte Besetzung des Mont Valérien in Wegfall kommen würde.

„Er entgegnete mir, daß er mit dem Könige darüber sprechen wolle und, auf die Besetzung von Straßburg zurückkommend, fügte er hinzu: Die Stadt wird in unsere Hände fallen; das ist nur noch Sache der Berechnung eines Ingenieurs. Deshalb verlange ich auch von Ihnen, daß die Garnison sich als kriegsgefangen übergebe."

„Bei diesen Worten sprang ich vor Schmerz in die Höhe und rief aus: Sie vergessen, daß Sie zu einem Franzosen sprechen, Herr Graf! Eine heldenmütige Besatzung opfern, welche der Gegenstand unserer und aller Welt Bewunderung ist, wäre eine Feigheit, und ich verspreche Ihnen nicht, zu sagen, daß Sie mir eine solche Bedingung gestellt haben.

„Der Graf antwortete mir, daß er nicht die Absicht habe, mich zu verletzen, daß er sich nach den Gesetzen des Krieges richte, daß übrigens, wenn der König einwillige, dieser Artikel modificiert werden könne.

21*

„Nach einer Viertelstunde kehrte er zurück. Der König acceptierte die Kombination von Tours, aber er bestand darauf, daß sich die Besatzung von Straßburg als kriegsgefangen ergebe.

„Meine Kräfte waren erschöpft, und ich fürchtete einen Augenblick lang, zusammenzusinken. Ich wandte mich ab, um der Thränen Herr zu werden, die mich erstickten, und wieder um mit diesen einfachen Worten: Ich habe mich getäuscht, Herr Graf, indem ich hierher kam; ich bereue es nicht, ich habe genug gelitten, um mich vor mir selbst zu entschuldigen; übrigens habe ich nur dem Gefühl meiner Pflicht gehorcht. Ich werde Alles, was Sie mir gesagt haben, meiner Regierung berichten, und wenn dieselbe für passend hält, mich abermals zu Ihnen zu schicken, so werde ich, so schmerzlich mir auch dieser Schritt sein möge, die Ehre haben, Sie wiederzusehen. Ich weiß Ihnen Dank für Ihr Wohlwollen gegen mich, aber ich fürchte, daß wir den Ereignissen ihren Lauf lassen müssen. Die Bevölkerung von Paris ist mutig und zu allen Opfern bereit. Ihr Heldenmut kann den Gang der Ereignisse ändern. Wenn Sie die Ehre haben, sie zu besiegen — unterwerfen werden Sie dieselbe nicht. Die ganze Nation ist von derselben Gesinnung. So lange wir in ihr ein Element des Widerstandes finden, werden wir Sie bekämpfen. Es ist dies ein endloser Kampf zwischen zwei Völkern, welche sich die Hände reichen sollten. Ich habe eine andere Lösung gehofft. Ich entferne mich sehr unglücklich und dennoch voll Hoffnung.

„Ich füge dieser durch sich selbst zu beredsamen Darstellung nichts hinzu. Sie erlaubt mir die Schlußfolgerungen zu ziehen und Ihnen zu sagen, welches in meinen Augen die Tragweite jener Besprechungen ist. Ich verlangte die Möglichkeit, das durch eine freigewählte Versammlung versammelte Frankreich zu fragen; man hat mir geantwortet, indem man mir das kaudinische Joch zeigte, unter welchem es sich zuvor beugen müsse. Ich klage Niemanden an. Ich beschränke mich darauf, die Thatsache zu erhärten, um sie meinem Lande und Europa zu signalisieren. Ich habe lebhaft den Frieden gewünscht, ich verhehle es nicht, und indem ich drei Tage lang den Jammer unserer unglücklichen Länder sah, fühlte ich in mir diese Liebe zum Frieden zunehmen mit einer solchen Macht, daß ich meinen Mut anstacheln mußte, um auf der Höhe meiner Mission zu bleiben.

„Ich habe nicht weniger einen Waffenstillstand gewünscht, ich gestehe auch dies ein, damit das Volk über die fürchterliche Lage, die das Geschick uns stellt, befragt werden könne.

„Sie kennen jetzt die Vorbedingungen, die man uns auferlegen möchte."

Am 21. September war der Bericht von Jules Favre geschrieben worden und bald darauf auch in den französischen Zeitungen erschienen. Eins dieser Blätter kam wenige Tage später in die Hände des Grafen Bismarck. Um verschiedene Unrichtigkeiten derselben klar zu stellen, richtete er an die Vertreter des Norddeutschen Bundes nachfolgende Zirkularnote:

„Ferrières, den 27. September 1870.

„Der Bericht, welchen Herr Jules Favre über seine Unterredungen mit mir am 21. d. M. an seine Kollegen gerichtet hat, veranlaßt mich, Ihnen über die zwischen uns stattgefundenen Verhandlungen eine Mitteilung zugehen zu lassen, welche Sie in den Stand setzen wird, sich von dem Verlaufe derselben ein richtiges Bild zu machen.

„Im Allgemeinen läßt sich der Darstellung des Herrn Jules Favre die Anerkennung nicht versagen, daß er bemüht gewesen ist, den Hergang der Sache im Ganzen richtig wiederzugeben. Wenn ihm dies nicht überall gelungen ist, so ist dies bei der Dauer unserer Unterredungen und den Umständen, unter welchen sie stattfanden, erklärlich. Gegen die Gesamt-Tendenz seiner Darlegung kann ich aber nicht unterlassen zu erinnern, daß nicht die Frage des Friedensschlusses bei unserer Besprechung im Vordergrunde stand, sondern die des Waffenstillstandes, welcher jenem vorausgehen sollte. In Bezug auf unsere Forderungen für den späteren Abschluß des Friedens habe ich Herrn Jules Favre gegenüber ausdrücklich konstatiert, daß ich mich über die von uns beanspruchte Grenze erst dann erklären würde, wenn das Prinzip der Landesabtretung von Frankreich überhaupt öffentlich anerkannt sein würde. Hieran anknüpfend, ist die Bildung eines neuen Mosel-Departements mit den Arrondissements Saarburg, Chateau Salins, Saargemünd, Metz und Thionville, als eine Organisation von mir bezeichnet worden, welche mit unseren Absichten zusammenhänge. Keineswegs aber habe ich darauf verzichtet, je nach den Opfern, welche die Fortsetzung des Krieges uns in der Folge auferlegen wird, anderweitige Bedingungen für den Abschluß des Friedens zu stellen.

„Straßburg, welches Herr Jules Favre mich als den Schlüssel des Hauses bezeichnen läßt, wobei es ungewiß bleibt, ob unter letzterem Frankreich gemeint ist, wurde von mir ausdrücklich als der Schlüssel unseres Hauses bezeichnet, dessen Besitz wir deshalb nicht in fremden Händen zu lassen wünschten.

„Unsere erste Unterredung im Schlosse Haute Maison hielt sich überhaupt in den Grenzen einer akademischen Beleuchtung von Gegenwart und Vergangenheit, deren sachlicher Kern sich auf die Erklärung des Herrn Jules Favre beschränkte, jede mögliche Geldsumme (tout l'argent que nous avons) in Aussicht zu stellen, Landabtretungen dagegen ablehnen zu müssen. Nachdem ich letztere als unentbehrlich bezeichnet hatte, erklärte er die Friedensverhandlungen als aussichtslos, wobei er von der Ansicht ausging, daß Landabtretungen für Frankreich erniedrigend, ja sogar entehrend sein würden.

„Es gelang mir nicht, ihn zu überzeugen, daß Bedingungen, deren Erfüllung Frankreich von Italien verlangt, von Deutschland gefordert habe, ohne mit einem der beiden Länder im Kriege gewesen zu sein, Bedingungen, welche Frankreich ganz zweifellos uns auferlegt haben würde, wenn wir besiegt worden wären, und welche das Ergebnis fast jeden Krieges auch der neuesten Zeit gewesen wären, für ein nach tapferer Gegenwehr besiegtes Land an sich nichts Entehrendes haben könnten, und daß die Ehre Frankreichs nicht von anderer Beschaffenheit sei, als diejenige aller anderen Länder. Ebenso wenig fand ich bei Herrn Jules Favre dafür ein Verständnis, daß die Rückgabe von Straßburg bezüglich des Ehrenpunktes keine andere Bedeutung als die von Landau oder Saarlouis haben würde, und daß die gewaltthätigen Eroberungen Ludwigs XIV. mit der Ehre Frankreichs nicht fester verwachsen wären, als diejenigen der ersten Republik oder des ersten Kaiserreichs.

„Eine praktischere Wendung nahmen unsere Besprechungen erst in Ferrières, wo sie sich mit der Frage des Waffenstillstandes beschäftigten und durch diesen ausschließlichen Inhalt schon die Behauptung widerlegen, daß ich erklärt hätte, einen Waffenstillstand unter keinen Umständen zu wollen. Die Art, in welcher Herr Jules Favre mir die Ehre erzeigt, mich mit Bezug auf diese und andere Fragen als selbstredend einzuführen („il faudrait un armistice et je n'en veux à aucun prix“ und Ähnliches), nötigt mich zu der Berichtigung, daß ich in dergleichen Unterredungen mich niemals der Wendung bedient habe oder bediene, daß ich persönlich Etwas wollte oder versagte oder bewilligte, sondern stets nur von den Absichten und Forderungen der Regierung spreche, deren Geschäfte ich zu führen habe.

„Als Motiv zum Abschluß eines Waffenstillstandes wurde in dieser Unterredung beiderseits das Bedürfnis anerkannt, der französischen Nation Gelegenheit zur Wahl einer Vertretung zu geben, welche allein im Stande sein würde, die Legitimation der gegenwärtigen Regierung so weit zu ergänzen, daß ein völkerrechtlicher Abschluß des Friedens mit ihr möglich würde. Ich machte darauf aufmerksam, daß ein Waffenstillstand für eine im sieghaften Fortschreiten begriffene Armee jederzeit militärische Nachteile mit sich bringe, in diesem Falle aber für die Verteidigung Frankreichs und für die Reorganisation seiner Armee einen sehr wichtigen Zeitgewinn darstelle, und daß wir daher einen Waffenstillstand nicht ohne militärisches Äquivalent gewähren könnten. Als ein solches bezeichnete ich die Übergabe der Festungen, welche unsere Verbindung mit Deutschland erschwerten, weil wir bei der Verlängerung unserer Verpflegungsperiode durch einen dazwischen tretenden Waffenstillstand eine Erleichterung dieser Verpflegung als Vorbedingung desselben erlangen müßten. Es handelte sich dabei um Straßburg, Toul und einige kleinere Plätze. In Betreff Straßburgs machte ich geltend, daß die Einnahme, nachdem die Krönung des Glacis vollendet sei, in kurzer Zeit ohnehin bevorstehe, und wir es deshalb der militärischen Situation entsprechend hielten, daß die Besatzung sich ergebe, während die der übrigen Festungen freien Abzug erhalten würde. — Eine weitere schwierige Frage betraf Paris. Nachdem wir diese Stadt vollständig eingeschlossen, konnten wir in die Öffnung der Zufuhr nur dann willigen, wenn die dadurch ermöglichte neue Verproviantierung des Platzes nicht unsere eigene militärische Position schwächte und die demnächstige Frist für das Aushungern des Platzes hinausrückte. Nach Beratung mit den militärischen Autoritäten stellte ich daher auf Allerhöchsten Befehl Sr. Majestät des **Königs** in Bezug auf die Stadt Paris schließlich folgende Alternative auf: Entweder die Position von Paris wird uns durch Übergabe eines dominierenden Teils der Festungswerke eingeräumt — um diesen Preis sind wir bereit, den Verkehr mit Paris vollständig preiszugeben und jede Verproviantierung der Stadt zuzulassen — oder die Position von Paris wird uns nicht eingeräumt. Alsdann können wir auch in die Aufhebung der Absperrung nicht willigen, sondern müssen die Beibehaltung des militärischen status quo vor Paris dem Waffenstillstand zu Grunde legen, weil sonst letzterer für uns lediglich die Folge hätte, daß Paris uns nach Ablauf des Waffenstillstandes neu verproviantiert und gerüstet gegenüberstehen würde.

„Herr Favre lehnte die erste Alternative, die Einräumung eines Teils der Befestigungen enthaltend, ebenso bestimmt ab, wie die Bedingung, daß die Besatzung von Straßburg kriegsgefangen sein solle. Dagegen versprach er, über die zweite Alternative, welche den militärischen status quo vor Paris aufrecht erhalten sollte, die Meinung seiner Kollegen in Paris einzuholen.

„Das Programm, welches Herr Favre als Ergebnis unserer Unterredungen nach Paris brachte und welches dort verworfen worden ist, enthielt demnach über künftige Friedensbedingungen gar nichts, wohl aber die Bewilligung eines Waffenstillstandes von 14 Tagen bis drei Wochen zum Behuf der Wahl einer Nationalversammlung unter folgenden Bedingungen:

1. In und vor Paris Aufrechterhaltung des militärischen status quo.
2. In und vor Metz Fortdauer der Feindseligkeiten innerhalb eines näher zu bestimmenden, um Metz gelegenen Umkreises.
3. Übergabe von Straßburg, mit Kriegsgefangenschaft der Besatzung; von Toul und Bitsch, mit freiem Abzug derselben.

„Ich glaube, unsere Überzeugung, daß wir damit ein sehr entgegenkommendes Anerbieten gemacht haben, wird von allen neutralen Kabinetten geteilt werden. Wenn die französische Regierung die ihr gebotene Gelegenheit zur Wahl einer Nationalversammlung auch innerhalb der von uns okkupierten Teile Frankreichs nicht hat benutzen wollen, so bekundet sie damit ihren Entschluß, die Schwierigkeiten, in welchen sie sich einem völkerrechtlichen Abschluß des Friedens gegenüber befindet, aufrecht erhalten und die öffentliche Meinung des französischen Volkes nicht hören zu wollen. Daß allgemeine und freie Wahlen im Sinne des Friedens ausgefallen sein würden, ist ein Eindruck, der sich uns hier aufdrängt, und auch den Machthabern in Paris nicht entgangen sein wird.

v. Bismarck."

Die überaus wohlwollende Haltung der meisten neutralen Mächte Frankreich gegenüber hatten in dem Schoße der französischen Regierung immer mehr den Glauben genährt, daß diese oder jene Großmacht vielleicht mit materiellen Mitteln dem bedrängten Frankreich thatkräftige Hilfe angedeihen lassen könnte.

In dieser Hoffnung hatte Thiers eine Rundreise an alle Höfe der europäischen Großmächte angetreten. Zuerst nach London eilend, reiste er von dort über St. Petersburg nach Wien und von dort nach Florenz. Doch er sah sich gründlich in seinen Voraussetzungen getäuscht. Man ehrte und feierte in ihm den Staatsmann und berühmten Geschichtsschreiber, doch statt energischer Vermittelung oder hilfreicher Waffenbrüderschaft fand er überall nur laue Trostworte und bedauerliches Achselzucken. Man hütete sich wohlweislich, die deutschen Barbaren in ihrer Siegeslaufbahn aufhalten zu wollen. Am 12. September hatte Thiers seine von freundlichen Hoffnungen begleitete Reise angetreten, gegen Ende Oktober kehrte der greise Staatsmann mit leeren Händen und schmerzlich zerrissenem Herzen nach Frankreich zurück.

Zehntes Kapitel.

Marschordres unserer III. und IV. Armee für den 19. September. — Die Gefechte von Valenton und Bonneuil am 17. September. — Das Gefecht bei Petit Bicêtre. — Das Gefecht bei Plessis-Piquet und die Wegnahme der Schanze von Chatillon. — Ein Lorbeerblatt dem II. bayerischen Korps und seinem Führer General v. Hartmann. — Die völlige Einschließung von Paris ist mit den Erfolgen des 19. Septembers bewerkstelligt. — Die Befestigungen der französischen Hauptstadt. — Das preußische Generalstabswerk über die Lage und Befestigung von Paris. — Stellung unserer Truppen rings um Paris.

Wir haben noch die Beschreibung der ersten, am 19. September vor Paris stattfindenden Kämpfe nachzuholen. Die Ordres für die sechs deutschen um Paris stehenden Korps gingen für diesen Tag dahin:

Maas-Armee (nördlich Paris):

Das IV. Korps rückt von Le Menil-Amelot in die Linie Argenteuil-Deuil-Montmagny-Sarcelles und vollzieht durch diesen Vormarsch die Einschließung der französischen Hauptstadt von Norden her.

Das Garde-Korps, bei Thieux stehend, schiebt seine Vorposten bis in die Linie Arnouville-Garges-le Blanc Mesnil-Aulnay les Bondy vor.

Das XII. Korps, bei Claye stehend, setzt Vorposten in der Linie Sevran-Livry-Clichy-Montfermeil-Chelles aus.

III. Armee (südlich Paris):

Das VI. Korps schiebt nach Überschreitung der Seine bei Villeneuve-St. Georges seine Vorposten bis zwischen Choisy le Roy und L'Hay vor.

Das II. bayerische Korps hält sich nördlich und marschiert von Longjumeau-Montlhery auf Chatenay und Sceaux.

Das V. Korps, westlich vorgehend, marschiert von Palaiseau-Bièvre auf Versailles und besetzt diesen Ort.

Beide Armeeen kamen diesen Ordres nach, aber während es der Maas-Armee gelang, unter nur unwesentlichen Scharmützeln in die bezeichneten Stellungen einzurücken, vermochte die III. Armee, speziell das II. bayerische Korps, wie auch unser V. Korps, nur unter höchst bedeutsamen Gefechten den Tagesbefehl zu erfüllen. Schon am 17. September zuvor hatte das V. Korps, und zwar die 17. Brigade, Regimenter 58 und 59, in dem von der Marne und Seine gebildeten Winkel einige Rencontres bestanden, die Gefechte bei Valenton und Bonneuil, welche ziemlich ernsthaft verliefen und uns eine Einbuße von 4 Offizieren und 54 Mann auferlegten. Gewaltigere Ereignisse haben die Erinnerung an diese Gefechte bald verdrängt, die nur noch in dem Gedenken der damals Beteiligten stehen. Der Bericht eines Offiziers vom 58. Regiment über eines dieser Scharmützel lautet, wie folgt: „Am 17. war unserem Bataillone der Befehl geworden, von 4 Uhr morgens bis 9 Uhr eine Aufstellung zu nehmen, um unsere nach Paris abmarschierende 9. Division in der rechten Flanke vor einem Angriffe der umherschwärmenden Freischaaren zu decken. Es war dies eine sehr ermüdende Aufgabe. Um 9 Uhr endlich traten wir an, um der Division zu folgen. Gegen 2 Uhr war unser Marschziel, Valenton, erreicht, und plötzlich, im herrlichsten Sonnenschein, lag ganz Paris vor unseren Augen. Mit lautem, nicht enden wollendem Hurra begrüßten wir es und marschierten nach Valenton hinein. Da auf einmal starkes Feuern und Angriff des Feindes! Zwei Kompagnieen unseres Bataillons erhielten Befehl, den Franzosen entgegenzugehen; links neben uns avancierte ein Bataillon vom 59. Regiment. Ich war vom Pferde gestiegen und befand mich bei der vordersten, 2. Kompagnie; neben mir der Adjutant und 2 Gefreite. Die Franzosen lagen, wie gewöhnlich, ganz gedeckt auf einem Weinberge und eröffneten ein heftiges Chassepotfeuer. Auch eine Batterie fuhr gegen uns auf; aber die Granaten gingen alle über uns weg und schlugen in Nähe unserer Reserven ein. Um so mehr schädigte uns das Infanteriefeuer. Kompagnieführer, Premier-Lieutenant Schröder, eben erst vom Ersatz-Bataillon aus Glogau eingetroffen, erhielt einen Schuß in den Unterleib; der andere Offizier, Lieutenant Jänicke, einen Schuß durch das Gesicht und die Schulter. Einer der Gefreiten, unmittelbar neben mir, wurde durch die Brust geschossen und sank, mich kläglich ansehend, tot neben mir nieder. Es waren entsetzliche Augenblicke, wie ich sie selbst in den größten Schlachten nicht gehabt hatte. Ich ließ in dem ganz offenen Terrain die Leute vorwärts kriechen. Endlich war ein deckender Graben erreicht, von wo aus wir nun unser Feuer eröffneten und den Gegner zwangen, die für uns so furchtbare Stellung aufzugeben. Wir folgten unmittelbar, neben uns die 59er. Noch dreimal versuchten die Franzosen die Position zu halten, wurden aber jedesmal aus ihren Weinbergen und Gehöften vertrieben. So kamen wir bis an das große, stadtartige Dorf Creteil. Von allen Mauern feuerte man auf uns; Mitrailleusen bestrichen die Straße. Ich sah bald, daß wir, einer vielfachen Übermacht gegenüber, zu weit gegangen waren; aber gleichzeitig wahrnehmend, daß ein Schützenzug unter Lieutenant v. Krane sich bereits engagiert hatte, blieb uns nichts anderes übrig, als zu folgen. Es glückte; die Mitrailleusen fuhren ab und wir trieben die Franzosen bis unter die Mauern des im Rücken von Creteil gelegenen Forts. Creteil selbst erinnerte mich in Größe und Bauart an Charlottenburg. Unsere Kompagnieen waren kaum gesammelt, als uns der Befehl erreichte, nach Valenton zurückzukehren. Wir nahmen die Gefangenen in unsere Mitte, jeder von uns durch das Gefühl gehoben, vor den Mauern von Paris den ersten Erfolg errungen zu haben. Der Rückweg war lang und anstrengend, zum Glück erquickten uns die schönen Trauben der Weinberge, die wir zu passieren hatten. Als es dunkel war, erreichten wir unsere Vorposten und wurden in einen großen Park gelegt, um darin zu biwakieren. Die Anerkennung, die uns zu Teil wurde, entsprach nicht ganz unseren Erwartungen. Aber wie es so geht — da keiner der höheren Offiziere mit eingegriffen, die weite Entfernung auch keinen Überblick über den Gang des Gefechts gestattet hatte, so wurde nicht viel davon gemacht. Wir hatten übrigens, wie ich später erfuhr, 7 Bataillone und 2 Batterieen gegenüber gehabt und der „Tag von Valenton", wie ich stolz auf ihn bin, wird mir allzeit unvergeßlich bleiben." —

Der 19. September sollte dem V. Korps, wie schon weiter oben angedeutet, noch einmal ein in seinen Folgen bedeutsames Gefecht bringen, das mit dem von dem II. bayerischen Korps darauf folgenden uns erst die völlige Einschließung der französischen Hauptstadt ermöglichte. Beide Korps hatten zu ziemlich gleicher Zeit den Vormarsch angetreten, das II. bayerische Korps nördlich auf die Höhen von Sceaux, das V. Korps westlich auf Versailles hin. Da letzteres bereits zwei Tage früher mit dem Feinde zusammengestoßen war, in dessen unmittelbarer Nähe man seitdem geblieben, so war jetzt doppelte Vorsicht geboten. Die 9. Division, welche von Bièvre aufbrach, bildete den rechten, dem Gegner zunächst stehenden Flügel, die 10. Division, von Palaiseau aus ihren Marsch antretend, den linken Flügel. Französischerseits war es das XIV. Korps, bestehend aus den drei Divisionen Caussade, d'Hugues, Maussion, das unter der Führung des Generals Ducrot, in Gemeinschaft mit der Division Maudhuy vom XIII. Korps, uns den Vormarsch verlegen sollte. Doch es gelang ihnen nicht.

Die Stellung der vier französischen Korps war am 19. September folgende: Division Maudhuy vom XIII. Korps stand östlich von Villejuif, die übrigen Divisionen vom XIV. Korps hielten bei Bagneux, Chatillon und Moulin Tour en Pierre. Unsere 18. Brigade, Regimenter 7 und 47, kommandiert vom General-Major v. Voigts-Rhetz, war bereits, den Vormarsch der übrigen Korpsteile zu decken, in eine nördliche Stellung vorgeschoben worden, indem das 47. Regiment die Ortschaften Villacoublay, Petit Bicêtre und Malabry mit je 1 Bataillon besetzt hatte, während das Königs-Grenadier-Regiment Nr. 7 in Reserve verblieb. Eben als die 9. Division von Bièvre aus ihren Marsch westwärts auf Versailles antreten wollte, erklang von der Versailler Straße heftiges Feuer herüber. General Ducrot, den Vormarsch unserer Truppen nicht mehr abwartend, hatte so eben die von dem 47. Regiment besetzt gehaltenen Ortschaften angegriffen. 6 Infanterie-Bataillone und 4 Batterieen warfen sich auf uns, indem die Batterieen gegen Petit Bicêtre auffuhren und die drei Gehöfte desselben in Brand schossen, während je drei Bataillone sich gegen Villacoublay und Malabry wandten. Die Lage der Unsrigen war um so gefährdeter, als das Füsilier-Regiment bereits Malabry verlassen hatte, um sich den bei Bièvre sammelnden Truppenteilen der Division anzuschließen. Eine Umgehung seitens des rechts und links vordringenden Gegners schien sich vorzubereiten. Endlich, eine halbe Stunde mochte wohl verflossen sein, traf Unterstützung ein. Allmählich hielten 4 preußische und 2 bayerische Batterieen zwischen Petit Bicêtre und Villacoublay und eröffneten ein verheerendes Feuer auf die anstürmenden Franzosen, welche sich nun längs der Straße auf Chatillon zurückzogen. Nun wurde die bei Moulin de la Tour stehende feindliche Feld-Artillerie unter das Feuer genommen, zugleich auch, unseren Infanterie-Angriff vorzubereiten, die Gehöfte von Trivaux mit Granaten beworfen. Nachdem nun die 6. bayerische Brigade, das Königs-Grenadier-Regiment und die Görlitzer Jäger zur Unterstützung eingetroffen waren, begann man unsererseits in drei Kolonnen stürmend vorzugehen. Der Angriff gelang. Der Feind wurde aus allen seinen Stellungen glänzend geworfen. Sein rechter Flügel, von unseren Königs-Grenadieren bedrängt, stob in wilder, aufgelöster Flucht von dannen. Dieser Teil des Gegners, zumeist Zuaven, floh entsetzt, die Waffen von sich werfend, bis hinter die Mauern von Paris, die andern Truppenteile zogen sich teils auf Meudon und Clamart, teils auf Plessis-Piquet und Chatillon zurück. Unser V. Korps stellte jede weitere Verfolgung ein und wandte sich, dem Tagesbefehl gemäß, auf Versailles. Anders das II. bayerische Korps, dessen bewährter Führer, General v. Hartmann, aus früheren Zeiten, wo er 1854 die Umgebungen von Paris studierte, sich wohl bewußt war, von welcher ungeheuren Wichtigkeit die Besetzung des Plateaus von Chatillon für jeden Belagerer der französischen Hauptstadt sein mußte. In dieser Erkenntnis drängte es ihn, über die Tagesaufgabe hinausgehend, jetzt gleich die Gunst der Stunde auszunützen und eine Stellung dem Feinde zu entreißen, deren Eroberung doch nur eine Frage der allernächsten Zeit sein mußte, und dann nur unter Einsatz bedeutenderer Opfer zu ermöglichen wäre. Dieser Entschluß des tapferen bayerischen Generals führte zu dem Gefecht bei Plessis-Piquet und der Wegnahme der Schanze von Chatillon. War das Gefecht bei Petit-Bicêtre in seiner Hauptsache von dem V. Korps entschieden worden, so ist der Erfolg der sich jetzt anschließenden Gefechte allein dem II. bayerischen

General v. Hartmann.

Korps zuzuschreiben, dessen Führer sich dadurch ein volles Lorbeerreis gewann.

Um 9 Uhr war das Gefecht bei Petit-Bicêtre zum Abschluß gekommen. Diesseits hielt am rechten Flügel ein Teil der zur Unterstützung herbeigeeilten 6. bayerischen Brigade. Als jetzt das V. Korps Miene machte, seinen Weitermarsch auf Versailles anzutreten, bat der Kommandierende der 6. bayerischen Brigade, Oberst Diehl, doch den Abmarsch so lange aufzuhalten, bis die übrigen Theile des II. Korps heran wären, um nicht die vereinzelte Brigade in eine gefahrvolle Lage zu bringen. Dies geschah denn auch. Gegen 11 Uhr setzte sich das V. Korps in Marsch. Um diese Stunde war die Stellung hüben und drüben, wie folgt:

Die Franzosen hielten den größten Theil des genannten Plateaus, einschließlich der Dörfer Plessis-Piquet, Chatillon, Fontenay und Bagneux, besetzt; Malabry, Chatenay und Sceaux waren in bayerischen Händen. Nun disponierte General v. Hartmann: die 5. und 6. Brigade, südlich von Plessis-Piquet stehend, umfassen dieses Dorf und besetzen es; die 7. Brigade, Front gegen Westen, bedrängt des Feindes linke Flanke und avanciert in der Richtung auf Sceaux und Fontenay, rechts sich bis gegen Bagneux ausdehnend; die 8. Brigade verharrt als Reserve zwischen Chatenay und Sceaux. So war der Angriff geplant und so vollzog er sich auch. Um 12½ Uhr war Plessis-Piquet in den Händen der wackeren Bayern. Unter kräftiger Unterstützung der Artillerie waren die Infanterie-Kolonnen mit laut schallendem Hurra in das Dorf eingedrungen, dessen Besatzung erschreckt in alle Winde stob. War diese Errungenschaft schon eine Überschreitung der gestellten Tagesaufgabe, so sollte sich jetzt noch die Eroberung des Plateaus und der Schanze von Chatillon anschließen. Während Plessis-Piquet genommen wurde, waren am linken Flügel des bayerischen Korps einige Truppenteile, vom 14. und 15. Regiment, sowie vom 3. Jäger-Bataillon, welche das Dorf nur gestreift hatten, noch drüber hinausgestürmt, um rechts neben der Chaussee auf die Schanze von Chatillon vorzudringen, aus welcher sich bald ein heftiges Feuergefecht mit der dieses Vorstürmen begleitenden Batterie Lößl entspann. Leider ward dabei der tapfere Batterieführer, Hauptmann v. Lößl, durch einen Granatsplitter am Kopfe tödlich verwundet. Als allmählich auch die übrigen drei Batterieen, Blume, Weigand und Schmauß, mit in das Feuergefecht eingriffen, verstummte die feindliche Artillerie. Hauptmann v. Imhoff warf sich mit dem 2. Bataillon der 14er auf die Schanze, Oberstlieutenant v. Horn, rechts daneben, mit 2 Jäger-Kompagnieen auf das am Abhange des Plateaus, gegen Paris hin gelegene Dorf Chatillon. Dorf wie Schanze wurden dem entmutigten Feinde entrissen, der von neun Geschützen, die in unsere Hände fielen, nur noch zwei in fliegender Hast hatte vernageln können. Mit diesem unverhofften Siege befand sich „La véritable clef de l'investissement du Sud de Paris" in unseren Händen. Das Plateau wurde durch die 6. Brigade und 4 Batterieen besetzt; die Vorposten liefen am nördlichen Abhange hin bis zur Fabrik von Meudon, wo sie die Vorposten des V. Korps berührten. Beim Dorfe L'Hay war nach rechts hin die Verbindung mit dem VI. Korps hergestellt worden. Als man die Schanze erstiegen hatte, lag vor den überrascht und freudig strahlenden Blicken der Sieger das unermeßliche Häusermeer der französischen Hauptstadt, gebadet im goldenen Sonnenlichte. Es war ein Anblick, der alle mit einem Rausche des Entzückens erfüllte.

Die Opfer dieses Tages beliefen sich auf:

	Tot.		Verwundet.		Vermißt.	
	Offiz.	Mann.	Offiz.	Mann.	Offiz.	Mann.
V. Korps	1	52	5	118	—	2
II. bayerisches Korps . . .	7	65	6	166	—	21
2. Kavallerie-Division . . .	—	—	—	1	—	—
	8	117	11	285	—	23

Dies ergiebt in Gemeinschaft mit den Verlusten, welche das VI. Korps in kleinen Scharmützeln an demselben Tage erlitten (12 Tote und 31 Verwundete), eine Gesamteinbuße von 137 Toten, 327 Verwundeten und 23 Vermißten für den 19. September. Französischerseits betrug die Einbuße: 4 Offiziere, 94 Mann tot; 28 Offiziere, 535 Mann verwundet. Gegen 300 Gefangene wurden außerdem eingebracht. Die in großen Massen nach Paris zurückströmenden Flüchtlinge hatten bereits gegen Mittag einen solchen Schrecken in der Hauptstadt verbreitet, daß General Trochu sich veranlaßt sah, die Division Blanchard des XIII. Korps von Vincennes nach Paris zurückzuziehen, um mit derselben um 4 Uhr nachmittags den zwischen der Seine und Bièvre liegenden Teil der Stadtumwallung zu besetzen.

Wie schwer selbst die Pariser diese Niederlage bei Chatillon empfanden, geht aus dem Buche des Generals Vinoy „Le siège de Paris“ hervor. Da heißt es: „Von dem Augenblicke an, wo die Redoute von Chatillon in den Händen des Feindes war, wurden auch die von Meudon, Montretout, Brimborion, Gennevilliers und Ville d'Avray geräumt. Ebenso wurden am 19. noch die Brücken von Sèvres, Billancourt, St. Cloud, die Brücke Bineau im Park von Neuilly und die von Asnières und St. Ouen zerstört. Der Mont Valérien allein blieb, wie eine vorgeschobene Schildwache, außerhalb jener natürlichen Verteidigungslinie, die die Seine im Westen von Paris bildet. Es war ein Unglückstag für uns, dieser 19. Die Wirkung der an diesem Tage begangenen Irrtümer war nicht mehr auszugleichen und drückte schwer auf uns bis zum letzten Tage der Belagerung.“ In Anerkennung der kühnen und glanzvollen Leistung, welche das II. bayerische Korps unter General v. Hartmann bei Chatillon vollbracht hatte, befahl der Kronprinz von Preußen als Oberstkommandierender der III. Armee, daß fortan die „Redoute von Chatillon“ nur noch als „Bayernschanze“ bezeichnet werden sollte.

Durch unsere Waffenerfolge am 19. September war die völlige Einschließung von Paris bewerkstelligt. Ehe wir nun zu den Beschreibungen der einzelnen Ausfallgefechte vor Paris übergehen, erübrigt es nur noch, der natürlichen Lage, wie der Befestigungen von Paris zu gedenken. Die Befestigungen von Paris — dies sei hier noch eingeschaltet — wurden in den vierziger Jahren durch Anregung des Herzogs von Orleans geschaffen. Derselbe, so erzählt Guizot in seinen Memoiren, ließ Ende Juli 1840 einen seiner Adjutanten, den damaligen Major Chabaud-Latour (seitdem General) rufen, um seine Meinung bezüglich der den Herzog lange schon beschäftigenden Befestigungsfrage zu hören. Chabaud-Latour antwortete dahin: „wir brauchen eine Umwallung, damit der Feind nicht durch die zwei- bis dreitausend Meter breiten Lücken vordringen kann, welche die Forts zwischen sich lassen würden; und wir brauchen Forts, damit einerseits die Bevölkerung die Schrecken einer Belagerung nicht zu leiden habe und andererseits der Einschließungskreis von Paris auch für das zahlreichste feindliche Heer zu groß werde.“ Diese Idee ist dann später, nachdem die Kammer die betreffende Vorlage angenommen hatte, durchgeführt worden. Zwei Befestigungslinien umzogen die französische Hauptstadt, wovon die innere mit Wall, Graben und Glacis einen Umfang von drei bis vier Meilen umspann. Ihre

Ringmauer war mit 90 Bastionen versehen, der Hauptwall besaß eine Mauerbekleidung von 10 Fuß Höhe, während der 35 Fuß breite Graben mittelst Kanälen mit Wasser aus der Seine gespeist werden konnte. Eine Militärstraße, wie eine Verbindungsbahn sämtlicher Pariser Eisenbahnen, lief rings um diese innere Befestigungslinie. Weit wichtiger, als diese Kreislinie, war jedoch der äußere Befestigungsgürtel, der aus 15 detachierten Forts bestand, welche etwa 3500 Schritte von einander entfernt waren und in einem Umfangskreis von sechs bis sieben Meilen die innere Befestigungslinie umschlossen.

Über diesen äußeren Festungsgürtel, wie über die natürliche Lage von Paris schreibt das preußische Generalstabswerk: „Das Thal der Seine, welche mit verzweigtem Flußnetze das nördliche Frankreich durchströmt, erweitert sich da, wo die Nebenflüsse Aube, Yonne, Loing, Marne und Oise mit Aisne in den Hauptstrom einmünden, zu einem breiten Becken. Die nächste Umgebung dieses natürlichen Anlageplatzes für eine Großstadt liefert aus unerschöpflichen Steinlagern vortreffliches Baumaterial, während auf den eben genannten, weithin aufwärts schiffbaren Nebenflüssen die reichhaltigen Erzeugnisse fruchtbarer Landschaften herangeführt werden, der untere Lauf der Seine aber den Verkehr mit dem Meere vermittelt. Der bis Orleans weit nach Norden vorspringende Bogen der Loire bringt auch diese Haupt-Verkehrsader des mittleren Frankreichs in die Nähe der Hauptstadt.

„Das breite Thalbecken von Paris wird von einem mächtigen Doppelbogen der Seine teils durchzogen, teils umspannt, so daß es ungefähr ein gleichseitiges Dreieck bildet, dessen Spitzen durch den Mündungspunkt der Marne und durch die Wendungen der Seine bei Sèvres und St. Denis bezeichnet sind. Die etwa 30 Meter über dem Meeresspiegel liegende Thalsohle wird von ansehnlichen Höhenrändern umkränzt, welche sich im Norden und Osten bis in die Stadt hineinerstrecken, während sie südöstlich derselben, in dem Winkel zwischen der Seine und der unteren Marne, fast $1^1/_2$ Meilen von der Umwallung entfernt bleiben. Der auf dem linken Seineufer durchschnittlich 80 Meter hohe Thalrand streicht zuerst in einer Entfernung von ungefähr 2 Kilometern an der südlichen Stadtumfassung vorbei und zieht dann auf der Strecke von Sèvres bis Asnières hart am Flusse entlang. Zwischen diesem Thalrande und der Westseite von Paris breitet sich auf dem rechten Seineufer die Halbinsel von Boulogne und Neuilly aus, welche ebenso, wie der nördliche Teil der gegenüberliegenden Halbinsel von Gennevilliers, keine wesentlichen Erhebungen zeigt. Der ganze vordere Thalrand der Seine bildet gewissermaßen eine Vorstufe der Paris in etwas weiterem Abstande umgebenden und an einzelnen Stellen bis über 150 Meter sich erhebenden Höhenlandschaft.

„Der Lauf der Seine begünstigt in hohem Maße die Verteidigung der Hauptstadt. Eine von Osten her gegen die Südfront derselben anrückende Armee ist bei Heranschaffung ihres Belagerungsparks auf Seitenwege und beim Überschreiten der Seine auf wenige Brücken beschränkt, weil oberhalb Paris keine der mit der Ostgrenze in Verbindung stehenden Eisenbahnen und großen Straßen über den Strom führt. Unterhalb der Stadt schließen die mächtigen Flußwindungen einen Angriff aus, so lange die dort befindlichen Halbinseln von dem Verteidiger behauptet werden. Der nach dem Marne-Zufluß ungefähr 170 Meter breite, zwischen 3 und 5 Meter tiefe Seinestrom liefert mit Hilfe der angebrachten Klärungsvorrichtungen für die zahlreiche Einwohnerschaft ein unter allen Umständen ausreichendes Trinkwasser. — Auch die 2 Meter tiefe und etwa 75 Meter breite Marne gewährt der Verteidigung der Hauptstadt nicht unwesentliche Vorteile, indem sie alle von Osten kommenden Eisenbahnen durchschneidet, so daß durch Zerstörung der betreffenden Übergänge die Verbindungen eines von dort her vorrückenden Angreifers unterbrochen werden. Der 12 Meter breite und 2 Meter tiefe Ourcqkanal, welcher von Nordosten her das Wasser des Ourcqflüßchens nach Paris leitet, sowie auch der von Ersterem sich abzweigende und außerhalb der Stadt nach der unteren Seine führende Kanal von St. Denis, setzen einem von Norden her geführten Nahangriffe nicht unbeträchtliche Hindernisse entgegen. Vermehrt werden dieselben noch durch eine Anzahl kleinerer, von Osten und Norden kommender Bäche, welche bei St. Denis eine Reihe von Anstauungsbecken bilden. Der von Süden her bei Gentilly in den Stadtbereich tretende Bièvrebach bietet gleichfalls Gelegenheit zu einer Überschwemmung des anliegenden Geländes, welches dann nur auf wenigen Dämmen durchschritten werden kann.

„Die eben erwähnten Wasserläufe, im Vereine mit dem zwar wasserlosen, doch von steilen Hängen begrenzten Thale zwischen Versailles und Sèvres, gliedern die nächste Umgebung von Paris in sieben Abschnitte.

23*

„Der nordwestliche dieser sieben Abschnitte, welcher von der unteren Seine bei St. Germain en Laye und dem Croud-Bache begrenzt wird, ist fast überall dicht bebaut. Das innerhalb des großen Flußbogens zuerst nur allmählich sich erhebende Gelände erreicht bereits südlich Franconville eine Höhe von 170 Metern. Wenngleich von dort aus die ganze Umgebung von Gennevilliers und St. Denis beherrscht wird, so hatte die französische Regierung von der ursprünglich beabsichtigten Anlage vorgeschobener Werke Abstand genommen, weil immer höher ansteigende Bergstufen einen günstigen Abschluß der Verteidigungslinie nicht finden ließen.

„Der im Wesentlichen ebene Abschnitt zwischen dem Croud-Bache und dem Ourcq-Kanal ist an den Ufern dieser Wasserläufe und in der nächsten Umgebung von St. Denis mit zahlreichen Ortschaften besetzt, während in dem völlig offenen Gelände zwischen den Gewässern nur wenige Dörfer liegen.

„Innerhalb der beiden eben bezeichneten Abschnitte befinden sich die in bastionierter Form erbauten Werke von St. Denis und das Fort Aubervilliers. Erstere, welche in weitem Bogen die Nord- und Ostseite des Städtchens umgeben, bestehen aus dem zwischen der Straße nach Epinai und der Nordbahn liegenden Kronwerke La Briche, aus der an ihrer offenen Kehle vom Rouillon-Bache begrenzten Double Couronne und aus dem viereckigen Fort de l'Est. Diese drei Werke sind durch eine am Kanal von St. Denis beginnende Dammschüttung mit Brustwehr und Graben unter einander verbunden. Zur Bestreichung des letzteren und des Kanals dienen mehrere kleine Schanzen. Das fünfeckige, bastionierte Fort Aubervilliers liegt zehn Meter höher, als die Befestigung von St. Denis. Die Höhen nördlich dieses Ortes beherrschen vollständig die Double Couronne und La Briche, weniger das Fort de l'Est; das Fort Aubervilliers befindet sich ganz außerhalb ihres Feuerbereichs.

„Der Abschnitt zwischen dem Ourcq-Kanal und der Marne wird größtenteils von einem langgestreckten Höhenzuge ausgefüllt, welcher mit seinen westlichen Vorsprüngen bis in die Stadt hineinreicht. Zwei scharfe Einsenkungen gliedern diesen Höhenzug in einen westlichen, mittleren und östlichen Teil. Ersterer, die der Stadt-Befestigung zunächst liegende Hochfläche von Romainville und Montreuil, beherrscht einerseits die Ebene vor St. Denis, andererseits mit ihren südlich an die Marne herantretenden Ausläufern auch das linke Ufer des letzteren Flusses. Am Nord- und Ostrande der Hochfläche befinden sich die in viereckig bastionierter Form erbauten Forts Romainville, Noisy, Rosny und Nogent; die zwischenliegenden Schanzen von Noisy, Montreuil, de la Boissière und Fontenay erleichtern eine Bestreichung der überdies mit ausgedehnten und verteidigungsfähigen Ortschaften bedeckten Abhänge. Östlich dieser Befestigungen und noch in wirksamem Feuerbereich einiger derselben erhebt sich im mittleren Teile des Höhenzuges der besonders das Marne-Thal oberhalb Brie beherrschende Mont Avron. Die ungefähr 400 Meter breite obere Fläche des Berges enthält Anlagen von Landhäusern; von seinen Abhängen ist nur der nordwestliche bebaut. Den östlichen Teil des Höhenzuges endlich bildet die eine starke Meile von der Stadt-Umwallung entfernte Hochfläche von Montfermeil, welche nach Westen steil abfällt und auf ihrer oberen Fläche, sowie am Nordhange größtenteils mit Gehölz bedeckt ist.

„Südlich von Vincennes breitet sich eine von den Marne-Windungen umschlossene und zum Teil gleichfalls bewaldete Niederung aus. Das im Anschluß an das alte rechteckige Schloß erbaute, auf der Nord- und Ostseite von der gleichnamigen Waldung und Ortschaft begrenzte Fort von Vincennes hat im Süden eine offene Ebene vor sich. Die etwa 1½ Kilometer weiter südlich gelegenen, durch eine bastionierte Front verbundenen Schanzen de la Faisanderie und de Gravelle sperren den Zugang aus der Halbinsel von St. Maur nach Paris und beherrschen sowohl die östlich gegenüberliegende Marne-Schleife von Champigny, als auch nach Westen hin das Land zwischen Marne und Seine. Der beide Marne-Arme verbindende Kanal von St. Maur bildet ein schützendes Hindernis vor der Front der letztgenannten zwei Werke.

„Der hier in Betracht kommende Teil des Geländes zwischen Marne und Seine besteht einerseits aus dem von diesen Strömen gebildeten flachen Mündung-dreieck, andererseits aus der mit Gehölzen und Dörfern bedeckten Hochfläche, welche nördlich von Champigny dicht an die Marne herantritt und sich in ihren Kuppen bis zu einer Höhe von etwa 100 Metern erhebt. In diesem Abschnitte bilden die Marne-Brücken von Charenton und Joinville günstig gelegene Ausfallsthore des Verteidigers gegen Süden und Südosten. Erstere ist durch das Fort von Charenton, ein bastioniertes Fünfeck, gedeckt, welches zugleich die Bahn von Lyon, die Straßen von Melun und

Troyes, sowie die Gegend von Maisons Alfort und Créteil beherrscht. Südlich dieses Forts steigt eine starke Meile von der Stadt-Umwallung der 70 Meter hohe Mont Mesly aus der Ebene auf.

„Zwischen der Seine und der Bièvre zieht, $1^1/_2$ bis 2 Kilometer von ersterem Flusse entfernt, ein Höhenrücken, welcher in den westlich von Villejuif gelegenen, 123 Meter hohen Hautes Bruyères seinen Gipfelpunkt erreicht und weiterhin dicht an das Bièvre-Thal herantritt. Zur Verteidigung dieses Abschnittes dienten die fünfeckigen Forts Ivry und Bicêtre. Von einer 60 Meter hohen Bergstufe des östlichen Abhanges aus bestreicht ersteres diesen und das Thal der Seine; letzteres befindet sich in einer Höhe von 110 Metern auf halbem Wege zwischen der Stadt-Umwallung und Hautes Bruyères. Beide Forts werden von den südlich vorliegenden, unbefestigt gebliebenen Erhebungen vollständig beherrscht.

„Der Abschnitt zwischen der Bièvre und dem Thale von Sèvres wird gleichfalls durch Höhen ausgefüllt, welche von Osten aus im Allgemeinen sanft ansteigen und in der Hochfläche von Villacoublay ihren Mittelpunkt haben. Letztere läuft dann in zwei durch das Thal von Meudon getrennte Zungen aus, von welchen die eine, größtenteils bewaldet, in nördlicher Richtung nach Sèvres streicht, während sich die andere in die mehr nordöstlichen Richtungen nach Clamart und Châtillon gabelt. Die ganze, durchschnittlich etwa 180 Meter hohe Fläche von Villacoublay fällt anfänglich steil nach Norden ab, bildet dann aber in der Höhe von ungefähr 80 Metern bei allmählicher Senkung einige Bergstufen, welche zur Anlagé der Forts Montrouge, Vanves und Issy benutzt worden waren. Ersteres, ein bastioniertes Viereck, bestreicht das Gelände bis Châtillon, Bagneux und Bourg la Reine, sowie auch die Westabhänge des Höhenzuges jenseit der Bièvre, kann aber seinerseits von Hautes Bruyères und von der Hochfläche von Châtillon aus unter Feuer genommen werden. Das dem Fort Montrouge in der Bauart sehr ähnliche Fort Vanves beherrscht das vorliegende, sanft ansteigende Gelände bis zum Dorfe Châtillon, liegt aber gleichfalls im wirksamen Feuerbereich der überragenden Hochfläche. Das als bastioniertes Fünfeck erbaute und in unmittelbarer Nähe der Seine gelegene Fort Issy bestreicht das Flußthal und den nördlichen Steilhang der Hochfläche von Bois Meudon bis Sèvres, ist aber nach Süden zu von beherrschenden Höhen umfaßt. Die in der Nähe dieser drei Forts befindlichen Steinbrüche standen unter sich und mit der Stadt-Befestigung durch unterirdische Gänge in Verbindung.

„In dem vom Sèvres-Thale und der unteren Seine begrenzten westlichen Abschnitte des Vorlandes von Paris bildet die Gegend von Rocquencourt den Knotenpunkt verschiedener Höhenzüge. Die von dort nordwestlich gelegene, im Osten durch die Schlucht von Bougival begrenzte Hochfläche von Marly war ihrer großen Entfernung wegen für die Verteidigung von Paris ohne Bedeutung. Die zwischen dem Sèvres-Thale und dem Thale von Ville d'Avray eingeengte Hochfläche von Jardy ist rings von höheren Bergkuppen umgeben. Zwischen diesen beiden Hochflächen füllen die nach den Seinearmen steil abfallenden Höhen von La Celle St. Cloud und La Bergerie die südliche Kehle der Halbinsel von Gennevilliers aus. Mit Ausnahme der 170 Meter sich erhebenden freien Hochfläche von Garches und zum Teil auch des Geländes zwischen ihr und dem Parke von St. Cloud ist dieser ganze Höhenzug bewaldet. Derselbe senkt sich anfangs steil, später sanfter bis auf 90 Meter herab und steigt dann plötzlich im Mont Valérien wieder bis zu 161 Metern empor. Auf der schmalen Kuppe dieses Berges und auf den weiter abwärts liegenden Stufen desselben verteilt, liegt das gleichnamige Fort, dessen äußere Umwallung etwa 30 Meter unterhalb der Bergspitze ein bastioniertes Fünfeck bildet. Das Fort beherrscht das Gelände bis zum Sèvres-Thale und die ganze Seine-Halbinsel bis in die Ebene von Gennevilliers hinein. Der Osthang des Bergkegels, welcher von dem Fort aus nicht unter Feuer genommen werden kann, liegt im Geschützbereiche der Stadt-Befestigung." —

Der Zirkel, den unsere deutschen Heere, aus $6^1/_2$ Armeekorps bestehend, um die französische Hauptstadt bildeten, setzte sich aus folgenden Gliedern zusammen:

V. Korps (südwestlich Paris): von Bougival über Ville d'Avray bis zum Parke von Meudon. Rechts anschließend:

II. Bayerische Korps (südlich Paris): vom Park von Meudon über Châtillon bis zum Bièvre-Fluß bei L'Hay.

VI. Korps: vom Bièvre-Fluß bei L'Hay über Chevilly bis Choisy le Roi; Württembergische Division: auf dem weiten Terrain südlich der Marne bis zur Seine.

XII. Korps: von Chelles (nördlich der Marne) über Montfermeil, Livry bis Sevran.

Garde-Korps: Von Aulnay les-Bondy über le Blanc Mesnil bis Arnonville.

IV. Korps: Von Sarcelles über Montmagny und Deuil bis Argenteuil.

In der Hauptsache ward diese Stellung auch während der Belagerung beibehalten. Den Zirkel noch dichter dann zu schließen, trafen später noch die 21. Division und die Garde-Landwehr-Division vor Paris ein. Jene rückte in den Terrainabschnitt zwischen dem V. und II. bayerischen Korps ein, diese nahm zwischen dem V. und IV. Korps Stellung, indem sie ihre Kantonnements nach St. Germain en Laye und St. Cyr verlegte.

Unsere Aufgabe wird es jetzt sein, den verschiedenen Ausfallsgefechten zu folgen, wie solche sich in Süden und Norden und späterhin dann auch im Osten der eingeschlossenen Riesenstadt abspielten.

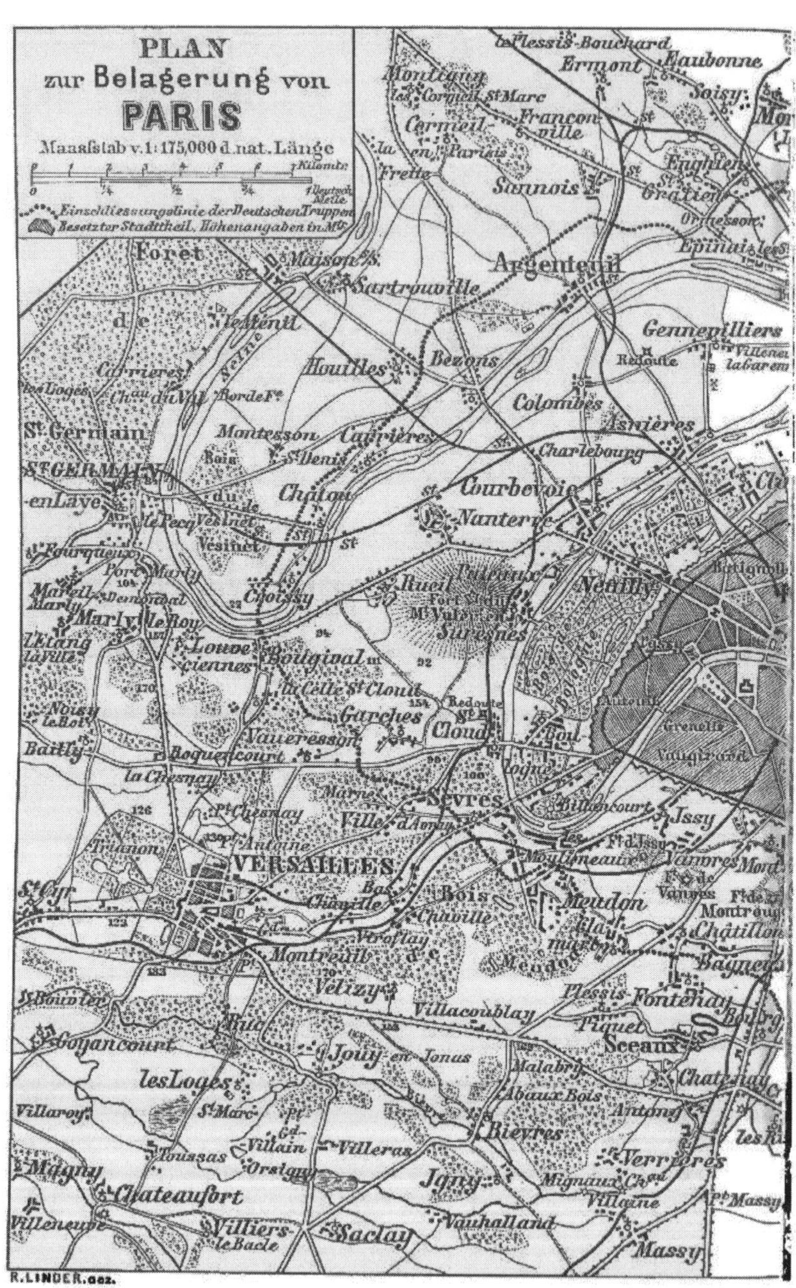
PLAN
zur Belagerung von
PARIS
Maassstab v. 1:175,000 d. nat. Länge
Kilomtr.
Deutsch Meile
Einschliessungslinie der Deutschen Truppen
Besetzter Stadttheil. Höhenangaben in Mtr.
Foret
de
St. Germain
St. GERMAIN
en Laye
Maison s/S.
Sartrouville
Argenteuil
Ermont
Eaubonne
Soisy
Franconville
Cormeil
Sannois
Enghien
Houilles
Bezons
Gennevilliers
Redoute
Colombes
Asnières
Montesson
Carrières
Charlebourg
Chatou
Courbevoie
Nanterre
Vesinet
Le Pecq
Croissy
Rueil
Fort Valérien
Suresnes
Neuilly
Marly le Roy
Louveciennes
Bougival
La Celle St. Cloud
Garches
St. Cloud
Vaucresson
Rocquencourt
Sèvres
Billancourt
Issy
Le Chesnay
Ville d'Avray
Trianon
VERSAILLES
St. Cyr
Chaville
Viroflay
Montreuil
Meudon
Vanves
Montrouge
Châtillon
Vélizy
Villacoublay
Plessis
Fontenay
Sceaux
Bagneux
Buc
Guyancourt
Jouy en Jonas
Malabry
Aulnay
Chatenay
les Loges
Villaroy
St. Marc
Bièvres
Verrières
Toussus
Villeras
Orsigny
Igny
Magny
Chateaufort
Villiers le Bacle
Saclay
Vauhalland
Massy
Grenelle
Vaugirard
Auteuil
Passy
R. LINDER. gez.

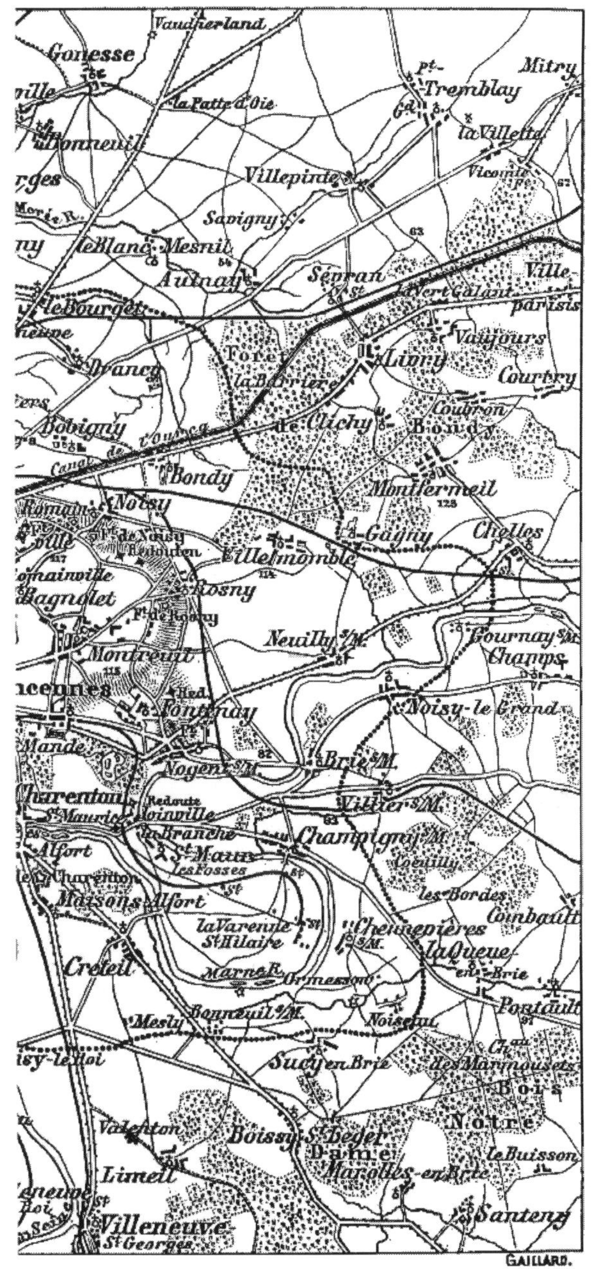
Vaudherland
Gonesse
Mitry
Tremblay
la Patte d'Oie
la Villette
Villepinte
Savigny
le Blanc Mesnil
Aulnay
Sévran
Ville-parisis
Vert Galant
le Bourget
Vaujours
Livry
Drancy
Forêt
Courtry
Coubron
Bobigny
de Clichy
B o n d y
Canal de l'Ourcq
Bondy
Montfermeil
Noisy
Villemomble
Gagny
Chelles
Rosny
Bagnolet
Neuilly s/M.
Gournay s/M.
Champs
Montreuil
Fontenay
Noisy-le Grand
Nogent s/M.
Brie s/M.
Charenton
Joinville
Villiers s/M.
St Maurice
la Branche
Champigny s/M.
Alfort
St Maur
les Fosses
Coeuilly
les Bordes
Maisons Alfort
Combault
la Varenne St Hilaire
Chennevières s/M.
la Queue en Brie
Créteil
Marne R.
Ormesson
Pontault
Mesly
Bonneuil s/M.
Noiseau
Sucy en Brie
Chau des Marmousets
B o i s
N o t r e
D a m e
Valenton
Boissy St Léger
le Buisson
Limeil
Marolles en Brie
Santeny
Villeneuve St Georges
GAILLARD.

Elftes Kapitel.

In und um Paris bis zum Ausfall bei Chevilly den 30. September. — Stellung und Stärke des XIII. und XIV. französischen Korps. — Verstärkung der Schutzmittel hüben und drüben. — Mangel an Lebensmitteln droht den Einschließungsarmeeen. — Unsere Maßnahmen, den Verkehr und das Nachrichtswesen unter einander zu heben. — Vinoys Vorschlag eines kecken Handstreichs wird von Trochu in einen ernsten Angriff umgewandelt. — Disposition für den 30. September. — Das Gefecht bei Chevilly. — Französischer und deutscher Bericht darüber. — Unsere Verluste am 30. September. — Das Korps Vinoy flüchtet in aufgelösten Scharen hinter die Forts von Paris.

Bis gegen Ende Oktober wurde zwischen den Belagerungskorps und den beiden französischen Korps, XIII. und XIV., nur im Süden und Westen von Paris gekämpft, wobei leichte Scharmützel mit schweren Ausfallsgefechten wechselten. Bei all diesen Vorgängen stützte sich das XIII. Korps Vinoy auf die kleineren Forts Issy, Vanvres, Montrouge, Bicêtre und Ivry, während das XIV. Korps Ducrot unter dem Schutze des Mont Valérien seine Ausfälle unternahm. Das XIII. französische Korps unternahm bis Ende Oktober zwei größere Ausfälle: am 30. September bei Choisy le Roy gegen das VI. Korps, am 13. Oktober bei Bagneux gegen das II. bayerische Korps. Der größere Angriff des XIV. französischen Korps richtete sich am 21. Oktober bei Malmaison gegen das V. Korps.

Die Spanne Zeit, welche sich bis zum nächsten Angriff des Feindes dazwischen schob, wurde hüben wie drüben zur Verstärkung wie wohnlichen Einrichtung der eingenommenen Stellungen benutzt. Der Anblick der aus den Gefechten vom 19. September, vor allem bei Chatillon, zurückfliehenden Truppen und die mit dieser Niederlage nun thatsächlich eingetretene Absperrung der Hauptstadt von jedem Verkehr mit der Außenwelt, beide Umstände hatten zuerst eine ziemliche Entmutigung hervorgerufen. Politische Spaltungen schienen mehr als je die so notwendige Einigkeit aller Parteien bedenklich zu bedrohen, zumal die Umsturzpartei in den arbeitenden Klassen der Vorstadt Belleville einen starken Rückhalt empfing. Doch die gescheiterte Mission Jules Favres brachte plötzlich einen Wandel in diese Verhältnisse. Das durch die Forderungen des siegreichen Gegners sehr empfindlich verletzte Selbstgefühl der Franzosen ließ jetzt mit einem Schlage alle Parteispaltungen in den Hintergrund treten und befestigte den Entschluß, sich mit vollster Hingebung zum Widerstande gegen den draußen liegenden Feind vorläufig einmütig um die neue Regierung zu scharen.

Nach dem mißlungenen Vorstoße gegen Petit Bicêtre hatte General Trochu von einer ferneren Verteidigung des Vorlandes Abstand genommen und die Truppen zum größten Teil hinter die äußeren Festungswerke zurückgezogen. Nur die Division Exéa (XIII. Korps) war auf der Hochfläche von Vincennes verblieben, wo sie sich bei Nogent, Joinville und St. Maur einrichtete und durch zwei Kavallerie-Brigaden verstärkt wurde. Befürchtend, daß die Deutschen auf die nur schwach besetzte Halbinsel von Gennevilliers vorgehen und dann über Asnières zum Angriff gegen die nordwestliche Umwallung von Paris schreiten könnten, hatte General Trochu ferner bestimmt, daß das XIV. Korps den Raum zwischen Billaucourt und St. Denis besetzen solle. Demgemäß bezog die 1. Division bei Clichy la Garenne, die 2. bei Neuilly, die 3. zwischen Boulogne und Le Point du Jour ihr Lager; die Artillerie-Reserve nebst dem Regiment Gensdarmen kam nach Sabbonville. Ein vorgeschobenes Marschregiment sicherte die Verbindung mit dem Fort Valérien, auf welchem zwei Linien-Bataillone den Sicherheitsdienst versahen, nachdem die bisher dort verwendeten Mobilgarden am 20. September vormittags in voller Auflösung nach Paris zurückgeeilt waren. Die an der Westseite von Paris aufgestellten Truppen, unter dem Befehle des Generals Ducrot, beliefen sich mit Einschluß von 6 Nationalgarden-Bataillone auf etwas mehr als 30 000 Mann. Die zum Schutze der Südfront bestimmten Divisionen Maudhuy und Blanchard des XIII. Korps bezogen Lager auf der äußeren Ringstraße und dem Marsfelde. Rechnet man eine im Innern der Stadt untergebrachte Nationalgarden-Division hinzu, welche dem General Vinoy im Notfalle als Reserve dienen sollte, so verfügte derselbe über 42 000 Mann. Die Verteidigung der

Nordfront von Paris war ausschließlich Mobil- und Nationalgarden anvertraut worden.

Da unsererseits keine gewaltsamen Angriffe unternommen wurden, vielmehr alle Kräfte und Maßnahmen sich darauf richteten, die eigenen Stellungen künstlich noch sicherer zu machen, so benutzten die Franzosen auch ihrerseits die hierdurch gewonnene Zeit zum weiteren Ausbau der noch unvollendeten Verschanzungen und zur Ausbildung der ungeschulten Mannschaft. Diesseits herrschte an Quartieren kein Mangel, indem die Bewohner der Ortschaften im weiteren Umkreise von Paris, meist unter Zurücklassung ihrer häuslichen Einrichtungen, geflohen waren. Daher biwakierten im allgemeinen nur die Vorposten; an vielen Stellen wurden sogar für die Feldwachen Baracken erbaut. Um die Vortruppen rechtzeitig unterstützen zu können, ließ es sich allerdings nicht vermeiden, auch solche Dörfer zu belegen, welche sich im Feuerbereiche der Festungsgeschütze befanden. Wenn etwas Schwierigkeiten verursachte, so war es die rechtzeitige und genügende Verproviantierung der so eng um die französische Hauptstadt zusammengedrängten Heeresmassen. Die entflohenen Bewohner der zahlreichen Dörfer der Umgebung von Paris hatten das Vieh mit fortgetrieben, die übrigen Vorräte vernichtet. An vielen Stellen stieg noch der Rauch der angebrannten Kornschober von den Feldern auf. Nur die wohlerhaltenen Weinkeller bargen fast unerschöpfliche Bestände des edelsten Traubensaftes. Obgleich es durch Gewährung hoher Preise gelang, die in der Umgegend noch vorhandenen Lebensmittel nach und nach auf den Markt zu bringen, und obgleich die weiter in das Land hinein entsendeten Kavallerie-Abteilungen zuweilen ganz beträchtliche Vorräte ablieferten, so stellte sich doch bald mit Rücksicht auf die voraussichtlich noch lange Einschließung der Hauptstadt die Notwendigkeit heraus, die Verpflegung der deutschen Armeeen im Wege eines regelmäßigen Nachschubes aus der Heimat zu bewirken. Dafür aber bedurfte es der ebenso ungestörten als auch möglichst ausgedehnten Benutzung der rückwärtigen Eisenbahnlinien, deren erforderliche Arbeiten auch schon längst rüstig in Angriff genommen worden waren.

Den dienstlichen Verkehr zwischen dem Königlichen Hauptquartier, den beiden Armee- und sämtlichen Korps-Kommandos zu erleichtern, war eine fortlaufende Telegraphenleitung angelegt worden. An geeigneten Punkten der Einschließungslinie wurden ständige, zum Teil mit Fernrohren versehene

24*

Beobachtungsposten aufgestellt, um die Festungswerke und das Innere der Hauptstadt fortwährend unter Augen zu behalten. Weithin sichtbare Fanale gewährten die Möglichkeit einer schnellen Alarmierung der Truppen.

Die durch die breiten Stromläufe der Seine und Marne getrennten Heeresteile standen durch die seitens des Großen Hauptquartiers angeordneten zahlreichen Ueberbrückungen dieser Ströme bald in einer geregelten Verbindung. Jeder Tag sah neue Verkehrswege, neue Befestigungen rings um Paris erstehen. Abgesehen von kleinen Scharmützeln und Vorpostenplänkeleien blieb „alles ruhig" vor Paris, wie der seitdem zum geflügelten Worte erhobene charakteristische Depeschenschluß v. Podbielskis so oft lautete. Erst am 30. September kam es zu einem ernsteren Gefechte bei Chevilly. Diesem wenden wir uns jetzt zu.

Die Kämpfe am 19. September bei Petit Bicêtre und Chatillon hatten, wie schon früher bemerkt, auf die Armee und Bevölkerung von Paris einen ziemlich entnüchternden Eindruck ausgeübt. General Vinoy, als Kommandierender des XIII. Korps, fühlte sehr wohl, daß es angethan sei, durch einen kecken Handstreich das gesunkene Vertrauen der Hauptstadt wieder zu beleben. Aus diesem Grunde schlug er Trochu vor, gegen Choisy le Roy einen Überraschungsausfall unternehmen zu dürfen, da man einerseits bei dieser Gelegenheit die dortige Seine-Brücke zerstören könne, andererseits weil, wie er in Erfahrung gebracht haben wollte, dort „nur" Landwehren ständen. Es muß hier eingeschaltet werden, daß sowohl die letzte Behauptung irrig war, ebenso, daß es die Franzosen selbst gewesen waren, welche die bezeichnete Brücke bei Annäherung der Sieger bereits früher gesprengt hatten.

General Trochu stimmte dem Vorschlag zwar sofort zu, erweiterte aber den geplanten Angriff dahin, daß je eine Brigade gegen L'Hay (westlich), Thiais und Choisy le Roy (östlich) und Chevilly und Belle Epine (Zentrum) vorgehen solle. Weitere Brigaden sollten dieses Unternehmen an beiden Flanken unterstützen, während die nächstgelegenen Forts eine halbe Stunde früher das Gefecht durch Geschützfeuer einleiteten. Dieser Plan war nicht nach dem Sinne des Generals Vinoy. Er selbst schreibt darüber: „20 000 Mann in Front, 6000 in Reserve, 10 000, um zu demonstrieren, an beiden Flügeln, so sollte ich nunmehr meinen coup de main in Scene setzen. Zu anderen Zeiten hätte man das als eine große Bataille bezeichnet." — Vorstellungen, welche der Korpskommandeur erhob, wurden zurückgewiesen. So fügte er sich. Am 20. September ward der Angriff unternommen. Im Voraus: er mißglückte. Das Glück stand nicht bei dem Gegner. Geschlagen, floh er unter blutigen Verlusten zurück in die bestürzte Hauptstadt.

Was den Angreifern an den genannten Punkten gegenüber stand, war — abgesehen von dem weiter rückwärts sich befindenden 63. Regimente — die 12. Division. Sie führte fast ganz allein den Kampf, bis endlich durch das Eintreffen eines Bataillons der 11. Division der Sieg dieses Tages völlig entschieden ward. In L'Hay (unserem linken Flügel) hielten das Füsilier-Bataillon, wie die 3 ersten Kompagnieen des 23. Regiments; in Chevilly (Zentrum) standen das 2. Bataillon, wie die 4. Kompagnie der 23er, während in Thiais und Choisy le Roi (rechter Flügel) die Regimenter 22 und 62 Quartiere genommen hatten. Unser rechter Flügel, als der stärkste, wies energisch den feindlichen Angriff ab; auch unserem linken Flügel glückte es, nachdem noch Unterstützung durch zwei Bataillone 63er eingetroffen war, seine Stellung zu behaupten. Am bedrohtesten, weil numerisch am schwächsten verteidigt, gestaltete sich anfangs die Lage der im Zentrum, Chevilly, haltenden 5 Kompagnieen. Doch auch hier glückte es endlich, den hart drängenden Gegner zurückzuweisen. Über diesen Zentrumskampf, welcher auch dem Gefecht dieses Tages den Namen gab, berichtet General Vinoy:

„Ich hielt bei der Redoute Saquet, um von dort aus den Vorstoß meiner Hauptkolonne gegen Thiais und Choisy le Roi zu überwachen. Die Kanonade der Forts hatte eben aufgehört, als ich — früher als ich erwarten durfte — von meinem rechten Flügel her bereits ein lebhaftes Infanterie-Feuer vernahm. Ich eilte nach Hautes-Bruyères und traf daselbst in eben dem Augenblicke ein, in welchem die Brigade Guilhem, Linien-Regimenter 35 und 42, Chevilly erreicht hatte. Das Feuer dauerte noch etwa 20 Minuten, dann schwieg es und die Brigade, ihren tapferen Kommandeur an der Spitze, drang in das Dorf ein, in welchem sie, sich desselben bemeisternd, völlig verschwand. (La Brigade avait entièrement disparu dans le village, dont elle était fait alors complètement maîtresse.) Der in der Ferme Saussaye befindliche preußische Vorposten hatte, ohne unserer Übermacht gegenüber eine Verteidigung wagen zu können, die Flucht ergriffen; ebenso waren die in Chevilly selbst befindlichen Truppenteile, die Regimenter 23 und 63, zurückgegangen, jedoch unter Zurücklassung eines Bataillons, das nun, von den Unsrigen eingeschlossen, einen ausgezeichneten Widerstand leistete.

„Die Wegnahme von Chevilly war ein Erfolg; aber derselbe mußte uns schließlich mehr gefährden als fördern, wenn nicht ähnlich günstige Resultate an beiden Flügeln, namentlich am rechten, unseren Erfolg im Zentrum unterstützten. Diese Unterstützung blieb aber aus. Am linken Flügel, bei Thiais und Choisy le Roi, stockte der Angriff, nachdem wir anfänglich reussiert hatten; am rechten Flügel, bei L'Hay, mußten wir auch auf diese ersten glücklichen Anfänge verzichten. Die Brigade Dumoulin, die hier avancierte, verlor eine kostbare Zeit mit bloßem Tiraillieren; als es sich aber darum handelte, die jungen, unerfahrenen Soldaten, aus denen diese Brigade bestand, zum Sturm gegen die Gartenmauer des Dorfes vorzuführen, scheiterten alle Versuche der Offiziere, von denen bei dieser Gelegenheit eine große Zahl verwundet wurde. Die Leute wollten nicht vorwärts; „ils persistèrent à ne pas avancer."

„Diese Nicht-Erfolge an beiden Flügeln konnten auf die Ereignisse im Zentrum nicht ohne Einfluß bleiben. Hier tobte der Kampf weiter. Die Preußen begannen alle Anstrengungen ihrer Artillerie gegen Chevilly zu richten, dessen Häuser bald in Flammen standen. General Guilhem war, an der Spitze der Seinen, ruhmvoll gefallen; zehn Kugeln hatten ihn getroffen. Dem feindlichen Bataillon, das wir in einem Park des Dorfes anfänglich umstellt hielten, glückte es schließlich, seine Verbindung mit den anderen Truppenteilen wieder herzustellen, derart, daß der Widerstand, den uns die Verteidiger des Parkes nach wie vor entgegensetzten, bedrohlich für uns selber zu werden begann. Denn von allen Seiten rückten jetzt feindliche Kolonnen heran, nicht bloß, um das eingeschlossene Bataillon zu degagieren, sondern um uns selber anzugreifen. Aus L'Hay brach eine dieser Kolonnen vor, ganz ersichtlich in der Absicht, unsere Stellung in Chevilly zu überflügeln, und nur dem Feuer unserer bei Hautes-Bruyères haltenden Batterie hatten wir es zuzuschreiben, daß der Feind seine Absicht aufgab und sich nach L'Hay hinein wieder zurückzog. Aber es lag klar zu Tage, daß er mit frischen Bataillonen, deren einzelne bereits auch von Châtillon heranzogen, seine Versuche erneuern werde, und so war denn der Moment gekommen, wo unsere in Chevilly fechtende Brigade zurückgenommen werden mußte, wenn es nicht möglich war, unsererseits ebenfalls frische Truppen heranzuziehen. Aber diese Möglichkeit existierte nicht mehr. Alle Reserven, mit Ausnahme der Brigade Daudel, waren bereits engagiert; in Betreff dieser letztgenannten Truppe jedoch, die bei Moulin-Saquet hielt, war seitens des Gouverneurs (Trochu) eigens bestimmt worden, daß sie nur demonstrieren, aber in kein ernsthaftes Gefecht verwickelt werden solle. So erging denn an die Brigade Guilhem der Befehl, sich unter dem Schutze der Brigade Dumoulin, und gleichzeitig mit dieser, auf Villejuif zurückzuziehen. Dies wurde ausgeführt. Gleiche Ordre erging an die Brigade Blaise, die von Choisy le Roi aus auf die Redoute Saquet repliirte. Die beiden Brigaden, die — vergleiche die Trochu'sche Disposition zum Gefecht — am äußersten linken und äußersten rechten Flügel mitgewirkt hatten, die Brigade Mattat und Susbielle, gingen nach unerheblichen Gefechten in ihre Positionen zurück.

„Die Gesamtverluste, die wir erfahren, waren verhältnismäßig bedeutend. Wir hatten 400 Tote und Vermißte, 1500 Verwundete. Am meisten gelitten hatte die Brigade Guilhem und innerhalb dieser wiederum das 35. Regiment. Schmerzlich für uns war der Verlust des tapferen Führers dieser Brigade. Noch am selben Tage (30.) 5 Uhr nachmittags sandte uns der Feind die Leiche des Generals in einem mit Lorbeer und Blumen geschmückten Sarge zurück; er war während des Kampfes von Chevilly nach Rungis geschafft worden, wo er seine Verwundungen nur um eine Stunde überlebt hatte.“ —

Wenn auch nicht in den Hauptpunkten, so doch in manchen Einzelheiten abweichend, heißt es in einem diesseitigen Berichte: „Gleichzeitig hatte sich ein heftiger Kampf bei Chevilly und L'Hay entsponnen. Das 23. Regiment hielt die Dörfer Chevilly, L'Hay und la Rue besetzt; das 6. Jäger-Bataillon befand sich in La belle Epine. In Chevilly, das den Hauptkampf hatte, standen fünf Kompagnieen: die 4. Kompagnie vom 1. und das ganze 2. Bataillon, alles unter dem Befehl des Oberstlieutenant v. Berken. Die Vorposten waren überall an dem Saume von Chevilly hin verteilt, während die Feldwache in den letzten Gehöften lag; die übrigen Mannschaften hatten sich der Ruhe hingegeben. Da wurden auch sie plötzlich in der Frühe durch einen starken Kanonendonner geweckt und bald schlugen die Bomben und Granaten von drei Forts, von Ivry, Bicêtre und

Montrouge, mit furchtbarem Prasseln in den Kirchturm, in die umliegenden Häuser, in den Park und in die Gehöfte. Zertrümmert fielen die Dächer ein und die Steine prasselten auf die Straße herab, aber kein Menschenleben wurde dabei eingebüßt. Alles war sofort munter und unter die Waffen geeilt, um dem Feinde, dessen Herannahen man schon seit einigen Tagen geahnt hatte, zu begegnen. Der Oberstlieutenant von Berken eilte an die Parkmauer und bemerkte im Zwielicht des Morgens starke Kolonnen von Villejuif und der Schanze her im Anmarsch. Dabei blitzten alle Minuten in dem trüben Morgen die Kanonen von den Forts her. Der Feind nahte in sechs Bataillons-Kolonnen gegen Chevilly, von denen drei sich gegen die Front wandten, die drei andern aber von la Saussaye her den Versuch machten, das Dorf von rechts her zu umfassen und gleichzeitig gegen La belle Epine vorzustoßen.

„Es war ein kritischer Moment, als diese großen Massen heranstürmten. Schnell indessen wurden die geeigneten Maßregeln getroffen. Im Park wurden zwei Kompagnieen im Schutze der großen Parkmauer aufgestellt. Zwei andere Kompagnieen besetzten die Gehöfte, und die Vorposten stellten sich in dem großen Kartoffelgarten zur linken Seite auf. Der Feind hatte sich, gedeckt durch die Weingärten und die Baumpflanzungen, bis nahe an die Gehöfte herangeschlichen und eröffnete ein sehr starkes Feuer. Gegen 6 Uhr stürmten die Franzosen in Bataillons-Kolonnen gegen den Park und das Dorf. Sie kamen bis auf 150 Schritt heran; dann aber zogen sie sich nach dem heftigen Schnellfeuer unserer Truppen von der Parkmauer wieder zurück.

„Dagegen gelang es einer Kolonne, sich des äußersten Gehöftes zu bemächtigen, über dessen niedrige Mauer sie hineindrang. Ein anderer Trupp war links vom Gehöfte gegen die Straße, die von L'Hay nach Chevilly führt, vorgedrungen und besetzte den großen Kartoffelgarten. Er strebte von diesem nach dem Ausgange des Dorfes zu, wo die Straßen von L'Hay und Rungis sich kreuzen. Wäre es ihm gelungen, hier Posto zu fassen, so hätten sich unsere in Front stehenden Truppen abgeschnitten gesehen. Die Gefahr aber wurde vermieden.

„Der Oberstlieutenant ordnete nunmehr einen Angriff auf das von den Franzosen genommene Gehöft an. Mutig stürmte ein Zug unter Führung des Lieutenant v. Tschirschky hinein; er selbst kommt bis in das Haus, findet aber hier durch Kugel und Bajonettstich seinen Tod. In der sehr engen Straße vor dem Gehöft, aus dem die Franzosen nach der Kirche zu dringen suchten, fand ein sehr blutiges Straßengefecht statt. Aus allen Fenstern des Hauses wurde geschossen. Bald häuften sich die Toten und Verwundeten zu Reihen. Das Gehöft und der Kartoffelgarten blieben in den Händen der Franzosen; aber die 23er behielten den Park und das übrige Dorf.

„Inzwischen war der General v. Tümpling auf den Kampfplatz geeilt und hatte sich von der Situation überzeugt. Er sandte schon gegen 7 Uhr einen Adjutanten nach Wissous und ließ das 10. Regiment, welches dort im Kantonnement stand, alarmieren, sowie gleichzeitig die ganze 11. Division. Die Artillerie hatte sich bereits nach dem Gefechtsfelde begeben. Das 2. Bataillon des 10. Regiments eilte sofort nach den Höhen östlich von Rungis; von dort wurde es nach Fresnes les Rungis kommandiert und von dem Divisions-General von Hoffmann bis nach La belle Epine gezogen, um dort das Weitere abzuwarten. Hier standen bereits die 6. Jäger. Das 2. Bataillon des 10. Regiments, kaum in Fresnes les Rungis eingetroffen, erhielt Befehl, nach Chevilly abzumarschieren und dem 23. Regiment zu Hilfe zu kommen. Der Oberstlieutenant Bauermeister zog das Bataillon in Kompagnie-Kolonnen auseinander und gab der rechten Flügel-Kompagnie als Richtungspunkt die linke Ecke des Parks an. Als das Bataillon bis in die Nähe des Parks unbehelligt gekommen war, erschien der Generalmajor v. Malachowsky und befahl, daß zwei Kompagnieen, die 7. und 8., links abmarschieren sollten, während der Oberstlieutenant Bauermeister die beiden anderen Kompagnieen an den Eingang des Dorfes führte. Deutlich hörte man hier das en avant des Feindes, der sich zu einem weiteren Angriff anschickte. Nun ging auch die 5. Kompagnie mit Hurra im Marsch-Marsch durch das Dorf den angreifenden Franzosen entgegen. Der Schützenzug eilte zu dem von den Franzosen besetzten Gehöfte, wurde aber von einem starken Feuer empfangen. Auch die anderen Kompagnieen drängten stürmisch nach. Der Bataillons-Kommandeur Bauermeister stieg vom Pferde und ging zu Fuß seinen Leuten voran. Da streifte ihn eine Gewehrkugel und durchschoß, ohne ihn zu verwunden, sein Ordenszeichen pour le mérite, das er sich im Jahre 1866 erworben hatte.

„Zwei Züge blieben dem Gehöft gegenüber stehen. Der Hauptmann Graf d'Haussonville erhielt hier eine tödliche Kugel in dem Moment, als er einen Befehl des Generals v. Hoffmann dem Bataillons-Kommandeur übermitteln wollte. Er sank lautlos zu Boden. Neben ihm fielen viele Tapfere; denn in dieser engen Straße hielt der Tod eine reiche Ernte. Inzwischen war Befehl ergangen, das Haus durch Umgehung zu nehmen. Adjutant Glauer, der diesen Befehl weiter bringen wollte, passierte das Thor des Gehöftes mit drei Soldaten; eine furchtbare Salve knatterte aus dem Gehöft hervor. Zwei seiner Begleiter fielen tot zu Boden, des Dritten Arm wurde zerschmettert; er aber kam unversehrt zu dem Oberstlieutenant v. Berken. Jetzt gingen die beiden anderen Kompagnieen in der linken Flanke von Chevilly vor; sie drangen durch eine Maueröffnung des Kartoffelgartens in diesen ein und vertrieben die Franzosen, die sich in demselben befanden; dann gelangten sie von rückwärts in das Gehöft, und nun ergaben sich die umzingelten Feinde. Mit umgekehrten Gewehren traten sie aus dem Hause heraus. Ein Chef de Bataillon, ein Hauptmann und Offizier, sowie 150 Gemeine wurden gefangen genommen. Chevilly war gegen 10 Uhr wieder vom Feinde befreit.

„Dieser ließ jedoch nicht ab; noch einmal sammelte er seine Kräfte zu einem letzten Angriff. Nachdem er sich ungefähr 6—800 Schritt von dem Dorfe geordnet hatte, avancierte er auf der ganzen Linie nochmals. Er kam aber nur bis auf 300 Schritt heran; dann empfing ihn ein heftiges Schnellfeuer, daß er nicht Stand hielt und wieder umkehrte.

„Jetzt konnte auch die Artillerie in's Gefecht eingreifen. Die Batterieen Zierzow und Stümer stellten sich rückwärts von Chevilly an der Straße nach Fontainebleau vor La belle Epine auf. Von hier aus beschossen sie den Angriff der Infanterie und trugen dadurch wesentlich zu dem letzten Erfolge bei. Die Granaten schlugen mit großer Sicherheit in die Kolonnen ein, die sich nun völlig auflösten und eiligst nach Villejuif zurückzogen. In diesem Momente stürmten die 2. Kompagnie vom 10. Regiment und die 1. Kompagnie des 63. Regiments aus Chevilly hervor und verfolgten den fliehenden Feind. Um seinen Rückzug zu decken, hatte der Feind seine Artillerie bis auf den Punkt gezogen, wo die Straße von Fontainebleau die von Chevilly nach Thiais kreuzt, und beschoß unsere Artillerie. Aber diese gab eine kurze und bündige Antwort. Dreimal wurde gefeuert und jeder

Schuß saß. Die französische Artillerie ging schnell zurück; nun folgten die genannten beiden Batterieen über Chevilly hinaus, beschossen den abziehenden Feind und richteten noch große Verwüstung in seinen Reihen an." —

Das VI. Armeekorps, dessen einzelne Teile nach Beendigung des Kampfes ihre bisherigen Stellungen wieder einnahmen, zählte an diesem Tage 27 Offiziere und 413 Mann an Toten und Verwundeten. Der mehr als fünffach so große Verlust des Feindes entfiel fast zur Hälfte auf die bei Chevilly ins Gefecht getretene Brigade Guilhem, deren Führer den Tod fürs Vaterland gefunden hatte. Das Zurückgehen des Gegners artete schließlich in wilde Flucht aus, so daß viele unverwundete Gefangene noch in unsere Hände fielen. Bis 10 Uhr vormittags setzten die feindlichen Forts und Schanzen das Feuer fort, um den fliehenden Truppen Deckung zu geben.

Unsere Truppen hatten sich überaus tapfer gezeigt und mit Anspannung aller Kräfte sämtliche vom Feinde bedrohten Punkte gehalten. Dennoch ward diesseits die Notwendigkeit empfunden, um ähnlichen Angriffen künftig mit geringeren Verlusten begegnen zu können, die Verteidigungsanlagen noch zu verstärken. Aus diesem Grunde wurden die vorliegenden Alleeen, Weinberge und Baumschulen umgehauen, dem Gegner die Gelegenheit zu rauben, sich unbeobachtet nähern zu können. In die Parkmauern wurden Durchgänge geschlagen, Häuser mit Schießscharten versehen, Chevilly und L'Hay mit verdeckten Verkehrswegen verbunden. Neue Schanzen, Schießgräben, Verhaue und Wolfsgruben entstanden und schließlich brach man auch noch die in Front belegene Ferme la Saussaye ab, damit dieselbe von dem Gegner fortan nicht mehr als Deckung benutzt werden konnte.

Der Feind ließ dies alles ruhig geschehen. Die Ausfälle, welche er im Laufe des Oktobers unternahm, richteten sich gegen die westlicher liegenden Teile der III. Armee, gegen das II. bayerische und dann gegen unser V. Korps. Das VI. Korps, welches sich bei Chevilly so ruhmvoll bewährt hatte, trat erst wieder ernster in den Kampf ein, als der Gegner sein Heil und seine Befreiung in einem Ausfall gegen die Ostfront unseres waffenstarrenden Eisengürtels versuchte.

Zwölftes Kapitel.

General Trochu erteilt dem General Vinoy Befehl, einen größeren Rekognoszierungsangriff nach Süden hin zu unternehmen. — Stellung der Bayern am 13. Oktober. — Das Gefecht bei Bagneux und Châtillon. — Bericht des Generals Vinoy über den Verlauf des Gefechtes. — Verluste hüben und drüben. — Die französischen Generale planen einen ernsten Durchbrechungsversuch nach Norden hin. — Der Brand des Schlosses von St. Cloud. — Das Gefecht bei Malmaison am 21. Oktober. — Beiderseitige Verluste am 21. Oktober. — Französischer Bericht über das Gefecht bei Malmaison. — Kriegsrechtliche Erschießung zweier Bauern aus Malmaison.

Das Gefecht bei Bagneux bildete den zweiten größeren Ausfall, welchen die Besatzung von Paris unternahm, den Gürtel zu sprengen, welchen die verhaßten Deutschen um die stolze Hauptstadt Frankreichs gezogen hatten. Truppenbewegungen im Bereiche unserer III. Armee hatte man seit Anfang Oktober französischerseits als Vorbereitungen für einen ernsten Angriff auf Paris aufgefaßt. Als sich jedoch erwies, daß dieselben durch den Abmarsch einzelner deutscher Heeresteile auf der Straße nach Orleans hervorgerufen worden waren, empfing General Vinoy Befehl, am Morgen des 13. Oktober eine größere Rekognoszierung nach Süden hin zu unternehmen, um die dortige Stellung des Einschließungsheeres zu ermitteln. General Vinoy beschloß daher, mit zwei Kolonnen auf Bagneux und Châtillon vorzugehen. Eine links gegen Bourg la Reine aufgestellte Brigade, wie Scheinbewegungen rechts gegen Clamart und Fleury sollten dieses Vorgehen decken. Einschließlich der von Hautes Bruyères nach Montrouge herangezogenen Brigade Dumoulin betrug die Stärke der zum Ausfalle bestimmten Truppen ungefähr 25 000 Mann mit 80 Geschützen.

Der Angriff richtete sich somit gegen den vom II. bayerischen Korps besetzten Abschnitt zwischen der Bièvre und dem Walde von Meudon, dessen Schloß als Kriegslazarett eingerichtet worden war. Der Kampf, welcher sich um Châtillon und Bagneux entspann, wurde diesseits in der Hauptsache von der 8. Brigade des II. bayerischen Korps geführt, welche die Nordostecke des Plateaus von Châtillon besetzt hielt. Dieser Kampf, welcher in seinem Anfange durch die Übermacht des Angreifers für uns ungünstig sich gestaltete, dann aber wieder zu einem völlig glücklichen Ausgang führte, verlief in seinen Hauptphasen, wie folgt.

Um 8 Uhr wurden diesseits die ersten feindlichen Bewegungen bemerkt und dementsprechende sofortige Meldungen gemacht. Um 9 Uhr war der Feind heran. In dem bis 11 Uhr vormittags währenden ersten Teil des Kampfes gelang es ihm, die Besatzung von Châtillon bis zur Dorfkirche zurückzudrängen, wo dann Oberst Mühlbauer jedem weiteren Vordringen ein Ziel setzte. Ebenso gelang es dem Gegner, uns Bagneux zu entreißen, das bis an den Südrand, den die Bayern, harrend der Unterstützung, hielten, für die nächsten Stunden in seinen Händen blieb. Gegen Mittag treffen endlich frische Truppenteile ein. Jedes der beiden bedrohten Dörfer erhält ein Bataillon Unterstützung, genug vorläufig, sich wenigstens zu halten. Drei Stunden später langen abermals zwei neue Bataillone an. Da Châtillon inzwischen wieder dem Angreifer entrissen ist, so wenden sich die zuletzt eintreffenden Verstärkungen auf Bagneux. Von Westen her dringt das 10. Jäger-Bataillon, von Südosten her das 1. Bataillon des 5. Regimentes herein. Diesem Anprall ist der Gegner nicht gewachsen. Um 4 Uhr ist auch Bagneux wieder in unseren Händen. Der Handstreich des Generals Vinoy ist völlig gescheitert. Seine vorgesandten Brigaden traten den Rückzug hinter die schützenden Forts an. — General Vinoy hat später selbst eine ziemlich richtige Darstellung des Gefechtes vom 13. Oktober veröffentlicht, in welcher es heißt:

„In der Nacht vom 12. auf den 13. Oktober erhielt das General-Kommando des XIII. Korps, Vinoy, Befehl, anderen Tages eine große Rekognoszierung gegen das Plateau von Châtillon zu unternehmen. Nähere Angaben fehlten.

„Wir schlossen daraus, daß es sich nur darum handeln könne, festzustellen, ob der Feind immer noch gewillt sei, das Plateau mit allen Kräften zu halten. Ich selbst (Vinoy) begab mich in aller Frühe nach dem Fort Montrouge, um daselbst meine letzten Dispositionen für den Angriff zu treffen. Dieser wurde auf 9 Uhr früh festgesetzt. Im Einzelnen disponierte ich, wie folgt:

„Brigade Susbielle dirigiert sich in drei Kolonnen gegen das Dorf Châtillon. Die eine Kolonne nimmt den direkten Weg; die beiden anderen halten sich rechts. Das 42. Linien-Regiment bleibt in Reserve bei La Baraque.

„Kolonne La Mariouse, die aus dem Mobilgarden-Regiment Côte d'Or und einem Bataillon der Mobilen von der Aube zusammengesetzt sein wird, wendet sich gegen Bagneux. Das 35. Linien-Regiment bildet die Reserve dieser Kolonne.

„Brigade La Charrière, von der Division Causade, nimmt Position zwischen Bagneux und Maison Plichon und beschäftigt die in Nähe von Bourg la Reine stehenden feindlichen Truppen.

„Brigade Dumoulin bleibt in Reserve hinter Fort Montrouge und wird je nach Bedürfnis der in vorderster Reihe kämpfenden Truppen verwendet werden.

„Fünf Kompagnieen Gardes Forestiers demonstrieren an der äußersten Rechten und zwar in Richtung auf Clamart.

„Unsere Gefechtslinie erstreckte sich also von Fort Issy bis an den Bièvre-Fluß und hatte eine Ausdehnung von 6 Kilometern. Drei Forts: Montrouge, Vanvres, Issy, nahmen an der Aktion Teil. Die vier vorgenannten Infanterie-Kolonnen: Susbielle, La Mariouse, La Charrière und Dumoulin hatten eine ohngefähre Gesammtstärke von 20 000 Mann. Zwei Kanonenschüsse von Fort Vanvres gaben das Zeichen zum Angriff (9 Uhr). Fort Montrouge eröffnete sofort sein Feuer gegen das nur 1400 Meter entfernte Bagneux. In demselben Augenblicke, wo die Mobilgarden-Bataillone der Kolonne La Mariouse die ersten Granaten in Bagneux einschlagen sahen, avancierten dieselben mit großem Elan, leisteten auf Erwiderung des feindlichen Feuers Verzicht und drangen bis an die erste Häusergruppe des Dorfes vor. Diese wurde genommen und von hier aus entspann sich nunmehr ein Dorfgefecht, das uns nicht allzuschwere Opfer auferlegte, da wir jetzt in der Lage waren, in guter Deckung den Kampf fortsetzen zu können. Nach einer halben Stunde hatten wir Bagneux, das seitens des 5. bayerischen Jäger-Bataillons verteidigt worden war. Vierzig Gefangene, eine Anzahl Verwundeter ungerechnet, waren in unsre Hände gefallen; der Erfolg war vollständig; das Gefecht konnte an dieser Stelle als beendigt angesehen werden. Wir hatten den Tod des Bataillons-Kommandanten Dampierre, von den Mobilen der Aube, zu beklagen; er war beim Dorfgefecht, in der Nähe der Kirche, gefallen.

„Nicht so glücklich, wie bei Bagneux, waren die Dinge bei Châtillon verlaufen, wo, laut Disposition, die Brigade Susbielle den Angriff unternommen hatte. Hier nutzte der Feind die verschiedenen, hintereinander gelegenen Mauerlinien des Dorfes in geschickter Weise aus und verzögerte wenigstens unser Vordringen, wenn er das Vordringen selbst auch nicht hindern konnte. In der Nähe der Kirche hatte er eine regelrechte Verschanzung aufgeführt, und von diesem Teil des Dorfes an waren wir gezwungen, mit der Sappe vorzugehen und jedes Haus wie eine kleine Festung zu nehmen. Die Zeit, die dadurch verloren ging, benutzte der Feind, um seine Reserven heranzuziehen; von unseren höher gelegenen Punkten aus konnten wir wahrnehmen, wie von Croix de Bernis her starke Kolonnen vorrückten. Darunter viel Artillerie."

„Um 10½ Uhr trat diese Artillerie in Aktion; sie eröffnete ihr Feuer von der Crête des Plateaus aus. Nicht ohne Erfolg. Einer unserer Pulver-Karren wurde getroffen, explodierte und tötete und verwundete mehrere unserer Leute. Die Truppen der Brigade Susbielle machten in dem Dorfgefecht, das innerhalb Châtillons sich weiterspann, langsame aber andauernde Fortschritte, während andrerseits alle Anstrengungen des Feindes scheiterten, uns Bagneux wieder zu entreißen. Dieses letztere (Bagneux) hielten wir um Mittag mit drei Bataillonen Mobilen von Côte d'Or, einem Bataillon von der Aube und dem 35. Linien-Regiment besetzt, während die Brigade Dumoulin von Fort Montrouge aus avanciert war, um nötigenfalls die Dorfverteidigung unterstützen zu können. Ich legte das größte Gewicht auf die Festhaltung dieses Punktes, von dem aus es, meiner Ansicht nach, sich ermöglichen mußte, sei es am selben oder sei es am folgenden Tage, das für uns so wichtige, am 19. September eingebüßte „Plateau von Châtillon" zurückzuerobern. Alle Vorkehrungen wurden sofort meinerseits getroffen, um uns durch Anlegung von Verteidigungswerken den Besitz von Bagneux nach Möglichkeit zu sichern. Gleichzeitig richtete ich an den Gouverneur Trochu, der in seinen an mich ergangenen Ordres eine Besitzergreifung dieses Dorfes gar nicht erwähnt hatte, folgendes Telegramm: „Wir haben Bagneux; ich treffe Anordnungen, mich darin zu behaupten; soll ich es behalten?“

„1½ Uhr nachmittags war dieses Telegramm in Händen General Trochus; um 2 Uhr erhielt ich folgende Antwort: „General Blanchard soll in der Tiefe bei Châtillon verbleiben, ohne die von Clamart her einmündende Straße zu passieren. Ich lasse ihn wissen, daß Sie ihn von Bagneux aus durch Artilleriefeuer, das dann die Linie zwischen dem Plateau und dem Telegraphen halten müßte, soutenieren werden. Unter dem Schutze dieses Feuers wird Blanchard seinen Rückzug antreten, entweder zu einem Zeitpunkt, den Sie ihm angeben wollen, oder den er selber als den angemessensten erachtet.“

„Diese Depesche des Gouverneurs bewies genugsam, daß der Letztere nicht gewillt war, den Kampf behufs einer Eroberung des Plateaus fortzusetzen. Blanchard sollte die von Clamart her einmündende Straße nicht überschreiten, vielmehr zu gelegener Zeit seinen Rückzug antreten. Inzwischen mehrten sich die Streitkräfte des Feindes, namentlich eröffneten immer neue Batterieen ihr Feuer, das sich von Sceaux und Bourg la Reine aus gegen Bagneux und Maison Plichon (wo die Brigade La Charrière hielt), von verschiedenen Positionen des Plateaus aus aber gegen Châtillon richtete.

„Um 3 Uhr, da mittlerweile seitens des Gouverneurs Trochu keine Contre-Ordres eingetroffen waren, gab ich den Befehl zum Rückzug, der nunmehr in guter Ordnung angetreten wurde. Die Brigade Dumoulin, die aus ihrer Reserve-Stellung bis in die Nähe von Bagneux vorgeschoben worden war, ging zuerst zurück; dann folgten staffelförmig einerseits die Bataillone der Kolonne La Mariouse aus Bagneux selbst, andrerseits die Bataillone der Brigade La Charrière von Maison Plichon aus. Sie waren sämtlich beordert, links und rechts vom Fort Montrouge ihre Stellung zu nehmen. Der Feind drängte nach, wurde aber, während die Unseren wieder Front machten, durch einige Bataillons-Salven im Schach gehalten. Noch einmal schien der Kampf auf der ganzen Linie entbrennen zu wollen, die Geschütze hüben und drüben feuerten lebhafter denn zuvor, aber es war nur ein letztes Aufflackern. Um 5 Uhr schwieg das Gefecht. Dem letzten Abschnitt desselben hatte General Trochu beigewohnt. Er richtete schmeichelhafte Worte an die Mobilen, die sich an diesem Tage mit Auszeichnung geschlagen hatten.

„Unsre Verluste waren in Anbetracht der langen Dauer des Kampfes nicht erheblich; sie betrugen 200 Mann an Toten und Verwundeten. Sieben, darunter ein Offizier, wurden vermißt. Ein Versuch, am andern Morgen das Plateau von Châtillon zu gewinnen, hätte, da die wichtigen Positionen von Bagneux und Moulin de Pierre bereits in unsern Händen waren, erhebliche Chancen des Erfolges gehabt. General Trochu indes, der andere Operationen im Auge haben mochte, hielt es nicht für geraten, dem unsererseits errungenen Erfolg weitere Ausdehnung zu geben."

Soweit der Bericht des Generals Vinoy. Unser Gesamtverlust für den 13. Oktober bezifferte sich auf 10 Offiziere und 356 Mann. Hauptsächlich hatte die 8. Brigade gelitten. 59 Mann vom 5. Jäger-Bataillon waren beim Eindringen der Franzosen in Bagneux abgeschnitten und gefangen genommen worden. Der Verlust des Gegners stellte sich auf ungefähr 400 Mann. Zur Beerdigung der Gefallenen ward am folgenden Tage für diesen Teil der Einschließungslinie ein sechsstündiger Waffenstillstand abgeschlossen.

Da sich nach den bisher geschilderten Ausfallsgefechten in Paris immer mehr die Überzeugung Bahn brach, daß ein gewaltsamer Angriff seitens der Belagerer nicht stattfinden werde, vielmehr die Aushungerung der Hauptstadt von ihnen beabsichtigt sei, so faßten die französischen Generale nunmehr die Möglichkeit eines Durchbruches ernster ins Auge. Die Hochfläche von Villejuif, die vorgeschobene Stellung bei Joinville, die Ebene nordwestlich St. Denis und die Halbinsel von Gennevilliers ergaben sich bei näherer Betrachtung als die am meisten geeigneten Ausgangspunkte für ein solches Unternehmen, weil in allen übrigen Abschnitten des Vorlandes die beherrschenden und von den Deutschen wohlbefestigten Höhen fast unüberwindliche Hindernisse entgegensetzten. Auch blieb bei einem solchen Ausfall zu berücksichtigen, daß unter allen Umständen auf ein Mitführen der Trains verzichtet und daher mit der ausfallenden Armee so bald als möglich ein Landstrich erreicht werden mußte, dessen Hilfsquellen bei sicherer Verbindung mit dem Meere noch nicht versiegt waren. Die französischen Heerführer gaben aus diesen Gründen der letztgenannten Durchbruchsrichtung den Vorzug und entwarfen nun den Plan dahin, nach Überschreiten der Seine bei Carrières und Bezaus gegen den Höhenzug auf der Nordseite der Halbinsel von Argenteuil vorzudringen, welcher gleichzeitig durch andere Truppenteile von St. Denis aus angegriffen werden sollte. Im Falle des Gelingens wollte man alsdann den Marsch über Pontoise nach Rouen fortsetzen, mittelst der Eisenbahn über Le Mans auch die Loire-Armee nach der Normandie heranziehen und auf solche Weise eine Armee von 250000 Mann in der Nähe der Westküste vereinigen. In aller Stille begann man nun die Vorbereitungen zu diesem hochwichtigen und weitgehenden Unternehmen zu treffen, das dann späterhin zu den ernsten Kämpfen im Norden unserer Einschließungslinie führte. Inzwischen aber kam es am 21. Oktober noch einmal zu einem ziemlich blutigen Ausfall bei Malmaison, der sich gegen unser V. Korps wandte.

Diesem Gefechte ging noch eine interessante Episode dieser wechselreichen Belagerung voran: die Einäscherung des Schlosses von St. Cloud. Ein Augenzeuge schreibt darüber: „Unsere Truppen hatten bald nach der Cernierung von Paris den Park von St. Cloud und das Schloß besetzt. Gegen diese Besetzung unternahm der Feind bis vor kurzem nichts, nur ab und zu warf das Fort des Mont Valérien einige Granaten in den Park. Am Dienstag den 11. besetzte die 2. Kompagnie des 1. schlesischen Jäger-Bataillons Nr. 5 das Schloß; der Hauptmann und Kompagnie-Chef v. Strantz war zum Kommandanten desselben ernannt worden. Bald nach Ankunft dieser Kompagnie wurde das Schloß mit Granaten beworfen, eine Granate zündete auch, das Feuer wurde aber gelöscht. Dieses heftige Bombardement, das mehrere Stunden dauerte, wiederholte sich am Mittwoch, den 12. Wieder brannte der Dachstuhl, wieder wurde das Feuer gelöscht. Eine Granate hatte das Schlafzimmer des Kaisers zerstört, die Spiegel, die Vasen, das Bett zertrümmert; eine andere Granate explodierte in dem schönen Ecksaal, in welchem sich die prächtigen Kolossal-Vasen befanden. Einzelne Sprengstücke waren sogar bis in die im Parterre befindlichen Zimmer geschleudert worden, wo die Offiziere sich aufhielten. Andere Granaten hatten das Dach des Bibliothek-Saales zerstört, so daß während der Nacht der Regen eindrang; die Façade des Schlosses, das Vestibul waren vollständig zertrümmert. Das Schloß bot den schrecklichsten Anblick dar. Namentlich hatte an diesem Tage (dem 12.) eine im Bois de Boulogne eingeschnittene Batterie zu dieser Vernichtung beigetragen.

„Am Donnerstag, den 13. Oktober vormittags, wiederholte sich das Bombardement, und zwar aus der eben genannten Batterie sowohl, wie aus dem Fort des Mont Valérien. Man hörte ganze Geschützsalven. Mit einem wahren Hagel von Granaten wurde das Schloß beworfen, ein Zimmer nach dem andern wurde zerstört, das Dach halb durchlöchert; endlich fing der Dachstuhl an zu brennen. Keine Gefahr scheuend, unternahmen die Jäger abermals einen Löschversuch; Hauptmann v. Strantz leitete ihn selbst. Mit größter Anstrengung wurde auf das enorm hohe Schloß Wasser getragen, aber alle Anstrengungen waren vergeblich. Bei dem stark wehenden Winde und der Trockenheit des Holzes verbreitete sich das Feuer so schnell, daß binnen kurzem der obere Teil des ganzen südlichen Flügels in Flammen stand. Hauptmann v. Strantz versuchte jetzt das Feuer wenigstens aufzuhalten und auf diesen Flügel zu beschränken; aber auch diese Mühe war vergebens. Alle Hoffnung, wenigstens einen Teil des Schlosses zu erhalten, mußte aufgegeben werden. Es konnte sich nur noch darum handeln, von den reichen Kunstschätzen und Erinnerungsstücken so viel wie möglich zu retten. Mit einer bewunderungswürdigen Schnelligkeit räumten die Jäger die Zimmer des Kaisers und der Kaiserin aus; schon stürzten die brennenden Balken hernieder, aber immer noch suchten sie Vasen, Bilder, Möbel in Sicherheit zu bringen. Das Feuer griff inzwischen mit einer so rasenden Geschwindigkeit um sich, daß die anderen Zimmer des südlichen Flügels dem Feuer preisgegeben werden mußten. Nun galt es noch die Bibliothek zu retten. Aber das Ausräumen der Bücher in den engen Galerieen des Bibliothek-Saales nahm so viel Zeit in Anspruch, daß das Feuer mittlerweile auch den Mittelbau des Schlosses ergriffen hatte; die Thüren des Saales brannten schon. Kaum daß der letzte Jäger denselben verlassen hatte, so stand alles in Flammen. Bis auf drei Schränke in der obersten Galerie waren alle Bücher und Kunstwerke in Sicherheit gebracht; der allergrößte Teil der berühmten Bibliothek von St. Cloud war gerettet. Da die Jäger-Kompagnie in den Räumen des Mittelbaues untergebracht war, so mußten die Mannschaften nun erst ihre Waffen und Ausrüstungsstücke, die Matratzen und Decken, in Sicherheit bringen, bevor sie ihre Anstrengungen wieder dem Schlosse selbst zuwenden konnten. Das Feuer aber machte in der Zwischenzeit immer schnellere Fortschritte, es fand in den schweren Gardinen, Tapeten, Teppichen zu viel

26*

Nahrung; in kurzer Zeit stand daher das ganze prächtige Gebäude in Flammen. Nur fünf Stunden waren dazu nötig gewesen und nach zwölf Stunden war das Schloß bis auf die Keller heruntergebrannt; nur noch die Balken glimmten. Die Jäger-Kompagnie biwakierte dicht am Schloß, umgeben von den geretteten Kunstschätzen. Trotz der furchtbaren Anstrengungen des Tages schlief niemand; sinnend blickten die Soldaten in das Feuermeer; nur Worte des Bedauerns über diese nutzlose Vernichtung hörte man von ihren Lippen kommen. Der Mond, sonst so hell, war verblaßt gegen die Feuerröte des Schlosses; Paris war wie erleuchtet. Mit welchen Gefühlen mögen die Bewohner der Hauptstadt diesem Brande zugeschaut haben, den sie, da St. Cloud hoch liegt, weithin sehen konnten! Der Park war ganz gerötet und um so greller, als die Blätter schon gelb waren. Prächtig stachen gegen diesen Hintergrund die unzähligen weißen Marmorfiguren ab; wie Gespenster standen sie da. Ich werde diese Nacht nie vergessen.

„In wenigen Stunden sind Millionen vernichtet worden, vieles Unersetzliche ist verloren gegangen. Wie wunderbar, der letzte Kommandant des Schlosses von St. Cloud war ein preußischer Offizier und dieser rettete als Andenken den Tisch vor dem Untergang, an welchem Napoleon III. die Kriegserklärung unterzeichnet hatte. St. Cloud war sein Lieblingsaufenthalt gewesen.

„Die Sonne, welche am andern Morgen aufging, beschien eine glimmende Ruine. Die Schornsteine waren nach und nach eingestürzt und rissen die inneren Wände um. Paris sah das schöne, stolze Schloß nicht mehr. Alles war still. Von dem Augenblick an, als die erste Flamme aus dem Schloß hervorbrach, verstummten die feindlichen Geschütze. Es war, als ob man sich schäme, den Frevel begangen zu haben."

Das Gefecht bei Malmaison, auf welches wir jetzt kommen, ward diesseits von dem V. Korps bestanden. Dasselbe hatte am 19. September nach dem bereits geschilderten Gefechte bei Petit Bicêtre noch Versailles besetzt und Vorposten auf der ganzen, dem V. Korps zugewiesenen Cernierungslinie ausgestellt. Die 10. Division bildete den linken, die 9. den rechten Flügel. Jene dehnte sich von Bougival bis St. Cloud, diese von St. Cloud bis Sèvres aus. Wie überall längs der deutschen Cernierungslinie, so ward auch hier die erste Zeit damit ausgefüllt, die eingenommenen Stellungen nach Möglichkeit zu verstärken und dem Gegner auf alle Art das Vordringen zu erschweren und zu vereiteln. Ebenso wurden Telegraphen und Beobachtungspunkte angelegt, eine schnelle und sichere Verständigung zu schaffen. So vergingen die ersten Wochen ziemlich friedlich. Der Gegner schwieg, ein Verhalten, das uns nur gelegen kommen konnte. Außer Vorpostenscharmützeln und hin und wieder ein kleines Feuergefecht auf Kartoffelsucher, welche oft in Weiberkleidern erschienen, aber bald erkannt wurden — geschah nichts von Wichtigkeit. Erst der 13. Oktober brachte Bewegung in das Stillleben. Das Schloß von St. Cloud ging in Flammen auf. Acht Tage später kam es dann auch zum Kampfe. Am 21. Oktober fand das Gefecht bei Malmaison statt.

Während Paris sich mit dem großen Durchbruch nach Norden hin beschäftigte, erregte ein häufigeres Erscheinen deutscher Vorposten in Rueil die Besorgnis, daß die Einschließungslinie bis auf die Halbinsel von Gennevilliers vorgeschoben und hierdurch der beabsichtigte Durchbruch über Bezans wesentlich erschwert werden könne. Aus diesem Grunde beschloß General Ducrot, das ihm gegenüberstehende V. Armeekorps aus seinen vordersten Stellungen zu vertreiben, um dann bei Moulin des Gibets, am niederen Westrande des Mont Valérien, eine das Seine-Thal bis La Malmaison, Chatou, Carrières und St. Denis beherrschende Verschanzung anzulegen. Der geplante Angriff war für den 21. Oktober festgesetzt worden, nachdem höhere Führer das Vorland des Mont Valérien rekognosziert hatten. Zwei Kolonnen sollten von Norden und Osten her sich auf Malmaison werfen, eine dritte gegen Schloß Buzanval vorrücken, eine vierte die Deckung der Flanke nach St. Cloud hin übernehmen. Südlich Nanterre hielt außerdem eine Reserve zum Eingreifen bereit. Alles in allem belief sich die Truppenstärke der Angreifer für diesen Tag auf 10 000 Mann mit 120 Feldgeschützen.

Um 8½ Uhr morgens begann der Mont Valérien ein lebhaftes Feuer gegen das Gelände südwestlich von Rueil und die in der vorderen Linie des V. Korps beschäftigten Schanzarbeiter. Nachmittags 1 Uhr entfaltete sich dann unter dem General Boissonnet die Feldartillerie der fünf Ausfallkolonnen, um nun im Verein mit den Geschützen des Mont Valérien, sowohl La Malmaison als auch Bougival unter ein scharfes Feuer zu nehmen. Zwei Stunden darauf brach dann die Infanterie zum Angriff vor.

Die erste Flügelkolonne unter General Berthaut schob sich am Westrande von Rueil, mit den Franktireuren bis an den Park von Malmaison vor. Die hinter dem Parke Richelieu versammelten Truppen des Generals Noël entwickelten nördlich des Waldes von Buzanval eine Schützenlinie östlich der Cucufa-Schlucht, während sich die Kolonne des Obersten Cholleton von Maison Crochard gegen Schloß Buzanval vorbewegte. Mit der linken Flügelkolonne war General Marbenot zu dieser Zeit bei der Briqueterie, mit der Reserve General Platurel bei Moulin des Gibets eingetroffen.

Das V. Korps war bald nach der Mittagsstunde, als das Anrücken größerer feindlicher Truppen gemeldet worden war, alarmiert worden. Der von dem Gegner bedrohte Abschnitt der Einschließungslinie war von der 10. Division, speziell der 19. Brigade, besetzt. Das 6. Regiment stand bei Celle, St. Cloud und mit dem 1. Bataillon bis La Jonchère auf Vorposten. Das Füsilier-Bataillon der 46er hielt mit der 9. Kompagnie das eben genannte Gehöft, mit der 10. und 11. die Villa Metternich besetzt, während die hinter der Barrikade am Osteingange von Bougival aufgestellte 12. Kompagnie einen kleinen Trupp in den Park von Malmaison vorgeschoben hatte. Die beiden anderen Bataillone 46er, die 4. Schwadron Dragoner-Regiments Nr. 14 und die 5. schwere Batterie befanden sich in Bougival.

Als die 1. Kompagnie der 46er beim Ablösen der Posten im Parke von La Malmaison auf die über Rueil vorgehende feindliche Infanterie stieß, zog sich erstere unter hinhaltendem Schützengefechte langsam zurück. Der Divisions-Kommandeur befahl nun, daß sämtliche bei Bougival und Celle St. Cloud verfügbaren Kompagnieen eine Verteidigungslinie bildeten, welche sich nördlich Bougival an die Seine lehnte und sich dann über die Höhe von La Jonchère am Waldsaum entlang bis an die Cucufa-Schlucht hinzog. Unsere 15. schwere Batterie nahm bei der Barrikade von Bougival den Kampf gegen die weit überlegene französische Artillerie auf; die 5. leichte Batterie nahm anfangs am Parke Metternich Stellung, mußte aber bald wieder zurückgenommen werden. Die Angriffsbewegung des Feindes hatte inzwischen ihren weiteren Fortgang genommen. Unterstützt durch das Feuer ihrer Batterieen, rückten um 3 Uhr 4 Zuaven-Kompagnieen von Rueil gegen Bougival vor. Unsererseits durch wirksames Flintenfeuer empfangen, wandten sie sich nun links nach dem Parke von La Malmaison und drangen mit anderen Teilen der bei Rueil vereinigten Angriffskolonnen durch schnell gebrochene Mauerlücken in denselben ein. Immer weiteres Terrain gewann der Feind. Ein Gartenhaus am Bergabhange von La Jonchère, das Schloß Buzanval, wie der Ostrand des Cucufa-Thales wurden französischerseits besetzt. Um 4 Uhr nachmittags tobte längs der ganzen Linie ein heftiges Feuergefecht, in welches die feindliche Artillerie lebhaft mit eingriff. Mitrailleusen fuhren auf, um die Infanterie in ihrem verlustreichen Kampfe gegen die preußische 19. Brigade zu unterstützen.

Da sich letztere mit allen ihren Teilen in der vorderen Gefechtslinie befand, so hatte General-Lieutenant v. Schmidt das Regiment Nr. 50 aus der Gegend von La Celle St. Cloud zur Verstärkung herangezogen. Das 1. Bataillon war nach Villa Metternich, das 2. in der Richtung auf die obere Cucufa-Schlucht vorgerückt, das Füsilier-Bataillon vorwärts die Höhe von La Celle St. Cloud in Stellung gegangen. Eine Stunde war verronnen. Die Angriffskraft des Feindes schien erschüttert. Jetzt ordnete der Kommandeur des 46. Regiments, Oberst v. Eberhardt, an, daß die Abteilungen unseres linken Flügels vorbrechen sollten. Es war 4 Uhr, als die Unsrigen zum Sturme sich anschickten. 5 Kompagnieen der 19. Brigade stürmten gemeinschaftlich mit 2 aus der Vorposten-Stellung bei St. Germain en Laye herbeigeeilten Garde-Landwehr-Kompagnieen über die Höhe von La Jonchère vor und drangen unter hartnäckiger Gegenwehr der Zuaven von Südwesten her in den Park von La Malmaison. Andere Kompagnieen wendeten sich gleichzeitig von Bougival aus gegen den nördlichen Teil des Parkes und nach Übersteigung der dortigen Umfassungsmauer gegen das Schloß. Der Feind, erschöpft durch den vorangegangenen Kampf, vermochte nicht länger Stand zu halten. Auf allen Punkten trat er den Rückzug an. Letzteren zu decken, warf sich auf seinem rechten Flügel ein Mobilgarden-Bataillon in kurzem Vorstoße unseren Stürmern entgegen, während 2 Mitrailleusen die deutschen Verfolger unter ihr Feuer nahmen. Auf dem südlichen Teile des Kampffeldes war das 2. Bataillon der 50er in der Richtung nach Porte du Longboyau vorgegangen. Auch hier kam der Feind zum Weichen. Zwei Geschütze wurden dabei von den Unsrigen erbeutet. Die 50er besetzten demnächst Schloß Buzanval und beschossen von dort aus den nach Norden entfliehenden Gegner. Gegen 6 Uhr verstummte das Feuer auf allen Punkten. Unsere Truppen bezogen wieder ihre bisherigen Quartiere und Vorposten-Stellungen. Der Friede war wieder eingekehrt. Nur zuweilen rollten noch aus den schweren Geschützen des Mont Valérien einzelne Schüsse durch die abendliche Stille.

Französischerseits hatte man bei diesem Ausfall gegen das V. Korps ungefähr 500 Mann an Toten und Verwundeten eingebüßt. An 120 unverwundete Gefangene fielen in unsere Hände. Diesseits bezifferte sich der Verlust auf 16 Offiziere und 314 Mann, darunter allein 7 Offiziere tot oder doch tödlich verwundet.

Aus einem Berichte des französischen Majors Sarrepont entnehmen wir Folgendes über das Gefecht bei Malmaison: „Um sich ganz über die Pläne der Preußen aufzuklären, befahl General Trochu, wie am 13. Oktober gegen das II. bayerische Korps, so für den 21. Oktober eine Rekognoszierung gegen die ganze zwischen Bougival und Schloß Buzanval gelegene Linie. General Ducrot wurde damit betraut. Was die Ausführung anging, so hoffte man den Feind hervorlocken und unter das Feuer unsrer Batterieen bringen zu können. Die Brücke von Bougival zu passieren, lag zunächst nicht im diesseitigen Plane; dieser ging vielmehr nur dahin, eine hart an der Eisenbahn, westlich von Malmaison, etablierte preußische Batterie, dann eine zweite, mutmaßlich bei La Jonchère befindliche, zu zerstören, und unmittelbar darauf in unsere Linien zurückzukehren.

„Dem General Ducrot standen zu seiner Unternehmung etwa 11000 Mann Infanterie und 94 Geschütze zur Verfügung. Dieselben waren in fünf Kolonnen geteilt, von denen drei für den Angriff, zwei (die Brigaden Martenot und Paturel) als nächste Reserve bestimmt waren.

„Dem die Haupt-Kolonne führenden General Berthaut lag es ob, am äußersten Flügel an jener Stelle vorzudringen, die zwischen der Eisenbahn von St. Germain und nördlich von Rueil gelegen ist; der General Noël hingegen, sollte gegen die Südseite des Parkes von Malmaison operieren und in die Schlucht hinabsteigen, die sich am Teiche von St. Cucufa bis nach Bougival zieht. Beide hatten also schließlich dasselbe Angriffs-Objekt (Malmaison) und sahen sich, laut Disposition, in ihrem Vorgehen durch die dritte, unter Oberst Cholleton stehende Kolonne unterstützt, die, in Front von Ancien Moulin aufgestellt, bestimmt war, zunächst gegen das Schloß Buzanval und von hier aus (ebenfalls unter Benutzung der Cucufa-Schlucht) gegen La Jonchère und womöglich darüber hinaus zu avancieren. Die Kolonne unter General Martenot stand unmittelbar hinter dem linken Flügel unserer Schlachtlinie, die Kolonne Paturel hinter dem Zentrum. General de Bellemare befehligte eine rückwärts vom Dorfe Colombes aufgestellte Hauptreserve, während General Vinoy Befehl erhalten hatte, durch Operationen auf der zwischen Ivry und Issy gelegenen Linie den Angriff von Süden her zu unterstützen.

„Um 1 Uhr war alles bereit und unsere in einem Halbzirkel aufgestellte Artillerie eröffnete ihr Feuer auf der ganzen, zwischen der Eisenbahn-Station von Rueil und der Ferme Fouilleuse gelegenen Linie. Dreiviertel Stunden lang überschüttete sie Buzanval, La Jonchère, Malmaison und Bougival mit ihren Projektilen und sah sich dabei nicht nur durch die Artillerie des Vinoy'schen Korps, sondern auch durch die Geschütze der Forts und der bei Billancourt liegenden Kanonenböte unterstützt.

„Auf ein gegebenes Zeichen stellte unsere gesamte Artillerie plötzlich ihr Feuer ein und unsere Bataillone, Tirailleurschwärme vorauf, warfen sich mit großem Elan auf die ihnen vorher bezeichneten Punkte. Malmaison von links her flankierend, erreichten sie, in raschem Vordringen, die Schlucht, die vom Cucufa-Teich zur Eisenbahn niedersteigt. Der linke Flügel des General Noël, nachdem seine Kolonne die Schlucht glücklich passiert, suchte die Abhänge zu ersteigen, die sich bis La Jonchère hinaufziehen, sah sich aber in seinem Vordringen durch ein heftiges Feuer des Feindes, der sich in Büschen und Häusern eingenistet hatte, aufgehalten.

„Um eben diese Zeit waren vier Kompagnieen Zuaven, unter Befehl des Kommandanten Jaquot, bis in den Park von Malmaison vorgedrungen, und befanden sich, als die Bewegung der Kolonne Noël ins Stocken geriet, in der unmittelbar vor La Jonchère gelegenen Ecke. Bei der momentan mißlichen Lage des Gefechtes, würden sie an dieser Stelle ernstlich bedroht gewesen sein, wenn nicht das eben jetzt herbeieilende Mobilgarden-Bataillon Seine und Marne, durch einen mit Bravour unternommenen Angriff, sie degagiert hätte. Dies Mobilgarden-Bataillon, mit seinem rechten Flügel sich auf den Park von Malmaison stützend, mit seinem linken aber die St. Cucufa beherrschenden Höhen ersteigend, eröffnete sofort ein lebhaftes Feuer gegen den Feind, den es, an dieser Stelle wenigstens, zum Rückzuge zwang. Die frei gewordenen Zuaven-Kompagnieen konnten nunmehr wieder Stellung innerhalb des Parkes nehmen.

„Abteilungen der Kolonne Cholleton hatten diesen rechtzeitigen Angriff des Bataillons Seine et Marne nicht unwesentlich unterstützt. Die Franktireurs der 2. Division unter Befehl des Kapitain Faure-Biguet, nachdem sie sich anfänglich gegen Buzanval gerichtet hatten, schwenkten rechts und unterhalb des Gehölzes, ebenfalls in nördlicher Richtung vordringend, trafen sie rechtzeitig ein, um in den heftigen Kampf, der um La Jonchère und Malmaison tobte, eingreifen zu können. Dasselbe geschah seitens einer aus 4 Geschützen und 4 Mitrailleusen kombinierten Batterie unter Befehl des Kommandanten de Miribel, der mit großer Unerschrockenheit bis in die vorderste Linie avancierte und die Aktion unserer Infanterie soutenierte.

„Die links in Reserve stehende Kolonne des Generals Martenot begnügte sich mit einer Diversion, die zunächst zu einer Besitzergreifung der Ferme la Fouilleuse und vorübergehend sogar zur Besetzung der Montretout-Schanze und der Garcher Höhen führte.

„Gegen 5 Uhr wurde, mit Rücksicht auf die hereinbrechende Dunkelheit, an alle engagiert gewesenen Truppenteile Befehl gegeben, in ihre Kantonnements zurückzukehren.

„Dies Ausfallgefecht gegen Malmaison," so schließt der Sarrepont'sche Bericht, „war das ernsthafteste, das wir bis dahin, im Umkreise von Paris, geführt hatten. Der vorgesetzte Zweck war erreicht; die vorgeschobensten Positionen des Feindes, den wir gezwungen hatten, beträchtliche Streitkräfte zu entwickeln und dem Feuer unsrer Artillerie sich auszusetzen, waren genommen worden. Dies mußte genügen. Die Affaire unsererseits weiter zu treiben, wäre möglich, aber schwerlich ersprießlich gewesen. Konnten wir wirklich glauben, mit 10000 Mann junger Soldaten die feindlichen Linien zu durchbrechen, und wie eine Lawine über das große Haupt-Quartier in Versailles hereinzustürzen? Ich meine, nein! Es mußte uns genügen, die Verwendbarkeit unsrer jungen Soldaten erkannt und dieselben für größere Unternehmungen vorbereitet, beziehungsweise ermutigt zu haben."

General Trochu erließ, wie herkömmlich, einen Tagesbefehl. Er lautete:

„Der Gouverneur beglückwünscht das XIV. Korps zu der Promptheit, mit der es gestern seine Märsche ausgeführt und seine Stellungen eingenommen, nicht minder zu der Entschlossenheit, mit der es angegriffen, drittens endlich zu der Ruhe und Ordnung, mit der es, rückkehrend, seine Quartiere wieder bezogen hat. Solche gut geleiteten und gut ausgeführten Operationen sind es, die eine Truppe für größere Unternehmungen vorbereiten. Eine besondere Anerkennung schulde ich der Artillerie, die kühn dem Feinde entgegenging, in einzelnen Fällen zu kühn. Vom gestrigen Tage an nimmt das XIV. Korps seinen Platz unter den besten Truppen der Armee der nationalen Verteidigung ein."

Der Tag von Malmaison fand übrigens noch ein trübes Nachspiel. Während des Kampfes war bemerkt worden, daß einige Bewohner von Bougival, von bedauerlicher Leidenschaft entflammt, zu den Gewehren gegriffen hatten, um sich nun an dem Gefechte zu beteiligen, indem sie auch aus den Häusern auf unsere schutzsuchenden Soldaten feuerten. Dreißig dieser Dorfbewohner wurden sofort dingfest gemacht und dann bei der 10. Division vor ein Kriegsgericht gestellt. Zwei von ihnen wurden dann kriegsrechtlich erschossen. „Gestern am 24. Oktober," so schreibt der englische Berichterstatter Russell in seinem Tagebuche, „war viel Trauer in dem sonst so lustigen Dorfe Bougival. Zwei Bauern wurden, nach Verurteilung durch ein Kriegsgericht, von einem Detachement des 46. Linien-Regiments erschossen. Als die Fahnen-Sektion dieses Regiments mit der Fahne selbst bei Beginn des Ausfalles vom 21. Bougival verließ, um sich mit dem Gros der Feldwache zu vereinigen und dann vereint mit dem Soutien die Offensive zu ergreifen, glaubten die Bauern des Ortes, die Preußen befänden sich auf vollem Rückzuge. Vorher kriechend-freundlich und zuvorkommend, kehrten sie urplötzlich ihre wahre Natur, den immensen Ingrimm, den Haß und den Groll hervor, welche sie gegen die fremden Eroberer empfanden. Ein Teil der Bauern ging sogar so weit, auf jenes sich zurückziehende Fahnen-Detachement von hinten zu schießen. Die feuernden Landleute hatten sich dazu in zwei einander gegenüberliegende Häuser versteckt. Die Truppen hörten keinen Knall, sahen aber plötzlich zwei der Ihren verwundet. Man hatte ersichtlich Windbüchsen zu dem Attentat verwendet. Kehrt machen und mit stürmender Hand in die beiden Häuser eindringen, aus denen notwendig die Schüsse gefallen sein mußten, war das Werk eines Augenblicks. Man fand hier 19 verschiedene Individuen, welche gefänglich eingezogen und am anderen Tage schon vor ein Kriegsgericht gestellt wurden. Zwei der Verhafteten verurteilte man zum Tode. Gestern, wie Eingangs hervorgehoben, wurde das Urteil an ihnen vollstreckt."

Dreizehntes Kapitel.

Versailles bis Ende Oktober. — Das Hauptquartier des Kronprinzen von Preußen trifft in Versailles ein. — Das Schloß in Versailles ist zum Hospitale umgewandelt worden. — Kronprinz Friedrich Wilhelm verteilt an die Offiziere eiserne Kreuze. — Einzug König Wilhelm's in Versailles. — Eine interessante Begegnung zwischen Graf Bismarck und William Russell, dem berühmten Berichterstatter der „Times". — Ein Brief von Ludwig Pietsch an die „Gartenlaube" über die Tage in Versailles während der Belagerung von Paris.

Ehe wir in der Beschreibung der Feindseligkeiten vor Paris fortfahren, die sich mit jedem Monate heftiger steigerten, je enger und unbequemer unser eiserner Gürtel die Eingeschlossenen bedrückte, — erscheint es angezeigt, erst einen Blick auf Versailles zu werfen und aus einzelnen Briefen und Tagebuchblättern ein Bild jener Stadt und des sich darin entfaltenden Lebens zu entrollen, in welcher während der kommenden Monate alle Fäden der Diplomatie zusammenliefen, wo sich außer den Hauptquartieren des Königs und des Kronprinzen von Preußen noch das General-Kommando des V. Korps befand und wo in nicht allzu ferner Zeit die Fürsten des geeinten Deutschlands sollten die deutsche Kaiserkrone auf das ehrwürdige Haupt des obersten Kriegsherrn der deutschen Heere setzen. Es sind farbenfrische und oft recht charakteristische Berichte, welche in jenen Tagen ihren Weg von Versailles weithin in die deutschen Lande und darüber hinaus nahmen. Wir geben nachstehend einige davon.

„Versailles, 20. September."

„Denkwürdiger Tag! Wir rückten heute in Versailles ein, über gefällte Stämme, frisch angelegte Gräben und aufgerissene Chausseesteine hinweg. So weit das Auge reichte, blinkende Bajonette und zu beiden Seiten der Straße Infanterie-Bataillone, die den Kronprinzen mit donnerndem Jubel begrüßten. Wohl mochte diesem und seinen Soldaten das Herz lauter schlagen in gerechtem Stolze. Diese Jubelrufe angesichts von Versailles waren nun die Antwort auf den Ruf „à Berlin". Mir war, als ritt ich im Traume. Vor mir lag eine Avenue alter Bäume, unter deren Schatten sich stattliche Häuser bargen. In Stein gehauen las ich: „Cavalerie de la Garde, Artillerie de la Garde," es waren die Wohnstätten der Legionen, die einst der Schrecken und die Herren von Europa gewesen. Als ich das letzte Mal diese Avenuen und ihre Kasernen sah (es war nach einer großen Heerschau, die der Kaiser über seine Garden gehalten hatte), da fragte mich ein Franzose: „Glauben Sie, Herr, daß es in der Welt noch ähnliche Soldaten giebt?" Ich antwortete ihm: „Wer weiß? Ich habe die Preußen bei Königgrätz gesehen." „Ah bas, les Prussiens"! war die Antwort und dabei lachte er mir fast ins Gesicht.

„Eine Biegung der Landstraße brachte uns jetzt bis vor das Thor der Stadt. Der Zollbeamte musterte uns, als ob er der deutschen Armee das pflichtschuldige Octroi abfordern wollte. Männer, Weiber und Kinder standen in Gruppen beisammen. Es fiel kein Schuß, es tönte kein Ruf, und die Versailler mochten sich nicht wenig wundern, den Kronprinzen und seinen Stab so schlicht und schmucklos einreiten zu sehen.

„Langsamen Schrittes bewegte sich der Zug vorwärts, der Präfektur entgegen. Dort stand eine Kompagnie mit der Kapelle eines Regimentes zum Empfange des Kronprinzen bereit, Gensdarmen und Jäger hielten die Zugänge frei und Ulanen bildeten von dem Ende der Rue des Chantiers, quer durch die Avenue de Paris, Spalier bis zur Präfektur. In der Avenue angelangt, warf der Kronprinz einen Blick zu seiner Linken nach dem Schlosse, von dessen Kuppel die weiße Fahne mit dem roten Kreuze wehte; die Infanterie präsentierte unter donnernden Lebehochs das Gewehr, die Trommeln wirbelten und es schmetterten die Trompeten; der Kronprinz ritt die Front der Ehren-Kompagnie ab und von da in den Hof der Präfektur hinein, woselbst er vom Pferde stieg und die Begrüßungen seines Stabes entgegennahm. Dann zog er sich in seine Gemächer zurück."

„Versailles, 26. September."

„Die ersten Tage hier vergingen mit Sicheinrichten, Spaziergehen und vor Allem mit Besichtigung des Schlosses. Letzteres ist zu einem großen

Hospitale umgestaltet. Als ich das erste Mal in dasselbe eintrat, lagen im „Saale der Marschälle" einige polnische Soldaten vom 28. und 59. Regiment. Marschall de Saxe blickte auf einen Bayer, der ein Auge eingebüßt hatte, Marschall Lannes schien einen jungen verwundeten Polen aufmerksam zu betrachten und Marschall Ney hielt Wache über einen Typhus-Kranken. Aus dem nahezu verödeten Garten kam der Kronprinz die Treppe heraufgestiegen, besuchte die Krankensäle von einem Ende derselben zum anderen und hatte für jeden Soldaten ein freundliches Wort. Hierauf besichtigte er die Kapelle und nach dieser die große Gallerie mit den Schlachtenbildern, in welcher der Herzog von Koburg nebst einigen Herren vom Stabe sich ihm anschlossen. Ein alter, fein aussehender Kastellan geleitete den Prinzen in tiefer Ergebenheit, aber ohne alle Servilität.

„Heute wurde die Einförmigkeit unseres Versailler Lebens durch eine erhebende Feierlichkeit unterbrochen: die Verteilung eiserner Kreuze durch den Kronprinzen an eine Anzahl verdienter Offiziere. Auf dem historisch berühmten Platze, den die Standbilder von Duguesclin, Bayard, Turenne, Condé, Masséna, Lannes, Mortier und anderer Helden des königlichen und republikanischen Frankreichs zieren, stand eine große Menge von Offizieren, ringsherum Truppen in Parade. Über sie hinweg ragte die Statue von Louis le Grand. Um 10 Uhr erschien der Kronprinz in Campagne-Uniform unter Begleitung seines Stabes, schritt geradeaus auf die Statue des französischen Königs zu und nahm auf der obersten Treppenstufe des Postamentes Stellung. Wie er dort stand, war gerade der Thorbogen mit der Inschrift „A toutes les Gloires de France" über seinem Haupte sichtbar. Zu seiner Rechten standen die Generale v. Blumenthal, v. Tümpling, v. Kirchbach, v. Voigt-Rhetz (nicht der Kommandierende des X. Korps, sondern der 18. Brigade des V. Korps) nebst anderen Offizieren; eine Stufe weiter abwärts die Herzöge von Koburg und Augustenburg, die Prinzen von Mecklenburg, Württemberg und Hohenzollern; zu seiner Linken wartete ein Dragoner-Offizier, der einen von Lorbeer eingefaßten, mit eisernen Kreuzen bedeckten Präsentierteller hielt. Trommelschlag und Trompetenschall eröffneten die Feier. Hierauf wurde jeder der Offiziere, dem die Ehre des Kreuzes zugedacht war, mit Namen aufgerufen, und an jeden derselben richtete der Prinz ein freundliches Wort und schüttelte ihm die Hand. Zum Schlusse zog er seinen Degen, hob ihn hoch in die Luft und forderte mit lauter Stimme auf, dem Könige drei Lebehochs zu bringen. Es war eine unbeschreibliche Scene. Und unbeschreiblich war auch der Jubelruf der Truppen. Selbst die armen verwundeten Burschen in den vergoldeten Gemäldesälen daneben erhoben sich, wie mir versichert wurde, von ihren Schmerzenslagern, um, ihr eigenes Leid vergessend, einzustimmen in den allgemeinen Jubel. Noch brachte ein General drei Lebehochs auf den Kronprinzen aus, und von neuem rollte der Donner der Stimmen durch den Schloßhof. Dann stieg der Kronprinz die Treppenstufen hinab, die Feier war vorüber."

„Versailles, 5. Oktober."

„Heute, am 5. Oktober, ist das große Haupt-Quartier, und mit ihm König Wilhelm selbst, von Ferrières aus hier eingetroffen. Es liegt etwas von weltgeschichtlichem Verhängnis darin, daß dieser Einzug gerade am heutigen Tage erfolgte. Am 5. Oktober abends im Jahre 1789 war es, als die tumultuarischen Volksmassen von Paris nach Versailles zogen vor das Schloß Ludwigs XVI., um am nächsten Tage den König und seine Gemahlin nach Paris zu entführen. Es war das Ende der alten Ordnung in Frankreich. Da, wo dieser lärmende Zug zum letzten Male vor seinem Einfall in die innern Räume des königlichen Palastes Halt machte, an der „Rue des Chantiers", an deren Endpunkt das Gebäude der National-Versammlung sich befand, an derselben Stelle harrten heute bei herenbrechendem Abend eine Anzahl deutscher Fürsten, etwa 300 Offiziere und einige Abteilungen der deutschen Armee, um ihrem obersten Feldherrn ein jubelndes Willkommen zuzurufen.

„Der Kronprinz war dem Könige, über Villeneuve St. Georges und die Schiffbrücke hinaus, noch eine Strecke Weges auf dem rechten Seine-Ufer mit seinem Stabe entgegengeeilt. Auf allen Wegen, die der König passieren mußte, empfingen ihn die Truppen mit begeisterten Zurufen. Die Bayern wetteiferten in der Herzlichkeit des Empfanges mit den Preußen. Der König fuhr zuerst nach Villeneuve le Roi, der Kronprinz zu Pferde neben seinem Wagen. Nachdem eine kurze Zeit gerastet und das Frühstück eingenommen, verließ der König den Wagen, machte den Ritt um die sämtlichen Biwaks und gelangte schließlich nach Chatenay, wo der Empfang von Seiten des Generals v. Hartmann stattfand. Von

Chatenay an wurde die Route bis Versailles wieder im Wagen zurückgelegt. Gegen 5 Uhr waren die Truppen von Versailles mit ihren Fahnen und Musik-Korps vor der Präfektur in der „Avenue de Paris" in Reihe und Glied geordnet. Am Platze standen die Infanterie-Regimenter 58 und 59, dann 4. Dragoner und Mannschaften von der Artillerie des V. Korps. Eine Abteilung Infanterie hielt die Straße von Paris für den übrigen Verkehr geschlossen; die Hauptmasse der Truppen aber stand auf dem breiten Fahrwege dieser Straße, in der Richtung gegen das Schloß und in der „Rue des Chantiers", die gegenüber von der Präfektur ausläuft. Die Truppen nahmen die Westseite ein, während die Ostseite frei blieb für das Publikum der Stadt, das sich zahlreich eingefunden hatte. Auch die in Versailles wohnenden Engländer stellten ein ansehnliches Kontingent zu der Zuschauermenge.

„Vor dem Gitter der Präfektur erwarteten die Offiziere vom Stabe der III. Armee, des V. Korps und der Kavallerie-Division die Ankunft des Königs. Den Vordergrund nahmen die deutschen Fürsten ein: der Herzog von Koburg, die Herzöge Eugen, Wilhelm und Maximilian von Württemberg, der Erbprinz von Hohenzollern, die Erbgroßherzöge von Weimar und Mecklenburg, der Herzog von Augustenburg; die Generale v. Kirchbach, v. Sandrart, v. Voigt-Rhetz, General-Lieutenant v. Herkt von der Artillerie des Ober-Kommando's der III. Armee und General Schulz vom Ingenieur-Korps, der württembergische General v. Baumbach, der württembergische Militärbevollmächtigte Oberst v. Faber du Faure, der bayerische Major Freyberg, der englische Oberst Walker u. s. w.

„Gegen halb 6 Uhr trafen die ersten Wagen vom Hofstaat ein. Der Bundeskanzler Graf v. Bismarck, der General Freiherr v. Moltke, der Kriegs-Minister v. Roon hatten Versailles schon im Laufe des Nachmittags erreicht. Um 6 Uhr signalisierte ein vorauf gesandtes Piquet Ulanen, von der Bedeckungs-Mannschaft des kronprinzlichen Hauptquartiers, die Annäherung des Zuges. Die Menge bewahrte während des Einzuges eine achtungsvolle Haltung; die lauten Hochs und Hurras, die von allen Truppenlinien dem Wagen des Königs immer um einige Hundert Schritt voraus entgegenschollen, verfehlten nicht, bei den Franzosen einen imponierenden Eindruck hervorzurufen. Der Kronprinz saß zur Linken seines Vaters.

Noch vor dem Gitter der Präfektur und ehe die Pferde still hielten, erhob sich der König, begrüßte die Offiziere und verließ demnächst, von der anstrengenden Fahrt (9 Meilen) augenscheinlich nicht im geringsten ermüdet, den Wagen. Er ging sodann an der Ehrenwache des 58. Regiments entlang, reichte dem Kommandanten von Versailles, General v. Voigt-Retz, und den übrigen Generalen die Hand und wandte sich an die Fürsten, die er einzeln begrüßte. Erst nach längerem Gespräch mit den bayerischen und preußischen Offizieren zog er sich in die Präfektur zurück, die er bereits nach 7 Uhr wieder verließ, um den Abend beim Kronprinzen im Kreise der Offiziere der III. Armee zuzubringen."

Eines der interessantesten Ereignisse während der Tage von Versailles war wohl die merkwürdige Unterredung, welche zwischen dem Grafen Bismarck und William Russell, dem berühmten Berichterstatter der „Times", am 10. und 11. Oktober stattfand und die damals lange noch das Gesprächsthema in den Kreisen von Versailles bildete. Es wird noch erinnerlich sein, daß Russell es war, welcher, auf die authentische Mitteilung des Kronprinzen Friedrich Wilhelm hin, seiner Zeit an die „Times" einen wahrheitsgetreuen Bericht über die Zusammenkunft König Wilhelms und des gefangenen französischen Kaisers im Schlößchen Bellevue bei Sedan lieferte. Vier Wochen später war durch alle Zeitungen ein Telegramm mit der Unterschrift Bismarcks gegangen, welches jenen Bericht als völlig unbegründet hinstellte. Russell, in seiner Ehre tief verletzt, beschloß persönlich bei dem eisernen Kanzler Genugthuung sich zu verschaffen. Über dieses Unternehmen finden wir nun Folgendes:

„Ich erkannte" — so schreibt Russell — „sofort die Schwierigkeit der Lage. Zwar war die Quelle, aus der ich geschöpft, die allerbeste, und hatte ich, was ich von ihr erfahren, beinahe auf der Stelle niedergeschrieben. Doch war es mir vollkommen klar, daß ich die bewußte hohe Person, meine Quelle, nicht in eine Kontroverse mit dem Kanzler hineinziehen dürfe. Nicht minder klar war mir's andrerseits, daß ich die Anschuldigung nicht auf mir sitzen lassen könne. Ich schnitt den Paragraphen heraus und eilte zur Wohnung des Grafen. Er aber war ausgegangen und niemand wollte wissen, um welche Stunde er heimkommen werde."

Herr von Keudell war an jenem Tage ebenfalls unsichtbar, aber der Zufall wollte, daß Russell dem Grafen nach einem Spazierritt im

Schloßhofe begegnete. Dort faßte er ihn und erbat sich für wenige Minuten Gehör.

„Was wünschen Sie?“ fragte der Kanzler.

„Ich muß eine Frage wegen eines Telegramms an Sie richten, welches ich eben durch Zufall gelesen, welches mit Ew. Excellenz Namen veröffentlicht wurde und besagt, daß mein Bericht über die Begegnung des Königs und des Kaisers der Franzosen nach der Schlacht von Sedan unbegründet sei.“

„Ich habe mein Leben lang meinen Namen unter kein Zeitungstelegramm gesetzt“ — lautete die Antwort.

„Aber hier steht er gedruckt,“ erwiderte Russell und zeigte den Ausschnitt aus dem „Standard“.

Nachdem der Graf das Dokument aufmerksam betrachtet, sagte er: „Von mir ist die Ermächtigung, dieses Telegramm abzufertigen, nicht ausgegangen. Ich hätte einen derartigen Ausdruck niemals auf einen von Ihnen geschriebenen Bericht angewendet, zum mindesten nicht, ohne Sie früher davon verständigt zu haben. Der Gebrauch meines Namens in dieser Mitteilung war faktisch ein unermächtigter.“

„Somit“ — entgegnete Russell — „darf ich auf Ermächtigung Ew. Excellenz nun wohl erklären, daß das der Reuter'schen Agentur übermittelte Telegramm ohne Ihr Wissen und ohne Ihre Genehmigung erschienen sei?“

Statt diese Frage zu bejahen, bemerkte Graf Bismarck in etwas gereiztem Tone: „Es ist zuweilen ungelegen, daß derartige Berichte veröffentlicht werden; Reserve thäte not.“

Als ihm darauf Russell vorstellte, daß der betreffende Bericht aus allerbester Quelle stamme, daß er ihm, anscheinend behufs Berichtigung irriger Darstellungen über denselben Gegenstand, anvertraut wurde, und es für ihn um seiner Ehre willen eine Lebensfrage sei, daß er das angebliche Dementi seiner Excellenz in seiner Excellenz Namen dementieren dürfe, gab Graf Bismarck wieder keine direkte Antwort, sondern sagte, um dem Gespräch eine andre Wendung zu geben, bloß: „Welche Stellung! Welche Attitüde! Sieht er nicht wie ein Pirat auf der Bühne aus?“ oder so etwas Ähnliches. Diese Bemerkung galt der Statue des großen Condé, an welcher der Weg eben vorüberführte.

Unser Doktor, dem in jenem Augenblicke die Attitüde Condé's und sämtlicher verstorbenen Helden Frankreichs überaus gleichgiltig war, ließ sich durch die Flankenbewegung des Kanzlers nicht irre machen und hämmerte abermals auf das fragliche Telegramm los. Worauf Graf Bismarck ihm wieder gereizt sagte: „Meine Aufmerksamkeit auf Ihr Telegramm, richtiger gesagt, auf dessen Übersetzung in deutschen Blättern wurde durch den König gelenkt, der es für unrichtig erklärte und den Wunsch aussprach, es berichtigt zu sehen. Ich meinerseits gab bloß im allgemeinen Instruktionen über eine bezüglich desselben zu machende Mitteilung. Ihr Name sollte darin nicht genannt werden und gewiß nicht der meinige, um die Richtigkeit Ihrer Darstellung in Abrede zu stellen."

Vergebens wies Russell abermals auf seine Quelle und erbat sich nochmals Erlaubnis, um das Dementi im Namen des Grafen zu dementieren. Dieser versprach ihm jedoch nur, weitere Erkundigungen über die Absendung des Telegramms einzuholen, und am nächsten Tage möge er zu ihm kommen, um das Resultat zu erfahren.

Damit schritt der Graf von dannen. Russell glaubte besonders schlau zu handeln, indem er sofort eine Depesche an die „Times" und an Reuter expedierte, um den wesentlichen Punkt der eben gehabten Unterredung mitzuteilen. Aber — weder „Times" noch Reuter sahen sie jemals wieder.

Am nächsten Tage sollte Russell noch ein anderes mauvais quart d'heure zu kosten bekommen. Pünktlich stellte er sich ein.

„Graf Bismarck" — so erzählt er — „sagte mir, daß er keine Gelegenheit gefunden habe, den König über die bewußte Depeschen-Angelegenheit zu befragen", und als ich auf die Absendung meines letzten Telegrammes (an Reuter und die „Times") anspielte, war er ersichtlich der Meinung, daß über diesen Gegenstand schon genug gesagt worden sei, und fing an in allgemeinen Ausdrücken von der notwendigen Diskretion zu sprechen, deren sich alle jene befleißigen sollten, die in die Nähe hoher Personen an Höfen und Heerlagern gebracht werden. Dabei erinnerte er mich, daß er es gewesen, der mir Zutritt zu dem Hauptquartier erwirkt, da mein Ruf, wie er zu bemerken die Güte hatte, so hoch stand, daß man mir wohl zutrauen durfte, keine militärischen oder politischen Geheimnisse zu verraten; trotzdem sei ich nicht vorsichtig genug gewesen."

28*

„Ich bemerkte hierauf, daß der Gegenstand, auf den er hinzudeuten scheine, wohlbekannt sei, daß Berichte über die Begegnung der beiden Monarchen aus denselben Quellen auch in andere Blätter übergegangen seien, und das, was ich mitgeteilt, von noch Andern wiederholt worden sei. Ich erwähnte dabei ganz besonders Einen Namen. Die Nennung dieses Namens versetzte den Grafen in entschieden böse Laune. Mit der Hand auf den Tisch schlagend, rief er: „Ich will ein derartiges Auditorium — fortschaffen lassen!" Und als ich ihn hierauf erinnerte, daß er bei verschiedenen Gelegenheiten über die wichtigsten Gegenstände mit größter Offenheit zu mir gesprochen, ohne daß ich aus seinen Mitteilungen Kapital geschlagen oder mich ihm sonst aufgedrängt hätte, bedeutete er mich mit ziemlicher Gereiztheit folgendermaßen: „Wenn ich zu Ihnen spreche, dann weiß ich, daß es Ihr Geschäft ist, der Welt mitzuteilen, was ich Ihnen gesagt habe, und danach richte ich mich ein. Mich kümmert es nicht, wenn Sie jedes Wort, das ich zu Ihnen geredet, veröffentlichen. Aber wenn solche —, wie dieser und jener (dabei nannte er mit großem Nachdrucke Namen) zu Ihnen reden, sollten Sie besser wissen, was Sie zu thun haben."

„Und was" — entgegnete hierauf der Abgekanzelte dem Kanzler — „würden Sie von mir denken, wenn ich auch das veröffentlichen wollte, was Sie eben jetzt gegen mich geäußert?"

Diese Bemerkung oder Frage war, wie Russell selber eingesteht, keine glücklich gewählte, „aber" — so fügt er im Gefühl seiner Unschuld und peinlichen Lage hinzu — „es war doch gar zu hart, bedeutet zu werden, daß ein beleidigendes Communiqué ohne Ermächtigung veröffentlicht worden sei, und trotzdem keine Zeile offiziellen Widerrufes von dem Einen erlangen zu können, der sie allein zu geben im Stande war."

Graf Bismarck machte dem grausigen Wortwechsel ein Ende mit den Worten: „Meine Minuten sind kostbar. Ich habe Ihnen mehr Zeit gewidmet, als ich Gesandten und selbst gekrönten Häuptern widme."

Der Wink war zu deutlich, als daß er hätte mißverstanden werden können. Russell hatte nun selber erfahren, daß der Liebenswürdige zu Zeiten auch schrecklich sein könne, und empfahl sich zu Gnaden. Herr v. Keudell hatte der ganzen Explosion starr wie eine Salzsäule beigewohnt.

Es mag schwer sein, gegenüber dieser Sachlage feste Stellung zu nehmen, zu entscheiden, wie weit einem Kriegskorrespondenten das Recht zusteht, auf Wiederherstellung seiner öffentlich gekränkten Ehre zu bestehen, oder aber unter Zurücksetzung der eigenen Person sich den höheren und gewichtigeren Gesetzen der Politik zu unterwerfen. —

Zum Schluß möge hier noch, das Leben und Treiben in Versailles während der Belagerung charakteristisch zu schildern, ein Brief folgen, den Ludwig Pietsch an die „Gartenlaube" damals richtete und der in seiner Farbenfrische und Anschaulichkeit uns mitten hinein in jene merkwürdigen Tage versetzt.

„Eine Belagerung, wie die von Paris, hat die Welt noch nicht gesehen, und auch keine Festung wie diese. Der Kreis, der sie umspannen will, muß zwölf Meilen in seiner Ausdehnung haben. Denn noch weit hinaus vor die riesige Enceinte (Festungsgürtel) schieben sich die mächtigen Forts, die es, zunächst in etwas respektvoller Entfernung, mit einzuschließen gilt. Einer solchen Feste mit vorschriftsmäßigen Belagerungsarbeiten, mit ersten, zweiten und dritten Parallelen, die durch Tranchéeen verbunden sind, beizukommen, erscheint, zumal angesichts des außerordentlich wechselvollen hügeligen und waldigen Terrains ihrer Umgebung, als eine Unmöglichkeit. Man mußte sich deshalb zunächst auf die Cernierung und auf die Herstellung gewisser durch ihre Lage die Umgebung beherrschender Schanzen für die Aufnahme schweren Geschützes beschränken, von welchen aus etwa ein paar Forts mit Wirkung beschossen werden können, um somit nötigenfalls den langsamen Effekt der vollständigen Ein- und Abschließung beschleunigen zu helfen. Hand in Hand mit den Arbeiten zur Herstellung solcher etwaigen Angriffspositionen mußten die nicht minder wichtigen gehen, deren Zweck es war, möglichst starke Verteidigungslinien für die einschließende Armee zu schaffen, um derselben verdoppelte Sicherung gegen Ausfälle und Überraschungen zu gewähren, wie sie dieselben bereits so vielfach zu bestehen gehabt hatte.

„Um ganz Paris zieht sich bekanntlich ein Kreis von Ortschaften, die man nicht eigentlich Städte oder Dörfer in unserm Sinne, sondern Villenstädtchen nennen kann. Sie setzen die Reihe der eleganten Landhäuser und Schlösser fast ununterbrochen fort, welche vor der Enceinte der Stadt beginnen, und ziehen sich hier an der Südwestseite bis in die Nähe von Versailles hin. Geschlossenere Ortschaften, wie Bougival, Marne, Sceaux, Sèvres, St. Cloud, Meudon, Montretout u. s. w., bilden eine Art von

Kern. Aber deren von zusammenhängenden Wohnhäusern gebildete Gassen gehen allseitig über in eine zwischen reizende Gärten und weite Parks lustig und willkürlich gleichsam verstreute Villengruppe.

„Das überall von reicher Vegetation, von herrlichem Baumwuchs bedeckte Hügelland mit seinen weiten Fernsichten über den vielgekrümmten Seinespiegel und über das pittoreske Häusermeer der ungeheuren Stadt mit ihren schimmernden Kuppeln und ragenden Türmen bietet das glücklichste Terrain für solche Anlagen. Dort findet der zu einem Rentenbesitz, dem ersehnten Ziel all' seines Arbeitens und Kargens, gelangte, wie der von Haus aus zur günstiger situirten Minderheit gehörige Franzose alles vereinigt, was für ihn zum wahren Lebensgenuß gehört: trauliches Behagen in seinen vier Pfählen, inmitten einer mit Kunst und Geschmack benutzten, anmutigen Natur, ländliche Stille, reine Luft und doch gleichzeitig im steten Anblick des nahen Paris das für ihn so erhebende, so erquickende Bewußtsein, in jedem Augenblick durch eine kurze Eisenbahn- oder Omnibusfahrt in den Qualm und Lärm und Glanz wieder untertauchen zu können, welcher dort aufsteigt.

„Wenn es, wie die „Gartenlaube" neulich in so beherzigenswerter Weise hervorhob, für eine Festung schlimm ist, reiches bürgerliches Behagen und Denkmale hoher Kunst in ihren Wällen einzuschließen, so ist es ebenso schlimm für letztere beide, wie ein prangender Gürtel die Mauern und Forts der Feste zu umhegen. Erbarmungslos fallen sie der zwingenden Notwendigkeit zum Opfer, wenn die Stunde der Belagerung kommt. Einen Teil vernichtet die Axt und vernichten die Geschosse der Verteidiger, den andern zerstören noch gründlicher und sicherer die unvermeidlichen Arbeiten der Angreifer.

„Jene Umgebung von Paris hat es zu erfahren, seit drei Monaten!

„Aus eigener Anschauung kenne ich nur einen Teil der betreffenden Arbeiten an der Süd- und Südwestseite von Paris, auf jener Linie, die sich von den Stellungen des sechsten Korps und der Bayern im Osten bei Villeneuve und Chatenay gegen Villejuif zur großen Schanze von Clamart (de la Tour à Moulde), Meudon, Sèvres, St. Cloud, Montretout gegen Bougival und St. Germain en Laye hinzieht. Besonders das Gebiet von St. Cloud mit der damit eng verbundenen Villenstadt Ville d'Avray und Marne war wiederholt das Ziel meiner Besuche und mein Aufenthalt während so mancher interessanten Tage, die mir ebenso durch die Gegenstände, welche sich meiner Beobachtung zeigten, als durch die echte Liebenswürdigkeit der dorthin kommandierten gastfreien Offiziere zu lieben und unvergeßlichen geworden sind.

„Gerade diese Partieen des großen Belagerungskreises haben eine besonders wichtige Bedeutung und die darin Thätigen eine besonders schwierige Stellung durch die Nähe des mächtigsten und gefährlichsten aller Pariser Forts, des viel genannten Mont Valérien, welchen unsere Soldaten den „Onkel Baldrian" zu nennen lieben. Es ist das jene weithin herrschende, mit ungemein starren Werken und Kasernenbauten gekrönte Höhe im Westen von Paris, welche für das Bois de Boulogne und sein zierliches Landschaftsbild einen so ernsten großartigen Hintergrund bildete, und an deren Fuß unmittelbar die Eisenbahn nach Versailles vorbeiführt.

„Die wirksame Ergänzung der oben erwähnten Verteidigungsbauten bildet das bei Boulogne angelegte französische Werk, wie andererseits weiter östlich das detachierte Fort von Issy. Im Nordwest dieser interessanten Nachbarschaft erhebt sich über dem Plateau de Closeaux jener Hügelrücken, über welchen sich weithin der prächtige, waldähnliche Park von St. Cloud ausdehnt — mit dem berühmten französischen Herrscherschloß, das er umhegt, mit der hübschen Stadt, die sich von ihm am Abhang bis zur Seine herniederzieht, sonst einer der beliebtesten Zielpunkte der Pariser Spazierfahrten und Landpartieen.

„Es war bekanntlich am 17. September, nach dem ersten Gefecht, noch vor Paris bei Valentin und Breteil, als das bei Weißenburg, Wörth und Sedan bereits durch seine glänzende Tapferkeit so ausgezeichnete Bataillon des preußischen achtundfünfzigsten Regiments, unter dem ritterlichen Hauptmann Wernecke, den Feind in aufgelöster Flucht bis unter die Wälle des damals noch gänzlich unarmierten Forts Charenton trieb. Es wäre in Paris selbst eingedrungen, wenn es, statt der strikten Ordre umzukehren, die nötige Unterstützung durch das nächste Armeekorps empfangen hätte. Schon damals besetzte dasselbe Regiment den Park und die nächsten Umgebungen von St. Cloud, und jener tapfere Offizier empfing den Schlüssel des Schlosses. Der denkwürdigen Geschichte dieses französischen Herrschersitzes hatten die dem Kriege zunächst vorangegangenen und die dessen Erklärung zunächst gefolgten Wochen noch manches interessante Kapitel hinzugefügt.

Dort war vom Kaiser das schicksalvolle Dokument unterzeichnet worden, das die Furien des Verderbens entfesselte. Dort hatte die Kaiserin-Regentin noch eine Zeit lang, mit dem Schatten der Macht bekleidet, Hof gehalten und den abwesenden Gemahl repräsentiert. Militärisch war die Position, des nahen Mont Valérien halber, schwer haltbar. Man gab sie daher zunächst auf und zog die Truppen aus dem Park und Schloß zurück. Und doch erkannte man ihre Wiederbesetzung bald als eine Notwendigkeit. Ende September wurde der Park neuerdings in Besitz genommen, nicht ohne Verluste der preußischen Truppen, welche ihrerseits leider genötigt waren, die am Endpunkte der prächtigen Alleeen befindliche und von den Franzosen als Zielpunkt benutzte hochragende „Laterne des Diogenes“ in die Luft zu sprengen.

„Wollten die Franzosen dafür Rache üben? Am 13. Oktober schüttete der Mont Valérien auf das wenig besetzte und an sich strategisch wenig wichtige Schloß St. Cloud jenen Regen von Brandgranaten, der den schönen Prachtbau in Flammen setzte und es gleichzeitig den zur Bergung und Rettung der unersetzlichen Kunstschätze, Bibliotheken und Denkwürdigkeiten unerschrocken thätigen preußischen Jägern unmöglich machte, ihr Rettungswerk ganz durchzuführen.

„Seitdem ist das prächtige Lustschloß so vieler Herrscher Frankreichs eine traurige Brandruine; statt durch hohe Spiegelscheiben in schimmernde kunstgeschmückte Säle scheint der Tag durch leere ausgebrannte Fensterhöhlen auf ein Chaos von Trümmern, verkohlten Balken, verbogenen Eisen; und was der Bau enthielt, liegt teils darunter zerschmettert, teils ging es draußen in langen Regentagen zu Grunde, teils ist es in alle Welt zerstreut; nur Weniges im Verhältnis hat durch die Vorsorge des Höchstkommandierenden der deutschen Heere gesichert und erhalten werden können. Mit so viel schönen und bedeutenden Dingen ging denn auch ein mehr zierlich spaßhaftes zu Grunde: der große Spielplatz des „Kindes von Frankreich“, der sich zur Linken des Schlosses auf einem freien, höher gelegenen, von hohen Bäumen umgebenen Platze noch heute in geringen Resten erkennen läßt. Das Niedlichste darauf war eine in Form einer großen Acht gebildete und somit überall in sich selbst zurückkehrende Miniatur-Eisenbahn, mit allem Zubehör getreulichst ausgeführt, mit Waggons, heizbaren Lokomotiven, Bahnhöfen, Weichenstellung, Signaltelegraphen, mit hübschen

Viadukten über Thäler und Tunneln, sicher ein so vergnügliches als lehrreiches Spielwerk für einen vierzehnjährigen Burschen.

„Seitdem aber sowohl die Pracht als das Spiel hier auf diesem Gebiet ihr Ende gefunden haben, hat die harte kriegerische Arbeit darauf um so ernster und energischer begonnen. Der ganze weite Park mit den zunächst an seine Umfassungsmauern angrenzenden Ortschaften, mit den Eisenstraßen und Chausseeen, die ihn teils durchschneiden, teils berühren, den Gebäuden, die er enthält, ist in diesem Augenblick nur noch Material, aus welchem die unsere Verteidigungs- und Belagerungsarbeiten leitende Militärbehörde die ihr notwendig und geeignet erscheinenden Werke formt. Unter den mancherlei Unbequemlichkeiten, welche diese Thätigkeit erschweren, sind die bei Tag und Nacht nie ganz ausbleibenden Granatwürfe die störendsten. Aber auch gegen diese sind die soldatischen Arbeiter bereits ziemlich abgestumpft. Ihr Hauptärger ist nur, daß denen, die jene schleudern, noch immer nicht (hoffentlich jetzt bald!) mit gleicher Münze heimgezahlt werden soll. Wie stark aber auch die Macht der Gewohnheit sei, der Wachtdienst auf den Vorposten ist darum doch immer ein in hohem Grade nervös aufregender für Offiziere wie Soldaten. Die bereits vom Anfange des Feldzugs her datierenden freundschaftlichen Beziehungen zu einigen der hierher Kommandierten und hier Kommandierenden erschließt mir manches Gitterthor und manche Straße, die für den profanen, den nichtsoldatischen „Kriegsbummler" sonst ziemlich streng verschlossen bleiben. Wenn Ihre Leser mir dorthin folgen, werden sie jenes eigentümlich Aufregende dieser Art von Dienst sehr begreiflich finden und Gattungen von architektonischer und landschaftsgärtnerischer Kunstthätigkeit kennen lernen, die schwerlich ihres gleichen haben.

„Von Ville d'Avray aus, nahe vor der großen Bogenüberwölbung seiner Hauptstraße durch die Eisenbahn Paris-Versailles, führt ein ziemlich steil angehender Weg zwischen Villen und niedrigen Gartenmäuerchen zum östlichen Seitenthore des Parks von St. Cloud. Wer allein mit seinem Passierscheine ausgerüstet den Eintritt zu erhalten hoffte, würde diese Hoffnung sicher an der Unerbittlichkeit des Wachtpostens scheitern sehen. Hier hilft nur die persönliche Begleitung eines gastlichen Offiziers, wie unseres verehrten unermüdlichen Freundes Lieutenant Bringer vom ersten Bataillon achtundfünfzigsten Regiments, die mir glücklicherweise nicht gefehlt hat; wie denn durchweg diese Herren dort auf Vorposten gegen ihre wißbegierigen Gäste eine liebenswürdige Aufmerksamkeit und Bereitwilligkeit, gute und unschätzbare Dienste zu leisten, an den Tag legen, die nicht hoch genug anzuerkennen sind.

„Nach kurzem Gange durch die nächsten Alleeen gelangten wir an den weiten freien Platz, den „Stern.“ Nach allen Seiten hin gehen breite Avenüen von ihm aus. Militärische Arbeiterkolonieen sind hier mit Axt, Hacke und Spaten beschäftigt, einen großen, quer durch den ganzen nordwestlichen Teil des Parkes gehenden Verhau anzulegen, breiten Graben und Wall, Deckungen für Infanterie und Positionen für Feldgeschütz, eine dritte Verteidigungslinie gleichsam, deren Feuer jenes jener breiten Alleeen beherrscht und dem ausfallenden Feinde, der etwa die beiden vorliegenden überwunden haben sollte, das weitere Vordringen sehr verleiden würde. Erde, Rasen, Sandsäcke und besonders Gesträuch und Bäume des Waldes selbst geben die Baumaterialien, und Pioniere und Linien-Infanterie wetteifern im Geschick und in der Schnelligkeit ihres Herbeischaffens und in der Herstellung dieser Arbeiten. — Um von hier aus nach dem Platze der „Laterne“ vorzugehen, thut man immer gut, nicht gerade in der freien breiten Straße zu spazieren, sondern lieber „zu wandeln unter den Bäumen.“ Sie haben drüben zur Linken auf dem Mont Valérien merkwürdig scharfe Augen und sind mit Pulver und Granaten in der kolossalen Art der Fünfundvierzig- und Fünfundsiebenzigpfünder so unerlaubt verschwenderisch, daß sie nicht zögern, auch den harmlosen einzelnen Spaziergänger mit deren Sendungen zu beehren. Freilich ist auch das Dickicht nur ein mehr eingebildeter Schutz, denn überall zeigen sich im Moosboden dort die „Trichter,“ welche früher eingeschlagene und im Boden krepierte Geschosse zurückließen, zersplitterte Stämme, ja auch wohl verstreute einzelne Exemplare dieser eisernen „Zuckerhüte“ selbst noch unkrepiert auf der dürren Laubdecke.

„Diese kritische Stellung darf natürlich unsre Pioniere nicht stören und nicht verdrießen, welche gerade hier etwas weiter vor gegen den Abhang und unterhalb die große feste Batterie zu vollenden im Begriff sind, die, mit schwerem Geschütz armiert, in dem vielleicht doch noch bevorstehenden großen Konzert der Beschießung von Paris eine sehr wichtige Rolle zu spielen haben wird. Wenn auch im allgemeinen die Resultate dieser französischen Schießübungen hier kaum die teuern Kosten derselben wert sind, so müssen die Unsern doch zugestehen, daß die zwei Monate der Belagerung der artilleristischen Ausbildung der Pariser Besatzung sehr zu gute gekommen und daß entschiedene Fortschritte in ihren Leistungen gegen früher bemerkbar geworden sind.

„Weiter hinaus, dort unten links am bewaldeten Abhange, schimmern die Waffen der da postierten „Feldwachen“ zwischen den Stämmen herauf. Tiefer, gerade vor uns, die Seine. Durch das rasselnde dürre Laub am weichen Waldboden steigen wir hinab bis zum ersten Absatz, den eine breite Allee, dem Flusse ziemlich parallel, hier auf der Hälfte des Hanges bildet. In dieser Allee ist die Wahl der beschleunigten Gangart und das wiederholte „Deckung suchen“ hinter den Stämmen der Eichen jedem nicht lebensmüden Spaziergänger sehr anzuraten. Gerade von hier aus liegt ziemlich nah und deutlich da unten vor uns die gesprengte Seinebrücke, und in den ersten Häusern von Boulogne drüben hart am jenseitigen Ufer und an der Landstraße nach Paris sind an den Fenstern und draußen an den Gartenmauern die französischen Schützen permanent im Anschlage. Unsere Feldwachtposten diesseits mögen ihrerseits auch der Lust nicht widerstehen, den Grad ihrer Schieß- und Trefffähigkeit an ihren Vis-à-vis praktisch zu erproben. Die Folge ist ein nie ganz schweigendes, unregelmäßiges Flintengeknatter von beiden Ufern. Wird aber hier oben ein Kopf oder Leib, gleichviel ob uniformiert oder nicht, sichtbar, so spürt der Besitzer desselben sehr bald an dem unheimlich nahen Zwitschern der Chassepotkugeln und ihrem klatschenden Einschlagen in die Bergwand, daß jene Läufe drüben eine bedenkliche Richtung nach seinem eigenen höheren Standpunkt erhalten haben.

„Wir nähern uns nun dem schönen Schloß St. Cloud selbst mittelst einer Art von Springprozession von einem deckenden Stamm zum andern. Die auf seine vernichtete Façade führende Allee ist in einiger Entfernung vom Schlosse durch ein Gatterthor abgeschlossen. Im Wachtlokale haben sich, in einem Zimmer die Gemeinen, im andern die Offiziere des Postens ein soviel als möglich behagliches Dasein geschaffen. Was seine Einrichtung in Bezug auf Einheit des Stils und Geschmacks vermissen läßt, wird wieder durch die Kostbarkeiten mancher Einzelheiten ersetzt. Die Fauteuils und Sessel haben noch immer etwas von dem Glanz ihrer

29*

einstigen Bestimmung bewahrt, und man speist von Sèvresporzellan, welches mit dem kaiserlichen N. mit der Krone darüber gestempelt ist, und trinkt aus Tassen und Gläsern, welche dieselbe Erinnerung an den ehemaligen Lenker der europäischen Geschicke tragen.

„Wie traurig und unwohnlich das verbrannte Schloß dort drüben auch gegenwärtig sein und erscheinen möge — eine nicht zu unterschätzende Wohnstätte haben Granaten und Flammen dennoch auch heute noch in seinem verwüsteten Innern zurückgelassen. Freilich nur im Keller. Man hat wunderliche, finstere, vielverschlungene Gänge zwischen seinen Grundmauern zu gehen, um dort in jenen gewölbten und, Dank seiner Lage und Bauart, ziemlich bombensichern Raum zu gelangen, in welchem die dorthin kommandierten Offiziere sich gar nicht unbehaglich einzunisten verstanden haben. An Matratzen und wollenen Decken zum Nachtlager ist kein Mangel. Die „Liebesgaben", die Postpackete aus der Heimat und die gefundenen Schätze aus der Nachbarschaft lassen Speisekammer und Weinkeller nie ganz leer werden; und so wird es nicht allzu schwer, hier gute Miene zum bösen Spiel zu machen und sich dieses unterirdische bombensichere Dasein mit guten Kameraden ein paar Tage lang gefallen zu lassen.

„Neben „Lulu's Spielplatz" dient eine Reihe von Zelten den Musketieren dieses Postens zum Wohnsitz; ein anderer Posten liegt in einem benachbarten, historisch besonders denkwürdigen Raume, dem Orangeriehause, dem klassischen Lokale des 18. Brumaire und des Staatsstreichs des ersten Napoleon. Von den Einrichtungen für die damaligen Sessionen des Rats der Fünfhundert blieb natürlich längst keine Spur. Der weite Raum zeigt eben nur noch kahle weiße Mauern und hohe kleinrautige Fenster nach dem Park zu. Die alten mächtigen Orangenbäume in ihren grünangestrichenen großen Holzkübeln stehen oder standen vielmehr noch vom Sommer her vor der Pforte. Da das Holz dieser Kübel zum Brennen und besonders zum Feueranmachen sehr geeignet ist und beim Zerspalten jedenfalls viel weniger Mühe verursacht, als das harte und zähe der Eichenstämme draußen im Park selbst, so haben sich natürlich die kriegerischen Bewohner dieses Hauses nicht besonnen, von solchen Vorteilen Nutzen zu ziehen. Daß die alten Orangenbäume, darüber jämmerlich verdorrt, an die Erde zu liegen kommen, ist eben schwer zu vermeiden.

„Drinnen in den ungeheuren kahlen Saal hatte man am Tage des

Schloßbrandes und den nächstfolgenden alles bunt durch einander hineingeflüchtet und gerettet, was man zuerst dem Feuer und dann dem Regen draußen zu entreißen vermochte. Aber es blieb noch eine bedeutende Menge prächtiger Möbel hier zurück: Pianinos, Stutzuhren, Tische mit Bronzebeschlägen, vor allem aber köstliche Divans, Chaiselongues, Armstühle und Sessel. Rote Sammet-, reiche Gobelin-, lichte, mit reizenden Bouquets gestickte Atlasbezüge, vergoldete oder geschnitzte, graziös geschweifte Beine und Lehnen Louis XV., klassisch geradlinige Louis XVI., — überall eine Eleganz und Pracht, die unsern Schlesiern und Posenern aber nicht im mindesten imponiert und sie keinen Augenblick abhält, von der in diesen elastischen weichen Polstern gewährten Bequemlichkeit den ausgedehntesten Gebrauch zu machen. Auf dem Fliesenboden sind die Feuerherde mit ein paar Steinen schnell und leicht konstruiert, das Kochgeschirr liefert der eigene Tornister, das Tafelgeschirr der anscheinend an Unerschöpflichkeit den hiesigen Weinadern gleichkommende Bestand edler und köstlicher Porzellane und Fayencen. Für den Abzug des Qualms sorgen zersplitterte Scheiben und Thüren zur Genüge. Das giebt dann Genrebilder so voller Charakter, und zumal, wenn die helle Morgensonne auf Bronze, Atlas, Sammet, Vergoldung und Fliesen blitzt, so voller brillanter Farbenwirkungen, daß man ihnen nur einen Meyssonnier zum Darsteller wünschen möchte. Ein paar dieser derben Burschen schüren das Feuer, rühren den Erbswurstbrei; andere spalten das Holz, die Flamme zu nähren; einer sucht nach Melodieen auf dem gänzlich verstimmten kostbaren Piano aus Ebenholz, und jener dort liegt mit vorgestreckten und bis zum Schenkel mit Lehmkot bedeckten Beinen im weißen Atlasfauteuil und studiert die gestern endlich von der Feldpost an ihn gelangte alte Nummer der lieben, über alles willkommenen „Gartenlaube". Draußen knarren schwere Räder durch den fetten, kotigen, ausgefahrenen Parkweg. Es sind dies die massiven, flachen, niedrigen Wagen, welche sonst zum Transport jener riesigen Orangenbäume in ihren Kübeln gedient haben. Jetzt führen sie eine andere Last von einem Teil des Parks zum andern: gewaltige Eichenstämme von hundertjährigem Alter, die man in jenen Alleeen und Dickichten gefällt hat, und die nun von sechs davor gespannten starken Pferden unter reitender Artilleristen Begleitung und Aufsicht dorthin gefahren werden, wo man ihrer zu den Arbeiten an den Batterieen und Verschanzungen bedarf.

„Sie spielen eine wichtige Rolle in dieser Art von militärischer Baukunst. Hier nicht weit hinter dem Orangeriehaus zieht sich die lange, etwa sieben bis acht Fuß hohe Mauer des Parks von St. Cloud in unabsehbarer Ausdehnung hin. Die Pforte, die dort gerade hinaus zum unmittelbar daran grenzenden Villenstädtchen Montretout führt, ist das sogenannte Grille d'Orléans. Montretout geht in das hart an der Seine gelegene Städtchen St. Cloud fast ohne Abgrenzung über. Beide, bis vor nicht langer Zeit in des Feinden Händen, waren für diesen sehr gelegene Ausgangspunkte für Ausfälle zur Störung unserer Arbeiten und Posten, und zur Vertreibung der letzteren. Seit dem großen blutigen Ausfall gegen hier und Bougival am 21. Oktober sind unsere Pioniere daher aufs eifrigste thätig gewesen, diese Mauer und das diesseits und jenseits angrenzende Terrain nach allen Regeln der Ingenieurkunst zu befestigen und den Gegnern den Winteraufenthalt dort in jenen Ortschaften so unerträglich als möglich zu machen. Das beste Mittel zuletzt zum Zweck war jedenfalls die Vernichtung der Gebäude selbst, hinter und in denen sich seine Schützen einnisten und decken konnten. Und solch ein Werk besorgt das Feuer bekanntlich besser und geräuschloser, als jedes Geschoß. Jede Villa selbst liefert das geeignetste Material zu ihrer Selbstverzehrung. Wohl ausgetrocknete Pianinos, alte Kunstmöbel und minder moderne Seiden- und Sammetfauteuils, zumal mit einem etwas freigebigen Beisatz von Petroleum, empfehlen sich in dieser Hinsicht als das Zweckentsprechendste. So von kleinen Anfängen ausgehend, ist man denn von Stufe zu Stufe weiter vorgerückt, und hat bereits eine ganz hübsch ausgedehnte Ruinenstadt im Umkreis des Parks geschaffen, an deren Vollendung die französischen Granaten, statt sie zu verhindern, auch ihrerseits nicht unwirksam mitgearbeitet haben. Wenn nun auch nicht mehr der Feind, so können doch dafür unsere vorgeschobenen detachierten Unteroffizierposten dort Stellung und Deckung finden; letztere ist dort gegen Seine und Mont Valérien gleich wünschenswert.

„Für den kaum wahrscheinlichen Fall, daß der Feind, diese Posten zurückwerfend, und das Feuer unserer „Montretout-Schanze" aushaltend, dennoch gegen den Park vordringen sollte, dürfte er in dessen Nähe sich noch auf manche Überraschung gefaßt machen, und seinen Weg gewiß nicht mit Rosen bestreut finden. Es giebt außer den kaum sichtbaren, jeden Fuß unentrinnbar zum Straucheln zwingenden Fallen, welche dort den Boden überspinnen, für solche Anlässe besonders zwei Gattungen von sinnreichen Veranstaltungen. Bei der einen derselben, von mehr idealer Natur, beabsichtigt man hauptsächlich einen moralischen Effekt: sie nennt sich die „Flattermine“; bei der andern den derbsten physischen Effekt: die „Steinmine“. Auch der Tapferste wird im stürmischen Vordringen für einige Momente lang stutzen, wenn er plötzlich nahe vor sich den Boden bersten und Flammen speien sieht. Das allein und die dadurch gewonnene kurze Frist bezweckt und erreicht die erste Gattung. Die zweite aber sprengt, schleudert, zerschmettert auffliegend mit ihrer fürchterlichen Füllung alles, was sich ihr naht.

„Das Ausgangsthor der Parkmauer ist hier, wie anderwärts, heute ein sogenannter „Tambour“, dessen Wände aus dicken festen Eichenstämmen aufgerichtet und als Dach mit ebensolchen gedeckt sind, deren Lage durch darauf gehäufte Erde und Rasen eine selbst für schwere Geschosse fast undurchdringliche Dichte und Festigkeit erhalten hat. Solche Bedachung ist es denn auch, die dem großen „bombensicheren Gang“ seine Schutz- und Widerstandskraft giebt, welchen man eben jetzt nahe der Mauer, innerhalb ihres Umkreises herzustellen beschäftigt war. In schrägem Winkel gegen dieselbe gerichtet, ist er tief und weit genug in die Erde gewühlt, um nötigenfalls fast einer ganzen Kompagnie gesicherten, wenn auch etwas unbequemen Aufenthalt zu gewähren. Wände, Dachwölbung, Eingangspforte zu seiner Höhle sind Meisterstücke solider Architektur aus dicken, eisenfesten Stämmen und Erde. Auch während des Arbeitens daran ist der noch unfertige oft genug den abwechselnd dazu kommandierten Pionieren und Infanteristen ein sehr willkommener Zufluchtsort. Wenn sie auch an dieser Stelle nicht direkt mehr von feindlichen Posten gesehen werden können, so wissen die Leiter der französischen Batterieen doch die allgemeine Lage, wo unsere Hauptarbeiten vorgenommen werden, gut genug, um nach deren Richtung hin ihre Granaten aus den weit tragenden Geschützen werfen zu können. Von Zeit zu Zeit erdröhnt von fern her der laut hallende Krach des Schusses, dem das eigentümlich zischende und schmetternde Heulen des die Luft durchschneidenden Projektils folgt. Für besorgtere Herzen, wie sie auch wohl unter der Uniform schlagen, ist das genügend, schleuniges Hineinspringen in die bombenfeste Pforte zu veranlassen. Die Mehrzahl der durch lange Gewohnheit Abgehärteten und einsichtig Gewordenen erkennt aus der

Art des Knalls sicher den Ort, von wo er ausging, und ebenso aus der zischenden Flugbahn das Ziel, für das der jedesmalige „Zuckerhut“ bestimmt ist. Spaten oder Hacke ruht wohl einen Moment lang in der Hand, die eben zum Hiebe oder Stoße damit ausholte. „Geht nach Sèvres-Schanze“, „geht nach Montretout-Schanze“, „für Batterie bestimmt“, „ist vom Onkel“, „ist Kanonenboot“ ruft, je nachdem, einer dem andern das Resultat seiner Prüfung zu; das laute scharfe „Pang“ der platzenden Granate ertönt näher oder ferner, jenes Urteil bestätigend oder berichtigend — und die Spaten klirren wieder von neuem; und die Vorsichtigen tauchen wieder auf aus dem dunkeln Höhlenthor des Bombensichern unter dem ironischen Willkommengruß der Kameraden: „Lieb' Vaterland, kannst ruhig sein, sie schießen nicht mehr!“ —

„Die Parkmauer, welche diesen ganzen weiten Bezirk umhegt, hat nicht nur zum Verteidigungswall, sondern ebenso sehr zum Beobachtungsposten zu dienen. Zu diesem Zwecke sind an ihrer innern Seite in halber Höhe die sogenannten „Banquets“ angebracht, d. h. horizontale Bretterlagen, welche es den auf ihnen postierten Soldaten ermöglichen, mit den Augen über den obersten Mauerrand hinwegzulugen. Wo dicht an der Mauer Bäume standen, ruhen diese Banquets auf deren unteren Zweigen oder ad hoc bearbeiteten Stämmen. Wo die fehlen, muß jeder gerade zur Hand liegende Gegenstand zur Stütze dienen, aufgehäuftes Holz, Steinhügel, auch häufig genug Möbel, zuweilen solche von der kostbarsten Art, wie sie die benachbarten Villen und Schlösser hergaben. Aus Schrank- und Stubenthüren, aus Kommodenwänden und Tischplatten aber konstruiert, erheben sich in gewissen Abständen, meist paarweise nebeneinander auf diesen Banquets, die freilich auch nur sehr geringe Deckung gewährenden Wachthäuschen für die einzelnen Beobachtungsposten.

„Gewiß, es giebt angenehmere Schildwachtdienste als diese dort: nicht ohne aufrichtige Bewunderung konnte ich immer diese braven Männer und Burschen dort stundenlang stumm und unbeweglich ausharren sehen, das Gewehr schußfertig im Arm, den Blick spähend hinausgerichtet über den Mauerrand, anscheinend gleichgültig auch gegen den kalten Herbstregen, den ihr luftiger Verschlag so wenig wie ihr grauer Tuchmantel hindert, sie bis auf die Haut zu durchnässen, gleichgültig auch gegen jene schlimmen fünfundsiebenzigpfündigen Schlossen, die in jedem Augenblick ihrem Postendienst ein Ziel für immer setzen und sie ablösen können zur ewigen Ruhe.“ —

Vierzehntes Kapitel.

Im Norden von Paris. — Stellungen der IV. (Maas-) Armee. — Berichte preußischer Feldgeistlichen über Gottesdienste und Festfeiern im Feindeslande. — Die Vorposten-gefechte um den Besitz von Pierrefitte vom 19. bis 26. September. — Kesseltreiben auf Franktireurs. — Tagebuchblätter eines Offiziers aus dem idyllischen Lagerleben des IV. Korps. — Typhus und Ruhr beginnen ihren unheimlichen Umzug durch die deutschen Armeeen. — Beschreibung eines deutschen Feldlazarettes nördlich von Paris. — Wie sich die preußischen Garden vor Paris ihre Quartiere einrichteten.

Wenn wir uns bisher mit den Ereignissen beschäftigten, wie solche sich im Süden und Westen von Paris abspielten, wo unsere III. Armee unter Ringen und Kämpfen die Stellungen behauptete, welche ihr als Teil des eisernen Umschließungsgürtels angewiesen worden waren, so erscheint es jetzt angezeigt, uns der im Norden und teilweise im Osten lagernden IV. (Maas-) Armee zuzuwenden. Dieselbe hatte, gleich der III. Armee, am 19. September die vorgeschriebenen Stellungen bezogen, die wir bereits früher (S. 170) bezeichnet haben. Im Großen und Ganzen verblieb sie auch darin. Das Zentrum bildete das Garde-Korps, rechts hielt das IV., links das XII. Korps. Erst als Truppenverstärkungen hier und dort in die Zernierungslinie einrückten und es durch Abdämmung des Ourcq-Kanals gelang, eine Stauung der in denselben einmündenden Gewässer herzustellen, entstanden einige Verschiebungen, so daß am 11. Oktober sich nun die Stellung der drei Korps der IV. Armee, wie folgt, zeigte: IV. Korps hielt zwischen Argenteuil und Deuil, Garde-Korps zwischen Montmagny und le Blanc-Mesnil, XII. Korps zwischen Aulnay les Bondy und Chelles. Das Hauptquartier des Führers der IV. Armee, Kronprinz von Sachsen, das anfangs sich in Thieux befand, kam dann später nach Grand-Tremblay.

Wenn die deutschen Korps im Süden und Westen von Paris von den ersten Tagen an bald in kleineren, bald in ernsthaften Gefechten mit dem eingeschlossenen Gegner in Berührung traten, so war den im Norden der französischen Hauptstadt haltenden Korps, abgesehen von unwesentlichen Scharmützeln und Plänkeleien, eine verhältnismäßig lange Ruhepause nach den zurückliegenden Anstrengungen und heißen Kämpfen vergönnt, eine Idylle im Angesicht der unten im weiten Thalkessel der Seine mächtig und prächtig hingelagerten Riesenstadt, die ihre Türme und Kuppeln funkelnd in die klare Herbstluft reckte. Erst Ende Oktober veränderte sich das Bild. Das blutige Ringen um Le Bourget lieh dem bisher so heiteren und an romantischen, wechselvollen Erlebnissen so reichen Lagerleben mit einem Schlage wieder ernstere und düstere Farben. Bis zu diesem Tage aber reihen sich Bilder gemütlichster und beschaulichster Art aneinander, im schroffsten Gegensatze zu den vorangegangenen furchtbaren Kampftagen, die Frankreichs Boden erschüttern machten, seine Armeeen vernichteten, sein stolzes Kaiserreich zertrümmerten. Aus Tagebuchblättern, Briefen und sonstigen Aufzeichnungen aus dieser Zeit bis zum Gefecht bei Le Bourget — das XII. Korps kam überhaupt erst im November östlich von Paris in Thätigkeit — tritt uns eine solche Fülle farbenreicher Bilder, solch urwüchsiger Humor, behagliche Laune, weihevolle Stimmung, leuchtender Stolz entgegen, die ein ebenso fesselndes als wohlthuendes Bindeglied zwischen den zurückliegenden und später folgenden Schlachttagen weben. Nicht ohne Andacht und Rührung liest man die Schilderungen unserer Geistlichen, die mit erhebenden Worten der Gottesdienste gedenken, welche sie in jenen Tagen des scheinbaren Friedens, fern im Feindeslande, im Freien feiern durften, bis der Umschlag der Witterung sie nötigte, die herrlichen, ehrwürdigen Gotteshäuser aufzusuchen, die in reicher Anzahl jene von unseren Truppen belegten Gegenden zieren. In jenen Tagen wagten auch die strengsten katholischen Geistlichen keinen Einwand gegen die Benutzung der ihrer Obhut anvertrauten Kirchen zu erheben. Unwillig oder nicht, sie fügten sich fast sämtlich stillschweigend in das Unvermeidliche. Oft aber kamen sie auch unseren deutschen Amtsbrüdern freundlich entgegen und trugen mit größter Aufmerksamkeit Sorge dafür, daß alles in guter Ordnung sei. So berichtet Divisionspfarrer Kadelbach, schreibt Hofprediger Rogge, daß der Curé von Villeneuve le roi ihm seine Haushälterin vorgestellt habe, die ihm, da er selbst gichtkrank war, statt seiner in allem behilflich sein werde. Die alte Frau war jedes Mal, wenn er Gottesdienst halten wollte, zur Stelle, leistete bei der Ausschmückung des Altars Dienste, ja sie bot auch die Abendmahlsgerätschaften an, falls er sie benutzen wolle. „Der Curé von St. Brice, wo ich von Mitte Oktober bis Ende Januar fast sonntäglich Gottesdienst gehalten habe, wohnte demselben fast immer im stillen Gebete bei; sein Küster war stets zur Stelle und half bei der Verteilung und Anweisung der Plätze, und machte mir einen eigenen Küster fast entbehrlich. Er unterließ es nie, die Lichter auf dem Hochaltar anzustecken, ja als ich zum ersten Male in der dortigen Kirche Abendmahlsfeier hielt, fand ich die Schranken des hohen Chors mit dem weißen Tuch gedeckt, dessen sich die katholischen Geistlichen bei Austeilung der Hostien zu bedienen pflegen. Ich stand mit dem Curé von St. Brice den ganzen Winter hindurch im freundlichsten Verkehr. Als ich am Weihnachts- und Sylvesterabend Abendandacht hielt, bat er mich um die Erlaubnis, die wenigen zurückgebliebenen Glieder seiner Gemeinde demselben beiwohnen lassen zu dürfen, da er in anderen Jahren für diese ähnliche Vespergottesdienste zu halten pflege. In Sarcelles war ein alter kranker Geistlicher, der mich jedes Mal auf's freundlichste empfing, wenn ich ihm vor oder nach dem Gottesdienste einen kurzen Besuch machte, und der mir seine Kirchendiener ebenfalls zur Verfügung stellte. Ja, es ist mir mehrfach begegnet, daß der katholische Custos in seiner Amtstracht mit der silbernen Amtskette, welche derselbe in Frankreich vielfach trägt, und mit einem mit mächtigem silbernen Knopfe versehenen Stabe gravitätisch vor mir herschritt und mich bis an die unterste Stufe des Altars oder der Kanzel führte. — In den mir selten vorgekommenen Fällen, wo die katholischen Geistlichen sich widerwillig zeigten, habe ich mich jedes persönlichen Verkehrs mit ihnen enthalten, und die betreffenden Kommandanturen veranlaßt, ihnen von den anberaumten Gottesdiensten vorherige Mitteilung zu machen. Auf diese Weise wurden alle unliebsamen Erörterungen vermieden, und eigentliche Mißhelligkeiten, über die manche Amtsbrüder in ihren Berichten Klage führen, sind mir nur in den letzten Wochen nach dem Friedensschlusse hier und da vorgekommen."

Interessant ist auch die Beschreibung eines Gottesdienstes, welchen Divisionspfarrer Gerlach, gelegentlich einer Diaspora-Reise, in jenen Tagen

30*

dem 2. Garde-Regiment z. F. unter den Kanonen der Forts von Paris hielt. „Am 18. Oktober", erzählt er, „fuhr ich von Gonesse aus mit der Eisenbahn nach Chantilly, hielt dort Gottesdienst, gelangte mit gestelltem Fuhrwerke glücklich nach Creil und noch am selben Abend per Bahn nach Beauvais, wo ich sofort die Kathedrale besuchte. Ein hoher, gewaltiger, dem Kölner Dom in den Dimensionen entsprechender, aber unvollendet gelassener gotischer Bau; das ganze Langschiff fehlt, nur zwei kleine Türmchen am Ende des leeren Platzes bezeichnen den Punkt, den es erreichen sollte. Hier hätte ich gern den für den nächsten Morgen angesagten Gottesdienst gehalten; jedoch das Kommando nahm zarte Rücksichten auf die Gefühle der katholischen Bevölkerung und bestimmte dazu das im Südwesten von Beauvais liegende Hochplateau, das ganz mit edlen Obstbäumen bestanden, mit einem frischen Rasenteppich bekleidet war und einen herrlichen Überblick über die imposante Stadt und ihre Umgebungen gewährte. An dem Gottesdienste sollten 5 Kompagnieen des 2. Garde-Regiments z. F. und die sächsische Garnison, bestehend aus 2 Reiter-Regimentern und 1 Batterie, teilnehmen, da diese Truppen in der gefährlichen Diaspora längere Zeit der Predigt und des Sakramentes entbehrt hatten. Mit dem Gottesdienst sollte das heilige Abendmahl verbunden werden, und zu demselben hatten sich am Abend vorher 366 Teilnehmer gemeldet. Es war ein gewagtes Unternehmen, am 19. Oktober Feld-Gottesdienst mit großem Abendmahl, noch dazu bei drohendem Regen, halten zu wollen. Aber der Segen des Himmels wurde uns dabei zu teil. Ein etwas scharfer Wind, der bis zum Mittag anhielt, teilte die Wolken, und die Sonne schien während der ganzen Feier freundlich. Dieselbe begann früh 8½ Uhr und machte einen gewaltigen Eindruck. In den mächtigen Männerchor mischten sich die harmonischen Töne der Regimentsmusik. Andacht war auf allen Gesichtern zu lesen, selbst die dichte Menge der französischen Einwohner, welche neugierig und laut schwatzend den Platz umstand, ward stille und beugte sich vor Gott.

„Als der Segen gesprochen war, schwenkte eine Kompagnie ab, dann ein Reiter-Regiment; vier Kompagnieen, ein Reiter-Regiment und die Mannschaften einer Batterie blieben samt dem General und sämtlichen Offizieren zum heiligen Abendmahl auf dem Platze, statt 366 mehr als 1500 Personen. Mein Schrecken war groß. 400 Hostien und 15 Flaschen Wein waren nur vorhanden, die Stadt fast ¼ Meile entfernt; doch mein wackerer Küster schaffte auf einen schnellen Wink Rat. Nach Beauvais hinabgeeilt, erhielt er von einem freundlichen katholischen Geistlichen das, was am schwersten zu beschaffen war, nämlich 1000 große Hostien, welche ich noch am Ende teilen mußte. Der Wein war leichter zu beschaffen, aber schwerer zu transportieren; dennoch gelangte beides zur Stelle, bevor die ersten 400 Oblaten verbraucht waren, so daß die heilige Handlung, welche bis Nachmittag gegen 3 Uhr dauerte, keine Unterbrechung erlitt. Eine merkwürdige Thatsache gelangte noch am selben Abend zu meiner Kenntnis: Es waren fast sämtliche Katholiken der genannten 5 Kompagnieen zum Gottesdienst, und von den vier zum heiligen Abendmahl zurückgebliebenen alle zur heiligen Kommunion gegangen. Das erklärt sich allein aus dem Gefühl der Zusammengehörigkeit in treuer Kameradschaft, nach dem Zusammenstehen in blutigen Schlachten und im Bewußtsein der täglich noch drohenden Gefahren von den zahlreich umherschwärmenden Feinden, die mit Hilfe des lebendigen Gottes gemeinsam noch überwunden werden mußten." — Ein ander Mal schreibt Divisionspfarrer Kadelbach: „Die Regelmäßigkeit, welche von jetzt ab wieder in den Gottesdiensten eintrat, brachte auch von selbst den engen Anschluß an den Verlauf des Kirchenjahres mit sich. Haben wir doch fast alle kirchlichen Feste und Festzeiten vor Paris feiern können, vom Erntedankfeste an bis zum Pfingstfeste. Schon dadurch mußte die Predigt nach Form und Inhalt einen mehr kirchlichen Ton bekommen. Es lag etwas unendlich Wohlthuendes und Erhebendes in dem Bewußtsein, daß in der Heimat an diesen Tagen dieselben Lieder gesungen, dieselben Pericopen verlesen, vielleicht über dieselben Texte gepredigt wurde, wie hier vor den mehr denn hundert Meilen entfernten Mauern der feindlichen Hauptstadt. Die über alle räumlichen Schranken hinausreichende „Gemeinschaft der Heiligen", die wir im 3. Artikel bekennen, wurde da lebendig empfunden und erfahren. Man sah es unseren Soldaten am Gesichte an, wie wohl es ihnen that, wenn man sie in den Kreis derselben Gedanken und Betrachtungen versetzte, in denen die heimische Dorfgemeinde in diesem Augenblicke um Gottes Wort versammelt war. Das trat selbst an den kleineren kirchlichen Nebenfesten hervor. Wie horchten unsere Grenadiere auf, als ich am ersten Sonntage des Oktobers, wo wir zum ersten Mal in der schönen gotischen, fast domartigen Kirche von Gonesse versammelt waren, die Kanzel mit den Worten bestieg: „Heute feiern sie daheim das Erntedankfest", und sie nun im Anschluß an die Worte 1. Mos. 9, 14: „Und wenn es kommt, daß ich Wolken über die Erde führe, so soll man meinen Bogen sehen in den Wolken", an die dunklen Wetterwolken erinnerte, die gerade, als die Felder reif zur Ernte waren, über die heimischen Fluren heraufgezogen waren. Wie mancher war mitten aus der Erntearbeit einberufen worden und hatte die Sichel mit dem Schwert vertauschen müssen, wie mancher war von dem heimatlichen Erntefelde mit der bangen, sorgenvollen Frage geschieden: wer wird, wo soviel rüstige Hände gerade jetzt in der arbeitsvollsten Zeit fehlen, den Erntesegen bergen? Ja, in den Grenzprovinzen lag sogar eine Zeit lang die Sorge nahe genug, daß er von dem Feinde zertreten und vernichtet werden möchte. Und die Verwüstungen, die wir in dieser Beziehung in des Feindes Land geschaut, die noch ringsum brennenden Getreidemieten auf den Fluren vor Paris, mußten ja die Herzen zu doppelt innigem Danke für die gnädige Verschonung unseres Vaterlandes ermuntern.

„Wie feierlich und erhebend klang am Reformationsfeste das deutsche Lutherlied, der Wacht- und Schlachtgesang der evangelischen Kirche, in den katholischen Gotteshäusern, in denen wir dies Mal das Fest feiern mußten. Gewann doch das: „Ein' feste Burg ist unser Gott" durch die gesamte äußere Lage noch eine ganz besondere Bedeutung. Als wir in Sarcelles am 31. Oktober zum Gottesdienst versammelt waren und der Reformation gedachten, war meine Predigt von einem so heftigen Kanonendonner aus den Forts begleitet, daß jeden Augenblick ein Ausfall zu erwarten schien und ich zum Schlusse eilen mußte. Die Forts schienen an diesem Tage ihren Groll über die Tags zuvor erlittene Niederlage der Pariser bei Le Bourget durch ganz besonderes Gebrüll kund geben zu wollen. Aber ruhig antworteten wir ihnen mit dem Gesang:

„Und wenn die Welt voll Teufel wär'
Und wollt'n uns gar verschlingen,
So fürchten wir uns nicht so sehr,
Es muß uns doch gelingen.""

Wie aus den Berichten der Feldgeistlichen, so tönt uns auch aus den Briefen der im Norden vor Paris lagernden Krieger eine Stimmung von oft fast beschaulicher Ruhe entgegen, welche den schärfsten Gegensatz zu den wechselvollen Tagen bildet, die den im Süden und Westen der Hauptstadt befindlichen Korps beschieden waren. Besonders war es unser IV. Korps, dem eine verhältnismäßig lange Ruhepause jetzt vergönnt war. Abgesehen von den Vorpostengefechten bei Pierrefitte sollten lange Wochen vergehen, bevor das IV. Korps wieder in eine ernstere Aktion trat. Bereits am 19. September war es bei Pierrefitte zum Zusammenstoß gekommen. Unsererseits war die feindliche Besatzung aus dem Ort vertrieben, dann aber letzterer wieder von uns verlassen worden, worauf der Gegner wieder Besitz von dem Dorfe nahm. Zwei Tage später ward diesseits Ordre ausgegeben, Pierrefitte abermals dem Feinde zu entreißen und dann in Front des Dorfes Vorposten auszusetzen. Ungeachtet eines heftigen Geschützfeuers aus den Werken bei St. Denis, gelang es doch, am Südrande des Ortes eine Vorpostenlinie zu entwickeln und solche in der Richtung nach Stains fortzuführen. Ein am Nachmittag unternommener Vorstoß der Franzosen wurde erfolgreich zurückgewiesen. Am 23. September griff der Feind unsere neue Vorpostenstellung mit verstärkten Kräften an. Unter dem Schutze eines lebhaften Feuers aus den Forts Double Couronne und La Briche führte General Bellemare das 28. Marsch-Regiment in dichten Schützenschwärmen gegen den linken Flügel unseres IV. Korps, auf welchem an diesem Tage das 2. Bataillon der 93er unter Hauptmann v. Hagen Pierrefitte besetzt hielt. Zwar wurden unsere beiden vorderen Kompagnieen aus ihrer Stellung am südlichen Ausgange des Dorfes durch den scharfen Anprall des Gegners verdrängt, fanden aber in den rückwärts haltenden beiden anderen Kompagnieen Aufnahme und Schutz, so daß der Angriff des Feindes jetzt zum Stehen kam. Inzwischen hatte sich diesseits von Montmagny aus das 2. Bataillon der 31er teils gegen das Südende von Pierrefitte, teils auf Villeteneuse gewendet, während zwei weitere Kompagnieen 86er und 96er westlich des letztgenannten Dorfes in das Gefecht eingriffen. Den vereinten Anstrengungen der Unsrigen gelang es endlich, den Feind auf allen Punkten nach St. Denis zurückzuwerfen. Nachdem auch ein gleichzeitiger Angriff der Franzosen gegen Stains am Feuer des 3. Bataillons Garde-Füsilier-Regiments und der 1. Kompagnie des Garde-Jäger-Bataillons gescheitert war, rückten die kampfbereit gehaltenen Divisionen des IV. Korps zwischen 6 und 7 Uhr abends wieder in ihre Quartiere ab. In diesen Vorpostengefechten hatten wir ungefähr einen Gesamtverlust von 100 Toten und Verwundeten zu verzeichnen; ungefähr ebenso hoch belief sich die Einbuße des Gegners. Am 26. September ward feindlicherseits nochmals versucht, uns

Pierrefitte zu entreißen. Die 9. Kompagnie unseres 27. Regiments vereitelte jedoch diesen Plan.

Außer den Gefechten bei Pierrefitte hatte dann das IV. Korps, das 1. Bataillon 27. Regiment, gelegentlich eines Kesseltreibens auf Franctireurs, drei Meilen nördlich der Zernierungsstellung am 29. Oktober ein kleines Gefecht bei l'Isle Adam zu bestehen, wobei Oberstabsarzt Berger tödlich getroffen wurde. Im übrigen lebte man in diesen Tagen wie „Gott in Frankreich". „Die Landschaft," heißt es einmal, „ist ein Paradies: Schlösser, Villen, Parks, Obstgärten, Weinberge. Meist alles verlassen. Wir müssen Häuser und Keller aufbrechen und selbst Ordnung und Gemütlichkeit schaffen. Wir finden alles, um dies thun zu können. Im Nachbar-Kantonnement ist ein Champagnerlager, von Millionen im Wert, entdeckt worden. In meiner Wohnung: köstliche Weine, Liqueure, Eingemachtes, auch eine Bibliothek französischer Klassiker."

Interessante Einblicke in das Lagerleben nördlich von Paris gewährt das Tagebuch eines Offiziers vom IV. Armeekorps, aus dem wir einige Bruchteile nachstehend mitteilen. „Der ganze gestrige Tag," heißt es am 29. September, „gehörte dem König, der uns in unserem Kantonnement besuchte. Die Tour, welche er nehmen würde, war nicht bestimmt. So wurden wir von 11 Uhr ab in den Straßen von Villiers le Bel aufgestellt. Vergeblich warteten wir bis zwei Uhr; da ging die Nachricht ein, daß Se. Majestät in Gonesse beim Prinzen August von Württemberg das Frühstück nehme. Wir wurden entlassen, und sollten ein bestimmtes Signal zu unserer Wiederversammlung erwarten. Gleich darauf aber kam Meldung, der König werde Villiers le Bel überhaupt nicht besuchen, sondern nur nach Sarcelles kommen, wo das 66. Regiment liegt. Ich ritt nun nach Sarcelles und fand daselbst die geschmackvollsten Arrangements; die zahlreichen Wintergärten geleert und mit den Pflanzen die Straßen dekoriert; in den Lauben schöne Statuetten. Doch wußte niemand, von woher der König eintreffen würde. Ich ritt auf gut Glück hinaus und traf ihn bereits 1000 Schritt jenseit des Dorfes. Er bemerkte mich sofort, rief mich heran und drückte mir die Hand. Nach einigen Worten befand ich mich in der Suite und ritt dann nach Villiers le Bel zurück, wohin der König nun doch kommen wollte. Die 93er waren auf Vorposten; aber das Regiment 27, Dragoner und Artillerie wurden aufgestellt. Alle Straßen waren mit Laubgewinden geschmückt. Endlich kam Se. Majestät von St. Brice her, ritt die Front entlang, sprach mit diesem und jenem. Bei der Kirche bestieg er seinen wartenden Wagen, nachdem er dem General v. Schwarzhof die Hand gereicht und seine Freude ausgesprochen hatte, daß Beaumont uns verhältnismäßig so wenig Blut gekostet habe."

Tags darauf meldet das Tagebuch: „Ich hörte heute von einer reizenden Scene, die sich in einem Nachbardorfe, das der König ebenfalls besuchte, zugetragen hat. In diesem Dorfe (einige nennen Aulnay) befindet sich ein alter 81jähriger Soldat, der mit dem Maire und dem Curé allein im Dorfe zurückgeblieben war. Er hatte Anno 12, 13 und 14 mitgemacht und will noch eine preußische Kugel im Leibe haben. Den Säbel, den er geführt, und seine Pistolen hatten ihm anfänglich unsere Füsiliere — bei dem befohlenen Suchen nach Waffen — fortnehmen müssen, sie waren ihm aber, als er mit Thränen darum bat, wieder zugestellt worden, bei welcher Gelegenheit er dem jungen Offizier, der all dies vermittelt hatte, einen unrasierten Kuß gab. Das war gestern oder vorgestern. Als er erfuhr, daß der König erwartet werde, drückte er den Wunsch aus, ihn zu sehen, was ihm gern gewährt wurde.

„Mit abgezogenem Samtkäppchen stand er zitternd auf seinen Stock gestützt und betrachtete leuchtenden Auges die hohe Gestalt unseres Kriegsherrn. Als der König ihn erblickte, trat er freundlich herzu und erfragte seine Lebensschicksale. Der alte Krieger schloß damit, daß er jetzt 81 Jahre alt wäre und großen Respekt vor Sr. Majestät hätte, worauf er zur Antwort erhielt: „Und ich bin bald 74, und alte Krieger haben immer großen Respekt vor einander." Darauf gab der 74er dem 81er die Hand und fort rollte der Wagen. Der Alte war überglücklich, dankte weinend, daß man ihm eine solche Ehre verschafft habe. „Das wäre," versicherte er, „noch keinem seiner Freunde und Bekannten passiert, und seine Kinder und Kindeskinder sollten diese Begegnung in ehrendem Andenken behalten". —

Am 3. Oktober lesen wir: „Der Typhus fängt an seine Opfer zu verlangen. Die Franzosen sind unverbesserlich. In einer Zeitung aus Beauvais vom 29. September lügen sie sich die großartigsten Siege vor. In dem Gefecht bei Pierrefitte, in dem unser Verlust, allerdings hoch genug, 40 Mann betrug, sollen wir 6000 Tote gehabt haben! Ihre großen Zuckerhüte, so meinen sie, brächten dies zu Wege. Frauenzimmer beobachteten regelmäßig, auf den Wällen von St. Denis, dies „Preußenschießen". — Ein deutscher Maler aus Ecouen — geborener Holsteiner und schon 20 Jahre in und bei Paris — erzählt, daß die Hauptstadt 8 Tage vor unserem Eintreffen ihren Auswurf ausgespieen habe, um die ganze Gegend zu zerstören und zu plündern. Ecouen ist übrigens eine förmliche Malerkolonie; auch der berühmte Courbet hat daselbst Haus und Atelier."

Einige Tage später schreibt derselbe Offizier in sein Tagebuch: „Wir haben vorgestern die erste Erbswurst bekommen. Ich habe zwei volle Teller Suppe gegessen. Sie hat mir köstlich geschmeckt. — Wieder sind so manche am Typhus gestorben. Gut, daß wir diese Anhäufung von Lazaretten, wie wir sie hier (Villiers le Bel) und in Ecouen haben, bald verlassen." — Über einen Besuch der eben genannten Feldlazarette schreibt gelegentlich einmal ein Geistlicher des IV. Korps: „Heftige Regengüsse hatten die Luft gereinigt und von der Höhe von Montmagny aus, auf der wir in leichtem Wagen hielten, blickten wir auf Paris hernieder, das so klar und scheinbar so nahe vor uns lag, als wäre es mit Händen zu greifen. Dann ging es nach Groslay hinab und von hier aus über Sarcelles nach Ecouen. Das Schloß in Ecouen, sonst eine Erziehungsanstalt für Töchter von invaliden Offizieren, ist jetzt ein Feldlazarett. Von seiner Plattform aus übersieht man, wie von Montmagny aus, die Riesenstadt, nur von anderer Seite, und zwar den nordöstlichen Teil (den um Montmartre her), im Vordergrund.

„Die gewaltige weiße Fahne mit dem roten Kreuz winkt vom Dache herab; ich trete ein in den Hofraum, der mit Quadratsteinen sorgfältig gepflastert, und dann in das Gebäude. Weder dort noch hier ist eine Spur des Krieges zu finden; kein Schmutz, keine Glasscherbe, kein zerbrochenes Möbel; kein Lärm, kein Ausbruch des Witzes, kein lustiges Pfeifen einer vaterländischen Melodie, kein munterer Gesang deutscher Weisen: tiefer Friede in allen Räumen. Dieser Boden, geweiht durch die Leiden unserer dort liegenden Brüder, durch ihre und unsere Gebete, nötigt den Ankommenden leiser aufzutreten. Geräuschlos wird eine Thür geöffnet; ich sehe mich in dem großen Saale, wo die schweren Typhuskranken liegen. Dreißig Betten etwa, in Zwischenräumen von 2 Fuß aufgestellt, stehen in zwei Reihen längs der Fenster, die auf beiden Seiten des Saales Licht, auf einer Seite die frische Luft hindurchlassen. Es möge hier gleich bemerkt werden, daß in allen Zimmern, größeren und kleineren, selbst in denen, wo die an der Ruhr Erkrankten liegen, die reinste Luft sich befindet, die durch sorgfältige Zirkulation, jedoch ohne Zug, immer erneut wird. Ein Bett gleicht dem andern: eisernes Gestell, starke Matratze, zwei Kopfkissen, ein oder zwei dichte wollene Doppeldecken. Wäsche überall weiß und sauber.

„Es ist jetzt zwischen 9 und 10 morgens. Die Kranken erhalten eben Fleischbrühe und Weißbrot. Den sehr schwer Erkrankten oder Schwachen wird sie löffelweise gereicht und wo es irgend zu ermöglichen ist, ein Ei hineingethan, obwohl Eier gegenwärtig einen ungeheuren Preis haben. Portwein, Madeira, schwerer alter Bordeaux fehlen nirgends den Kranken. Mittags giebt man abermals Bouillon, Gemüse und gebratenes Fleisch, dazu wieder Wein; den Tag über als Getränk Wasser mit gutem Wein gemischt, überdies morgens und nachmittags Kaffee, Weißbrot und Butter.

„Da ich in Ecouen keine amtliche Wirksamkeit hatte, so passierte ich nur die Säle, durchwanderte schnell den mit edlen Kastanienbäumen bestandenen großen Park, wo sich die Rekonvalescenten an der milden Luft erquickten, warf noch einen Blick auf das Panorama, das vor mir ausgebreitet lag und eilte dann nach Villiers le Bel, wo mein eigentlicher Wirkungskreis ist, so weit er die Lazarette betrifft. Hier liegen an 650 Typhus- und Ruhrkranke in zwei Feldlazaretten, dem siebenten und dritten. Jedes derselben umfaßt drei große Häuser mit Sälen oder saalartigen Zimmern. Dieselbe Ordnung, wie in Ecouen, dieselbe Sorgfalt in Auswahl der mit schönen Gärten umgebenen Häuser, welche auch ohne Worte sagt: „Das Beste ist gerade gut genug für unsere Kranken." —

Ähnlich wie bei dem IV. Korps, so flossen auch die Tage bei dem Garde-Korps ereignislos dahin, sechs lange Wochen, fast ungefährdet von dem dicht benachbarten Feinde, der bis dahin wenigstens nach dieser Richtung hin jeden Durchbrechungsversuch zu vermeiden schien. Dafür hatten unsere Soldaten Muße genug, sich in den ihnen angewiesenen Quartieren so heimisch und bequem als möglich einzurichten, zu welchem Zwecke das oft reiche Mobiliar der von ihren Bewohnern in blinder Verwirrung zurückgelassenen Häuser die besten Mittel lieh. Rudolf Lindau schreibt darüber: „Es mag hier am Platze sein, darauf hinzuweisen, daß das Eigentumsrecht bei der Mehrzahl dieser häuslichen Einrichtungen mit einer gewissen Rücksichtslosigkeit behandelt werden mußte. Die im Norden und Nordosten

31*

der Zernierungslinie gelegenen Dörfer waren um diese Zeit, wie alle anderen Ortschaften im Umkreise von Paris, von ihren Einwohnern beinahe gänzlich verlassen. Die leeren Häuser wurden den Soldaten als Quartiere angewiesen und der Raum allein, nicht das Mobiliar, wurde bei der stattgehabten Verteilung berücksichtigt. Es fanden sich daher in manchen Häusern ein Dutzend Matratzen und zwei Dutzend Stühle für fünf oder sechs Soldaten, während in dem nächsten Hause einige zwanzig Mann sich mit der halben Anzahl von Matratzen oder Stühlen begnügen sollten. Der Reiche gab in diesem Falle dem Bedürftigen oder trieb auch Tauschhandel, wie er in solchem Maßstabe seit historischen Zeiten nicht mehr existiert hatte. Hier beschenkte ein Haus ein anderes mit mehreren Betten und Fauteuils, dort erstand eine Wirtschaft das ihr fehlende Kochgeschirr gegen Lampen und Leuchter, daran sie Überfluß hatte. Das ganze Mobiliar des Dorfes wurde wie eine Art Gemeingut betrachtet, um im allgemeinen Interesse und zum allgemeinen Wohle von den dort einquartierten Soldaten benutzt zu werden. Die Sachen blieben beim Abmarsch da stehen, wo man sie nach dem Einmarsch hingestellt hatte; es kam auch vor, daß ein großer Teil des Materials später mit den Truppen umzog und in die neu angewiesenen Quartiere gebracht wurde. Mit großer Schonung konnte dabei nicht verfahren werden: vieles wurde verdorben, vieles zerbrochen und später verbrannt. Noch sei bemerkt, daß die wenigen Häuser, deren Eigentümer zurückgeblieben waren, gewöhnlich schonungsvoll behandelt wurden. An manchen Thüren sah man mit Kreide angeschrieben: „Von dem Eigentümer bewohnt, daher nicht zu belegen!" Die meisten der so bezeichneten Häuser blieben von Einquartierung frei. Gestatteten die Umstände eine solche Bevorzugung nicht, so wurden die betreffenden Wohnungen am schwächsten belegt, und die einquartierten Soldaten teilten gern ihre tägliche Ration mit ihren verarmten und oft hungernden Wirtsleuten." —

Ende Oktober zerstob auch hier die Idylle. Der blutige Kampf um Le Bourget, dem wir uns jetzt zuwenden, machte den Tagen beschaulichen Genusses, humorvoller Laune ein jähes Ende.

Fünfzehntes Kapitel.

Le Bourget, seine Lage und Besatzung. — General Bellemare verjagt am 28. Oktober unsere Vorposten und besetzt Le Bourget. — Französischer Bericht über die erste Überrumpelung von Le Bourget. — Der Kronprinz von Sachsen befiehlt die Stürmung von Le Bourget. — General v. Budritzki rückt mit drei Kolonnen gegen Le Bourget vor und stürmt mit fliegender Fahne die nördliche Barrikade. — Französischer Bericht über den Kampf innerhalb des Dorfes. — Das Vorgehen unserer beiden Seitenkolonnen. — Der Tod mäht reihenweise in der Dorfstraße. — Der Schlußkampf um Le Bourget nach dem Tagebuch eines französischen Arztes. — Unsere Verluste und Gewinne. — Graf Waldersee fällt als Opfer eines Verbrechens. — Über die Stunden nach dem blutigen Ringen um Le Bourget.

Le Bourget sollte eines der ernstesten Kapitel in der Geschichte der Belagerung von Paris bilden. Bisher unsererseits nur leicht besetzt, durch einen kecken feindlichen Handstreich uns dann plötzlich entrissen, forderte seine Wiedergewinnung verhältnismäßig hohe Opfer, und noch bis heute ist die Streitfrage nicht beseitigt, ob es überhaupt strategisch von solch hoher Bedeutung für uns war, diesen verloren gegangenen Punkt, der nicht einmal unsere große Einschließungslinie berührte, durch einen solch blutigen Einsatz wieder zu erobern. Ohne die nach rechts und links abweichenden, oft recht herben Urteile und Verurteilungen hier näher zu erörtern, scheint die einfachste Lösung dieser unerquicklichen Streitfrage wohl diese zu sein, daß es dem betreffenden Kommando eine Ehrenpflicht erschien, das Verlorengegangene, koste was es wolle, unter allen Umständen wieder dem voreilig triumphierenden Gegner zu entreißen.

Le Bourget ist ein stattliches, an 1000 Einwohner zählendes Dorf, ungefähr eine Stunde östlich von St. Denis gelegen, eine Viertelstunde nördlich von dem Punkte, wo die Eisenbahn nach Soissons sich mit der nach Lille führenden Straße kreuzt. Das Dorf, wie schon oben hervorgehoben, gehörte nicht zu jenen Ortschaften, welche unsere eigentliche Einschließungslinie bezeichneten, sondern war nur durch vorgeschobene Posten leicht besetzt. Ungestört von dem nahen Feinde, hatte das Garde-Korps sechs Wochen lang seine Verschanzungsarbeiten im Vorlande von Paris fortgesetzt. An einen Überfall dachte niemand. Da, am 27. Oktober abends, begannen die Franzosen plötzlich 800 Schritte vor der äußeren Linie des Garde-Korps Erdschanzen aufzuwerfen. Bereitete der Gegner einen Angriff vor? Schon der nächste Tag sollte die Antwort geben. Als in der Morgendämmerung des 28., früh 5 Uhr, die 7. Kompagnie des Garde-Grenadier-Regiments Königin Augusta eben ihre Vorposten-Stellung in Le Bourget bezogen hatte, wurde die an der Straße nach Paris aufgestellte Feldwache plötzlich von einem heftigen Schnellfeuer überschüttet. Es war der französische General Bellemare, der mit dem sogenannten „Freikorps der Presse", unterstützt von einem nachfolgenden Mobilgarden-Bataillon und zwei Linien-Bataillonen, gegen unser völlig überraschtes Häuflein vorging, während zwei schwere Geschütze außerdem noch bei La Courneuve die linke Flanke der Angreifer schützten. Unsere Vorposten-Kompagnie sammelte sich am nördlichen Ausgang des Dorfes, während der Gegner anfangs langsam, dann mit der zunehmenden Helligkeit immer rascher nachdrängte. An eine ernste Gegenwehr konnte angesichts der starken gegnerischen Übermacht diesseits nicht gedacht werden. Die Kompagnie zog sich deshalb bald auf Le Blanc Mesnil und Pont Iblon zurück, während die Franzosen Le Bourget besetzten und sich auch sofort daran machten, dasselbe nach den Angaben des Generals Bellemare zu befestigen. Das Feuer der feindlichen Geschütze, das sich jetzt auf Pont Iblon richtete, wurde jedoch bald durch die daselbst aufgefahrene Garde-Korps-Artillerie zum Schweigen gebracht.

Zehn Uhr vormittags mochte eben vorüber sein, als die schweren Geschütze in den Befestigungen von St. Denis den Kampf mit der bei Pont Iblon haltenden preußischen Artillerie aufnahmen, ein Kampf, welcher jedoch diesseits auf höheren Befehl um 4 Uhr nachmittags eingestellt wurde. War es uns überhaupt um den Besitz von Le Bourget gelegen, so mußte unsere Aufgabe zunächst darin bestehen, die Stärke des im Morgengrauen in dem Dorfe eingedrungenen Gegners festzustellen. Zu diesem Zwecke ordnete der Kommandeur der 2. Garde-Division an, daß noch denselben

Abend das 2. Bataillon Kaiser Franz gegen Le Bourget vorgehen sollte. So geschah es denn auch. Jedoch das Unternehmen scheiterte. Abends $7^1/_2$ Uhr setzten sich zwei Kompagnieen auf der Hauptstraße nach Le Bourget in Bewegung, zwei andere wandten sich den Seitengängen des Dorfes zu. Der Feind hatte jedoch im Laufe des Tages Le Bourget vollständig zur Verteidigung eingerichtet. Die Straßen zeigten sich verbarrikadiert, die nördliche Umfassungsmauer war mit Schießscharten versehen worden. Als nun die Unsrigen sich dem Orte näherten, empfing sie ein solch heftiges Schnellfeuer, daß sie sich gezwungen sahen, den Rückzug, leider unter erheblichen Verlusten, auf Pont Iblon anzutreten.

Charakteristisch und wahrheitsgetreu lautet ein französischer Bericht über diese ersten Kämpfe um Le Bourget: „Die Entfernung von Courneuve bis Le Bourget beträgt eine Drittelmeile. Der nächste Weg führt an der Eisenbahnlinie hin; wir vermieden diese jedoch und beschrieben lieber einen Halbkreis südlich derselben. Die Dunkelheit der Nacht, aufsteigende Nebel, vor allem auch die Vorsicht, zu der uns die Nähe und mutmaßliche Wachsamkeit des Feindes zwangen, machten es, daß wir erst nach anderthalb Stunden jene Stelle erreichten, wo die nach Lille führende Route Imperiale, die von Drancy her einmündende Chaussee und endlich die Eisenbahn ein gleichseitiges Dreieck herstellen. Die Eisenbahn (nach Süden hin) bildet den Fuß dieses Dreiecks, wie des ganzen Dorfes überhaupt. Hier liegt auch das Bahnwärterhaus, in dem die Preußen ihre Feldwache hatten. Bis auf 10 Schritt waren wir heran, das Häuschen von links und rechts her bereits umspannt haltend, als uns das bekannte „Werda" begrüßte. „Gutfreund", antwortete einer der Unseren, den preußischen Accent so gut wie möglich imitierend. Aber die Nachahmung mußte nicht den Beifall der Schildwacht haben: „Werda", klang es noch einmal. Ein Schuß unsererseits war die Antwort und im nächsten Moment erkletterte alles, was in Front stand, die Barrikade, während unsere Seitendetachements gegen das Häuschen anstürmten. Die kleine Besatzung war alert genug; wer sein Gewehr zur Hand hatte, schoß blindlings auf uns ein und entkam dann unterm Schutz der Dunkelheit, die jede Unterscheidung von Freund und Feind unmöglich machte. Dieser erreichte die große Dorfstraße, wo mittlerweile die in den Häusern Einquartierten sich ihnen zugesellten und hier und dort unser Vordringen zu hindern suchten. Aber dies Vorhaben mußte scheitern, da, ganz im Gegensatz zu den sonst so vorsorglichen Veranstaltungen, welche die Kriegführung unseres Feindes auszeichnen, nirgends ein Graben gezogen oder eine Barrikade errichtet war. So trieben wir sie denn vor uns her, bis sie jenen Abschnitt in Nähe der Kirche erreicht hatten, wo die Dorfstraße westlich nach Dugny hin abzweigt. An dieser Stelle setzten sie sich noch einmal und, bei der guten Haltung, die sie zeigten, hätte sich hier ein ernsteres, auch für uns vielleicht verlustreiches Gefecht entspinnen können, wenn nicht in eben diesem Augenblick das 14. Mobilgarden-Bataillon der Seine, unter Führung des Kapitän Forey, von St. Denis her eingetroffen und flankierend vorgegangen wäre. Bei dem Erscheinen dieses Bataillons gab der Feind jeden ferneren Widerstand auf und floh über das Feld hin auf Dugny zu. Unser Feuer verfolgte ihn. Es war 6 Uhr; der Tag begann zu grauen, als wir uns im Besitze von Le Bourget sahen. Der Angriff, der uns nur drei Schwerverwundete (verwundet durch eine unserer eigenen Granaten vom Fort de l'Est her) gekostet hatte, war, weiter südlich, durch drei von Romainville strahlenförmig vorgehende Kolonnen unterstützt worden. Das 8. Mobilgarden-Bataillon der Seine ging auf Drancy, das 3. Bataillon Seine Inferieure auf Bobigny, ein Marine-Bataillon auf Bondy. Diese Bewegungen — die Dörfer wurden besetzt — sicherten uns vor einem Umgangenwerden in unserer rechten Flanke und gaben unserem Besitz von Le Bourget so viel Sicherheit, wie demselben, nach Lage der Sache, nur irgendwie gegeben werden konnte. Daß der Feind beflissen sein werde, uns, von Dugny und Blanc Mesnil aus, die ihm verloren gegangene Position wieder zu entreißen, mußten wir annehmen; es war aber schon viel gewonnen für uns, diesen Angriff nur vor Norden, und nicht auch — ohne daß ein Kampf vorhergegangen wäre — von Osten und Süden her gewärtigen zu müssen. Dies war durch Besetzung jener drei Flankenpositionen erreicht.

„Eines Angriffs von Norden her also gewärtigten wir, und er ließ in der That nicht lange auf sich warten. Gegen Mittag erschienen bei Pont Iblon, halben Wegs zwischen Dugny und Blanc Mesnil, unmittelbar nördlich der Stelle, wo die Route Imperiale den angestauten Morée-Bach überschreitet, 18 preußische Geschütze und eröffneten ein heftiges Feuer. Dasselbe war insoweit nicht erfolglos, als mehrere Häuser, in denen brennbare Stoffe aufgehäuft lagen, in Brand geschossen wurden; ein Weiteres konnte aber, trotz der Präzision des Feuers seitens des Feindes, nicht erreicht werden, da die massive Bauart Le Bourgets, seine nicht nur das ganze Dorf, sondern auch die einzelnen Häuser umgebenden Feldsteinmauern, dazu die gewölbten Keller, uns gegen die Wirkungen des Feuers schützten. Blieb also nur ein Infanterie-Angriff. Auch diesem gegenüber — zu dem sich übrigens zunächst noch keine Vorbereitungen zeigten — glaubten wir uns als völlig gesichert ansehen zu können, da zu der natürlichen Verteidigungsfähigkeit des Dorfes sich immer neue Verstärkungen von St. Denis gesellten. Wir waren jetzt 3000 Mann unter Befehl des Obersten Martin, den General Bellemare zum Kommandierenden des Platzes ernannt hatte.

„Um 4 Uhr schwieg das Feuer. Bei Sonnenuntergang konnten wir, von Bonneuil auf Dugny zu, den Marsch einzelner feindlicher Bataillone wahrnehmen; die mehr und mehr hereinbrechende Dunkelheit aber entzog sie alsbald wieder unserem Auge, und schon glaubten wir vor Anbruch des nächsten Tages keinen Angriff mehr erwarten zu müssen, als wir plötzlich an drei Punkten der Nord-Enceinte des Dorfes den Feind vor uns hatten. Die Entfernung betrug keine hundert Schritte; lautlos schlichen sie heran, unserer so oft erprobten Unachtsamkeit vertrauend. Aber diesmal hatten sie falsch gerechnet. Alle Eingänge in die Nordhälfte des Dorfes waren von gleich wachsamen Truppenteilen: drei Kompagnieen des 14. Mobilgarden-Bataillons der Seine, besetzt, und als feindliche Abteilungen plötzlich mit Hurra gegen unsere Barrikaden vorbrachen, die links und rechts die Dugny- und Le Blanc Mesnil-Straße, im Centrum aber die Route Imperiale absperrten, wurden sie von allen drei Stellen mit einem vernichtenden Feuer empfangen. Kapitän Forey, der am Haupteingange kommandierte, hatte sie bis auf zehn Schritt herangelassen; jetzt drei Salven und ganze Reihen stürzten. Mit großer Bravour versuchten einzelne Abteilungen der westlichen Seitenkolonne den Dugny-Eingang des Dorfes zu forcieren und erneuerten dabei mehrfach die Versuche, einerseits unsere Barrikade, andererseits die Park- und Gartenmauern zu überklettern; aber all ihre Anstrengungen waren vergeblich. Sie zogen sich, nachdem sie in gedeckten Stellungen noch ein selbständiges Feuergefecht unterhalten hatten, auf Dugny und Pont Iblon zurück, eine Anzahl Gefangene, alle verwundet, in unseren Händen lassend." —

Die Absicht des Feindes war klar erkannt. Es lag ihm daran, Le Bourget unter allen Umständen zu halten. Ehe diesseits ein Infanterie-

Angriff stattfand, sollte erst die Artillerie ihre Schuldigkeit thun. Am 29. vormittags begannen 30 schwere Geschütze aus ihren Stellungen hinter Pont Iblon ein mehrstündiges, lebhaftes Feuer gegen Le Bourget zu eröffnen, das jedoch bei dem Schutze, den die Besatzung des Dorfes hinter dessen starken Mauern fand, leider ohne jeden Erfolg blieb. Andererseits scheiterte ein um 3 Uhr nachmittags stattfindender Angriffsstoß aus Fort Double Couronne gegen Pierrefitte und Villetaneuse am Widerstande der Vortruppen der 1. Garde-Division. Obgleich nun das General-Kommando des Garde-Korps nach dem Fehlschlagen unserer artilleristischen Beschießung die Ansicht geltend zu machen suchte, daß wir unter dem Feuer der Werke von St. Denis schwerlich Le Bourget dauernd würden behaupten können, es daher wohl geraten sei, von jeden ferneren Unternehmungen gegen das Dorf abzustehen, erteilte der Kronprinz von Sachsen, dem ein Festhalten dieses Punktes ungemein wichtig erschien, den bestimmten Befehl, Le Bourget am 30. Oktober dem Feinde wieder zu entreißen. Die Ausführung dieses Planes war dem General v. Budritzki seitens des Garde-Korps übertragen worden.

Der Angriff war, ähnlich wie am Abend des 28. Oktobers, in drei Kolonnen geplant, nur daß heute statt 4 Kompagnieen 9 Bataillone denselben ausführen sollten, wobei die linke Flügelkolonne auch nicht in die rechte Flanke des Feindes einzugreifen hatte, sondern mit Umgehung des Ortes von Süden herauf, also in den Rücken des Gegners, einfallen sollte. Die Einteilung der drei Kolonnen war folgende:

Im Zentrum: Kolonne Kanitz; 3 Bataillone Elisabeth, 1 Bataillon Augusta;

Rechter Flügel: Kolonne Derenthall; 2 Bataillone Franz, 1 Zug Ulanen;

Linker Flügel: Kolonne Zeuner; 2 Bataillone Alexander, 3 Kompagnieen Garde-Schützen.

Es war ein unfreundlicher Morgen, kalt und windig, so daß ein jeder froh war, als endlich der Befehl zum Vorrücken erging und wieder Bewegung in die vom Stillstehen erstarrten Glieder kam. Vorangegangene Regentage hatten den lehmigen Boden in eine klebrige Masse umgewandelt. Die bis an die Knöchel einsinkenden Mannschaften zeigten sich daher bald so ermüdet, daß die Führer verschiedene Male Halt gebieten mußten, worauf die Leute sich niederwarfen, um in möglichst geschützter Lage erst wieder Atem zu schöpfen. 8 Uhr morgens war es, als die reitenden Garde-Batterieen bei Pont Iblon, die beiden Fuß-Batterieen bei Le Blanc Mesnil das Feuer gegen Le Bourget eröffneten, während sich zu gleicher Zeit unsere linke Flügelkolonne, welche den weitesten Marsch zurückzulegen hatte, von Le Blanc Mesnil aus in Bewegung setzte. Eine halbe Stunde später brachen auch die rechte Flügelkolonne von Dugny und die Mittelkolonne von Pont Iblon aus auf. Bei letzterer befand sich der den Angriff kommandierende General v. Budritzki.

Etwa um 9 Uhr hatten alle drei Kolonnen das Dorf umklammert, in welches sie nun versuchten, von allen Seiten hineinzudringen. Zwei Stunden sollte sich jetzt ein grausiges Blutbad entfalten, ehe Le Bourget dem tapfer sich wehrenden und sehr gut verschanzten Feinde entrissen war. Mehr wie dem Gegner riß der Tod in unsere Reihen die breitesten Lücken, besonders war es die Mittelkolonne, welche der Opfer am meisten zu beklagen hatte. Während des Ringens um Le Bourget hatte der Kommandierende des Garde-Korps, Prinz August von Württemberg, auf einer Anhöhe nördlich des Kampfes mit seinem Stabe Stellung genommen, um von hier aus dem Vorwärtsschreiten des Gefechtes zu folgen. Zwei Stunden erwartungsvoller Spannung sollten vergehen, währenddessen alle Gläser auf das in weiße Dampfwolken gehüllte Le Bourget unverwandt gerichtet waren, zwei lange Stunden, in denen mehr wie einmal das Kriegsglück für uns zu schwanken schien. Endlich gegen 11 Uhr bemerkte man deutlich an der Nordwestseite des Ortes wilde Scharen rückwärts fliehender Franzosen. Noch war diesseits, außer den ersten Barrikaden, kein Fuß breit des heiß umstrittenen Bodens gewonnen worden, aber alle durchdrang jetzt die Hoffnung auf einen sieghaften Ausgang des Kampfes.

Über diese ersten Stunden in Le Bourget schreibt der französische Chefarzt Ozou de Verrie, wie folgt: „In Le Bourget hatten wir am 30. früh dieselben Positionen inne, wie am Tage vorher: das 12. und 14. Bataillon (Mobilgarden der Seine) in Front rechts und links, das 28. und 34. Marschbataillon (Voltigeurs und Grenadiers) in Replistellung hinter den Mobilen. Die Franktireurs der Presse hielten die Eingangsbarrikaden nach Norden und Nordwest; die drei Geschütze aber, über die wir — nach Abgabe zweier anderer nach Drancy hin — allein noch Verfügung hatten, standen am Südende des Dorfes, in Nähe des Bahnhofs.

32*

„Um 8 Uhr begann die Beschießung. Jeder war an seinem Posten und die Stimmung aller, so viel ich wahrnehmen konnte, die beste. Näher rückten die feindlichen Kolonnen; aber ihre Annäherung schien mehr Spannung als Furcht in den Herzen der Unseren zu wecken. So verging eine halbe Stunde. Die erste leise Besorgnis wurde laut, als wir eine der Kolonnen, statt auf unser Dorf zu, neben demselben hinmarschieren sahen, ziemlich unzweideutig in der Absicht, uns nicht bloß zu flankieren, sondern völlig zu umgehen. Wir wurden jeder Sorge hierüber indessen rasch entrissen, weil wir, in demselben Augenblick fast, unsere drei Geschütze in Carrière die Route Imperiale hinaufjagen und in Front der großen Barrikade, die eine Art Thor hatte, abprotzen sahen. Die Wirkung dieses rapiden Vorgehens war eine wunderbare, alles schien elektrisiert, und für jeden von uns stand es in jenem Augenblicke fest, daß frische Bataillone von Romainville und Aubervilliers, vor allem aber neugebildete Feldbatterieen von Paris selbst her im Anzuge seien. „Laßt sie nur kommen“, — in diesem Gefühl, während unser Auge auf den preußischen Anmarsch sich richtete, begegneten sich unsere Herzen. Aber welch jäher Umschlag unserer Stimmung, als wir kaum 5 Minuten später, dieselben drei Geschütze in derselben Carrière rückwärts fliegen sahen, um am Südende des Dorfes, woher sie gekommen waren, zu verschwinden. Unfähig dem feindlichen Feuer auch nur minutenlang zu trotzen, hatten sie geglaubt, sich nicht nutzlos opfern zu sollen und nahmen nun durch die Art, wie sie ihren Rückzug bewerkstelligten, den besten Teil unseres Mutes mit sich fort. In der Nordhälfte des Dorfes, wo sich bereits, seitens einiger Mobilgarden-Kompagnieen, ein Nahgefecht mit dem Feinde entsponnen, und infolge davon ein Gesamtüberblick über die Situation zu einer halben Unmöglichkeit gestaltet hatte, glückte es den Führern unschwer, eine zuversichtliche Stimmung wiederherzustellen; in der Südhälfte des Dorfes aber, namentlich überall da, wo man zu gleicher Zeit die sich mehr und mehr vollziehende Umgehung seitens der einen Flügelkolonne deutlich erkennen konnte, schuf dies Zusammenwirken zweier Faktoren, der Umgehung und unserer rückgängigen Artillerie-Bewegung, eine vollständige Panique und bestimmte die Hälfte der Besatzung, nämlich das ganze 34. Marsch-Bataillon und die ihm zunächststehenden, am Nordrande des Dorfes noch nicht engagierten Mobilgarden-Kompagnieen, ihre Stellungen fluchtartig zu verlassen. Wir fochten von da ab nur noch mit einer Hand, und drei Stunden früher, ehe der Kampf schwieg, war er doch bereits entschieden." —

Den schwersten Kampf von allen drei Kolonnen hatte wohl die mittelste zu bestehen. Die Grenadier-Bataillone vom Regiment Königin Elisabeth, welche hier das Vordertreffen bildeten, erhielten beim Vorrücken über das völlig freie Feld zu beiden Seiten der großen Straße lebhaftes Feuer aus Le Bourget und von den Forts. Trotzdem drangen die mutigen Krieger unerschrocken vor, erreichten im kräftigen Anlaufe die nördliche Umfassung des Dorfes und drangen nun hier über die Barrikaden fort und durch mehrere von den Pionieren schnell gebrochene Maueröffnungen in den Ort ein. Was sich jetzt entspann, war ein wilder, blutiger Kampf, der sich von Haus zu Haus fortsetzte und uns, mehr als dem Feinde, schwere Opfer kostete. Mit fliegender Fahne war das vorderste Bataillon Elisabeth gegen die Barrikade vorgestürmt. Ein tödlicher Schuß streckt den Fahnenträger nieder. Der nächststehende Unteroffizier nimmt die Fahne aus der Hand des Sterbenden, um im nächsten Augenblicke ebenfalls mit seinem Blute die Erde zu färben. Da ist es der General v. Budritzky, welcher die Fahne emporhebt und dann mit geschwungenem Degen voranstürmt, gefolgt von den jubelnden Grenadieren. Schon steht bereits ein Häuflein Tapferer, voran Oberst Graf Kanitz und Hauptmann v. Altrock, in der Dorfstraße. Verlust reiht sich jetzt an Verlust. Der Kommandeur des Regiments Elisabeth, Oberst v. Zaluskowski, fällt zu Tode getroffen; mit ihm acht brave Offiziere seines Regiments. Auch das Regiment Augusta beklagt heute eine Reihe Tapferer. Zu den bereits draußen vor dem Dorfe gefallenen drei Offizieren gesellen sich jetzt noch der kaum von seiner bei St. Privat erhaltenen Wunde geheilte Oberst Waldersee, Hauptmann v. Trotha, Bataillonsführer, und Lieutenant v. Hilgers. Auch der kaum 17jährige, bereits mit dem eisernen Kreuz geschmückte Lieutenant Graf Haugwitz, der bei Amanvilliers vorn als Fähnrich mitfocht, als einzig unverwundet gebliebener Offizier die letzten Reste des Garde-Schützen-Bataillons aus dem Feuer führte — haucht heute sein hoffnungsreiches, tapferes, junges Leben aus. Dicht neben ihm stürzt Lieutenant v. Reclam nieder.

Gleichzeitig mit der Kolonne Kanitz war von Westen her unsere rechte Flügelkolonne Derenthall in Le Bourget eingedrungen. Auch hier häuften sich bald diesseits die Verluste. So fiel an der Spitze seiner 11. Kompagnie, Regiment Franz, Hauptmann v. Obstfelder. Interessant bleibt das Vorgehen der 12. Kompagnie, welche unter Führung des Premier-Lieutenants v. Brodowski ziemlich weit schon in den Ort vorgerückt war, als sie, von allen Seiten beschossen, bemerkten, daß die Dorfkirche, an welcher sie vorbeigestürmt waren, ebenfalls vom Feinde besetzt gehalten worden war. Da waren es Feldwebel Zander, Sergeant Backhaus und Unteroffizier Schmidt, welche die sechs Fuß hohen Fenster erstiegen, mit den Faschinenmessern die Dratgitter einhieben und dann in das Gotteshaus hineinsprangen. Einige Füsiliere setzten nach und so gelang es bald, die in der Kirche befindlichen 13 Garde-Voltigeurs gefangen zu nehmen. Währenddessen stürmte die 12. Kompagnie die umliegenden Häuser und Gehöfte.

Über diesen Kampf schreibt ein Teilnehmer: „Wir hatten nun die Kirche; aber auf der Hauptstraße war ein weiteres Vordringen unmöglich. Das aus gedecktem Stande gegebene Feuer schien an Heftigkeit zu wachsen. Die Häuser vis-à-vis waren von Kompagnieen des Alexander-Regiments bereits genommen; diesseits standen Offiziere und Leute ratlos in den Thorwegen und konnten nicht weiter. Ich wollte noch ein Loch in die das Nachbargehöft umschließende Mauer brechen, aber es fanden sich keine Werkzeuge dazu. Da endlich fanden wir einige Stellagen; sie wurden an die Mauer gesetzt, und es gelang, die 15 Fuß hohe Wandung zu erklettern. Ich drang erst mit einer Sektion, der dann bald noch mehrere Leute folgten, in den Nachbarhof ein. Sieben Gefangene fielen hier in unsere Hände. Das Haus wurde durchsucht; mein Glück wollte, daß es eine Schmiede war, wo ich nun vieler Brechstangen und anderer Werkzeuge habhaft werden konnte. Ich ließ je eine Sektion geschlossen rechts und links der Kirche zurück, besetzte unten den Hof und kletterte in die Dach-Etage, wo ich mir mit meinen Werkzeugen ein Loch in das Nachbarhaus brach und eindrang. Zwei Offiziere und 40 Mann ergaben sich hier. Kapitän Girard überreichte mir seinen Degen. Er war von der Kaiser-Garde, sowie auch die meisten seiner Leute. Das Gehöft wurde wieder durchsucht und dasselbe Manöver mit dem Lochbrechen vorgenommen. So drang ich mühsam aber sicher, unter fabelhaftem Gewehrfeuer und beständigem Platzen der Granaten von Haus zu Haus vor, machte überall Gefangene und gelangte endlich an die erste Querstraße, wo ich mit Teilen unserer 9. Kompagnie zusammenstieß. Wir nahmen nun noch zwei Gehöfte gemeinschaftlich und gelangten endlich an das letzte, noch am heftigsten verteidigte Haus. Überall sonst waren die Waffen schon gestreckt; nur hier wollte man sich nicht ergeben. Es entstand also ein erbitterter Kampf, der namentlich dadurch opfervoll für uns wurde, daß unsere Leute, den weißen Tüchern der Franzosen trauend, sich jetzt freier auf die Straße wagten. Endlich wurde aber auch dieses letzte Gehöft genommen. Wir waren alle so erbittert, daß wir die Besatzung desselben über die Klinge springen lassen wollten. Leider aber hatten wir sie in einen Hofraum gesperrt, in dem schon andere Gefangene waren, von denen wir sie schließlich nicht mehr sondern konnten. So kamen sie, darunter auch drei, vier ihrer Offiziere, mit dem Leben davon. Aber fühlen haben wir sie's doch lassen, daß es keine anständige Kriegführung sei, nach dem Heraustecken von weißen Fahnen noch auf den Gegner zu schießen.

„Mittlerweile hatte unser 2. Bataillon, gemeinschaftlich mit Kompagnieen vom Alexander-Regiment, die nach Paris zu liegenden Gehöfte genommen und besetzt. Sie feuerten auf die weglaufenden Nachzügler. Das Gefecht war somit zu Ende; nur sauste noch Granate auf Granate die Hauptstraße entlang und platzte mit seltener Präzision. Wir hatten heute einen schönen Tag verlebt; unsere 12. Kompagnie allein hatte an 300 Gefangene gemacht. Der Kampf war auch von Seiten des Feindes mit einer seltenen Energie geführt worden und mag wohl kaum seines Gleichen in der Kriegsgeschichte haben."

Wenden wir uns nun der linken Flügelkolonne Zeuner zu. Dieselbe hatte sich, an der Ostfront des Dorfes angelangt, in drei Gruppen geteilt. Die eine dieser Gruppen, zwei Kompagnieen stark, rückte bis an den Eisenbahndamm, Front nach Süden, vor, wo sie Stellung nahm und unser Vorgehen gegen Le Bourget gegen einen etwaigen Angriff von Drancy her schützte. Die nächste Gruppe, drei Kompagnieen stark, vollzog die eigentliche Umgehung des kampfdurchtobten Dorfes, um dann südlich desselben sich in dem daselbst befindlichen Bahnhofsgebäude, der Gas-Anstalt wie einigen Fabrikanlagen festzusetzen. Die dritte Gruppe, ebenfalls drei Kompagnieen Alexander, wandte sich von Osten her in gerader Richtung auf Le Bourget, um von hier aus, rechts von den Garde-Schützen unterstützt, nach Westen und Norden hin in den erbitterten Straßenkampf einzugreifen. Um 11 Uhr war der Gegner völlig umstellt. Nur die Mitte des Dorfes hielt er noch inne, wo einige Gebäude seine Widerstandskraft bedeutend unterstützten. Als der Befehl eintraf, auch diese mit stürmender Hand dem Feinde zu entreißen, ward die 4. Kompagnie unter Führung des Premier-Lieutenants v. Kummer dazu ausersehen. Dieser Angriff, der schließlich noch in einen erbitterten Stubenkampf überging, gelang. Um 12 Uhr war Le Bourget wieder in deutschen Händen.

Das schon weiter oben angeführte Tagebuch des Arztes Ozou de Verrie teilt über den Schlußkampf in Le Bourget folgendes mit: „Ich rekapituliere zunächst die schon an anderer Stelle gegebene Situation. Der fluchtartige Rückzug (9 Uhr) des in der Südhälfte von Le Bourget stehenden 34. Marsch-Bataillons, dem sich — soweit sie nicht in der Front bereits engagiert waren — auch die beiden Mobilgarden-Bataillone mit mehr als der Hälfte ihrer Kompagnieen angeschlossen hatten, hatte unsere Verteidigung, innerhalb weniger Minuten, auf ohngefähr die Hälfte reduziert und dem in Reserve stehenden 28. Marsch-Bataillon die Aufgabe zuerteilt, in die nach vornhin entstandenen Lücken einzurücken. Diese Aufgabe war erfüllt worden, und ohne ungerecht gegen andere Truppenteile zu sein, darf füglich behauptet werden, daß, von diesem Augenblicke an, die eigentlichen Mühen und Ehren des Kampfes diesem aus Garde-Voltigeurs gebildeten Marsch-Bataillon zufielen. Wenn neben demselben, als nahezu ebenbürtig, die bis auf 200 Mann zusammengeschmolzenen Reste des 12. Bataillons in Betracht kommen, so war es sehr vorwiegend der unerschütterliche Mut ihrers Führers, der diesem Häuflein während der nun kommenden Stunden diese Ebenbürtigkeit sicherte. Auf zwei Männer ging von jetzt ab die Entscheidung über: auf die Kommandanten Brasseur und Baroche. Ihre Aktion war von etwa 9 Uhr an eine gemeinschaftliche. Von gleichem Eifer und Ehrgefühl erfüllt, faßten sie den Entschluß, in links und rechts sich teilend, die Große Straße von Haus zu Haus zu verteidigen und im Mittelpunkte des Dorfes, an einer bestimmt bezeichneten Linie, den letzten Widerstand zu versuchen. Denn noch immer hofften sie auf Unterstützung und wir alle mit ihnen. Es konnte nicht Absicht der Kommandierenden, weder Trochus noch Bellemares, noch La Roncières sein, uns an dieser Stelle, ohne energische Unterstützungsversuche, verbluten zu lassen. Die bestimmt bezeichnete Linie aber entspricht ziemlich genau dem Lauf des

Moleret-Baches und hatte ihre beiden Kastells hart an der Straße: links die Mairie, rechts ein steinernes, mit Flügeln und Gitterhof ausgestattetes Gebäude, in dessen Erdgeschoß ich meinen Verbandplatz etabliert hatte. Ich bemerke nur noch, daß das Gebäude (Front gegen Norden) mit seiner Schmal- oder Giebelseite auf die Große Straße blickte und daß ebenfalls hart an der Straße, einen kurzen rechten Winkel mit jener Schmal- und Giebelseite bildend, ein Pavillon lag.

„Es war 11 Uhr, als sich die genannten beiden Kommandeure bis auf diese ihre letzte Verteidigungslinie zurückgedrängt sahen. Sie besetzten sie, um hier, wie verabredet, den letzten Versuch zu wagen. Die Lokalität, wenn man von der Gesamtlage absah, war der Verteidigung günstig; aber mit wie schwachen Kräften mußte sie unternommen werden. Die um 9 Uhr ausbrechende Panik hatte der Verteidigung von den ihr ursprünglich zuständigen 3100 Mann nur 1600 gelassen und von diesen 1600 wiederum, mit denen sie in den wirklichen Kampf eingetreten war, waren bis zu dieser Stunde 300 tot und verwundet, 1100 gefangen. Nur ein Häuflein von 200 Mann war noch übrig geblieben. Mit diesen sollte es jetzt gewagt werden. Diese 200 Mann verteilten sich, wie folgt:

100 Mann vom 28. Bataillon unter Kommandant Brasseur in der Mairie;

60 Mann vom 12. Bataillon unter Kommandant Baroche in dem steinernen Haus;

30 Mann vom selben Bataillon unter Kapitän Ozou de Verrie im Pavillon;

10 Franktireurs de la Presse unter Lieutenant Salon ebendaselbst.

„Kommandant Baroche, als er und die Seinen sich auf diese letzte Linie zurückgedrängt sahen, vertauschte den Degen mit dem Chassepot, das ihm von hinten her zugereicht wurde. Er stand in Front an dem linken Eckfenster der Schmalseite des Hauses und gab Schuß auf Schuß. Nicht zufrieden damit, die Seele der Verteidigung zu sein, war er auch ihre Hand geworden. Eine Verwundung, die er durch ein vom Fenstersims abspringendes Steinstück am rechten Auge empfing, ließ ihn keinen Augenblick seinen exponierten Platz verlassen; er begnügte sich damit, sein Taschentuch um die Stirn zu knüpfen und fuhr fort zu zielen und zu schießen. „Nur eine halbe Stunde noch", rief er beschwörend seinen Leuten zu, „man kann uns nicht im Stiche lassen". Und in der That, es schien um eben diese Zeit, als ob starke Kolonnen von St. Denis her im Anrücken seien, und heftiges Infanteriefeuer, südlich vom Bahnhof, unterstützte die Annahme, daß man bereits zur Rettung der Besatzung herbeieile.

„Unter den bedrohtesten Punkten in diesem Augenblick war der „Pavillon", in dem mein Sohn kommandierte. Kommandant Baroche, die Lage überschauend, vielleicht auch wahrnehmend, daß das Feuer aus dieser Eckposition schwächer zu werden begann, war sofort entschlossen, auch hier durch Zuspruch und Beispiel zu wirken und stieg hinab, um an dem Gitter hin, das, hart an der Straße, die Verbindung zwischen dem steinernen Haus und dem Pavillon bildete, diesen letzteren zu erreichen. Die Entfernung betrug keine zehn Schritt. Als er die Hälfte der kurzen Strecke zurückgelegt hatte, traf ihn, durch die Gitterstäbe hindurch, eine Kugel ins Herz.

„Kapitän Ozou de Verrie übernahm, als ältester Offizier, an dieser Seite der Straße das Kommando, während drüben in der Mairie Kommandant Brasseur mit den letzten Resten seiner ihm gebliebenen Voltigeurs den Kampf fortsetzte. Eine Kugel warf ihm das Käppi vom Kopf und verwundete ihn leicht; er achtete des Zwischenfalles kaum, bis es indeß eine Viertelstunde später hieß: „Keine Patronen mehr!" Jeder fernere Widerstand war jetzt unmöglich geworden und man gab das Signal, daß man bereit sei, sich zu ergeben. Hiermit war der Kampf geschlossen. Den übrigen 1100 Gefangenen hinzugefügt, wurden wir, gemeinschaftlich mit diesen, nach Bonneuil und Gonesse hin abgeführt."

Le Bourget war unser. Als der Hauptkampf beendet war — in Häusern und Gärten außerhalb des Dorfes versteckt gebliebene feindliche Abteilungen setzten übrigens noch bis in den Nachmittag hinein das Gefecht in erbittertster Weise fort — ordnete General v. Budritzki den Abmarsch des Gros an, welcher denn auch 1½ Uhr kompagnieweise unter den Donnergrüßen der Forts von St. Denis, Aubervilliers, Romainville und Noisy nach den bisherigen Quartieren erfolgte, gedeckt durch die beiden Fußbatterieen, welche das Artillerie-Feuer des Feindes auf sich lenkten.

Der Verlust des Gegners an Toten und Verwundeten ist nicht zu ermitteln gewesen, da zuverlässige Angaben ausblieben. Über 1200 Gefangene fielen dagegen in unsere Hände. Uns selbst kostete Le Bourget:

	Offiziere	Mann
Tot	18	128
Verwundet	16	302
Vermißt	—	3
	34	433

Was aber dem Siege von Le Bourget höheren Wert verlieh, war die moralische Wirkung auf die Pariser, die aus ihrem Freudentaumel, den der Erfolg vom 28. Oktober bei ihnen hervorgerufen hatte, sich jetzt urplötzlich aus allen erträumten Himmeln gestürzt sahen. Als rühmenswert muß wieder der Löwenanteil der Offiziere an unseren Verlusten hervorgehoben werden, die mit außerordentlicher Hingabe stets in den vordersten Reihen für die Ehre ihres Vaterlandes eingestanden waren. Oberst Graf Waldersee fiel dabei als Opfer eines nichtswürdigen Verbrechens. Als er mit einem Trupp seiner Leute in ein verschanztes Haus eindringen will, wird plötzlich ein flatterndes weißes Tuch an einem der Fenster sichtbar, das Zeichen der Übergabe. Sofort befiehlt Graf Waldersee das Einhalten jeder Feindseligkeit seinen Leuten und reitet dann dicht vor das Haus, um mit seinen Insassen persönlich zu unterhandeln. Da trifft ihn aus dem Fenster eine wohlgezielte Kugel. Der herbeieilende Offizier, welcher den Sterbenden in seine Arme nehmen will, sinkt gleichfalls, zu Tode getroffen, nieder. Ein Doppelmord war geschehen. —

Etwaigen erneuten Angriffen auf Le Bourget vorzubeugen, waren statt der früheren Kompagnie jetzt zwei Bataillone Garde-Grenadiere zurückgeblieben, die innerhalb gewisser Zeiträume abgelöst wurden und auf rückwärtige Unterstützung in einer Stunde der Gefahr rechnen durften. Zuerst war es das 2. und Füsilier-Bataillon Kaiser Franz, das in dem rauchenden, von Toten und Verwundeten angefüllten Dorfe zurückblieb. Es waren trübe, unheimliche Stunden, welche diesem blutigen Ringen unmittelbar folgten. Besonders die kommende Nacht bot düstere Bilder und ließ die ermüdeten Krieger nicht die ersehnte, wohlverdiente Ruhe finden. „An diese Nacht vom 30. und 31.“, schreibt ein Füsilier, „will ich denken. Unser 2. und Füsilier-Bataillon waren, nach Beendigung des Kampfes, in Le Bourget zurückgeblieben; wir Füsiliere in Repli. Dies schien eine Bevorzugung; aber wir hatten wenig davon, am wenigsten unsere 12. Kompagnie. Das Feuer vom Fort de l'Est her dauerte fort und ehe wir noch recht zur

33*

Ruhe gekommen waren, schlug eine Granate mitten in uns hinein. Zwei Mann gleich tot, Lieutenant Fischer und 9 Mann schwer verwundet; einem Unteroffizier waren beide Beine, einem andern beide Arme weggerissen. Die Verwüstung war gräßlich. Dazu das Gefühl, uns in einem völlig fremden Terrain zu befinden. Unsere Bekanntschaft mit Le Bourget, in dem immer nur Kompagnieen von Augusta gelegen hatten, war erst 12 Stunden alt. Das Dorf selbst, wie sich nach solchem Tage denken läßt, befand sich in einem furchtbaren Zustande: die Straßen von Granaten zerwühlt, sämtliche Fenster zerschossen, in keinem Hause ein Stuhl oder ein Tisch, viel weniger eine Matratze. Was half es, man mußte sich auf die Diele legen. Glücklicherweise fanden wir zu essen vor, sogar in Fülle. Die Franzosen hatten nämlich zwei Tage gehungert, dann aber à conto ihrer in Paris ausposaunten „glänzenden Verteidigung am 28. und 29.“ massenhafte Liebesgaben an Brot, Fleisch, Speck und Wein erhalten, die nun, da gleich darauf unser Angriff erfolgte, unsern Leuten in die Hände fielen. Auch ich ging nicht leer aus. Unser Fourier brachte mir noch spät am Abend eine Flasche Sekt und einige Saucischen, die ganz vorzüglich schmeckten. Lieutenant v. B. war dabei mein Gast. Wir versuchten nun etwas zu ruhen. Ich lag mit dem Feldwebel in einem Zimmer der oberen Etage auf blanker Diele; B. im Nachbarhause. Aber es war nicht möglich zu schlafen. Die Granaten platzten dicht zwischen uns. Jede fünf Minuten eine, immer im selben Strich, dicht an uns vorbei. B. meldete endlich, ihm sei eine ins Haus geflogen und habe ein gut Teil davon weggerissen; er frage nun an, was er machen solle? Ich konnte ihm nichts erwidern als: ausharren, und wenn er einen Keller im Hause habe, dort hineinzukriechen. Ich selbst kletterte mit dem Feldwebel aus der oberen Etage herunter und quetschte mich, im Erdgeschoß, zwischen die Leute. Licht hatten wir nicht. So verrann diese mir unvergeßliche Nacht langsam, langsam, nur erheitert durch die Perspektive — am andern Morgen auf Vorposten zu müssen.“

Sechzehntes Kapitel.

Niedergeschlagenheit in Paris nach der Niederlage von Le Bourget. — Thiers begiebt sich wegen Waffenstillstandsverhandlungen nach Paris. — Bismarcks Rundschreiben bezüglich seiner Verhandlungen mit Thiers. — Die rote Revolution erhebt ihr freches Haupt wieder und versucht die bisherige Regierung zu stürzen. — Der Putsch vom 31. Oktober nach den Schilderungen Labouchères in „Daily News". — Ein Armeebefehl des Generals Vinoy. — Die Neu-Organisation der Verteidigungskräfte von Paris. — Der „Plan" Trochus. — Thiers' vereitelte Mission in Versailles wird bekannt. — Stimmung in Paris anfangs November.

Unser Sieg bei Le Bourget hatte in der That wie ein Sturzbad die heißblütigen Siegesträume der Pariser abgekühlt. Nicht nur daß das blutige Ringen um den Besitz von Le Bourget Paris in tiefe Trauer versetzt hatte, da die meisten der Gefallenen und Verwundeten aus Mobilgarden, Pariser Kindern also, bestand, es schien auch, als hätte sich das Schicksal verschworen, Schlag auf Schlag dem übermütigen Frankreich zuzufügen, den einst so stolzen Baum gleichsam bis in die Wurzeln zu erschüttern. Was hatte man nicht alles an den leichten Sieg bei Le Bourget geknüpft, eine Errungenschaft, die man wahrhaftig bei etwas mehr Ernst und Umsicht der militärischen Leiter in Paris dauernd behaupten konnte. Und nun war dieser Sieg in eitel Dunst zerronnen; gleichzeitig traf die furchtbare Nachricht ein, daß am 27. Oktober die „Jungfrau" Metz ihre Thore den so lange ungeduldig werbenden blonden Barbaren geöffnet hatte. Und jetzt schwirrte die Kunde durch die wild empörte Riesenstadt, daß Thiers sich nach Versailles begeben habe, um neue Waffenstillstands-Verhandlungen anzuknüpfen, nachdem die Mission von Jules Favre gescheitert war. Also zu allem Schmerze und allen blutigen Verlusten auch noch diese Schmach! Wie wird Deutschland sich in die Brust werfen, Europa, das sich mit einem Male so still und neutral verhielt, heimlich die Nase rümpfen! So tönte es von den Lippen der Hunderttausende, die draußen in den Vorstädten der Hauptstadt hausten, erbitterte, durch Irrlehren verführte Arbeiter, die nun den geeigneten Augenblick ingrimmig und finster herbeisehnten, wo sie die Herrschaft an sich reißen konnten und die neue, ihnen gründlich verhaßte Regierung zu stürzen vermochten.

In der That hatte sich der greise Staatsmann Thiers nach Versailles begeben, um, getrieben von der Liebe zum Vaterlande, möglichst günstige Vorteile für Frankreich auszuwirken. Am 28. Oktober war er von Tours aufgebrochen. In Orleans erhielt er auf Anweisung des deutschen Bundeskanzlers durch General v. d. Tann eine Anweisung, ungehindert seinen Weg durch die Zernierungsarmee nach Paris hinein nehmen zu können. Bereits am 31. Oktober, also dem Tage nach Le Bourget, erschien er in Versailles, wo er vom Grafen Bismarck mit ausgesuchter Höflichkeit empfangen und behandelt wurde. An den geradezu maßlosen Forderungen des alten Diplomaten, dessen Regierung, wie es den Anschein gewann, durchaus nicht daran dachte, sich bisher als besiegt zu betrachten — scheiterten auch diese Verhandlungen. Zwar ging Thiers noch einmal nach Paris, von wo er am 6. November nach Versailles zurückkehrte, doch ohne auch nur die geringste Einschränkung seiner unannehmbaren Bedingungen.

Als die Verhandlungen als völlig abgebrochen angesehen werden konnten, erließ Thiers am 7. November eine Note an alle Gesandten im Auslande, worin er natürlich die ganze Schuld seiner vereitelten Mission dem Bundeskanzler Bismarck und dessen halsstarriger Regierung beimaß. Auf diese völlig unbegründete Anklage antwortete Graf Bismarck mit folgendem Aktenstück:

„Versailles, 8. November 1870.

„Ew. ꝛc. ist es bekannt, daß Herr Thiers den Wunsch ausgedrückt hatte, sich zu Verhandlungen ins Hauptquartier begeben zu dürfen, nachdem er sich mit den verschiedenen Mitgliedern des Gouvernements der nationalen Verteidigung in Tours und in Paris in Verbindung gesetzt haben würde. Auf Befehl Sr. Majestät des Königs habe ich mich zu einer solchen Besprechung bereit erklärt und ist Herrn Thiers gestattet worden, sich zuvor am 30. v. Mts. nach Paris hinein zu begeben, von wo er am 31. ins Hauptquartier zurückgekehrt ist.

„Die Thatsache, daß ein Staatsmann von der Bedeutung und der Geschäftserfahrung des Herrn Thiers die Vollmachten der Pariser Regierung angenommen hatte, ließ mich hoffen, daß uns Vorschläge gemacht werden würden, deren Annahme möglich und der Herstellung des Friedens förderlich sein würde. Ich empfing Herrn Thiers mit dem achtungsvollen Entgegenkommen, auf welches seine ausgezeichnete Persönlichkeit, auch abgesehen von unseren früheren Beziehungen, ihm den vollsten Anspruch gab.

„Herr Thiers erklärte, daß Frankreich auf Wunsch der neutralen Mächte bereit sein werde, sich auf Waffenstillstand einzulassen.

„Se. Majestät der König hatten gegenüber dieser Erklärung zu erwägen, daß jeder Waffenstillstand an und für sich für Deutschland alle die Nachteile bedingt, mit denen für eine Armee, deren Verpflegung auf weit zurückgelegenen Hilfsquellen beruht, jede Verlängerung des Feldzuges verbunden ist. Außerdem übernahmen wir mit dem Waffenstillstand die Verpflichtung, der deutschen Truppenmasse, welche durch die Kapitulation von Metz verwendbar geworden war, in den Stellungen, welche sie am Tage der Unterzeichnung inne gehabt haben würde, Halt zu gebieten, und damit auf die Besetzung weiterer feindlicher Landstrecken zu verzichten, welche gegenwärtig ohne Schwertstreich oder mit Überwindung unbedeutenden Widerstandes von uns eingenommen werden können. Die deutschen Heere haben einen wesentlichen Zuwachs in den nächsten Wochen nicht zu erwarten. Dagegen würde der Waffenstillstand Frankreich die Möglichkeit gewährt haben, die eigenen Hilfsquellen zu entwickeln, die in der Bildung begriffenen Formationen zu vollenden und, wenn die Feindseligkeiten nach dem Ablauf des Waffenstillstandes wieder beginnen sollten, uns widerstandsfähige Truppenkörper entgegenzustellen, welche jetzt nicht vorhanden sind.

„Ungeachtet dieser Erwägungen ließ Se. Majestät der König den Wunsch, einen ersten entgegenkommenden Schritt zum Frieden zu thun, vorwiegen; und ich wurde ermächtigt, Herrn Thiers sofort mit der Gewährung eines Waffenstillstandes auf 25, oder auch, wie er später gewünscht, 28 Tage auf dem Grunde des einfachen militärischen status quo am Tage der Unterzeichnung entgegenzukommen. Ich schlug ihm vor, durch eine zu bestimmende Demarkationslinie die Stellung der beiderseitigen Truppen, so wie sie am Tage der Unterzeichnung sein würde, abzugrenzen, die Feindseligkeiten auf vier Wochen zu sistieren und in dieser Zeit die Wahlen und die Konstituierung der nationalen Vertretung vorzunehmen. Auf französischer Seite würde diese Waffenruhe nur den Verzicht auf kleine und jederzeit unglückliche Ausfälle und auf eine nutzlose und unbegreifliche Verschwendung artilleristischer Munition aus den Festungsgeschützen für die Dauer des Waffenstillstandes zur militärischen Folge gehabt haben.

„In Bezug auf die Wahlen im Elsaß konnte ich erklären, daß wir auf keiner Stipulation bestehen würden, welche die Zugehörigkeit der deutschen Departements zu Frankreich vor dem Friedensschlusse in Frage stellen könnte, und daß wir keinen Bewohner der letzteren dafür zur Rede stellen würden, daß er als Abgeordneter seiner Landsleute in einer französischen Nationalversammlung erschienen sei.

„Ich war erstaunt, als der französische Unterhändler diese Vorschläge, bei welchen alle Vorteile auf französischer Seite waren, ablehnte und erklärte, einen Waffenstillstand nur dann annehmen zu können, wenn derselbe die Zulassung einer umfassenden Verproviantierung von Paris einschlösse. Ich erwiderte, daß diese Zulassung eine so weit über den status quo und über jede billige Erwartung hinausgehende militärische Konzession enthalten würde, daß ich ihn frage, ob er ein Äquivalent dafür zu bieten im Stande sein werde und welches? Herr Thiers erklärte, zu keinem militärischen Gegenanerbieten ermächtigt zu sein, und die Forderung der Verproviantierung von Paris stellen zu müssen, ohne uns dafür etwas Anderes bieten zu können, als die Bereitwilligkeit der Pariser Regierung, der französischen Nation die Wahl einer Vertretung zu gestatten, aus welcher wahrscheinlich eine Behörde hervorgehen würde, mit welcher uns über den Frieden zu unterhandeln möglich sein werde.

„In dieser Lage hatte ich das Ergebnis unserer Verhandlungen dem Könige und seinen militärischen Ratgebern vorzulegen.

„Se. Majestät war mit Recht befremdet über so ausschweifende militärische Zumutungen und enttäuscht in den Erwartungen, welche Allerhöchstderselbe an die Unterhandlungen mit Herrn Thiers geknüpft hatte. Die unglaubliche Forderung, daß wir die Frucht aller seit zwei Monaten gemachten Anstrengungen und errungenen Vorteile aufgeben und die Verhältnisse auf den Punkt zurückgeführt werden sollten, auf welchem sie beim Beginn der Einschließung von Paris gewesen waren, konnte nur von neuem den Beweis liefern, daß man in Paris nach Vorwänden, der Nation die Wahlen zu versagen, suchte, aber nicht nach einer Gelegenheit, dieselben ohne Störung zu vollziehen.

„Auf meinen Wunsch, vor Fortsetzung der Feindseligkeiten noch einen Versuch der Verständigung auf anderen Grundlagen zu machen, hat Herr Thiers am 5. d. M. in der Vorpostenlinie noch eine Besprechung mit den Mitgliedern der Pariser Regierung gehabt, um denselben entweder einen kürzeren Waffenstillstand auf Basis des status quo, oder die einfache Ausschreibung der Wahlen vorzuschlagen, ohne konventionsmäßigen Waffenstillstand, in welchem Falle ich die freie Zulassung und die Gewährung aller mit der militärischen Sicherheit irgendwie vereinbaren Erleichterungen zusagen konnte.

„Über den Inhalt dieser seiner Besprechung mit Herrn Favre und Trochu hat Herr Thiers sich nicht näher gegen mich ausgesprochen; er konnte mir als Ergebnis derselben nur die erhaltene Weisung mitteilen, die Verhandlungen abzubrechen und Versailles zu verlassen, da ein Waffenstillstand mit Verproviantierung von Paris nicht zu erreichen sei.

„Seine Abreise nach Tours hat am 7. morgens stattgefunden.

„Der Verlauf der Verhandlungen hat mir nur die feste Überzeugung hinterlassen, daß es den jetzigen Machthabern in Frankreich von Anfang an nicht Ernst damit gewesen ist, die Stimmung der französischen Nation durch freie Wahl einer dieselbe vertretenden Versammlung zum Ausdruck gelangen zu lassen; und daß es eben so wenig in ihrer Absicht gelegen, einen Waffenstillstand zu Stande zu bringen, sondern daß sie eine Bedingung, von deren Unannehmbarkeit sie überzeugt sein mußten, nur darum gestellt haben, um den neutralen Mächten, auf deren Unterstützung sie hoffen, nicht eine abweisende Antwort zu geben.

„Ew. ꝛc. ersuche ich ergebenst, sich in Übereinstimmung mit dem Inhalt dieser Depesche auszusprechen, zu deren Vorlesung Sie ermächtigt sind.

v. Bismarck."

Die Nachricht von der Mission Thiers erweckte geteilte Empfindungen innerhalb der Bevölkerung von Paris. Während ein Bruchteil derselben, friedliebende Bürger, wenigstens im Stillen auf eine Erlösung aus den immer drückender werdenden Verhältnissen innerhalb der Mauern von Paris hoffte, Verhältnisse, die sich in einer fabelhaften Verteuerung der gewöhnlichsten Lebensmittel, dann in der Einführung der sonderbarsten Leckerbissen, wie Pferde, Hunde, Katzen, Ratten, Sperlinge und Mäuse, kennzeichneten, so war es ein anderer Teil der Bevölkerung, welcher die Mission des greisen Diplomaten als einen Hohn für Frankreich auffaßte und nun den lange verhaltenen Groll gegen die neue „Bourgeois-Regierung" in hellen Flammen auflodern ließ. Jetzt schien die Stunde gekommen zu sein, Abrechnung mit derselben zu halten, die verhaßten neuen Machthaber vom Thron zu stoßen und die Herrschaft an sich zu reißen. Bereits am 8. Oktober hatten die „Roten" dieses Unternehmen in Scene gesetzt, waren aber kläglich damit gescheitert. Heute aber schien ein glücklicherer Stern ihnen zu leuchten. Die Unzufriedenheit und das Mißtrauen war durch die Niederlage von Le Bourget zur allgemeinen Empfindung in Paris geworden.

Am 31. Oktober sollte das große „patriotische" Werk vor sich gehen. In breiten, dichten Scharen drängten die Arbeiterhorden über den Bastille- und Grève-Platz, bemächtigten sich dann des Hôtel de Ville, hielten Trochu und die anderen Regierungsmitglieder gefangen, und waren eben dabei, eine neue Regierung dem Pariser Volke zu verkünden, als die Geistesgegenwart des Finanzministers Picard noch rasch Mittel ergriff, den bisherigen Zustand zu retten und auch für dies Mal wieder den tumultarischen Revolutionären eine gründliche Niederlage zu bereiten. Nachdem der tapfere Mann die Generale Ducrot und Vinoy um schleunige Unterstützung ersucht hatte, stellte er sich selbst an die Spitze einiger treu gebliebenen alten Bataillone und bezwang den Aufstand. Noch ehe Paris die Nachricht erfuhr, vor welcher Krisis es wieder einmal gestanden hatte, war die äußere Ruhe hergestellt. Labouchère entrollte damals in der „Daily News" folgende Schilderung, die um so packender wirkt, da sie ganz unter dem frischen Eindruck jener nächtlichen Scenen in und vor dem Hôtel de Ville entstanden war. Darin heißt es:

„Wir haben sehr aufregende vierundzwanzig Stunden gehabt. Die Regierung für die Nationalverteidigung ist im Laufe des gestrigen Tages abgesetzt und festgenommen worden, hat aber trotzdem die Leitung der öffentlichen Angelegenheiten wieder übernommen. Gestern zwischen 1 und 2 Uhr ging ich nach dem Stadthause. Auf dem Platze vor demselben standen ungefähr 15 000 Personen, größtenteils Nationalgardisten aus den

Vorstädten. Sie schrieen: „Vive la Commune! Point d'armistice!“ Die Waffenstillstands-Beratung bildete angeblich die Hauptursache ihrer Auflehnung. Innerhalb des Gitters, an der Façade des Hauses hin, gingen einige diensthabende Mobil- und Nationalgardisten auf und ab. Eins der beiden großen Thore stand offen. Dann und wann erschien eine Autorität, um eine Rede zu halten, die Niemand verstehen konnte; an den meisten Fenstern der ersten Etage wurde heftig gestikuliert. Einige in meiner Nähe Stehende sagten mir, die Maires von Paris seien von Arago zusammenberufen worden und befänden sich jetzt in einem Zimmer zur Beratung, während in einem anderen die Regierung versammelt sei. Es gelang mir, das Gitter zu passieren, und ich stand nun in der Nähe eines der beiden Portale.

„Gegen 2 Uhr 30 Minuten wurden die dasselbe bewachenden Mobilgardisten zurückgedrängt und das Volk bahnte sich den Durchgang. Jetzt erschien Trochu. Was er sagte, konnte ich nicht hören, denn seine Stimme wurde durch den Ruf: „A bas Trochu!“ übertäubt. Jules Simon stieg auf einen Stuhl, um, an Trochus Stelle, die Wirkung seiner Beredsamkeit zu versuchen; während er aber noch gestikulierte, erzwang eine Rotte Bewaffneter sich den Eingang und ein etwa 300 Köpfe zählender Pöbelhaufe folgte den Bewaffneten. In diesem Augenblick knallten drei oder vier Schüsse. Die draußen stehende Menge stob unter dem Geschrei: „Aux armes!“ wild auseinander. Ich hielt es für klüger zu bleiben, wo ich war. Es dauerte nicht lange, so kam der Pöbel wieder und machte einen Angriff auf beide Thore, denn das anfänglich offen gewesene war mittlerweile auch geschlossen worden. Dieses aufzusprengen, mißlang; das andere aber, das mittelst einiger Stufen in den großen bedeckten Hof hinaufführt, gab dem Drucke nach und so drängte ich mich mit der Menge hinein, während von den Fenstern oben Papierstreifen heruntergeworfen wurden, auf welchen die Worte standen: „Commune décrétée — Dorian président!“ Es dauerte nicht lange, so war der bedeckte Hof gefüllt. In der Mitte desselben befindet sich eine große Doppeltreppe, die zunächst auf einen breiten Vorplatz, dann aber zu einem langen Saale führt. Auch in diesen drängte man sich hinein; ich mit, und über zwei Stunden brachte ich in demselben zu.

„Das Schauspiel, welches sich hier darbot, war ein seltsames. Jeder schrie, jeder schrieb eine Liste neuer Regierungsmitglieder auf und las sie

34*

dann laut vor. In der einen Ecke blies ein Mann unaufhörlich eine Trompete, in einer anderen schlug ein Patriot eine Trommel. Abwärts stand ein Tisch, und von diesem erhöhten Standpunkt herab sprachen Felix Pyat und andere tugendhafte Bürger. Jedenfalls proklamierten sie die Kommune und sich selbst, doch es war unmöglich, ein Wort deutlich zu verstehen. Die Atmosphäre wurde erstickend heiß und so stieg ich endlich zu einem Fenster hinaus, auf den Vorplatz im Mittelhofe. Hier hatten sich mittlerweile verschiedene Bürger festgesetzt. Der „ehrwürdige Blanqui" wurde von seinen Bewunderern die Stufen hinaufgeführt. Vorher, ehe man ihn erkannt hatte, war er gestoßen und an seinem weißen Bart, dem einzigen Abzeichen seiner Ehrwürdigkeit, gezerrt worden.

„Gleich darauf wurde bekannt, daß eine „neue Regierung" eingesetzt worden sei, die aus Blanqui, Ledru-Rollin, Delescluze, Louis Blanc, Flourens und Andern bestehen werde. Flourens selbst, den ich jetzt zum ersten Male sah, ging mit einigen Bewaffneten durch einen Korridor. Ich und andere folgten ihm. Wir kamen erst in ein Vorgemach, dann in ein großes Zimmer, in dem ein unsagbarer Lärm tobte. Ich kam nicht weiter als bis dicht an die Thür, konnte also nicht genau wahrnehmen, was vorging; schließlich aber hörte ich deutlich, daß Flourens die Mitglieder der Regierung aufforderte, ihr Amt niederzulegen, und daß Jules Favre sich weigerte, dies zu thun.

„Erneuter Wirrwarr, der wieder eine halbe Stunde dauern mochte. Dann schien es, nach abgerissenen Sätzen, die mein Ohr trafen, daß die alte Regierung festgenommen und eine Beratung zwischen ihr und der neuen eingeleitet werden solle. Da ich indessen Hunger empfand, so zog ich es vor, das Stadthaus wieder zu verlassen. Es gelang mir auch.

„An Trochus Hauptquartier im Louvre vorüberkommend, sprach ich mit einem Kapitän des Generalstabes, den ich kannte, und der eben am Thore stand. Als er hörte, daß ich vom Stadthause käme, fragte er mich hastig, was dort vorginge und ob ich Trochu gesehen habe. General Schmitz, so fuhr er fort, habe einen von den Maires von Paris unterzeichneten Befehl erhalten, die Thore der Stadt zu schließen und unter keinem Vorwand jemanden herein- oder hinauszulassen. Im Louvre sei alles in Verwirrung; er habe aber gehört, Picard sei aus dem Stadthause entschlüpft und organisiere im Finanzministerium eine Gegenbewegung.

„Nachdem ich diniert, ging ich weiter nach dem Vendômeplatz, denn es ward Generalmarsch geschlagen. Die Nationalgardisten des Quartiers eilten dorthin und Mobilgarden-Bataillone marschierten in derselben Richtung. Bei meiner Ankunft fand ich, daß der Vendômeplatz das Hauptquartier der Regierung geworden war und daß man einen Offizier, der mit einem von Blanqui unterzeichneten Befehl an Picard, „sich sofort auf dem Stadthause einzufinden", erschienen war, sogleich festgenommen hatte. General Tamisier war ebenfalls Gefangener der Regierung. Es dauerte nicht lange, so wurde gemeldet, daß ein Bataillon Bretagner (Finistère) in das Stadthaus eingedrungen sei, nicht um daselbst zu bleiben, sondern nur um Trochu zu einer Hinterthür hinauszuschmuggeln.

„Sofort ging ich wieder nach dem Louvre. Hier sprach Trochu, dessen Uniform bedeutend mitgenommen aussah, zu einigen Bataillonen, die ihn mit „Vive Trochu!" begrüßt hatten. Andere marschierten die Rue Rivoli hinunter nach dem Stadthause. Ich nahm einen Fiaker und folgte. Das Stadthaus war erleuchtet. Auf dem Platze davor standen nicht viel Leute; ringsumher in den Straßen aber gab es Mobil- und Nationalgardisten in Fülle, im Ganzen etwa 20000 Mann. Das Stadthaus selbst war um diese Stunde noch in Händen der Aufständischen und von einem Bataillon aus Belleville bewacht. Gegen 2 Uhr morgens indes kamen die der alten Regierung treuen Bataillone angerückt; Trochu erschien mit seinem Stabe, und kurz und gut — denn es war so finster, daß man nichts sehen konnte — die neue Regierung machte ohne Kampf und Blutvergießen wieder der alten Platz. Jules Favre und seine Kollegen, soweit sie sich noch in den Händen der Roten befanden, wurden wieder in Freiheit gesetzt. Delescluze beschreibt das Stattgehabte mit den Worten: „Die Regierung Trochu-Jules Favre unterzeichnete eine Erklärung, daß die Wahl der Kommune den nächstfolgenden Tag stattfinden und die bis dahin nur provisorische Regierung durch eine gewählte ersetzt werden solle." Im übrigen schien man vorläufig übereingekommen, Geschehenes auf sich beruhen zu lassen. Die Revolutionäre gingen zu Bett und die Dinge kehrten auf den Punkt zurück, auf welchem sie am Morgen gestanden hatten."

Durch des Finanzministers Picard rasches Eingreifen war also die bisherige Regierung am Ruder geblieben und sollte sich nun auch während der Dauer der Belagerung erhalten. Ihrer Wiedereinsetzung aber noch einen moralischen Halt zu verleihen, erließen die Generale Ducrot und Vinoy Armeebefehle, welche nicht ohne Wirkung auf die Vorstadtbewohner blieben und von welchen der Armeebefehl des Generals Vinoy, wie folgt, lautete: „Ihr kennt jetzt die Ereignisse, welche im Stadthause vorgefallen sind, und Ihr beklagt sie, wie ich, von Herzen. Eine neuerungssüchtige, den Umsturz wollende Minorität, die leider durch ihre Vergangenheit nur zu bekannt ist, hat die Mitglieder des Gouvernements der Nationalverteidigung in dem Augenblick überrascht, wo sie über die Angelegenheiten des Landes berieten. Sie hat dieselben schmählich behandelt und einen Teil der Nacht gefangen gehalten, zugleich vor ihren Augen die Herrschaft der Kommune proklamiert. Das XIII. Korps hat diese schreiende Verletzung der gesellschaftlichen Rechte nicht gekannt und um deshalb derselben weder zuvorkommen, noch sie hindern können; aber es empfindet es als eine Pflicht gegen sich selbst und gegen die Ehre der ganzen Armee, der Wiederholung solcher Ereignisse vorzubeugen. Sollte dieser Fall eintreten, so würde Euer kommandierender General nicht zögern, seine Unterstützung jenen Bataillonen der National- und Mobilgarde, die wie er denken, angedeihen zu lassen. Damit die Freunde der Ordnung, welche die des ganzen Landes sind, daran nicht zweifeln, erklären wir unsrerseits, daß wir kein anderes Gouvernement als das der Nationalverteidigung anerkennen und ohne Gnade alle Diejenigen bekämpfen werden, welche etwa ein anderes mit Gewalt einzusetzen versuchen sollten. — Soldaten des XIII. Korps, zählt also auf Euren kommandierenden General, wie er auf Euch zählt; seine Maßregeln für die Verteidigung der inneren Ordnung sind getroffen, wie sie es bisher gegen äußere Angriffe waren. Harret aus und vertrauet!"

Aber auch Paris selbst entschied sich für die Trochu'sche Regierung. In einem am 6. November stattfindenden Plebiscit stimmte die französische Hauptstadt mit 340 000 gegen 54 000 Stimmen für das bisherige Gouvernement. An demselben Tage ward auch die Neu-Organisation aller innerhalb Paris vorhandenen Streitkräfte verkündet. Es war dies das eigenste Werk von Trochu, der vom ersten Tage der Einschließung an an dieser Organisation gearbeitet hatte, die nun eine Verdoppelung der bisherigen Wehrkraft darstellte. Hatte bisher sich die Verteidigungsarmee von Paris nur aus den sogenannten Marschregimentern (alten, erprobten Linien-Regimentern) und aus Mobilgarden-Bataillonen zusammengesetzt, so hatte die inzwischen verflossene siebenwöchentliche Schulung dieser Mobilgarden, die stellenweise Verwendung derselben zu den Ausfallsgefechten, ihnen einen festeren Halt, straffere Disziplin und tieferes Vertrauen auf ihr Können verliehen, so daß man jetzt an die Vermischung beider Truppenarten gehen konnte. Ein Linien- und ein Mobilgarden-Regiment sollten fortan eine Brigade bilden. Hier und da setzte man auch eine ganze Linien-Brigade mit einer Mobilgarden-Brigade zu einer Division zusammen. Die gesamte Streitmacht war in drei Armeeen eingeteilt, wovon die erste für die Verteidigung der eigentlichen Stadt dienen sollte. Die zweite Armee ward als Offensiv-Armee ausersehen, während die dritte nur als eine Hilfs-Armee gelten sollte, bestimmt der zweiten in gefahrvollen Stunden Unterstützung zu leihen. Die Zusammensetzung dieser dreien Armeeen war nun folgende:

I. Armee:

General Clement Thomas.

226 Bataillone Nationalgarden.

II. Armee:

General Ducrot.

I. Korps Blanchard.

1. Division Malroy,
2. " Maud'huy,
3. " Faron.

II. Korps Renault.

1. Division Susbielle,
2. " Berthaut,
3. " de Maussion.

III. Korps d'Exea.

1. Division Bellemare,
2. " Mattat,
3. " (Kavallerie) de Champéron.

III. Armee:

General Vinoy.

1. Division Saumain,
2. " de Liniers,
3. " de Beaufort d'Haugoult,

4. Division Corréard
5. " d'Hugues,
6. " Pothuau.

Rechnet man die die Nord- und Ostforts teils allein, teils mit anderen Truppen gemeinschaftlich besetzt haltenden 10 000 Marine-Soldaten zu, welche unter dem in St. Denis kommandierenden Vice-Admiral de la Roncière standen, so ergiebt sich für die Besatzung von Paris folgende Gesamtstärke:

I. Armee	133 000
II. "	108 300
III. "	67 400
obige Marine-Truppen	10 000
Summa:	318 700 Mann.

Zugleich mit dieser Neu-Organisation der Pariser Streitmacht ward auch unter der Hand verbreitet, daß Trochu einen Kriegsplan für die nächste Zeit entworfen habe, nach dessen Ausführung die Belagerer niedergemäht sein würden*, der eiserne Gürtel durchbrochen, Paris und mit ihm ganz Frankreich frei und gerettet sei. Vorläufig freilich blieb noch alles still. Erst mit dem Ende November eröffneten die eingeschlossenen Gegner wieder eine Reihe ernster Ausfallsgefechte, die freilich nichts an der Gefangenschaft von Paris ändern sollten. Diese schweren, im November und Dezember stattfindenden Kämpfe werden uns in den nächsten Kapiteln beschäftigen.

Am 6. November also erfuhr Paris die neue Einteilung seiner Wehrkraft und welche kühnen Hoffnungen es nach dem „Plan" von Trochu an die nächste Zukunft knüpfen dürfte. Aber es erfuhr auch an demselben Tage, daß Thiers' diplomatische Mission in Versailles völlig Schiffbruch erlitten hatte. So war denn die Fortsetzung des grausamen Blutvergießens beschlossene Sache. Anfangs niedergeschlagen, nahm die Stimmung der wohlhabenden hauptstädtischen Bevölkerung einen immer gereizteren Ton an. Hatte man doch so zuversichtlich auf ein friedenbringendes Abkommen gerechnet. In jenen leidenschaftlich erregten Tagen schrieb Edmont About: „Thiers ist zurück. Er hat uns den Waffenstillstand nicht gebracht. Dazu sind wir isoliert. Die Frage tritt an uns heran: was soll werden? Paris ist eben so wenig im Stande, sich allein zu retten, wie Metz, Toul und

Straßburg. Auch Metz galt als uneinnehmbar, verfügte über ganz andere Befestigungen als Paris, und wurde von hunderttausend der besten Soldaten Frankreichs unter Bazaine, unserm besten General, verteidigt. Was geschah? Die Preußen haben Metz freilich nicht genommen, sie haben es nicht einmal belagert, sie haben nicht eine Kanonenkugel in seine Wälle geschossen: sie haben einfach die Stadt blockiert und sie durch Hunger bezwungen. Und auf diese Weise denken sie auch Paris zu nehmen. Was vermögen wir zu thun gegen solch ein Verhängnis? Wir können Ausfälle machen. Aber Bazaine hat auch bewundernswerte Ausfälle gemacht, und seine Energie und sein militärisches Genie fehlen unsern Pariser Generalen; dabei stand er an der Spitze einer weit tüchtigeren Armee, als die unsrige ist. Zu verschiedenen Malen hat er die Linien Friedrich Karls durchbrochen, aber die Überzahl des Feindes und dessen vorzügliche Artillerie haben ihn immer wieder in seine Verschanzungen zurückgetrieben. Nehmen wir selbst an, es erstände plötzlich ein Bazaine unter uns, unsere 200 000 Soldaten und Mobilgardisten, von 100000 freiwilligen Nationalgardisten verstärkt, stürmten eines Morgens gegen die preußischen Linien, und es gelänge ihnen durchzubrechen, so wird der Feind, welcher zahlreicher und besser geschult ist, bei seiner guten Disciplin und guten Bewaffnung sie nichtsdestoweniger zurückdrängen, wenn sie nicht vorziehen, auf dem Platze zu sterben. Es giebt keinen Soldaten, der vom Nationalstolz so verblendet wäre, zu glauben, daß Paris Frankreich retten könne, wenn Frankreich mit seinen Scharen nicht selbst Paris zu Hilfe eilt. 200 000 Mann guter Truppen im Rücken des Feindes würden den Sieg ermöglichen, wenn er auch noch nicht leicht wäre. Aber diese 200 000 Mann existieren nicht, und mit dem besten Willen kann man sie nicht in einem Monat improvisieren. In einem Monat aber werden wir viele Dinge entbehren. Man wird vielleicht einige Kanonen mehr, aber viel weniger Brot haben; vom Fleisch will ich gar nicht reden. Die Preußen ihrerseits können warten und wir werden uns bald in der Alternative befinden, kapitulieren zu müssen oder uns für die Ehre erschießen zu lassen. Bismarck betrachtet deshalb Paris für so gut wie schon genommen. Es handelt sich nur noch um eine „Berechnung der Ingenieure", wie er selbst seiner Zeit von Metz und Straßburg sagte." —

Siebzehntes Kapitel.

»Le plan de Trochu.« — Die württembergische Feld-Division und ihr Führer General-Lieutenant v. Obernitz. — Das Terrain innerhalb der Marne-Schleife und seine Besetzung deutscherseits. — Trochu läßt den Mont Avron armieren. — Die Generalordre Trochus für den 30. November. — Disposition des Generals Ducrot für den Angriff der Schlacht. — Bry und Champigny wird uns entrissen. — Die Korps Renault und Blanchard stürmen vergeblich gegen Villiers und Coeuilly. — General Renault fällt am Eisenbahndamm. — Das Corps d'Exea versucht Villiers zu stürmen. — Ein französischer Bericht über diesen letzten Sturm. — Das Ende des Kampfes um Villiers. — Verluste hüben und drüben.

Ende November sollte endlich der geheimnisvolle Plan Trochu's entschleiert werden, nachdem bereits Humor und Satire sich seiner öffentlich bemächtigt hatten. Karrikaturen und Spottverse hatte es genug geregnet, und auf den Boulevards erklangen die Couplets, von Rotten süßen Pöbels angestimmt:

„Je sais le plan de Trochu,
Plan, plan, plan,
Mon Dieu, quel beau plan!" — —

Am 30. November ward der „Plan" zur That. Die größte Schlacht, welche unter den Mauern von Paris bis zum Falle der Riesenstadt getobt hat, wurde geschlagen. Der bisher aber immer angezweifelte „Plan" ging dahin, sämtliche innerhalb Paris zur Verfügung stehenden Streitkräfte dem außen zähe lagernden Feinde entgegenzuwerfen, und zwar strahlenförmig so, daß auf jedes deutsche Korps eine französische Kolonne zum Scheinangriff vorgehen, der wirkliche Durchbruch aber mit Aufbietung aller Kräfte im Osten der Hauptstadt erzwungen werden solle, um dann der von der Loire heranmarschierenden Ersatz-Armee die Hand zu reichen. Während man unsere Korps im Süden, Westen und Norden von Paris durch Bedrohung seitens feindlicher Streitkräfte festgebannt hielt, sollten 150 000 Mann unter Führung des Generals Ducrot unsere Doppellinie, und zwar auf dem Raume zwischen Seine und Marne, durchbrechen, ein Thor in die lebendige Mauer reißen, welche nun schon seit Monaten das halb verzweifelte Paris gegen die Außenwelt abschloß.

Trochu baute fest auf die Durchführung des unbestritten mit Geschick und Klugheit entworfenen Planes. Die Neubildung der Armee hatte sich vollzogen, deren Ausbildung bis zu diesem Tage fieberhaft betrieben worden war. Auch der Punkt der Durchbrechung war trefflich gewählt worden, da gerade hier die deutsche Besatzung numerisch weit hinter den Truppenkräften der anderen Ausfallsthore stand. Es war die württembergische Feld-Division, welche unter dem Kommando des General-Lieutenants v. Obernitz auf dem rechten Ufer der Seine Stellung genommen hatte, nachdem infolge der Vorgänge bei Orleans auf Befehl König Wilhelms am 16. November die 3. Infanterie-Division sich auf das linke Seine-Ufer zum Gros der III. Armee zurückgezogen hatte, während der Maas-Armee jetzt die Verteidigung der rechts der Seine liegenden Einschließungslinie anvertraut worden war. Zur etwaigen Unterstützung der württembergischen Division und zur Deckung des Abschnittes zwischen Gournay und Bry wurde die Hälfte der sächsischen 24. Division auf das linke Marne-Ufer geschoben, der linke Flügel der 23. aber bis Montfermeil, der des Garde-Korps bis Aulnay ausgedehnt. Brücken bei Pont Part, Montapeine und Pomponne sicherten die Verbindung zwischen beiden Ufern der Marne. Von den genannten, den Abschnitt zwischen Seine und Marne besetzt haltenden Truppen zeichneten sich an diesem blutigen Schlachttage besonders die 1. württembergische Brigade unter Generalmajor v. Reitzenstein aus, glänzend unterstützt durch die rechts neben ihr stehende 24. sächsische Division. Das Gefechtsfeld hier gliederte sich in zwei Teile: in eine vordere, tief gelegene und auch nur schwach verteidigte Linie (Bry-Champigny) und eine zweite, hochgelegene und gut besetzte Linie (Noisy-Villiers-Coeuilly). Die vordere Linie wurde seitens des Gegners im ersten kräftigen Anlaufe genommen und besetzt gehalten, die zurückliegende Verteidigungslinie aber verblieb trotz des schwer hin und her wogenden Kampfes in unseren Händen. Das war das Resultat des 30. November. Aber dieser blutige Tag gebar noch einen Schlachttag. Am 2. Dezember

35*

ward der Kampf von beiden Seiten zugleich wieder aufgenommen, diesseits, die verloren gegangene Stellung dem Feinde wieder zu entreißen, jenseits, die begonnene Lockerung der Einschließungslinie im Osten völlig zu vollziehen. Auch diesmal blieb der Erfolg unentschieden. Während Champigny von uns nur halb dem tapfer sich wehrenden Feinde entrissen werden konnte, verblieb Bry ganz in seinen Händen. Aber der scheinbare Sieg des Gegners barg doch in der Besitzhaltung der genannten Ortschaften eine stete Gefahr in sich, zumal, wenn es ihm an Kraft gebrach, diesen Vorteil energisch und mit weiterem Erfolg auszubeuten. Und daß diese Kraft ihm bereits mangelte, hatte der 2. Dezember bewiesen. Von dieser Einsicht durchdrungen gab der Feind denn auch in den nächsten Tagen die so blutig errungenen Stellungen wieder freiwillig auf. Der große „Plan" des Oberbefehlshabers der Truppen von Paris war völlig gescheitert. Aber auch selbst beim Gelingen eines Durchbruches des deutschen Gürtels wäre alles Kämpfen und Bluten nutzlos gewesen. Der verlockende Gedanke, einem von Süden herauf marschierenden Entsatzheere die Hand zu reichen, wäre nicht zur That geworden.. Prinz Friedrich Karl hatte inzwischen mit seinen vor Metz frei gewordenen Armeeen der Loire-Armee einen Riegel vor den Weg nach Paris vorgeschoben.

General-Lieutenant v. Obernitz.

Ehe wir uns nun dem blutigen Ausfallskampfe am 30. November zuwenden, sei noch in wenigen Worten eines trefflichen Schachzuges erwähnt, des genialsten vielleicht, welchen Trochu während der Belagerung von Paris ausführte, der Besetzung und Armierung des Mont Avron, von allen Vorbereitungen zu dem geplanten Hauptschlage gegen uns entschieden die schwerwiegendste. War es bisher der ganzen östlichen Reihe der Forts von Paris, von St. Denis bis Charenton, nur möglich gewesen, unsere Front zu beunruhigen, so war jetzt durch die Befestigung des östlich in Front des Forts Rosny belegenen Berges geradezu ein Keil in unsere eigenen Befestigungsanlagen hineingetrieben worden, der es dem Gegner inmitten deutscher Stellungen gestattete, sowohl nach Norden hin unsere Garden, nach Osten hin das XII. Korps, als auch nach Süden hin die württembergische Feld-Division in Front und Flanke dauernd mit den schweren Geschützen beunruhigen zu können. In der Nacht vom 28. zum 29. November war der Mont Avron besetzt worden. Contre-Admiral Saisset, welcher das Kommando im Fort de l'Est bei St. Denis führte, hatte das kühne Wagstück übernommen und geschickt durchgeführt. Zur festgesetzten Stunde war er mit 3000 Marins, gefolgt von Positions- und Feld-Artillerie, aufgebrochen, um unter dem Schutze der Infanterie-Division d'Hugues die notwendigen Arbeiten vorzunehmen. Letztere waren den Marins zuerteilt worden, welche sich mit entsprechendem Material ausgerüstet hatten. Ohne daß unsererseits Einspruch erhoben wäre, war am 29. morgens die Armierung vollendet. Allein an der Südostecke des Mont Avron waren fünf schwere Festungs-Batterieen aufgefahren, welche am Tage des Ausfalles unsere drei Hauptverteidigungspunkte scharf unter ihr Feuer zu nehmen vermochten. Die General-Order Trochu's für den Durchbruchskampf lautete, wie folgt:

„Den 30. früh, bei Tagesanbruch, eröffnen die Forts und Redouten ein langsames, aber wohlgezieltes Feuer auf folgende Punkte der feindlichen Linie:

> Maison Blanche, Ville Evrard, Neuilly sur Marne, Bry sur Marne, Bois du Plant, Bois d'Huillier, Champigny, Coeuilly und die Nordspitze des Plateaus von Chennevières.

Während dieser Zeit avancieren unsere Kolonnen, ohne sich jedoch dem Feinde mehr als nötig zu zeigen oder das Feuer unserer Artillerie zu genieren. Tirailleurs werden vorgenommen, werfen sich nieder und eröffnen das Infanterie-Gefecht aus möglichst gedeckten Stellungen. Zu gleicher Zeit etablieren sich unsere Feld-Batterieen, teils am rechten Marne-Ufer, teils in der Halbinsel (dans la bouche) von St. Maur, und treten ebenfalls in die Aktion ein. Nachdem das Feuer der Forts und Redouten anderthalb Stunden gedauert hat, steigen, auf Befehl des Generals Ducrot, fünf rote Raketen von der Südost-Bastion des Fort Nogent auf. Im selben Augenblick schweigt das bis dahin auf Neuilly sur Marne, le Plant und l'Huillier, sowie auf Bry und Champigny gerichtete Feuer und unsere Kolonnen, Tirailleurs vorauf, werfen sich auf die ihnen zunächst befindlichen Angriffsobjekte. Nach zehn Minuten nehmen die Forts und Redouten, ebenso unsere Feldbatterieen, ihre Thätigkeit wieder auf und richten nun ein lebhaftes Feuer auf die Punkte:

Noisy le Grand, Villiers, Coeuilly, Chennevières. Das Feuer wird, Uhr in Hand, eine Stunde fortgeführt, dann schweigt es abermals und unsere Kolonnen dringen in die zweite Angriffsreihe vor.

Unsere Feldbatterieen werden bemüht sein, diesem Vorgehen unserer Kolonnen zu folgen, dabei aber ihre Thätigkeit auf Unterstützung der Flanken und Aufklärung des Terrains in der Front beschränken. Es ist selbstverständlich, daß überall da, wo feindliche Batterieen, sei es in Position oder im freien Felde, uns entgegentreten, die Aufgabe unserer Artillerie darin bestehen wird, ihr Feuer zunächst gegen diese Batterieen zu richten und daß das Weitervordringen unserer Infanterie-Kolonnen erst dann stattzufinden hat, wenn es geglückt sein wird, das feindliche Feuer nahezu zum Schweigen zu bringen."

Trochu selbst befand sich am Tage der Schlacht im Fort Rosny. Von hier aus telegraphierte er morgens 7½ Uhr an den Kontre-Admiral Saisset nach Mont Avron hinüber: „Alles setzt sich in Bewegung, um an die Ausführung unseres großen Unternehmens zu gehen. Rufen wir gemeinschaftlich den Herrn der Heerscharen an, nach so vielen grausamen Prüfungen uns zu beschützen. Geben Sie mir Nachrichten vom Avron aus, wohin ich nicht säumen werde, mich zu begeben. Dank für Ihre bewundernswerten Anstrengungen." Schon während der Draht diese Worte nach dem Mont Avron hinübertrug, donnerten von dieser Höhe, wie von den Forts und Redouten aus die ersten Grüße in den kalten Morgen. Gepanzerte Lowries, die ein schweres Geschütz führten, begleiteten von der Eisenbahnstrecke unterhalb Nogent diesen Morgengruß, einzelne Feldbatterieen stimmten von der Halbinsel St. Maur kräftig mit ein. Fast um dieselbe Zeit hatte sich auch die Infanterie vorwärts in Bewegung gesetzt.

General Ducrot hatte für den jetzt erfolgenden Angriff, im Einklange mit der General-Order, nachstehende Disposition getroffen:

Korps Blanchard rückt bei Tagesanbruch als rechter Flügel über die Pontonbrücke bei Joinville, dringt innerhalb der Marne-Schleife am rechten Flußufer aufwärts, besetzt das Bois l'Huillier, nimmt Champigny und das Jägerhaus, und dringt nun von hier aus gegen Schloß und Park von Coeuilly vor.

Korps Renault, Zentrum, rückt über die Pontonbrücken bei Ile de Beauté, strebt am linken Arm der Marne-Schleife nach Osten, besetzt Le Plant, teilt sich nun in zwei Angriffskolonnen, stürmt mit der linken Bry, mit der rechten die Kalköfen, um dann, teils am Bahndamm, teils die Straße Bry-Noisy entlang, das hochgelegene Dorf Villiers von Norden und Süden her zu umklammern.

Korps d'Exea bleibt vorläufig diesseits am rechten Ufer der Marne, demonstriert gegen Neuilly für Marne und Chelles, doch immer schlagbereit, im geeigneten Augenblicke über die bis dahin zu schlagenden Ponton-Brücken nördlich Bry mit einer Division zu gehen, um entweder einen Vorstoß gegen Noisy zu unternehmen, oder aber auf das zwischen Noisy und Villiers gelegene Terrain zur Unterstützung des französischen Ringens um Villiers vorzudringen.

Die Artillerie sollte zunächst Stellung südlich Le Plant nehmen, um von hier aus die Verbindungsstraße zwischen Bry und Champigny, beziehungsweise den Kalköfen zu gewinnen. General Favé nahm außerdem noch mit einer starken Artillerie-Abteilung Stellung auf der Halbinsel St. Maur, um von hier aus durch Flankenfeuer das Vorgehen gegen das Plateau Villiers-Coeuilly zu unterstützen. —

Der vom Feinde für den 30. November geplante Durchbruch nach Osten ward diesseits nicht als eine Überraschung aufgenommen. Zeitungen, Spione und Überläufer hatten längst die Kunde von einem beabsichtigten gewaltigen Ausfall überbracht, für welchen die umfassendsten Vorbereitungen französischerseits getroffen worden waren. Sämtliche östlich von Paris vom Gegner früher errichteten Barrikaden wurden jetzt schleunigst beseitigt, der Verkehr zwischen der Hauptstadt und den Befestigungen ward den Parisern aufs strengste verboten. Als nun diesseits die Anzeichen eines nahe bevorstehenden östlichen Ausfalles sich mehrten, wurde am Abend des

30. November durch das Oberkommando der Maas-Armee, dem auch die württembergische Feld-Division unterstellt war, der Befehl gegeben, die ganze 24. sächsische Infanterie-Division am 30. November auf das linke Ufer der Marne zu verlegen, die Vorposten links bis einschließlich Champigny zu übernehmen und nach wie vor das Gros der Division als mobile Reserve bereit zu halten. Dafür übernahm die 23. Division die Zernierungsstrecke Clichy-Chelles, während das Garde-Korps sich bis Livry ausdehnte. Am 30. November, morgens 5 Uhr, wurden die württembergischen Vorposten in Champigny durch das 1. Bataillon 8. Inf.-Reg. Nr. 107 (Major Thierbach) abgelöst. Unsere sämtlichen östlich Paris haltenden Truppen befanden sich in Alarmstellung, da tags zuvor feindliche Truppenmassen aller Art sich von der Stadt nach dem Außenterrain der Forts begeben hatten und letztere eine heftige Kanonade schon vor Tagesanbruch unterhielten. Als dieselbe verstummte, brach der Gegner mit wuchtiger Macht hervor. Gegen 9 Uhr morgens sahen sich unsere sächsischen Vorposten vom 8. Infanterie-Regiment aus Le Plant, l'Huillier, Bry und Champigny verdrängt. In Bry wie Champigny hielten bald je zwei französische Divisionen mit 40 Feldgeschützen, dazwischen eine lange Artillerie-Reihe in Front der mehrfach genannten Kalköfen.

Eine Pause trat ein. Der Gegner schien noch einmal die Stellungen vor sich zu mustern, welche zu stürmen er sich heute als ernste Tagesaufgabe gestellt hatte. Diese Stellungen der Unsrigen wie die Beschaffenheit des Terrains aber war folgende. Gegenüber der Marne-Schleife, in Front von Bry und Champigny, türmten sich zwei Plateaus auf, das von Villiers und das von Coeuilly. In ziemlich steilen Terrassen ansteigend, trug ein jedes ein von Park und Mauern umgebenes Schloß: Château Villiers und Château Coeuilly. Ein feindliches Vordringen in Front dieser kastellartig gekrönten Höhen blieb immer eine ebenso gewagte als opferheischende Aufgabe, da das ungefähr 400 Schritt breite Vorterrain von unseren Geschützen droben außerordentlich erfolgreich unter Feuer genommen werden konnte. Unsere Stellungen zu erschüttern konnte nur durch geschickt ausgeführte Flankenangriffe erreicht werden. Drei Wege erschlossen sich dafür dem Angreifer: links und rechts innerhalb der Marne-Schleife, auf dem schmalen Streifen zwischen Fluß und einem der bezeichneten Plateaus, oder aber zwischen den beiden letzteren, und zwar in dem kleinen von dem La Lande-

Bach gebildeten Thale, das allerdings einmal durch den Damm der von Paris nach Mühlhausen führenden Eisenbahn durchschnitten wurde. Im Voraus sei erwähnt, daß sowohl rechts wie in der Mitte beider Plateaus jeder Versuch einer Stürmung der vorliegenden Höhen scheiterte. Links war durch die Besetzung von Bry die Flankenbewegung zum Teil schon durchgeführt worden. Alle Anstrengungen aber, von hier aus Villiers den hier haltenden Württembergern zu entreißen, mißglückten an der glänzenden Verteidigung der tapferen süddeutschen Brüder.

Die Besatzung der diesen Morgen so arg bedrohten Linie östlich Paris war folgende: Zwischen Chelles und Noisy le Grand hielt die 24. sächsische Division; zwischen Villiers-Coeuilly stand die 1., zwischen Chennevières-Ormesson die 2. und zwischen Sury-Bonneuil die 3. württembergische Brigade. Speziell auf die 1. Brigade (Generalmajor v. Reitzenstein) richtete sich jetzt der feindliche Angriff. Diese Brigade hatte ihre kaum 5000 Mann zählende Streitkraft so verteilt, daß das 2. Jäger-Bataillon als linker Flügel südlich vom Jägerhofe hielt, 1. Infanterie-Regiment (Olga) als Zentrum im Schloß und Park von Coeuilly stand, während den rechten Flügel das Schloß und Park von Villiers besetzt haltende 7. Infanterie-Regiment bildete. Drei Batterieen, ein Sechs- und zwei Vierpfünder, waren in Front dieser Linie aufgefahren. Zur Verteidigung des Defilées am Bahndamm waren 2 Kompagnieen 7. Reg. von Villiers aus vorgeschoben worden. Generalmajor v. Reitzenstein befand sich im Park von Villiers, von hier aus das blutige Gefecht leitend.

Denn jetzt brach der Feind, die kurze Pause abbrechend, mit seinen Korps in sechs Kolonnen strahlenförmig vor, Korps Renault gegen Villiers, Korps Blanchard gegen Coeuilly. Da der rechte Flügel des ersten, der linke des zweiten Korps sich in ihrem Vorgehen fast berührten, beide die Stürmung des Defilée längs des La Lande-Baches erzwingend, so war der von zwei württembergischen Kompagnieen hier verteidigte Eisenbahndamm entschieden der um diese Zeit gefährdetste Punkt. Fast schien es, als sollte dem Gegner sein Vorhaben hier glücken. Die beiden Kompagnieen wie die zwei Vierpfünder-Batterieen vermochten nicht dem wuchtigen Ansturm der französischen Regimenter zu widerstehen. Wohl erschienen jetzt vom Coeuilly-Park her zwei weitere Kompagnieen (Regiment Olga), doch auch dieser geringen Unterstützung gelang es nicht, den feindlichen Sturmwellen Einhalt zu gebieten. Schon ward beschlossen, die so hartbedrängte Stellung am Eisenbahndamm aufzugeben, dem Feinde also den Mittelweg frei zu legen, als noch im letzten Augenblicke ein sächsisches Bataillon (Regiment Nr. 106) eintraf und den heiß umstrittenen Punkt behauptete.

Es war 11 Uhr, der erste Durchbrechungsversuch des Gegners abgeschlagen. Wieder trat eine Pause ein. Daß diese nur von kurzer Dauer sein mußte, daß der Feind alles daran setzen würde, noch in den ersten Kampfesstunden das vorgesteckte Ziel zu erringen, das erkannte Generalmajor v. Reitzenstein von seinem hochgelegenen Beobachtungsposten sehr bald. Dem Feinde zuvorzukommen, befahl er daher, jetzt unsererseits zum Sturm vorzugehen. Von allen drei Punkten brachen die wackeren Württemberger hervor. Nicht vom Erfolge begleitet. Nur dem linken Flügel glückte es, das in Front von Champigny gelegene Jägerhaus zu nehmen. Vom Coeuilly-Parke aus war Oberst v. Berger mit 6 Kompagnieen (Olga), zwei hielten am Bahndamm, gegen Champigny vorgestürmt; am rechten Flügel suchte Major v. Perglas mit 3 Kompagnieen 7. Regiment vom Villiers-Parke aus sich in dem Terrain bei Bry festzunisten. Doch weder der Angriff unseres Zentrums, noch des rechten Flügels gelang. Unter schweren Verlusten, besonders für das Regiment Olga, mußten die Truppen wieder zurückgezogen werden. Mehr als den vierten Mann hatte das letztgenannte Regiment eingebüßt; Oberst v. Berger war gefallen, ebenso die Oberlieutenants Gaßer und Bandel, schwer verwundet wurden Major Schäffer und Hauptmann Clausen; 8 weitere Offiziere empfingen Verwundungen. Hinter die schützende Parkmauer von Coeuilly zurückgekehrt, übernahm Major Haldenwang die Führung des Regiments Olga.

Aber auch der Gegner hatte schmerzliche Einbuße erlitten. General Renault, ein von der Pike herauf gedienter ehrwürdiger Veteran, fiel tödlich verwundet am Bahndamm; fast gleichzeitig mit ihm stürzten Graf Neverlée, Ordonnanzoffizier Ducrots (welch letzterer persönlich, den Degen in der Hand, die Truppen voll Begeisterung gegen uns angeführt hatte), wie auch Oberstlieutenant Prevault, Kommandeur des 42. Linien-Regiments, tot zu Boden nieder.

Hatten wir vorher das Zurückweichen des Gegners zu einem Vorstoß ausgebeutet, so war es jetzt der Feind, der uns im Ausnutzen unserer erkannten Schwäche wuchtig nachdrängte. Bahndamm im mittelsten Defilée, wie der Park von Coeuilly, beide Punkte schienen uns verloren gehen zu sollen. Aber auch diesmal traf noch rechtzeitig genug die ersehnte Hilfe ein. Von links her schwenkte, auf Befehl des Generalstab-Offiziers Hauptmann Pfaff, das Jäger-Bataillon mit prächtigem Schnellfeuer ein, dem nachdringenden Gegner Halt gebietend, während von rechts zwei weitere sächsische Bataillone, das 2. und 3. vom Regiment 106, unter persönlicher Führung des Oberst v. Abendroth, welcher an diesem Tage eine kombinierte Brigade befehligte, im Laufschritt von Noisy her vordrangen, alles vor sich niederwerfend und den Abhang zurückdrängend, was bereits das Plateau erklommen hatte. Besonders das 3. Bataillon unter Major Brinckmann zeichnete sich in hervorragendster Weise aus. Zwei Geschütze wurden erobert, blieben aber stehen, um den Angriff nicht abzuschwächen. Um 1 Uhr war der Gegner auf allen Punkten unserer rückwärtsliegenden zweiten Verteidigungslinie zurückgeschlagen, die Hauptgefahr beseitigt. Villiers, das Defilée am Bahndamm, wie auch Coeuilly waren in unseren Händen verblieben. Die bisherige Kraft des Feindes zeigte sich entschieden gebrochen, wenigstens was die bisher im Feuer gewesenen Korps Blanchard und Renault anbetraf. Zudem trafen diesseits jetzt noch weitere Unterstützungen ein, so daß um diese Zeit unsere Verteidigungskraft sich aus 5½ Bataillonen Württembergern, 4½ Bataillonen Sachsen und 4 württembergischen, 3 sächsischen Batterieen zusammensetzte.

Was sich jetzt entspann, war vorläufig nur ein Artilleriegefecht. Von 1—3 Uhr fand kein neuer Vorstoß seitens der französischen Infanterie statt. Erst nach zweistündiger Pause warf der Gegner einen Teil seines bisher mehr oder minder in Reserve stehenden Korps d'Exea gegen unsere stark besetzten Höhen aus. Während eine Infanterie- und eine Kavallerie-Division dieses Korps gegen Chelles demonstriert hatte, war die dritte Division, Gewehr bei Fuß, auf dem Terrain zwischen Rosny und der Marne verblieben. Diese Division, Bellemare, drang jetzt über zwei mittlerweile geschlagene Schiffsbrücken vor, um nun an Bry vorbei, teils auch quer durch das Dorf hindurch, gegen unsere Stellung von Villiers von allen Seiten umfassend vorzugehen. Um 3 Uhr standen die französischen Regimenter am Abhang des Plateaus. Dann erscholl der weithin hallende Ruf: „en avant"! Das 136. Linien-Regiment links, Regiment Morbihan rechts, das Zuaven-Regiment in der Mitte, so ging es jetzt mit tollkühner

36*

Bravour die Wand empor und dann, die deutschen Kugeln nicht achtend, gefolgt von der Artillerie, gegen den Park von Villiers vor. Sollte der Mut des Gegners heute doch noch gekrönt werden? Aber schon dringen vom Bahndamm die dort erst jüngst zur Unterstützung eingetroffenen zwei sächsischen Bataillone herüber, während gleichzeitig mit dieser hilfebringenden Streitkraft die Hälfte der sächsischen Artillerie bei Villiers eintrifft. Sieben Batterieen empfangen jetzt mit Donnergruß längs der Linie Noisy-Villiers den Feind. Diesem furchtbaren Feuer ist derselbe nicht gewachsen. In wild aufgelösten Scharen stürzen die tapferen Franzosen den Abhang wieder hinab, Schutz und Rettung im Dorfe Bry zu suchen. — Ein Volontair-Offizier vom Zuaven-Regiment hat einen interessanten, dramatisch bewegten Bericht über diesen Sturmangriff auf Villiers veröffentlicht. Demselben entnehmen wir:

„In aller Frühe aufbrechend, hatten wir, und mit uns die ganze Division Bellemare, Fort Nogent passiert und hielten an einem Straßenkreuzungspunkte in Front von Plaisance. Eh' wir diesen Punkt erreichten, waren wir, um des Vorgehens einiger Batterieen willen, gezwungen worden, eine Viertelstunde zu halten. Unser Doktor, fröstelnd in dem Mäntelchen, das er trug, wandte sich zu mir und sagte kopfschüttelnd: „Gerade so hielten wir auch bei Sedan. Sonderbar! Artillerie ging, wie hier, durch unsere Reihen hindurch. Erst Weidengebüsch; dann eine Pappel-Allee nach rechts hin. Genau so war es auch dort. Es ist mir wie ein Traum." Es waren nicht Betrachtungen, die zur Heiterkeit stimmen konnten.

„Wir standen stundenlang Gewehr bei Fuß. Fast unmittelbar vor uns lagen die Brücken, die etwas westwärts von Bry über die Marne geschlagen waren, aber kein Befehl kam, sie zu passieren. Rechts neben uns, nur durch den Fluß getrennt, tobte die Schlacht am Eisenbahnviadukt und auf Coeuilly zu. Am Mittag schien es, die Unsrigen würden zurückgedrängt, was bei der geringen Zahl von Brückenübergängen notwendig verhängnißvoll geworden wäre; aber eine halbe Stunde später stand wieder die Schlacht und um 2 Uhr kam Befehl an die Division, auf das linke Marne-Ufer überzugehen und in die Aktion einzugreifen. Zielpunkt: Plateau von Villiers und Villiers selbst.

„Die ganze Division trat an: erst das Regiment Morbihan, dann Linie (das 136.), dann wir. Auch die „Amis de la France", unmittelbar zu unserer Rechten, passierten eine der Brücken, ich erkannte Madame de Beaulieu, die als Cantinière frank und frei an der Spitze ihres Truppenteils marschierte.

„Als wir drüben waren, war die Situation wie auf einen Schlag verändert. Bry sur Marne, in das wir einrückten, liegt am Fuß der Anhöhe und gestattet wohl einen Überblick über die Abhänge derselben, nicht aber über das eigentliche Plateau. All' die Bataillone, die wir, aus größerer Entfernung, auf eben diesem Plateau sich hatten hin und her bewegen sehen, schienen jetzt verschwunden und nur an dem Gezisch der Kugeln, die über uns hinflogen, konnten wir wahrnehmen, daß die Dinge dort oben noch ebenso standen, wie wir sie, eine Stunde zuvor, von Plaisance aus beobachtet hatten.

„Wir sollten bald in die Lage kommen, Gewißheit darüber zu erlangen, denn kaum, daß wir Bry der Quere nach durchschritten und die Kirche passiert hatten, so klang das „en avant!“ unsres Obersten die Reihen entlang und die Hornisten an der Tête, so ging es jetzt die Abhänge hinauf. Ein alter Zuave hart neben mir intonierte:

'S giebt einen Trunk zu trinken heut,
'S giebt heute einen Trunk!

und fünf Minuten später hatten wir den Plateaurand erstiegen und sahen in das Schlachtenbild selbst hinein. Vierhundert Schritt vor uns erkannten wir deutlich die Parkmauer von Villiers; rechts und links feindliche Tirailleurzüge in Front meist gedeckt stehender Reserven; wenig Artillerie, oder doch so gestellt, daß sie sich unseren Blicken entzog. Wenn die Rauchwolken momentan verschwanden, ließ sich das Bild klar überblicken. Wir rückten, ablösend, in die Position ein, die ein Linien-Regiment von der Division Maussion bis dahin unter großen Verlusten gehalten hatte, gaben aber alsbald die bloße Defensive auf und stürmten gegen die Parkmauer von Villiers vor. Links neben uns das Regiment Morbihan. Artillerie war unsrerseits nicht zur Stelle; die wenigen Brücken, die uns bei Bry zur Verfügung gestanden hatten, hatten ein gleichzeitiges Übergehen unsrer Geschütze unmöglich gemacht. Es mußte also ohne ihre direkte Hilfe gewagt werden. Von 20 Schritt zu 20 Schritt stürzten wir vor, warfen uns nieder und gaben eine Salve ab. Unser Hornist war bereits gefallen; der Fourier, der uns zwei Tage zuvor die Trochu'sche Proklamation vorgelesen hatte, nahm das Horn und blies das Signal zum Avancieren, aber in Brust und Becken getroffen, brach er zusammen. Weiter ging es; die feindlichen Tirailleur-Linien wichen, die Parkmauer von Villiers lag wie zum Greifen vor uns; keine zweihundert Schritt. Einige stürzten vor, aber ehe sie noch den Raum zur Hälfte durchmessen, waren sie getroffen und lagen in ihrem Blut. Auch für uns, die wir die vorderste Linie zu halten suchten, wurde es unmöglich, dies ohne Deckung zu thun; wir warfen uns nieder und suchten Schutz in Furchen und Terrainfalten, wie das Plateau sie bot. Freilich war es so gut wie nichts und was mich persönlich angeht, so überkam es mich wie Gewißheit, aus diesem Feuer kommst du nicht heraus. Je gewisser mir dies Gefühl wurde, desto ruhiger wurde ich. Von dem Augenblick an, wo man sich resigniert, ist jedes Bangen abgestreift. Es hängt hiermit zusammen, daß in den blutigsten Schlachten mehr kaltblütiger Mut gezeigt wird, als in leichten Gefechten, wo man nicht einsieht, weshalb man nicht ebenso gut ungetroffen davon kommen könne.

„Bei Anbruch der Dunkelheit hörte das Feuer auf. Der Feind ging auf der ganzen Linie bis in seine Höhenstellung zurück und überließ uns das Schlachtfeld. Die Trümmer unsres 1. und 2. Bataillons wurden gesammelt; jeder war erstaunt, noch zu leben. Wir hatten 700 Mann und 44 Offiziere verloren. Nur 7 oder 8 waren unverwundet geblieben. Ein Kapitän, der Wörth und Sedan mitgemacht hatte, sagte mir, daß er nichts Ähnliches erlebt habe wie diese drei Stunden.

„Wir wurden in unserer Frontstellung durch frische Bataillone abgelöst und erhielten Order, nach Bry sur Marne zurückzugehen. Der Weg führte uns an Abhängen entlang, deren Weinberg-Anlage durch eine große, von Berg zu Thal führende Chaussee durchschnitten wird. Diese Chaussee war mit Äpfelbäumen besetzt; die schwerbeladenen Zweige hingen zur Erde nieder und die Toten lagen daneben, bis an den Fuß des Berges hin. Ich begleitete mein Bataillon bis Bry; dann, mich beurlaubend, kehrte ich auf das Schlachtfeld zurück, um nach den Verwundeten zu sehen. Hatte ich doch bereits gehört, daß mein Freund und Berufsgenosse Raoul Lacour, der mit mir bei den 4. Zuaven eingetreten war, tödlich getroffen worden sei.

„Das Schlachtfeld war still. Des Mondes letztes Viertel gab wenig Licht, nur gerade genug, um noch hier und dort eine dunkle Erhöhung erkennen zu lassen. Es waren die Toten. Dann und wann rief mich ein Verwundeter an; ich versprach, Hilfe zu senden und ruhig betteten sie sich wieder auf die kalte Erde. Einzelne Bäume standen über das Feld hin; unter dem kahlen Gezweig des einen lagen vier Sachsen. Ich näherte mich ihnen und fragte, ob sie verwundet seien. „Es ist nichts!" antwortete der eine und umarmte seinen Kameraden, der zu sterben schien. Weiter schritt ich, nur allzu oft den großen, offenen Augen der Toten und Verwundeten begegnend.

„Auf dem Rückwege schon wurde ich noch eines Zuaven gewahr, der, am Abhang hingestreckt, zu schlafen schien. Er hatte die Kniee zusammengezogen, die Hände unter dem Kopf, und Kopf und Hände auf dem Tornister. Näher herantretend, erkannte ich das Profil des Schlafenden. Seinen Namen hab' ich nie gewußt, er hieß in der Kompagnie „la pauvre bête". Schwachen Geistes, Bretagner von Geburt, schlief er Tag aus Tag ein, wenn ihn nicht der Dienst zwang, wenigstens so wach zu sein, wie seine Gaben es zuließen. Dann und wann hatte ich mit ihm zu plaudern gesucht, aber vergeblich; er pflegte sich dann aufzurichten, starrte mich an und legte sich wieder nieder. Immer hatte ich ein tiefes Mitleid mit ihm gehabt. Da lag er nun vor mir, hingestreckt, wie ich ihn so oft hatte liegen sehen. Nur diesmal in tieferem Schlaf.

„Spät am Abend war ich bei meiner Kompagnie zurück. Ich traf sie hart am Flußufer, auf einer der Marne-Wiesen. Todmüde — elf Stunden lang hatte ich den Tornister auf dem Rücken gehabt — warf ich mich nieder; aber die bittere Kälte ließ mich nicht zum Schlafen kommen, während ich doch andererseits zu erschöpft war, um mich durch Auf- und Abgehen einigermaßen zu erwärmen. Als der Morgen kam, war ich wie gelähmt. Das Regiment trat an, um nach Fort Rosny zurückzugehen; aber ich konnte nicht mit. „Schleppen Sie sich ins Lazarett, so gut es geht!" rief mir der einzige Offizier zu, der unserer Kompagnie geblieben war. An mir vorüber setzten sich die Kameraden in Marsch.

„Es war noch dunkel, trotzdem es bereits 7 Uhr früh sein mochte. Der Mond war längst unter. Ich entsann mich, am Abend vorher gesehen zu haben, wie lange Züge von Verwundeten alle nach einem großen Hause hin ihren Weg genommen hatten. Eben dieses Haus suchte ich jetzt zu erreichen. Es gelang; ich schleppte mich hin und fand die Thür; aber kaum, daß ich die Schwelle überschritten hatte, so stolperte ich über etwas, das in einen Mantel gewickelt, hart am Eingange lag. Ich konnte nicht mehr weiter, meine Kräfte schwanden und ich fiel in Ohnmacht.

„Als ich ich die Augen wieder öffnete, erkannte ich, bei dem fahlen Schein des eben anbrechenden Tages, daß ich mich in dem großen Saal des Hauses befände, der aber, unter dem Feuer des gestrigen Tages, in eine Art Hof umgewandelt war. Nur die vier Mauern standen, von oben schien der Himmel herein. Der Fußboden war mit Verwundeten überdeckt: Bilder, die jeder Beschreibung spotten. Einer, ein Vendéer von der Mobilgarde, war durch den Mund geschossen, und der scheinbar zu doppelter Größe angeschwollene Kopf machte einen grotesk-furchtbaren Eindruck. Auf dem Herd glimmte noch ein Feuer; Scheite waren dicht daneben aufgeschichtet, aber keiner von denen, die in der Nähe des Kamins lagen, hatte noch Kraft genug, sich zu erheben und ein Scheit an das Feuer zu schieben. Ich richtete mich auf, um es statt ihrer zu thun, und nahm nun erst wahr, worauf ich, während mich die Ohnmacht gefangen hielt, geruht hatte. Es war einer unserer Zuaven-Kapitäne, „un vieux“, wie die jungen Offiziere des Regiments zu sagen pflegten. Von der Pike auf hatte er gedient, ohne Glück und ohne Protektion. Da lag er nun, Blut in dem weißen Haar seines Schnurrbarts. -

„Noch erschütterndere Momente kamen. Eben war ein Soldat bei uns eingetreten, um zu melden, daß unsere Verwundeten die bitterkalte Nacht auf dem Schlachtfelde hätten zubringen müssen, als auch schon, an den Abhängen hin, scheinbar in unserer nächsten Nähe, Schüsse fielen. Ein Entsetzen erfaßte uns plötzlich, daß wir alle verloren seien und dem Feinde in die Hände fallen würden. Ich, als der weitaus Rüstigste unter diesen Unglücklichen, erhob mich, um einige Wagen zum Transport der Verwundeten herbeizuschaffen. Aber die Panik war so groß, daß gleichzeitig mit mir einige Schwerverwundete, denen der Schenkelknochen zerschmettert war, sich aufzurichten trachteten und, zweier Gewehre sich als Krücken bedienend, in der That einige Schritte vorwärts thaten, bis sie zusammenbrachen. Ich meinerseits, ebenfalls ein Gewehr als Stütze nehmend, schleppte mich, unter unsäglichen Schmerzen, über eine der Marne-Brücken, und erreichte Nogent. Von hier aus schickte ich Hilfe. Ehe Mittag heran war, war das „große Haus“ leer.“ —

Mit dem Zurückweichen der Division Bellemare war der Kampf dieses Tages beendet. Um 5 Uhr, diesseits rückten eben fünf frische Bataillone bei Coeuilly zur Unterstützung heran, schwieg das Feuer auf beiden Seiten. Soweit der Gegner nicht seine Truppen über die Marne zurückzog, biwakierten dieselben zwischen Le Plant und den Kalköfen. Auch die Dörfer Bry und Champigny verblieben in den Händen des Feindes, eine Errungenschaft, die selbst General Vinoy nicht den Mut hatte, als einen glücklichen Sieg zu feiern. „Nur ein unvollständiges Resultat," schreibt er, „war unsererseits errungen: das Dorf Villiers sur Marne und der Park von Coeuilly blieben in den Händen der Deutschen; beide Punkte aber waren gerade die wichtigsten. Dazu kam, daß wir in halber Höhe standen, während die Deutschen die in voller Höhe gelegenen, also die dominierenden Punkte, inne hatten. Wurden wir geworfen, so mußten wir über die Marne-Brücken zurück, deren nicht viele vorhanden waren. Unsere Lage war, überall den Fluß im Rücken, eine sehr gefährdete. Der Feind erkannte dies alles. Vorläufig zufrieden damit, die Hauptposition festgehalten zu haben, beschloß er seine Verstärkungen nunmehr heranzuziehen. Er konnte dies in relativer Ruhe thun, weil er sehr wohl bemerkt hatte, daß er den kräftigsten Teil unserer Armee unmittelbar vor sich hatte, von anderen Punkten seiner Zernierungslinie also Truppenteile heransenden konnte, ohne durch diese Detachierungen ihrerseits große Gefahr zu laufen."

Schwere Verluste waren auf beiden Seiten zu beklagen. Französischerseits betrug die Einbuße, nach Angaben des General Ducrot, ungefähr 6000 Mann. Diesseits bezifferten sich die Verluste, wie folgt:

	Tot		Verwundet		Vermißt	
	Off.	Mann	Off.	Mann	Off.	Mann
Württembergische Division	13	248	22	547	—	10
XII. sächsisches Korps . .	10	138	20	472	1	212
	23	386	42	1019	1	222

Dies ergiebt für den ersten Schlachttag bei Villiers einen Gesamtverlust von 66 Offizieren und 1627 Mann = 1693. Wir wenden uns nun der Darstellung der diesen blutigen Ausfall begleitenden Scheingefechte im Kreise von Paris, wie der am 2. Dezember nachfolgenden zweiten Schlacht von Villiers zu.

Achtzehntes Kapitel.

Die Scheinangriffe der Franzosen vom 29. bis 30. November rings um Paris. — Das Gefecht bei L'Hay. — Das Gefecht am Mont Mesly. — Das Gefecht bei Choisy le Roi. — Das Gefecht am Bièvre-Bach. — Das Gefecht zwischen St. Cloud und Malmaison. — Das Gefecht bei Epinay. — Das Gefecht auf der Linie Le Bourget-Drancy. — Das Gefecht auf der Linie Sevran-Clichy-Chelles. — Tours schwelgt in Siegesfreuden. — Am 1. Dezember. — Der zweite Schlachttag von Villiers am 2. Dezember. — Der Kampf um Bry und Champigny. — Blutiges Ringen im Zentrum. — Beiderseitige Verluste am 2. Dezember.

Der große östliche Durchbrechungsversuch des eingeschlossenen Gegners war von einer Reihe Scheingefechten rings um Paris begleitet worden, teils uns davon abzuhalten, den allein gefährdeten Punkt — Villiers-Coeuilly — energisch und thatkräftig zu unterstützen, teils auch unsere Streitkräfte zu zersplittern. Schon in der Nacht vom 29. zum 30. November war französischerseits ein Gefecht bei L'Hay eingeleitet worden. Ursprünglich war die früher mitgeteilte General-Order Trochus für den 29. November bestimmt gewesen. Schon am 28. November hatte sich die für den Durchbruch ausersehene II. Armee bei Vincennes zusammengezogen, um Tags darauf östlich vorzubrechen. Da sich die Fertigstellung der Marne-Brücken jedoch verzögerte, und der beabsichtigte Angriff auf Bry und Champigny bis zum nächsten Tage verschoben werden mußte, so wurde es den mit den Scheinangriffen beauftragten Generalen anheimgestellt, dieselben entweder sogleich oder ebenfalls erst am 30. November in Ausführung zu bringen. Die Ermächtigung zum Verschieben des Scheinangriffs auf den nächsten Tag ging jedoch dem General Vinoy erst zu, als der Vorstoß gegen L'Hay bereits eingeleitet war. Vinoy selbst klagt darüber: „Die Vertagung des großen Ausfalls vom 29. auf den 30.", schreibt er, „war ein Unglück für uns. Von einer eigentlichen Überraschung des Gegners konnte nicht länger die Rede sein, wir hatten ihn selbst, mehr oder minder deutlich, von dem benachrichtigt, was unsererseits im Werke war. Er konnte Anstalten treffen, den mutmaßlich am meisten bedrohten Punkten Verstärkungen von links und rechts her zuzuführen. Die Wiederaufnahme des Kampfes mußte uns also, selbst wenn wir reussierten, schwerere Opfer auferlegen, als es, ohne einen solchen Avis, erwartet werden durfte. Was die mir persönlich unterstellten Streitkräfte (III. Armee) angeht, so durfte man ihnen, am Tage darauf, kaum eine ähnliche Anstrengung zumuten; jedenfalls aber, wenn sie doch von ihnen gefordert wurde, war weder das Vertrauen, noch der Elan von ihnen zu gewärtigen, womit sie am 29. ihren Angriff ausgeführt hatten. Zum Überfluß erfolgte, in der Nacht vom 29. auf den 30., auch noch ein Witterungsumschlag, und wir traten in kalte Tage ein." —

Das Demonstrationsgefecht bei L'Hay am 29. November war die Folge des verspäteten Eintreffens der Nachricht, daß der Durchbruch um einen Tag verschoben werden sollte. Dasselbe, gegen unser VI. Korps, beziehungsweise die 12. Division geführt, gestaltete sich überaus ernster als der Kampf am 30. November, wie er nach dieser Richtung hin sich entwickelte, und zergliederte sich in ein heftiges Ringen um den Besitz von L'Hay wie der rechts daneben gelegenen Mühle, und ein Scheingefecht in der Richtung von Gare aux boeufs und Choisy le Roi. Gegen die ersten Punkte drang die Linien-Brigade Valentin (von der Division Maud'huy) vor, gegen die letzteren die Division Pothuau. Sechs Kompagnieen 62er und 63er hielten L'Hay wie die angrenzende Mühle besetzt, als der Feind noch vor Tagesanbruch aus seiner Schutzstellung hinter der Schanze von Les Hautes Bruyères hervorbrach und nun in sechs Kolonnen vorwärts stürmte, L'Hay wie die Mühle zu umfassen, während der Kontre-Admiral Pothuau mit seiner Division sich über Vitry auf Choisy le Roi wandte. Der Geschützdonner der letzten Nacht wie verdächtige Bewegungen jenseit der Forts hatten den General von Tümpling bestimmt, der 12. Division eine Gefechtsstellung anzuweisen. Dennoch wirkte der feindliche Überfall etwas überraschend. Begünstigt durch die Dunkelheit und die vorliegenden Weingärten, gelang es den französischen Truppen sich an einigen Stellen in L'Hay wie in der Bièvre-Mühle festzunisten. Zwar

37*

waren unsere Schlesier bald bereit, die Eindringlinge mit wuchtigen Kolbenschlägen wieder hinauszutreiben, jedoch blieben einzelne Häuser an der Nordwestecke des Dorfes, wie auch die Mühle im Besitz des Gegners. Letzterer hatte Zuflucht in den Weingärten gesucht und verwickelte sich nun mit unseren am Nordrande von L'Hay haltenden Füsilieren in ein scharfes Feuergefecht, zu dessen Unterstützung diesseits noch das 1. Bataillon der 62er aus Fresnes nach La Rue vorgezogen wurde. Als dann gegen 8½ Uhr die Franzosen sich noch einmal daran machten, Park und Kirchhof von L'Hay anzugreifen, wurden sie von solch wirksamem Schnellfeuer empfangen, daß sie sich genötigt sahen, nochmals Schutz in den Weinbergen zu suchen, worauf die Dorfverteidiger zu einem raschen und kräftigen Nachstoß schritten, wobei auch die letzten Häuser des Dorfes von dem Gegner aufgegeben wurden. Unter blutigen Gefechten bezogen die Unserigen ihre Vorpostenstellungen wieder, der Feind wich unter entsetzlichen Verlusten auf Villejuif zurück. Bald nach 10 Uhr verstummte auch das Geschützfeuer.

Inzwischen hatte bei Choisy le Roi unser Grenadier-Regiment No. 10 den Kampf gegen die Kolonne des Admirals Pothuau aufgenommen, von welcher vier Kompagnieen sich um 6½ Uhr früh, die Überraschung der Unsrigen ausnützend, in den Besitz des Gehöftes Gare aux boeufs gesetzt hatten. Eine Reihe feindlicher Batterieen richtete außerdem ihr Feuer gegen Choisy le Roi und das dahinter liegende Gebäude. Nun ward diesseits der Befehl ausgegeben, mit dem Bajonett den verlorenen Posten wiederzugewinnen. Noch ehe jedoch dies zur Ausführung kam, zog General Vinoy, welcher inzwischen Mitteilung vom Aufschube des Durchbrechungsversuches empfangen hatte, seine Truppen nach Vitry zurück, während die Festungsgeschütze noch bis gegen Mittag in Thätigkeit blieben.

Zur Fortschaffung der zahlreichen Verwundeten wurde ein dreistündiger Waffenstillstand vereinbart. Nach Angabe des Feindes bezifferte sich sein Verlust auf ungefähr 1000 Mann. An 300 unverwundete Gefangene fielen in unsere Hände. Diesseits war die Einbuße verhältnismäßig gering. Wir verloren an Toten und Verwundeten 8 Offiziere und 144 Mann. Die Hälfte der Offiziere davon hatte den Tod fürs Vaterland gefunden. — Wenden wir uns nun der Reihe der am 30. November in Scene gesetzten Scheingefechte zu — zuerst dem Gefecht am Mont Mesly.

Sieben Demonstrationsgefechte begleiteten das Vorgehen des Feindes gegen unsere Linie Villiers-Coeuilly, die in der Hauptsache von der 1. württembergischen Brigade v. Reitzenstein verteidigt wurde. Zwei von diesen Demonstrationsgefechten waren vor allem bestimmt, jede Unterstützung der eben genannten Brigade unsererseits zu verhindern. Von rechts und links der östlich angebahnten Durchbruchsstraße war daher ein Angriff geplant worden. Rechts ergab er das ernstere Gefecht bei Mont Mesly gegen die 3. württembergische Brigade v. Schüler, wie die 7. pommersche Brigade du Trossel, links das Scheingefecht bei Chelles gegen die daselbst stehende 23. (sächsische) Division. Von Mont Mesly südwärts den Kreis der Demonstrationsgefechte beschreibend, wird uns das Gefecht bei Chelles zuletzt beschäftigen.

Die Stellung unserer Truppen war folgende: Dorf und Berg Mesly hielt die 3. württembergische Brigade v. Schüler besetzt; die 2. Brigade v. Starkloff hielt an der Marne-Schleife bei Chennevières; eine Meile rückwärts von Mesly stand die 7. pommersche Brigade du Trossel, während am linken Seine-Ufer bei Villeneuve St. Georges die 21. schlesische Brigade v. Malachowski Stellung genommen hatte. Der Angriff französischerseits ward von der Division Susbielle (Korps Renault) in drei Kolonnen ausgeführt. Links brach man gegen den Mont Mesly, in der Mitte gegen das Dorf Mesly vor, während die rechte Flügelkolonne sich mit einer Schwenkung gegen die rechte Flanke von Valenton wandte. Trotz der tapfersten Verteidigung sahen sich die Württemberger schließlich doch genötigt, Dorf und Berg Mesly dem Feinde zu überlassen. Ebenso gelang es Abteilungen der Brigade La Charrière sich in dem nordöstlich von Valenton belegenen Bois de Brévannes festzusetzen. Erst Nachmittag sollten unsererseits die verloren gegangenen Stellungen wieder zurückerobert werden. Unter persönlicher Führung des Generals v. Tümpling war inzwischen die 21. schlesische Brigade bei Villeneuve St. Georges über die Seine gegangen, wodurch den Regimentern 9 und 49 der pommerschen Brigade du Trossel es ermöglicht ward, ihrerseits sich nun zur Unterstützung der Württemberger dem Feinde entgegenzuwerfen. Dies war um 1 Uhr. Drei Batterieen hatten außerdem diesseits zur selben Zeit ihre Feuerschlünde auf den Gegner gerichtet. Rechts die Württemberger, links und im Zentrum die Pommern, so schritt man jetzt zu einem vereinten Angriff. Er gelang. Sowohl das Bois de Brévannes ward von seiner feindlichen Besatzung durch unsere Soldaten gesäubert, auch Dorf und Berg Mesly fielen bald wieder in unsere Hände. Auf allen Punkten wich der Gegner zurück, freilich nur unter erbittertem Kampfe, in welchem der General de la Charrière tödlich getroffen wurde, aber auch uns schmerzliche Verluste erwuchsen. Bereits um 2 Uhr konnten die Unsrigen ihre alten Stellungen wieder beziehen. Eine Abteilung Württemberger und Pommern wurde nach Beendigung des Gefechtes nordöstlich an der Marne hin vorgeschoben, um erforderlichen Falles an dem um Villiers-Coeuilly brandenden Kampfe teilzunehmen. Die 21. Brigade ging auf das linke Seine-Ufer zurück. Unser Verlust stellte sich auf etwa 350, der der Franzosen auf ungefähr 1200 Mann. —

Wenden wir uns nun dem Gefecht bei Choisy le Roi zu. Gegenüber dem hier stehenden VI. Korps, beziehungsweise der 11. Division Gordon, hatten sich die Franzosen während des Vormittags ziemlich mutig benommen. General Vinoy, der sich am 30. morgens im Zentrum seiner Aufstellung, Fort Montrouge, befand, hatte im Hinblick auf das am Tage zuvor bestandene ernste Gefecht es vorgezogen, diesmal eine abwartende Stellung einzunehmen, bis der direkte Befehl eines Eingreifens seinerseits an ihn ergehen würde. Seine Truppen standen jedoch schlagbereit. Als er jedoch gegen Mittag das Zurückweisen der Division Susbielle bemerkte, als er fürchten mußte, daß der Gegner derselben von rechts her den Rückzug abschneiden könne, da hielt es sein altes Soldatenblut nicht länger in Unthätigkeit. Ohne bestimmte Order zu besitzen, warf er seine Truppen uns entgegen. Unter dem Schutze der Batterieen des Forts Ivry und des angrenzenden Festungsabschnittes, einiger Kanonenboote auf der Seine und gepanzerter Lokomotiven auf der Eisenbahn nach Orléans, welche ein heftiges Feuer auf Choisy le Roi und Thiais unterhielten, rückte 1½ Uhr die Division Pothuau gegen Choisy le Roi, die Brigade Blaise gegen Thiais. Die an der Spitze der erstgenannten Division vorstürmenden Marine-Truppen setzten sich, wie am Tage zuvor, nachdem die preußischen Vorposten verdrängt worden waren, in Gare aux boeufs fest. Ein von hier aus gegen Choisy le Roi versuchter Vorstoß scheiterte jedoch, ebenso wie der Angriff der Brigade Blaise. Als das Gefecht am Mont Mesly gänzlich verstummt war, ließ General Vinoy den linken Flügel seiner Truppen auf Vitry, den rechten hinter Moulin Saquet und Villejuif zurückgehen. Als auch die französischen Geschütze durch das Feuer der Unsrigen zum Abfahren gewungen worden waren, verstummte gegen 5 Uhr nachmittags das Gefecht, das unserem VI. Korps etwa 60, den Franzosen gegen 100 Mann gekostet hatte.

General Vinoy hat selbst in seinem schon mehrfach hier benutzten Buche über dieses Gefecht wahrheitsgetreu berichtet: „Es war etwa Mittag, als ich, auf meinem Inspicierungsritte vom Fort Montrouge her, in Fort d'Ivry eintraf, und mich auf das Observatorium begab, um von dort aus die nach links hin tobende Schlacht zu überblicken. Die Luft war kalt, aber klar; nur wenig Gewölk am Himmel, prächtigster Sonnenschein, und unten, am Lauf der Marne hin, die Felder von Waffen blitzend. Das Gesamtbild genau das einer glänzenden Revue. Von Fort Nogent und Mont Avron an bis herwärts zu den Redouten von Gravelle und La Faisanderie war der Horizont von Rauchwolken eingehüllt. Die feindliche Linie zog sich über die Höhen hin, die Champigny beherrschen, und in Front von Coeuilly-Villiers sah ich deutlich das Vor- und Zurückgehen der Batterieen. Infanteriekolonnen standen hinter Villiers und dehnten sich nordwärts bis gegen Noisy hin, Geschütz- und Gewehrfeuer lärmte ununterbrochen in der Luft und ließ deutlich den Ernst und die Ausdehnung des Kampfes erkennen.

„Plötzlich wurde meine Aufmerksamkeit durch Vorgänge in Anspruch genommen, deren Schauplatz fast unmittelbar zu meiner Linken lag. Der Mont Mesly war, eh ich noch Fort Ivry erreicht hatte, durch einen Vorstoß der Division Susbielle genommen worden; aber jetzt schien das Blatt sich wenden zu sollen, denn von Villeneuve St. Georges an, bis auf Valenton und Bonneuil zu, fuhren feindliche Batterieen auf, während gleichzeitig starke Infanteriekolonnen sich in Marsch setzten, um die Mont-Mesly-Position mit stürmender Hand zurückzuerobern. Dieser Angriff war ersichtlich sehr ernsthaft gemeint und bald konnte ich wahrnehmen, daß unsere vorgeschobenen Bataillone diesem Ansturm nicht nur nicht gewachsen, sondern vor allem auch in Gefahr waren, durch in der Flanke vorgehende feindliche Abteilungen abgeschnitten zu werden. Von Süden und Südwesten her zogen neue Verstärkungen heran. Es war mir klar, daß die äußerst gefährdete Lage der Division Susbielle nur durch eine Diversion meinerseits gehoben werden könne, und so ordnete ich denn sofort einen

Vorstoß gegen Süden an. Die Division Maud'huy erhielt Befehl, gegen Chevilly-Thiais, die Division Pothuau, gegen den Gare aux boeufs und Choisy le Roi zu avancieren. Diesen Befehlen wurde mit großer Promptheit entsprochen. Erstgenannte Division (Maud'huy) ging mit der Brigade Blaise gegen Thiais, letztgenannte (Pothuau) in Doppelkolonnen, mit dem Mobilgarden-Bataillon de l'Indre gegen ein südlich Vitry gelegenes Gehöft und mit einem Marine-Bataillon gegen den Gare aux boeufs und Choisy le Roi. .

„Der Angriff gegen Thiais scheiterte. Der Feind, der unsichtbar im Dorfe steckte, empfing die Vortruppen der Brigade Blaise mit einem starken Artilleriefeuer, das er, von aufgeworfenen Erdwerken aus, teils gegen die Angriffskolonne, teils gegen die bei Vitry haltenden Bataillone unterhielt. Unsere Verluste waren nicht unerheblich und bestimmten den General Blaise seine Truppen zurückzunehmen.

„Ernstlicher war der Kampf am diesseitigen linken Flügel. Das Marine-Bataillon, vom Admiral Pothuau persönlich vorgeführt, nahm den Gare aux boeufs und gleich darauf auch die vordersten Häuser von Choisy le Roi im ersten Anlauf; hier aber stieß es auf überlegene feindliche Streitkräfte, die, in vorzüglicher Stellung fechtend, nach erbittertem Kampfe uns zwangen, auch an dieser Stelle den Versuch weiteren Vordringens aufzugeben. Während des Dorfgefechtes war Fregatten-Kapitain Graf Desprez an der Spitze der Seinen gefallen, von einer Kugel tödlich in die Brust getroffen. Ich gab Befehl, das Gefecht abzubrechen und bis in die Linie der Forts zurückzugehen. Auch die Gare aux boeufs-Position wurde wieder geräumt. Es hatte keinen Zweck mehr, diesen vorgeschobenen Punkt zu halten, da die eigentliche Absicht des Vorstoßes gegen Süden mittlerweile vollständig erreicht worden war. Die von Valenton und Villeneuve St. Georges aus avancierenden feindlichen Bataillone hatten ihre Vorwärtsbewegung eingestellt und dadurch die Division Susbielle in den Stand gesetzt, sich der ihr drohenden Umgehung zu entziehen." —

Der nächste Ausfall auf unsere Einschließungslinie traf die Richtung auf den Bièvre-Bach, welcher die Grenzscheide zwischen den Stellungen unseres VI. und II. bayerischen Korps bildete, beziehungsweise der 12. preußischen und 4. bayerischen Division. Die Berührungspunkte dieser Truppenteile lagen auf dem Terrain zwischen l'Hay und Bourg la Reine. Auf dieses richtete der Gegner seinen Angriff, jedoch mit solchen ungenügenden Mitteln, daß sein Vorgehen sofort als ein bloßes Scheinunternehmen erkennbar war. Trotzdem mußte diesseits dem Spiel der Ernst gegenübergesetzt werden, um dem Feinde jeden Gedanken einer Schwäche unsererseits im voraus zu benehmen. Zu einem eigentlichen Infanterie-Angriff kam es jedoch kaum. Nur die Forts Montrouge und Bicêtre, wie die Schanzen bei Villejuif und Arcueil unterhielten eine starke Kanonade, auf welche drei bayerische Batterieen die Antwort nicht schuldig blieben. Schlesische und bayerische Bataillone ließen schon bei ihrem Erscheinen jedes feindliche Vorgehen der auftauchenden Infanterie im Keim ersticken. Anderthalb Stunden währte der Artilleriekampf, bis unser Geschützfeuer eine bei Arcueil aufgefahrene französische Batterie zum Schweigen brachte. Das war das Signal zum Abbrechen jeder Feindseligkeit. Schon um 10½ Uhr morgens war der Kampf an diesem Punkte der Einschließungslinie zu Ende. Diesseits wie jenseits waren nur geringe Verluste zu verzeichnen.

Im Anschluß an dieses Demonstrationsgefecht fand ein gleiches auf der Linie St. Cloud-Malmaison gegen unser V. Korps, sowohl gegen die 9. wie auch 10. Division statt. Die zwei feindlichen Bataillone, welche sich anschickten, gegen unsere 9. Division vorzugehen, wurden leicht zurückgewiesen. Etwas ernster gestaltete sich der Vorstoß dreier französischen Bataillone, unterstützt durch 2 Feldgeschütze, gegen unsere 10. Division. Dennoch zwang unser lebhaftes Gewehrfeuer den Gegner, sich in angemessener Entfernung zu halten, von wo er ohne Zielen aufs Geratewohl unsere Truppen beschoß. Gegen 11 Uhr vormittags erstarb auch hier das Gefecht. Nur wenige Tote und Verwundete hatten Freund und Feind eingebüßt.

Erheblich ernster entwickelte sich das im Norden bei Epinay stattfindende Demonstrationsgefecht. Epinay war an diesem Morgen nur von drei Kompagnieen besetzt: 2 Kompagnieen 71er und 1 Kompagnie 31er. Den Angriff auf das nur schwach besetzte Dorf leitete der Vice-Admiral La Roncière vom Fort La Briche aus. In Front dieses Forts hatte er eine etwa 6000 Mann starke Brigade unter persönlichem Befehl des Generals Haurion konzentriert, während die Brigade Lamothe-Tenet die Reserve bildete. Geschützfeuer vom Fort La Briche, eine Batterie am rechten Seine-Ufer, wie eine schwimmende Batterie leitete den geplanten Angriff ein. Um 2 Uhr eröffneten die Geschütze das Feuer, eine halbe

Stunde später brach die Brigade Haurion aus ihrem Hinterhalt gegen Epinay vor. Bis auf die Nordostecke, welche in preußischen Händen verblieb, mußte gegenüber diesem wuchtigen Überfall das Dorf leider dem Gegner überlassen werden, nachdem sich noch ein sehr erbitterter Häuserkampf vorher abgesponnen hatte. Als jedoch um 4 Uhr Unterstützungen diesseits eintrafen, gelang es, die Eroberer wieder aus Epinay hinauszudrängen. Der Brief eines Offiziers der 15. Brigade bringt einen höchst anschaulichen Bericht dieses Gefechts. Darin heißt es: „Epinay war nur schwach befestigt, eigentlich gar nicht. Der Grund davon lag in der Instruktion, die mit kurzen Worten angedeutet hatte, daß wir den Ort gegen einen ernstlichen Angriff, ja selbst gegen eine allzu lästige Beschießung nicht halten sollten. Erst der Garde-Kampf bei Le Bourget (30. Oktober) hatte uns belehrt, daß wir auch Epinay, wenn einmal verloren, gezwungen sein würden wieder zu nehmen, weshalb wir, vom November an, bemüht gewesen waren, das bis dahin Versäumte nachzuholen. Aber die Verhältnisse gestatteten dies nur sehr unvollkommen. Die Brigade, in Folge von Detachierungen nur 5 Bataillone stark, hatte zwei derselben täglich auf Vorposten, konnte mithin keine Arbeiter-Kommandos zur Befestigung des Dorfes hergeben, besaß auch nicht die nötigen Werkzeuge. Zwar hatte die Division, zu der wir gehörten (die 8.), Verfügung über eine Pionier-Kompagnie, aber nur kleine Abteilungen derselben, und immer nur auf kurze Zeit, wurden uns für Epinay zur Verfügung gestellt. Bei der links neben uns stehenden 7. Division war man, von Anfang an, sorglicher verfahren und hatte hintereinander drei Befestigungslinien von Gräben, Pallisaden und Verhauen angelegt. Von Epinay aber darf füglich ohne Übertreibung gesagt werden, daß es, trotz einiger Anläufe etwas zu thun, so gut wie unbefestigt geblieben war.

„So viel über die Örtlichkeit, von der ich nur bemerke, daß sie durch die große, von Paris nach Havre führende Straße in eine Nord- und Südhälfte geteilt wird. Hart an der Seine hin, nur 100 Schritt von der Dorflisière entfernt, läuft der Chemin de Halage, der uns so verderblich werden sollte.

„Schon am 29. nachmittags hatten wir feindliche Abteilungen, teils in Front von La Briche, teils auf dem Glacis derselben exercieren sehen. Am 30. wiederholte sich dies Schauspiel, wir achteten desselben kaum, bis plötzlich das Exerzieren in einen Angriff gegen uns überging. Er war gut geplant und glückte sofort. Die in dem Südvorsprung des Dorfes stehende Kompagnie 71er (Hauptmann Kühne) wurde durch die Marine-Füsiliere des Feindes überrascht und erfuhr beträchtliche Einbußen an Toten und Verwundeten, namentlich auch an Gefangenen. Eine andere Kompagnie 71er (Hauptmann Oesterley) hielt sich in einigen günstig gelegenen Häusern der Nordhälfte, bis zum Eintreffen von Verstärkungen. Eine dritte Vorposten-Kompagnie (vom 31. Regiment) repliierte sich auf Enghien zu.

„In kürzester Frist war die ganze Brigade alarmiert. Sie nahm Stellung an der von Enghien nach Le Cygne Enghien führenden und eben hier in die große Chaussee (Paris-Havre) einmündenden Straße. Die 71er, unter Oberstlieutenant v. Kloeden, am linken, die 31er, unter Oberst v. Bonin, am rechten Flügel. Es wurde dahin disponiert, daß zwei Kompagnieen 31er, unter Hauptmann Graf Keller und Premierlieutenant Bassin, auf der obengenannten großen Chaussee Havre-Paris, drei Kompagnieen 71er aber, unter persönlicher Führung des Oberstlieutenants v. Kloeden, links daneben auf einer kleineren, südlich Ormesson sich hinziehenden Parallel Straße gegen Epinay vorgehen sollten.

„In Gemäßheit dieser Disposition erfolgte der Angriff, der, von Ormesson aus, durch kleine Abteilungen der 4. Division souteniert wurde, während die 8. Division dem 86. Regiment Befehl erteilte, zu unserer Unterstützung herbeizueilen.

„Nach lebhaftem Kampf, der vom Oberstlieutenant v. Kloeden geleitet wurde, war Epinay wieder in unseren Händen. Im Ganzen waren unsererseits sieben Kompagnieen 71er und vier Kompagnieen 31er im Gefecht gewesen. Das 86. Regiment, als es um 5 Uhr von Sannois her eintraf, fand keine Gelegenheit mehr, einzugreifen. Die Verluste waren empfindlich. Das 71. Regiment hatte 9 Offiziere und 104 Mann, das 31. Regiment 7 Offiziere und 79 Mann eingebüßt. Unter den Gefallenen waren Hauptmann Graf Keller und Premierlieutenant Bassin. Höher noch bezifferten sich die Einbußen, die der Feind erfahren hatte. La Roncière giebt 36 Tote und 273 Verwundete an, darunter 3 tote und 19 verwundete Offiziere. Kommandant Saillard, Führer des 1. Bataillons der Mobilgarden der Seine, war gefallen. Die Zahl der Gefangenen glich sich auf beiden Seiten aus. Bei der Wiedereroberung fielen uns 70 Mann

38*

in die Hände, also etwa dieselbe Zahl, die wir unsrerseits, zwei Stunden früher, bei Gelegenheit des Überfalls eingebüßt hatten.

„Im übrigen schritten wir nunmehr, und zwar am andern Tage bereits, zu einer ausreichenden Befestigung des Dorfes. Es gab plötzlich Pioniere im Überfluß. Als das Kind in den Brunnen gefallen war, deckte man ihn zu." —

An den Ausfall bei Epinay reihte sich nordöstlich davon das Demonstrationsgefecht gegen unsere Linie Stains-Le Bourget-Drancy. Auf diesem Linienabschnitt standen unsere Garden. Jedoch kam es zu keinem blutigen Zusammenstoße hier. Die rechte französische Ausfallskolonne, Brigade Lavoignet, unterstützt durch die Kavallerie-Division Bertin de Vaux, begnügte sich mit diesseits unbehindertem Vorstoß gegen Le Bourget-Drancy. Letzteres Dorf ward besetzt, ebenso das benachbarte Groslay-Gehöft. Die linke feindliche Kolonne wandte sich auf Stains, das von Abteilungen unserer 1. Garde-Division besetzt war, wurde aber mit so heftigem Schnellfeuer empfangen, daß sie sich bald genötigt sah, unter nicht unerheblichen Verlusten sich zurückzuziehen. Weitere Unternehmungen fanden in dieser Richtung nicht statt. Dafür eröffneten eine Reihe von Forts eine starke Kanonade, die jedoch wenig Schaden anrichtete und gegen Abend verstummte.

Den Reigen dieser Demonstrationsgefechte schloß der gegen die Linie Sevran-Clichy-Chelles unternommene Vorstoß, welcher besonders die 23. sächsische Division traf. Was dieses Scheingefecht, das sich weniger durch Kraft und Energie des Angriffs als durch außerordentlich starke Entfaltung französischer Truppenmassen kennzeichnete, bezweckte, wurde anfangs erreicht. Die bei Chelles haltende 24. sächsische Division vermochte nicht, zur Unterstützung der links von ihr bei Villiers-Coeuilly in harter Bedrängnis kämpfenden Württemberger über die Marne zu setzen, ohne befürchten zu müssen, die 23. Division einer ernsten Gefahr preiszugeben. Erst vom Mittag an, als das Vorgehen des Feindes sich als ein thatsächliches Scheingefecht erwies, rückte die 24. Division über die Marne, nur zwei Bataillone vom 105. Regiment zurücklassend. —

Welch ungeheure Siegesfreude die Erfolge des 30. November in der französischen Hauptstadt und in Tours hervorriefen, erhellt am deutlichsten aus einem Berichte, welche ein Korrespondent der „Independance belge" aus Tours sandte. Derselbe lautet: „Endlich ist es wahr, wahr! Wir haben einen Sieg errungen! Wenn Sie dieses Schreiben erhalten, so werden Sie von allen Seiten den Sieg Trochus erfahren haben. Ich werde Ihnen deshalb nicht die Einzelheiten mitteilen. Sie kennen sie. Aber ich will Ihnen von der Angst sprechen, welche in den Regierungskreisen herrschte, wo man seit dem 28. den beabsichtigten Ausfall Trochus kannte, wo man seit heute Morgen durch belgische Telegramme wußte, daß er stattgefunden, dann die plötzliche, einstimmige, ungeheure Freude von einem Ende der Stadt bis zum anderen; die gute Nachricht verbreitete sich wie ein Lauffeuer. Ach! wie sehr bedurften wir derselben; es hungerte und durstete uns nach ihr. Dann die ganze Stadt nach der Präfektur eilend, den ganzen Hof füllend und Gambetta am Fenster erscheinend, die Depesche in der Hand und mit lauter, klarer, volltönender Stimme diese glückliche Depesche lesend. Und dann muß ich Ihnen noch sprechen von den Rufen: „Es lebe die Republik! es lebe Trochu! es lebe Ducrot!" die tausendfach ertönten. Die Leute umarmten sich mit Thränen in den Augen. Die Journalisten eilten fort, um ihre Berichte zu schreiben, die Setzer eilten in die Druckereien. Schnell! schnell! Man wird die gute Nachricht nie bald genug erfahren. Die Post war bald mit Leuten angefüllt; man will der Erste sein, um den Seinigen den Sieg zu melden, der Familie die Hoffnung wiederzugeben — der Familie zuerst und dann dem Geburtsort. Und welche Spannung jetzt! Was wird sich heute begeben haben? Eine andere Schlacht ist angezeigt. Ach, heißblütiges Frankreich! Du zeigst dich hier ganz, wie du bist, und welche Schwungkraft, welche Energie, welcher Mut, welche Hoffnung, welche Kraft in deinen Nerven, die man abgespannt nannte, in deinem Herzen, das man niedergeschlagen glaubte, und in deinem Blute, das man kalt geworden wähnte." —

Der auf die blutigen Vorgänge des 30. Novembers folgende Tag war kein Ruhetag. Wohl ruhten während des 1. Dezembers die Waffen, zu unserer größten Überraschung, die wir sicher annehmen mußten, daß der Gegner die tags zuvor errungenen Vorteile frisch weiter ausnutzen würde, dafür aber waren Feind und Freund emsig bemüht, die innehabenden Stellungen nach Möglichkeit zu befestigen. Nicht nur wurden in Bry und Champigny Barrikaden gebaut, sondern auch Schützengräben gezogen, die sich in Front der feindlichen Stellung, von Champigny aus, an den Kalköfen vorüber, bis zwischen Bry und Villiers hinzogen. Le Plant und das vorliegende Gehölz empfingen ebenfalls eine Verteidigungslinie, ebenso ward am Eisenbahndamme, wo die Hauptstraße denselben kreuzte, eine starke Batterie angelegt. Auch diesseits wurden die Stellungen der Batterieen, welche sich am besten bewährt hatten, verstärkt. Vor allem aber gehörte der Tag dem Unterbringen der zahlreichen Verwundeten und Beisetzen der für König und Vaterland treu Gefallenen. Trotzdem eine bittere Kälte eingetreten war, mußten die meisten Truppen ohne Feuer biwakieren, um nicht die Aufmerksamkeit des wachsamen Feindes auf sich zu lenken.

König Wilhelm hatte inzwischen die einstweilige Führung sämtlicher zwischen Seine und Marne vereinigten Truppen dem General v. Fransecky übertragen und denselben dem Oberkommando der Maas-Armee unterstellt. Letzteres ließ am Abend des 1. Dezembers dem genannten General die Weisung zugehen, für den Fall bis zu dieser Stunde noch keine feindliche Bewegung geschehen sei, am Morgen des nächsten Tages den Angriff selbst auszuführen. In Folge dessen befahl General v. Fransecky dem Prinzen Georg von Sachsen, mit den ihm überwiesenen Truppen in aller Frühe des 2. Dezembers Bry und Champigny dem Gegner wieder zu entreißen. Erforderlichen Falles sollte die 7. preußische Brigade mit eingreifen. Ebenso sollten die 6. Brigade mit 2 Batterieen früh 7 Uhr bei Sucy, alle übrigen Truppen in ihren augenblicklichen Quartieren zum Eingreifen sich bereit halten. Die Disposition ging in der Hauptsache dahin, daß die 24. sächsische Division von Noisy le Grand aus gegen Bry, die 1. württembergische Brigade von Villiers und Chennevières aus gegen Champigny vorgehen sollte. In Reserve befanden sich auf unserem rechten Flügel die 23. sächsische Division, auf unserem linken die 7. Brigade du Trossel. Wir beginnen mit der Darstellung des Kampfes an unserem linken Flügel, dem blutigen Ringen um Champigny.

Morgens halb 6 Uhr ward auf Befehl des Generalmajors v. Reitzenstein der Angriff eröffnet. Das 2. Jäger-Bataillon wandte sich von Chennevières aus gegen die Ostseite, das 7. Regiment, von Villiers aus, gegen die Nordseite von Champigny. Um 7 Uhr fielen die ersten Schüsse. Da der Feind voller Sorglosigkeit wieder das Ausstellen von Vorposten unterlassen hatte, so gelang es den Unsrigen leicht, ersteren zu überraschen, wobei über 100 Gefangene gemacht wurden. Überall zurückgeworfen und aufgescheucht, sah der Feind sich genötigt, einige Häuser östlich des Dorfes den vorstürmenden Jägern einzuräumen. In einer halben Stunde war das ganzen Nordostviertel von Champigny, der Park wie die nördlich vom Dorfe belegenen Kiesgruben in unseren Händen. Jetzt aber wandte sich das Blatt. Der Gegner schien durchaus nicht gewillt, das Verlorengegangene uns so leichten Kaufes zu überlassen. Rasch und in starken Massen führte General Ducrot seine teils in der Marne-Schleife weiter rückwärts, teils jenseit des Flusses stehenden Reserven heran. An ein weiteres Vordringen war für die unerschrockenen Württemberger dieser Übermacht gegenüber vorläufig nicht mehr zu denken; im Gegenteil mußten alle Kräfte angespannt werden, das Gewonnene festzuhalten. Ein erbitterter Kampf entwickelte sich an allen Punkten rings um Champigny. Als der Feind sich die Kiesgruben zurückerobert hatte, ward diesseits um Unterstützung gebeten. Um 9 Uhr erschien von der 7. Brigade das 49. Regiment, das sich sofort mit seinen zwei ersten Bataillonen — das Füsilier-Bataillon erschien erst um 10 Uhr — auf den Feind warf und den Besitz der Kiesgruben für uns wieder erstritt. Leider fiel bei diesem energischen Vorstoß Oberst v. Rampacher schwer getroffen, Oberstlieutenant v. Egloffstein tödlich verwundet. Um 10 Uhr erschien endlich das Füsilier-Bataillon. Mit seinem Eintreffen rückten die bereits stark gelichteten württembergischen Bataillone mehr in die zweite Linie, den Kampf jetzt den Pommern überlassend. Doch immer neue, frische Abteilungen warf uns der Feind entgegen, so daß jedes weitere Vordringen für uns unmöglich ward. Um 11 Uhr hatte der Gegner auch die Kiesgruben wieder erobert. Währenddem tobte auch im Dorfe selbst ein furchtbarer Straßenkampf, von den Jägern unter erschreckenden Verlusten geführt. 500 Gefangene, darunter 20 Offiziere, wurden hier zwar gemacht, aber welche furchtbaren Lücken gähnten aus den Reihen der heldenmütigen Württemberger! Als endlich um 11 Uhr das 2. pommersche Jäger-Bataillon der Brigade v. Wedell zum Entsatz in Champigny einrückte, war das württembergische Jäger-Bataillon bis auf 4 Offiziere und 250 Mann zusammengeschmolzen. Die Greifswalder Jäger nahmen nun den Kampf innerhalb der Dorfstraße auf, während das ebenfalls erschienene 1. und das Füsilier-Bataillon des 14. Regiments das 49. Regiment ablöste. Das 2. Bataillon der 14er, wie das Regiment 54 der Brigade v. Wedell blieben in Reserve.

Aber auch jetzt noch kam es zu keinem eigentlichen Resultate. Auch jede Oberleitung hörte hüben wie drüben auf. Man rang Mann an Mann mit einander, man feuerte wild in die feindlichen Knäuel hinein; Pommern und Württemberger, Jäger, Grenadiere und Füsiliere kämpften in buntem Durcheinander. Wo ein Offizier auftauchte, scharten sich wutentbrannte Krieger um ihn. Kolbenschläge sausten nieder, aus den Fenstern der Bauernhütten stürzte man die Gegner, welche eine Übergabe verweigerten, und schließlich griff man zu losen Feldsteinen, die Feinde niederzuschmettern.

So kam 3 Uhr heran. Die Kräfte von Freund und Feind erlahmten allmählich. Endlich stand das Gefecht still; der grause Kriegslärm erstarb. Nur die Geschütze tobten fort. Um 5 Uhr schwiegen auch diese. Zehn Stunden hatte das furchtbare Ringen gewährt, das uns nicht mehr an Sieg eingetragen hatte, als uns bereits die erste halbe Stunde geschenkt hatte. Kaum die Hälfte von Champigny war in unseren Händen.

Gleichzeitig mit unserem linken Flügel war auch der rechte, die 24. Division, gegen den Feind vorgegangen. Um 7 Uhr drangen zwei Bataillone vom 107. und ein Bataillon vom 104. Regiment auf Bry ein. Auch hier ward der Gegner völlig überrascht, wobei 300 Gefangene erbeutet wurden, welche unter schwacher Bedeckung nach Noisy und Champs zurückgeschafft wurden. Indessen drangen Abteilungen der tapferen Sachsen aus Bry gegen die Marne vor, um die dortigen Pontonbrücken zu zerstören und dem Feind jede Möglichkeit dadurch abzuschneiden, neue Hülfskräfte gegen uns auszuspielen. Doch wie oft auch neue Vorstöße gegen den Fluß unternommen wurden, sie scheiterten alle an dem verheerenden Feuer der verschiedenen Forts und Redouten. Wie das Wild bei einer Treibjagd, so fielen streckenweise die wackern Sachsen. Dies Feuer der Geschütze war so heftig, daß man sich gegenseitig die einzelnen Worte ins Ohr rufen mußte. So hielt man Bry wenigstens besetzt, trotz des noch immer stärker sich entfaltenden Geschützfeuers, welches das Dorf in einen Trümmerhaufen verwandelte, trotz mehrfacher Offensiv-Vorstöße des Feindes. Sieben Stunden hielten die Sachsen Bry fest, nur wenige Gehöfte schließlich dem Gegner überlassend. Als um 5 Uhr das Infanteriegefecht beendet war, wichen endlich die todesmutigen drei sächsischen Bataillone aus Bry auf Befehl des Oberkommandos, um sich nicht länger den Mordgeschossen des Feindes auszusetzen.

Ein drittes Gefecht entspann sich um 10 Uhr im Zentrum unserer Stellung, wo der Gegner noch einmal, wie zwei Tage vorher, versuchte, uns die Linie Villiers-Coeuilly streitig zu machen, ein Vorhaben, das französischerseits bereits für den 2. Dezember geplant worden war, und dem unsere Flankenvorstöße nur zuvorgekommen waren. Um 10 Uhr erfolgte der erste französische Angriff. Das Korps d'Exea hatte die Pontonbrücken überschritten, die zu zerstören uns nicht gelungen war. Zwei Regimenter streiften an Bry vorbei und versuchten dann Villiers von zwei Seiten zu umfassen. Zu gleicher Zeit drangen zu beiden Seiten der Eisenbahn Abteilungen der Korps Renault und Blanchard gegen das Plateau zwischen Villiers und Coeuilly vor. Aber aller Mut der französischen Korps, aller Scharfsinn ihrer umsichtigen Führer erwies sich heute doch als erfolglos. Vor dem Feuer der deutschen Krieger und unserer Batterieen zerstoben die mutigen Scharen, furchtbare Opfer zurücklassend. Der Artillerie-General Boissonnet fiel mit einem großen Teil seiner Offiziere. Auch der Bataillonschef Franchetti, Ordonnanzoffizier Ducrots, sank tödlich getroffen nieder. Ein Stillstand trat ein, als plötzlich um 1 Uhr der Feind zu einem zweiten Angriff vorging. Da aber dem Gegner nicht entgangen war, daß sich inzwischen unsere Stellung durch Eintreffen neuer Truppenkräfte und Batterieen bedeutend verstärkt hatte, gab er das bisherige Angriffsziel auf und wandte sich nun zum Schluß, genau wie am 30. November, gegen unsere Linie Noisy-Villiers. Brigade Daudel, von der Division Mattat, stürmte an Bry vorbei das Plateau hinan, ward aber nach blutigem Handgemenge mit unserem Schützen-Regiment No. 108, unterstützt von einem Bataillon des Regiments 107, den Abhang wieder unter erschreckenden Verlusten hinuntergeworfen. Furchtbar freilich hatten die Sachsen diesen herrlichen Sieg erkaufen müssen. Nicht weniger denn 35 Offiziere und 880 Mann waren gefallen.

Das war die letzte feindliche Welle, die gegen uns anstürmte. Die Kraft des Gegners war sichtlich gebrochen. Der Infanterie-Kampf erstarb, nur die Geschütze setzten bis 5 Uhr ihr Feuer fort. Der „Plan" Trochus war gescheitert. Und wenn die Pariser sich auch in den ersten Stunden eines großen Sieges freuten, die Armee dachte anders darüber. Was wir dem Feinde in der zweitägigen Schlacht nicht mit den Waffen in der Hand hatten wieder ganz entreißen können, das räumte er bald, der Unsicherheit dieser Stellungen sich wohl bewußt, uns wieder ein. Am 3. Dezember leitete er den Rückzug ein; tags darauf konnten unsere Truppen bereits

Bry und Champigny wieder besetzen. Ein gewaltig geplanter Massenangriff fand von nun an überhaupt nicht mehr statt. Was noch geschah, geschah nicht mehr in der Absicht, einen ernsthaften Durchbruch zu versuchen, sondern allein nur noch unter dem Drucke der Notwendigkeit, der Bevölkerung von Paris neues Leben und fliegende Hoffnungen für kurze Frist einhauchen zu müssen.

Über den letzten Schlachttag mag hier noch der Auszug aus dem Brief eines Sachsen folgen. In demselben heißt es:

„Den 1. Dezember lagen wir wieder in Angriffskolonnen von früh sechs Uhr bis Nachmittag sieben Uhr im freien Felde (5 Grad Kälte), dann marschierten wir nach Malnou; hier hatten wir sehr schlechte Quartiere, und außer einem alten Feldzwieback gar nichts zu essen. Lieutenant Gruhl, unser Kompagnieführer, dem ich unsere Not klagte, sagte noch zu mir: „Na, geben Sie sich nur zufrieden, lieber Krauße, mir geht es selber nicht besser, morgen will ich Euch schon bessere Quartiere verschaffen, es ist jetzt aber nicht möglich." Er ahnte nicht, daß es seine letzte Nachtruhe auf dieser Erde sein würde. Früh am 2. Dezember gegen vier Uhr Alarm! „Heiliges Pech, was ist denn schon wieder los? Daß dem Trompeter doch seine Messingtute in den Hals fahre!" Diese und noch kräftigere Soldatenwünsche fielen rings herum. Na, wir hingen unser Zeug um und marschierten mit leerem Magen bis Noisy le Grand, wo bereits die ganze 24. Division versammelt war. „1. und 2. Bataillon vom 107. Regiment haben den Auftrag erhalten, das von den Franzosen besetzte Dorf Bry mit Sturm zu nehmen, das 3. Bataillon vom Friedrich-August-Regiment bleibt zur Unterstützung bereit, ein Zurückgehen kenne ich nicht, nur vorwärts, rührt Euch!" — Jawohl, uns rührte bald der Schlag, wie Major v. Bose uns diese Rede hielt. Gewehr über, rechtsum, marsch, durch Noisy durch und im Laufschritt mit vollem Gepäck nach Bry hinein. Rechts lag der verwünschte Mont Avron mit seinen Batterieen, weiter zurück Fort Rosny und Fort Nogent, links war die erste französische Feldwache, unsere dritte Kompagnie links hinauf in die Franzosen mitten hinein. Ihr hättet nur im Anfang den Spaß sehen sollen, die Kerle saßen ganz fidel da und tranken Kaffee und schrieen mordsjämmerlich, als wir so „wie ein Gebild aus Himmelshöh'n" mitten hineinplumpsten. Rechts von mir sprangen zwei Franzosen ohne Gewehr auf, »pardon, monsieur, pardon!« schrieen die beiden Kerlchen und legten sich lang auf die Erde; ich sprang hinzu, nahm den Zunächstliegenden am Kragen, riß ihn in die Höhe und versetzte ihm einen Fußtritt, daß er gleich den kleinen Abhang nach der Straße hinunterpurzelte, wo er sofort von den untenstehenden Mannschaften in Empfang genommen und gefangen wurde; der zweite sprang gleich von selbst mit hinterher.

„Wir drangen viermal vor und wurden viermal zurückgeschlagen, unser Lieutenant Gruhl fiel; Oberlieutenant Röderer von der 4. Kompagnie rief nicht weit von mir einem französischen Offizier zu, sich zu ergeben, er hielt ihm dabei die Pistole vor die Brust; der Franzose nahm seinen Säbel unten an der Spitze und reichte Röderer den Griff dar; Röderer ließ sofort seine Pistole sinken, während er aber die Linke nach dem Säbel ausstreckte, zog der Hund von einem Franzosen mit der Hand, die er frei hatte, einen Revolver aus der Rocktasche und schoß Röderer auf der Stelle nieder. Ich kann den Eindruck dieser entsetzlichen Scene nicht schildern. Kaum aber war die Unthat geschehen, so stürzten wir auf den infamen Hund los, im nächsten Augenblick schon lag er am Boden und mit Bajonett und Kolben hackten wir den Kerl förmlich zu Brei. Ich habe dort oben noch zwei Franzosen mit dem Bajonett über den Haufen gerannt und kein Pardon mehr gegeben. Gegen vier Uhr war auch dieser Kampf zu Ende; unser Regiment hatte an diesen beiden Tagen zwölf Offiziere und 637 Mann verloren.“ —

Der zweite Schlachttag von Villiers hatte auf beiden Seiten wieder ganz bedeutende Opfer gefordert. Der Feind verlor alles in allem — genaue Angaben fehlen — wohl an 6000 Mann. Diesseits beziffert sich die Einbuße, wie folgt:

	Tot.		Verwundet.		Vermißt.	
	Offiz.	Mann.	Offiz.	Mann.	Offiz.	Mann.
II. Korps:	27	242	60	1096	1	29
XII. Korps:	20	190	31	628		381
Württemb. Division:	13	230	26	444	1	120
	60	662	117	2168	2	530

Das ergiebt eine Gesamtsumme von 179 Offizieren und 3360 Mann. Außerdem büßten wir noch 3 Ärzte ein; 1 tot, 2 verwundet.

Noch einen Kampf sollte uns der Weihnachtsmonat bringen: den zweiten feindlichen Ausfall gegen Le Bourget. Diesem wenden wir uns jetzt zu.

———

Neunzehntes Kapitel.

Im Dezember vor Paris bis zum Gefecht bei Le Bourget am 21. Dezember. — König Wilhelm befiehlt den Mont Avron vom Feinde zu säubern. — Diesseitige Vorbereitungen gegen erneute feindliche Ausfälle. — Die kleinen Ausfallgefechte am 21. Dezember. — Das Gefecht bei Le Bourget. — Verluste hüben und drüben. — Unsere Beschießung des Mont Avron. — Der Feind räumt die Höhe des Mont Avron. — Diesseitige Vorbereitungen zu einem Bombardement südlich von Paris. — Weihnachtsfeier vor Paris.

Mit den beiden Schlachttagen bei Villiers war die Reihe der Kämpfe vor Paris während dieses Jahres noch nicht abgeschlossen. Der Feind aber, erschöpft und entkräftet von dem blutigen Ringen im Osten seiner Hauptstadt, war doch für einige Zeit zu einer gewissen Unthätigkeit verurteilt, die, ausgenommen einiger unbedeutenden Scharmützel und Scheingefechte, fast einem Zustand friedlicher Ruhe gleich kam. Drei Wochen sollten vergehen, ehe der Gegner aufs neue versuchte, wenn auch lange nicht mehr mit der alten Kampfeslust, dem hoffnungsfrohen Wagen, den eisernen Gürtel der deutschen Barbaren zu zersprengen. So blieben wir zwar verhältnismäßig unbelästigt von dem Feinde; da aber letzterer, trotzdem er seine Truppen schon am Tage nach der Schlacht aus den siegreich behaupteten Stellungen freiwillig hinter die schützenden Forts zurückzog, den Mont Avron auch fernerhin stark besetzt hielt und hierdurch die zu beiden Seiten der Marne gelegenen Einschließungsabschnitte besonders bedrohte, so hatte König Wilhelm am 4. Dezember anbefohlen, daß die Maas-Armee durch Feuer aus schwerem Geschütz die Franzosen aus jener

Höhe vertreiben sollte. Zu diesem Zwecke war die Heranziehung entsprechender Geschütze aus der Heimat sofort angeordnet worden.

Über die Vorgänge bis zu dem am 21. Dezember erfolgenden neuen feindlichen Ausfall heißt es in einem Kriegswerk des Majors Blume: „Am 5. Dezember war das normale, durch die Schlacht bei Villiers vorübergehend alterierte Verhältnis bei der Zernierungs-Armee überall wieder hergestellt, nachdem die feindlichen Truppen sich hinter die Außenwerke zurückgezogen und durch das Nachsuchen eines mehrtägigen Waffenstillstandes für die Ostfront, behufs Beerdigung der Toten, offenbart hatten, daß sie die Fortsetzung des Kampfes auf dieser Seite, vorläufig wenigstens, nicht beabsichtigten. Nur auf und hinter dem Mont Avron blieben feindliche Truppen, anscheinend in der Stärke einer Division, im Lager und arbeiteten eifrig an der Vervollständigung der dort angelegten Verschanzungen, welche nach und nach mit zahlreichen schweren Geschützen armiert wurden. Eine gesteigerte Thätigkeit in Erdarbeiten entwickelte der Verteidiger auch auf der Nord-Ost-Front, namentlich bei Bondy, Drancy und Bobigny, so daß die Aufmerksamkeit der Belagerungs-Armee umsomehr nach dieser Seite hingelenkt wurde, als im übrigen auf der ganzen Zernierungslinie, abgesehen von dem in gewöhnlicher Weise fortgesetzten Artilleriefeuer des Forts, auffallende Ruhe eingetreten war. Man mußte daher vermuten, daß ein etwaiges neues Offensiv-Unternehmen der Pariser Armee in östlicher Richtung gegen das 12. Armee-Korps oder nach Norden gegen das Garde-Korps gerichtet sein würde, und daß für letzteren Fall die angelegten neuen Batterieen und Verschanzungen zur Sicherung der rechten Flanke der Ausfalltruppen dienen sollten. Diese Annahme gewann an Wahrscheinlichkeit durch die von Mitte Dezember an fühlbar werdende Offensiv-Bewegung der feindlichen Nord-Armee. Am 18. Dezember rekognoszierte ein zahlreicher französischer Stab vor der Front der deutschen Vorposten bei Aulnay, und am 19. brachten Überläufer die Nachricht, daß Tages zuvor an die Truppen in Paris wiederum Lebensmittel für acht Tage ausgegeben wären. Man war daher nicht überrascht, als am 20. Dezember gegen Abend die Ansammlung bedeutender feindlicher Massen bei Noisy-le-Sec und Merlan, sowie der Marsch starker Kolonnen, deren Queue wegen Eintritts der Dunkelheit nicht mehr zu sehen war, von St. Ouen nach Courneuve und Aubervilliers gemeldet wurde. Noch an demselben Abend befahl der König, daß am folgenden Morgen, so früh als möglich, eine Division des II. Armee-Korps nebst der Korps-Artillerie hinter den rechten Flügel der württembergischen Feld-Division rücken und dort zur Disposition des Kronprinzen von Sachsen gestellt werden sollte. Letzterer ordnete zum folgenden Morgen für die Truppen der Maas-Armee Alarmbereitschaft an; und in Rücksicht darauf, daß der feindliche Angriff mit größter Wahrscheinlichkeit gegen die von der 2. Garde-Division besetzte Linie Le Bourget-Aulnay-Sevran zu erwarten war, wurden zur Unterstützung der genannten Division am 21. Dezember früh morgens 6 Bataillone und 6 Batterieen des XII. Korps bei Livry und 6 Bataillone 3 Batterieen der 1. Garde-Infanterie-Division, östlich von Gonesse, am Wege nach Aulnay, bereit gestellt." —

Französischerseits war für den 21. Dezember angeordnet worden, daß sich Vize-Admiral de la Roncière mit dem in St. Denis stehenden Truppenteil gegen Le Bourget, zu seiner Rechten aber General Ducrot, sobald jener Ort genommen sei, mit der II. Pariser Armee gegen Le Blanc Mesnil und Aulnay les Bondy wenden sollte. Durch Vorstöße bei Stains, Pierrefitte und Epinay les St. Denis, sowie ein heftiges Geschützfeuer vom Mont Valérien sollte die Aufmerksamkeit der Deutschen abgelenkt, im Marne-Thal die III. Armee unter General Vinoy gegen Ville Evrart und Maison Blanche vorgeführt und, wenn angängig, die Brücke bei Gournay zerstört werden. Das Hauptgefecht fand denn auch bei Le Bourget statt. Von den Nebengefechten und mehr oder weniger nur unbedeutenden Vorstößen, seien noch die auf Stains gegen unsere Garde, und gegen Maison Blanche und Ville Evrart gegen das XII. sächsische Korps erwähnt.

Auf das von 5 Kompagnieen unseres 1. und 3. Garde-Grenadier-Regiments besetzte Dorf Stains rückten am Morgen des 21. Dezember etwa 4 feindliche Bataillone in dichten Schützenlinien, während die beiden nur ungefähr 1000 Schritt entfernten Forts Double Couronne und de l'Est die Insassen des Dorfes mit ihren Geschossen überschütteten. Trotzdem glückte es den wackeren Verteidigern, Stains zu behaupten und die mehrfach wiederholten kräftigen Vorstöße der Franzosen zurückzuweisen. Mit einem Verluste von 170 Mann zog sich endlich der Feind hinter die Forts zurück.

Über das Gefecht bei Maison Blanche und Ville Evrart heißt es in einem offiziellen Bericht des „Dresdener Journals": „Um Mittag, am 21., ging von Neuilly aus eine feindliche Division vor und drückte die Feldwachen in Maison Blanche und Ville Evrart, die vor der Stellung der 24. Division gelegen waren, zurück. Östlich dieser Orte verhinderte die anwachsende Überschwemmung durch die Marne, dazu das flankierende Feuer der württembergischen Batterieen von Noisy-le-Grand her und die Stärke der von der 24. Division besetzten Stellung bei Chelles ein weiteres Vorgehen des Feindes. Als etwa um 5 Uhr des Nachmittags drei Bataillone der 24. Division, die zur eventuellen Unterstützung des Garde-Korps mit dem 2. Grenadier-Regiment No. 101 und 9 Batterieen bei Livry aufgestellt waren, wieder bei ihrer Division eintrafen, befahl der General-Lieutenant v. Nehrhoff die Wiedernahme von Maison Blanche und Ville Evrart. Diesen Auftrag erhielt der Oberst Freiherr v. Lindemann, Kommandeur des Infanterie-Regiments No. 107, und wurden ihm hierzu das 2. und 3. Bataillon eben dieses Regiments, das 2. Jäger-Bataillon No. 13, sowie als Reserve die 3 Bataillone von No. 105 und Nr. 106 zur Disposition gestellt. Um halb 7 Uhr war Maison Blanche fast ohne Verlust von Toten des 107. Regiments und 13. Jäger-Bataillons genommen, und wurden dabei 1 Major, 5 Offiziere und 46 Mann gefangen. In Ville Evrart, welches aus vielen einzeln stehenden massiven Gebäuden besteht, war der Widerstand ein hartnäckiger. In stockfinstrer Nacht dauerte hier der Kampf, an dem nach und nach 8 Kompagnieen teilnahmen, bis Mitternacht. Es wurden gegen 500 Franzosen, dem 111. und 112. Linien-Regiment angehörend, gefangen und der ganze Ort, mit Ausnahme von zwei massiven Häusern, in Besitz genommen. Bis zum Morgen blieben Freund und Feind in dieser Stellung; inzwischen wuchs aber die Überschwemmung, so daß um 3 Uhr morgens die diesseitige und gegen 8 Uhr etwa der Rest der feindlichen Besatzung das nun fast zur Insel gewordene Ville Evrart räumen mußten. Wir hatten 40 meist leicht Verwundete." —

Eine Probe kühner Schlachtschilderung zu geben, wie solche in jenen Tagen die Pariser bei dem geringsten Scharmützel zu kosten bekamen, mag nachstehender französischer Bericht hier Platz finden. Man wird nicht leugnen können, daß er sehr wohl angethan ist, die Gemüter der eingeschlossenen hoffnungsbangen Pariser mit Begeisterung zu erfüllen. Es heißt darin: „In einer Villa am Ausgang von Ville Evrart stiegen zwei Mobilgardisten in den Keller, um eine vielleicht noch übrig gelassene Flasche

Wein zu suchen. Doch kaum sind sie einige Stufen hinabgestiegen, als sie auf eine Thür stoßen, hinter welcher zwei Schüsse auf sie abgefeuert werden. Einem von ihnen gelingt es, ins Freie zu kommen und Lärm zu machen. Aber zu spät! Von allen Seiten, aus allen Gewölbe-Kellern der Häuser kamen die Sachsen hervor und gaben auf gut Glück Feuer. Sie dringen in die Zimmer unserer Soldaten, nachdem sie Fenster und Thüren erbrochen. Überall Unordnung und Verwirrung. In den Straßen, in den Gassen, in den Häusern kämpft Mann gegen Mann, Freund und Feind können in der Dunkelheit nicht mehr unterschieden werden; mancher büßt den Irrtum mit dem Tode. Die Verwirrung ist aufs höchste gestiegen, als der General Blaise, den man von diesem Überfall benachrichtigt hat, seine Truppen sammelt und ihnen Mut einspricht. Aber noch immer dauert das Feuer aus den Kellern fort und der General, erst leicht verwundet, wird, als er seinen Weg fortsetzt, tödlich getroffen. Der nächtliche Kampf wütet weiter; die Straßen schwimmen voll Blut; überall Verwundete, Tote, in grausigem Gemisch. — Aber unsere Truppen, die sich von dem ersten Schrecken erholt hatten, warfen die Sachsen jetzt zurück und nahmen sie zwischen zwei Feuer. Diese wollten kein Pardon und so erneuert sich der Kampf mit noch gesteigerter Erbitterung. Unsere Mobilgarden, von dem glühenden Wunsch, ihren Führer zu rächen, beseelt, kämpfen heldenmütig und zwingen die Sachsen sich unter großen Verlusten zurückzuziehen."

Wenden wir uns nun dem Hauptkampfe um Le Bourget zu, das an diesem Tage von nur 5 Kompagnieen besetzt war, und zwar dem 1. Bataillon Elisabeth unter Führung des Hauptmanns v. Altrock und einer Kompagnie Garde-Schützen unter Lieutenant v. Appel. Sobald sich am Morgen des 21. Dezember der anfänglich herrschende dichte Nebel verteilt hatte, eröffneten die Franzosen gegen 7¾ Uhr auf der ganzen Angriffslinie aus den erbauten Batterieen und von gepanzerten Eisenbahn-Waggons aus ein heftiges Geschützfeuer. Nach Verlauf einer halben Stunde stürmten alsdann dichte Kolonnen von Süden und Westen gegen Le Bourget vor. Aus letzterer Richtung näherte sich Fregatten-Kapitän Lamothe-Tenet mit etwa 5 Bataillonen und 1 Batterie; doch wurden die gegen den Kirchhof sich wendenden Teile dieser Kolonne durch das Schnellfeuer der hier aufgestellten Abteilungen der 1. Kompagnie Elisabeth bald zum Stehen gebracht. Inzwischen gelangten aber Marine-Füsiliere unangefochten bis an den nördlichen Eingang des Dorfes, von wo sie bis an die Kirche vordrangen und die an der Straße nach Dugny befindlichen Verteidiger in den Rücken faßten. Zugleich in der Front heftig bedrängt, zogen sich dieselben allmählich in die südlich anstoßenden Gärten zurück, nach welchen sich nunmehr die Besatzung des Kirchhofes ebenfalls durchzuschlagen suchte, jedoch vor dem übermächtigen, von allen Seiten anstürmenden Gegner zum Teil die Waffen strecken mußte. Im hartnäckigen und verlustreichen Häuserkampfe gewannen die Marine-Füsiliere im Innern des Ortes langsam Boden, sahen aber ihre wiederholten Versuche, sich in den Besitz der Glasfabrik zu setzen, durch den Widerstand der 3. Kompagnie Elisabeth vereitelt, welche sich in gleich erfolgreicher Weise auch des aus südöstlicher Richtung angreifenden Feindes erwehrte.

Nördlich, noch vor der Glasfabrik belegen, war diesseits eine Barrikade aufgerichtet worden, welche von der 2. Kompagnie Elisabeth verteidigt wurde. Hier hielt auch Hauptmann v. Altrock. Eine Zeit lang glückte es, den Feind von jeder Annäherung an die Barrikade fern zu halten; bald aber wurden die Umgehungen immer sichtbarer und bedrohlicher, und Hauptmann v. Altrock beschloß, durch einen Vorstoß sich Luft zu machen. Er hielt eine kurze Ansprache an die Leute; dann, mit Gewehr zur Attacke rechts, ging es unter Hurra auf den Feind, der zurückprallte und dann Raum gab. Hundert Schritte hinter der Barrikade biegt eine kleine Gasse nach links hin ab; diese benutzte der Hauptmann und führte die Kompagnie nordwestlich auf einen Garten zu, hinter dessen Mauern man sich festsetzte. Nach allen vier Seiten bot sich hier ein freies Schußfeld, besonders auch nach Osten hin, von wo der Feind in starken Abteilungen, Linien-Infanterie und Marine-Füsiliere gemischt, lebhaft nachdrängte. Die Unseren hielten sich vorzüglich. Hauptmann v. Altrock stand in ihrer Mitte; alle Augen waren auf ihn gerichtet. Er sah mit dem Glas nach dem Feinde, der auf etwa 300 Schritt heran war. „Jetzt, Kinder, ruhig gezielt; fingerbreit über den Kopf; Feuer!" Die Wirkung war furchtbar. Aber der Feind, voll rühmlicher Bravour, schloß wieder seine Reihen und rückte weiter vor. Zum zweiten Male: „Feuer!" Jetzt stockte der Angriff, und die vordersten Linien, ihren rechten Flügel unwillkürlich zurücknehmend, zeigten uns bald nur noch die schmale Seite der Kolonne. Ihr Führer sprang vor, und deutlich vernahm man sein „en avant, mes braves!"; aber im nächsten Augenblicke brach er zusammen. Drei unserer besten Schützen hatten ihn als Ziel genommen. Sein Tod war das Zeichen zum Rückzug; aber an allen anderen Stellen der Dorflisière, trotz der in immer rascherer Reihenfolge eintreffenden diesseitigen Verstärkungen, wurde der Kampf noch bis über Mittag hinaus fortgeführt.

Verteidigte die 3. und 2. Kompagnie Elisabeth die Ost- und Nordseite von Le Bourget, so war es westlich die 1. Kompagnie, während nach Süden hin die 4. Kompagnie, wie die erwähnte Garde-Schützen-Kompagnie, sich bemühte, dem immer stärker auftretenden Gegner energischen Widerstand entgegenzusetzen. Denn kaum war im Norden durch den Hauptmann v. Altrock der feindliche Angriff abgeschlagen, als von Süden her General Hanrion eine aus 5 Bataillonen des Korps von St. Denis gebildete Reservekolonne vorführte. Doch auch dieser sollte es nicht gelingen, den Widerstand unserer tapferen Garden zu brechen, obgleich die Gartenmauer der Gasanstalt durch Geschützfeuer zum Teil niedergelegt worden war.

Allmählich rückten denn auch diesseits die so lange ersehnten Unterstützungen ein. Um 9 Uhr langte östlich von Le Blanc Mesnil die 9. Kompagnie Kaiser Alexander an; etwa eine Stunde später trafen alsdann infolge einer mit vielen Schwierigkeiten bis Pont Iblon gebrachten Meldung des Hauptmanns v. Altrock von dort das 1. Bataillon Kaiser Franz, wie die 6., 7. und 8. Kompagnie Königin Elisabeth ein. Im nordwestlichen Vordringen gegen die Kirche gelang es nach furchtbar blutigem Ringen, Mann gegen Mann, den Ort vom Feinde zu säubern. Auch der Park und die angrenzenden Baulichkeiten wurden wieder dem Feinde entrissen. Die jetzt in Le Bourget vereinigten 15 Kompagnieen — die 3. und 4. Kompagnie Garde-Schützen war inzwischen auch noch angelangt — besetzten planmäßig die einzelnen Abschnitte, einem erneuten Angriff der Franzosen entgegensehend. Letztere überschütteten beim Beginn des Zurückgehens ihrer Infanterie den Ort von neuem mit heftigem Granatfeuer, auf welches jedoch die preußische Artillerie die Antwort nicht schuldig blieb. Zu einem eigentlichen Infanterie-Angriff seitens des Gegners kam es nicht mehr, trotzdem derselbe mehrfach Miene zeigte, noch einmal gegen Le Bourget vorzugehen. Die II. Pariser Armee hatte umsonst des Zeichens geharrt, nach vollzogener Einnahme von Le Bourget sich auf den Feind bei Le Blanc Mesnil und Aulnay les Bondy werfen zu können. Nun aber wandte sich ihr Führer mit einem Teil der ihm zu Gebote stehenden Truppen über Bondy und Drancy hinaus, um dann bei dem letztgenannten Orte allmählich eine größere Artillerie-Masse zu entwickeln. Dieselbe zum Rückzuge zu zwingen, vereinigte Oberst v. Helden-Sarnowski 4 Batterieen des XII. Korps nordöstlich von Le Bourget, um nach mehrstündigem Gefechte denn auch die feindliche Artillerie zum Schweigen zu bringen. Um 2 Uhr war das Gefecht auf allen Punkten bei Le Bourget beendet. Hinter dem weichenden Gegner her rückten auf dem linken Flügel des Garde-Korps die Vortruppen wieder in die früheren Stellungen ein, wobei das Füsilier-Bataillon Königin Elisabeth, unterstützt durch das Feuer der 6ten schweren und eines Zuges der 6ten leichten Batterie, feindliche, am Eisenbahndamm südlich Aulnay stehende Abteilungen durch kräftigen Vorstoß vertrieb.

Was die Verluste anbetrifft, so bezifferten sich dieselben bei dem Gegner, nach dessen Berichten, auf 983 Köpfe einschließlich von 360 Gefangenen. Diesseits betrug die Einbuße bei Le Bourget:

Tot		Verwundet		Vermißt	
Offiz.	Mann.	Offiz.	Mann.	Offiz.	Mann.
2	66	10	231	—	90

Dies ergiebt einen Gesamtverlust von 12 Offizieren und 387 Mann. Das war der zweite Kampf um Le Bourget, fast ebenso blutig und grimmig als jener am 30. Oktober. Am anderen Morgen ließ der Gegner in Front unseres Garde-Korps starke Abteilungen bei Grosley Ferme und Drancy stehen, hinter welchen sich dann mehrfach größere, in Bewegung befindliche Kolonnen zeigten, deutscherseits die Vermutung wachrufend, als beabsichtige der Feind für den 23. Dezember noch einmal einen Ausfall nach dieser Richtung. Doch nichts geschah. Trochu hatte es aufgegeben, auf diesem Wege sich in den Besitz von Le Bourget zu setzen. Es war geplant worden, unter Anwendung von Laufgräben gegen diesen Ort vorzugehen. Bei Drancy und in dem westlich davon gelegenen Gelände entstand in den nun folgenden Tagen ein eigentümliches Gemisch von Verteidigungs- und Angriffswerken. Die plötzlich eintretende Kälte machte aber diesen Arbeiten ein rasches Ende. Was geschaffen war, blieb zwar, mit Geschützen ausgerüstet, stehen, im übrigen aber trat am 26. Dezember eine völlige Stockung der bisher entwickelten Thätigkeit ein. Tags darauf donnerten unsere Geschütze herausfordernd ihre ersten Grüße gegen den Mont Avron.

40*

In der Zwischenzeit waren in aller Stille zur Beschießung dieses französischen Bollwerkes 13 Batterieen fertiggestellt worden, die, in vier Gruppen verteilt, mit 76 Geschützen jetzt die Stellung des Feindes umfaßten. Furchtbare Anstrengungen waren dem Batterieenbau vorangegangen. 600 Landfuhrwerke, wie alle verfügbaren Kräfte waren für die Vorbereitungen desselben herangezogen worden. Am 27. Dezember, morgens 8½ Uhr, eröffneten sämtliche Batterieen das Feuer und setzten dasselbe ungeachtet des heftigen, den ganzen Tag andauernden Schneegestöbers bis zur Dämmerung ununterbrochen fort; bei diesen Witterungsverhältnissen ward natürlich jedes Beobachten der Schußwirkung, wie überhaupt jedes genaue Einschießen fast unmöglich gemacht. Eine fast gleiche Anzahl von Geschützen wie die unserige antwortete von dem Mont Avron; ebenso beteiligten sich die Forts Rosny und Nogent an diesem Bombardement. Am anderen Tage zeigte sich der Gegner bereits merklich schwächer, während unsere Geschosse bei dem inzwischen eingetretenen klaren Frostwetter mit sichtlich großem Erfolge einschlugen. Am 29. Dezember schwiegen die Geschütze des Mont Avron gänzlich; die am Nachmittage vorgehenden Patrouillen des XII. Korps fanden die Höhe vollständig von den Franzosen geräumt. Der Feind hatte, als er am 24. unsere Angriffsarbeiten bemerkte, die bisher auf der Ostseite des Mont Avron lagernden Truppen nach dem Westabhange der Hochfläche verlegt, jedoch weder Deckungen noch Schutzräume für Geschütze und Mannschaften erbaut. Unsere Granaten waren daher mit voller Wirkung in die Batterieen und die zusammengedrängten, schutzlosen Massen der als Besatzung verwendeten Division Hugues eingeschlagen. Nachdem sich General Trochu persönlich am 28. von der überaus ungünstigen Sachlage überzeugt hatte, ward die Räumung des Mont Avron anbefohlen. Oberst Stoffel wußte dieselbe mit so viel Geschick und Umsicht zu bewerkstelligen, daß schon am nächsten Morgen das gesamte Material zurückgeschafft war. Die am 30. morgens nach dem Mont Avron vorrückenden Abteilungen der Maas-Armee fanden droben außer einer großen Anzahl verschiedener Geschosse nur noch eine unbrauchbare Kanone vor. Eine dauernde Besetzung dieser Höhe fand jedoch nicht statt. Nur der Patrouillengang wurde bis dahin ausgedehnt. Unsere Belagerungsartillerie hatte ihren schönen Erfolg mit einem Verluste von 11 Toten und 22 Verwundeten bezahlt. Nunmehr konnte dieselbe zur weiteren Bekämpfung der vor der Ostfront von Paris belegenen Befestigungsanlagen und namentlich gegen die im letzten Drittel des Dezembers bei Drancy entstandenen zahlreichen Erdwerke und Batterieen verwendet werden.

Vor der Front unserer III. Armee, im Süden der französischen Hauptstadt, hatten, abgesehen von den ewigen Scheinangriffen, keine Zusammenstöße im Dezember mehr stattgefunden. Dennoch befestigte sich diesseits immer mehr die Überzeugung, daß auf die Dauer der starken französischen Artillerie nur mit schwerem Geschütz begegnet werden könne. Aus diesem Grunde waren alle Vorkehrungen getroffen worden, die erforderlichen Materialien noch vor Ablauf des Jahres nach Villacoublay zu schaffen, von wo man nunmehr die Belagerungsgeschütze mit entsprechender Ausrüstung in die bereits fertig gestellten Batterieen beförderte. Die obere Leitung des gesamten Ingenieur-Angriffes wurde am 23. Dezember dem Generallieutenant v. Kameke, diejenige des artilleristischen dem Generalmajor Prinzen zu Hohenlohe-Ingelfingen übertragen. Fast 100 Geschütze standen am Anfang des neuen Jahres bereit, das Bombardement von Süden her gegen die französische Hauptstadt zu eröffnen.

Aber das alte Jahr klang friedlich aus. Fern im Feindeslande, umringt von tausend Gefahren, inmitten kalter Winternacht, feierte das deutsche Gemüt einen seiner höchsten Festtage. Als am 24. Dezember die Schleier der Nacht sich auf die nun schon so oft vom Getümmel des Krieges durchzitterte, blutgetränkte Erde niedersenkten, flammten aus Tausenden von Hütten die strahlenden Kerzen des deutschen Weihnachtsbaumes auf. Und unter seinen dunkelgrünen, duftenden Zweigen hatte die Heimat der wackeren Krieger so manche schöne Gabe niedergelegt, die theure Heimat, die an diesem Abend nicht ohne Wehmut ihrer fernweilenden Söhne dankbar gedachte.

Pfarrer Jordan von der 2. Garde-Division berichtet über diese Weihnachtsfeier im Feindeslande: „Unser allverehrter General v. Budritzky wollte wenigstens alles, was möglich ist, thun, seinen braven Soldaten etwas Weihnachtsglanz ins Auge und ins Herz scheinen zu lassen. Längere Zeit schon hatte ich den Wunsch einer Christfeier am heiligen Abend gehegt, da kam er meinem Wunsche noch zuvor und stellte zugleich die Mittel zur Erleuchtung der Kirche zur Verfügung. Das Musikchor des Kaiser-Franz-Regiments, unter seinem bewährten Direktor, ergriff es mit großer Freude, die liturgischen Gesänge mit seinem trefflichen Sängerchor auszuführen. Zum lieben Christfest durfte aber vor allem der helle Christbaum nicht fehlen, ohne dessen Glanz uns Deutschen ja immer etwas am Christabend mangelt. Der Park unseres Divisionsstabsquartiers bot reichliche Auswahl. So war denn mein braver Küster schon am Morgen beschäftigt, zwei schöne Tannenbäume abzuschlagen. Dieselben wurden in der Kirche zu beiden Seiten des Altars aufgestellt, mit Kerzen reichlich versehen, Altar und Altarraum mit Tannenzweigen reichlich drapiert und Kerzen in der ganzen Kirche verteilt. — Eigentlich hatte ich in Ermangelung von Leuchtern diese ganz kriegsgemäß ersetzen und auf jeder Bank ein Bajonett aufpflanzen wollen, dessen unteres Ende, mit dem es an den Lauf angesetzt wird, einen vorzüglichen Lichthalter bildet. Später stellte sich aber noch eine einfachere Art der Befestigung als praktischer heraus. So war denn die Kirche festlich gegeschmückt. Glücklicherweise kehrten auch hier die kantonierenden Truppen, da der Feind nichts Besonderes unternahm, frühzeitig genug in ihre Quartiere zurück. Um 5 Uhr war der Anfang des Gottesdienstes bestimmt. Schon lange vorher war die Kirche dichtgedrängt voll, Evangelische und Katholische unter einander in ernster, feierlicher Stille. Hell leuchteten ihnen die Christbäume entgegen und ein ernstes, wehmütiges Gefühl im Gedanken an die liebe Heimat und Christfeier daheim ging durch viele Herzen in dieser Stunde. Das alte Adventslied: „Wie soll ich Dich empfangen“ unter fast orgelähnlicher Musikbegleitung eröffnete den Gottesdienst. Dann folgte „Allein Gott in der Höh' sei Ehr'“. Darauf Gebet und alttestamentliche Lektion aus den Verheißungen unseres Gottes. Im Anschluß an dieselben, die die Ankunft des Heilandes nach Gottes Rat und gnädigen Willen uns verkünden, sang die Gemeinde:

„Ihr dürft euch nicht bemühen,
Noch sorgen Tag und Nacht,
Wie ihr ihn wollet ziehen
Mit eures Armes Macht.
Er kommt, er kommt mit Willen,
Ist voller Lieb' und Lust,
All' Angst und Not zu stillen,
Die ihm an euch bewußt.“

Und der Chor fiel nun ein mit der frohen Engelbotschaft: „Vom Himmel hoch, da komm' ich her“, überleitend zur Weihnachtsgeschichte. Diese altgewohnten Klänge in ihrer Einfachheit und Herrlichkeit, und das alles fern von der Heimat, im wüsten Kriege, die braven Krieger eben von Kampfbereitschaft heimkehrend — es war wohl kaum ein Herz, das nicht tief bewegt war. Und als nun nach dem zweiten Verse nach der Engelbotschaft der Chor einfiel: „Ein Kind ist uns geboren, ein Sohn ist uns gegeben, welches Herrschaft ist auf seiner Schulter, und er heißt Wunderbar, Rat, Kraft, Held, Ewigvater", und es nun ausklang „Friedensfürst", wie klang es da in den Herzen wieder, in denen die Sehnsucht, daß Er, der große Friedensfürst, Frieden auch uns und unserem deutschen Lande bringen möge, doch bei aller Freudigkeit zum Kampfe lebendig ist. Und je mehr wir alle, gerade in dieser Zeit, erfuhren, wie wir eines Heilandes bedürfen, desto freudiger fiel der Chor ein mit der alten Weise: „O, du fröhliche, o, du selige, gnadenbringende Weihnachtszeit: Welt ging verloren, Christ ward geboren, freue dich, freue dich, Christenheit!"

„So erloschen denn die Kerzen an den beiden Christbäumen. Aber wie war ich erstaunt, als ich durch unser Dorf heimwärts ging! Fast kein Quartier, in dem nicht, größer oder kleiner, ein Christbaum brannte. Ohne ihn gehts nun einmal nicht. Tagelang hatten die Leute zugerüstet und zusammengelegt oder doch wenigstens zuletzt alles aufgeboten, einen, wenn auch noch so wunderbar kleinen Christbaum herzurichten. Überall hingen einige Äpfel und Nüsse; aber daneben auch Weißbrot, oder Stücke der allbekannten Erbswurst. Ja selbst Granatsplitter aus den letzten Kämpfen mußten den Tannenbaum zieren helfen und drückten auch ihm selbst ein kriegerisches Gepräge auf. Und um denselben saßen und standen, wie die Kinder herzlich sich freuend, mit den Gedanken an ihr Daheim, unter Gesang von Weihnachtsliedern und den alten, ernsten Kriegsliedern unserer braven Soldaten, dieselben Jünglinge und Männer, die noch vor wenig Stunden den Feind bekämpft und im Granatfeuer ausgeharrt hatten. Alle Offiziere konnten am Abend nicht genug den freudigen Sinn ihrer Leute rühmen, mit dem sie überall den Christbaum umstanden hätten. Und wie in ernsten Stunden des Kampfes, so erfährt man auch in solchen Stunden, welch ein ernster Sinn doch, Gott sei Dank, immer noch in unserem deutschen Volk lebendig ist." —

Zwanzigstes Kapitel.

Die Lage und Befestigung von Soissons. — Die Belagerung und Kapitulation von Soissons. — Die Bildung und der Vormarsch der 4. Landwehr-Division. — Die Belagerung und Kapitulation von Schlettstadt und Neu-Breisach. — Verdun kapituliert. — Die Belagerungen und Kapitulationen von Thionville (Diedenhofen), La Fère, Pfalzburg, Montmédy und Mézières.

Bevor wir uns den Ereignissen im Süden Frankreichs, insbesondere den Kämpfen bei Orléans zuwenden, erscheint es, einer abgeschlossenen Darstellung willen, ratsamer, zuerst noch die Belagerungen und Einnahmen einer Reihe mehr oder minder wichtiger französischen Festungen zu schildern. Den Daten der Kapitulationen folgend, beginnen wir mit Soissons.

Soissons, eine freundliche, gewerbreiche, 11 000 Einwohner zählende Stadt mit drei Thoren, durch welche die Straßen nach Compiègne, Laon und Mézières führen, liegt in einem mäßig breiten Thalkessel an der Einmündung des Crise-Baches in die Aisne und ist, wie die Mehrzahl der damaligen französischen Plätze, nach Vauban'scher Art befestigt. Zehn unregelmäßige Bastionen umgeben die eigentliche Stadt, ferner einige hauptsächlich nach Westen gerichtete Außenwerke und eine mit Scharten versehene, an der Ostseite sich längs der Aisne hinziehende Mauer. Über letztgenannten Fluß führt eine steinerne Brücke nach der gegenüberliegenden Vorstadt St. Wast, welche mit ihren drei Bastionen einen Brückenkopf auf dem rechten Ufer bildet. Die mit ungefähr 8 Meter hohem Mauerwerk bekleideten Wälle enthielten mehrere, zur gedeckten Unterkunft der Besatzung allerdings nicht ausreichende Hohlräume. Durch die neben der Stadtbrücke liegende Schleuse und eine Ableitung des Crise-Baches waren die Festungsgräben zum größten Teil mit Wasser angefüllt. Durch eine stärkere Anstauung vermochte man die Thalsohle des Crise-Baches wie der Aisne zu überschwemmen, so daß die Südostseite von Soissons geradezu unangreifbar sein mußte. Nur vor der höher gelegenen schmalen Südwestfront befanden sich trockene Gräben ohne Mauerwerk an der äußeren Grabenböschung. Alles in allem besaß diese Festung somit im September 1870 einen genügenden Grad von Sturmfreiheit. Die Besatzung, drei Bataillone Mobilgarden und Linien-Truppen, stand unter dem Befehl des Kommandanten, Oberstlieutenant de Nouë.

Der Besitz von Soissons mußte für uns in mehr als einer Beziehung von hoher strategischer Wichtigkeit sein, indem dadurch für den Vormarsch unserer Armee auf Paris, sowie bei den anderweitigen Operationsplänen im nordwestlichen Frankreich, sowohl die nördlich bei Soissons nach Paris führende Eisenbahn, als auch verschiedene andere Straßenzüge frei für uns wurden. Schon die Maas-Armee hatte am 11. September bei ihrem Vormarsch von Sedan aus auf Paris versucht, Soissons zur Übergabe zu bewegen. An der Entschlossenheit des Kommandanten der Festung war jedoch dieses Vorhaben gescheitert. Nach erfolgloser Beschießung mit Feldgeschützen und gescheiterter Unterhandlung hatte man den Weg nach Paris fortgesetzt.

Seit jenem Tage, wo die Maas-Armee den anbefohlenen Eilmarsch auf Paris angetreten hatte, war es eine Schwadron des sächsischen 1. Reiter-Regimentes gewesen, welche ihre Patrouillen zur Beobachtung der Festung die Umgebung der letzteren hatte unausgesetzt durchstreifen lassen. Am 24. September erschien endlich die 2. Landwehr-Division unter Führung des Generalmajors v. Selchow, welcher die völlige Einschließung von Soissons anbefohlen worden war. Unter dem nun beginnenden Geschützfeuer der Festungsartillerie entwickelte das Bataillon Frankfurt zwischen Aisne und Crise eine Vorpostenlinie, für welche die Pioniere noch an demselben Abend die nötigsten Deckungen aushoben. Das Bataillon Woldenberg besetzte Schloß Ste. Geneviève, die übrigen Truppen bezogen Quartiere in Billy und Venizel. Die Arbeiten unserer Pioniere zu stören und aufzuheben, unternahm zwar der Feind mehrfache Angriffe, — den bemerkenswertesten am 26. nachmittags, worauf dann das Bataillon Landsberg mit einer Zurückwerfung und Verfolgung bis in die südwestliche Vorstadt antwortete

— dennoch gelang es diesseits, alle nötigen Verkehrungen zu einer regelrechten Belagerung zu treffen. Infolge des Befehls seitens der obersten Heeresleitung, die Wegnahme der Festung nach Möglichkeit zu beschleunigen, trafen anfangs Oktober noch weitere Streitkräfte vor Soissons ein, so daß schließlich hier 8 Bataillone, 4 Schwadronen, 2 Feldbatterieen und 2 Pionier-Kompagnieen versammelt waren, über welche Generalmajor v. Selchow den Befehl übernahm.

Am 3. und 9. Oktober kam es zu blutigen Zusammenstößen, indem der Feind versuchte, uns den Besitz der Dörfer Crouy und Cuffies streitig zu machen; er wurde jedoch von unseren Truppen bis in die Festung zurückgedrängt. Seine Energie und Entschlossenheit, welche er bisher an den Tag gelegt hatte, machten es diesseits notwendig, den Zirkel unserer Vorpostenketten immer enger zu ziehen und selbst die nächstgelegensten Ortschaften und Gehöfte zu verbarrikadieren und zu befestigen. Am 10. Oktober war die vollständige Einschließung vollendet. Bald darauf trafen aus Toul sowohl Material zum Bau von Batterieen, als auch 26 schwere Belagerungsgeschütze ein. Am 12. Oktober, morgens 5¾ Uhr, begann in Gegenwart des Großherzogs von Mecklenburg-Schwerin, welcher, von Buzancy kommend, den Oberbefehl übernommen hatte, sowie des Herzogs v. Sachsen-Altenburg, die Beschießung von Soissons. Die Festungsartillerie blieb die Antwort nicht schuldig und eröffnete nun ihrerseits aus 16—18 Geschützen ein sehr lebhaftes Feuer, so daß unsere Angriffsbatterieen zum Teil ihre Stellungen bald ändern mußten. In der darauffolgenden Nacht war der Feind nicht unthätig geblieben und hatte noch neue Geschütze auf den Wällen aufgepflanzt. Mit unverminderter Kraft führte er auch heute den Geschützkampf aus. Aus Mitleid für die schwer leidende Stadt, wurde unsererseits nachmittags 2 Uhr ein Parlamentär in die Festung gesandt. Seine Kapitulationsanträge wurden aber abgewiesen. Das Bombardement nahm daher seinen Fortgang. Der 14. Oktober zeigte dasselbe Bild. Auf beiden Seiten tobten die Geschütze. Ebenso verlief der 15. Oktober. Diesseits war Bresche geschossen worden, ein Sturmangriff in Aussicht genommen. Der Gegner mochte dies ahnen. Am Abend desselben Tages erschien ein französischer Parlamentär, welcher die Absendung eines Offiziers erbat, mit welchem Kommandant de Nouë Verhandlungen wegen Übergabe von Soissons anknüpfen könnte.

Der Chef des Generalstabes vom XIII. Korps, Oberst v. Krensky, wie der Hauptmann im Generalstabe, Graf v. Schlieffen, wurden für die gewünschten Unterhandlungen bestimmt. Am 16. Oktober, morgens 2 Uhr, kehrten beide mit der Kapitulationsurkunde nach dem Hauptquartier Venizel zurück. Das herrschende Elend in der arg heimgesuchten Stadt, deren Bewohner auf keine Belagerung vorbereitet waren, der Umstand, daß unsere Geschosse eine gangbare Bresche geschlagen hatten, daß das Arsenal, eine Reihe anderer Militärgebäude, wie das große Krankenhaus vom Brande zerstört worden war, dies alles mochte dem tapferen Kommandanten die Kapitulation nahe gelegt haben.

Nachmittags 2 Uhr erfolgte auf dem Glacis die Übergabe von Soissons. Die deutschen Truppen besetzten die Thore. Die ungefähr 4 800 Köpfe zählende kriegsgefangene Besatzung marschierte, größtenteils berauscht und in aufgelöster Ordnung, zum Rheimser Thor hinaus, wo sie sofort von zwei Landwehr-Bataillonen abgeführt wurde, mit Ausnahme von etwa 1000 Mobilgardisten aus den von den Deutschen besetzten französischen Landesteilen, welche mit der Verpflichtung freigegeben wurden, nicht wieder gegen Deutschland zu kämpfen. Die Besatzung von Soissons hatte während der Belagerung einen Verlust von 120 Mann erlitten. Diesseits bezifferte sich die Einbuße auf 7 Offiziere und 111 Mann. Außer reichen Mundvorräten, welche der Armee vor Paris zum Teil zu Gute kamen, erbeuteten wir noch 8000 Gewehre, 128 Geschütze, ein überaus reiches Pulver- und Kugelmaterial, ebenso eine Kriegskasse mit 92 000 Francs.

An der Spitze der Belagerungstruppen hielt der Großherzog von Mecklenburg-Schwerin Einzug in die eroberte Festung. Vor der Domkirche fand der Vorübermarsch der Bataillone statt, worauf sich der Großherzog in das formierte Carré begab, das Gewehr präsentieren ließ und unter dreimaligem Hoch auf Se. Majestät den König Besitz von der Festung nahm. Am 17. kehrte der Großherzog nach Rheims zurück, von wo er sich vorläufig in den Bereich der südlichen Einschließungslinie von Paris begab. An die Spitze des General-Gouvernements von Rheims trat der General-Lieutenant v. Rosenberg-Gruszczynski.

Wir wenden uns jetzt den Vorgängen bei Schlettstadt und Neu-Breisach zu.

Schon während des Kampfes um Straßburg war deutscherseits eine

41*

vollständige Besetzung des Ober-Elsaß beschlossen worden, um namentlich den auf die dortigen kleineren Festungen sich stützenden Streifzügen der Franctireurs ein Ende zu machen und zugleich das gegenüberliegende deutsche Gebiet vor jeder Belästigung zu schützen. König Wilhelm hatte unterm 20. September befohlen, daß von den noch zur Zeit in Preußen stehenden Feldtruppen 15 Bataillone, 3 Kavallerie-Regimenter, 6 Batterieen und 1 Pionier-Kompagnie als „4. Reserve-Division" vereinigt und zu obigem Zwecke, besonders zur Einschließung der erwähnten Plätze, verwendet werden sollte. Noch vor Ablauf des Septembers stand diese Division in der Gegend zwischen Freiburg, Alt-Breisach und Schliengen versammelt, von wo sie, unter Führung des Generalmajors v. Schmeling, mittels Fähren und Stromkähnen von Neuenburg aus über den Rhein an das linke Ufer dieses Flusses setzte. Ihre vorläufige Aufgabe war, die Festungen Schlettstadt und Neu-Breisach sobald als möglich zur Übergabe zu zwingen.

Nach Vertreibung mehrerer, nur schwachen Widerstand leistenden Freischaren rückten die bis zum 2. Oktober morgens übergesetzten Truppen nach Mühlhausen vor, mit dem Auftrage, die aufgeregten Arbeitermassen daselbst zu entwaffnen und die nach Westen führende Bahn zu unterbrechen. Am 3. nachmittags erfolgte bereits die von den eigenen Behörden erbetene Besetzung der volkreichen Fabrikstadt, während das Gros der Division einstweilen Aufstellung bei Banzenheim nahm. Nach Neu-Breisach hin wurden Patrouillen entsandt, die Verbindung mit Baden herzustellen, westlich von Neuenburg, unter Benutzung einer Sandbank im Rhein, eine Block- und Schiffbrücke geschlagen. Nachdem man den südlich Mühlhausen gelegenen Landstrich von den daselbst umherschwärmenden Freischaren gesäubert hatte, wurde am 6. die Eisenbahn bei Altkirch zerstört. Am selbigen Tage geriet das südlich Neu-Breisach mit Einsammeln von Waffen beschäftigte Landwehr-Bataillon Goldap mit etwa 2000 Mobilgarden in ein hitziges Gefecht, ward anfangs zum Weichen gebracht, bis das Eingreifen einer schweren Batterie den Feind nach Neu-Breisach zurückscheuchte.

Da dem Kommandeur der 4. Reserve-Division ein gleichzeitiger Angriff auf Schlettstadt und Neu-Breisach mit den zur Verfügung stehenden Streitkräften nicht ausführbar schien, so beschloß derselbe, die beiden Plätze vorläufig nur einzuschließen und nach vorgenommenen Rekognoszierungen darüber zu entscheiden, welcher von ihnen zuerst belagert werden sollte. Das

Ergebnis war, Schlettstadt zuerst zur Übergabe zu zwingen. Eine Aufforderung zur Kapitulation beantwortete der Kommandant mit den Worten: „mes conditions seront mes canons!“, worauf ein heftiges Geschützfeuer aus der Festung erfolgte. Dies war am 11. Oktober. Zwei Tage früher hatten unsere Truppen bereits enge Kantonnements um die Festung bezogen.

Die strategische Bedeutung des 10000 Einwohner zählenden, eng und winklig in der Ebene am linken Ill-Ufer erbauten Schlettstadt lag vor allem in der Beherrschung der nach Belfort bez. Besançon führenden Eisenbahn, wie einigen höchst wichtigen Heerstraßen. Die Festung besteht aus acht ziemlich regelmäßig 1673 nach Vauban'schen Grundsätzen angelegten Bastionsfronten. Sechs Raveline deckten die drei Festungsthore und im Verein mit den nach allen Richtungen hin vorgeschobenen Lünetten die der Überschwemmung unzugängliche West- und Nordseite des Platzes. Während diese Überschwemmung im Osten und Westen ein fast unüberwindliches Annäherungshindernis schuf, auch im nördlichen Vorlande der wasserreiche Giesen-Bach den Angriff ungemein erschwerte, begünstigten nach Westen hin dichte Weinpflanzungen und Hecken ein Vorgehen, auch bot der von Süden sich hinziehende Eisenbahndamm dem Angreifer einen vortrefflichen Schutzwall. Schlettstadts Besatzung bestand zur Zeit der Einschließung aus 1200 Mobilgarden und etwa 700 Artilleristen. 120 Geschütze standen den Verteidigern zu Gebote. Das deutsche Hauptquartier befand sich während der Beschießung in Kühnheim.

Am Morgen des 20. Oktobers leitetete unsere erste Batterie das Bombardement ein. Dieselbe hatte während dreier Tage den Kampf mit neun Festungsgeschützen allein zu bestehen. Unser Angriff war von der Südwestfront aus geplant worden, da dies Terrain von der Überschwemmung völlig unberührt blieb. In der Nacht vom 22. zum 23. Oktober wurde außer der Errichtung von sechs weiteren Batterieen noch mit der Aushebung der ersten Parallele mittels der gemeinen Sappe vorgegangen. Als der Morgen graute, eröffneten die sechs neuen Batterieen ihr Feuer, ungeheuren Schaden, auch innerhalb der Stadt, anrichtend. Die kaltblütige Entschlossenheit und Ruhe, mit welcher der Feind dieses völlig unerwartete Ereignis hinnahm, verdient vollste Anerkennung. Am 24. Oktober morgens fielen aus der Festung nur noch vereinzelte Schüsse. Um $7^1/_2$ Uhr zeigten sich dann plötzlich auf der Westfront und dem Turme der Hauptkirche weiße Fahnen. Bald darauf wurde die Kapitulation vollzogen. Das Einrücken der Belagerungstruppen, das für 3 Uhr nachmittags festgesetzt worden war, geschah auf Wunsch des Kommandanten bereits eine Stunde früher, da innerhalb der Festung vollständige Anarchie ausgebrochen war. Tobende Volkshaufen und berauschte Soldaten verübten die größten Zuchtlosigkeiten. Sie durchzogen mit Gebrüll die Straßen, plünderten die öffentlichen Gebäude, um sie dann in Brand zu stecken, und waren schließlich willens, ein Pulvermagazin in die Luft zu sprengen. So erschienen unsere Truppen wie erlösende Friedensbringer. Generalmajor v. Schmeling gelang es bald, mit 3 Bataillonen die Ruhe und Ordnung wieder herzustellen. Die kriegsgefangene Besatzung wurde unter Bedeckung abgeführt; den Offizieren ward diesmal, höherer Weisung folgend, die Freilassung auf Ehrenwort nicht gewährt. Außer den Geschützen fielen uns noch etwa 7000 Gewehre, sowie ansehnliche Munitions-, Mehl- und Tabaksvorräte als Beute in die Hände. Unsere Einbuße während der Belagerung bezifferte sich auf 7 Mann tot, 4 Offiziere, 12 Mann verwundet.

Am 25. Oktober hielt Generalmajor v. Schmeling seinen Einzug in Schlettstadt; Glockengeläute und Abhaltung eines evangelischen wie katholischen Gottesdienstes verherrlichten das frohe Ereignis dieses Tages.

Bei Neu-Breisach hatten sich inzwischen die Verhältnisse nicht wesentlich geändert. Die Festungsbesatzung verhielt sich seit Beginn der Einschließung ziemlich unthätig und beschränkte sich auf vereinzelte Ausfälle. Anfang Oktober war diesseits die Festung eingeschlossen worden, und zwar von Teilen der 4. Landwehr-Division. Das 3. kombinierte ostpreußische Landwehr-Regiment besetzte am 6., links die Festung umgehend, den Abschnitt vom Kasten-Walde bis an den Rhein, das 1. komb. ostpr. Landwehr-Regiment belegte die Ortschaften im südlichen Vorlande und entwickelte von hier aus seine Vorposten bis Algolsheim und Werkolsheim. Das 1. Reserve-Ulanen-Regiment verteilte sich mit den zur Stelle befindlichen 5 Batterieen gleichmäßig auf beiden Abschnitten der Einschließungslinie. Der Feind hatte die deutschen Truppen mit lebhaftem, aber fast wirkungslosem Geschützfeuer empfangen. — Neu-Breisach besteht aus einem von trockenen Gräben umgebenen bastionierten Achteck mit durchweg gemauerten Wallböschungen und vorliegenden Ravelinen. Sämtliche Fronten des Platzes waren durch Querwälle soviel als möglich gegen bestreichendes Feuer geschützt und, wie auch einige der Ravelinen, mit bombensicheren Unterkunftsräumen versehen. Das weiter nordöstlich, unmittelbar am Strome gelegene und durch einen breiten Wassergraben gesicherte Fort Mortier wurde zwar vom jenseitigen höheren Ufer aus eingesehen, war aber in ähnlicher Weise wie Neu-Breisach zu selbständiger Verteidigung eingerichtet und flankierte in wirksamster Weise einen gegen die Nord-, Ost- oder Südseite der Festung sich richtenden Angriff. Der Kommandant von Neu-Breisach, Oberstlieutenant Lostie de Kerhor, verfügte über eine Besatzung von etwa 5 500 Mann, die zum größten Teil aus Mobil- und Nationalgarden sich zusammensetzte.

Die Besitzergreifung von Neu-Breisach war übrigens für die deutschen Truppen eine Notwendigkeit, weil die Festung die vom badischen Oberlande über das nur wenige Meilen entfernte Colmar nach Lüneville führende Straße und den Rhein-Rhône-Kanal sperrt und durch ihre Eroberung den Franzosen der letzte Stützpunkt im oberen Elsaß, von dem auch Unternehmungen gegen das badische Oberland ausgehen konnten, entrissen werden mußte. Denn die Erfolge der deutschen Waffen vom Anbeginn dieses geradezu einzigen Feldzuges an hatten in der bisher von allen Drangsalen des Krieges verschont gebliebenen, ohnehin gegen alles Deutsche eingenommenen Bevölkerung des Ober-Elsasses eine äußerst erbitterte Stimmung hervorgerufen, welche besonders in den großen Fabrikstädten Colmar und Mühlhausen Platz gegriffen hatte und leider auch mit allen zu Gebote stehenden Mitteln genährt wurde. War es der Krieg, der einen großen Teil der Fabriken zur Einstellung der Arbeit zwang, so schuf dieser verhängnisvolle Umstand nun, daß der Terrorismus und die Volksempörung immer unheimlicher emporwuchs, so daß schließlich die Behörden es für ratsam erachteten, dieser Stimmung eine rein politische Färbung zu geben, den Volkskrieg in bester Form zu organisieren und hierzu die Festung Neu-Breisach als Zentralisationspunkt der Bewegung zu benutzen.

Am 9. Oktober wurde die Einschließung von Neu-Breisach durch das Eintreffen weiterer Streitkräfte wie geeigneter Belagerungsgeschütze von Straßburg her noch enger und vollständiger. Am 26. Oktober übernahm Generalmajor v. Schmeling den Befehl über sämtliche vor Neu-Breisach versammelten, inzwischen noch mehr verstärkten Truppen. Das Hauptquartier befand sich in Kühnheim. Nun begann der Batteriebau auf beiden Seiten des Rheins, um zugleich das Fort Mortier mit unter Feuer nehmen zu können. Von Schlettstadt aus war inzwischen noch mehr Belagerungsgeschütz eingetroffen, so daß man am 2. November das Bombardement eröffnen konnte. Die Kapitulation von Metz wurde dem Kommandanten von Neu-Breisach gemeldet. Doch nichts vermochte seinen Entschluß zu erschüttern. Bis zum 7. November dauerte in unverminderter Stärke der Geschützkampf zwischen Freund und Feind Tag und Nacht fort. Die Eingeschlossenen, auch die kleine Besatzung vom Fort Mortier, wehrten sich mit rühmenswerter Entschlossenheit, auch dann noch, als bereits die Mehrzahl ihrer Geschütze durch unsere treffsicheren Geschosse demontiert worden waren.

Bereits waren alle Vorbereitungen getroffen worden, um den Sturm auf Fort Mortier zu eröffnen, als letzteres in der Nacht vom 7. zum 8. November die Kapitulation antrug, die vom Major v. Kretschman des Generalstabes mit dem Fortkommandanten, Kapitän Casteli, abgeschlossen wurde. Genau zu derselben Stunde, wo der geplante Sturm erfolgen sollte, marschierte die 5 Offiziere, 250 Mann starke Besatzung als Kriegsgefangene aus dem Fort, welches in allen seinen Teilen ein Bild ärgster Verwüstung zeigte. Bald nach diesem Ereignis begann auch die Verteidigung von Neu-Breisach matter zu werden, während unsere Batterieen am linken Rheinufer fortfuhren, ihre branderzeugenden Geschosse in die Festung zu schleudern. So kam der 10. November. Mit ihm die Kapitulation. Nachmittags 2 Uhr ward auf dem Münster und den Festungswällen die weiße Fahne aufgehißt. Neu-Breisach war unser. Abends 7 Uhr ward die Urkunde der Übergabe unterzeichnet. Am anderen Morgen besetzten preußische Truppen die vier Festungsthore. Eine Stunde später, 10 Uhr, marschierte die französische Besatzung in bester Ordnung, unter Führung ihres Kommandanten, durch das Baseler Thor aus der Festung; vor demselben war das Belagerungskorps im offenen Carré aufgestellt. Durch Präsentieren des Gewehrs erwiesen unsere Truppen der tapferen französischen Garnison die wohlverdienten Honneurs. Dann erst begann das Niederlegen der Waffen und die Abführung der Kriegsgefangenen. 108 Geschütze, 6000 Gewehre und beträchtliche Vorräte an Munition und Lebensmitteln wurden erbeutet. Unser Verlust während der Belagerung bezifferte sich auf 16 Mann tot, 4 Offiziere und 48 Mann verwundet. —

Verdun, dem wir uns jetzt zuwenden, war nach dem mißlungenen Handstreiche der Sachsen am 24. August eine Zeit lang nur von Kavallerie beobachtet worden, bis das mit Wegnahme der Festung beauftragte Truppenkorps unter General v. Bothmer aus der Gegend von Thionville (Diedenhofen) gegen die Maas vorrückte. Am 7. September erschienen an der Ostseite von Verdun vorläufig das 2. und 3. Bataillon Regiment Nr. 65, das 4. Reserve-Husaren-Regiment und die schwere Reserve-Batterie des VII. Korps. Während der Feind, abgesehen von einigen kleineren Scharmützeln, sich eifrig beschäftigt zeigte, seine Festungswerke zu befestigen, verteilten sich unsere Truppen ziemlich gleichmäßig auf beiden Seiten der Straße von Etain östlich von Verdun. Die Festung war bei Ausbruch des Krieges mit ungefähr 140 Geschützen ausgerüstet und mit ausreichenden Lebensmitteln versehen worden. Der Kommandant, General Guérin de Waldersbach, verfügte zwar anfangs nur über geringe Streitkräfte, doch hatten sich letztere durch zahlreiche, auf dem Transporte von Sedan nach Pont à Mousson entsprungene Kriegsgefangene derartig verstärkt, daß sie einschließlich der Mobilgarden und Franctireure im September etwa 6000 Mann zählte.

Verdun, mit 14000 Einwohnern, liegt auf beiden Seiten der Maas und ist von mittelalterlichen, aber gegen Ende des 17. Jahrhunderts nach Vauban'schem System erweiterten Befestigungen umgeben. Die nördliche und östliche Umwallung lehnte sich einerseits an die vor der Westseite befindliche, siebeneckig gestaltete Citadelle, andererseits an das nach Südosten vorspringende Hornwerk Victor, während die an und für sich schwächere Südwestbefestigung von beiden genannten Werken flankiert und ohnehin schon durch ihre Lage im Überschwemmungsgelände des Maas-Thales geschützt wurde. Der oberhalb der Stadt in mehrere Arme sich gabelnde und ohne Brücken nicht zu überschreitende Fluß speiste zwar nur die Gräben der eigentlichen Stadtbefestigung; aber auch Citadelle und Hornwerk waren vermöge ihrer wohlerhaltenen hohen Wallmauern vollständig sturmfrei. Verdun wird jedoch auf allen Seiten von beträchtlichen Höhen beherrscht, welche an ihren dem Platze zugekehrten Abhängen mit Weinpflanzungen bedeckt und weiter rückwärts meist bewaldet sind. Die nur eine Viertelmeile nördlich entfernte Côte St. Michel gestattet einen vollständigen Einblick in das Innere der Stadt und der Citadelle; auch gewährten die am Fuße der

Höhen liegenden Dörfer dem Angreifer die Möglichkeit, sich in unmittelbarer Nähe der Wälle einzunisten.

Am 23. September, nachdem von der I. Armee noch ein ansehnlicher Teil der bisherigen Etappen-Truppen vor Verdun eingetroffen war, vollzog sich die vollständige Absperrung des Platzes. Von nun an mehrten sich die Offensiv-Vorstöße des eingeschlossenen Gegners, teils den Einwohnern von Verdun die Weinlese im Bereiche der von uns besetzten Gelände zu ermöglichen, teils auch um Rekognoszierungen auszuführen. Anfang Oktober trat ein Wechsel in dem Oberbefehl des Belagerungskorps ein. General v. Bothmer wurde an Stelle des zum Kommandeur der badischen Feld-Division ernannten Generals v. Glümer zum Kommandeur der 13. Division ernannt. In seine Stelle rückte der bisherige Kommandeur der 1. Infanterie-Brigade, Generalmajor v. Gayl. Am 9. Oktober begab derselbe sich nach Charny, um von hier aus nun den artilleristischen Angriff auf Verdun einzuleiten. Zwei Tage später schritt das Regiment Nr. 65 abends 8 Uhr zur Besetzung der auf beiden Seiten der Maas belegenen Ortschaften Belleville, Thierville und Royal, während die Feldgeschütze bei ziemlich hellem Mondschein das Hornwerk Victor beschossen. Belleville war bereits von den Franzosen geräumt; auch die beiden anderen, stark verbarrikadierten Dörfer verließ der augenscheinlich überraschte Feind nach kurzer Gegenwehr unter einer Einbuße von etwa 20 Gefangenen. Am folgenden Tage schoben sich die 65er noch weiter gegen die Festung vor; Schützen-Abteilungen drangen bis 600 Schritt an das Glacis heran, wo sie sich eingruben. Noch am nämlichen Abend begann der Batterieen-Bau. Am 13. Oktober, 6 Uhr morgens, eröffneten 52 Geschütze das Feuer gegen Verdun. Der Gegner antwortete so energisch, daß unsere westlich stehenden beiden Batterieen schon am Mittag ihre Thätigkeit einstellen mußten, während die übrigen, wenn auch unter nicht unbeträchtlichen Verlusten, das Bombardement fortsetzten. Am andern Tage entfaltete sich dasselbe Schauspiel. Am 15. Oktober, nachdem diesseits der Umbau der zwei Tage früher zum Schweigen gebrachten beiden Batterieen sich vollzogen hatte, auch noch eine neue Batterie errichtet worden war, gewann es den Anschein, als zeigte sich der Feind unterlegen. Trotzdem fuhr der Gegner fort, unser Feuer zu beantworten, bis wir gegen 11 Uhr vormittags dasselbe einstellten. Da schwieg auch drüben der Donner der Geschütze. 15 Belagerungsgeschütze waren diesseits demontiert, an

100 Mann in dem dreitägigen Kampfe gefallen. In Verdun hatten unsere Granaten mehrere Gebäude in Brand gesteckt; die demontierten Geschütze hatte der Gegner stets in Eile durch neue zu ersetzen gewußt.

General v. Gayl hatte gegenüber der Geringfügigkeit unserer bisherigen Erfolge die Überzeugung gewonnen, daß nur ein regelrechter Angriff hier zum Ziele führen könnte. Ein Belagerungstrain ward beordert. Inzwischen räumten die 65er ihre vorgeschobenen Stellungen, so daß nur die Batterieen mit Feldwachen besetzt blieben, welch erstere man stehen ließ, um den wiederholten Transport der schweren, mit Kartätschen geladenen Geschütze zu vermeiden. Unser Rückzug hatte dem eingeschlossenen Gegner neuen Mut verliehen. Am 20. und dann am 28. Oktober unternahm er einen gegen die Maas-Armee gerichteten, mit Kraft ausgeführten Vorstoß, drängte jedesmal unsere Truppen zurück, bis es schließlich gelang, unter Mitwirkung rasch herangezogener Verstärkungen den Feind wieder in die Festung zu werfen. Zu gleicher Zeit aber war auch ein feindlicher Trupp nordwestlich vorgedrungen. Diesem glückte es, 12 Geschütze gründlich zu vernichten, unsere Feldwachen zu vertreiben und Glorieux besetzt zu halten. Ende Oktober und Anfang November trafen endlich die erbetenen Artillerie-Verstärkungen ein, so daß jetzt 102 Geschütze vor Verdun vereint standen. Angesichts der Vorbereitungen eines regelrechten Angriffes bat der Festungskommandant am 3. November um einen Waffenstillstand, dem bald die Kapitulationsverhandlungen nachfolgten. Am 8. November ward der Vertrag abgeschlossen, am 9. erfolgte die Übergabe der Stadt und Festung Verdun. Die Bedingungen waren für den so tapfer sich bewiesenen Gegner äußerst günstige. Durch die Übergabe gerieten 2 Generale, 11 Stabsoffiziere, 150 Offiziere niederen Grades und etwa 4000 Mann in deutsche Gefangenschaft. 136 Geschütze, 23 000 Gewehre, eine Anzahl vorzüglicher arabischer Pferde und sehr bedeutendes Kriegsmaterial fielen als Beute in unsere Hände. Daß bestimmte Gründe vorlagen, gerade Verdun so außerordentlich günstige Kapitulationsbedingungen zu stellen, unterliegt keinem Zweifel. In die Öffentlichkeit sind sie nie gedrungen. Die gegenseitige Erkenntnis der Kraft, die gegenseitige feste Überzeugung, daß eine Belagerung nur Zeit, Material und Truppen kosten würde, mag die Basis zu dem Abkommen gebildet haben.

Die Stadt hatte im Innern viel gelitten. Die Stimmung der Bürgerschaft war den Umständen gemäß; sie hatte jedenfalls diesmal nicht zu be-

42*

fürchten, daß wie nach der preußischen Eroberung 1792, als mehrere Offiziere einen Ball gaben, das Revolutionstribunal 15 junge Mädchen, das jüngste 17 Jahre alt, zur Guillotine verurteilte, weil sie mit preußischen Offizieren getanzt hatten. Unsere Einbuße während der Belagerung von Verdun bezifferte sich auf 4 Offiziere, 38 Mann tot, 9 Offiziere, 166 Mann verwundet, 1 Offizier, 44 Mann vermißt. In Summa: 14 Offiziere, 248 Mann. Bemerkt mag hier noch werden, daß am 18. Oktober ein französischer Notar, Namens Violard, beim Dorfe Bras, nördlich Verdun, kriegsrechtlich erschossen wurde, nachdem er der Verräterei gegen die preußischen Truppen überführt worden war. —

Die nächste französische Festung, welche in unsere Hände fiel, war Thionville (Diedenhofen). Seit dem am 14. zum 15. August unternommenen romantischen Streifzug gegen diese Feste (siehe III. Teil, Seite 334), deren Überrumpelung total mißglückte, hatte man sich diesseits begnügt, dieselbe nur durch eine schwache Abteilung beobachten zu lassen. Nach mehrfachem Truppenwechsel war endlich am 13. November General v. Kameke mit dem größten Teil der 14. Division vor Thionville eingetroffen.

Vorher vorgenommene Rekognoszierungen und anderweitig vorliegende Nachrichten hatten ergeben, daß die aus dem Ende des 17. und der ersten Hälfte des 18. Jahrhunderts stammenden Befestigungsanlagen nur wenig umgeändert worden waren, und daß unter den zehn vor der bastionierten Stadtumwallung befindlichen Lünetten sich nur vier in vollständig verteidigungsfähigem Zustande befanden. Geschoßsichere Pulvermagazine und Unterkunftsräume für die seit Anfang September durch entsprungene Kriegsgefangene um einige hundert Mann verstärkte Besatzung fehlten fast gänzlich, ebenso waren geschützte Ladestellen nur in ungenügender Zahl vorhanden. Der hohe Wasserstand der Mosel begünstigte die künstlich herbeigeführte Überschwemmung der Südfront, ebenso das bei Bodenarbeiten in der westlichen und nördlichen Thalniederung schnelle Emporsteigen des Grundwassers, so daß jede Annäherung seitens der Angreifer äußerst erschwert erscheinen mußte. Dafür boten die am linken Moselufer bis auf etwa 1500 Meter an die Festung herantretenden, von Seitenthälern durchzogenen Ausläufer der Ardennen, ebenso ein auf der rechten Flußseite von Südosten her bis nahe an den Brückenkopf sich erstreckender Berghang ein sehr günstiges Terrain zum Anlegen von Batterieen.

Nachdem unsere Infanterie auf allen Seiten näher an den Platz herangerückt war, alle Vorarbeiten vollendet waren, begann am 18. November der Batterieen-Bau, der seitens des Gegners merkwürdigerweise nur durch mäßiges Granatfeuer gestört wurde. Um 7 Uhr morgens des 22. November eröffneten 85 deutsche Geschütze das Bombardement auf Thionville. Anfangs antwortete die Festungs-Artillerie sehr lebhaft, stellte jedoch von 9 Uhr ab ihre Thätigkeit allmählich ein, während diesseits die Beschießung bis zum Nachmittage fortgesetzt wurde. Gegen Abend begannen unsere Geschütze abermals ein langsames Feuer, unter dessen Schutze die Infanterie etwa 600 Meter vor dem Glacis der Angriffsfront zur Aushebung der ersten Parallele schritt; leider hemmten strömender Regen, wie auch ungünstige Bodenverhältnisse das erwünschte Fortschreiten der Arbeit. Am Morgen des 23. begannen unsere Geschütze aufs neue den Kampf, der Feind feuerte nur noch mit seinen im Brückenkopf aufgestellten Batterieen.

So kam der Mittag heran. Da, es mochte 2 Uhr nachmittags sein, ward plötzlich die weiße Fahne aufgehißt. Der Kommandant, Oberst Turnier, bat um die Genehmigung, daß den Frauen und Kindern der bereits an mehreren Stellen brennenden Stadt der Abzug bewilligt werde. Zu einer Übergabe der Festung wollte er sich freilich nicht verstehen. Nach Ablehnung des Gesuches, nahmen die Belagerer das Feuer wieder auf, bis endlich am 24. um 11 Uhr vormittags der Gegner zu endgültigen Verhandlungen schritt. Das Resultat war die Übergabe von Thionville. Dieselbe fand am Morgen des nächsten Tages statt. Etwa 4000 Mann wurden, mit Ausnahme der ortsangehörigen Nationalgarde, kriegsgefangen nach Deutschland geführt. 199 Geschütze und bedeutende Vorräte an Waffen fielen als Beute in unsere Hände. Unser Verlust während der Belagerung vom 25. August bis zum 24. November betrug: 1 Offizier, 11 Mann tot, 4 Offiziere, 75 Mann verwundet, 17 Mann vermißt. In Summa: 108. Unerwähnt darf nicht bleiben, daß mit der Besitzergreifung von Thionville unzweideutige Beweise von Verletzung der Neutralität seitens des Großherzogtums Luxemburg uns gegeben sein sollen. Thionville aber ist, einstmals uns widerrechtlich geraubt, seitdem wieder Diedenhofen geworden. —

Die an der Oise liegende kleine Festung La Fère hatte für die Einschließung von Paris und namentlich für die im nördlichen Frankreich vorrückende I. Armee eine besondere Bedeutung dadurch gewonnen, daß sie die Bahnlinien von Rheims nach Creil und Amiens sperrt. Der starke Wasserreichtum der La Fère umgebenden Niederung bildete für jeden Angreifer ein bedenkliches Hindernis. Nicht ganz so ungünstig jedoch zeigten sich die Verhältnisse im Osten, wo ein etwa 1500 Meter entfernter Höhenzug ein gedecktes Vorgehen, wie die Anlage von Batterieen sehr wohl gestattete, von dem aus auch der Fuß der Stadtmauer unter Feuer genommen werden konnte. Die dem Fregatten-Kapitän Planche anvertraute Festung besaß eine ausreichende Besatzung nebst 113 schweren Geschützen; doch fehlte es an gedeckten Räumen zum Unterbringen der Mannschaft, auch waren, abgesehen von der Überschwemmung, keine weiteren Vorbereitungen zur Verteidigung des umliegenden Geländes getroffen worden.

Deutscherseits hatten nach der Besetzung von Laon und Soissons wiederholt kleine Rekognoszierungen bis in die Nähe von La Fère stattgefunden, bis endlich die 4. Infanterie-Brigade mit der Wegnahme der Festung beauftragt wurde. General v. Zglinitzki übernahm den Befehl über die Belagerungstruppen. Mehrere jetzt von der eingeschlossenen Besatzung geplante Vorstöße wurden bald von den Unsrigen zurückgewiesen. Das Feuer der Festungsartillerie fügte uns nur schwache Verluste zu. Nachdem diesseits die Ostfront als Angriffspunkt festgestellt, der aus 32 Geschützen bestehende Belagerungstrain eingetroffen war, wurden in der Nacht zum 25. November sieben Batterieen erbaut, ohne daß der Feind die Arbeit störte. Am Morgen ward dann das Bombardement eröffnet, auf welches der Gegner erst nach einer halben Stunde antwortete. Durch unsere bis zur Dunkelheit fortgesetzte Beschießung gerieten nach und nach viele Häuser und öffentliche Gebäude von La Fère in Brand, auch mehrere Geschütze des Feindes wurden zum Schweigen gebracht, während seine eigenen Geschosse nicht die mindeste Wirkung erzielten. Allmählich erstarb überhaupt das feindliche Feuer, und 11½ Uhr mittags, am 26. November, knüpfte der Kommandant Unterhandlungen an, demzufolge La Fère am 27. mittags seine Thore den Deutschen öffnete. An 2300 Mann, meistens Mobilgarde, gerieten in Kriegsgefangenschaft und wurden nach Laon abgeführt. Ebenso fiel zahlreiches Material in unsere Hände, indem La Fère ein Artillerie-Arsenal besaß. Die Festung wurde mit einer starken Garnison belegt und verteidigungsmäßig wieder hergestellt, da die Nähe des Feindes diese Vorsicht dringend nahe legte. In der That erschienen auch am 16. Dezember französische Kolonnen (3—4000 Mann) vor La Fère, mutmaßlich, um von hier aus einen Vorstoß gegen Laon zu unternehmen. Eine Einschließung von La Fère unterblieb jedoch. Der Feind zog sich sehr bald zurück. —

Die nächste Festung, welche uns jetzt ihre Thore öffnete, war Pfalzburg. Wenn auch diese Feste unsere III. Armee in ihrem Vormarsch in das Innere Frankreichs nicht aufgehalten hatte, so war ihre Lage doch von einer gewissen Bedeutung, da sie sowohl die Gebirgsstraße, die Eisenbahn, wie auch den Rhein-Marne-Kanal beherrschte, welche sämtlich von Straßburg über Zabern nach Nancy und Paris führen. Auch schien es erwünscht, daß der Verkehr im Rücken der Armee mit Lothringen und Elsaß frei würde. Das VI. Korps hatte deshalb den Auftrag empfangen, Pfalzburg einzunehmen. Ein Bombardement sollte den Fall herbeiführen. Doch die kleine Festung zeigte sich fortifikatorisch so stark, daß alle Bemühungen scheiterten. Als nach mehrtägiger Beschießung dem Kommandanten, Oberst Taillon-Taillant, Kapitulationsanträge gemacht wurden, antwortete derselbe entschlossen: „Schießen Sie nur weiter; Sie werden bald nur noch einen Aschenhaufen und mich auf der letzten Kanone finden!“ Zugleich kündigte er zur Vermeidung von Mißverständnissen 15 Salutschüsse zur Feier des nächsten Tages (Napoleonstag) an. Da ein Mehreres nicht erreicht wurde, der Vormarsch unseres VI. Korps aber nicht länger aufgehalten werden sollte, so wurde der Abmarsch befohlen. Am 15. August, früh 2 Uhr, langte das VI. Korps in Saarburg an, um zwei Tage später in Lüneville einzutreffen.

Zwei Bataillone 51er blieben zur Beobachtung zurück. Zur Ablösung derselben trafen bereits bis zum 19. August die Landwehr-Regimenter 71 und 31, 1 Schwadron Dragoner und eine 4 pfündige Batterie ein, welche nun die Einschließung sachgemäß bewirkten. Major v. Giese hatte den Befehl über dieses Belagerungskorps übernommen. Eine Reihe mehr oder minder bedeutender Ausfälle seitens der Festungsgarnison wurde von den Unsrigen zurückgeschlagen. Alle wichtigen Kriegsereignisse, Sedan, Straßburg und Metz, vermochten nicht den Kommandanten der kleinen Felsenfeste zur Übergabe zu zwingen. An eine ernste Belagerung dachte man diesseits nicht, nachdem Untersuchungen ergeben hatten, daß es unmöglich sein würde, Bresche in diese Felsen zu schießen, daß die Opfer, welche solch ein Vorgehen kosten müßte, zu hoher Einsatz für den Gewinn sein würden. Man fühlte bereits, daß der tapfere Feind moralisch erschüttert sei, und daß ein viel grimmigerer Feind, der Hunger, bald ihn die Thore öffnen lassen würde. Und so kam es. Nach einem heftigen Bombardement ergab sich endlich am 12. Dezember Pfalzburg auf Gnade und Ungnade, nachdem seine Besatzung 18 Wochen lang mit seltener Entschlossenheit und mannhafter Treue den Platz behauptet hatte. 52 Offiziere und 1839 Mann fielen in unsere Hände, 65 Geschütze und reichliches Kriegsmaterial ward erbeutet. Eine besondere Urkunde der Übergabe wurde nicht ausgefertigt, da der Kommandant die Unterschrift einer solchen entschieden verweigerte. Die Proviantvorräte waren völlig aufgezehrt. Mit einer Zähigkeit, die Bewunderung verdient, hatte das tapfere französische Häuflein das ihm anvertraute Gut verteidigt. Mehr als 80 Gebäude waren während der Belagerung durch deutsche Geschosse in Brand gesteckt worden; an 1000 Bewohner, der dritte Teil der Einwohnerschaft, waren geflüchtet. Angesichts dieser betrübenden Thatsachen ließ die deutsche Regierung eine ansehnliche Geldsumme aus den eingehenden französischen Kontributionsgeldern der Stadt als Beihülfe zum Wiederaufbau zukommen.

Wir wenden uns nun den beiden letzten Festungen zu, welche mit Ablauf dieses großen Kriegsjahres noch in unsere Hände fielen: Montmédy und Mézières.

Montmédy war bereits am Tage nach Sedan, den 3. September, von Batterieen einer vorüberziehenden Marschkolonne des Garde-Korps beschossen worden. Seit jener Zeit wurde es nur von den schwachen Besatzungen der Etappen-Orte Stenay und Damvilliers beobachtet. Nach dem Falle von Thionville schob General v. Kameke alle dort abkömmlichen Truppen und einen Teil der vorhandenen Belagerungsgeschütze nach Montmédy vor. Am 7. Dezember begann der Bau der Batterieen, westlich der auf einem Bergkegel liegenden Festung. Der herrschende Nebel ermöglichte auch die Fortsetzung dieser Arbeiten während der Tagesstunden. Am 12. standen 7½ Uhr morgens 42 schwere Geschütze in 10 Batterieen und außerdem 20 Feldgeschütze hinter Aufwürfen schußbereit. Der Kommandant der Festung, Oberst Reboul, noch einmal zur Übergabe aufgefordert, verweigerte nicht nur diese, sondern auch die Auswechselung der in Montmédy in Gefangenschaft gehaltenen 4 preußischen Offiziere nebst 237 Mann, so daß General v. Kameke dem Kommandanten sagen ließ, daß er ihn mit seinem Kopfe für Leben und Gesundheit der deutschen Kriegsgefangenen verantwortlich machen müßte. Eingetretener starker Regen unterbrach am 12. die kaum begonnene Beschießung der Festung, welche nun erst am darauf folgenden Tage fortgesetzt werden konnte. Auflodernde Rauchsäulen innerhalb der Stadt zeigten bald, welche verderbliche Wirkung unsere Geschosse angerichtet hatten. Gegen Abend bereits begann der Festungskommandant Verhandlungen einzuleiten. Am 14. hielten unsere Truppen Einzug in Montmédy. Wir hatten eine Einbuße von 12 Verwundeten zu verzeichnen, während der Gegner an 40 Tote und 50 Verwundete beklagte. 3000 Gefangene, 65 Geschütze fielen in unsere Hände. Den bereits oben genannten preußischen Kriegern war eine Stunde der Erlösung angebrochen. Mit dem Falle von Montmédy wurde für die vor Paris liegende und im Nordwesten Frankreichs operierende deutsche Armee die Eisenbahnlinie von Thionville nach Sedan erschlossen und zugleich dem dortigen Treiben der Franctireurs, die in dieser Festung einen gewissen Anhalt bisher gefunden hatten, ein Ende gemacht. —

Mézières, dessen Belagerung und Kapitulation wir uns jetzt zuwenden, ist einer der wichtigsten befestigten Plätze in Nordostfrankreich und der Knotenpunkt von vier Eisenbahnen, sowie der Sammelort sämtlicher Verkehrsstraßen zu Wasser und zu Lande der dortigen Gegend. Die kleine, auf einer von der Maas gebildeten Landzunge liegende, etwa 4500 Einwohner zählende Stadt empfing bereits im Mittelalter bedeutende Festungsanlagen, welche späterhin durch Vauban verstärkt und verbessert wurden und mit ihren vielen Abschnitten vor Einführung der gezogenen Feuerwaffen eine nachhaltige Verteidigung des Platzes gestatteten. Das ausgedehnte, sehr durchschnittene Vorgelände wie die ausgedehnten, nordwärts gelegenen Waldungen erschwerten ohnedies jede regelrechte Einschließung. 132 Geschütze, darunter 36 gezogene, wie 3000 Mann bildeten die Verteidigungskraft der Festung. Da der Kommandant, General Mazel, ein Übereinkommen wegen der Verpflegung der bei Sedan lagernden Kriegsgefangenen in edelster Weise eingegangen war, so hatte ihm als Dank General v. d. Tann die vorläufige Unverletzlichkeit der Festung zugesagt. Diese Zusage blieb bis zum 20. Oktober in Kraft, während welcher Zeit die Franzosen rührig an der weiteren Befestigung dieses Platzes arbeiteten. Nach Ablauf der bedungenen Frist rückte ein Korps unter Befehl des Generals v. Selchow zur Beobachtung vor Mézières. Dieses aus Landwehren zusammengesetzte Korps ward aber nach und nach zur Vertreibung der immer frecher auftretenden Franctireurs verteilt und abgelöst, bis endlich Mitte November die 1. Infanterie-Division an seine Stelle trat. Am 19. Dezember rückte endlich, die vorgenannte Division ablösend, die 14. Division vor Mézières, ihrerseits nun eine ernstliche Einschließung ins Auge fassend. Als das durch den Fall von Verdun freigewordene Belagerungsmaterial hierher geschafft worden war, ging man daran, von Süden her den Angriff vorzubereiten.

Am 24. Dezember begann der Bau der Batterieen, am 31. morgens war alles zum Bombardement fertig. 68 Belagerungs- und 30 Feldgeschütze richteten ihre verderbenbringenden Rohre gegen die Festung. 8¼ Uhr begann die Beschießung, welcher der Gegner anfangs tapfer Widerstand leistete. Doch 3½ Uhr nachmittags stellte er plötzlich das Feuer ein. Unsererseits währte die Kanonade fort und bald verkündeten die emporsteigenden Feuersäulen, welche furchtbare Wirkung unsere Geschosse hervorgerufen hatten. Ein gegen Abend vom Gegner versuchter Ausfall wurde von unserer herbeieilenden Infanterie und durch Shrapnelfeuer bald zurückgewiesen. Am 1. Januar 1871 dröhnten unsere Geschütze mit dumpfem Donner dem Gegner die ersten Neujahrsgrüße entgegen. Doch eine Beantwortung blieb aus. Vormittag 11 Uhr ward die weiße Fahne aufgehißt. Um 11 Uhr abends waren die Verhandlungen zu Ende geführt und am anderen Morgen hielten die Sieger Einzug in die eroberte, noch reiche Vorräte bergende Festung, mit deren Fall der deutschen Heeresleitung eine zweite, aus der Heimat in den Bereich der I. Armee und der Einschließungstruppen vor Paris führende Bahnlinie eröffnet wurde, deren Benutzung allerdings erst die Wiederherstellung einiger zerstörter Bahnstrecken notwendig machte. Unsere Verluste betrugen: 2 Offiziere, 22 Mann tot, 3 Offiziere, 89 Mann verwundet, 8 Mann vermißt. In Summa: 124. Festung und Stadt hatten furchtbar gelitten, trotzdem das Bombardement nur 27 Stunden gedauert hatte. Schutt- und Trümmerhaufen redeten eindringlicher, als Menschenworte. Beim Bombardement von 1815 hatten die Geschosse der Belagerer die Kathedrale verschont. Diesmal war eine preußische Granate in den Altar geschlagen und hatte denselben vollständig zerschmettert. Später auftauchende Gerüchte haben den Kommandanten anklagen wollen, daß er, aus Furcht vor einer etwaigen Explosion der Pulvermagazine, die Verhandlungen über die Kapitulation zugelassen habe. Zur Ehre des französischen Kommandanten muß bemerkt werden, daß auch nicht der geringste Schein eines solchen Verdachtes jemals erwiesen worden ist.

Einundzwanzigstes Kapitel.

Armee-Neubildungen nach der Kapitulation von Metz. — Neubildungen von französischen Korps nach dem Sturze des Kaiserreichs. — Die Armee-Abteilung des Generals v. d. Tann und deren Vordringen gegen die Loire. — Das Gefecht bei Artenay. — General v. d. Tann beschließt die Einnahme von Orléans. — Dispositionen für den 11. Oktober. — Die Einnahme von Orléans. — Unruhige Wochen in Orléans. — General v. d. Tann lehnt jede weitere Operation südlich über Orléans hinaus ab. — Das Gefecht bei Chateaudun. — Das Anrücken der Loire-Armee. — Der Kampf um Coulmiers. — Orléans wird aufgegeben. — Beiderseitige Verluste bei Coulmiers.

Mit der am 27. Oktober erfolgten Kapitulation von Metz und der damit zur Thatsache gewordenen Vernichtung der Rhein-Armee war der Krieg abermals an einem entscheidenden Wendepunkt anbelangt. Während einerseits alle von Seiten Frankreichs an Metz und seine tapfere Besatzung geknüpften kühnen Hoffnungen mit einem jähen Schlage vernichtet worden waren, vermochten wir andererseits den inzwischen mit verblüffender Schnelligkeit zusammengebrachten französischen Verteidigungsmassen zwei neue Armeeen entgegenzustellen.

Bereits am 23. Oktober, als sämtliche Anzeichen den nahen Fall von Metz in Aussicht stellten, wurden vom Hauptquartier Sr. Majestät des Königs Vorschriften folgenden Inhalts für die Einschließungs-Armee von Metz erlassen: Sobald als möglich nach der Kapitulation sollte Prinz Friedrich Karl, dem bisher der Oberbefehl der vereinten I. und II. Armee anvertraut gewesen war, mit den vier Korps der II. Armee und der ihm überwiesenen 1. Kavallerie-Division in der Hauptrichtung über Troyes nach der mittleren Loire aufbrechen, die I. Armee sollte unter entsprechender Besetzung von Metz die Wegnahme der Ardennen-Festungen einleiten, um auch diesen Schienenweg für den Nachschub des deutschen Heeres benutzen zu können, mit den übrigen Truppenteilen aber bis in die Oise-Gegend zwischen St. Quentin und Compiègne vorrücken. Der I. Armee lag außerdem die Abführung des kriegsgefangenen französischen Heeres ob, zu welchem Zwecke namentlich die derselben angehörenden Landwehr-Truppen verwendet werden sollten. Während nun die II. Armee bereits Ende Oktober ihren Marsch nach Südwesten antreten konnte, sah sich die I. Armee durch die ihr zugefallenen Aufgaben bei Metz noch längere Zeit dort festgehalten. Nach Auflösung des Verbandes der I. und II. Armee ward der Oberbefehl über die I. Armee dem General der Kavallerie Freiherrn v. Manteuffel übertragen, welcher jedoch noch vorläufig das Kommando über das I. Korps beibehielt. Erst am 7. November brach das Gros der I. Armee zum Vormarsch nach Nordwesten von der Mosel auf.

Wie schon oben bemerkt, war Frankreich während unserer Belagerung von Metz und der allmählich sich vollziehenden Einschließung von Paris nicht unthätig gewesen, immer neue Heeresmassen gleichsam aus der Erde zu stampfen. Beim Ausbruch des Krieges besaß Frankreich nur sieben Korps. Zwei Korps waren noch in der Ausbildung begriffen. Dieselben erhielten dann später die Bezeichnung XII. und XIII. Korps. Die vier dazwischen liegenden Korps ließ man einfach ausfallen. Das XII. Korps (Lebrun) nahm an der Schlacht bei Sedan ruhmvollen Anteil, das XIII. Korps (Vinoy) bildete den Kern der Verteidigung von Paris. Die Neubildungen begannen mit dem XIV. Korps (Ducrot) und dem XV. Korps (de La Motterouge), dieses an der Loire, jenes in Paris. Die Zahl der französischen Korps ist dann nach und nach auf XXVI erhöht worden.

Schon Mitte September war man an die Neubildung von Feldtruppen gegangen. Diese Aufgabe begann sich aber erst in großartigem Maßstabe zu entfalten, als Leon Gambetta am 9. Oktober in Tours, dem Sitz der republikanischen Regierung, eingetroffen war. Jetzt vollzog sich die Aufstellung neuer Streitkräfte wahrhaft fieberhaft. Wehrfähige Männer und Ausrüstungsgegenstände waren reichlich vorhanden, auch legte die Bevölkerung, dem Vorbilde von Paris folgend, eine so rückhaltlose Bereitwilligkeit an den Tag, daß es bereits innerhalb weniger Wochen gelang, größere Heereskörper zu versammeln. Ein buntes Bild boten allerdings diese zusammengewürfelten Truppenteile. Vorerst fehlte es auch an geeigneten Offizieren zur Ausbildung und Führung dieser fast durchweg ungeschulten und an militärischen Gehorsam nicht gewöhnten Mannschaften.

Der Hauptsammelplatz dieser neuen französischen Streitkräfte war der weite Landstrich hinter der Loire, zu dessen Deckung vorläufig eine aus Mobilgarden bestehende Territorial-Division du Loiret und die Kavallerie-Division Royau in der Gegend von Orléans Aufstellung genommen hatten. Das bei Nevers, Bourges und Vierzon aufgestellte, in drei Divisionen eingeteilte XV. Korps besaß bereits Ende September eine Stärkezahl von 60 000 Mann. Im Nordwesten Frankreichs, wie auf der anderen Seite der Seine bildeten sich Verteidigungs-Bataillone, welche bestimmt waren, die weiteren Rüstungen Frankreichs zu verschleiern, auf ihre Hand hin einen lebhaften Parteigänger-Krieg zu führen, jedem ernsten Kampf aber vorläufig ausweichen sollten. Ebenso entstand im Südosten bei Besançon unter Führung des Generals Cambriels ein zur Verteidigung der Vogesen-Pässe bestimmtes Korps. Die durch Regierungserlaß vom 29. September gleichfalls dem Kriegsminister zur Verfügung gestellten Franctireure traten nach wie vor in selbständigen Abteilungen auf. Häufige Angriffe, besonders auf unsere mit dem Eintreiben von Lebensmitteln beauftragten Kavallerie-Abteilungen kennzeichneten die gesteigerte Unternehmungslust dieser wilden Horden. Alles in allem betrug die Gesamtzahl der in den Provinzen Frankreichs wirklich ausgehobenen Mannschaften mehr als eine Million. Gegen 2000 Kanonen, 400 000 Chassepot-Gewehre und gegen eine Million anderer Handfeuerwaffen waren vorhanden und in den verschiedenen Plätzen des Landes aufgespeichert, ein Vorrat, von dem allerdings die Regierung in Tours anfangs keine Kenntnis besaß, so daß sie diesen Reichtum an Verteidigungsmitteln nicht mit in Anschlag bringen konnte.

Angesichts dieser wachsenden Gefahr, welche die Neubildung von französischen Korps innerhalb Frankreichs für die Belagerer von Paris bot, hatte man sich daselbst bereits anfangs Oktober entschlossen, dem bereits über Orléans hinaus bis Chartres vorgedrungenen Feind eine Offensiv-Armee entgegenzuwerfen. Zu diesem Zwecke ward, was die Infanterie anbetraf, das erst am 22. September vor Paris eingetroffene I. bayerische und das XI. preußische Korps ausersehen.

Den Oberbefehl über diese Armee empfing der General der Infanterie Freiherr v. d. Tann. Sie setzte sich zusammen aus:

I. bayerischen Korps,
22. Division (XI. preußischen Korps),
2. Kavallerie-Division,
4. „ „
4 bayerischen Kavallerie-Regimentern,

und stellte eine Gesamtstärke von 24 000 Mann Infanterie, 6600 Mann Kavallerie, sowie 160 Geschützen dar.

Am 6. Oktober war die Bildung beendet. Zwei Tage später rückte General v. d. Tann bereits von Paris aus bis Etampes, am 9. Oktober bis Angerville vor. Nirgends war eine Spur vom Feinde zu entdecken, der sich in dem „Walde von Orléans“, einem anderthalb Meilen nördlich von Orléans aus sich hinziehenden Gehölz, versteckt hielt. Tags darauf kam es bei Artenay, eine Meile nördlich des eben genannten Waldes, zu einem Gefecht. Am 11. Oktober setzten wir uns dann in den Besitz von Orléans. Wir wenden uns zuerst dem Gefecht bei Artenay zu.

Diesseits war für den 10. Oktober noch kein Zusammenstoß mit dem Feinde vermutet worden. Der Letztere hatte uns den Weg nach Orléans jedoch verlegt und erwartete uns in sehr guter Stellung am Ausgang des Waldes bei Artenay. Bei dem 6 Uhr morgens aufgenommenen Vormarsche hatte die 1. Brigade die Tête, die 2., 3. und 4. Brigade folgten dann. Die 22. Division bildete die Reserve. Die beiden Kavallerie-Divisionen waren zum Schutz der Flanken links und rechts vorgegangen. Gegen 9½ Uhr stieß unsere Avantgarde eine halbe Stunde nördlich Artenay auf den Feind. Rasch wurden auf beiden Seiten Geschütze aufgefahren. Das Gefecht hatte sich entsponnen und tobte nun rechts und links der breiten Heerstraße. Von 11 Uhr war auch die 2. Brigade heran und griff nun in den Kampf mit ein. Durch Heranziehung der 22. Division wäre es dem General v. d. Tann ein Leichtes gewesen, Artenay dem Gegner zu entreißen. Derselbe aber zog es vor, größere Opfer zu ersparen und den Flankenangriff beziehungsweise die Überflügelung des Feindes seitens unserer beiden Kavallerie-Divisionen abzuwarten.

Gerade das Vorgehen der letzteren, welche die Rückzugslinie des Gegners bedenklich bedrohten, bestimmte denn auch den Feind, in der dritten Nachmittagsstunde Artenay zu räumen, wohin ihm nun die 1. bayerische Division folgte. Bei dieser Gelegenheit ward diesseits auch ein französisches

Zeltlager erbeutet. Nach Besitznahme von Artenay und seiner unmittelbaren Umgebung wendeten sich die bayerischen Schützen-Schwärme dem südlich gelegenen Gelände zu, in welchem der Feind noch den Eisenbahndamm sowie zwei Pachthöfe festhielt. Nun artete der Rückzug desselben bald in eiligste Flucht aus. Die feindliche Kavallerie war bereits bei dem Erscheinen der unsrigen nach dem Walde von Orléans jählings abgerückt, so daß sie unsere 10. Kavallerie-Brigade, die auf Befehl des Prinzen Albrecht die Verfolgung übernommen hatte, nicht mehr einzuholen vermochte.

Um 4 Uhr waren die letzten französischen Abteilungen in dem Walde von Orléans verschwunden. Das I. bayerische Korps hatte seinen Sieg mit verhältnismäßig wenigen Opfern erkauft. Es büßte ein: tot 1 Offizier 32 Mann, verwundet 4 Offiziere 157 Mann, vermißt 1 Mann. Mit Einschluß der geringfügigen Verluste unserer Kavallerie kostete uns das Treffen bei Artenay: 6 Offiziere, 218 Mann. Der Feind büßte an 1000 Gefangene ein. 3 Geschütze fielen außerdem in unsere Hände. Als humoristische Beigabe zu diesem Gefecht sei noch erwähnt, daß sich unter den Gefangenen auch ein Kommandeur der französischen Nationalgarde befand mit Lackstiefeln und neuer Uniform. Er stellte dem General v. d. Tann gegenüber den Antrag, „mit Post nach Orléans zurückfahren zu dürfen, da man daselbst seinethalben in großer Unruhe sein dürfte.“ —

Der Sieg bei Artenay hatte den General v. d. Tann bestimmt, am anderen Tage sich der Stadt Orléans zu bemächtigen. Daraufhin gab er für den 11. Oktober folgende Disposition. Der Vormarsch auf Orléans sollte in drei Kolonnen angetreten werden, und zwar so, daß die bei Artenay nicht im Gefecht gewesenen Truppenteile in Front gezogen würden. Um 9 Uhr vormittags sollten die Stellungen sein:

Rechter Flügel: 22. Division (General-Lieutenant v. Wittich) bei les Barres, auf der Straße Chateaudun-Orléans;

Centrum: 4. bayerische Brigade bei Gidy, auf der Straße Chartres-Orléans;

Linker Flügel: 3. bayerische Brigade bei Chevilly, Hauptstraße Paris-Orléans.

Die 1. Division folgte als Reserve. Die beiden Kavallerie-Divisionen sicherten wie tags zuvor die Flanken.

Als die 22. Division zur anberaumten Stunde les Barres erreichte, wurde sie von heftigem Gewehrfeuer empfangen. General-Lieutenant v. Wittich ließ sofort 4 Batterieen auffahren und den Ort mit Granaten bewerfen. Bald darauf erschien der Maire in dreifarbiger Schärpe, um Schutz für den Ort zu bitten, den die Franzosen bereits verlassen hätten. Nun wurde les Barres besetzt, während das 13. Husaren-Regiment auf Ormes zu rückte, von hier aus meldend, daß sich in Front dieses Ortes feindliche Verschanzungen zeigten. Bald darauf beginnendes Artillerie- und Gewehrfeuer bestätigte diese Meldung. Jetzt zog General-Lieutenant v. Wittich 6 Batterieen vor, wohl erkennend, daß der Gegner hier bei Ormes seinen Hauptstützpunkt sich gewählt hatte. Auf 1200 Schritt eröffneten links und rechts der Straße die Geschütze ihr Feuer. Mehrmalige Offensivvorstöße, zu welchen der mutig hinter den Schanzen ausharrende Feind schritt, wurden rasch zurückgewiesen. Unsere 44. Brigade blieb vorläufig noch bei les Masures in gedeckter Stellung, während die 43. Brigade zu einer Umgehung der rechten feindlichen Flanke schritt. Durch diese Seitenschwenkung und unser Artilleriefeuer wurde der Feind allmählich so erschüttert, daß die 44. Brigade zum Sturmangriff vorgehen konnte. Das 83. Regiment an der Spitze, drang sie vor und trieb den erschrockenen Gegner bis Ingré zurück. In die Flanke zugleich gefaßt, erlitt der letztere bedeutende Verluste. Mehr als 1000 Gefangene fielen in unsere Hände.

Inzwischen war die Mittelkolonne bis Saran, die linke bis Sougis vorgegangen.

Über diese Punkte hinaus schien jedoch jeder Erfolg vereitelt zu werden. Da traf um 3 Uhr die 1. Brigade bei Villeneuve, in Front von Ormes, ein. Noch völlig intakt, war es in ihre Hand gegeben, entweder die 22. Division in ihrem Vordringen noch zu wuchtigerem Eingreifen zu unterstützen, oder dem in's Stocken geratenen linken Flügel zu Hilfe zu eilen. General v. d. Tann entschied sich für das Erstere. Er gab dem Kommandeur der 1. Brigade, Generalmajor Dietl, Befehl, auf dem zwischen der Chateaudun- und Chartres-Straße belegenen Terrain vorzurücken, mithin seinen rechten Flügel dem linken der 22. Division anzuschließen.

Generalmajor Dietl kam diesem Befehl sofort nach. Vor ihm begrenzte ein Abschnitt des Eisenbahndammes das Terrain. Dieser Wall war von feindlichen Schützen gut besetzt, welche auf unser an der Spitze vorstürmendes 2. Jäger-Bataillon ein heftiges Feuer eröffneten. Jetzt hatte

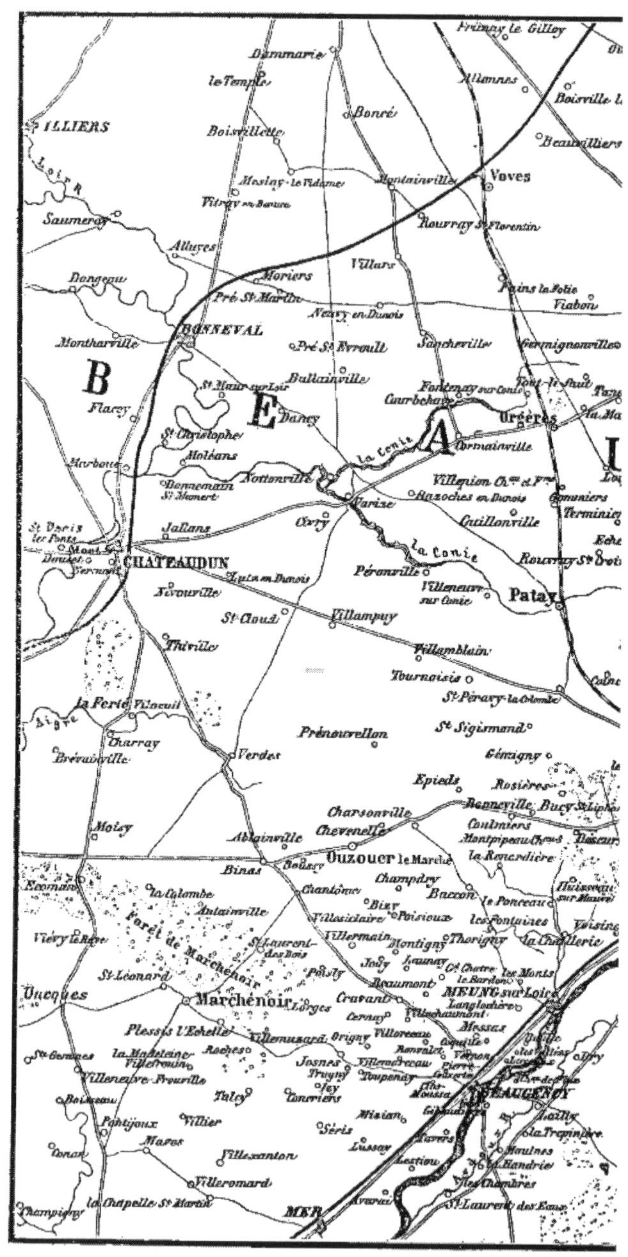

Dammarie
le Temple
Bonré
Allonnes
Boisville
Boisvillette
Moslay le Vidame
Montainville
Voves
Vitray en Beauce
Saumeray
Rouvray St Florentin
Alluyes
Villars
Moriers
Dangeau
Pré St Martin
Viabon
Neuvy en Dunois
BONNEVAL
Montharville
Pré St Evroult
Sancheville
Germignonville
B
Bullainville
St Maur sur Loir
Fontenay sur Conie
Tout-le-Faut
Flacey
E
Dancy
Courbehaye
Orgères
St Christophe
La Conie
A
Termainville
Molêans
Marboué
Nottonville
Villepion
Bonnemain
St Manert
Varize
Bazoches en Dunois
Terminiers
Orry
Guillonville
Jallans
St Denis les Ponts
CHATEAUDUN
Lutz en Dunois
Péronville
Nevouville
Villeneuve sur Conie
Patay
St Cloud
Villampuy
Thiville
Villamblain
Tournoisis
St Péravy la Colombe
la Ferté Vilaneuil
Aigre
Charray
Prénouvellon
St Sigismond
Brévainville
Verdes
Gémigny
Epieds
Rosières
Charsonville
Boulay
Coulmiers
Chevenelle
Moisy
Ablainville
Ouzouer le Marché
Montpipeau
la Renardière
Binas
Champdry
Baccon
Ecoman
la Colombe
Chantôme
le Ponceau
Huisseau sur Mauves
Autainville
Villesiclaire
Poisioux
les Fontaines
Forêt de Marchenoir
Villermain
Montigny
Thorigny
la Chaillerie
Viévy le Rayé
St Laurent des Bois
Jouy
Launay
les Monts
St Léonard
Poisly
Beaumont
Ouques
Marchenoir
Cravant
MEUNG sur Loire
Lorges
Cernay
Langlochère
Plessis l'Echelle
Villemuzard
Origny
Villorceau
Messas
Roches
St Gemmes
la Madeleine Villefrouin
Josnes
Villeneuve Frouville
Tupeney
Talcy
Concriers
BEAUGENCY
Boisseau
Misian
Pontijoux
Villier
Séris
Lailly
Lussay
Tavers
la Trepinière
Maves
Villexanton
Lestiou
Moulnes
la Handrie
Villeromard
les Chambres
la Chapelle St Martin
Champigny
MER
Avaray
St Laurent des Eaux

Karte des

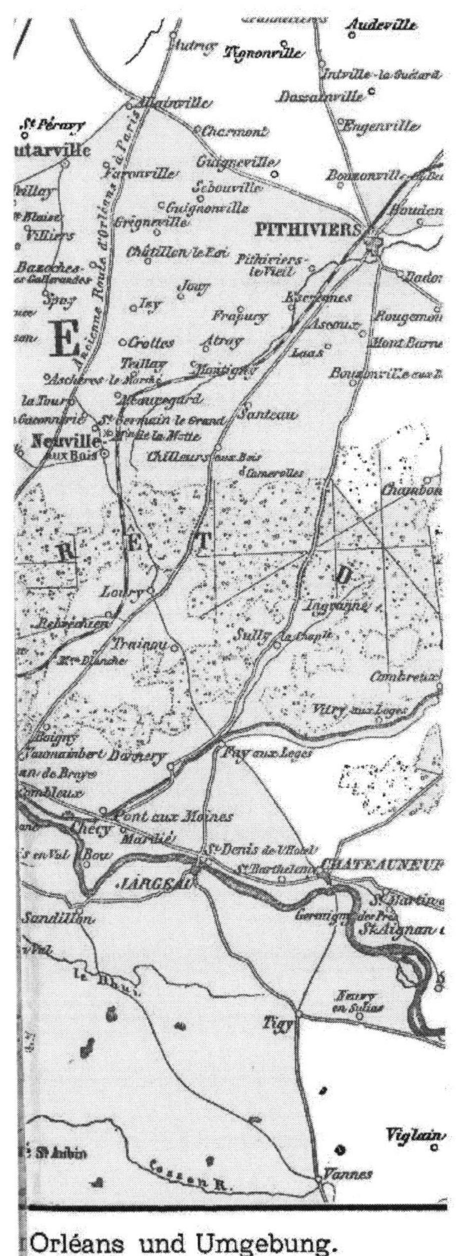

Orléans und Umgebung.

auch das 95. Regiment Stellung rechts von den Jägern genommen. Ein gemeinsam scharf ausgeführter Bajonettvorstoß setzte die Unsrigen in den Besitz des Bahndammes. Die Verteidiger zogen sich in aufgelösten Scharen nach Orléans zurück. Da der Abend und die Dunkelheit nicht mehr fern war, so galt es eiligst noch alle Kräfte anzuspannen, um Orléans dem Gegner wieder zu entreißen. Zu diesem Zwecke führte der Chef des Generalstabes, Oberstlieutenant Heimleth, die noch in Reserve befindlichen beiden Bataillone der Brigade Dietl (das 1. und 2. vom 1. Regiment) auf der Hauptstraße gegen die Stadt vor, während er das rechts neben den Bayern stehende 32. Regiment anwies, diesen Angriff in der Flanke zu unterstützen. Dies alles geschah im Zeitraum weniger Minuten. Mit brausendem Hurra drangen die 32er gegen eine weiter westlich gelegene Strecke des Eisenbahndammes. Doch noch ehe sie heran waren, war es den beiden bayerischen Bataillonen gelungen, das geschlossene Gitterthor des Faubourg St. Jean zu erreichen und das Thor mittels Handgranaten zu sprengen. Und nun setzte sich das 1. Bataillon an die Spitze und drang, angeführt von sämtlichen Offizieren, den verwirrten Feind vor sich hertreibend, mit Jubelrufen in Orléans ein. Major Lüneschloß, obwohl am Gitterthor verwundet, hält sich doch noch im Sattel und führte sein Bataillon bis auf den Hauptplatz der Stadt. Orléans war unser. Es mochte 6 Uhr sein. Bald darauf strömten auch die 32er mit Hurra in die Stadt hinein, während östlich daneben, bunt gemischt, die Bataillone der 4. Brigade in den Faubourg Bannier eindrangen. 6½ Uhr hielten General v. d. Tann und General-Lieutenant v. Wittich ihren Einzug. Es war bereits dunkel geworden. Totenstille herrschte auf den Straßen, kein Bürger war zu sehen. Furcht und Entsetzen vor den Barbaren hatten die geängstigte Einwohnerschaft Unterschlupf in Kellern und geheimen Räumen suchen lassen. Den Truppen war Befehl erteilt worden, auf den Straßen und Plätzen zu biwakieren. Achtzehn Stunden waren die Tapferen auf den Beinen gewesen und mancher mochte sich anfangs nach einem behaglichen Quartier gesehnt haben. Doch die gehobene Stimmung über den Erfolg dieses Tages ließ sie bald die Unbill solcher Nachtruhe vergessen.

Auf den Boulevards von Orléans, vor dem Denkmal der „Pucelle“, auf den Straßen, die zur rauschenden Loire hinabführten, überall lagerten bei lohendem Feuer deutsche Krieger und ließen ihren aus tiefstem Herzen strömenden Siegesgesang, das herrliche Lied, das sie nun bis an die Loire schon getragen hatten, „Die Wacht am Rhein“ frohlockend tönen. Und während so die Soldaten sich nach Möglichkeit auf den Straßen ein bequemes Lager bereiteten, hatte General v. d. Tann im Gasthause „Zur goldenen Kugel“ die Offiziere seines Stabes zu einem schlichten Mahle versammelt, zu welchem der Maire von Orléans einen frischen Trunk besorgt hatte.

Die Besitzergreifung von Orléans, obgleich es eine offene Stadt war, mußte für uns von größter militärischer Bedeutung sein. Erstens vermochten wir jetzt den Rücken unserer Einschließungsarmee von Paris nach Süden hin zu decken, fürs andere war Orléans eine der reichsten Städte Frankreichs und der nördlich von ihm belegene Landstrich, die „Beauce“ genannt, eine der fettesten und fruchtbringendsten. Auch strategisch war die Besetzung dieser Stadt von Wichtigkeit, da in ihr die französische Zentralbahn wie die Bahnen von Nantes, Bordeaux und Toulouse mündeten und Verbindungen mit Lyon, Cherbourg und Brest vermittelten.

Trotzdem dieser Tag keine größeren Kampfesmomente eigentlich aufzuweisen hatte, war der Verlust für uns doch ziemlich erheblich. Er betrug 57 Offiziere und 956 Mann, wovon 40 Offiziere und 637 Mann auf die Bayern entfielen, der Rest auf die 22. Division kam. Am schwersten hatte die 3. bayerische Brigade gelitten. Sie hatte allein 22 Offiziere und 359 Mann eingebüßt.

Am 11. Oktober war man abends in Orléans eingerückt, bereits nach zwei Tagen brachte ein Ordonnanz-Offizier vom Oberkommando in Versailles ein Schreiben, worin dem General v. d. Tann gegenüber ausgesprochen wurde, daß es wünschenswert erschiene, wenn die begonnenen und bisher von Erfolg gekrönten Loire-Operationen bis nach Bourges hin ausgedehnt würden, zugleich mit diesem Vorgehen aber auch eine Demonstration gegen Tours verbunden würde. Beide Städte waren von Bedeutung für den Fortgang unserer Erfolge. War letzte Stadt jetzt der Sitz der leitenden französischen Regierung, so war Bourges wichtig als Hauptwaffenplatz und durch die daselbst befindliche Geschützgießerei. Letztere außer Betrieb zu setzen, mußte ein großer Vorteil sein. Bestimmte Befehle waren in dem Schreiben nicht gegeben, vielmehr alles dem Ermessen des Generals anheimgestellt, da man in Versailles nicht genau die Verhältnisse an der Loire kannte.

General v. d. Tann gab einen ablehnenden Bescheid. Es ward ihm bald klar, daß die geringe Streitkraft, über welche er verfügte und die durch die letzten Kämpfe noch vermindert worden war, er unmöglich gegen einen Ort hin dirigieren konnte, dessen Entfernung fünf Tagemärsche betrug, und in dessen Richtung ein von Tag zu Tag mächtiger wachsender Feind sich sammelte. Bei der flachen Bodenbeschaffenheit der Beauce war die ihm verhältnismäßig reicher zuerteilte Kavallerie und Artillerie am Platze gewesen, jetzt, wo Wälder, Sümpfe, Teiche und Bäche das sich nach Bourges hinziehende Terrain durchschnitten und durchzogen, war er allein auf seine Infanterie angewiesen. Und diese war, rechnet man eine Brigade als Besatzung für Orléans ab, sehr schwach. All diese Gründe entschieden für General v. d. Tann, Abstand von einem Vorgehen über Orléans hinaus zu nehmen. Die Antwort darauf war, daß seitens des Oberkommandos verfügt wurde, daß nur noch das I. bayerische Korps und die 2. Kavallerie-Division in Orléans verbleiben, die übrigen Truppenteile aber über Chateaudun nach Chartres zurückkehren sollten. Am 17. Oktober geschah das. Die 22. Division nebst der 4. Kavallerie-Division verließen Orléans und wandten sich nordwärts. Tags darauf bestand die 22. Division den blutigen Kampf bei Chateaudun. Franktireurs und Nationalgarden, unter Leitung des Oberstlieutenants Graf Lipowski, leisteten hier bewundernswerten Widerstand.

Um $8^1/_2$ Uhr früh war die 22. Division von Tournoisis aufgebrochen. Bis Chateaudun fand man alle Ortschaften von den Einwohnern verlassen. Man erfuhr, daß alle waffenfähigen Männer nach Chateaudun durch Franctireurs geführt worden waren. Auf diese letzte Stadt richtete jetzt General-Lieutenant v. Wittich den Angriff. Er selbst schreibt in seinem Tagebuch darüber:

„Es war bald nach 12 Uhr. Man hörte läuten; Oberstlieutenant v. Heuduck wollte in meinem Auftrage in die Stadt, um mit ihr zu verhandeln. Er wurde aber aus den Häusern und von den gemauerten Barrikaden mit Gewehrfeuer empfangen. Zugleich stießen die vorgenannten Truppenteile, die jetzt avancierten, auf den hartnäckigsten Widerstand. Ich beschloß also den weiteren Angriff durch Artillerie vorzubereiten. Die schwere preußische Batterie Kühne I wurde dem 95. Regiment auf dem rechten, die schwere bayerische Batterie dem 32. Regiment auf dem linken Flügel zur Disposition gestellt; vor den leichten Batterieen, denen ich im

Zentrum Stellung angewiesen hatte, leitete ich selbst das Gefecht. Nach einer längeren Beschießung mußte die Infanterie von neuem versuchen, in den Ort einzudringen. Es stellten sich aber ungeahnte Schwierigkeiten entgegen. Die zahlreichen Barrikaden und crenelierten Mauern waren nicht nur sturmfrei, sondern mit großer Kunst angelegt, so daß ihnen mit Artillerie nur indirekt beizukommen war. Es blieb nichts übrig, als den zähen Widerstand des Feindes durch Infanterie-Angriffe zu brechen. Gegen 4 Uhr befahl ich von allen Seiten zu stürmen; das 1. und Füsilier-Bataillon 94 (von der in Reserve haltenden 44. Brigade) wurden mit herangezogen, ebenso schloß sich die 3. Pionier-Kompagnie dem Infanterie-Regiment 32 bei seinem Vorgehen an. Auf dem linken Flügel hatte sich mittlerweile die bayerische Batterie Olivier im Gewehrschuß etabliert und wirkte vortrefflich. Trotz namhafter Verluste harrte sie aus, selbst als ihr eine Zeit lang die Munition fehlte. Ein detachierter Zug der Batterie unter Lieutenant Wiedemann trat während dieser Pause an die Geschütze und sang die „Wacht am Rhein". Die leichten Batterieen im Zentrum fuhren fort, durch ihr Feuer auf einzelne Häuser das Vordringen der Infanterie zu unterstützen; eine derselben wurde noch nach dem rechten Flügel detachiert. Überall überwand die Artillerie die großen Schwierigkeiten, welche Terrain und Baulichkeiten ihren Bewegungen entgegenstellten. Ich selbst begab mich nunmehr zur Reserve. Zugleich sandte ich nach allen Seiten hin den Befehl, den Angriff ununterbrochen fortzusetzen, wenig zu schießen, aber mit Hurra zu stürmen. Jedes Haus beinahe mußte mit den Waffen in der Hand genommen werden; viele gingen dabei in Flammen auf. Gegen 5 Uhr stießen die Têten der verschiedenen Angriffskolonnen auf dem Platze vor der Mairie zusammen und die Verteidigung hörte auf. Oberstlieutenant Graf Lipowski verließ den Ort in regelloser Flucht und führte die Hauptmasse seiner Franctireurs über St. Jean nach Nogent le Rotrou. Ein später aufgefangener Brief gab den Verlust, den er erfahren, auf 14 Offiziere und 150 Mann an. Mit Waffen in der Hand wurden ungefähr 150 Mann gefangen genommen. Zahlreiche Tote von Franctireurs, Nationalgarden und bewaffneten Bauern lagen in den Straßen und Häusern, in denen viele verbrannten, denn an ein Löschen war nicht zu denken. Mit Tagesanbruch rückte ich vollständig ein, besetzte den Ort und dislocierte die Truppen." —

Für die nächsten drei Wochen verblieb das I. bayerische Korps in Orléans, während die 2. Kavallerie-Division nach Westen hin die Sicherung und Beobachtung des Terrains übernommen hatte. Die stete Vorsicht, die Gewißheit, daß der Feind immer näher der Stadt mit einer von Tag zu Tag unheimlich wachsenden Truppenzahl rücke, gab diesen drei Wochen nicht jenen wohlthuenden Beigeschmack von Ruhetagen. Am 8. November endlich traf die verbürgte Nachricht in Orléans ein, daß starke französische Kolonnen über Beaugency nach Coulmiers im Anzuge wären. Sofort vereinigte General v. d. Tann sein kaum 16 000 Mann zählendes Korps in der Nacht vom 8. zum 9. bei Coulmiers, zwei Meilen westlich von Orléans. Ein Regiment verblieb als Besatzung in Orléans. Von Versailles aus war an die 22. Division und 4. Kavallerie-Division der Befehl ergangen, schleunigst von Chartres aus den bedrängten Bayern zu Hilfe zu eilen. Doch ehe diese Streitkräfte heran waren, war das unerschrockene, heldenmütige Bayernkorps von dem Feinde zum Rückzug gezwungen worden. Die Ordre für General v. d. Tann hatte gelautet: „Orléans nur vor einem an Zahl weit überlegenen Gegner zu räumen." Um diesen Beweis der Überlegenheit seinem obersten Kriegsherrn zu bringen, hatte sich der tapfere General rasch entschlossen, den Kampf mit dem von ihm sehr richtig auf seine Stärkezahl hin erkannten Gegner aufzunehmen, 15 000 deutsche Krieger gegen 70 000 Franzosen zu führen. Ein Rückzug für die Bayern mußte unvermeidlich sein, er trat auch ein. Aber, was sonst eine Niederlage bedeutet hätte, ward hier zu einem Ruhmestage, auf den das Bayernvolk, und mit Recht, noch heute stolz ist.

Nach zurückgelegtem Nachtmarsch stand früh bald nach 6 Uhr das I. bayerische Korps bei Coulmiers versammelt, den heranmarschierenden, 70 000 Mann starken Feind zu erwarten. Die Stellung war so, daß Coulmiers den Mittelpunkt bildete. Dieses Dorf setzte sich, gleich allen Ortschaften dieses Landstriches, aus massiven, steinernen Häusern zusammen. An der Südwestecke lag ein starker Schloßbau, dessen ausgedehnter Park von einer dichten, lebendigen Hecke und diese Hecke wieder von einem Graben umzogen wird. Westlich von Coulmiers senkt sich das Terrain, um sich dann wieder wellenförmig zu heben. Die so gebildete Mulde birgt einige Häuser, welche den Namen Carrières les Crottes führen. Nördlich davon, ebenfalls in der Flachmulde, liegt das aus mehreren Gebäuden bestehende

Gehöft Ormeteau. Coulmiers, Carrières-les Crottes, Ormeteau, ein rechtwinkliges Dreieck bildend, waren der Schlüssel unserer Stellung. Die 4. Brigade rückte hier ein: das 7. Jäger-Bataillon kam nach Ormeteau, eine Kompagnie 13er nach Carrières les Crottes, zwei Bataillone 10er hielten den Nordrand von Coulmiers, zwei Bataillone 13er Schloß und Park daselbst besetzt. Der Park, speciell dessen grabenumzogene Hecke, ward, so weit es die Zeit noch verstattete, für eine gute Verteidigung eingerichtet. Man erwartete den Feind auf der von Ouzoner heraufführenden Straße.

Statt dessen traf um 8 Uhr die überraschende Mitteilung ein, daß der Gegner mit sehr starken Kolonnen von Süden heranrücke, mutmaßlich also seinen Angriff auf La Renardière und Rondonneau richten würde. Daraufhin trat folgender Wechsel der Truppenstellung ein: Die 4. Brigade bleibt in und bei Coulmiers stehen; als Reserve wird ihr die 2. Brigade dienen. Die 1. Brigade besetzt La Renardière, die 3. Brigade rückt nach Rondonneau und Chateau Préfort, besetzt dieses Schloß und übernimmt die Verteidigung des linken Mauve-Ufers, eines unweit davon in die Loire mündenden Baches. Durch diese neue Stellung des bayerischen Korps wurde Coulmiers, anfangs Zentrum, jetzt zum rechten Flügel der Verteidigung. Die Entfernung bis zum linken Flügel bei Chateau Préfort betrug drei Stunden. Das Zentrum bildete jetzt La Renardière. Diesseits hatte man sich jedoch hinsichtlich der Absichten des Gegners getäuscht. Derselbe behielt Coulmiers als Hauptangriffspunkt. Seine Flügelbewegungen waren mehr oder minder Scheinmanöver gewesen. Chateau Préfort blieb überhaupt von ihm unangegriffen. Der Kampf drehte sich um La Renardière und Coulmiers, und zog sich allmählich nordwestlich bis Cheminiers, so daß dieser Ort rechter Flügel, Coulmiers Mittelpunkt wurde.

Um 11 Uhr stand man im Gefecht. Anderthalb Stunden später war uns trotz bravster Gegenwehr La Renardière entrissen und die 1. Brigade zog sich bis an den Wald von Montpipeau, östlich Coulmiers, zurück. Gleichsam diese Scharte auszuwetzen, am rechten Flügel wieder zu gewinnen, was am linken verloren gegangen war, drang die 2. Brigade mit großer Bravour bis in die unmittelbare Nähe des vom Gegner stark besetzten Cheminiers vor, vermochte hier zwar die feindliche Besatzung nicht zu werfen, dafür aber doch ein Weitervorwärtsdringen derselben zu verhindern, ein Erfolg, welcher in wirkungsvollster Weise unseren späteren Totalrückzug deckte und ermöglichte.

Zwischen 1 und 2 Uhr hatte sich der Kampf bei Coulmiers ernstlicher gestaltet. Dichte französische Plänklerschwärme, gefolgt von eng geschlossenen Abteilungen, drangen gegen Ormeteau, Carrières les Crottes und den Park von Coulmiers vor. Dieser Ansturm kostete uns Carrières les Crottes, dessen Kompagnie den Rückzug anzutreten gezwungen wurde. Dafür aber bewirkte das heldenmütige Verhalten der fünf zwischen Coulmiers und Ormeteau aufgefahrenen Batterieen — ihre Namen seien genannt: Andrian, Metz, Sewalder, Baumüller und Reder —, daß wir diese Punkte noch für ein paar Stunden dem immer dringlicher heranstürmenden Feinde vorenthalten konnten.

Inzwischen hatte der übermächtige Feind immer stärkere Truppenmassen ins Gefecht gezogen. Ebenso fuhren neue Batterieen auf und nötigten bald einen Teil der unsrigen ihre Stellung aufzugeben. Es war 4 Uhr. Den opferfreudigen Verteidigern des Parkes von Coulmiers begann es an Munition zu mangeln. Man gab die Verteidigung der Hecke auf, in deren Besitz sich sofort französische Plänkler setzten. Schritt für Schritt mußten wir weichen. Oberst Graf Ysenburg, Kommandeur des 13. Regiments, sah ein, daß alles Blutvergießen nutzloses Mühen, die Stellung unrettbar verloren sei. Bald nach 4 Uhr ordnete er den Rückzug der beiden mehr als sechs Stunden im Feuer befindlichen Bataillone seines Regiments an. Ormeteau war auch von den Jägern aufgegeben worden. Ebenso hatten die beiden Bataillone 10er die Verteidigung des Nordrandes von Coulmiers aufgegeben. Unter dem Schutze einer vom Grafen Ysenburg gebildeten Plänklerkette ward seitens des Restes der 4. Brigade der Rückzug angetreten. Er ging auf Artenay. Der 4. folgte die 1. Brigade, dann kam die 2. Brigade. Da der Feind nirgends nachdrängte, sondern mit dem Erfolge dieses Tages vollauf zufrieden war, so vermochte auch die beim Walde von Montpipeau haltende 3. Brigade, ohne in ein Nachgefecht sich verwickelt zu sehen, ungehindert den vorangegangenen drei Brigaden zu folgen.

Eine freudige Stimmung beseelte die wackeren Bayern nicht. Nur das Gefühl hoher Pflichterfüllung lieh ihnen noch etwas Kraft, die moralischen Folgen einer Niederlage nicht aufkommen zu lassen. Körperlich freilich war das bayerische Korps fast ganz gebrochen, als jetzt der zweite Nachtmarsch ausgeführt werden mußte, nachdem man 36 Stunden auf den Beinen gewesen war und die Meisten inzwischen nicht einmal abgekocht hatten. Sowohl Graf Isenburg, dessen Bataillone so heldenmütig den Park von Coulmiers verteidigt hatten, als Major v. Baumüller, dessen Batterie bewundernswerte Unerschrockenheit an den Tag gelegt, empfingen seitens ihres Königs hohe Auszeichnungen. Die Verluste bei Coulmiers waren bedeutend. Am blutigsten hatte der Tod unter den Truppen der 4. Brigade Ernte gehalten.

Unsere Einbuße bei Coulmiers bezifferte sich auf:

	Tot		Verwundet		Vermißt	
	Offiz.	Mann	Offiz.	Mann	Offiz.	Mann
I. bayerisches Korps:	16	83	29	448	1	189
2. Kavallerie-Division:	—	5	1	8	—	3
	16	88	30	456	1	192

In Summa: 104 Tote, 486 Verwundete, 193 Vermißte: 783. Der Gegner verlor ungefähr an 1500 Mann, wovon allein nach Angabe des Generals Chanzy 1250 Mann auf das XVI. Korps entfielen.

Zweiundzwanzigstes Kapitel.

Neu-Bildung einer „Armee-Abteilung" unter dem Großherzog von Mecklenburg. — Der Vormarsch der II. Armee von Metz bis Troyes. — Stellung unserer Truppen nördlich Orléans am 27. November. — Das Gefecht bei Beaune la Rolande. — Die 5. Division giebt den Ausschlag. — Das Gefecht bei Villepion am 1. Dezember. — Das Doppelgefecht bei Loigny und Poupry am 2. Dezember. — Verluste hüben und drüben bei Loigny-Poupry. — Aus dem „Tagebuche" des Kommandeurs der 22. Division, General v. Wittich.

Zu spät hatte man in Versailles erkannt, daß man durch die Verminderung der dem General v. d. Tann anvertrauten, ohnehin nur schwachen Operationsarmee gegen die Loire einen schweren Fehler begangen, der uns nicht nur den Besitz von Orléans, sondern auch Ströme deutschen Blutes gekostet hatte. Erst als die Niederlage von Coulmiers zur Thatsache geworden war, entschloß man sich zu einer Verstärkung der gegen die Loire hin zu verwendenden Streitkräfte. Dieser neue Heerkörper, „Armee-Abteilung" geheißen, ward dem Großherzog von Mecklenburg unterstellt. Am 12. November war die Neubildung vollzogen und bei Toury, wohin sich auch General v. d. Tann zurückbegeben hatte, standen jetzt folgende Truppenteile versammelt:

I. bayerisches Korps, v. d. Tann;
22. Division, v. Wittich;
17. Division, v. Treskow (bisher zum Küstenschutz in der Heimat verblieben);
2. Kavallerie-Division, Graf Stolberg;
4. „ „ Prinz Albrecht (Vater);
6. „ „ v. Schmidt.

Alles in allem stellte diese „Armee-Abteilung“ eine Gesamtstärke von ungefähr 36 000 Mann Infanterie, 10 000 Mann Kavallerie und 220 Geschützen dar, immerhin bescheiden genug gegenüber der Loire-Armee, von der man genau wußte, daß sie sich inzwischen auf fünf Korps verstärkt hatte: XV., XVI., XVII., XVIII. und XX. Korps. Letztere hielten im weiten Umkreise den Orléans-Wald besetzt. Auf ein offensives Vorgehen mußte angesichts dieser erdrückenden feindlichen Mehrzahl naturgemäß verzichtet werden. Es blieb nichts übrig, als das vorliegende Terrain aufzuklären. Dies geschah, doch nicht in der Richtung nach Süden, sondern westlich nach der Sarthe hin und brachte eine Reihe für uns glückliche kleine Gefechte, am 17. November bei Dreux, am 21. bei Madelaine Bouvet, am 22. bei Bellême. Das Gros der feindlichen Armee hielt aber im Norden und Osten von Orléans.

Während dieser Marschtage der „Armee-Abteilung“ hatte sich auch die durch den Fall von Metz freigewordene II. Armee unter Prinz Friedrich Karl in Bewegung nach Südwesten gesetzt. Am 2. November hatte die II. Armee ihren Vormarsch angetreten, im Zentrum das III. Korps, links das X. Korps, rechts das IX. Korps mit der 1. Kavallerie-Division. In zehn Meilen breiter Front marschierend, hatte man bereits am 10. die Linie Troyes-Chaumont erreicht. Das Hauptquartier des prinzlichen Befehlshabers war während dieser Marschtage gewesen in: Nancy (2.), Commercy (3.), Ligny (4.), Montier sur Saulx (5.), Joinville (6. und 7.), Doulevant (8.), Brienne (9.) und Troyes (10.).

Über diesen Marsch der II. Armee von Metz bis Troyes entnehmen wir Folgendes aus einem Briefe:

„Am 2. brachen wir auf, um am selben Tage noch Nancy, am 3. Commercy zu erreichen. Hier stieß Prinz Friedrich Karl wieder zu uns; Tags darauf (4.) wurde das Hauptquartier nach dem Städtchen Ligny verlegt, wo ein bayerisches Etappen-Bataillon die Ehrenwache gab. Schon von Commercy aus führt der Weg durch die Defiléeen des Argonnenwaldes oder doch seiner Ausläufer. Diese Berg- und Waldpartieen waren, selbst in der jetzigen Jahreszeit (die allerdings bis vor einigen Tagen außergewöhnlich milde und sonnige Tage brachte), in ihrer landschaftlichen Mannichfaltigkeit von hohem Genuß, die Straßen dabei in vortrefflichem Zustande und die Truppen in bester Stimmung. Die Bevölkerung zeigte sich von Commercy aus gegen die Mannschaften wenigstens nicht von feindseliger Haltung; seit dem Vormarsche der kronprinzlichen Armee hatte sie keine Durchmärsche mehr gehabt; es war also kein Mangel an Lebensmitteln fühlbar und das Vorhandene gaben die Leute bereitwillig. Wenn auch die Gegend von Commercy, wenigstens nach dem allgemeinen Überblick, landwirtschaftlich nicht besonders ergiebig zu sein schien, so ist sie es desto mehr an mineralischen Produkten; die Eisen-Industrie ist ein dominierender Zweig der Erwerbsthätigkeit und die Bevölkerung vorzugsweise eine Fabrikbevölkerung. So in Montier sur Saulx, einem Dorfe von etwa 1000 Einwohnern, wo das Hauptquartier am 5. November aufgeschlagen wurde.

„Am 6. früh brachen wir von Montier sur Saulx auf, um Joinville zu erreichen. Auf dem Wege dorthin hörten wir aus der Ferne Geschützfeuer. Dasselbe rührte von dem Zusammenstoß eines Teiles des III. Korps mit Franctireurs und Mobilgarden bei dem Dorfe Bologne her; unsere Truppen gaben Feuer auf sie, worauf sie sich zurückzogen. Am andern Tage hielten sie bei Bretenay Stand; die Affaire war nicht unerheblich; auf französischer Seite waren 70 Todte, 40 Verwundete, auf preußischer Seite kein Verlust. Namentlich war hier das 48. Infanterie-Regiment engagiert. Am nächsten Tage wurden in Joinville einzelne, höchst wahrscheinlich aus dieser Affaire versprengte Individuen von unseren Soldaten gefangen eingebracht. Die Leute sahen verzweifelt aus, trugen die gewöhnliche Kleidung der Landleute der Gegend und waren sämtlich bewaffnet, wenn auch unregelmäßig. Sie gaben sich für Mobilgarden aus; ein Maire war unter ihnen. Diesen Leuten ist die Waffe von der Furcht in die Hände gedrückt worden. Wie man uns aus guter französischer Quelle versichert, hat der Präfekt von Vignorry den Einwohnern mit Niederbrennung der Ortschaften gedroht, wenn sie sich nicht bewaffnen und in die Mobilgarden eintreten würden. Joinville ist ein Städtchen von etwa 4000 Einwohnern im Departement Haut-Marne, prachtvoll mitten in Bergen gelegen, und war früher ein Besitztum der Familie Orléans. In den Tagen des 5. und 6. November wurde von unseren Pionieren auch die Eisenbahn, die sich von der großen Ostbahn abzweigt und über St. Dizier und Joinville nach Chaumont und Langres führt, wieder hergestellt und fahrbar gemacht, wodurch namentlich das Nachschieben der Proviantkolonnen für die vormarschierenden Korps wesentlich erleichtert wurde.

„Von Doulevant-le-Chateau aus, wohin das Hauptquartier am 8. November vorrückte, befand man sich auf historischem Boden; in demselben Schlosse, welches diesmal Prinz Friedrich Karl bewohnte, hatte am 28. März 1814 Napoleon I. Quartier genommen und hier die Nachricht von dem Marsche der Verbündeten auf Paris erhalten. Die Einwohner von Doulevant hatten seit 1814 keine deutschen Truppen mehr gesehen, und erwarteten uns angstvoll; sie wurden aber freudig überrascht, als sie bald das Gegenteil von dem kennen lernten, was sie gefürchtet hatten. Bald waren die französischen Einwohner einstimmig in dem Lobe unsrer Mannschaften, in der Anerkennung der preußischen Disciplin, für die sie nicht genug der Worte finden konnten. Den Worten der Leute entsprechend war auch ihre Haltung.

„Auf der Straße, auf welcher sich vor 56 Jahren die preußischen Kolonnen in Bewegung gesetzt hatten, über la Rothière, ging am 9. November der Marsch des Hauptquartiers nach Brienne, demselben Orte, von dem aus Bonaparte als damaliger Zögling der Artillerieschule seine Laufbahn begann. Brienne besitzt vor der Mairie eine Bronce-Statue Napoleons I. als Militärschüler und eine zweite historische Merkwürdigkeit in dem imposanten Schlosse, welches sich westlich von der etwa zweitausend Einwohner zählenden Stadt auf einem Hügel erhebt und gegenwärtig einem Prinzen von Beauffremont gehört. In diesem Schlosse hatte Blücher an dem Tage der Schlacht von Brienne sein Hauptquartier aufgeschlagen; hier geschah jener Überfall von Seiten der Franzosen, dem Blücher und Gneisenau nur durch schleunigste Flucht nach der Stadt hinab entkamen. Hier hatte auch jetzt der Höchstkommandierende mit seinem Generalstabe Quartier genommen.

„Am nächsten Tage, Donnerstag den 10., brachen wir auf, um Troyes zu erreichen. Als die Unseren der Stadt sich näherten, trafen sie, etwa zwei Kilometer von derselben entfernt, auf tiefe Gräben, aufgehäufte Sandsäcke, Schanzaufwürfe, die den Zweck gehabt hatten, dem Vordringen der Preußen Einhalt zu thun, doch war der Grabenabschnitt, welchen unsere Truppen, um in die Stadt zu gelangen, passieren mußten, wieder aufgefüllt, so daß dieselben ungehindert ihren Marsch fortsetzen konnten. Es gab nämlich in Troyes, wie wir später erfuhren, eine Heißsporn-Partei, welche die alte Römerstadt durchaus in Verteidigungszustand setzen und dieselbe dem Schicksale eines festen Platzes preisgeben wollte; doch gewann der verständigere und bessere Teil der Bevölkerung, an dessen Spitze der Maire stand, die Oberhand und die Hindernisse wurden hinweggeräumt. In unmittelbarer Nähe des Thores setzte sich Prinz Friedrich Karl an die Spitze des ostpreußischen Kürassier-Regiments Nr. 3 und hielt mit demselben und Teilen der 18. sowie 25. (Großherzoglich hessischen) Division in die alte Stadt Troyes seinen Einzug. Auf dem Platz vor der imposanten Kathedrale blieb der Prinz halten und ließ die Truppen vorbeimarschieren. Die Haltung und das Aussehen derselben war nach einem fast vier Monate währenden Feldzuge, nach den unsäglichen Strapazen der Cernierung von Metz, über alle Erwartung gut und sämtlich schienen sie von dem frohen Gefühle beseelt, die Träger eines Waffenruhmes zu sein, der sie bis hierher, fast in das Herz von Frankreich, siegreich geführt hatte." —

War es der Zweck der rings um den Wald von Orléans haltenden Loire-Armee, zum Ersatz der französischen Hauptstadt nordwärts vorzurücken, so mußte es unser Zweck sein, dem Gegner eine Schranke zu ziehen, ihn nach Süden hinzudrängen und das Terrain diesseit der Loire frei zu halten. Dieser Absicht galt sowohl die Vorwärtsbewegung der „Armee-Abteilung" als der II. Armee. Traf man zusammen, so war um Orléans herum von Westen bis Osten ein Halbkreis geschlagen. Glückte es dem Gegner, diesen zu durchbrechen, dann stand unsere südliche Einschließungsarmee vor Paris in großer Gefahr, ja die Möglichkeit war gegeben, daß Paris selbst uns verloren gehen konnte. Die Absicht der Loire-Armee, Bresche in unseren eisernen Gürtel längs der Loire zu schlagen, schuf eine Reihe mehr oder minder blutiger Gefechte bei Orléans, welche die schließliche Niederwerfung der feindlichen Armee zur Folge hatten.

Am 27. November war diesseits der Halbkreis geschlossen. Die Stellungen unserer Truppen waren westlich und östlich der Bahn Orléans-Paris:

Westlich: I. bayerisches Korps und 6. Kavallerie-Division bei Chateaudun;
17. und 22. Division bei Bonneval;
4. Kavallerie-Division bei Pré St. Martin.

östlich: IX. Korps bei Toury;
III. Korps (6. und 5. Division) bei Bazoches les Gallerandes und Pithiviers;

X. Korps bei Beaune la Rolande;

1. und 2. Kavallerie-Division in Front der drei Armee-Korps.

Für den 28. November war bei der II. Armee eine Schiebung nach links geplant worden. Dieselbe fand auch seitens des IX. und III. Korps statt. Das X. Korps kam nicht dazu. Von starken feindlichen Streitkräften angegriffen, hatte es sich am 28. November zu wehren. Das Treffen bei Beaune la Rolande entwickelte sich.

General Aurelle de Paladines hatte folgenden Plan gefaßt: Das XV. und XVII. Korps, nötigenfalls noch durch das bei Le Mans haltende XXI. Korps unterstützt, sucht die Armee-Abteilung des Großherzogs von Mecklenburg festzuhalten, während sich das XVI., XVIII. und XX. Korps auf den linken Flügel unserer II. Armee werfen sollte, denselben durchbrechen und dann in Eilmärschen, am rechten Ufer des Loing hin, gegen die Ost- oder Südseite von Paris vordringen sollte. Unser linker Flügel aber war eben das Beaune la Rolande haltende X. Korps, das hier völlig isoliert hielt, indem der nächste bei Pithiviers haltende Truppenteil, 5. Division, zwei und eine halbe Meile entfernt war.

Dichter Nebel wogte über die Felder, als am 28. November morgens der Feind aus dem Walde von Orléans hervorbrach und sich dann in starken Kolonnen auf die Straßen über Boiscommun, Bellegarde. und Ladon gegen Beaune la Rolande wandte. Inzwischen hatte der Kommandeur des X. Korps, General v. Voigts-Rhetz, über die ihm zur Verfügung stehenden Truppen — eine Brigade seines Korps war noch auf dem Anmarsche von Chaumont auf Montarges —, wie folgt, verfügt:

Brigade Wedell besetzt als rechter Flügel den Abschnitt zwischen Batilly und St. Loup, sowie die Stadt selbst;

Brigade Valentini besetzt als linker Flügel, Front gegen Süden, den Abschnitt zwischen St. Loup und Juranville;

Brigade Lehmann bleibt als Reserve in dem Abschnitt zwischen Juranville und dem Bahnhof.

Der Angriff des Gegners erfolgte ebenso wuchtig als umfassend, im Ganzen durch vier Divisionen zugleich ausgeführt, drei Divisionen vom XX. Korps, General Crouzet, und eine vom XIII. Korps, General Billot. Die letztgenannte Division, von Ladon und Maizières her anrückend, warf sich auf unseren linken Flügel, das XX. Korps aber stürmte sowohl gegen die Brigade Wedell als auch Valentini an. Unser linker Flügel, immer auf's neue von der rückwärts bereitstehenden Reserve-Brigade Lehmann unterstützt, hielt sich bis zuletzt, während die Brigade Wedell, schließlich seitens des übermächtigen Gegners überflügelt, ihre Stellung räumen mußte und mit Mühe und Not die von Beaune nach Barville führende Rückzugslinie gewann, auf welcher man sehnlichst das Eintreffen der 5. Division von Pithiviers erwartete. Das Zurücknehmen unseres rechten Flügels war eine empfindliche Niederlage, und nur dem heldenmütigen Ringen des in der Stadt sich haltenden 16. Regiments, insbesondere seines 1. Bataillons ist zu danken, daß es dem Gegner nicht gelang, uns aus der Stadt zu vertreiben, noch auch unsere Linie zu durchbrechen. Um Mittag hatte die Brigade Wedell ihre bisher nur mühsam behauptete Stellung aufgegeben. Den sich jetzt entwickelnden Kampf an der Westseite der Stadt schildert Hauptmann v. Natzmer, Kommandeur des 1. Bataillons vom 16. Regiment, wie folgt:

„Beaune war für die drei Bataillone des 16. Regiments durch den Führer desselben, Oberstlieutenant Sannow, in Reviere eingeteilt worden. Das 1. Bataillon, unter meinem Kommando, hatte darnach den nach Orme führenden Hauptausgang und alles, was unmittelbar westlich und nördlich davon gelegen ist, zu halten. Man nahm an, daß wir nur in der Front, welche nach Süden zeigte, vom Feinde bedroht wären, unsere rechte Flanke aber durch das III. Korps, welches rechts von uns stand, gedeckt sei. In Erwägung indessen, daß der linke Flügel dieses Korps noch zwei Meilen von Beaune entfernt war, mußte sich das 1. Bataillon für alle Fälle auch in der Flanke sichern. Zu beiden Seiten des Ausganges nach Orme wurden von mir zwei Züge der 1. Kompagnie, westlich davon in einem Garten ebenso viele Mannschaften der 4. Kompagnie als Schützen hinter Mauern logiert, jener Ausgang selbst und eine offene Stelle zwischen beiden Kompagnieen wurden verbarrikadiert. Einen Zug der 3. Kompagnie (Premierlieutenant v. Revée) beorderte ich in einen Schützengraben, welcher auf dem sich anschließenden Stücke freien Feldes hergerichtet war; die beiden anderen Züge ließ ich die folgende Reihe Häuser, welche diese Seite des Ortes beschließen, und den nördlich davon gelegenen, die ganze Westseite beherrschenden ummauerten Kirchhof besetzen, von dem aus auch der Zugang zu den Parallelstraßen zu bestreichen ist, welche zwischen jenen Häusern und dem Kirchhofe und nördlich von diesem aus der Stadt führen. Hier im Norden, wo sich die Wege nach Egry und Barville teilen, wurde der 3. Zug der 4. Kompagnie aufgestellt. Die südlich vom Kirchhofe laufende Straße war die einzige Kommunikation für meine Positionen. Sie geht der Ortlisière entlang und mündet am Orme-Ausgange. Überall hatten wir uns verteidigungsmäßig eingerichtet, Mauern abgetragen, Schießscharten eingeschnitten, Banketts errichtet. Jedes Haus, jedes Gehöft war eine Festung.

„Der Anmarsch von Boiscommun her geschah mit großer Schnelligkeit, doch lagen unsere Leute schon im Anschlage, als die Kolonnen des Feindes, die anfangs nur in der Front (vom Süden her) erschienen waren, auch aus dem Gehölze traten, welches Beaune im Westen nach Batilly zu, umgiebt. Auf meine Bitte um Verstärkung schickte Oberstlieutenant Sannow dem Bataillon die 6. (Hauptmann Mischke), später auch noch teilweise die 12. Kompagnie (Hauptmann Ohly) zu; die 2. Kompagnie (Premierlieutenant Mentz) konnte jetzt als Soutien an den gerade bedrohten westlichen Ausgang gezogen werden. Anderthalb Kompagnien 57er, welche von Vorposten kamen, wurden von mir festgehalten und placiert: die Kompagnie des Hauptmanns Feige in und um den Kirchhof, die Halbkompagnie des Premierlieutenants Lancelle in den Häusern gegenüber.

„In unserem Gewehrbereiche zogen sich nunmehr unsere Gegner in hellen Haufen mit vielen Seitenbewegungen auseinander, wobei wir sie, ihre Entwickelung zu stören, lebhaft beschossen. Am andern Morgen fanden wir Mann an Mann sie niedergestreckt, fast in derselben Ordnung, in welcher sie eingerückt waren. Auch unsere Artillerie, welche vor dem Kirchhofe aufgefahren war, hatte einige Schüsse abgegeben, konnte sich aber auf dem freien Felde nicht halten. Dagegen begann jetzt das feindliche Granatfeuer, welches, von zwei Seiten kommend (Orme und Batilly), unsere Positionen vollständig kreuzte. Die Franzosen schossen brillant und unabläßig. Sie kämmten die Kirchhofsmauer in ihrer ganzen Länge ab, fegten unsere einzige Kommunikationslinie, die Weststraße, entlang, schossen die Häuser in Brand, in welchen sich Premierlieutenant Lancelle mit seinen anderthalb Zügen befand, und zerstörten die Mauerpositionen der 1. und 4. Kompagnie. Auch in der Nähe der Barrikaden, wo unsere Soutiens ab und zu Gelegenheit fanden, mit Salven und Schnellfeuer in das Gefecht einzugreifen, gab's brennende Häuser. Schon begann der Feind unsere Rückzugslinie nach Egry mehr oder minder zu beherrschen. Wir waren umstellt, wenn nicht abgeschnitten.

„Für alle Fälle die Überbringung höherer Anordnungen zu sichern, stationierte ich den Adjutanten des Bataillons beim Oberstlieutenant Sannow, welcher (in derselben Lage wie wir) mit den beiden anderen Bataillonen des Regiments im Gefecht war. Sehr stark spielte aber jetzt auch das feindliche Kleingewehrfeuer, namentlich aus den vorliegenden Gehöften. Wir mußten es erwidern, schon um uns thätig zu erweisen. Aber unsere Patronen, von denen jeder Mann, beim Beginn des Gefechts, achtzig gehabt hatte, gingen zu Ende. Von allen Seiten trafen die gleichen Mitteilungen ein; es war ein peinlicher Moment. Eine Zeit lang mußten die Soutiens mit ihrem Überflusse aushelfen. Auch ließ ich den Leuten, welche sich hinter der Front, vereinzelt im Orte befanden, sämtliche Patronen abnehmen und im Kugelregen, durch Freiwillige, den Schützen überbringen. Aus der Wache des Ortes, sowie aus sonstigen Abkommandierten und Versprengten wurde ein neues Soutien gebildet, da, nach einer Meldung des Lieutenants v. Revée, auf dem Kirchhof eine neue Verstärkung nötig war.

„So hielten wir uns. Trotz immer neuer ins Gefecht geführter Bataillone, trotz immer härterer Vorstöße konnte der Feind nichts an Terrain gewinnen. Auf der Südseite avancierte er bis auf 100 Schritt gegen die Position gegenüber dem Kirchhofe und wurde niedergemacht. Endlich schlug uns die Befreiungsstunde. Aber es dunkelte schon, als das Erscheinen des III. Korps die Sachlage zu unseren Gunsten änderte. In demselben Augenblicke, wo wir der braven Brandenburger ansichtig wurden, ließ ich — schon um unsere eigenen Leute bei Stimmung zu erhalten — auf der ganzen Linie lebhafte Hochs ausbringen. Der Feind machte noch einen letzten Versuch; dann trat er seinen Rückzug an." —

Das Erscheinen des III. Korps, beziehungsweise der 5. Division, gab den Ausschlag. Um 10 Uhr morgens war die bei Pithiviers haltende 5. Division alarmiert worden. Um Mittag stand sie bereits auf der Linie Briare-Yèvre, zwei Stunden später ward der Weitermarsch auf Beaune fortgesetzt. Generalmajor v. Schwerin hatte die Führung übernommen; der Befehl ging dahin, den Feind anzugreifen, sobald man seiner ansichtig würde. Im Zentrum rückten die Batterieen vor, rechts das 52. Regiment, links die 3. Jäger, als zweites Treffen folgte das 12. Regiment. Ununterbrochen drang man dem Feinde südlich entgegen, den man um $4^{1}/_{2}$ Uhr nachmittags erreichte, als er gerade zu einem neuen wuchtigen Vorstoße ausholte. Dem Vorgehen unseres 52. Regiments gelang es, den Gegner zum Rückzug zu zwingen, der bald in wilde Flucht ausartete. Die einbrechende Dunkelheit und das für eine Entfaltung von Kavallerie äußerst ungünstige Terrain verhinderte eine weitere Verfolgung. Nur den 52ern war es vergönnt, eine beträchtliche Anzahl von Gefangenen zu erbeuten. Um 5 Uhr war das Gefecht zu Ende. Der Verlust war für beide Teile verhältnismäßig ungeheuer, und das Schlachtfeld bot einen so grausigen Anblick dar, wie ihn dieser große, wehevolle Krieg kaum wieder einmal entfaltet hat.

An Toten und Verwundeten büßte der Gegner an 1300 Mann ein; unverwundete Gefangene fielen an 1800 Mann in unsere Hände. Unsere Einbuße bezifferte sich auf

	Tot.		Verwundet.		Vermißt.	
	Offiz.	Mann.	Offiz.	Mann.	Offiz.	Mann.
III. Korps	1	20	1	96	—	—
IX. „	—	—	—	3	—	—
X. „	6	151	24	480	3	93
1. Kavallerie-Division . . .	—	1	3	14	—	—
	7	172	28	593	3	93

Dies ergiebt einen Gesamtverlust von 38 Offizieren und 858 Mann = 896.

Die Bedeutung des Sieges von Beaune la Rolande sollte uns erst in den nächsten Tagen ganz zum Bewußtsein kommen. Nach beendeter Schlacht glaubte man diesseits noch, für den nächsten Tag eine Fortsetzung des Kampfes erwarten zu müssen. Dies geschah nicht. Die Lust zu Offensivvorstößen war sichtlich dem Gegner verloren gegangen, seine Kraft durch den mißlungenen Versuch, unseren linken Flügel zu durchbrechen, gelähmt. Wohl versuchte sein linker, im Gefecht bei Beaune la Rolande nicht engagiert gewesener Flügel (XV., XVI., XVII. Korps) in dem viertägigen Kampfe um Orléans, der sich jetzt entfaltete, einzelne kleinere Vorstöße, die aber eine merkliche Abnahme von Siegesmut verrieten und jedenfalls nicht das nun hier an unserem rechten Flügel versuchen wollten, was an unserem linken zurückgewiesen worden war.

Am 1. Dezember war die Vereinigung der II. Armee mit der „Armee-

Abteilung" erfolgt. Die Aufstellung der Truppenteile zeigte sich von Westen nach Osten an diesem Tage, wie folgt:

I. bayerisches Korps: bei Orgères; 17. Division: bei Allaines; 22. Division: bei Toury; IX. Korps: bei Pithiviers; III. Korps: bei Boynes und Beaune; X. Korps: bei Beaune la Rolande. Die Stellungen der Kavallerie-Divisionen wechselten mit jedem Tage.

Unser Zweck und Ziel konnte nur der sein, das verloren gegangene Orléans zurückzugewinnen, das Terrain diesseit der Loire von dem Feinde zu säubern. Zur Anbahnung dieser Aufgabe war für den 1. Dezember ein allgemeines Vorschieben der deutschen Truppen längs der ganzen Linie anbefohlen worden. Dies geschah auch unbehelligt. Nur am äußersten rechten Flügel nicht. Das hier haltende I. bayerische Korps wurde durch überlegene Kräfte in seinem Vorhaben gehindert. Das Gefecht bei Villepion entwickelte sich.

Das I. bayerische Korps, speziell die 1. Brigade, hatte noch nicht seine Bewegungen zu Ende geführt, als es sich dem Feinde gegenüber sah, der mit starker Macht zum Angriff vorging. Generalmajor Dietl sammelte sofort seine erste Brigade bei Gommiers, zog es aber dann vor, die Fühlung mit dem I. Korps nicht ganz zu verlieren, aus dieser weit vorgeschobenen Stellung sich auf die Linie Nonneville-Villepion, Front Südwest, zurückzuziehen. Hier begann das Gefecht. Die tapfere 1. Brigade, in Front und Flanken immer heftiger bedroht, wäre wahrscheinlich verloren gewesen, wenn nicht rechts in Nonneville sich die 2. Brigade Orff, bald darauf links in Faverolles die 4. Brigade v. d. Tann sich festgenistet hätten. Es mochte $3^1/_2$ Uhr sein. Allmählich hatten auch längs der Linie sieben Batterieen Stellung genommen. Hin und her wogte der heiße Kampf, Ströme Blutes fordernd, bis es endlich gegen Abend dem Gegner gelang, von der Ostseite her die Unsrigen in Villepion zu überraschen. Dies gab den Ausschlag. Ohne von dem Feinde belästigt zu werden, zog sich die hier haltende 1. Brigade auf Loigny zurück; die übrigen Brigaden folgten bald nach. Der Verlust war für Freund und Feind ein schwerer. Der Gegner büßte an 1100 Mann ein; die braven Bayern bedauerten eine Einbuße von 37 Offizieren, 902 Mann. Allein die 2. Brigade Orff hatte innerhalb anderthalb Stunden 20 Offiziere und 521 Mann verloren. General-Lieutenant v. Stephan war mehrfach verwundet worden. —

46*

Der bei Villepion errungene, wenn auch nur unbedeutende Erfolg des linken Flügels der Loire-Armee rief in Tours einen Taumel von Siegesfreude hervor und Gambetta beeilte sich, dem Lande zu verkünden, daß nun die Stunde der Rache und Befreiung gekommen wäre.

General Aurelle de Paladines hatte sofort für den nächsten Tag ein weiteres Vorrücken angeordnet; diesseits war der Befehl an die bei Loigny haltenden Bayern ergangen, sich gefechtsbereit zu halten. So kam der 2. Dezember, mit ihm das Doppelgefecht bei Loigny und Poupry. Wie am Tage zuvor, so warf sich auch heute der Feind mit seinem XVI. Korps auf die Bayern, dem linken Flügel der unter dem Befehl des Großherzogs von Mecklenburg stehenden Armee-Abteilung, deren rechter Flügel, die 22. Division, ebenfalls am 2. Dezember angegriffen wurde, bei Poupry durch das XV. französische Korps. Die 17. Division, als Zentrum, zwang durch ihr rechtzeitiges Eingreifen bei Loigny schließlich den überlegenen Gegner zum Rückzug.

Um 8 Uhr war das I. bayerische Korps von La Maladerie aufgebrochen, um befehlgemäß die Linie Beauvilliers-Château Goury zu besetzen. Während des Abmarsches liefen Meldungen ein, daß der Gegner in starken Kolonnen vorrücke. Unter Beschleunigung des Marschtempos gelang es noch rechtzeitig, Goury zu besetzen, bevor der Gegner daselbst Stellung genommen hatte. Nun entspann sich das Gefecht in heftigster Weise mit dem in dichten Schützenschwärmen herandringenden Feind, während die 4. Brigade v. d. Tann den Raum zwischen Goury und der Ferme Beauvilliers ausfüllte. Um 9 Uhr war auch die 3. Brigade heran, welche sofort als rechter Flügel Beauvilliers besetzte.

9 Uhr mochte es sein, als der Gegner sich anschickte, mit acht oder neun Bataillonen gegen uns vorzugehen. Diesem Angriff zuvorzukommen, beschloß Oberst Roth, Kommandeur der 3. Brigade, mit drei Bataillonen seines 3. Regiments den französischen Kolonnen sich entgegenzuwerfen. Dies geschah. Der Feind, bereits durch unser scharfes Artilleriefeuer verblüfft, stockte in seinem Lauf, und zog sich endlich in seine Hauptstellung zurück. Als zweites Treffen waren den vorangegangenen drei Bataillonen zwei Bataillone vom 12. Regiment bald gefolgt. Unter donnerndem Hurra drangen dann die fünf bayerischen Bataillone bis in den Feuerbereich der französischen Hauptstellung, wo sie sich plötzlich der 1. Infanterie-Division des

XVI. Korps gegenübersahen. Zum Teil erschöpft, ohne Rückendeckung, einem überlegenen Gegner halb überliefert, sahen sie sich gezwungen, Halt zu machen. Damit war die Hauptwirkung des mutigen aber verfrühten Vorgehens verloren. Bedrängt, abgeschnitten, blieb den tapferen Süddeutschen bald nichts übrig, als unter bitteren Verlusten sich zurückzuziehen. Um 10½ hielt man wieder in Goury.

Nicht lange darauf schritt der Gegner aufs neue zur Offensive. Und nicht genug damit, unsere Stellung bei Goury-Villeprévost zu bedrohen, schickte er sich jetzt auch an, das im Rücken von uns belegene Tanon von Loigny aus zu besetzen. Dichte Schützenschwärme versuchten jetzt auch unsere Linie Goury-Beauvilliers zu durchbrechen. Eine kritische Stunde war gekommen. Immer deutlicher mußte den Bayern das Bewußtsein klar werden, daß eine Umklammerung ihnen bevorstände. Sämtliche noch in Reserve stehenden Truppen wurden jetzt schleunigst herangezogen. Die 1. und 2. Brigade erhielt Befehl, in die Linie Beauvilliers-Tanon zu rücken, was auch geschah, bevor der Gegner heran war, während die bereits zurückgehende 3. Brigade noch einmal zur Unterstützung der die Linie Beauvilliers-Goury haltenden 4. Brigade gezwungen würde. Doch schon bereitete der hartnäckige Gegner einen dritten Vorstoß vor, noch kurze Frist, und alles konnte verloren gehen. Da war es die 17. Division, mit deren Eingreifen der Kampf in eine neue Phase eintrat. Es war dies gerade um die zwölfte Stunde.

Die 17. Division hatte von morgens 8 Uhr an der Straße nach Chartres gestanden, als gegen 9 Uhr der Befehl eintraf, die Vorposten zurückzuziehen und zwei Stunden später Stellung vor dem Dorfe Lumeau zu beziehen. Auf dem Marsche dorthin dröhnte allmählich immer heftigerer Kanonendonner von Goury herüber und Meldungen bestätigten bald, daß dort die süddeutschen Brüder im harten Kampfe mit dem Feinde rangen. Nun galt es schleunigst sich des Besitzes von Lumeau zu versichern. Bei unserem Nahen wich zuerst der Feind zurück, dann aber wiederholte er nach halbstündigem Artilleriegefecht seinen Angriff mehrmals, bis zu dem einen Bataillon 90er sich noch die Füsiliere desselben Regiments und das 14. Jäger-Bataillon gesellten, deren vereinten Anstrengungen es endlich gelang, die feindlichen Kolonnen des XVI. Korps zur Flucht zu zwingen, zu deren Verfolgung sich auch noch die 2. Schwadron des 11. Ulanen-Regiments anschloß.

Nachdem dieses Gefecht um Lumeau von der Avantgarde der 17. Division entschieden war, konnte sich nun das Gros derselben zur längst erbetenen und erhofften Unterstützung der hart bedrängten Bayern wenden. Wie schon oben bemerkt, geschah dies mittags 12 Uhr. General v. Kottwitz leitete dies Vorgehen. Mit scharfer Rechtsschwenkung wandte er sich auf Loigny und die Ferme Fougeu. Mit fliegenden Fahnen ging das Regiment 76 gegen Loigny, das 2. Bataillon 75 gegen Fougeu vor. Der Gegner war sichtlich aufs höchste durch diesen unerwarteten Flankenangriff überrascht. Mitten in seinem Ansturm auf die bayerische Linie hielt er inne, wandte sich um und drang nun, zugleich mit den vier Bataillonen der 17. Division, in Loigny und Fougeu ein, wo sich jetzt ein erbitterter Häuserkampf entspann. Fougeu fiel bald ganz in unsere Hände, während Loigny zum Teil dem Gegner überlassen blieb. Da eine Wiederholung des Kampfes um Lumeau für heute nicht zu befürchten stand, so ward die dort seit 10 Uhr harrende Avantgarde der 17. Division herbeibeordert. Um 2 Uhr traf sie ein, bemächtigte sich Villours und eines Gehölzes dicht bei Loigny südlich; Loigny selbst dem Gegner zu entreißen, gelang ihr jedoch ebenso wenig. Im Gegenteil ging um 4½ Uhr der Feind zu einem Hauptstoß gegen die gesamte Linie Fougeu-Loigny-Villours vor, unterstützt von frisch eingetroffenen Truppen des XVII. Korps. Nun führte der Divisionskommandeur General-Lieutenant v. Treskow die bisher noch in Reserve gehaltenen zwei Bataillone 75er von Champlour gegen Loigny selbst vor. Tambour battant warfen sie sich auf die andringenden feindlichen Scharen, mit ihnen zugleich alle hier versammelten Teile der Avantgarde, das Gros und der Reserve. Und von der ganzen 17. Division gedrängt, geworfen und verfolgt, wandte sich endlich der Feind zur Flucht, zahlreiche Gefangene uns zurücklassend. Mit der jetzt hereinbrechenden Dunkelheit war der blutige Kampf zu Ende. Die Division sammelte sich wieder und bezog Biwaks bei den bisher so heiß umstrittenen Ortschaften.

Furchtbar waren die Verluste dieses Tages gewesen. Mit Einschluß des noch zu schildernden Gefechtes bei Poupry verlor der Feind über 4000 Mann an Toten und Verwundeten. Außerdem erbeuteten wir an 2500 unverwundete Gefangene, 8 Geschütze, eine Mitrailleuse und eine Fahne. General de Sonis und der Kommandeur der päpstlichen Zuaven, Oberst Charette, fielen schwer verwundet. Unsere Verluste bezifferten sich bei Loigny-Poupry:

	Tot.		Verwundet.		Vermißt.	
	Offiz.	Mann.	Offiz.	Mann.	Offiz.	Mann.
I. bayerisches Korps . . .	26	284	78	1567	—	341
17. Division	19	287	36	678	—	68
22. "	7	131	24	377	—	96
2. Kav.-Division	2	6	4	38	—	2
4. "	1	6	4	22	—	35
	55	714	146	2682	—	542

In Summa: 201 Offiziere und 3938 Mann. Außerdem 1 Oberstabs- und 1 Assistenz-Arzt tot; verwundet und vermißt: 1 Stabsarzt, 2 Assistenz-Ärzte. Dies ergiebt einen Gesamtverlust von: 4144. Von höheren Offizieren fanden den Tod fürs Vaterland an diesem Tage oder erlagen doch ihren Wunden: I. bayerisches Korps: Oberst Schuch, Major Daffenweither, v. Mayer; 17. Division: Major v. Hirschfeld; 22. Division: Oberstlieutenant von Palmenstein, Oberst v. Kontzki, Major v. Lengerke. Oberstabsarzt Dr. Vogel fand ebenfalls seinen Tod. —

Über das am linken Flügel der „Armee-Abteilung" bei Poupry stattgefundene Gefecht schreibt der Kommandeur der 22. Division, General v. Wittich, in seinem „Tagebuche":

„Während ich die Division bei Baigneaux aufmarschieren ließ, engagierte sich bereits rechts beim I. bayerischen Korps ein heftiger Kampf, in den bald darauf die 17. Infanterie-Division bei Lumeau und rechts davon energisch eingriff. Ich ließ sofort antreten. Als die 44. Infanterie-Brigade sowie die Divisions-Artillerie Baigneaux passiert hatte, erhielt ich vom General-Lieutenant v. Treskow die Mitteilung, daß das I. bayerische Korps hart bedrängt sei, daß er selber bereits eingreife und daß eine Unterstützung auf seinem rechten Flügel sehr erwünscht sein würde. In diesem Augenblicke besetzte der Feind vor meinen Augen die Ferme Anneux und griff von hier aus das von der 17. Division besetzte Lumeau an. Auf diese Wahrnehmung hin ließ ich dem General v. Treskow zurückmelden, daß ich ihn sofort wirksam unterstützen würde, aber nicht auf seinem rechten, sondern auf seinem linken Flügel. Die Divisions-Artillerie fuhr auf und überschüttete den Feind in und neben der Ferme Anneux mit Granaten; die 44. Brigade avancierte energisch rechts der Artillerie, während die 43. aus Baigneaux debouchierte und auf dem linken Flügel als Echelon folgte.

Nach kurzem Gefecht wurde die feindliche Brigade vollständig überrannt, verlor eine große Anzahl an Toten und Verwundeten, und ließ eine Menge Gefangener in unseren Händen.

„Mittlerweile ging mir der Befehl zu, der 17. Infanterie-Division, die gegen Loigny vorrückte, als Echelon zu folgen. Aber im selben Augenblicke fast traf auch von der in der Nähe der Straße Paris-Orléans vorgehenden Kavallerie-Brigade v. Colomb die Meldung ein, daß der Feind auf Poupry vorrücke und das Dorf bereits besetzt habe. Dies bedeutete so viel, als Bedrohung der linken Flanke der Armee-Abteilung des Großherzogs. Ich ließ diesem melden, daß ich seinem Befehl, auf Loigny der 17. Division zu folgen, nicht nachkommen könne, daß ich vielmehr mit der ganzen Division auf Poupry und Artenay marschieren würde.

„Die Division hatte bereits die Chaussee Lumeau-Poupry überschritten. Die 43. Brigade v. Kontzki, Regimenter 32 und 95, erhielt den Befehl, auf Poupry vorzugehen und den Ort zu nehmen. Die Artillerie schwenkte links und blieb auf dem rechten Flügel der 43. Brigade; die 44. Brigade, v. Marschall, Regimenter 83 und 94, folgte der Artillerie.

„Oberst v. Kontzki nahm im ersten Anlauf Poupry, in welchem Orte der Feind sich eben zur Verteidigung einzurichten begann, warf denselben vollständig hinaus und besetzte die jenseitige Lisière, sowie das Terrain auf beiden Seiten. Die sechs Batterieen stellte Oberst v. Bronikowski rechts von Poupry in Position und eröffnete das Feuer auf die starken Kolonnen, welche zwischen Artenay, Dambron und Poupry standen, zum Teil erst aus Artenay debouchierten. Das Füsilier-Bataillon 83 wurde zur Deckung der Artillerie auf den rechten Flügel über Moulin Morâle dirigiert, der Rest der 44. Brigade als Reserve über Mameraut.

„Auf dem Ritte von den Batterieen nach Poupry erhielt ich von Oberst v. Kontzki die Meldung, daß er in Poupry und nächster Umgebung feste Stellung genommen und dort keine Gefahr sei, daß der Feind aber mit sehr bedeutenden Kräften gegen die nördlich gelegenen Waldparzellen vorginge und damit den linken Flügel gefährde. Ich ließ deshalb die noch disponiblen Bataillone der 44. Brigade v. Marschall von Mameraut nach dem linken Flügel rücken, um die Waldparzellen zu besetzen und zu halten. Mein Pferd, durch einen Gewehrschuß schwer verletzt, mußte ich zurücksenden, und da die Handpferde etwas zurückgeblieben waren, leitete ich das Gefecht nunmehr zu Fuß von den östlichen Häusern der Ferme Milhouard. Der Feind war an Geschützen sehr überlegen und brachte immer neue Batterieen ins Gefecht; das Füsilier-Bataillon 83, das, wie bereits hervorgehoben, unsere Artillerie-Aufstellung zu decken hatte, hatte viele Verluste durch Mitrailleusen.

„Oberst v. Marschall beorderte das Regiment 94 seiner Brigade gegen die Waldparzellen und behielt die beiden Musketier-Bataillone 83 in Reserve. Ebenso zwei Pionier-Kompagnieen. Der Angriff des Regiments 94 wurde durch das Regiment 95 von Poupry aus unterstützt; der Feind ging zurück, die Schützen folgten. Hierbei fiel der Kommandeur der 43. Brigade, Oberst v. Kontzki. Die starken feindlichen Reserven versuchten vergeblich die Waldparzellen wieder zu nehmen.

„Bisher hatte der Feind etwa eine Division seines XV. Korps ins Gefecht gebracht; hinter dieser, zwischen Dambron und Artenay, sah man noch sehr starke Truppenmassen, welche auf fernere zwei Divisionen zu schätzen waren. Die Artillerie des Feindes wurde immer überlegener. Bisher hatte dieselbe nur ein Frontalgefecht gegen unsere Batterieen geführt, jetzt flankierte sie dieselben auch von Norden her. Oberst v. Bronikowski sah sich dadurch veranlaßt, die Batterieen näher an Poupry, zur Rechten des Dorfes, heranzuziehen. Die feindlichen Geschütze änderten sogleich die Schußlinie und so kam es, daß plötzlich die Ferme Milhouard, in welcher der Verbandplatz etabliert war, mit Granaten überschüttet wurde. Der Verbandplatz mußte in die nächste Ferme zurückverlegt werden. Hinter mir wogte der Kampf bei Loigny; vom IX. Korps, auf das ich gehofft, und dessen Eingreifen dem Feinde eine entschiedene Niederlage bereiten mußte, war nichts zu sehen. Andererseits war es eine unbedingte Notwendigkeit, die Stellung zu behaupten. Etwa um 3 Uhr mußte ich der Artillerie befehlen, mit der Munition sparsam umzugehen, da meine Munitionskolonnen nicht heran waren; es gelang mir jedoch, bis zum Dunkelwerden Artilleriemunition von der 17. Division zu erhalten.

„Das Füsilier-Bataillon 83 auf dem rechten Flügel hatte seinen Kommandeur, Major v. Lengerke, verloren und stark gelitten; zu seiner Unterstützung entsandte ich die beiden Pionier-Kompagnieen. Die Entscheidung lag auf dem linken Flügel; nachdem der Feind seine Massen entwickelt, unternahm er, kurz vor Eintritt der Dunkelheit, einen umfassenden Angriff gegen denselben. Das brave 94. Regiment wehrte sich auf das Äußerste; der Kampf wogte hin und her um die einzelnen Waldparzellen; 95er und 83er griffen von der rechten Flanke her ein. Das 94. Regiment hatte sich beinah verschossen, dazu herbe Verluste; Regimentskommandeur, Oberstlieutenant v. Palmenstein, war gefallen. Die nördlichste Waldparzelle mußte endlich dem Feinde überlassen werden. Major v. Necker übernahm die Führung des Regiments. Die in Reserve gehaltene Batterie v. Gillern wurde vorbeordert, ging zwischen Poupry und dem Walde bis auf 500 Schritt an die feindlichen Schützenschwärme heran, trieb sie durch Kartätschen zurück und brachte dann die dahinter folgenden Kolonnen durch Granatfeuer zum Weichen. Gleichzeitig erteilte ich dem Kommandeur der 3. Kavallerie-Brigade, General v. Colomb, Befehl, durch rücksichtslose Attacke vom linken Flügel her der Infanterie Luft zu machen. Diesem Befehl wurde mit außerordentlicher Bravour nachgekommen; es gelang der Kavallerie-Brigade zwar nicht, die Massen zu sprengen, aber sie warf die starken Schützenschwärme auf diese zurück und veranlaßte den Feind, sein Vorgehen aufzugeben und bei Artenay Stellung zu nehmen. Ich meinerseits ordnete jetzt die Truppen der Division. Oberstlieutenant v. Heyduck erhielt den Befehl über die aus dem Regiment 32 und dem 13. Husaren-Regiment gebildete Avantgarde; die Artillerie schickte ich bis Lumeau zurück; das Gros bezog ein Biwak bei der Ferme Anneux; die Kavallerie-Brigade v. Colomb ging nach Baigneaux und beobachtete die Straße Chartres-Orléans bis dahin, wo sie von der Straße Baigneaux-Janville geschnitten wird. Die Verbindung mit der 2. Kavallerie-Division war hergestellt; ich selbst nahm Quartier in der Ferme Anneux.

„Unsere Verluste waren beträchtlich und stellten sich auf 31 Offiziere und 642 Mann. Am meisten gelitten hatte das 94. Regiment: 15 Offiziere und 195 Mann, demnächst das Füsilier-Bataillon 83. Die Divisions-Artillerie büßte 3 Offiziere und 64 Mann, die Kavallerie-Brigade v. Colomb (Leibkürassier- und 2. Ulanen-Regiment) 6 Offiziere und 42 Mann ein. Gefallen waren, wie schon hervorgehoben: der Kommandeur der 43. Brigade, Oberst v. Kontzki, der Führer des 94. Regiments, Oberstlieutenant v. Palmenstein und Major v. Lengerke vom Infanterie-Regiment 83. — Der Feind hatte 500 Gefangene verloren.“

Dreiundzwanzigstes Kapitel.

Der Vormarsch unserer Armee gegen Orléans am 3. Dezember. — Die Gefechte bei Artenay und Chevilly. — Das Eingreifen der 17. und 22. Division. — Die Gefechte am 4. Dezember. — Das IX. Korps nimmt unter Führung des Generals v. Manstein Cercottes im Sturme. — La Borde und La Touche werden dem Feinde entrissen. — Der Vormarsch des I. bayerischen Korps. — Die 17. Division zwingt Orléans zur Kapitulation. — Der Einzug in Orléans. — Unsere Verluste während des 3. und 4. Dezembers. — Ruhetage in Orléans.

Durch die Vorgänge des 2. Dezembers war ein Wechsel in den kriegerischen Unternehmungen eingetreten. An Stelle des an Zahl weit überlegeneren Gegners hatten wir jetzt die Offensive übernommen. Die Erfolge unseres rechten Flügels auszunützen, war für den 3. Dezember ein gemeinsames Vorgehen auf der ganzen Linie anbefohlen worden, als dessen Ziel Orléans allein gelten mußte. Diese Stadt dem Feinde wieder zu entreißen, war unsere nächste Aufgabe. Indem unsere Truppen gemeinsam der Loire zudrängten, ergab sich für den Abend des 3. Dezembers, von unserem rechten Flügel ausgehend, folgendes Bild der Aufstellung:

Das I. bayerische Korps hielt bei La Provenchère; die 17. und 22. Division bei Chevilly; das IX. Korps ebenfalls bei Chevilly; das III. Korps bei Loury; das X. Korps bei Neuville aux Bois. Alle Truppenteile hatten Kämpfe an diesem Tage zu bestehen, die beiden Flügel — I. bayerisches Korps rechts, III. und X. Korps links — verhältnismäßig nur leichte, das Zentrum — IX. Korps wie die 17. und 22. Division — um so ernsthafter. Am heftigsten geriet das IX. Korps mit dem Gegner zusammen, während die beiden letztgenannten Divisionen nur mehr oder minder eingriffen. Diesen

Gefechten des Zentrums, nach den Hauptpunkten Artenay und Chevilly benannt, wenden wir uns jetzt zu.

Um 9 Uhr hielt das IX. Korps bei Chateau Gaillard versammelt. Das Ziel war Artenay. Es galt für heute das feindliche Zentrum, beziehungsweise das XV. Korps, zurückzudrängen oder zu durchbrechen. Auf der großen Straße Paris-Orléans ging es nun südlich vorwärts. Die 18. Division unter General v. Wrangel hatte die Spitze, die 25. (hessische) Division folgte. Über Ruan rechts und Dambron links drängte man gegen Artenay vor, das um 11 Uhr, nachdem der Feind gewichen war, durch das Grenadier-Regiment Nr. 11 besetzt wurde. Der Feind hatte sich auf Chevilly zurückgezogen, von wo aus man auf einen Offensivstoß gefaßt sein mußte. Doch die ersten Tirailleurschwärme verscheuchten unsere springenden Granaten bald und von da an verhielt sich der Gegner abwartend. Als nun auch die 25. Division heran war, erging der Befehl, auf Chevilly vorzurücken. Ein Bataillon der 36. Brigade verblieb in Artenay, der übrige Teil der genannten Brigade setzte als Zentrumskolonne den Marsch auf Chevilly fort, links flankirt von der sie begleitenden 35. Brigade, während als rechte Flankendeckung die 22., beziehungsweise die 17. Division das Vorgehen begleitete. Es war inzwischen 1 Uhr geworden. Bevor wir nun dem Kampfe um Chevilly folgen, sei hier erst noch eine kurze Schilderung der Gefechte eingeschaltet, welche die 17. und 22. Division zu bestehen hatten.

Während die 22. Division meist nur mit ihren Batterieen in den Gang des Hauptgefechts eingriff, hatte die 17. Division bei ihrem Aufbruch aus der Stellung Loigny-Lumeau ein ziemlich ernsthaftes Rencontre mit dem Feinde zu bestehen. Dasselbe entspann sich auf dem Abschnitt zwischen dem Dorfe Chevaux und den drei Fermen Chameul, Donzy und les Francs. Die beiden erstgenannten Punkte vermochte man noch vor dem Anrücken des Feindes zu besetzen, während Donzy und les Francs hartnäckig von französischen Abteilungen verteidigt wurde. Unter Major v. Buddenbrock wurde Donzy dem Gegner abgerungen, nur an les Francs scheiterten alle Bemühungen. Weder den 4 aufgefahrenen Batterieen, noch den Anstrengungen des 3. Bataillons der 90er gelang es, diesen Punkt uns zu gewinnen. Erst bei Eintritt der Dunkelheit räumte der Gegner freiwillig die Ferme und zog sich erst auf Chevilly, dann auf Cercottes zurück. Unser

Verlust, zum größten Teile auf die beiden angeführten Bataillone fallend, belief sich auf 2 Offiziere und 66 Mann. — Wir wenden uns nun wieder dem Vorgehen auf Chevilly zu, das eine nördliche Eingangspforte zu dem heiß umstrittenen Orléans-Walde bildet. Um 1 Uhr rückte die 36. Brigade unter Oberst v. Falkenhausen gegen das Dorf vor. Ein Theilnehmer schreibt darüber:

„Unsere an Straße und Eisenbahn hin avancierende Brigade v. Falkenhausen bestand aus dem 1. und Füsilier-Bataillon 11., sowie aus allen drei Bataillonen des 85. Regiments. Jenseit der hohen Allee, welche von Auvilliers Château nach der Chaussee führt, stießen unsere Tirailleure auf eine starke feindliche Infanterielinie, welche, die Gebäude von Moulin d'Auvilliers als Stützpunkt, auf einer flachen Anhöhe aufmarschiert war und die anrückenden Tirailleure mit einem heftigen Schnellfeuer empfing. Gleichzeitig eröffneten mehrere feindliche Batterieen aus der Richtung von Arblay Ferme das Feuer gegen unsere von Artenay her heranmarschierenden Kolonnen. Die französischen Granaten und Shrapnels bestrichen in schräger Richtung die Chaussee und das ganze Angriffsfeld zwischen Artenay und Auvilliers Château. Sieben Batterieen der Korps-Artillerie und der 18. Division fuhren dagegen auf. Die vielen zwischenstehenden Chaussee- und Alleebäume verhinderten jedoch ein genaues Zielen und die Beobachtung der Wirkung. Der Feind schoß nach der Chaussee, deren Lage ihm die Karte angab, während die diesseitigen Geschütze sich nur nach dem hinter den Bäumen aufsteigenden Pulverdampf richten konnten. Das Feuer wurde daher unsererseits bald eingestellt, um eine bessere Position ausfindig zu machen. Diese fand sich auf einer Anhöhe südwestlich von Auvilliers Château, wo nunmehr Major v. Heineccius 4 Batterieen unter seinem Befehl vereinigte. Sie beschossen jetzt die Gefechtslinie des Gegners zwischen Creuzy und Arblay Ferme mit guter Wirkung, aber die Batterieen des feindlichen rechten Flügels konnten auch von hier aus nicht gefaßt werden.

„Während dieses heftigen Artilleriekampfes wurde unmittelbar rechts neben der großen Straße das als vorgeschobener Punkt vom Feinde besetzte Gehöft Moulin d'Auvilliers seitens unseres 2. Bataillons 85., Major Ziermann, mit großer Bravour genommen. Die Verhältnisse lagen hier, wie folgt. Auvilliers Château war bereits in unseren Händen und jene vorerwähnten 4 Batterieen unter Major v. Heineccius, die neben dem Schloß

Stellung genommen hatten, beschossen die feindliche Flanke mit guter Wirkung. Nichtsdestoweniger hielt sich der Feind in Moulin d'Auvilliers und fügte den in der Allee ihm gegenüberstehenden Abteilungen des 11. und 85. Regiments schwere Verluste zu. Oberst v. Falkenhausen ließ deshalb, um diesem auf die Dauer mehr für uns, als für den Feind nachteiligen Feuergefecht ein Ende zu machen, das Bataillon Ziermann aus der Allee heraus zum Sturme auf die Mühle vorgehen. Von einem heftigen Schnellfeuer empfangen, drangen die braven Holsteiner unaufhaltsam die Anhöhe hinauf und jagten die Franzosen mit dem Bajonett aus dem Gehöft. Dieser schöne Offensivstoß hatte zwar erhebliche Opfer gekostet, er war aber auch von entscheidender Wirkung. Die ganze feindliche Linie ging zurück bis in die durch Batterie-Emplacements und Schützengräben vorbereitete Stellung zu beiden Seiten von La Croix Briquet.

„General v. Manstein, oben auf der Höhe von Moulin d'Auvilliers eingetroffen, befahl jetzt, daß zunächst wieder die Artillerie in die erste Linie einrücken und den weiteren Angriff einleiten solle. Die 4 Batterieen des rechten Flügels unter Major v. Heineccius konnten bei Auvilliers Château stehen bleiben, auf deren Höhe von Auvilliers Moulin aber fuhren jetzt andere 5 Batterieen, darunter 3 großherzoglich hessische, auf, während auf dem linken Flügel Oberst v. Jagemann 4 weitere Batterieen vereinigte. Dem gewaltigen Feuer dieser 13 Batterieen erlag die Artillerie des Feindes; aber mit starken Infanteriemassen ging er nunmehr von seinem rechten Flügel aus gegen unsere Stellung vor. Von den 4 Batterieen des linken Flügels, Oberst v. Jagemann, mit großer Präzision beschossen, gerieten die vordersten feindlichen Bataillone in Unordnung und gingen zurück; frische Bataillone, die vorgezogen wurden, erlitten dasselbe Schicksal. Schließlich geriet die ganze Offensive ins Stocken und der Feind beschränkte sich darauf, auf den flachen Höhen östlich La Croix Briquet eine lange Tirailleur-Linie zu etablieren.

„Gegen 4 Uhr erteilte General v. Manstein die Ordre zu einer allgemeinen Vorwärtsbewegung. Der Kommandeur der 18. Division, General-Lieutenant v. Wrangel, ging im Zentrum mit der 36. Brigade vor, La Croix Briquet als nächsten Angriffspunkt nehmend, während am linken Flügel, auf völlig freiem Terrain, die 35. Brigade, gefolgt vom 4. hessischen Infanterie-Regiment, wie auf dem Paradeplatz mitavancierte. General

v. Manstein selbst begleitete den Angriff mit seinem Stabe, zu Fuß auf der Eisenbahn vorgehend. Die französische Infanterie verschwand bald hinter den flachen Höhen nördlich Andeglou und an ihre Stelle trat nun das Feuer der schweren Batterieen, die der Feind in seinem verschanzten Lager bei Chevilly in Position gebracht hatte. Bis Dunkelwerden sausten die gewaltigen Granaten der 24- und 32-pfündigen Marine-Geschütze die Eisenbahn entlang. Nur schwach erwiderten unsere Batterieen das Feuer, und als um etwa 5 Uhr, infolge eintretenden heftigen Schneegestöbers, jede weitere Artilleriewirkung als unwahrscheinlich angesehen werden mußte, entschloß sich General v. Manstein, das, was noch zu thun blieb, lediglich mit Infanterie auszuführen. Die ganze 18. Division erhielt Befehl zum Sturm auf Chevilly: die 36. Brigade an der großen Straße entlang, die 35., an der brennenden Ferme Andeglou vorbei, bis an die Lisière des Orléans-Waldes. Kein Schuß sollte fallen und der Feind nur mit dem Bajonett und unter Hurraruf aus seiner Stellung geworfen werden.

„Schon waren die Bataillone angetreten, als vom Oberkommando der II. Armee, Prinz Friedrich Karl, der Befehl eintraf: „den Angriff auf Chevilly für heute zu unterlassen, da die Armee-Abteilung des Großherzogs noch zu weit zurückstände, um gleichzeitig anzugreifen." Aber ziemlich um dieselbe Zeit, als dieser den Angriff des IX. Korps unterbrechende Befehl eintraf, besetzte, von rechts her, die linke Flügeldivision (22.) der Armee-Abteilung des Großherzogs Chevilly und führte dadurch die diesseitig für den 3. Dezember gestellte Aufgabe glücklich zu Ende. —"

In der That hatte General-Lieutenant v. Wittich, um seinen erschöpften Truppen ein Biwak auf nasser, schneebedeckter, kahler Erde zu ersparen, es vorgezogen, mit der 22. Division noch bis Dorf Chevilly vorzurücken und dasselbe zu besetzen, da ihm inzwischen Meldung zugegangen war, daß sowohl Dorf wie Schloß Chevilly vom Feinde geräumt worden sei. In das letztere rückte dann bald darauf die 17. Division ein. Mehr als man erwartet hatte, fand man hier Verpflegung vor. Zwei Meilen trennten jetzt nur noch die deutschen Krieger von Orléans, in dessen Besitz uns der nächste Tag bringen sollte. Da beide Kampftage, der 3. und 4. Dezember, auch unter dem gemeinsamen Namen einer „Schlacht bei Orléans" einen Platz in der Kriegsgeschichte jener Zeit empfangen haben, so werden wir auch am Schlusse der nächsten Kampfesschilderung das Verzeichnis der

Verluste bringen, welche uns die Wiedereroberung von Orléans gekostet hat.

Auch am 4. Dezember fiel bei dem Ringen um Orléans der Hauptteil wieder dem IX. Korps als Zentrumskolonne zu, während, wie am Tage zuvor, 17. und 22. Division unterstützend eingriffen und die erstgenannte Division durch Besetzung von Orléans den Erfolg des Tages krönte.

Während die 25. Division als Reserve folgte, war die 18. Division des IX. Korps morgens aufgebrochen, um über Cercottes auf Orléans vorzurücken. Die 36. Brigade marschierte auf der Chaussee, die 35. nahm ihren Weg links davon längs der begleitenden Eisenbahn. General v. Manstein folgte mit seinem Stabe der Kälte wegen zu Fuß nach. Eine Viertelstunde vor Cercottes entwickelte sich bereits ein Artilleriekampf, dem bald Infanterie-Angriffe folgten. Eine Zeit lang schwankte das Gefecht hin und her, bis endlich das Füsilier-Bataillon 36er (35. Brigade) mit Hurra das Dorf stürmte, in dessen Gassen sich jetzt noch ein ebenso blutiges als heftiges Ringen, Mann gegen Mann, abspielte. Inzwischen war es dem südwärts abgeschwenkten rechten Flügel der Zentrumskolonne gelungen, feindliche Abteilungen sowohl aus La Borde als aus La Touche hinauszuwerfen. Dann, den gefährlichen Wald im Rücken, ging es jetzt geraden Weges auf Orléans zu, in dessen Vorstadt sich auf's neue der Artillerie- und Infanteriekampf entspann, der fast bis zur Dunkelheit währte. Der Mond war schon aufgegangen, als es endlich gelang, den zur Verteidigung hergerichteten Bahnhof zu stürmen. In die eigentliche Stadt drang man nicht ein. Die vorliegenden Weingärten hinderten in zweckentsprechender Weise unsere Artillerie dem feindlichen Geschützfeuer entgegen zu stellen. So setzte man Vorposten aus, den Schluß des Kampfes auf morgen vertagend. Doch derselbe fand nicht statt. Noch in derselben Nacht war es einem Teil der „Armee-Abteilung" gelungen, Orléans zu besetzen. Diesen Vorgängen an unserem rechten Flügel wenden wir uns jetzt zu. Ein Offizier vom I. bayerischen Korps schreibt darüber:

„Während der bitterkalten Nacht war eine Anzahl Überläufer zu unseren Vorposten gekommen, einstimmig angebend, daß man feindlicherseits zurückgehe und sich nicht mehr schlagen wolle. Das Aussehen dieser halb erfrorenen und verhungerten Soldaten schien ihre Worte bestätigen zu sollen, nichtsdestoweniger gingen wir noch ganzen Wochen voll ernster und selbst erbitterter Kämpfe entgegen. Auch der Tag, in den wir eben eintraten, war bestimmt, uns mancherlei Opfer aufzuerlegen, wenngleich sie gering waren im Verhältnis zu dem Resultat, das erreicht wurde. Schon als Morgengruß sandte uns der Feind aus seiner bei Gidy aufgeworfenen und mit Schiffsgeschützen armierten Schanze einige Granaten größten Kalibers zu, die glücklicherweise, ohne Schaden zu thun, vor der Front der dichtgedrängt stehenden Truppen einschlugen. Bald nach 8 Uhr traten wir unseren Vormarsch an, der uns, gemäß einer Ordre vom 3. abends, zunächst auf Janvoy führen sollte. Es war ein schöner, klarer, aber sehr kalter Tag; ein eisiger Nordostwind fegte über die hartgefrorenen Felder. Bald sah man feindliche Abteilungen im eiligen Abzuge von Bricy gegen Boulay, und schon um 9 Uhr wurden Janvoy und die nächstgelegenen kleinen Waldparcellen von einem unserer Töten-Bataillone besetzt. Eine kurze Pause trat ein, während welcher das Korps seinen Anmarsch bewerkstelligte. Um 10½ Uhr stand es derartig zwischen Bricy und Janvoy (Front gegen Boulay), daß die 4. und 2. Brigade das erste Treffen, die 3. und 1. Brigade das zweite bildeten. Unsere Stellung war eine ziemlich exponierte, um nicht zu sagen bedrohte, denn mitten in die feindliche Linie uns einschiebend, die sich nordwestlich, bis gegen Coinces und Patay hin, ausdehnte, hatten wir in diesem Augenblick nicht weniger als vier französische Divisionen im Rücken. Nichtsdestoweniger beschloß General v. d. Tann die Offensive fortzusetzen und zwar zunächst gegen zwei feindliche Schanzen, von denen sich die eine bei der Ferme Clos Aubry, zwischen dieser und der nach Chateaudun führenden Straße, die andere unmittelbar östlich von Boulay befand. Beide Schanzen wurden genommen, die erstere durch Bataillone der 4., die andere durch gemischte Abteilungen der 2. Brigade. Artillerie wirkte mit. Teils die Raschheit des Angriffs, theils die Verluste, die unser Feuer ihm zufügte, veranlaßten den Feind, in beiden Schanzen eine Anzahl seiner Geschütze zurückzulassen. Eins derselben hatte seine ganze Bespannung verloren; von einer Granate zerrissen, lagen die Pferde in einem Haufen übereinander.

„Der Gegner war auf Ormes zu gewichen, wohin wir ihm, über les Barres vorrückend, um 1 Uhr folgten. Wiederum, wie vor zwei Monaten, sahen wir bei diesem Vormarsch die in der Ferne aufragenden Türme der Kathedrale von Orléans, unmittelbar vor uns aber die hell im Sonnenschein erglänzenden Häuser von Ormes. Es galt denselben Kampfpreis, wie am 11. Oktober, und ein gewisses Gefühl stolzer Genugthuung mochte Führer und Truppen überkommen, als die Loire-Hauptstadt wieder so lockend vor uns aufstieg. Aber Tausende hatten diese Genugthuung, die für uns in der Wiedereinnahme von Orléans lag, mittlerweile mit ihrem Blut und Leben bezahlt.

„Der Marsch auf einer Straße ging sehr langsam. Ehe noch Ormes erreicht war, das, eben eingetroffener Meldung gemäß, von der 17. Division besetzt werden sollte, bog die Spitze unseres Korps rechts aus, um sich zwischen Ormes und Bucy hin gegen Ingré zu dirigieren. Mit Ausnahme einzelner versprengter Gruppen trafen wir keinen Feind mehr; dagegen deutete der Donner schwerer Geschütze, welcher aus der Gegend nördlich von Orléans herüberschallte, darauf hin, daß dort noch um den Besitz der zweiten Verschanzungslinie (die Linie Cercottes-Gidy-Boulay war die erste) gekämpft werde. Unterdessen war es Abend geworden und die Truppen bezogen Kantonnements-Quartiere in größerer oder geringerer Nähe der Stadt. Die 2. Brigade, am weitesten vor, kam in den Faubourg Madeleine.

Aurelle de Paladines.

„General v. d. Tann hatte sein Quartier in La Chapelle genommen. Als um Mitternacht vom Großherzoge die Nachricht eintraf, daß, in Folge eben abgeschlossener Kapitulation, Orléans um halb 1 Uhr morgens vom Feinde geräumt werde und die Stadt sofort zu besetzen sei, erhielt die 2. Brigade Befehl, aus ihren Quartieren (Faubourg Madeleine) aufzubrechen und nach Orléans hinein zu marschieren. Dieser Einmarsch erfolgte um halb 2 Uhr morgens; auch General v. d. Tann ritt um eben diese Stunde mit seinem Stabe in Orléans ein.“ — —

In der That hatte Orléans eine halbe Stunde nach Mitternacht kapituliert. Die 17. Division, welcher es vergönnt war, zuerst wieder die Hauptstadt der Loire zu betreten, war früh von Chevilly aufgebrochen, hatte Gidy unter dem Geschützfeuer des Feindes besetzt, worauf letzterer auch bald Beaurepaire räumte. Dann hatte sich die Division über Janvoy gewandt und dem Gegner nach heftigem Kampfe La Borde entrissen. Just um diese Zeit war der Befehl eingelaufen, auf der großen Straße nach Orléans vorzurücken. Der weichende Feind, der sich seitwärts auf Beaugency den Bayern entgegengedrängt sah, versuchte jetzt der unaufhaltsam vorstürmenden 17. Division den hartnäckigsten Widerstand entgegenzusetzen und ging schließlich selbst zur Offensive über. Da warf Oberst v. Manteuffel das 3. Bataillon 90. Regiments mit schlagenden Tambours ihm entgegen. Diesem Anprall war der Gegner nicht gewachsen. Er stutzte, schwankte und wich dann auf Orléans zurück. Immer enger wurde jetzt der Kreis, den die deutschen Truppen um die Stadt zogen, in deren Vorstadt der Kampf von Gehöft zu Gehöft sich fortpflanzte, wobei eine große Anzahl Gefangener in unsere Hände fiel. Bald stand man an dem Punkt der Straße, wo die nach Tours führende Eisenbahn dieselbe durchschneidet. Der hohe Damm derselben ward besetzt, dann ging es weiter, bis man die ersten Häuser der eigentlichen Stadt erreicht hatte. Dennoch mußte man schließlich Abstand von einem Einmarsch in Orléans nehmen, da inzwischen völlige Dunkelheit hereingebrochen war und südlich der Bahnstrecke die Biwakfeuer einer feindlichen Brigade durch die Nacht lohten.

Hin und wieder erfolgten noch vereinzelte kleinere Vorstöße des Feindes. Vorgesandte Patrouillen wurden lebhaft beschossen. Da uns aber an einer Übergabe der Stadt außerordentlich viel gelegen war, so ward die Thorwache aufgefordert, den Kommandanten zu benachrichtigen, daß man einer baldigen Räumung entgegensähe, widrigenfalls das Bombardement seinen Anfang nehmen würde. Der Kommandant erschien nach einiger Zeit und erklärte, daß er nicht ermächtigt sei, Verhandlungen anzuknüpfen, dagegen sich anheischig machen wollte, dem Oberkommandeur, General Aurelle de Paladines, Mitteilung von der Forderung der 17. Division zu machen. Dies geschah. General Aurelle entsandte einen Generalstabsoffizier, welchem man eröffnete, daß die Besatzung von Orléans bis 12 Uhr die Stadt zu verlassen und sich auf das linke Ufer der Loire zurückzuziehen habe. Der

48*

Bevollmächtigte erklärte sich zu allem bereit und bat nur um Fristverlängerung von einer halben Stunde. Diesseits ward eingewilligt. 12½ Uhr hielt die 17. Division, an ihrer Spitze der Großherzog von Mecklenburg und der Divisionskommandeur v. Tresckow, Einzug in die dunkle, wie verödet daliegende Stadt, die einen fast unheimlichen Eindruck hervorrief. In den erleuchteten Markthallen und auf der Promenade, der ehemaligen Stadtumwallung, lagen um Biwakfeuer viele Kompagnieen Franzosen, die, von ihren Offizieren verlassen, mit Freuden die deutsche Kriegsgefangenschaft begrüßten. Allein die 17. Division hatte an diesem Tage außer 16 schweren Marine-Geschützen noch 7000 Gefangene erbeutet. Was der Feind überhaupt einbüßte, darüber fehlen bestimmte Angaben. Jedenfalls muß der Verlust bedeutend gewesen sein.

Unsere Einbuße belief sich während des 3. und 4. Dezember:

	Tot.		Verwundet.		Vermißt.	
	Offiz.	Mann.	Offiz.	Mann.	Offiz.	Mann.
III. Korps	6	54	9	171	—	1
IX. "	15	150	54	601	—	1
X. "	1	18	3	39	—	3
17. Division	2	32	12	140	—	8
22. "	—	3	1	15	—	—
1. bayerisches Korps	6	52	8	219	—	50
2. Kav.-Division	—	8	3	36	—	1
4. "	—	3	2	11	—	3
6. "	1	2	—	2	—	—
	31	322	92	1234	—	67

In Summa: 123 Offiziere 1623 Mann: 1746.

Der 5. und 6. Dezember waren Ruhetage für die total erschöpften Truppen. Es galt nicht nur die geschwächten Kräfte aufzufrischen, sondern auch so manchen empfindlichen Schaden an Kleidungsstücken, vor allem Schuhwerk, wieder in Stand zu setzen. Die Kirchen von Orléans, anfangs zum Unterbringen der Gefangenen benutzt, wandelten sich bald in Spitäler um. Über diese Tage in Orléans berichtet der Brief eines Teilnehmers:

„Die Sonne war wundervoll über Orléans untergegangen, ebenso schön stieg sie am 5. wieder empor, beleuchtete die Stadt und lächelte uns freundlich zu unserm gegen Mittag stattfindenden Einzuge. An der Statue der

Jungfrau von Orléans, einem wundervollen Monument von Bronce (die Jungfrau zu Pferde hält in der rechten Hand das gesenkte Schwert, auf dem Piedestal, in Hautreliefs, ihre Lebensgeschichte, ihre Berufung und ihr Ende; rings herum lagen Kränze mit Aufschriften: „Orléans espère en toi, sauve l'armée, sauve la France“), hielt der Kommandierende des IX. Armee-Korps, v. Manstein, und ließ das Korps an sich vorbeimarschieren. Sehr hübsch machte es sich bei dem 9. Jäger-Bataillon, daß jeder Mann einen grünen Busch am Käppi trug. Wahrscheinlich hatte die Orangerie eines Vorstadthauses diesen Schmuck liefern müssen. Die Stadt ist reizend; den Glanzpunkt des Ganzen bildet aber die majestätisch große Kathedrale, momentan der Sammelplatz aller Gefangenen. In den Straßen herrschte, als wir einzogen, ein enormer Trubel; wenig Einwohner, desto mehr Soldaten, die Thüren, die Schaufenster alle geschlossen. Unsere Kompagnie kam, nachdem wir bis 3 Uhr gestanden hatten, endlich in der Rue de Charetiers in eine Schule, zum großen Entsetzen ihrer Vorsteher. Auch mir und zwei anderen Kompagnie-Kameraden mußten sie ihre Zimmer räumen, und verpflegten uns, da sie das Unnütze eines Widerstandes sahen, nach Möglichkeit.

„Noch im Laufe des Nachmittags suchte ich einige Offiziere des v. d. Tann'schen Korps auf, alte Freunde, an die ich seit meinen Münchener Tagen geknüpft bin. Ich konnte von Glück sagen, sie noch zu finden; hat doch das 1. bayerische Korps seit dem Tage von Coulmiers über 120 Offiziere verloren. Das 2. Regiment, welches mit 58 Offizieren aus München marschierte, büßte, während des Feldzuges, nicht weniger als 62 Offiziere ein; das Plus erklärt sich aus dem Ersatz, der erst später zum Regimente stieß. Ähnlich haben die anderen Truppenteile des Korps gelitten; das gesamte Leibregiment hat nur noch die Stärke eines schwachen Bataillons. v. K. trug den Arm in der Binde. Wir suchten ein Café auf, wo die Vorgänge der letzten Tage besprochen wurden. Der Kampf bei Loigny, am 2. Dezember, hatte den Bayern wiederum bedeutende Opfer auferlegt, sonst waren ihre Verluste, gerade während der letzten Tage verhältnismäßig gering gewesen. Am 4., so erzählte v. K., hatte es sich am diesseitigen rechten Flügel, wo das v. d. Tann'sche Korps avancierte, vorzugsweise um die Erstürmung einiger in der Nähe von Boulay gelegenen Verschanzungen gehandelt; gleich die erste bayerische Granate, die hier abgefeuert wurde, tötete die Bedienungsmannschaft eines französischen Geschützes. Die Schanzen wurden genommen. In Boulay selbst fanden die eindringenden Bayern sechs französische Soldaten beim Mahle sitzend und wurden nicht nur aufgefordert, daran teilzunehmen, sondern auch gebeten, sie gefangen zu nehmen. „Sie wären des Krieges satt und deshalb an dieser Stelle zurückgeblieben." Ebenso charakteristisch, wie diese Episode, ist folgendes: Die bayerischen Kürassiere hatten vorgestern Abend spät noch vier Gefangene gemacht, die sie für die Nacht mit am Wachtfeuer bei den Vorposten ließen. Als es Morgen geworden, fanden sich statt der vier 12 Franzosen vor; es hatten sich während des Dunkels noch 8 andere bei dem Feuer eingefunden. Während der vergangenen Nacht meldeten sich bei den hiesigen Wachen mehrere hundert „freiwillige Gefangene"; indeß andere durch Schießen aus den Häusern die Aufmerksamkeit der deutschen Soldaten erregten und ihren Versteck verrieten. Vom Café aus machten wir einen Spaziergang bis zur Loire-Brücke. Überall noch haftete eine vom 4. Dezember datierte Proklamation Gambetta's an den Straßenecken, die von großen Siegen vor Paris berichtet und in der behauptet wird, daß während der letzten drei Wochen die französischen Waffen in allen Gefechten erfolgreich gewesen seien. Der Präfekt hatte dieser lügenhaften Proklamation noch einige Worte hinzugefügt, in der er u. A. sagt: „Das Vaterland erhebt sich, Großes ist geschehen, noch Größeres steht bevor." Vor dem Palaste des Bischofs Dupanloup, in welchen das General-Kommando des III. Armee-Korps Quartier genommen hat, fanden wir die Bevölkerung der Stadt in großer Aufregung. Die beiden Posten, die vor dem Palaste standen, wurden so gedeutet, als werde der Bischof gefangen gehalten. Es war nicht leicht, die erregte Menge über ihren Irrtum aufzuklären. Die hier am 9. November (Schlacht bei Coulmiers) zurückgelassenen, jetzt glücklich befreiten Verwundeten haben manches zu leiden gehabt. Sie wurden namentlich gleich nach dem Abzug durch den Pöbel, der in den Bahnhof eindrang und ihnen die Waffen wegnahm, bedroht. Der Intervention des Maire gelang es jedoch, Unglück zu verhüten. Später litten sie keinen Mangel. Übrigens haben wir nur die verwundeten Soldaten in den hiesigen Spitälern vorgefunden, die Offiziere waren noch im Laufe des 4. nach Blois weiter geschafft worden."

Vierundzwanzigstes Kapitel.

Die französische Loire-Armee teilt sich in eine I. (Bourbaki) und II. (Chanzy) Armee. — Rücktritt des Oberkommandeurs, General Aurelle de Paladines. — Diesseitige Dispositionen für die nächsten Tage. — Das Gefecht bei Meung. — Das Defilée zwischen der Loire und dem Walde von Marchenoir. — Die dreitägige Schlacht bei Beaugency-Cravant. — Unsere Gefechte und Erfolge am 8. Dezember. — Diesseitige Behauptung der eroberten Linie Beaugency-Cravant am 9. Dezember. — Der letzte Schlachttag von Beaugency-Cravant am 10. Dezember. — Die II. französische Loire-Armee flüchtet sich nach Vendôme. — Unsere Verluste am 8., 9. und 10. Dezember.

Die zweitägige Niederlage der Loire-Armee, das Preisgeben von Orléans hatte in Tours, dem Sitz der republikanischen Regierung, einen Sturm der Entrüstung hervorgerufen. Anklagen wegen Übereilung wurden laut, deren Spitze sich gegen den bisherigen Oberkommandeur General Aurelle de Paladines richtete und Gambetta bewogen, schleunigst eine Untersuchungskommission einzusetzen. Dem heißblütigen Republikaner kam dieser Anlaß äußerst gelegen, da sich ihm dadurch die Aussicht eröffnete, des unbequemen Feldherrn sich vielleicht entledigen zu können. Und in der That, seine Berechnung traf ein. General Aurelle de Paladines kam ihm auf mehr als halbem Wege entgegen. Noch ehe die Untersuchungskommission ihre Thätigkeit aufgenommen, trat der Oberkommandeur der Loire-Armee freiwillig von seinem Posten zurück.

Ohne einen neuen Oberkommandeur wieder zu ernennen, ward die Loire-Armee jetzt in zwei Armeeen eingeteilt, von denen die I., unter den Befehl des Generals Bourbaki gestellt, das XV., XVIII. und XX. Korps umfaßte, während der II. Armee, unter General Chanzy, das XVI., XVII. und XXI. Korps angehörten, denen dann noch später die jetzt in Bildung begriffenen XIX. und XXVI. Korps sich zugesellten. General Bourbaki, einst ein bevorzugter Liebling der Exkaiserin Eugenie, dem es gelungen war, in Verkleidung aus Metz nach England zu entwischen, hatte im November bei Beaune la Rolande das XVIII. Korps kommandiert, während Chanzy das XVI. Korps bisher unterstellt gewesen war. Die I. Loire-Armee trat eigentlich erst gegen Ende des Feldzuges wieder in den Vordergrund, bis dahin entzieht sie sich mehr oder minder unseren Augen, während Chanzy, die Seele der II. Loire-Armee, uns jetzt, wie später bei Le Mans, als ein hochachtbarer Gegner entgegentritt, den zu überwinden, unsere Korps bis zuletzt alle Anstrengungen daran setzen mußten.

Die Teilung, welche die Regierung von Tours ausgesprochen hatte, war durch den Gang der Verhältnisse inzwischen bereits bei der bisherigen Loire-Armee zur Thatsache geworden. Die drei Korps, welche für die I. Loire-Armee bestimmt worden, hatten sich östlich auf Châteauneuf und Gien zurückgezogen, während das XVI. und XVII. Korps in westlicher Richtung ausgewichen war, wo dieselben in Front des Waldes von Marchenoir wie auch seitwärts desselben nach Beaugency hin Stellung genommen hatten.

Diesseits ergingen folgende Dispositionen. Das X. Korps wurde in Orléans belassen. Das III. Korps sollte sich auf Gien wenden, die „Armee-Abteilung" des Großherzogs auf Beaugency, welch letzteres Unternehmen das IX. Korps durch ein Vorrücken längs des linken Ufers der Loire zu unterstützen hatte. Die 1. Kavallerie-Division begleitete unseren linken, die 2. und 4. unseren rechten Flügel. Der 6. Kavallerie-Division war die Aufgabe zugefallen, südlich in der Richtung von Salbois zu streifen.

Zwei Tage war den deutschen Truppen an der Loire Ruhe vergönnt worden, am 7. Dezember begannen dann die Feindseligkeiten wieder, indem die Avantgarde unseres linken Flügels (III. Korps) auf die Nachhut der Armee Bourbaki's bei Nevoy unweit Gien stieß, wobei sich ein kleines Gefecht entwickelte, mit dem dann für die nächsten Wochen nach dieser Richtung die Feindseligkeiten erschöpft waren, — während an unserem rechten Flügel die 17. Division bei Meung auf die Division Camô vom XIX. Korps stieß und ein Gefecht aufnahm, welches jedoch nur die Einleitung zu einer sehr erbitterten dreitägigen Schlacht bedeutete.

Am 7. Dezember setzte sich unsere „Armee-Abteilung" westlich in Bewegung. Die 17. Division wandte sich auf Beaugency, die 22. Division, als rechter Flügel, auf Ouzouer le Marche und das I. bayerische Korps als Zentrum auf Villermain-Cravant. Als die 17. Division St. Ay erreicht hatte, von wo der Blick unbehindert bis über Meung fortschweift, traf die Meldung ein, daß im Rücken des letztgenannten Dorfes der Feind stehe, in ungefährer Stärke einer Division. Darauf hin ließ General v. Tresckow die unter Befehl des Obersten v. Manteuffel gestellte Avantgarde der

General Chanzy.

Division gegen Meung vorgehen, und zwar von Norden her, um die feindliche linke Flanke zu gewinnen. Der Gegner wartete dies aber nicht ab. Er zog sich in seine Hauptstellung Baulle-Foinard-La Bruère zurück, wo sich jetzt das Gefecht, eingeleitet durch einen überaus heftigen Geschützkampf, entspann. Ein kräftig ausgeführter Flankenangriff der Infanterie gab schließlich den Ausschlag. Sowohl auf La Bruère wie Langlochère, dem äußersten linken feindlichen Flügel, drangen unsere Bataillone vor, und wie hartnäckig sich auch der Gegner wehrte, und schließlich selbst zu einem Offensivvorstoß ging, die Unsrigen, durch neu hinzugezogene Abteilungen verstärkt, gewannen doch die Oberhand. Zwischen 4 und 5 Uhr war das Gefecht beendet, das unserer 17. Division 8 Offiziere und 211 Mann gekostet hatte.

Von hoher Wichtigkeit war es für uns, als Gefangene am Abend aussagten, daß die französische Loire-Armee eine Teilung erfahren habe und General Chanzy, der neugewählte Oberbefehlshaber der II. Loire-Armee, mit Daransetzung aller disponiblen Kräfte versuchen werde, uns durch die Verteidigung der Linie von Beaugency-Cravant den Weg nach Tours zu versperren, jedes weitere Vordringen nach Südwesten aufzuhalten. Diese Verteidigungslinie, welche den Weg nach Tours sperrte, war sehr klug gewählt. Sie bildete ein verhältnismäßig schmales Defilee, links von der Loire, rechts von dem bereits oben bezeichneten Wald von Marchenoir flankiert, das Ganze vielleicht drei Stunden breit. In Anbetracht des französischen Planes ordnete jetzt der Großherzog von Mecklenburg an, daß die ihm unterstellte „Armee-Abteilung" sich konzentriere und in einer Ausdehnung gegen jene Linie vorrücken solle, die schmäler als letztere sei. Den Raum zwischen dem rechten Flügel und dem Walde von Marchenoir sollte die Kavallerie ausfüllen. Dieses Vorrücken und Behaupten der Linie Beaugency-Cravant schuf ein dreitägiges blutiges Ringen, in dem wir dem tapferen, freilich auch überlegeneren Gegner doch nur fußbreit das streitige Terrain abgewannen. Und wenn er schließlich freiwillig den Platz uns überließ, so war es nicht die Kraft unserer Waffen allein, die er fühlen gelernt hatte, noch mehr die furchtbare Kälte, deren ungewohnter Einwirkung er unterlag.

Die Disposition für den 8. Dezember ging dahin, daß die 22. Division (rechter Flügel) Cravant, das I. bayerische Korps (Zentrum) Beaumont, die 17. Division (linker Flügel) Beaugency besetzen sollte. Diesen Befehlen ward entsprochen, jede Kolonne ward dadurch in einen mehr oder minder harten Kampf verwickelt. Wir folgen zuerst dem Vorgehen unseres Zentrums, dem I. bayerischen Korps.

Um 10 Uhr stand dasselbe bei Grand Châtre. Indem General v. d. Tann hierselbst die 1. Division als Reserve zurückließ, schob er die 2. Division auf einen Beaugency nördlich gegenüber belegenen Höhenrücken. Kaum war derselbe erreicht, als man von der jenseitigen Höhe starke feindliche Kolonnen in geschlossenen Reihen herniedersteigen sah, ersichtlich in der Absicht, vor uns noch sich in den Besitz von Beaumont zu setzen. Sofort empfing die 4. Brigade Befehl, diesem Angriff zuvorzukommen. Zwei Bataillone 13er besetzten schleunigst den Ort, eröffneten ein scharfes Feuergefecht und verhinderten so den Gegner an seinem Vorhaben. Sein inzwischen begonnenes Geschützfeuer ward diesseits aufgenommen. Gegen 12 Uhr wich der Feind auf allen Punkten, uns Beaumont überlassend. Wir folgten. Die 3. Brigade setzte sich in Le Mée fest, die 4. wandte sich auf Villechaumont, bis die große Straße Beaugency-Cravant erreicht war, die man vorläufig hielt, während der Gegner sich in den jenseitigen Weinbergen und Gärten festnistete. Eine Stunde lang entspann sich hier ein scharfes Feuergefecht. Um $1^1/_2$ Uhr hatten sich bereits einige Kompagnieen verschossen, so daß sie zurückweichen mußten; andere folgten und der Ausgang des Tages wäre unzweifelhaft bedenklich gewesen, wenn nicht in diesem Augenblick die 2. Brigade unter Generalmajor v. Orff erschienen wäre, gefolgt von den bisher Beaumont haltenden Truppenteilen. Fünf frische Batterieen fuhren auf und diesen gemeinsamen Anstrengungen gelang es schließlich, nachdem auch noch die letzte Reserve, die 1. Brigade, herangezogen worden war, im bunten Durcheinander Villechaumont mit stürmender Hand dem Gegner zu entreißen. Gewonnen war der Preis des Tages, aber ihn festzuhalten, schien uns versagt zu sein. Denn während immer frische französische Bataillone jetzt vordrangen, war diesseits auch der letzte Vorrat der Reserven ausgespielt worden. Als auch noch Munitionsmangel bei einigen Bataillonen sich fühlbar machte, sahen sich die Bayern genötigt, erst Villechaumont, dann auch Le Mée zu räumen. Jedoch die beiden Flügelerfolge seitens unserer 17. und 22. Division machten es dem Gegner unmöglich, seine leicht errungenen Vorteile auszunützen. Als es dunkelte, räumte er freiwillig die kurz vorher besetzten beiden Ortschaften, welche nun von den Bayern wieder belegt wurden. Da die Proviantkolonnen den Weg zu den erschöpften Brigaden in der Dunkelheit nicht finden konnten, so mußten dieselben — die Brotbeutel waren fast geleert — ohne Nahrung, todmüde, in harter Winternacht auf bloßer Erde biwakieren.

Die 22. Division hatte nach einem Vormittagsgefecht bei Villermain gegen 12 Uhr mittags den Befehl erhalten, das noch immer hin und her wogende Gefecht abzubrechen und den Weitermarsch auf Cravant, das zu nehmen war, fortzusetzen. So geschah es denn auch. Der herrschende Nebel begünstigte sehr den Marsch der Unsrigen. Schon ehe man Cravant erreicht hatte, sah man, wie feindliche Kolonnen sich Cravant näherten, eiligst dasselbe vor unserer Ankunft noch zu besetzen. Dieselben erreichten zwar noch vor uns das Dorf, wurden aber bald durch anstürmende Bataillone hinausgeworfen. Dasselbe geschah in Beauvert und Layes. Dem Gegner war sichtlich viel daran gelegen, uns aus den eroberten Stellungen zu verdrängen. Seine Infanterie-Vorstöße zu unterstützen, ließ er mehr denn 60 Geschütze auffahren, die ein mörderisches Feuer auf unsere Frontlinie eröffneten, wie es während dieses Feldzuges die 22. Division noch nicht erfahren hatte. Trotzdem nahmen unsere 6 Batterieen den Kampf auf, bis endlich zwei feindliche Divisionen gegen 3 Uhr zum Sturm vorgingen, welcher Umstand unsere Batterieen zwang, sich zurückzuziehen. Der Gegner nahm im ersten Anlauf uns Layes ab, das jedoch bald darauf durch 32er und 83er wieder erobert wurde. Mit der Rückgewinnung von Layes war für den Feind das Signal zur Flucht gegeben. Unter dem Schutze seines starken Artilleriefeuers setzte er seinen Rückzug bis Cernay und darüber hinaus fort. Mehrere hundert Gefangene fielen der 22. Division in die Hände.

Wie diese Division eine feindliche Umgehung der rechten Flanke des I. bayerischen Korps aufgehoben hatte, so war es die 17. Division, welche von links her jeden Übergriff des Gegners verhinderte. Dies geschah durch die Wegnahme von Beaugency und Messas. Folgen wir zuerst dem Vorgehen der Avantgarde auf Beaugency.

Dieselbe hielt bis zum Mittag bei Foinard. Hier traf um diese Zeit das von Toul, als dessen Besatzung es bis vor einigen Tagen gedient hatte, heranmarschierte 2. Bataillon 90. Regiment unter Oberstlieutenant v. Legat ein. Es kam diesen Morgen von Orléans. Offiziere und Mannschaften brannten darauf, endlich auch einmal an den Feind zu kommen. Nachdem General v. Tresckow das Bataillon Willkommen geheißen hatte, überwies er es der Avantgarde, während Oberstlieutenant v. Legat die Führung des Füsilier-Regiment 90 übernahm. Eine halbe Stunde später brach man gegen Beaugency auf. Der Gegner hielt hier an seinem rechten Flügel eine sich zwischen Beaugency und Messas hinziehende Weinbergshöhe besetzt. Dort hinan ging es. Das frisch eingetroffene Bataillon marschierte an der Spitze unter Musik und brausendem Gesange. Erst als es in ein heftiges Geschütz- und Gewehrfeuer kam, das breite Lücken in die siegesdurstigen

Reihen schlug, hielt es an. Ein feindlicher Vorstoß ward energisch zurückgewiesen. Um 3 Uhr, als noch ein Bataillon 89er zur Unterstützung herbeigeholt worden war, gelang es den Unsrigen, sich in den Besitz von Beaugency zu setzen, wo man an der hier gesprengten Loirebrücke Verbindung mit dem IX. Korps anzuknüpfen vermochte.

Als die Avantgarde Befehl zur Stürmung der Weinbergshöhe erhalten hatte, waren es von dem Gros der Division das 1. und 2. Bataillon der 75er, die sich auf Messas wandten, nachdem zwei schwere Batterieen den Angriff eingeleitet hatten. Von Norden und Süden drangen dann die Unsrigen in das Dorf ein, in dem sich jetzt ein blutiger Häuserkampf entwickelte, wobei man diesseits, den Widerstand des Gegners zu brechen, gezwungen war, einige Häuser in Brand zu stecken. Als dann auch die Kirche dem Gegner entrissen war, war der Sieg unser. 3 Offiziere und 200 Mann waren zu Gefangenen gemacht worden. Nachdem der Feind auch hier seinen Zweck, Durchbrechung unserer Linie, deren schwächster Punkt gerade zwischen Messas und Le Mée lag, vereitelt sah, nahm er von allen Offensivoperationen Abstand, und zog sich auf eine Linie zurück, deren vorgelegene Punkte: Villerceau, Grand Bonvalet und Vernon, er besetzt hielt. Trotzdem die 17. Division ihre Aufgabe gelöst hatte, trachtete sie doch noch darnach, dem Gegner wenigstens Vernon noch zu entreißen. Dieser Vorsatz war der Einsicht entsprungen, daß Vernon in empfindlichster Weise gerade in der Mitte unsere eroberte Linie Beaugency-Messas unterbrach und seitens des Gegners unter Umständen zu einem nachhaltigen Vorstoß gegen uns ausgenutzt werden konnte. Deshalb empfing das 1. und 2. Bataillon 75er den Auftrag, in der bevorstehenden Nacht Vernon durch Überfall dem Gegner zu entreißen. Von drei Seiten fiel man zugleich in das Dorf ein. Die feindliche Besatzung, völlig überrascht und verblüfft, entfloh in wilder Hast durch das ihm noch freigelassene Schlupfloch, uns an 230 Mann Gefangene zurücklassend. Die Erfolge unseres linken Flügels, also der 17. Division, waren ausschlagend für den ersten Kampftag um die Linie Beaugency-Cravant gewesen. General Chanzy hat dies selbst zugestanden. Indem Beaugency verloren ging, konnte Messas nicht wieder erobert werden, wodurch dann wieder der Durchbruch des XVII. französischen Korps vereitelt wurde.

Die Dispositionen für den 9. Dezember gingen darauf hin, erstens unsere Angriffslinie noch mehr wie bisher zu konzentrieren und dann dem

I. bayerischen Korps, das durch die zurückliegenden Kampfeswochen hart mitgenommen war, möglichst eine Reservestellung jetzt anzuweisen. Aus diesen Gründen sollte sich die 22. Division bei Beaumont, die 17. bei Messas, das I. bayerische Korps aber im Rücken dieser Linie bei Grand Châtre konzentrieren. Doch es kam anders. Diese Dispositionen waren darauf hin gegeben worden, daß der geschlagene Gegner erst den Kampf nach einigen Tagen wieder aufnehmen würde. Statt dessen ließ er sofort den zweiten Kampfestag folgen. Indem er zuerst unser Zentrum angriff, waren die Bayern, statt auf einen Ausruheposten, mitten hinein in das hin und her wogende grimme Gefecht versetzt. Insofern nur entstand eine Umänderung, daß durch Austausch der 1. bayerischen und 22. Division diesmal im Zentrum die 2. bayerische und 22. preußische Division kämpften, die rechte Flügelverteidigung die 1. bayerische Division übernahm, während die 17. Division wie am Tage vorher den linken Flügel hielt.

Die 2. bayerische Division hielt Le Mée, Villechaumont und Beaumont besetzt, als bereits 7 Uhr früh der Feind zum Angriff vorging, indem er mit starken Kolonnen und Artillerie gegen Le Mée und Villechaumont anrückte, in der Absicht, diese Dörfer uns wieder zu entreißen. Ein harter Kampf entspann sich um den Besitz beider Orte, indem schließlich der überlegene Gegner die Oberhand zu gewinnen schien, bis endlich, es war die höchste Zeit, die Spitze der 22. Division auftauchte und ein Bataillon nach dem anderen von derselben dann mit in das Gefecht eingriff. So gelang es, nicht nur den Feind von Le Mée und Villechaumont zurückzuweisen, sondern ihm auch noch Cernay, Villerceau und Villevert zu entreißen. Um die Mittagsstunde war der Gegner im Zentrum seiner Stellung noch weit hinaus über seine Angriffslinie geworfen worden.

Die 1. bayerische Division, welche für heute unseren rechten Flügel bilden sollte, war eben von Rilly aufgebrochen, um ordergemäß nach Grand Châtre in Reserve zu rücken, als herübertönender Kanonendonner den Beginn des Kampfes im Zentrum verkündete. Der angegriffenen 2. bayerischen Division zu Hilfe zu eilen, brach die 22. Division nach dort auf, zugleich aber auch die bisher besetzt gehaltenen Punkte unseres rechten Flügels: Beauvert und Layes, frei gebend. Nun erging an die 1. bayerische Division der Befehl, diese beiden Dörfer schleunigst vor den heranrückenden feindlichen Abteilungen zu besetzen. Jedoch der Gegner hatte scharfe Augen gehabt.

Sofort nach dem Aufgeben der beiden Punkte unsererseits hatte er sich darin festgesetzt. So blieb der 2. Brigade nichts übrig, als dieselben noch einmal zu erobern. Unter Generalmajor v. Orff stürmte sie mit glänzender Bravour erst Beauvert und darauf in Gemeinschaft mit dem Füsilier-Bataillon der 83er Layes. Wohl versuchte der Gegner nochmals, uns den Besitz dieser Dörfer streitig zu machen, er wurde aber jedesmal zurückgewiesen. Gleichzeitig mit der 1. bayerischen Division war auch der 4. und 2. Kavallerie-Division die Verteidigung unseres rechten Flügels zugefallen. Speziell die 4. Kavallerie-Division war es, deren Stellung immer gefahrdrohender durch die starken, aus dem Walde von Marchenoir sich entwickelnden feindlichen Truppen sich gestaltete. Wohl rückte die noch disponible 1. Brigade vor, wohl gesellte sich auch die noch rückwärts haltende 2. Kavallerie-Division hinzu, die arg bedrohte Linie zwischen Beauvert und Montigny zu halten, doch die Gefahr stieg von Minute zu Minute. Erst als auf Befehl des Großherzogs von Mecklenburg sämtliche noch verfügbaren Batterieen der Reserve-Artillerie des I. bayerischen Korps auffuhren, stockte der Gegner und gab dann bald jede weiteren Feindseligkeiten auf.

Die 17. Division, unser linker Flügel, hielt während der Vormittagsstunden mit der Avantgarde zwischen Beaugency und Vernon, mit dem Gros, rechts rückwärts der Avantgarde, zwischen Messas und Villeneuve. Da Befehl ergangen war, nur bei ernstem Gefecht einzugreifen, so verlief der Vormittag ruhig. Um 1 Uhr jedoch änderte sich der bisher befolgte Plan. Die 17. Division rückte, die Gefahr für unsere Zentrumskolonne möglichst abzuschwächen, gegen den französischen rechten Flügel vor, und zwar nur mit dem Gros der Division, da die Avantgarde die oben bezeichnete Linie festhalten mußte. Sechs Bataillone eröffneten von dem Gros das Gefecht: zwei Bataillone wandten sich als rechte Kolonne auf Villemarceau, vier als linke Kolonne gegen die Fermen Clos Moussu und Les Grottes. Die erste Kolonne stürmte Villemarceau, worauf der Gegner ein gewaltiges Granat- und Shrapnelfeuer eröffnete und dann in zwei sehr starken Infanterie-Kolonnen gegen den Ort vorging. Er wurde abgewiesen. Noch einmal drang er vor, erzielte jedoch denselben Erfolg. Erst als die Dunkelheit hereinbrach, erstarb an diesem Punkte das Gefecht. Die andere Kolonne, aus 4 Bataillonen bestehend, besetzte erst die Fermen Clos Moussu und Les Grottes und warf von hier aus einige Kompagnieen bis Grand und

Petit Boynes vor, worauf rückwärts stehende Bataillone die vorangegangenen überholten und nun den Höhenrand Boynes-Villemarceau besetzten. Jetzt entwickelte der Feind bedeutende Streitkräfte. Bei ihrem Anrücken warf sich ohne langes Besinnen, ohne zu schießen, das 1. Bataillon 75er mit weithin schallendem Hurra den Schützenschwärmen entgegen. Dieses Hurra war gleichsam das Signal eines allgemeinen Vorgehens. Im wuchtigen Ansturm brauste unsere ganze Linie abwärts, wobei der Gegner bis hinter die Ferme de Feularde getrieben ward. Hier aber gerieten die Unsrigen in ein so mörderisches Kreuzfeuer von Geschützen, Mitrailleusen und Gewehren, daß sie schleunigst die Fermen de Feularde und La Pierre Tournante besetzten und von hier aus jedem weiteren Vorrücken des Gegners Halt geboten. —

Betrachten wir zum Schluß dieses opferreichen zweiten Kampftages um die Linie Beaugency-Cravant die Resultate desselben, so ergiebt sich, daß wir die genannte Linie behaupteten, eine Reihe von Ortschaften in Front derselben noch besetzten und dem starken Gegner einen Terrainstreifen von etwa 3000—4000 Schritt abgewannen. Niemand ahnte, daß noch ein dritter Schlachttag sich anreihen sollte. Wie der 9., so war auch der 10. Dezember zu einem Ruhetag bestimmt worden, aber wie an jenem, so sollten auch an diesem Tage die Waffen nicht ruhen, und das I. bayerische Korps, das Befehl erhalten hatte, nach Orléans zurückzukehren, sah sich abermals genötigt, weniger durch Order seitens des Oberkommandeurs, als durch das Gefühl treuester Waffenbrüderschaft, seine so traurig gelichteten Reihen — die Bataillone waren auf die Hälfte zusammengeschmolzen — gegen die französischen Kolonnen in das Feuer zu führen.

Der 10. Dezember begann damit, daß der Feind, den wir total erschöpft und kampfesunfähig wähnten, noch vor Tagesanbruch uns mit starken Schützenschwärmen überfiel und uns im Zentrum die besetzt gehaltenen Ortschaften Origny und Villejouan entriß. Leider fiel bei dieser Überraschung in Origny der Bataillonskommandeur des 32. Regiments, Major v. Holtzendorff, nebst 120 Mann in Gefangenschaft. Um dieselbe Zeit entwickelte der Feind auch an unserem rechten Flügel mit seinem starken XXI. Korps, wie tags zuvor, eine ungemeine Lebhaftigkeit am Rande des Waldes von Marchenoir, so daß die Gefahr einer Überflügelung unseres Flügels immer mehr wuchs. Dieser rechtzeitig vorzubeugen, gesellte sich zu dem I. bayerischen

Korps und der 4. Kavallerie-Division noch die Korps-Artillerie des X. Korps. Trotz seiner Massenentfaltung bezeugte jedoch der Gegner heute an diesem Punkte wenigstens erheblich weniger Energie und Schlagfertigkeit, so daß es uns gelang, allen seinen Unternehmungen Schach zu bieten.

Den Ausschlag für diesen Tag gab die 17. Division, welche, durch das X. Korps in ihrer linken Flügelstellung abgelöst, im Zentrum vorging und hier mit rühmenswerter Bravour uns das früh verloren gegangene Villejouan wieder zurückgewann. Als um 11 Uhr vormittags die Avantgarde des X. Korps bei Beaugency als Ablösung eingetroffen war, erhielt die 17. Division Befehl, sich nach rechts auf Villerceau zu schieben und die Linie Villemarceau-les Grottes zu besetzen. Nun wandte sich die Avantgarde der 17. Division auf Villemarceau, das Gros auf Villerceau. Beide Punkte wurden besetzt. Kaum daß dieses geschehen, als auch schon der Feind mit Artillerie und starken Schützenschwärmen vorging, uns diese beiden Orte streitig zu machen. Freilich glückte ihm dies nicht, aber immer mehr gewannen wir die Überzeugung, daß bei Innehaltung dieser beiden Punkte unsere rechte Flanke fortwährend einer Überflügelung preisgegeben sei, sofern es uns nicht gelang, das heute Morgen durch Überfall verloren gegangene Villejouan dem Feinde wieder zu entreißen. General v. Tresckow ordnete deshalb ein Vorgehen gegen diesen Punkt an. Hoch gelegen, von einem mehrere tausend Schritt deckungslosen Terrain begrenzt, mußte seine Stürmung bedeutende Opfer für uns kosten. Dennoch sollte es gewagt werden.

1½ Uhr nachmittags brach das Füsilier-Bataillon der 76er unter Anführung des Hauptmanns v. Jena gegen die Ostseite von Villejouan vor. Dem tapferen Häuflein gelang es, unbelästigt bis auf 200 Schritt heranzukommen. Erst da entdeckte der Feind, dessen Infanterie sich vor dem Artilleriefeuer an dieser Stelle zurückgezogen hatte, die plötzlich wie aus der Erde aufgetauchten deutschen Krieger, die unter Hurrarufen marsch, marsch, in das Dorf eindrangen, wo sich ein erbitterter Häuserkampf jetzt entspann, während zu gleicher Zeit von Origny her nun feindliche Kolonnen zum Entsatz des bedrohten Villejouan heranrückten. Inzwischen war auch das 1. Bataillon desselben Regiments in Villejouan zur Unterstützung der Füsiliere nachgerückt und diesen beiden Bataillonen gelang es endlich, 3½ Uhr, das Dorf, mit Ausnahme eines einzigen Hauses, dem Feinde zu entreißen. Unmittelbar darauf rückte auch das 2. Bataillon in Villejouan ein und nahm rechts des Ortes dann Stellung. Es war die höchste Zeit. Denn von Origny und Ourcelle her entsandte jetzt der Gegner 10 frische Bataillone zum zweiten Sturm. Aber auch dieser scheiterte an der mannesmutigen Verteidigung der wackeren 76er. Auch das bisher immer noch behauptete Gehöft fiel jetzt in unsere Hände, wobei 170 Gefangene gemacht wurden. Schon glaubte man, daß das Gefecht beendet sei, als der Gegner zum dritten Mal den Versuch unternahm, Villejouan zurückzugewinnen. Jedoch mit Unterstützung einiger Batterieen des X. Korps gelang es auch jetzt, den Gegner zum Rückzug zu zwingen. Ein neuer Vorstoß erfolgte nicht mehr. Dunkelheit und Erschöpfung ließen das Gefecht beenden. Der dritte Kampftag um das Defilée zwischen der Loire und dem Walde von Marchenoir war vorüber. Es war auch heute dem viermal stärkeren Feind nicht gelungen, uns von der Linie, die dieses Defilée bezeichnete — Beaugency-Cravant — zurückzuweisen. Im Gegenteil. Der Feind, total erschöpft und — vorläufig wenigstens — moralisch gebrochen, trat freiwillig den Rückzug nach Westen an, wo wir ihm bei Le Mans wieder begegnen werden.

Unsere Verluste waren ganz bedeutende, zieht man in Betracht, daß wir im Ganzen höchstens an 19000 Mann nur noch ins Gefecht zu führen hatten. Ein wehmütiges Bild bot das tapfere I. bayerische Korps, das seit dem 1. Dezember während acht Gefechtstagen ein Drittel seiner Mannschaft verloren hatte. Aber auch die 22. und 17. Division wiesen breitklaffende Lücken in den Reihen ihrer braven Soldaten auf. Unser Verlust während des 8., 9. und 10. Dezembers bei Beaugency-Cravant bezifferte sich, wie folgt:

	Tot		Verwundet		Vermißt	
	Offiz.	Mann	Offiz.	Mann	Offiz.	Mann
X. Korps	—	—	—	6	—	—
I. bayerisches Korps . . .	33	260	57	1178	—	542
17. Division	16	133	17	353	—	32
22. "	7	126	21	387	1	204
4. Kavallerie-Division . .	1	2	1	13	—	1
	57	521	96	1937	1	779

Dies ergiebt alles in allem einen Gesamtverlust von 154 Offizieren und 3237 Mann: 3491. Das I. bayerische Korps betrauerte den Tod dreier höherer Offiziere: der Majore v. Ruoesch, Pausch und Endres.

Die Nachricht von dem Vordringen der Deutschen bis in die Höhe von Blois und die inzwischen erhaltene Gewißheit, daß auf ein Eingreifen seitens des Generals Bourbaki vorläufig nicht mehr zu rechnen sei, zwangen den Oberbefehlshaber der II. Loire-Armee, General Chanzy, bereits am Morgen des nächsten Tages, 11. Dezember, den Rückzug auf Vendôme anzutreten.

Fünfundzwanzigstes Kapitel.

Das I. bayerische Korps, v. d. Tann, scheidet aus der „Armee-Abteilung“ aus und begiebt sich über Orléans nach Paris. — Unser Vormarsch auf Vendôme-Chateaudun. — Gefechte bei Morée und Fréteval. — Der Loir wird erreicht. — Unsere Einschüchterung von Tours. — Rückkehr unserer Truppen nach Orléans. — Wiederaufnahme der Operationen gegen die II. Loire-Armee. — Die „Armee-Abteilung“ wird der II. Armee einverleibt. — Beginn der vier Marschtage auf Le Mans. — Das Doppelgefecht bei Azay und Mazange. — Die Gefechte des 7. Januars längs des Braye-Baches. — Der 8. Januar. — Das Gefecht bei Chahaignes und bei Ardenay am 9. Januar.

Mit dem Schluß der dreitägigen Schlacht bei Beaugency-Cravant trat eine Veränderung in der „Armee-Abteilung“ ein. Was an beiden letzten Tagen immer wieder durch den überraschenden Angriff des Feindes vereitelt und hinausgeschoben worden war, vollzog sich jetzt: das I. bayerische Korps schied aus dem Verbande der „Armee-Abteilung“ des Großherzogs aus, um vorläufig nach Orléans zurückzukehren, in verdienter Ruhe die tiefen und brennenden Wunden zu heilen, welche dieser Feldzug ihm geschlagen. Während des ganzen Feldzuges hat kein anderes deutsches Korps so viele Kämpfe und Strapazen durchgemacht, als gerade dieses bayerische Korps, und wenn Blut ein Kitt ist, die Waffen- und Herzensbrüderschaft zweier Brudervölker dauernd zu besiegeln — das I. bayerische Korps hat sich als ein leuchtendes Vorbild männlich-ritterlicher Tugenden diesen Lorbeer errungen. Den Wahlspruch seines tapferen Führers, General v. d. Tann, „à Dieu mon âme, le bras au roi, l'honneur pour moi!“ schien jeder einzelne bayerische Soldat mit seinem General zu teilen. Außer dem III. und Garde-Korps hat kein anderes Armeekorps der deutschen Heere so furchtbare und speziell für Bayern, vorläufig wenigstens, unersetzbare Verluste erlitten, als gerade das Korps des Generals v. d. Tann. Es verlor während des Feldzuges allein 539 Offiziere und 9303 Mann. Am 11. Dezember schied es aus der Front unserer Loire-Armee, tags darauf rückte es zum dritten Male binnen weniger Wochen in Orléans ein. Es war die höchste Zeit, daß es in einen Ruhehafen gelangte. Menschen und Tiere zeigten gleichmäßig Abspannung und Sehnsucht nach Ausruhen. Am 24. Dezember brach das Korps dann nach Paris auf, um sich in die dortige Zernierungslinie einzureihen. Wir nehmen Abschied von ihm, da wir ihm fortan nicht mehr im Schlachtengewühl begegnen werden. Seine Thaten aber sind für immer in die Geschichte dieses unvergleichlichen Krieges eingezeichnet worden. —

Das I. bayerische Korps als solches war von der „Armee-Abteilung" ausgeschieden worden, nur eine kombinierte Brigade hatte man zurückbelassen. Außer dieser setzte sich die „Armee-Abteilung" nur noch aus der 17. und 22. Division zusammen, alles in allem also kaum noch 12 000 Mann, abgesehen von der Kavallerie. Der Feind war auf Vendôme zu entwichen, nur ein geringer Teil seiner Truppen hatte sich südwestlich auf Tours gewandt. Daß nicht alles auf Tours hinabdrängte, mag seinen Grund darin gehabt haben, daß unser IX. Armeekorps, die „Armee-Abteilung" überflügelnd, weit hinab das linke Loire-Ufer marschiert war, so daß Teile dieses Korps bereits am Mittag des 10. Dezembers, als wir noch um den Besitz von Villejouan rangen, Blois besetzten, und dadurch, bei Überschreitung der Loire, jeder Rückzug des Gegners abgeschnitten war.

Am 11. Dezember war für alle Teile unserer Armee Ruhetag gewesen. Tags darauf begann der Weitermarsch, immer dem fliehenden Feinde nach, der überall die Spuren verwirrter Flucht zurückgelassen hatte. Ebenso stießen unsere Truppen zuweilen in den Dörfern und kleinen Gehölzen auf versprengte oder nicht gefolgte französische Truppenteile, die scheinbar froh waren, gefangen genommen zu werden. Meistens gehörten sie dem XVI. und XVII. Korps an. Das XXI. Korps hatte seinen Weg durch den schon mehrfach genannten Wald von Marchenoir genommen und war so einer Verfolgung entgangen. Am 13. abends war die Stellung unserer Truppen folgende: Am linken Ufer der Loire stand in und bei Blois das IX. Korps, am rechten Ufer das X. Korps; die 22. Division — als Zentrum diesseit der Loire — kam mit den Spitzen bis nach Conan und Rhedon, die

17. Division — rechter Flügel — nach Oucques, mit der Avantgarde bis nach Epiais und St. Gemmes. Die 4. Kavallerie-Division, in Brigaden auseinandergezogen, war südlich und nördlich des Waldes von Marchenoir vorgegangen, in letzter Richtung bereits den Loir streifend.

Der nächste Tag brachte der 17. Divsion ein Doppelgefecht. Diese Division war in drei Kolonnen aufgebrochen. Links die Avantgarde auf Liguières, das Gros im Zentrum auf Fréteval, und als rechter Flügel auf Morée das neu gebildete Detachement Rauch (Grenadier-Reg. 89, Dragoner-Reg. 17, Ulanen-Reg. 11, zwei Batterieen). Zentrum wie rechter Flügel verwickelten sich mit dem Gegner je in ein Gefecht, jenes bei Fréteval, dieser bei Morée.

Als der Vortrupp des Detachements Rauch durch die Straßen von Morée zurücksprengte, indem jenseits auf dem Wege nach St. Hilaire feindliche Tirailleure ihn zur Umkehr gezwungen hatten, empfing es aus den Häusern Steinwürfe, während von dem rechten Loirufer ein Granatfeuer sich entwickelte. General v. Rauch ließ das Feuer durch seine zwei ihm zu Gebote stehenden Batterieen erwidern. Inzwischen hatten 89er Morée besetzt. Gegen 3 Uhr nachmittags sah man starke feindliche Kolonnen gegen Morée vorrücken, doch unser rasch verändertes Batterieenfeuer und das Hervorziehen mehrerer Infanterie-Kompagnieen hemmte den Vormarsch des Gegners. Er wandte sich um und ging auf La Blinière zurück, welches Dorf durch unsere nachfolgenden Granaten dabei in Brand geschossen wurde. Andere feindliche Abteilungen schienen dann noch einen Flankenangriff zu planen, doch die einbrechende Dunkelheit machte dem Kampf, den die Unsrigen rasch aufgenommen hatten, ein Ende. Wir hielten Morée, der Feind La Blinière und La Mangerie besetzt. Morée ward zu einer Strafe von 4000 Francs verurteilt.

Das Gros der 17. Division hatte sich auf Fréteval gewandt, welches Städtchen, am rechten Loirufer in einem toten Winkel gelegen, unbesetzt schien, wie vorausgesandte Plänkler meldeten. Von der diesseitigen Uferhöhe war leider kein Einblick in den gegenüberliegenden Ort zu gewinnen. Der Weg, welcher von dieser Höhe zum Ufer führte, lag frei da und bot dem drüben auf der Höhe lagernden Feinde eine willkommene Zielscheibe für seine Geschützkugeln, als unsere Soldaten hinab zum Flusse steigen wollten. Trotzdem gelang es einer kleinen Abteilung die nordwestliche

Grenze von Fréteval zu erreichen, wo sie jedoch ein mörderisches Infanteriefeuer vom Eisenbahndamm her aufhielt.

Unterstützt durch nachgefolgte Kompagnieen ward Fréteval zwar besetzt, doch das Konzentrieren starker feindlicher Kolonnen am Bahnhofe, das Bewerfen der Stadt mit Granaten von der rechten Uferhöhe, wo man deutlich die weißblinkenden Zeltreihen des Gegners erkannte, bekundeten aufs deutlichste, daß letzterer entschlossen schien, den Besitz des Ortes uns wieder streitig zu machen. Aus diesem Grunde, da unsere Lage nicht ganz unbedenklich erschien, ward die links bei Lignières soeben eingetroffene Avantgarde der 17. Division zur Unterstützung heranbeordert. Dieselbe nahm Stellung südlich vor Fréteval. Hin und her wogte der Kampf, den erst die hereinbrechende Dunkelheit beschließen ließ. Unsere Truppen blieben in Alarmstellung, da man jeden Augenblick einen neuen Überfall gewärtigen mußte. Und in der That erfolgte um 7 Uhr ein solcher, der aber abgewiesen wurde. Trotzdem schien es ratsam, freiwillig über Nacht das wieder aufzugeben, was uns der zurückliegende Tag gegeben hatte. So räumten wir in aller Stille Fréteval wieder und hielten nur die linke Uferhöhe weiter besetzt. Die Loirbrücke ward nicht hinter uns abgebrochen, um dem Feinde nicht den Gedanken einzugeben, als hätten wir seine Verfolgung befürchtet. Bald nach 3 Uhr morgens hatten die Unsrigen Stadt und Fluß wieder verlassen, unbemerkt von dem droben auf den Höhen biwakierenden Gegner. Unser Verlust am 14. Dezember betrug alles in allem 5 Offiziere und 104 Mann.

Der 14. Dezember hatte uns den untrüglichen Beweis erbracht, daß General Chanzy fest entschlossen war, uns am Übergang über den Loir zu verhindern, zumal auch das X. Korps bei Vendôme auf den Feind gestoßen war. Indem nun Prinz Friedrich Karl sich sagen mußte, daß es mit dem X. Korps und der „Armee-Abteilung" unmöglich gelingen würde, wenigstens doch hohe Gefahr in sich schloß, diesen Flußübergang zu forcieren, hatte er rasch das IX. Korps von Blois, das III. Korps von Orléans heranbeordert, um in unsere längs des Loir genommenen Stellungen mit einzurücken. Für den 17. Dezember war der Gesamtangriff bestimmt worden. Doch er unterblieb. Am Nachmittag des 16. ging dem Feldmarschall Prinz Friedrich Karl die überraschende Meldung zu, daß der Feind, nachdem er bei Vendôme vergebens sich bemüht hatte, die dortigen

Loirbrücken zu sprengen, sich zum Teil auf Tours, mit der Hauptmasse jedoch auf Le Mans gewandt hatte. Somit war jede Gelegenheit genommen, ihn an dem Loir noch zu fassen. Ein weiteres Vordringen westlich und südlich im Feindeslande verbot sich aus mancherlei Gründen, zumal Orléans unbesetzt uns im Rücken blieb, ebenso ein Angriff Bourbakis von Südosten her jeden Tag dann zu erwarten stand. Was der Prinz beschlossen hatte, empfing anderen Tags durch eine aus dem Hauptquartier zu Versailles einlaufende Order noch Bekräftigung. Darin hieß es: „Die allgemeinen Verhältnisse machen es notwendig, die Verfolgung des Feindes nach erfochtenem Siege nur so weit fortzusetzen, wie erforderlich, um seine Massen der Hauptsache nach zu zersprengen und deren Wiederansammlung auf längere Zeit unmöglich zu machen. Wir können ihm nicht in seine letzten Stützpunkte folgen, nicht entfernte Provinzen, wie die Normandie, Bretagne und Vendée dauernd besetzt halten wollen, sondern müssen uns entschließen, selbst gewonnene Punkte wieder zu räumen, um unsere Hauptkräfte an wenigen Hauptpunkten zu konzentrieren. Diese sind möglichst durch ganze Brigaden, Divisionen oder Korps zu besetzen. Von ihnen aus wird die Umgegend, jedoch nur die nächste Umgegend, durch mobile Kolonnen von Franctireurs zu säubern sein, an ihnen warten wir ab, bis die feindliche Bewaffnung sich wieder in formierten Armeeen verkörpert, um diesen dann in kurzer Offensive entgegenzugehen. Dadurch wird unseren Truppen voraussichtlich die Ruhe eine Zeit lang gewährt werden, deren sie bedürfen, um sich zu erholen, ihre Ergänzungsmannschaft und Munition heranzuziehen, ihren Bekleidungszustand herzustellen.“

So blieb denn allein das X. Korps an dem Loir bei Vendôme. Seine 20. Division drängte von hier aus die abziehenden französischen Korps bis Epuisay, drang am 19. bis St. Calais, eine Fahne und zahlreiche Gefangene erbeutend, während die 19. Division ihren Marsch bis Tours fortsetzte, wo sie am 21. eintraf und, als die Bevölkerung Widerstand zeigte, einige Granaten in die Straßen sausen ließ, worauf die weiße Fahne aufgehißt und preußische Besatzung erbeten wurde. Doch man begnügte sich diesseits mit diesem Kriegsgruße, zerstörte die Eisenbahn Tours-Le Mans und kehrte dann in die angewiesenen Kantonnements Blois-Herbault zurück.

Das IX. Korps traf nach einem bewunderungswürdigen und damals viel besprochenen Marsche von 33—36 Stunden in Orléans am 17. Dezember ein, das III. Korps am 18. in Beaugency, von wo es später sich ebenfalls nach Orléans wandte, während die „Armee-Abteilung" des Großherzogs von Mecklenburg am 22. in Chartres einrückte. General Chanzy war mit seiner II. Loire-Armee nach Le Mans geflohen, wohin wir ihm jetzt folgen werden. —

Längs der Sarthe, Le Mans als Mittelpunkt nehmend, hatte Chanzy seine Truppenmassen gesammelt und gegen Ende Dezember bereits wieder so weit geordnet, daß einer Wiederaufnahme der Feindseligkeiten nichts im Wege stand. Vier starke Korps, von denen jedoch das XIX. nicht zur Anwendung kam, standen ihm zur Verfügung. Die drei übrigen waren: XVI. Korps, Admiral Jauréguiberry, XVII. Korps, General de Colomb und XXI. Korps, General Jaurès. Ein XXVI. Korps, das bei Abschluß des Waffenstillstandes ebenfalls zur II. Loire-Armee zählte, befand sich um diese Zeit noch in Bildung begriffen. Obwohl nun der Feind eben erst starke feindliche Streitkräfte Vendôme gegenüber entwickelt hatte, gewann man beim Oberkommando in Orléans doch immer festere Überzeugung, daß dies alles nur geschehe, um uns über seine eigentliche Absicht zu täuschen, seine rückwärts belegenen Erholungsquartiere der II. Loire-Armee zu schützen, von wo aus die letztere, sobald die noch immer herrschende empfindliche Kälte nachgelassen habe, zu weiteren Operationen schreiten würde, deren Endziel nichts anderes sein konnte, als zum Entsatz der Hauptstadt Paris vorzurücken. Glückte es hingegen uns, verborgen vor dem Gegner unseren Vormarsch zu bewerkstelligen, so war die Möglichkeit gegeben, ihn in seinen Quartieren zu überraschen. Im Einklang mit diesen Erwägungen traf denn auch am 1. Januar 1871 von Versailles aus eine entsprechende Order an den General-Feldmarschall Prinz Friedrich Karl ein, worin es unter anderem hieß: „Se. Majestät der König befehlen demnach, daß die II. Armee sofort die Offensive gegen die von Westen heranrückenden feindlichen Streitkräfte ergreift. Um der II. Armee die ausreichende Stärke zu verleihen, tritt nicht nur das XIII. Armee-Korps (17. Division und 22. Infanterie-Division unter Befehl Sr. Königlichen Hoheit des Großherzogs von Mecklenburg-Schwerin), sondern auch die 2. und 4. Kavallerie-Division unter den direkten Befehl Sr. Königlichen Hoheit des Prinzen Friedrich Karl. Es bleibt ferner Aufgabe der II. Armee, Orléans besetzt zu halten und für die nächsten Tage wenigstens die auf dem rechten Ufer der Loire auf Nevers laufenden Straßen mit ausreichenden Kräften zu beobachten. Um überhaupt die Aufgaben der II. Armee thunlichst zu erleichtern, haben Se. Majestät der König den Abmarsch des II. Armee-Korps auf Montargis angeordnet und zu befehlen geruht, daß auch der General v. Zastrow wieder in westlicher Richtung herangezogen werde. Se. Majestät erwarten hiernach, daß die II. Armee in der Stärke von $3^1/_2$ Armee-Korps und 3 Kavallerie-Divisionen die Offensiv-Operationen unverzüglich aufnimmt. Als Einleitung derselben dürfte etwa die Vereinigung am Loir von Vendôme bis Illiers anzuordnen und innerhalb zwei Tagen auszuführen sein." —

Dieser Order ward sofortige Ausführung zu teil. Während das VII. Korps unter General v. Zastrow zur Beobachtung der I. Loire-Armee am Armançon Aufstellung nahm, das II. Korps von Paris aus gegen Montargis marschierte, setzte sich die II. Armee, unter Zurücklassung des halben IX. Korps (25. großherzoglich hessische Division) in Orléans gegen die Sarthe in Bewegung. Am 5. Januar abends hatten ihre Korps folgende Stellungen längs des Loir genommen: XIII. Korps (rechter Flügel) bei Illiers; III. Korps (Zentrum) östlich Vendôme; X. Korps (linker Flügel) zwischen Vendôme und St. Amand. Das IX. Korps, also die 18. Division, hielt bei Ouzouer le Marché, mit der Bestimmung, dem III. Korps zu folgen. Die Gesamtstärke der II. Armee bestand jetzt aus 58 097 Mann Infanterie, 16 360 Mann Kavallerie, 324 Geschützen.

Am 6. Januar begannen die eigentlichen Marschtage gegen Le Mans, in welches man am 12. abends siegreich einrückte. Alle sieben Tage wiesen heiße Gefechte auf; aber während uns die ersten vier Tage mit dem Feinde auf dem Marsche selbst verwickelten, bildeten die letzten drei, vom 10.—12., die eigentlichen Schlachttage bei Le Mans. Den 6. Januar früh setzte sich das X. Korps auf Montoire, das III. auf Azay, das XIII. auf Brou und Nogent le Rotrou in Marsch. Während unsere Flügelkorps an diesem Tage nur Scharmützel mit dem Feind eingingen, geriet das III. Korps als Zentrumskolonne in ein nicht unbedeutendes Doppelgefecht bei Azay und Mazange. Der Wasserlauf des bei Danzé entspringenden und bereits südlich des Dorfes Mazange in den Loir einmündenden, von Höhenzügen zu beiden Seiten begleitenden Azay-Baches bildete in der Hauptsache die Gefechtslinie am 7. Januar. Die 5. Division, als linker Flügel des III. Korps, hatte früh bei Vendôme den Loir überschritten, nahm auf dem Marsche nach leichtem Gefechte das Dorf Villers, worauf der Feind bei der Ferme Le Briard am diesseitigen nördlichen Höhenrande Verstärkungen zusammenzog, unser Vorgehen ihn aber bald nach dem jenseitigen Plateau oberhalb des Baches vertrieb.

Da es nicht ratsam schien, auf demselben Wege dem Feinde nachzufolgen, indem der zu beschreitende Damm von dem französischen Infanteriefeuer vollständig beherrscht wurde, so ward beschlossen, von le Briard aus auf Mazange vorzustoßen. Um 4 Uhr nachmittags überschritten die Unsrigen den Grund des Azay-Baches, erklommen die jenseitigen Höhen, stürmten mehrere Gehöfte der Ferme Vauchalapeau, wobei es mehrfach zu blutigen Handgemengen kam. Andere Abteilungen drangen gegen Mazange vor, jagten den Feind hinaus und besetzten den Ort, bei welchem wackeren Vorgehen Major v. Hanstein seinen Tod an der Spitze der Stürmenden fand. Nachdem auch die feindliche Artillerie südlich Mazange zum Schweigen gebracht worden war, endete das Gefecht um 6 Uhr abends bei völliger Dunkelheit.

Auch die 6. Division hatte bei Azay, nördlich von Mazange, einen Erfolg zu verzeichnen. Dieselbe hatte bei Meslay den Loir überschritten, um sich dann erst südlich, dann westlich des Waldes von Vendôme zu wenden. Die 11. Brigade unter General v. Rothmaler hatte die Spitze und besetzte, nachdem sie den sich ihr entgegenwerfenden Feind mit dem Bajonett zurückgewiesen hatte, das Gehöft La Charbonnerie mit 6 Kompagnieen 20. Regiments. Als dieselben jedoch weiter durch den Grund dringen wollten, empfingen sie aus dem an der Westseite des genannten Waldes gelegenen Gehöft Georgeat ein so mörderisches Feuer, daß ein Bajonettangriff gegen dasselbe angeordnet und ausgeführt wurde, wobei leider Major Dammers seinen Tod fand. Als das Gehöft genommen, erfolgte ein Gesamtangriff auf Azay und die umliegenden Gehöfte, aus welchen wir dann auch den Gegner in die Flucht trieben. Doch wurde General Rothmaler verwundet, sein Adjutant getötet. Aber auf allen Punkten hatten wir den Azay-Grund dem Feinde streitig gemacht und trotz eines äußerst ungünstigen Terrains dennoch das Ziel des Tages errungen. Freilich nicht ohne hohen Einsatz. Alles in allem büßte das III. Korps am 6. Januar ein: 42 Offiziere und 442 Mann. Der Feind verlor über 400 Gefangene allein.

Da von allen Seiten Meldungen einliefen, daß der Feind sämtliche Dörfer und Fermen jenseit des Azay-Baches geräumt habe, ordnete General v. Alvensleben, Kommandeur des III. Korps, die weitere Verfolgung des Gegners an. Über Nacht war Thauwetter eingetreten, das die Felder und Nebenwege in Moräste wandelte und dem Vorwärtsdringen unserer Artillerie und Kavallerie ungeheure Hindernisse bereitete. Zudem wogte ein dichter Nebel über der Landschaft. Um Mittag hatte man Epuisay erreicht, das zwar vom Feinde verteidigungsmäßig eingerichtet worden war, jedoch uns bald nach nur kurzem Gefecht eingeräumt wurde. Nun ging es weiter. War gestern das Thal des Azay-Baches das Marschziel, so heute das des Braye-Baches. Auch heute war es dem III. Korps vorbehalten, mit dem Feinde um das gesteckte Ziel zu ringen, während das X. Korps, das in Montoire diesen Tag verblieb, und das XIII. Korps, das Authon und Nogent le Rotrou erreichte, unbehelligt von gegnerischen Angriffen blieb. Um den Braye-Abschnitt zu erreichen, hatte General v. Alvensleben angeordnet, daß die 6. Division auf der Hauptstraße von Vendôme-Le Mans, die 5. links daneben gegen Savigny marschieren sollte. Letztere führte diesen Befehl aus, ohne in ihrem Vordringen gestört zu werden. Die 6. Division hingegen stieß auf die Brigade Thierry von der Division Jouffroi des XVII. Korps, mit welcher sie bereits tags zuvor zusammengeraten war. Zuerst verscheuchte die 1. Kompagnie 64er durch Bajonettangriff eine sich ihr entgegenstellende feindliche Abteilung. Bei Le Poirier kam es abermals zu einem Gefecht. Ein geschlossener Trupp französischer Infanterie avancierte mit aufgerollter Fahne, während eine andere Abteilung unsere Avantgarde durch scharfes rechtsseitiges Flankenfeuer belästigte. Nun ging das ganze Regiment 64 zum Angriff vor, drang langsam, wenn auch unter mancherlei Beschwerlichkeiten vor und besetzte schließlich Le Poirier. Andere Teile des 64. Regiments waren seitwärts auf Sargé vorgedrungen und hatten auch diesen Ort besetzt. Mit diesen verhältnismäßig leichten Erfolgen, deren Tragweite freilich bedeutender sich nach Chanzys Versicherung stellte, als wir an diesem Abend annehmen konnten, war der Abschnitt bis zum Braye-Bach dem Feinde streitig gemacht.

Der nächste Tag, der 8. Januar, war im allgemeinen nur ein Marschtag, begünstigt durch inzwischen wieder eingetretenes Frostwetter. Nur hier und da hatten sich einige kleine Scharmützel und Plänkelgefechte mit dem überall sich zurückziehenden Feinde entwickelt. Am Abend standen unsere Korps, wie folgt: X. Korps bei La Chartre; III. Korps bei Bois des Loges, Ecorpain und Evaillé; XIII. Korps bei La Ferté Bernard.

War der 8. Januar verhältnismäßig ruhig verlaufen, so brachte der 9. Januar um so heißere Gefechte wieder, diesmal von dem X. und III. Korps geliefert, während das XIII. Korps unbehindert das Marschziel, die Strecke zwischen Sceaux und Conneré, erreichte. Wir folgen zuerst dem Vorgehen unseres linken Flügels, dem X. Korps. Dasselbe hatte den Befehl für diesen Tag bekommen, bis Grand Lucé vorzudringen, welcher Ort in der Mitte zwischen La Chartre und Le Mans liegt. Jedoch aufgehalten durch überlegene feindliche Truppenmassen, vermochten die einzelnen Kolonnen des X. Korps dieses Marschziel nicht zu erreichen. Die 20. Division, welche für heute das Hauptgefecht zu bestehen hatte, war früh von La Chartre aufgebrochen, immer die große auf Le Mans führende Straße innehaltend. Letztere war von beiden Seiten von Hügeln eingesäumt, deren linke Reihe der Feind stark besetzt hielt, während er die Besetzung des gegenüberliegenden Höhenzuges seltsamerweise unterlassen hatte. Trotzdem war es für uns ein höchst gefährliches Defilée, zumal nicht nur der Abhang glatt gefroren war, sondern auch am Fuße desselben der Venne-Bach entlang sich zog und die Straße selbst ganz unter dem Feuer des droben haltendes Feindes stand. Dennoch gelang es den Unsrigen die linksseitige Höhe bei Cahaignes zu stürmen und den verdutzten Gegner bis St. Vincent zu verfolgen.

Über dieses Gefecht berichtet Chanzy in seinem Buche: „Die zweite Loire-Armee“, wie folgt: „Bei Cahaignes stand die ganze Macht des Generals Barry (2. Division des XVI. Korps): in vorderster Reihe, am Venne-Bache hin, das 66. Mobilgarden- und das 31. Marsch-Regiment; in Reserve das 8. Mobilgarden-Regiment; in Cahaignes selbst das 3. Fußjäger-Bataillon und das 22. Mobilgarden-Regiment.

„Am 9. morgens debouchierten die Preußen von La Chartre her, wurden aber von einem heftigen Feuer unserer Vierpfünder und Mitrailleusen empfangen und gezwungen, umzukehren. Eine preußische Batterie fuhr darauf bei L'Homme auf und machte Anstrengungen, uns zu vertreiben. Vergeblich. Die Batterie kehrte zurück, verstärkte sich durch eine zweite, und schoß nun mit großer Präzision. Eine dritte Batterie feuerte auf weiteste Distance von den Höhen bei La Corbinière, östlich der Straße, so daß ihre Geschosse noch im Rücken unserer Aufstellung, auf der Strecke von Cahaignes bis Jupilles einschlugen. Mittlerweile hatte das Kleingewehrfeuer auf der ganzen Front unserer Stellung begonnen. Während auf dem linken Flügel das 31. Marschregiment langsam fechtend zurückwich, gelang es dem Feinde, die Venne zu passieren. Um diesem Angriff die Stirn zu bieten, und einer Umgehung durch den Wald von Bersay vorzubeugen, beauftragte General Barry das 8. Mobilgarden-Regiment aus der Reserve in die Front und wußte gleichzeitig, durch Vorziehen einiger Geschütze, die von L'Homme aus gegen Cahaignes avancierenden Preußen in Schach zu halten.

„Es war gegen 10 Uhr. Der Kommandierende des XVI. Korps, Admiral Jauréguiberry, welcher von den Vorgängen in Kenntnis gesetzt worden war, beschleunigte die Ankunft von Verstärkungen. Aber schon ging der Feind, unter Voranschickung einiger Geschütze, die durch Kartätschfeuer Unordnung in unsere Reihen brachten, gegen das Plateau von Cahaignes vor. Trotz des Vorteils unserer Stellungen mußten wir weichen und zogen uns mit dem rechten Flügel auf Château du Loir, mit dem linken auf Jupilles zurück. Der allgemeine Rückzug war dadurch eingeleitet. General Barry bewerkstelligte ihn in Ordnung; er ging anderen Tages auf Ecommay. Unsere jungen Truppen hatten sich gut geschlagen; wir verloren 12 Offiziere und 350 Mann an Toten, Verwundeten und Vermißten."

Ein Teil unserer 20. Division hatte inzwischen, die Hauptstraße weiter verfolgend, Dorf Brives erreicht und dasselbe von dem Gegner gesäubert. Bei unserem weiteren Vormarsch stießen wir gegen Abend noch einmal bei St. Vincent auf feindliche Truppenteile, doch gelang es uns, nach heftigem Gefecht letztgenanntes Dorf zu stürmen, wobei 100 Gefangene in unsere Hände fielen. Auch die 14. Kavallerie-Brigade, v. Schmidt, seit der Wiederaufnahme der Feindseligkeiten dem X. Korps unterstellt, war im Laufe des 8. und 9. Januars mehrfach mit weit überlegenen französischen Truppenmassen zusammengestoßen, ohne daß es doch zu einem ernsthaften Gefechte gekommen wäre.

Es bleibt uns nur noch übrig, eine kurze Schilderung des Gefechtes bei Ardenay zu geben, welches am 9. Januar das III. Korps zu bestehen hatte. Ardenay dem Gegner zu entreißen, war dem General v. Alvensleben zur Tagesaufgabe gemacht worden. Der Kommandeur des III. Korps beschloß, diese Aufgabe noch dadurch zu erweitern, daß er anordnete, nicht nur Ardenay zu nehmen, sondern auch über den dahinter gelegenen Narais-Bach zu setzen und Posten am jenseitigen Ufer auszusetzen.

Am 9. Januar marschierte das III. Korps auf zwei Straßen: 6. Division auf der großen Straße St. Calais-Le Mans; 5. Division links daneben auf der Straße Ecorpain-Les Forges-Changé. Die 6. Division hatte allein einen harten Strauß auszufechten. Gegen 2 Uhr nachmittags stieß ihre Avantgarde, 12. Brigade, auf Abteilungen des XVII. Korps, die nördlich und südlich auf den Höhen längs der Straße Stellung genommen hatten und ein mörderisches Feuer eröffneten. Sechs Kompagnieen des 64. Regiments warfen sich mit großer Bravour auf den Feind und vertrieben ihn. Bei der Verfolgung des fliehenden Gegners stieß man im Walde auf so starke feindliche Kräfte, daß es notwendig wurde, nun auch die anderen Abteilungen des Regiments heranzuziehen. Der Feind hatte inzwischen Dorf und Schloß Ardenay besetzt und erwartete uns nun hier. Nachdem es unseren tapferen Soldaten gelungen war, das seitwärts hochgelegene Schloß zu stürmen, war die Besetzung des Dorfes nur noch eine Frage der nächsten Stunden. Es dunkelte bereits sehr, als es uns endlich gelang, sowohl das Dorf Ardenay dem Gegner zu nehmen, als ihn auch von der bisher von ihm noch mit feuernder Artillerie besetzt gehaltenen Höhe bei La Butte zu vertreiben. Eine weitere Verfolgung mußte leider infolge der inzwischen hereingebrochenen Nacht unterbleiben. Der Feind zog sich völlig aufgelöst auf Le Mans zurück. Seine Verwirrung war eine so vollständige, daß er nicht vermochte, eine am anderen Tage vom General Chanzy anbefohlene Offensivbewegung auszuführen. Fünfhundert Gefangene fielen bei Ardenay in unsere Hände. Unser Gesamtverlust am 9. Januar auf der ganzen Linie betrug:

Tot.		Verwundet.		Vermißt.	
Offiz.	Mann.	Offiz.	Mann.	Offiz.	Mann.
2	59	9	196	—	10

Das giebt zusammen: 276. Den größten Verlust hatte das Regiment 64 aufzuweisen. Es büßte allein 3 Offiziere und 121 Mann ein.

Mit dem 9. Januar waren die eigentlichen Marschtage beendet. Die dreitägige Schlacht bei Le Mans begann am anderen Morgen. Die Entscheidung im Südwesten Frankreichs durch rasches Handeln zu beschleunigen, war zur ernsten Forderung geworden und mußte ohne gebührende Rücksicht auf die der Ruhe bedürftigen Truppen herbeigeführt werden. Jeder Aufschub gab dem Gegner Zeit, seine zerstreuten Truppenteile wieder zu sammeln. Ungefähr sechs Divisionen waren zwar, fast konzentrisch zusammengekeilt, gegen Le Mans zurückgedrängt worden, befanden sich jedoch in einem mehr oder minder erschütterten Zustand. Die bei Château Renault und La Chartre bisher gestandenen feindlichen Divisionen vermochten jetzt nicht mehr, rechtzeitig genug sich dem Kern der II. Loire-Armee einzuverleiben, sobald eine energische Initiative unsererseits ergriffen wurde. So wies für uns alles auf einen schleunigen und mit allen zu Gebote stehenden Kräften ausgeführten Hauptschlag gegen den bei Le Mans zusammengedrängten Feind hin. Derselbe erfolgte und endete mit der gänzlichen Niederlage der II. Loire-Armee.

Sechsundzwanzigstes Kapitel.

Ein Wort über die Strapazen unserer Truppen anfangs Januar. — Der 1. Schlachttag bei Le Mans. — Kämpfe des III. Korps bei Parigné, Champagne und Changé. — Die Vorgänge an unserem rechten Flügel, XIII. Korps. — Das Vorgehen der 17. Division bis Pont de Gênes. — Die 22. Division nimmt Château Couleon und Le Chêne. — Der 2. Schlachttag bei Le Mans. — Das III. Korps gewinnt die Linie Le Tertre-Noyers Château-Les Arches. — Das Vorgehen des IX. Korps im Zentrum. — Das Vorgehen unseres linken und rechten Flügels, X. und XIII. Korps.

Hüben und drüben waren für den 10. Januar Dispositionen getroffen, daß ein Zusammenstoß unvermeidlich sein mußte. Obschon der ursprüngliche Plan, Le Mans mit beiden Flügeln zu umfassen, in das gerade Gegenteil sich gewandelt hatte, indem unser Zentrum am weitesten vorgeschoben stand, so erhielt dasselbe doch für den 10. Januar die Anweisung, den weiteren Vormarsch auszuführen. Derselbe verwickelte das III. Korps in eine Reihe mehr oder minder blutiger Gefechte. Daß wir die letzten Tage stets nur in aufgelösten Korps fochten, verhältnismäßig schwache Kräfte also nur dem Gegner stets auf einem Punkt entgegenwarfen, war eine notwendige Folge sowohl des Terrains als auch der Jahreszeit. Die Erfahrungen der letzten Tage hatten uns gezeigt, daß bei der Eigentümlichkeit der Landschaft — abwechselnd Höhenzüge, Straßen und Flußthäler —, in welcher die Armee sich bewegte, und ebenso mit Rücksicht auf die Kürze der Tage, welche alle Gefechte erst in der Dunkelheit beenden ließ, tiefe Kolonnen nicht zum Aufmarsch gelangen konnten. Um so ruhmvoller aber bleiben die Erfolge unserer wackeren Korps, zieht man noch in Betracht, daß Strapazen und Entbehrungen, Kälte und mangelnde Quartiere die härtesten Proben an die Standhaftigkeit und das Selbstvertrauen der Leute stellten.

Treffliche Worte schreibt gerade mit Bezug auf die vielseitigen Einflüsse, welchen der Soldat draußen im Felde unterworfen ist, Hauptmann v. d. Goltz: „Zu sehr ist man gewöhnlich geneigt, die Truppen sich ohne Weiteres nach den Gedanken und Befehlen des Feldherrn bewegen zu sehen, unbeeinflußt von Raum, Zeit, Witterung und materiellen Verhältnissen im allgemeinen. Wer aber den Krieg kennt, weiß, daß auch in entscheidenden, selbst erhebenden Momenten der Soldat Mensch und von allen jenen äußerlichen Einwirkungen abhängig bleibt. Diese Einwirkungen aber werden sich um so mehr geltend machen, je länger bereits der Feldzug gedauert hat, je mehr schon an dem Vorrat von Willen und Entsagungskraft gezehrt worden ist, den Jedermann aus dem Vaterlande in den Krieg mitbringt.

„Die Witterung hatte sich seit dem 9. Januar verändert; Schnee war gefallen. Dieser drückte sich fest zusammen und bei der starken Benutzung aller Kommunikationen durch Freund und Feind wurden die Straßen schnell spiegelglatt, so daß ein Fortkommen für Menschen und Tiere höchst mühsam war. Die Kolonnen der Korps schleppten sich nur langsam dahin und dehnten sich zu unabsehbarer Länge aus; die starke Kavallerie der Armee, ohnehin durch das Terrain in ihrer Wirksamkeit eingeschränkt, verlor jetzt — meist zum Führen ihrer Pferde verurteilt — fast gänzlich die Möglichkeit, etwas zu leisten. An den zahlreichen Steigungen und Abfällen der durch das bergige Gelände führenden Chausseeen konnten Geschütze und Fahrzeuge nur mit großen Distanzen passieren. Störungen der Ordnung in den Kolonnen waren unvermeidlich, viel Zeit ging verloren, die Märsche zogen sich bis tief in die Nacht hinein und wurden im höchsten Grade ermüdend. Dabei ließ sich mal auf mal voraussehen, daß der Aufbruch am nächsten Morgen würde beschleunigt werden müssen, um die tags zuvor nicht erreichten Marschziele doch wenigstens noch zu früher Stunde zu gewinnen. An ein Nachlassen der Kälte war bald nicht mehr zu denken, im Gegenteil sie steigerte sich, und mit ihr die Glätte der Wege. Die Trains und die Fuhrparks-Kolonnen blieben zurück, und während für die Truppen die Strapazen sich vergrößerten, verschlechterte sich die Verpflegung." —

Die Stellung unserer Truppen am Abend des 9. Januar war folgende: das XIII. Korps hielt bei Sceaux, das III. bei Ardenay, das X. bei Brives. Mit dem Vorgehen der Zentrumskolonne, dem III. Korps, beginnend, bemerken wir noch, daß das letztere den Befehl für den 10. empfangen hatte, bis in die Linie Changé-Champagne vorzudringen. Die einzelnen Brigaden dieses Korps waren folgendermaßen verteilt: bei Gué de l'Aune stand die 9., links davon bei Challes die 10., in Schloß und Dorf Ardenay die 11. und in Ardenay und La Butte die 12. Brigade.

Am Morgen des 10. Januar sah sich die 9. Brigade von feindlichen, aus dem Bois de Laudon sich entwickelnden Truppen angegriffen, doch gelang es ihr nach heftigem Ringen mit dem von Knick zu Knick weichenden Gegner, denselben bis auf Parigné zurückzuwerfen. 100 Gefangene wurden erbeutet; das genannte Gehölz ward besetzt. Parigné vom Feinde zu räumen, ward der 10. Brigade aufgegeben. Dieselbe war während des Gefechtes der 9. Brigade von Challes auf Les Grenouillières gerückt, hatte hier ihre Batterieen mit denen der 9. Brigade vereinigt und sandte nun 4 Bataillone gegen Parigné vor, während die Batterieen über die stürmende Infanterie hinweg ihre Geschosse in das Dorf sandten. Mittag war vorüber. Der Feind nahm den Kampf an und setzte ihn auch fort, als die erbetenen und erhofften Verstärkungen ausblieben. Unserem umfassenden Angriffe war er jedoch nicht gewachsen.

General v. Schwerin gab seiner Brigade, nachdem dieselbe ein wenig gerastet hatte, um 1 Uhr Befehl, Parigné mit Sturm zu nehmen. Mit lautem Hurra gingen die Leute von Norden und Osten gegen das Dorf vor, erkletterten die steilen und glatten Abhänge, warfen den Feind aus den Vorgärten hinaus und drangen an verschiedenen Seiten in das Dorf ein. Der französische Brigadegeneral Pereira hielt in der großen Dorfstraße, vergeblich sich mühend, in den völlig aufgelösten und weichenden Knäuel seiner Truppen Ordnung und Mut zu bringen. Doch es erwies sich alles als umsonst. Nach den westlichen Ausgängen sich drängend, entfloh der Feind, uns ungeahnte Beute überlassend. Mehr als 2000 Gefangene, 2 Fahnen, einige Mitrailleusen und Geschütze wie Munitionswagen fielen in unsere Hände. Der Gegner zog sich auf Ruaudin zurück. Nur kleinen Trupps gelang es, auf Le Mans hin zu entweichen.

Die 11. Brigade, etwas südlich von Ardenay haltend, empfing am Nachmittag Befehl zum Vormarsch. Gegen 3 Uhr stieß ihre Avantgarde östlich Gué la Hard auf die zwischen Givarderin und Amigné Château stehende Brigade Ribell. Wohl gelang es anfangs, den Feind aus Gué la Hard zu vertreiben, doch als wir uns anschickten, letzteren Ort zu be-

52*

setzen, rückte der zurückgewiesene Gegner, durch starke Trupps verstärkt, wieder heran und es kostete unseren tapferen Leuten alle Energie, die gewonnene Stellung weiter zu behaupten. Bald war unsere ganze 11. Brigade in die Gefechtslinie gezogen, und als es zwei Kompagnieen 20ern geglückt war, den unmittelbar hinter Gué la Hard fließenden Bach zu überschreiten, war das Zeichen zum allgemeinen Sturm gegeben. Entsetzt und völlig ordnungslos floh der Gegner auf Changé zurück. Mehr als 1000 Gefangene fielen in unsere Hände.

Der 12. Brigade war um 11 Uhr vormittags Befehl zugegangen, aus ihrer nördlich von Ardenay befindlichen Stellung auf die große Straße Yvré l'Evêque vorzurücken. Bei St. Hubert stieß die Avantgarde auf feindliche Truppenteile — Mobilisés der Bretagne — welche sich in dem dichten Wald festgenistet hatten. Ein blutiges und anhaltendes Wald- und Schützengefecht entspann sich nun, wobei der Gegner vom Plateau d'Auvours aus den Wald völlig unter das Feuer seiner Geschütze nahm, während wir nur Gelegenheit fanden, zwei Geschütze mit eingreifen zu lassen. Trotzdem gelang es den Unsrigen allmählich, den Feind aus dem Wald zu vertreiben, von dessem Westende wir ihm noch ein kräftiges Schnellfeuer nachsandten. Nun drang Hauptmann Ziegener mit 3 Kompagnieen 24er gegen Champagne vor, um bald darauf, tambour battant, dasselbe dem Gegner zu entreißen.

Dunkelheit herrschte bereits, als Oberst v. Flotow, der an Stelle des tags zuvor verwundeten Generalmajors v. Rothmaler die 11. Brigade kommandierte, seine Leute in Hué la Gard gesammelt hatte, das man übrigens bisher als Changé gehalten hatte. Als dieser Irrtum entdeckt wurde, gab General v. Alvensleben trotz der hereingebrochenen Nacht Befehl, auch das um 1500 Schritt weiter westlich belegene Changé noch dem Gegner zu entreißen, und zwar sollten Truppenteile der 10. und 11. Brigade gemeinsam dieses Unternehmen ausführen. Ehe jedoch der 10. Brigade dieser Befehl zuging, war sie bereits aus eigenem Antriebe gegen Changé vorgegangen. Voran das Füsilier-Bataillon 52er. Schneewehen hüllten Weg und Steg ein. Dennoch ging es mutig weiter. Als man, östlich des Ortes, eine Brücke passiert hatte, begann der Feind sein Feuer zu eröffnen. Hauptmann v. Borke, der mit der 10. Kompagnie an der Spitze marschierte, fiel als eines der ersten Opfer. Sofort setzte sich Major v. Natzmer mit geschwungenem Degen an die Spitze der Kolonne und führte nun das Bataillon, ohne Schuß, nur mit schlagenden Tambours unter Hurra nach Changé hinein, wo der überraschte Gegner zwar aus den Häusern ein heftiges Feuer unterhielt, dennoch aber bald zurückwich, bis er endlich in aufgelöster Flucht sein Heil in der Weite suchte. Währenddem war auch von der 11. Brigade noch das 2. Bataillon 20er in Changé erschienen, um sich an dem letzten Kampfe beteiligen zu können.

Die Erfolge unseres Zentrums, des III. Korps, waren am 10. Januar glänzende gewesen. Mehr als 5000 Gefangene, 2 Fahnen, 1 Geschütz, 3 Mitrailleusen waren als Beute in unsere Hände gefallen, drei wichtige Punkte dem Gegner im Sturme abgenommen: Perigné, Changé, Champagne. Wenden wir uns nun dem Vorgehen unseres rechten Flügels, dem XIII. Korps, zu. Unser linker Flügel, das X. Korps — dies sei hier noch eingefügt — hatte am 10. Januar keine Kämpfe zu bestehen. Ohne ernstlich behindert zu werden, rückte es bis Grand Lucé beziehungsweise Volnay vor, und somit gewann auch dieses Korps gleich den andern bedeutend an Terrain gegen Le Mans hin, wo nach zwei Tagen die Würfel der Entscheidung fallen sollten.

Die Aufgabe des XIII. Korps, das in der Hauptsache bei Sceaux am Morgen des 10. Januar hielt, war sowohl diesseits als jenseits Huisne-Bach abwärts von Le Mans vorzugehen. Das XIII. Korps, das außer der 17. und 22. Division noch aus zwei selbständig operierenden Detachements (Rauch und Beckedorff) bestand, löste seine Aufgabe, wie folgt: Die 17. Division, als linker Flügel, rückte unter erheblichen, durch Glatteis erzeugten Schwierigkeiten von Sceaux die große, nach St. Mars la Brayère führende Straße vor. Bei La Belle inutile ward nach rechts abgeschwenkt, wo eine Seitenstraße über die Eisenbahn, den Huisne-Bach nach dem dicht nebeneinander gelegenen Montfort und Pont de Gônes führt. Sowohl der Eisenbahndamm selbst als auch seine nächste Umgebung zeigten sich bereits stark vom Feinde besetzt, ebenso die hinter den beiden, am Huisne-Bach gelegenen Städtchen aufragenden Höhen. Wohl fuhren unsererseits die Batterieen auf, doch ihr Feuer erwies sich als erfolglos und unwirksam. Immer frische feindliche Kolonnen sah man jenseit des Baches anrücken, deren Aufgabe es allein sein konnte, die feste Stellung bei Montfort zu halten. Ein Übergang für uns konnte nur nach zuvor erfolgter Umgehung behufs Flankenangriffes von Nutzen sein. Dafür aber war die Zeit bereits zu weit vorgerückt. So unterblieb an dieser Stelle der Angriff. Die 17. Division bezog Kantonnements auf der Straße Conneré-La Belle inutile. Nur kleinere, bei der Eisenbahn bereits über den Huisne-Bach vorgegangene Abteilungen biwakierten angesichts des Feindes im Schnee.

Das Detachement Rauch, bestehend aus der 17. Kavallerie-Brigade und 3 Bataillonen Infanterie (75er und 90er), hatte bei Conneré den Huisne-Bach, dann noch einen anderen Bach überschritten und avancierte nun den Bahnkörper entlang gegen den Bahnhof. Sowohl der Eisenbahndamm, der Bahnhof, als auch eine Reihe Fermen zu beiden Seiten des Bahnkörpers waren dicht vom Feinde besetzt. Das 1. Bataillon 75er, späterhin noch durch das 14. Jäger-Bataillon unterstützt, nahm im ersten Anlauf den Bahnhof, entriß dem Gegner zwei nachbarliche Fermen, worauf die Jäger, nach einem vorangegangenen heftigen Waldgefecht einen Hohlweg im Rücken des Bahnhofs besetzten. Nachdem der zurückgewiesene Gegner durch inzwischen eingetroffene Trupps sich verstärkt hatte, brach er um 2 Uhr zu einem sich dann nochmals wiederholenden Vorstoß vor, wurde jedoch jedesmal unter blutigen Verlusten zurückgeworfen.

Um $3^1/_2$ Uhr rückte auch noch das 2. Bataillon der 75er zur Unterstützung des 1. Bataillons und der Jäger heran. Diesem vereinten Wirken gelang es denn auch, die eroberte Stellung inne zu halten, ebenso noch einige Fermen dem Gegner streitig zu machen. Durch diese Behauptung des errungenen Terrains seitens des Detachements Rauch war die Verbindung mit der am rechten Ufer des Huisne-Baches marschierenden 22. Division hergestellt.

Über den Vormarsch dieser Division schreibt General v. Wittich in seinem Tagebuche: „Die Wege waren stark verschneit und wurden durch die marschierenden Kolonnen sehr glatt. Für Pferde und Fahrzeuge mußte die Chaussee von Sceaux am Thalrande hinunter aufgehauen und mit Sand, Asche und Stroh, was gerade zur Hand war, bestreut werden. Um 8 Uhr wurde der Huisne überschritten und statt des Weges an der Eisenbahn hin, der sehr verschneit war, die große Straße eingeschlagen, die unmittelbar rechts neben der Bahn hinläuft. Diese Straße verfolgten wir bis in Höhe von St. Hilaire und bogen dann links, um diesseit eines vorliegenden Baches die Eisenbahnlinie wiederzugewinnen. Als dies geschehen war, erfolgte der Weitervormarsch auf Beillé am Bahnkörper hin. Nach allen

Detachierungen hatte ich, von der Kavallerie abgesehen, nur über sechs Bataillone und fünf Fußbatterieen Verfügung, zu denen sich schließlich noch drei Kompagnieen vom Regiment Nr. 32 gesellten. Bei La Chapellerie erhielten die Spitzen der Avantgarde Feuer. Es waren nur einzelne feindliche Infanteristen, die den Vormarsch nicht aufhielten, sich schleunigst längs der Eisenbahn zurückzogen und in den Wäldern verschwanden. Um 11½ Uhr war Beillé erreicht. Vor und in der Höhe von Connerć, in den westlich gelegenen bewaldeten Höhen, standen Abteilungen der 17. Division im Infanterie-Gefecht. Meine Avantgarde war bald darauf bis auf halben Weg zwischen Beillé und Connerć vorgerückt. Ich selbst empfing jetzt folgenden Befehl seitens des Generalkommandos: „Das Detachement v. Rauch hat Auftrag, die Höhen nordwestlich Connerć zu säubern. Se. Königl. Hoheit der Großherzog erwartet, daß die 22. Infanterie-Division über Beillé in das Gefecht eingreift.“ Als dieser Befehl eintraf, war auf meine Veranlassung eben dasjenige eingeleitet worden, was von Seiten des Generalkommandos gefordert wurde und die Avantgarde der Division trat bereits neben dem 14. (mecklenburgischen) Jäger-Bataillon ins Gefecht.“

General v. Wittich hatte zwei Kolonnen gebildet, von denen die linke Flügelkolonne (Oberstlieutenant v. Zacha) zur Unterstützung des Detachements Rauch südwestlich, die rechte Flügelkolonne (Oberst v. Förster) westlich aber auf Lombron zu vorging. Diese letzte Kolonne wandte sich, nachdem der vorliegende Bahndamm überschritten war, gegen das Schloß Couleon, das im ersten Anlauf gestürmt wurde, ebenso einige benachbarte Fermen, wobei über 200 Gefangene gemacht wurden. Weitere feindliche Offensivvorstöße wurden energisch abgewiesen, doch gelang es uns nicht, die Ferme La Chêne dem Gegner zu entreißen. Mit Einbruch der Dunkelheit erstarb erst der Kampf.

Das Detachement Beckedorff hatte sich jenseit des Huisne-Baches über St. Hilaire auf Bonnetable gewandt, wo es um 1 Uhr mittags eintraf. Mehrere feindliche Abteilungen, die sich uns entgegenwarfen, wurden rasch zurückgeworfen. Auf der Höhe des Schlosses Baugerien, nordöstlich Chanteloup, kam es zu einem längeren Gefecht, das mit Erstürmung des Dorfes und Schlosses Chanteloup endete. Hier bezog auch der Hauptteil des Detachements Kantonnements für diese Nacht.

Damit endete der erste Schlachttag von Le Mans. Im Zentrum bei

Changé, standen wir nur noch eine Meile von der Sarthe-Hauptstadt Le Mans, während unsere Flügel zwei bis drei Meilen davon entfernt hielten. General Chanzy, so viel stand fest für uns, war entschlossen, den Widerstand bei Le Mans fortzusetzen. Er nahm an, daß die Deutschen durch die Märsche und Gefechte der letzten Tage sehr erschöpft seien, und rechnete darauf, daß dieselben in dem durchschnittenen Gelände ihre Überlegenheit an Kavallerie und Artillerie nicht würden zur Geltung bringen können. Der General stellte seinen Truppen die Aufgabe, dem Feinde so lange zu widerstehen, als dessen Angriffe dauern würden. Es sollte zum Angriff übergegangen werden, wo ein solcher nötig und möglich erscheine, der rechte Flügel die Wiedernahme von Parigné erstreben, die Mitte den Gegner über Ardenay zurückzuwerfen suchen. Die an der Sarthe bei Arnage beginnende, längs des Ochsenweges bis zum Bahnhofe von Yvré sich erstreckende Linie bezeichnete die Stellung des rechten Flügels (XVI. Korps), die Linie Bahnhof Yvré — Höhen von Auvours und rechts des Huisne bis gegenüber St. Mars la Bruyère die der Mitte (XVII. Korps). Der linke Flügel (XXI. Korps) reichte von Montfort bis nach La Chapelle St. Remy; eine bei La Croix aufgestellte Division deckte die von Bonnétable heranführende Straße. Eine Reihe von Verstärkungsanlagen gewährte dem rechten Flügel und der Mitte feste Stützpunkte, dem linken Flügel Aufnahme.

Gegenüber dem feindlichen rechten Flügel stand am Morgen des 11. Januar unser X. Korps bei Grand Lucé; dem Zentrum unser III. Korps, dahinter das IX. Korps, das heute in hervorragender Weise sich mit an dem Kampfe beteiligen sollte; dem linken Flügel unser XIII. Korps. Diesseits gingen die Dispositionen in der Hauptsache dahin, daß das III. Korps, unterstützt von dem herangerückten IX. Korps, noch weiter vor auf Le Mans dringen sollte, das X. Korps Mulsanne, das XIII. Korps Savigné l'Evêque zu erreichen suchen sollte. Wie am Tage zuvor, so fiel auch heute die Hauptaufgabe dem Zentrum zu, wie überhaupt der 11. Januar als der Hauptschlachttag, der uns den ausschlaggebenden Erfolg — Stürmung des Plateaus d'Auvours — einbrachte, angesehen werden muß. Durch den Verlust dieser beherrschenden Höhenstellung war auch für den Gegner die Bedeutung der bisher noch ihm verbliebenen Montfort-Position verloren gegangen. —

Über Nacht hatte man diesseits die 12. Brigade, behufs besserer Konzentrierung des gesamten III. Korps bei Changé, aus Champagné zurückgenommen. Doch so begründet auch in der Nacht die Räumung dieses Ortes sein durfte, unsere Aufgabe für den 11. Januar legte uns die Pflicht auf, das ein paar Stunden früher freiwillig aufgegebene Dorf jetzt wieder mit stürmender Hand dem sich daselbst aufs neue festgenisteten Gegner abzunehmen. Um Champagné entspann sich daher ein anderthalbstündiger, höchst erbitterter Häuserkampf, der aber schließlich mit der Flucht des Feindes endete, wobei 3 Offiziere und 165 Mann als Gefangene in unsere Hände fielen.

Um 10 Uhr vormittags war Champagné wieder in unserem Besitz. Vier Stunden später war es auch, nach heftigem Artillerie- und Infanterie-Gefechte, einem Teil der 12. Brigade gelungen, sich in den Besitz von Les Arches, am Fuße der Höhe von Yvré, zu setzen und diesen Besitz, trotz aller feindlichen Anstrengungen, auch zu behaupten. Fast zu derselben Zeit, wo die 12. Brigade gegen Champagné vorgegangen war, hatte sich die 11. Brigade gegen Noyers-Château in Bewegung gesetzt. In dem Walde südlich dieses Schlosses kam es zu einem heftigen Feuergefecht, das immer weitere Ausdehnung gewann, zumal auf beiden Seiten mehr und mehr frische Truppen herangezogen wurden. Am schwersten litt das 2. Bataillon unseres 20. Regiments, das fast den ganzen Bestand seiner Offiziere dabei verlor. Alle diese blutigen Opfer wurden wenigstens belohnt. Es gelang uns sowohl die vorgeschriebene Noyers-Château-Stellung zu besetzen, als sie auch zu behaupten.

Auch die 10. Brigade, die sich auf Le Tertre wandte, hatte harte Kämpfe zu bestehen. Nach blutigem Ringen gelang es 4¼ Uhr nachmittags, Le Tertre zu besetzen. Doch der Gegner ruhte nicht. Immer neue Offensivstöße bekundeten, daß er ernsthaft gesonnen sei, das Verlorengegangene wieder zu gewinnen. Opfer auf Opfer häuften sich diesseits, die Kräfte der 10. Brigade schienen nahezu erschöpft, die Munition war zum Teil ausgegangen. Auf dringendes Ersuchen traf endlich seitens des Divisions-Kommandos Verstärkung ein, das 2. und Füsilier-Bataillon des Leib-Regiments. Das am längsten im Feuer gewesene Füsilier-Bataillon 52er wurde zurückgezogen. Unserem vereinten Vorgehen gelang es dann, nicht nur an Terrain zu gewinnen, sondern auch dem Gegner zwei Geschütze im Feuer zu nehmen. Es dunkelte längst, als endlich an dieser Stelle das Gefecht um 6 Uhr erstarb. Unsere Vorposten konnten bis über Le Tertre hinaus ausgestellt werden.

Mit dem III. Korps war auch das ihm bisher dicht gefolgte IX. Korps heute zum Teil mit in den Kampf getreten. Das letztere, wie schon früher bemerkt, nur aus der 18. Division v. Wrangel und der Korps-Artillerie bestehend — die andere, 25. Division war in Orléans und Blois zurückgeblieben — stand am Abend des 10. Januar bei Bouloire. Hier empfing es Befehl, unter Zurücklassung eines Bataillons am 11. vormittags um 11 Uhr in St. Hubert einzutreffen. Dies geschah seitens der Avantgarde. Das Gros folgte kurz darauf. Eine halbe Stunde später erschien auch der Höchstkommandierende der II. Armee, Prinz Friedrich Karl, sowie der Kommandeur des IX. Korps, General v. Manstein, in St. Hubert. Um 1 Uhr gab Prinz Friedrich Karl Befehl, daß die Avantgarde (Oberst Beyer v. Karger) sich in Besitz des westlich von Champagné gelegenen Höhenrückens setzen sollte. Dieser Teil bildete die Südostecke des vom Feinde stark besetzten Plateaus von Auvours. Die Avantgarde, dem Befehl nachzukommen, ging durch Champagné hindurch und entwickelte sich, 2. Bataillon 11. Regiment an der Spitze, gegen die Höhe. Das 2. Bataillon 85er folgte links rückwärts als Reserve. Fußtief war der steile Abhang mit Schnee bedeckt. Dennoch klommen die tapferen Soldaten hinan, bis der Feind, als er in das Bereich unseres Zündnadelgewehrs gekommen war, seine bisherige Stellung aufgab und auf eine noch höhere, durch Verschanzungen verstärkte Kuppe sich flüchtete. Hier entwickelte er einen zähen Widerstand, zumal einige sehr günstig gelegene Fermen ihm treffliche Verteidigungspunkte boten. Um das eine dieser Gehöfte, Le Haut Taillis, entbrannte der Kampf mit ganz besonderer Energie, ja schließlich schien sich das Gefecht nur allein noch darum zu drehen. Furchtbare Lücken rissen in unsere Reihen. Erst als nach 3 Uhr nachmittags es den beiden Batterieen der Avantgarde gelang, auf dem östlich Villers gelegenen Teil des Höhenzuges Posten zu fassen, wandte sich das Gefecht zu unseren Gunsten, indem es den Infanterie-Bataillonen gestattete, mit noch mehr Nachdruck, als bisher, dem Feinde zu begegnen. Artillerie und Infanterie kämpften musterhaft. Drei französische Mitrailleusen, die sich zur Flucht wandten, wurden von einem Schützenzuge des Füsilier-Bataillons 11er unter Lieutenant

v. Zawadzky genommen. Leider sollte der tapfere Offizier, dem es mit einer Handvoll Leuten gelungen war, diese Geschütze zu erobern, bei einem bald darauf erfolgenden Vorstoß des Feindes, welcher vergeblich versuchte, uns die kostbare Beute wieder abzunehmen, von einer Kugel tödlich getroffen werden.

Die beiden Batterieen der Avantgarde hatten uns das Behaupten der südöstlichen Ecke des Plateaus ermöglicht; dasselbe aber ganz von dem Gegner zu säubern, wäre uns nicht gelungen, wenn nicht rechtzeitig genug von den beiden Têten-Bataillonen des Gros jetzt ein Frontangriff von Süden her unternommen worden wäre. Das 1. und Füsilier-Bataillon 85er waren von St. Hubert aufgebrochen und waren dann zwischen Villers und Auvours rechts die Höhe hinangedrungen, während zwei Divisions-Batterieen dieses kühne Vorgehen anfangs unterstützten, bis das Feuer der überlegenen feindlichen Artillerie dieselben zur Umkehr zwang. In zwei Kolonnen klommen nun die 85er empor. Der linken Flügelkolonne gelang es, droben in eine feindliche Batterie einzudringen und 3 Geschütze fortzunehmen. Die rechte Flügelkolonne, angeführt vom Oberst v. Falkenhausen, Kommandeur des 85. Regiments, nahm erst noch die letzten von französischen Abteilungen besetzten Gehöfte von Villers, erstieg dann den Abhang, sammelte sich droben und schickte sich nun an, auch die westliche Seite des Plateaus vom Feinde zu säubern. Wenn uns dies auch zum Teil jetzt gelang, so vermochten wir doch nicht, der soeben von den Höhen bei Yvré l'Evêque im weiten Bogen zur Nordseite des Plateaus schwenkenden halben französischen Division Goujard den Weg zu verlegen. Derselben gelang es, am Nordrande einige nur schwach von der Avantgarde besetzte Fermen uns wieder zu entreißen. Doch bis auf diese war, als die Dunkelheit hereinbrach, das Plateau von Auvours fast ganz in unseren Händen. Gerade aber der Verlust der Nordseite war bedenklich. Glückte es dem Gegner dort das Debouché bei Champagné zu gewinnen, wo nördlich dieses Dorfes eine Brücke über den Huisne-Bach führt, so war die Folge gar nicht abzusehen. Wohl stand der Feind noch nicht dort, aber eine ausreichende Streitkraft unsererseits war auch nicht daselbst vorhanden. Unter diesen Umständen that Eile not. Die noch in St. Hubert haltende 35. Brigade empfing daher Befehl, schleunigst gegen Champagné vorzurücken, den Bach dort zu überschreiten und das gefährdete Defilée zu schließen. Der Feind, der sich drüben entgegenstellte, ward bis über La Croix hinaus zurückgeworfen. Ungefähr zur selben Stunde war es denn auch noch zum Schluß geglückt, die an der Südostecke des Plateaus so heiß vom Gefecht umbrandete Ferme Le Haut Taillis dem Gegner zu entreißen. Es mochte gegen 6 Uhr sein, als die letzten Schüsse im Zentrum unserer Gefechtslinie erstarben. Das III. und IX. Korps hatten schwere Einbuße erlitten. Jenes büßte 34 Offiziere, 585 Mann, dieses 19 Offiziere und 380 Mann ein. Zu dem großen Erfolge unseres Zentrums hatten jedoch auch unsere beiden Flügel ihr gutes Teil beigetragen.

Der linke Flügel, das X. Korps, hatte nach dem Ausmarsch aus Grand Lucé bald die nach Le Mans führende große Straße verlassen und war weiter rechts auf die Straße Château du Loir-Le Mans gerückt, um dann nach vorangegangenem Gefechte das Dorf Mulsanne zu besetzen. Als immer näher dringender Kanonendonner in Front und Flanke verkündete, daß im Zentrum der Kampf heiß auf und nieder wogte, ward Befehl gegeben, weiter gegen Le Mans vorzurücken, um durch diesen Vormarsch die unmittelbar in rechter Flanke kämpfenden Truppenteile nach Kräften zu unterstützen. Bei Les Mortes Aures stieß man auf den Gegner, der sich hier gut verschanzt hatte. Da ein Frontangriff mißlang, so bog ein Bataillon 17er von links her in die rechte Flanke der feindlichen Stellung, eroberte dann das Gehöft La Tuilerie, mit dessen Besitzergreifung der Gegner im Rücken gefaßt war. Nun ward noch einmal der zuerst mißglückte Frontangriff unternommen. Diesmal mit Erfolg. Mit brausendem Hurra, das 1. Bataillon 56er voran, dann die Regimenter 17 und 92, drang man gegen den Feind vor. Dieser aber wartete erst gar nicht den Anprall der deutschen Truppen ab. Er zog sich schleunigst auf Pontlieu zurück. Seine Versuche, die verloren gegangene Stellung wiederzugewinnen, wurden nur kraftlos ausgeführt und leicht abgewiesen. La Tuilerie verblieb dem X. Korps.

Wenden wir uns nun unserem rechten Flügel, dem XIII. Korps, zu. Die Hauptaufgabe war für dasselbe am 11. Januar die Gewinnung der Straße Bonnetable-Le Mans und Besetzung von Savigné l'Evêque gewesen. Dieselbe konnte jedoch nur teilweise ausgeführt werden. Durch die Festigkeit der Montfort-Stellung ward der Hauptteil der 17. Division leider hier festgehalten, so daß es den übrigen Truppenteilen des XIII. Korps nur gelang, die in Front von Lombron belegenen Wald- und Höhen-Terrains vom Feinde zu säubern. Zur Hälfte diese dem Gegner zu entreißen, war am Tage zuvor bereits dem gemeinsamen Wirken der 22. Division und dem Detachement Rauch gelungen, die andere Hälfte uns noch zu eigen zu machen, dazu sollte der heutige Kampftag dienen. Dies gelang auch. Mehr aber ward für heute dem XIII. Korps nicht vergönnt.

Über ein Dutzend Fermen wurden dem sich mutig verteidigenden Gegner entrissen, nur Lombron hielt er mit kraftvoller Energie fest, ebenso einige vorgelegenen Gehöfte. Als es schon dunkelte, wurde seitens der 17. Division noch ein umfassender Vorstoß unternommen, doch nur mit geringem Erfolge. Die Bataillone verfehlten in Nacht und Schnee zum Teil die richtigen Wege, so daß die Kraft des Vorstoßes dadurch Einbuße erlitt. Nur einige Fermen vermochten wir noch dem Gegner streitig zu machen. Derselbe hatte uns ein weiteres Vordringen tapfer verwehrt, aber dieser Widerstand, der ihm für heute scheinbar einen gewissen Erfolg zusprach, hatte in Wahrheit doch, wie es der nächste Tag bewies, seine Stellung und ihn selbst tief erschüttert. General Chanzy berichtet selbst, daß gegen Abend es den französischen Führern nicht mehr gelingen wollte, die weichenden und völlig entmutigten Truppen zu sammeln und zum Vorgehen zu bewegen.

Auch diesseits war die Erschöpfung der Truppen ebenso groß als wohlberechtigt. Der geringe Mannschaftsbestand und der Mangel an Offizieren machte sich bereits fühlbar. Dennoch ordnete Prinz Friedrich Karl, der am Abend des 11. Januar sein Hauptquartier in Schloß Ardenay aufgeschlagen hatte, für den nächsten die Fortsetzung des Kampfes an. Ehe dieser Tag aber noch zur Rüste ging, hielten deutsche Truppen sieggekrönt ihren Einzug in Le Mans.

Siebenundzwanzigstes Kapitel.

Der dritte Schlachttag von Le Mans. — Vorgänge bei den französischen Korps. — Unser III. Korps verteidigt die Linie Noyers Chateau bis Le Tertre. — Das X. Korps besetzt Pontlieu und Le Mans. — Das XIII. Korps überschreitet die Linie Montfort-Lombron, ficht bei St. Corneille und La Croix und besetzt die Straße Bonnetable-Le Mans. — In Le Mans! — Unsere Erfolge und Verluste. — Demoralisation der II. Loire-Armee. — Armeebefehl des Generals Chanzy. — Unsere Detachements verfolgen den Feind bis Laval. — Veränderungen in der II. Armee am 21. Januar 1871.

Die Aufstellung der II. Armee war am Morgen des 12. Januars folgende:

Linker Flügel X. Korps: bei La Tuilerie;

Zentrum { III. Korps: bei Le Tertre und Noyers-Château;
IX. „ : auf u. neb. d. Plateau d'Auvours;

Rechter Flügel XIII. Korps: gegenüber Montfort und Lombron.

Während an unserem rechten Flügel die stark besetzten Höhen von Montfort und Yvré l'Evêque vorläufig wenigstens noch uns hier den Weg nach Le Mans versperrten, lag derselbe am linken Flügel wie im Zentrum frei. Nichts als die mehr oder minder große Widerstandskraft des Gegners konnte allein hier uns noch aufhalten. Dieselbe war aber thatsächlich gebrochen. Die vorangegangenen Schlachttage hatten den Mut und das Selbstvertrauen der französischen Truppen aufs tiefste erschüttert. Früh $7\frac{1}{2}$ Uhr telegraphierte Admiral Jauréguiberry, dem General Chanzy den Befehl über sämtliche südlich des Huisne-Baches stehenden Streitkräfte übergeben hatte, an seinen Obergeneral: „Ich ziehe die Brigade des Maisons zurück; nach Versicherung des Adjutanten dieses Generals zählt dieselbe in diesem Augenblick nur noch 6—700 Mann. Der General Bouëdec seinerseits hat ungefähr noch 1500 Mann. Mein ganzer Stab ist seit 4 Uhr morgens auf dem Platze und versucht ohne Erfolg die fliehenden Truppen zu sammeln. Ich bin in der verzweifelten Lage, erklären zu müssen, daß ein schneller Rückzug mir unbedingt notwendig erscheint." Eine halbe Stunde später antwortete General Chanzy dem Admiral: „Das Herz blutet mir; aber wenn Sie, auf den ich am meisten rechne, erklären, daß die Fortsetzung des Kampfes unmöglich und der Rückzug unvermeidlich sei, so gebe ich nach. Bereiten Sie alles für den Rückzug vor, damit er sich so langsam wie möglich und mit größtmöglichster Ordnung vollziehe. Treffen Sie die nötigen Vorbereitungen, um die Huisne-Brücke zu zerstören, sobald Sie dieselbe nicht mehr gebrauchen. Aber — ich wiederhole es — machen Sie dem Feinde den Zutritt zur Stadt so lange als möglich streitig. Wir müssen Zeit gewinnen, um die anderen Korps zu retten." So geschah es denn auch. Der Rückzug des Gegners ward meisterhaft geleitet. Während er uns im Zentrum noch beschäftigte, vollzog er inzwischen den Abzug sämtlicher noch südlich des Huisne-Baches haltenden Truppen. Unser linker Flügel drang, ohne noch auf Widerstand mehr zu stoßen, in Le Mans ein; das Zentrum folgte bald. Während dieser Vorgänge hatte der Gegner in aller Stille auch seine befestigten Stellungen unserem rechten Flügel gegenüber freiwillig aufgegeben.

Vorposten an dem rechten Flügel unserer Zentrumsstellung bei Noyers-Château meldeten früh 6 Uhr, daß auf der Straße und Eisenbahn von Yvré nach Le Mans andauerndes Fahren vernommen werde. Ein halbe Stunde später warf sich der Feind mit drei starken Kolonnen auf diesen rechten Vorpostenflügel, in der Absicht uns Noyers-Château streitig zu machen. Er wurde jedoch nach einem heftigen Infanterie-Gefechte durch unsere 11. Brigade, 20. und 35. Regiment, endlich zurückgeworfen. Um 7 Uhr griff dann der Gegner im Zentrum auch noch unseren linken Flügel an, besonders unsere Stellung bei Le Tertre, welcher Ort vom 2. Bataillon 12. Regiments gehalten wurde. Dieser Angriff geschah durch solche überlegenen Kräfte, daß diesseits allmählich die ganze 10. Brigade mit in das Gefecht eingreifen mußte. Nur so vermochten wir den heiß umstrittenen Punkt zu halten. Um 11 Uhr begann das feindliche Feuer matter zu werden. Kein Zweifel mehr: der Gegner hatte sich zur Flucht gewandt.

An unserem linken Flügel, X. Korps, war im Laufe des Vormittags

Meldung eingegangen, daß das angegriffene III. Korps, in einem Vorstoß des X. Korps eine erhebliche Unterstützung finden würde. Darauf hin brach die 19. Brigade unter General v. Woyna auf, um zuerst Pontlieu zu besetzen. Um 3 Uhr nachmittags traf beim Oberkommando seitens des Korpsbefehlhabers General v. Voigts-Rhetz folgende Meldung ein: „Pontlieu ist von den Spitzen der Division Woyna soeben erreicht worden. Ich ziehe meine Korps-Artillerie vor, um die Höhen jenseit des Huisne-Baches, östlich von Le Mans, unter Feuer zu nehmen, sofern der Feind von dort aus den Angriff auf Le Mans sollte bekämpfen wollen. Sonst werden die Batterieen gegen Le Mans und die Vorstadt den Angriff vorbereiten. L'Epau ist besetzt. Ich werde die Reserve-Brigade Lehmann (37.), sobald ich die Überzeugung gewonnen, daß in der Front eine feindliche Offensive nichts zu fürchten giebt, zum Angriff auf Le Mans heranziehen."

Zwei Stunden später lief eine neue Meldung, aus Le Mans datiert, ein: „Bin um 4 Uhr mit dem X. Armeekorps in Le Mans — nach Kanonade von einer Stunde — eingerückt. Der Straßenkampf in den jenseitigen Vorstädten dauert fort, ist aber nicht erheblich. Einige Tausend Gefangene, kolossale Lebensmittel-Vorräte, Waffen und Bagagen des Feindes sind in unseren Händen. Soeben rückte auch die Tête der 5. Division ein."

In der That hatte die 5. Division nach Beendigung des Gefechts bei Le Tertre, nachdem die verstreuten Truppenteile wieder gesammelt, ebenso ihnen die notwendigen Lebensmittel zuerteilt worden waren, den Vormarsch über Pontlieu auf Le Mans angetreten, und hatte dort an dem erbitterten Straßen- und Häuserkampf sich beteiligt. General v. Stülpnagel', Kommandeur der 5. Division, hatte bereits um 4 Uhr berichtet: „Ich melde, daß ich mich mit einem Bataillon Infanterie-Regiments No. 12 und dem 2. und Füsilier- Bataillon Regiments Nr. 52 an dem Übergangspunkte der Eisenbahn über die Straße Pontlieu-Le Mans befinde. Die 19. Division, sowie Teile der 20. Division, sind bereits in der Stadt Le Mans und dort bis zum Marktplatze vorgedrungen. Meine beiden Batterieen haben die Stadt wirksam beschossen. Ich stehe mit meinen Truppen zwischen denen des X. Korps und werde mich dem weiteren Einmarsche derselben in die Stadt anschließen." Doch nur das 2. Bataillon brauchte in den Kampf innerhalb der Stadt mit einzugreifen. Bald nach 5 Uhr war Le Mans völlig in unseren Händen. Wenden wir uns nun dem rechten Flügel unserer Gesamtstellung zu.

Das XIII. Korps, dem es am Tage vorher nicht vergönnt gewesen war, die vorgeschriebene Linie zu erzwingen, sah sich nun für heute genötigt, durch ein energisches Vorgehen über Savigné l'Evêque hinaus seine Mitwirkung an dem entscheidenden Schlage dieses Tages zu ermöglichen. Es mußte versuchen, nach rechts hin die feindliche Frontstellung zu umgehen, um dann die Straße Bonnetable-Savigné zu besetzen. Nur so konnte eine Unterstützung des Vorgehens der übrigen Korps in Aussicht genommen werden. Zu diesem Zwecke ward für den 12. Januar angeordnet, daß die 17. Division sich auf Lombron und St. Corneille, die 22. Division auf die Straße Bonnetable-Le Mans bewegen sollte. Demgemäß wurde verfahren. Die 17. Division, das Detachement Rauch jetzt an die Spitze gezogen, ging teils auf Montfort, teils auf Lombron vor. Diese noch tags zuvor so energisch verteidigten Höhenpunkte zeigten sich bereits vom Feinde verlassen und wurden nun unsererseits von Truppenteilen besetzt. Auch die nachbarlichen Fermen, aus denen noch zahlreiche Gefangene im kläglichsten Zustande zusammengetrieben wurden, waren vom Gegner aufgegeben worden. Waffen aller Art, Gepäckstücke und Ausrüstungsgegenstände bedeckten im wilden Durcheinander die Straßen, von dem hastigen Rückzug der Franzosen Zeugnis ablegend. Derselbe hatte auf St. Corneille hin stattgefunden. Hier hielt der Feind noch gut verschanzt. Nachdem diesseits noch Verstärkungen herangezogen worden waren, ging man um $3^1/_2$ Uhr nachmittags unter lautem Hurra zum Sturm gegen diesen Ort vor. In aufgelösten Scharen entfloh der Gegner nach Westen hin. Weiter vordringend, besetzten die Unsrigen 11 Uhr abends noch Château de Touvois und Le Mesnil Château mit starken Abteilungen, während die Spitzen der Avantgarde noch über die Straße Bonnetable-Savigné hinausgeschoben wurden.

Gleich der 17. Division, so löste auch die 22. Division die ihr zugefallene Tagesaufgabe. Über Torné wandte sie sich auf Chantebourg. La Croix, das jenseits liegt, zeigte sich vom Feinde besetzt. Um 2 Uhr setzte sich die Avantgarde zum Sturm auf La Croix in Bewegung. Doch so leicht schien der Gegner nicht den Besitz aufgeben zu wollen. Ein ziemlich heftiges, andauerndes Gefecht entspann sich, das leider infolge des durch Knicks und Baumpflanzungen bedeckten Terrains nicht genügend durch unsere Artillerie unterstützt werden konnte. Erst $4^1/_2$ Uhr gelang es uns, La Croix von seiner französischen Besatzung zu säubern und den Ort zu besetzen. Unter Zurücklassung zahlreicher Gefangenen wich der Gegner. Schon glaubten wir für heute den Kampf beendet, als nach hereingebrochener Dunkelheit der Feind plötzlich noch einmal auftauchte, um La Croix uns wieder zu entreißen. Und in der That, im ersten Anprall wichen unsere Leute und überließen das schwer errungene Dorf dem Gegner. Erst ein umfassender Angriff rasch herangezogener Streitkräfte setzte uns dann wieder in den Besitz von La Croix. Über 3000 Gefangene in unseren Händen lassend, wich der Feind auf Savigné l'Evêque zurück. Ein Bataillon und eine Schwadron unserer Avantgarde folgten ihm; der Rest der Division bezog Kantonnements längs der Straße La Croix-Bonnetable.

Der Straßenkampf in Le Mans war bereits vor Einbruch der Dunkelheit verstummt. Mit dem Sieg unseres XIII. Korps bei La Croix war die gewaltige dreitägige Schlacht von Le Mans beendet. Die Stellung unserer Truppenteile war am Abend des 12. Januars folgende:

X. Korps in Le Mans;
III. „ teils in Le Mans, teils bei Yvré l'Evêque;
IX. „ auf dem Plateau d'Auvours und bei Champagné;
XIII. „ längs der Straße Bonnetable-Le Mans.

Die späte Stunde des Angriffs der Deutschen hatte den Rückzug der Franzosen wesentlich begünstigt, wie andererseits die in dieser Jahreszeit früh hereinbrechende Dunkelheit eine weitere Verfolgung des fliehenden Gegners außerordentlich beeinträchtigte. Die nun beendeten siebentägigen Kämpfe bis vor die Thore von Le Mans hatten unsere II. Armee in furchtbarster Weise einem beklagenswerten Zustande entgegengeführt. Die Verluste waren so groß, daß viele Kompagnieen durch Feldwebel geführt wurden. Bei dem unausgesetzten Vorgehen war es schwer gewesen, Ersatz an Mannschaft und Material nachzuschaffen. In diesen Tagen, wo der Winter in grimmer Strenge sich fühlbar machte, Glatteis und Schneetreiben jede Bewegung hemmte und erschwerte, marschierte ein Teil der Infanterie in leinenen Beinkleidern und zerrissenem Schuhwerk. Die Offiziere waren auch nicht besser daran. Seit geraumer Zeit entbehrten sie ihr Gepäck, da das Fuhrwerk auf den schlechten Wegen nicht hatte folgen können. Trotzdem wurden alle Schwierigkeiten überwunden; die berühmte preußische Mannszucht, ein tüchtiger Wille, wie ein gesunder Humor trugen den Sieg davon.

Groß waren unsere Erfolge gewesen. Über 20000 Gefangene, 17 Geschütze, 2 Fahnen und ein kolossales Kriegsmaterial fielen in unsere Hände. Diesen Verlusten gegenüber erscheint unsere Einbuße freilich nur gering. Dennoch war sie beträchtlich genug. Breite Lücken klafften in den Reihen unserer wackeren Streiter. Die höchsten Anforderungen waren an das III. Korps gestellt worden. Die Brandenburger hatten mehr als die Hälfte aller Verluste zu tragen gehabt. In sieben Tagen hatte die II. Armee ungefähr 200 Offiziere und 3 300 Mann eingebüßt. Unsere Verluste in der dreitägigen Schlacht von Le Mans bezifferten sich, wie folgt:

	Tot		Verwundet		Vermißt	
	Offiz.	Mann	Offiz.	Mann	Offiz.	Mann
III. Korps:	24	268	54	763	—	42
X. „	1	50	9	142	2	64
XIII. „	7	94	13	294	1	27
IX. „	7	106	11	182	—	—
4. Kav.-Division:	—	—	—	—	—	1
6. „ „	—	—	—	1	—	—
	39	518	87	1 382	3	134

Dies ergiebt eine Gesamtsumme von 129 Offizieren, 2 034 Mann: 2 163.

Der Zustand, in welchem die einst so stolze, 150 000 Mann zählende II. Loire-Armee des Generals Chanzy aus Le Mans floh, muß ein furchtbarer gewesen sein. Die Straßen sowohl innerhalb der Stadt wie in den Vorstädten bedeckte im wahrsten Sinne des Wortes ein Chaos von Toten, Uniformstücken, Waffen, umgeschlagenen Munitions- und Bagagewagen, Pferdekadavern, Haufen jämmerlich winselnder, zurückgelassener Verwundeten, alles mit Schmutz, Schnee und Blut durcheinandergemengt. Telegramme und Korrespondenzen fielen massenhaft in unsere Hände, deren Inhalt ein ebenso charakteristisches als trauriges Bild der heillosen Verwirrung innerhalb der II. Loire-Armee entrollte. So schrieb ein englischer Berichterstatter an seine Zeitung: „Die französischen Telegramme haben Ihnen wohl wiederum gemeldet, daß der Rückzug in „bester Ordnung" bewerkstelligt worden. Nun, ich bin mitten zwischen diesen fliehenden Massen gewesen, und ich kann nur sagen, daß es eine vollständige Auflösung war. Das Korps, welches hier durchpassiert, soll das XVI. sein — es wird wenigstens so genannt —, aber hier sind Leute, Karren, Kanonen, Bataillone, Kompagnieen u. s. w. jedes anderen Korps in dem unentwirrbarsten Knäuel mit untermischt. Jeder

54*

scheint ausgerissen zu sein, wie es ihm paßte, und diejenige Marschroute gewählt zu haben, die ihm paßte; die Infanterie jedoch (Mobile, mobilisierte Nationalgarden und Linie) entwickelte den größten Eifer, aus dem Bereich des weiter verfolgenden Feindes herauszukommen. Ich habe gehört, daß ganze Scharen von Mobilgarden des Nachts marschiert seien und am Tage ausruhten, um nicht von den Gensdarmen belästigt zu werden, deren Aufgabe es ist, aufgelöste Soldatenscharen gewaltsam zurückzuschicken. Die Kavallerie-Division des General Michel war die ganze vorige Nacht damit beschäftigt, die Dörfer abzustreifen und die Häuser und Ackerhöfe von den fliehenden Mobil- und Nationalgarden zu säubern, die sich dort zu Tausenden verkrochen hatten. Sie trieben die Flüchtigen entlang und hieben rechts und links mit der Fläche ihrer Säbel auf sie ein."

Noch bezeichnender für die herrschende Panik innerhalb der II. Loire-Armee ist die Meldung, welche Admiral Jauréguiberry, Kommandeur des XVI. Korps, an den General Chanzy machte. Sie lautete: „Herr General! Der General Bouëder und der General Barry sind nacheinander gezwungen worden, sich zurückzuziehen. Drei preußische Kolonnen, welche auf den Straßen von Coulie, Loué und Le Mans vorrückten, haben den Nebel benutzt, um sie zu umgehen. Einige Regimenter haben zwar kräftigen Widerstand geleistet, aber die meisten sind auseinander gelaufen. Das Gewühl der Fliehenden ist unbeschreiblich. Sie rennen die Kavallerie um, welche ihre Flucht zu verhindern versucht. Die Offiziere sind machtlos; zwei Mann sind niedergeschossen worden, aber dies Beispiel hat keinen Eindruck auf die anderen gemacht. Ich finde in meiner Umgebung eine derartige Demoralisation, daß es nach der Versicherung der Generale unter diesen Umständen gefährlich sein würde, hier länger zu bleiben, und ich mich in der traurigen Lage befinde, noch weiter zurückgehen zu müssen. Wenn ich nicht ein bedeutendes Material bei mir hätte, welches zu retten versucht werden muß, würde ich mich bemühen, eine Handvoll entschlossener Menschen zu suchen und zu kämpfen, wenn auch ohne Aussicht auf Erfolg. Aber wie mir scheint, würde es unsinnig sein, 8 Batterieen zu opfern, ohne schließlich zu irgend einem nützlichen Resultat zu gelangen. In den 39 Jahren, die ich im Dienst bin, habe ich mich niemals in einer derartig verzweifelten Lage befunden."

Doch auch durch den Oberbefehlshaber selbst ward das mutlose Verhalten der II. Loire-Armee offiziell gebrandmarkt. General Chanzy erließ nachfolgenden Tagesbefehl:

„Nach den glücklichen Kämpfen, in welchen Ihr im Thal des L'Huisne, sowie an den Ufern der Loire und Vendôme den Feind besiegtet, nach dem Erfolge vom 11. d. bei Le Mans, wo Ihr mit Behauptung aller Positionen den Angriffen der feindlichen Streitkräfte unter Oberbefehl des Prinzen Friedrich Karl und des Großherzogs von Mecklenburg Widerstand geleistet, ist plötzlich eine schmähliche Schwäche, eine unerklärliche Panik über Euch gekommen, welche teilweise das Aufgeben wichtiger Positionen herbeiführte und die Sicherheit der ganzen Armee gefährdet. Eine energische Anstrengung, dies wieder gut zu machen, ist nicht versucht worden, trotzdem die nötigen Befehle sofort gegeben waren, und so mußten wir Le Mans aufgeben. Frankreich richtet seine Blicke auf seine zweite Armee, wir dürfen nicht zögern. Schart Euch um Eure Anführer und zeigt, daß Ihr noch immer dieselben Soldaten seid, welche bei Coulmiers und Villepion, bei Josnes und Vendôme siegten."

Am 12. Januar gegen Abend hatten unsere Truppen Einzug in Le Mans gehalten. Mit der II. Armee die Operationen gegen den nach Westen und Norden fliehenden Gegner noch weiter auszudehnen, lag nicht in der Absicht des Oberbefehlshabers. Nur wenige, zu diesem Zwecke sofort gebildete Kolonnen hefteten sich an die Fersen des im wirren Rückzug befindlichen Gegners, um wenigstens etwas die Vorteile unserer Waffenerfolge auszunützen. Nach den unausgesetzten Märschen und Gefechten, all den Mühseligkeiten und Entbehrungen war die II. Armee der Ruhe und Erholung dringend bedürftig. Die allgemeinen Direktiven des großen Hauptquartiers hatten überdies für die Ausdehnung der Operationen gewisse Grenzen gezogen, um die Möglichkeit zu wahren, auch in anderen Richtungen die Streitkräfte zu verwenden. Die II. Armee konnte in naher Zukunft an der Loire wie an der unteren Seine nötig werden. Das Ziel des Zuges gegen Le Mans war erreicht, das feindliche Heer auf weite Entfernung von Paris zurückgedrängt worden. Im Hinblick auf diese vorgenannten Gründe und Erwägungen beschloß Prinz Friedrich Karl, nur schwache Abteilungen über die Sarthe hinaus dem auf dem Rückzug befindlichen Gegner nachfolgen zu lassen. Unter diesen Abteilungen, wohl auch Detachements genannt, welche vom 13. bis zum 20. Januar größere oder kleinere Scharmützel und Gefechte mit dem Feind zu bestehen hatten, wobei stets unverhältnismäßig starke Trupps von Gefangenen gemacht wurden, waren folgende vier wohl die wichtigsten: die Detachements unter Führung des Generalmajors v. Schmidt, Oberst Lehmann, General v. Hartmann und Oberst v. Förster.

Detachement Förster wandte sich am 14. auf Beaumont sur Sarthe, vertrieb nach verhältnismäßig leichtem Gefecht den Gegner und besetzte die Stadt. Eine französische Train-Kolonne, aus 40 Wagen bestehend, wurde erbeutet, ebenso fielen an 1000 Gefangene in unsere Hände.

Das numerisch nur schwache Detachement Lehmann erreichte am 14. Coulie, wo sich ein verschanztes Lager befand. Zwischen diesem und Sillé le Guillaume stieß es am nächsten Tage auf starke feindliche Truppenteile, mit welchen es trotz der großen Übermacht des Feindes den Kampf aufnahm, leider aber 5 Uhr nachmittags abbrechen mußte. Ohne verfolgt zu werden, zog sich das Detachement, das einen Verlust von ungefähr 100 Mann erlitten hatte, auf Coulie zurück. Als man tags darauf, durch inzwischen eingetroffene frische Kräfte verstärkt, noch einmal gegen Sillé le Guillaume vorging, war der Feind bereits abgezogen.

Detachement Hartmann verblieb südlich des Loir und besetzte am 19. Januar Tours, ohne daß es auf irgend welchen Widerstand gestoßen wäre.

Am meisten Kämpfe und Erfolge hatte das Detachement Schmidt aufzuweisen. Dasselbe hatte die westliche Richtung eingeschlagen, wodurch es ihm gelang, zu verschiedenen Malen auf die Arièregarde des XVI. Korps zu stoßen und dieselbe aus ihren Stellungen zu vertreiben. Das erste Mal überraschte man den Gegner bei Chassillé, wo es am 14. zu einem Gefecht kam, wobei wir an 400 Gefangene machten, während sich unsere Einbuße, trotz des lebhaften feindlichen Artillerie- und Infanteriefeuers nur auf 1 Offizier und 17 Mann belief. Am nächsten Tage kam es schon wieder zu einem Renkontre. Diesmal bei St. Jean sur Erve, wo wir den fliehenden französischen Abteilungen 100 Gefangene abnahmen. Mit dem vor uns her fliehenden Gegner setzten wir dann über den Joanne-Bach, bei welcher Verfolgung das Detachement Schmidt während des 16. und 17. Januars noch an 2000 Gefangene erbeutete. Am 18. ward eine Rekognoszierung gegen die stark vom Feinde besetzte Stadt Laval unternommen. Bei unserem Anrücken sprengte der Gegner drei Mayenne-Brücken. Leider mußte das

Detachement ein weiteres Verfolgen des Feindes aufgeben, da Befehl zur Rückkehr inzwischen eingetroffen war, der Zweck unserer Rekognoszierung auch vollauf erfüllt war. General v. Schmidt ordnete den Rückmarsch an, worauf sich sein Detachement zunächst nach Vaiges begab.

Über die kleinen Scharmützel, welche sich noch bis gegen Ende Januar längs der Sarthe abspielten, ebenso wie über die Renkontres, welche die an der Loire von uns beim Antritt des Marsches auf Le Mans zurückgelassenen Abteilungen inzwischen zu bestehen gehabt hatten, wollen wir hinweggehen. Wie schon einmal angeführt, so war der Zweck unserer Operationen glänzend, wenn auch, bedingt durch die Umstände, verhältnismäßig langsam erreicht worden: der II. Loire-Armee war mit einem Gesamtverluste von etwa 20000 Mann der Weg nach Paris verlegt worden; weit zurückgedrängt, floh sie noch tiefer hinein in das Innere des Landes, keine Armee mehr, nur noch wild aufgelöste Trupps demoralisierter Soldaten.

Ernstere Unternehmungen erfolgten auf diesem Teile des Kriegsschauplatzes nicht mehr. Am 21. Januar traten für unsere II. Armee folgende Veränderungen ein: Das XIII. Korps schied aus dem Verbande der II. Armee und nahm seinen Weg nordwärts auf Rouen, wo es am 25. eintraf. Das IX. Korps kehrte nach Orléans zurück, während das III. und X. Korps in Le Mans verblieb. Bei diesen Bestimmungen verblieb es denn auch, bis am 28. Januar die Nachricht von dem am 31. beginnenden dreiwöchentlichen Waffenstillstand aus Versailles eintraf.

Wir aber wenden uns jetzt den Vorgängen im Norden Frankreichs, den Kämpfen bei Amiens, zu.

Achtundzwanzigstes Kapitel.

Bildung des XXII. französischen Korps. — Der Vormarsch unserer I. Armee von Metz nach Amiens. — Die „erste Schlacht bei Amiens" am 27. November 1870. — Die Nordarmee sucht das Weite. — Die Kapitulation der Citadelle von Amiens. — Unser Vormarsch auf Rouen. — Rouen wird besetzt. — Fünf größere preußische Detachements säubern das Land jenseits Rouen bis zum Meere. — General Faidherbe übernimmt das Oberkommando über die verstärkte Nordarmee. — Überrumpelung von Ham. — Die „zweite Schlacht bei Amiens" am 23. Dezember. — Verluste hüben und drüben. — Die Nordarmee zieht sich zurück.

Frankreich war nicht nur bemüht gewesen, von Süden her Entsatz für seine bedrängte Hauptstadt heranzuziehen, auch im Norden hatte man sich gerührt, neue Regimenter gegen den vor Paris lagernden Feind vorzusenden. Besonders waren es die Städte Rouen, Amiens und Lille, in welchen diese Formierungen stattfanden. Mobilgarden, vierte Linien-Bataillone und aus der deutschen Gefangenschaft entwichene Soldaten bildeten das Material dieses neuen Heereskörpers. Anfangs freilich wollten diese Neubildungen nur schlecht von statten gehen. Das Volk mißtraute dem General Bourbaki und ließ es ihn durch tumultarische Kundgebungen genügend wissen, so daß der galante Feldherr es vorzog, sich an Gambetta behufs seiner Versetzung zu wenden, welche denn auch am 19. November zur Südarmee erfolgte. Als Nachfolger war General Faidherbe ausersehen worden. Da derselbe aber erst aus Algier herüberberufen werden mußte, so ward inzwischen als Stellvertreter General Farre eingesetzt. Mit ihm kam neues Leben in die Bewegung. Es war diese Beschleunigung ohnehin bedingt durch die Meldung, daß der deutsche Gegner bereits in zwei Kolonnen an der Oise stand. Am 25. November vermochte General Farre das XXII.

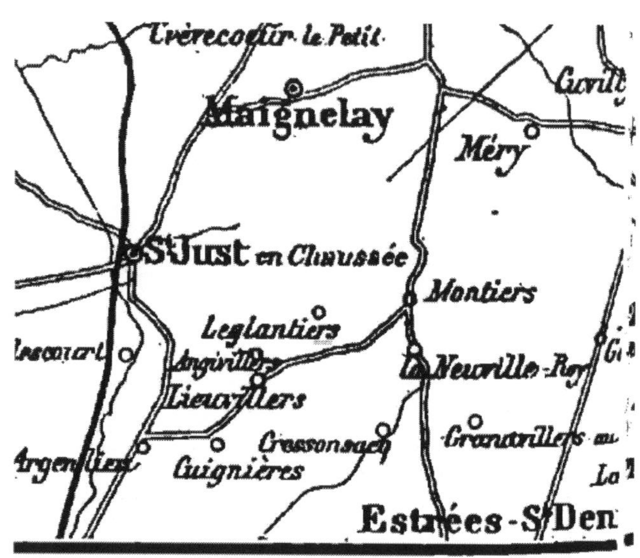

Karte des Kriegsschauplatz

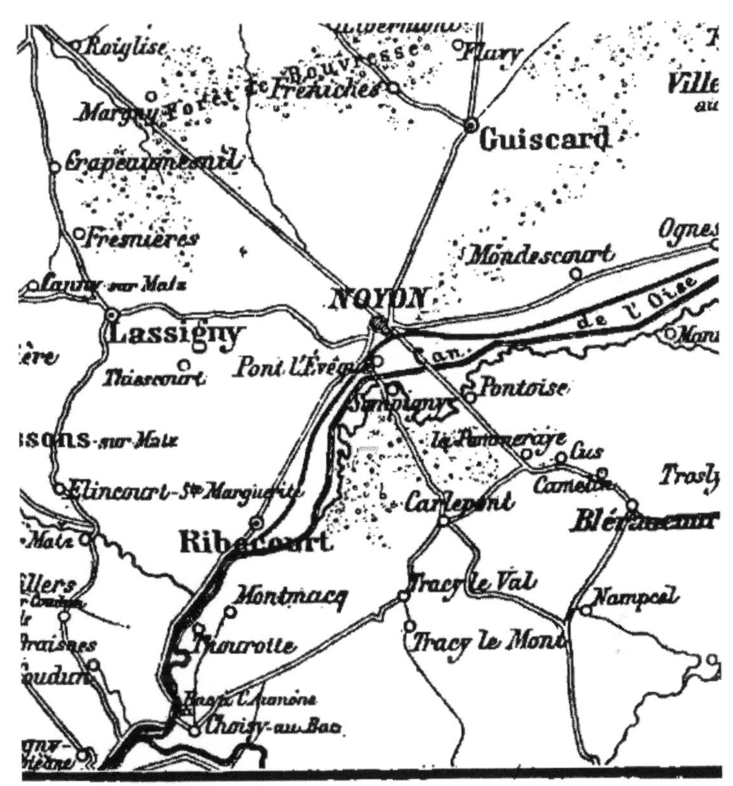

Amiens und Umgebung.

Korps, vorläufig nur aus drei Brigaden bestehend, bei Amiens schlagfertig aufzustellen.

Wenden wir uns nun dem Anmarsch unserer Truppen zu. Durch den Fall von Metz hatten wir wieder die Verfügung über zwei Armeeen erlangt. Die II. Armee wandte sich nach Süden, die I. Armee nach dem Norden Frankreichs. Aber während die erstere in voller Stärke sofort nach der Kapitulation der „Jungfrau" Metz sich nach der Loire südwärts wenden konnte, war der I. Armee die Besatzung von Metz und die Bewachung der Gefangenentransporte anvertraut worden. Dies schob ihren Abmarsch auf, und als endlich der Befehl dazu erging, mußte sie, auf die Hälfte ihrer Streitmacht vermindert, den Abzug antreten. Nur das VIII. Korps war mit allen vier Brigaden vollständig vertreten. Von dem I. Korps verblieben vorläufig noch drei Brigaden in Metz, welche jedoch im Laufe der nächsten Wochen nachrückten. Das VII. Korps stieß überhaupt nicht mehr dazu. Seine 14. Division war, wie wir früher schon gesehen, für die Einnahme einer Reihe Festungen längs der Mosel verwandt worden. Seine 13. Division verblieb als Besatzung vorläufig in Metz. Vereint bildeten beide Divisionen später den Hauptteil unserer Südarmee. Die ebenfalls der I. Armee angehörige 3. Reserve-Division stieß später wieder zur I. Armee und nahm an der Schlacht bei St. Quentin hervorragenden Anteil. Die 3. Kavallerie-Division begleitete den Abmarsch des VIII. Korps. Alles in allem betrug die Stärkezahl der I. Armee anfangs nicht mehr denn 26500 Mann.

Am 7. November war der Marsch von Metz aus nordwärts angetreten worden: rechts das I. Korps, links das VIII. Korps. In 14 Tagen wurden 40 Meilen zurückgelegt und am 21. November hielt man an der Oise, das I. Korps bei Compiègne, das VIII. bei Noyon. Am 24. November sollte der Weitermarsch ausgeführt werden. Bis dahin galt es, durch vorgeschobene Kavallerie-Abteilungen das Vorland zu rekognoszieren, den Anmarsch der nachfolgenden drei Brigaden des I. Korps möglichst abzuwarten und schließlich auch den ermüdeten Leuten etwas Ruhe zu gönnen. Am 24. November brach man dann wieder auf. Das Ziel war Amiens, die Hauptstadt der romantischen Picardie. Zwei Tage später, am 26., war unsere Stellung am Abend folgende: Linker Flügel, 16. Division, hielt bei Ailly und Essertaux; das Zentrum, 15. Division, bei Moreil, Hailles, Thennes und Domart, Vorposten über die Luce geschoben; rechter Flügel, Brigade Memerty und Regiment

Kronprinz vom I. Korps bei Quesnel und Arvillers, 3. Kavallerie-Division bei Rosières. Der nachfolgende Rest des I. Korps stand noch bei Roye und Noyon. Für den 27. November waren folgende Dispositionen gegeben worden:

Die 15. Division rückt bis Hebecourt und Dury, die 16. Division bis Sains und Fouencamps; am rechten Flügel besetzt die 3. Brigade, Regiment Kronprinz in Reserve, die Linie Thezy-Demuin, die 3. Kavallerie-Division rückt in den Abschnitt zwischen Somme und Luce. Schon die Schwäche unseres rechten Flügels hatte den Gedanken eines Angriffs vor Eintreffen der einrückenden Brigaden des I. Korps ausgeschlossen. Dennoch kam es zum Kampfe. Am 27. November fand die „erste Schlacht bei Amiens" statt.

Das schöne und reiche Amiens, das eine Einwohnerzahl von 70000 Seelen besitzt, liegt am linken Ufer der Somme. Dieselbe, von Osten nach Westen fließend, zeigt anfangs Sumpfgebiet, späterhin aber Höhenzüge, welche den Fluß malerisch einrahmen. In den letzteren münden nahe bei Amiens von Süden her zwei Flüßchen, die Celle und Avre, welch letztere dann wieder nicht weit von ihrer Einmündung in die Somme, die ebenfalls von Süden heranströmende Noye und von Osten her die Luce aufnimmt. Somme und Celle begrenzen das Gebiet, auf welchem die Schlacht vom 27. November tobte, während die Avre das Terrain in zwei Teile trennte, zwischen den hüben und drüben fechtenden Heereskörpern jede Fühlung aufhob und somit auch die Schlacht in zwei völlig getrennte Gefechte schied. Zwischen Somme und Avre kämpfte das I. Korps mit der 3. Kavallerie-Division, zwischen Avre und Celle das XIII. Korps. Amiens selbst liegt am linken, südlichen Ufer der Somme, seine Citadelle, deren 8000 Mann starke Garnison unter dem Befehl des Generals Paulze d'Ivoy stand, beherrscht das gegenüberliegende Ufer.

Anfangs hatte General Farre seinem XXII. Korps, das seit dem 24. November bei Amiens konzentriert stand, am rechten Ufer Stellung angewiesen, bald jedoch erkennend, daß damit der Stadt Amiens wenig Schutz gewährt sei, gab er Befehl, auf das andere Ufer herüberzurücken. Bei der Annäherung unserer beiden Kolonnen hatte General Farre, wie folgt, disponiert: Brigade du Bessol besetzt Villers-Bretonneux, Brigade Lecointe besetzt Cachy und Gentelles, Brigade Derroja besetzt Boves an der Avre, Division Paulze d'Ivoy (die Garnison der Citadelle) besetzt die mit

Positionsgeschützen stark armierten Verschanzungen bei Durey. Gegen die beiden ersten Brigaden richtete sich der Angriff unseres rechten Flügels, gegen die anderen feindlichen Truppenteile der unseres linken Flügels. Diesem folgen wir zuerst.

Hier stand zwischen der Celle und der Avre, links die 16., rechts die 15. Division. Letzterer war für diesen Tag die Gewinnung der Linie Sains-Fouencamps aufgegeben worden. Über dieses Ziel hinaus besetzte die 15. Division auch noch Boves an der Avre. Um 10½ Uhr vormittags war die Avantgarde, die 30. Brigade, unweit Fouencamps auf den Feind gestoßen, welcher längs des linken Thalrandes der Noye verschiedene Gehölze besetzt hielt. Eine diesseitig auffahrende Batterie griff ihn lebhaft und mit solchem Erfolge an, daß wir zur Mittagsstunde uns bereits im Besitze der Ferme Paraclet sahen, während der Gegner auf Boves zurückwich. Inzwischen hatte die Avantgarde der 29. Brigade St. Fuscien, das Gros Sains besetzt. Als immer stärker anschwellender Kanonendonner von Boves herübertönte, erging der Befehl, ein starkes Detachement zur Unterstützung der dort im Feuer stehenden 30. Brigade abzusenden. Infolge dessen rückten 14 Kompagnieen und 2 Batterieen auf Boves vor. Der Feind war auf diesen Flankenangriff ersichtlich nicht vorbereitet. Er gab nicht nur Boves selbst, sondern auch den gut besetzten Ruinenberg unweit davon preis. Mit Infanterie beladene Eisenbahnzüge, welche von Amiens herandampften, wurden durch das Feuer unserer Artillerie zur Umkehr gezwungen. Allmählich wich der Feind auf allen Punkten und zog sich bei eintretender Dunkelheit in das Gehölz von Gentelles zurück, uns über 400 Gefangene überlassend.

Unsere 16. Division war bei ihrem Vordringen bereits bei St. Sauflieu auf feindliche Abteilungen gestoßen, die jedoch rasch auf Hebecourt zurückwichen, wo bald ein heftiger Kampf entbrannte. Mehrere Bataillone hielten das Dorf, dessen Einwohner sich am Kampf beteiligten; ein rückwärtiges Gehölz zeigte sich ebenfalls stark besetzt. Ströme von Blut flossen, ehe Dorf und Wald von den Unsrigen genommen wurden, da kein Pardon diesmal gegeben werden konnte. Auch zwei Husaren-Schwadronen des Regiments Nr. 9 fanden Gelegenheit, kräftig mit dreinzuhauen. Leider fiel bei dieser Attacke der Ordonnanz-Offizier Prinz Hatzfeld, von mehreren Bajonettstichen durchbohrt. Nach Einnahme von Hebecourt drang die 16. Division durch Dury, bis sie sich gegenüber einer stark verschanzten Linie sah. In-

55*

fanterie- und gleich darauf auch Geschützfeuer empfing die Unsrigen. Wohl fuhren die Divisions-Batterieen gegenüber dem feindlichen, von Schützengräben umgebenen Artillerielager auf, wohl stürmten einige Kompagnieen 70er einen nur 300 Schritt von den Schanzen entfernten Kirchhof, doch gelang es uns nicht, das feindliche Feuer zum Schweigen zu bringen. Erst die hereinbrechende Nacht machte den Feindseligkeiten ein Ende. Dury und der Kirchhof blieben von uns besetzt. Die 16. Division biwakierte angesichts der feindlichen Stellung.

Auf unserem rechten Flügel hatte sich an diesem Tage folgendes Gefecht entwickelt. Die Avantgarde des hier stehenden Teiles des I. Korps hatte gegen 11½ Uhr die Dörfer Domart und Hangard jenseit der Luce erreicht, das Gros hielt noch diesseit dieses Flüßchens. Der Kavallerie war der breite Raum zwischen Luce und Somme angewiesen. Die Avantgarde, Regimenter 4 und 44, drang nun im kräftigen Ansturm vor, entriß dem Gegner, der sich verdutzt auf Cachy zurückzog, erst das Bois de Domart, dann die beiden Bois de Hangard, nahm darauf im Sturm eine vom Feinde gut besetzte Schanze zwischen Marcelcave und Villers-Bretonneaux, welche sie auch während des ganzen Tages hielt. Um 1 Uhr brach der Gegner, nachdem er bereits eine Weile das Gefecht völlig abgebrochen hatte, mit erneuten Kräften vor, errang zwar an unserem rechten Flügel einigen Vorteil, vermochte aber einen entscheidenden Schlag nicht auszuführen. Um 3 Uhr stand das Gefecht abermals eine Weile. Dann aber ging unsere Avantgarde, unterstützt durch zwei Bataillone Kronprinz, zum erneuten Ansturm vor, warf den Feind aus allen Stellungen unter lautem Hurra und besetzte mit stürmender Hand gegen 4½ Uhr Villers-Bretonneaux, wobei 9 Offiziere und 320 Mann unverwundet in unsere Gefangenschaft fielen, außerdem noch 2 Fahnen und ungefähr 800 verwundete Gefangene erbeutet wurden. Durch die hereinbrechende Dunkelheit geschützt, floh der Feind teils westlich nach Amiens, teils nördlich über die Somme. Die Beschaffenheit des Schlachtfeldes hatte für den Abend einen totalen Überblick unserer Erfolge unmöglich gemacht. Erst am anderen Tage ward uns die Bedeutung des errungenen Sieges klar. Aus diesem Grunde konnte auch der am Abend der Schlacht ausgegebene Befehl für den nächsten Tag noch keine Rücksicht auf die völlig veränderte Sachlage nehmen. Rekognoszierungen sollten erst das vorliegende Terrain aufklären.

Dem großen Erfolge stand aber auch ein herber Verlust entgegen. Er betrug:

VIII. Korps	24 Offiziere,	430 Mann
I. "	42 "	739 "
3. Kavallerie-Division .	— "	15 "
	66 Offiziere,	1184 Mann

20 Vermißte gelangten durch die Kapitulation der Citadelle von Amiens bereits am 30. wieder in unsere Hände.

Am 28. November begannen seitens vorgeschobener Kavallerie-Abteilungen die Rekognoszierungen. Sie ergaben ein überraschendes Resultat. Während alle Dörfer voll von Verwundeten, Waffen und Gepäckstücken lagen, hatte der Feind die Brücken über die Somme hinter sich in die Luft gesprengt, ebenso die Dörfer Cachy und Gentelles vollständig geräumt. Sofort ward Heranschaffung des Brückenmaterials und Verfolgung des Gegners durch Kavallerie am rechten Flügel angeordnet. Am linken Flügel erfolgte, nachdem man auch die Verschanzungen von Dury verlassen gefunden hatte, am Mittage der Einzug des Generals v. Goeben an der Spitze des Regiments Nr. 40 der 16. Division in die Stadt Amiens. Hier erst erfuhr man, daß der Gegner, nach dem Beschlusse einer nachts 1 Uhr abgehaltenen Beratung, seinen vollständigen Rückzug nach Norden angetreten hatte.

Einige hundert Mann waren unter dem Kommando des Hauptmanns Vogel zurückgeblieben und hielten die Citadelle besetzt. Der Kommandeur des kleinen Häufleins Soldaten hatte eine kühne und energische Verteidigung der Citadelle beschlossen. Preußischen Offizieren, welche behufs Kapitulationsverhandlungen in der Citadelle am Morgen des 28. vorgelassen wurden, erklärte er, daß er zwar aus Rücksicht auf die Stadt nicht zuerst mit den Feindseligkeiten beginnen wolle, im übrigen aber gesonnen sei, die Citadelle bis auf den letzten Mann zu verteidigen. Ein am Abend desselben Tages einlaufendes höchst schmeichelhaftes Schreiben des General v. Goeben ward im gleichen Sinne beantwortet. Um 11 Uhr morgens des 29. November erschien zum dritten Male ein Unterhändler vor dem kecken Kommandanten und kündigte bei nicht erfolgender Übergabe das bevorstehende Bombardement an. Auch jetzt verharrte Hauptmann Vogel bei seinem Entschluß, trotzdem bereits an 40 Mann der Besatzung unter Mitwissen ihrer Unteroffiziere entflohen waren. Er ließ sofort „antreten“ und erwartete den Angriff der Unsrigen, die sämtliche Häuser gegenüber der Citadelle durch Ausbrechen von Steinen mit Scharten versehen hatten. Zehn Minuten später eröffneten wir ein dichtes, wohlgezieltes Flintenfeuer. Es hagelte förmlich von Geschossen. Der Feind antwortete bald mit Flinten- und Geschützfeuer. Ruhig schritt währenddem Hauptmann Vogel von Posten zu Posten längs der Umfassungsmauern, kaltblütig Anordnungen treffend und Mut einflößend, trotzdem die Geschosse um ihn herum einschlugen. Als er sich, etwas zu erläutern, über die Brüstung beugte, traf eine Kugel ihn mitten durchs brave, tapfere Herz. Lautlos brach er zusammen. Es ist nicht unmöglich, daß der wackere Kommandant den Tod gesucht hat. Seine Lage war eine verzweifelte. Gab er die Citadelle frei, verfiel er dem strengen Verdammungsgericht eines Gambetta, hielt er sie, mußte er die Stadt opfern, was wiederum eine Revolte seiner Untergebenen im Gefolge gehabt hätte, die sämtlich Bürgerssöhne von Amiens waren. Nach ihm übernahm der Artillerie-Lieutenant Voerhaye den Befehl. Auch er schien gewillt, den Kampf fortzusetzen. Da erschienen zur Mitternacht der Arzt und Geistliche der Citadelle vor ihm und stellten ihm das Unnatürliche der Lage vor, welche die Soldaten zwänge, auf die Wohnstätten ihrer eigenen Angehörigen zu schießen. Die Folge dieser Mahnung war die Kapitulation. Am 30. November waren die Unterhandlungen früh 8 Uhr bereits beendet. Eine Stunde später hielten unsere Truppen droben ihren Einzug. Außer sehr reichem Kriegsmaterial fielen 30 Geschütze, 11 Offiziere und gegen 400 Mann in unsere Hände. Die Einnahme der Citadelle war von großer Wichtigkeit für uns. Sie ermöglichte es durch ihre Beherrschung der Stadt, daß wir in letzterer nur eine verhältnismäßig kleine Besatzung zurückzulassen brauchten, und dafür unsere Hauptstreitkräfte der I. Armee zu anderweitigen Operationen verwenden konnten.

Die anfangs geplante Verfolgung des Feindes nach Norden hin wurde bald aus verschiedenen Gründen wieder aufgegeben und dafür der Vormarsch nach Westen beschlossen. Die 3. Brigade Memerty des I. Korps nebst zwei Kavallerie-Regimentern verblieben in Amiens. Die 1., 2. und 4. Brigade des I. Korps, welche inzwischen eingetroffen waren, bildeten jetzt den linken Flügel, das VIII. Korps den rechten Flügel. Am 1. Dezember brach General v. Manteuffel mit der I. Armee in zwei Kolonnen zum Vormarsch auf. Am 3. hatte man die Orte Forges und Gournay an dem Flüßchen Epte erreicht, von dessen Hügelrande man nun vor sich die Hügellandschaft der Normandie erblickte. Tags darauf kam es bei Buchy zu verschiedenen Scharmützeln mit feindlichen Truppenabteilungen, die aber bald in der Richtung auf Hâvre zurückwichen. 1 Geschütz und gegen 400 Gefangene wurden für uns die Beute dieses Tages. Rekognoszierungen am 5. Dezember morgens ergaben, daß der Gegner unter Zurücklassung von 29 Geschützen sämtliche Verschanzungen bei Rouen geräumt hatte. Am Abend wurden bereits einige Bataillone vom VIII. Korps nach Rouen hineingesandt. Am 6. nachmittags hielt dann der Oberbefehlshaber der I. Armee, General v. Manteuffel, an der Spitze seiner Armee feierlichen Einzug in der alten, interessanten Hauptstadt der Normandie, deren schöne Türme seit vielen Jahrhunderten weit hinaus in das Land schauen.

Die Stimmung der Bevölkerung war eine sehr geteilte. Die wohlhabenden Bürgerkreise atmeten sichtlich auf, während die starken Arbeiterhorden ingrimmig den Feind des Landes begrüßten, der ihnen auch noch das Darniederliegen jeglicher Industrie und Fabrikthätigkeit gebracht hatte. Nachdem sämtliche Waffen der Stadt auf dem Rathause abgeliefert worden waren, wurde an Stelle des flüchtig gewordenen Präfekten, eines von Gambetta berufenen ehemaligen Handlungskommis, der Korpsauditeur Kramer zum interimistischen Präfekten ernannt. Eine Kontribution ward der Stadt nicht auferlegt. Sie hatte nur 20 000 Paar Stiefeln und 80 000 Decken zu beschaffen. Ein offizielles Preßorgan ward ins Leben gerufen, um die Bevölkerung über den wahren Sachverhalt der politischen und kriegerischen Lage aufzuklären. Markt und Verkehr ward freigegeben, und bald flutete das alte Leben und Treiben durch die königliche, herrlich gelegene Stadt, deren Baudenkmäler und historische Erinnerungen für die Unsrigen eine Fundgrube des Studiums und der Betrachtung wurden. Hier in Rouen ist dann auch speziell das I. Korps bis zum Schluß dieses Krieges zum größten Teil verblieben.

Bis zu unserer Ankunft hatten sich bei Rouen ungefähr 25 000 Mann Franzosen unter General Briand zusammengefunden, die jedoch bei unserer Annäherung das Weite gesucht hatten. Rouen selbst verteidigen zu wollen, mußte aufgegeben werden, da die Uferränder der Seine einen vollständigen Einblick in die Stadt dem Angreifer gewähren. In die gleiche Lage aber waren auch wir nun geraten. Es mußte also, sollte der Besitz der 100 000 Einwohner zählenden Stadt für uns gesichert bleiben, weit hinaus die Umgebung vom Feinde gesäubert sein. Aus Versailles war Befehl eingetroffen, Amiens und Rouen festzuhalten, zugleich waren weitere Offensivbewegungen der I. Armee vorgeschrieben. Zu letzterem Zwecke wurden jetzt fünf Detachements gebildet, welche nach verschiedenen Richtungen hin ihre Operationen ausdehnten und die Umgebung bis zum Meere von bedrohlichen Truppenansammlungen klärten.

Das Detachement Pritzelwitz wandte sich nach Süden auf Vernon zu, viele Gefangene unterwegs erbeutend; Detachement Massow überschritt bei Pont de l'Arche die Seine und wandte sich über Louviers auf Evreux. Zahlreiche Waffen wurden aufgefunden und vernichtet. Daselbst erfuhr man auch, daß eine feindliche Abteilung von 12 000 Mann mit 9 Geschützen mittels Eisenbahn nach Cherbourg abgedampft war. Das Detachement Bock marschierte über Pont Audemer bis Bauzeville, wo man die Nachricht erfuhr, daß General Briand mit ungefähr 25 000 Mann bei Honfleur die Seine passiert habe, um von hier aus nach Hâvre zurückzuweichen. Das Detachement Brandenburg ging in zwei Kolonnen, einerseits über Bolbec und St. Romain, andererseits über Angerville und Montivilliers, gegen Hâvre vor. Eine Meile vor Hâvre fand man die Linie Gaineville-Montivilliers stark besetzt. Dem Detachement wurde bestätigt, daß in der That General Briand mit der obengenannten Truppenmacht in Hâvre angekommen sei. Das Detachement Dohna wandte sich über Cleres und Omanville auf Dieppe, das man, ohne auf Widerstand zu stoßen, besetzte, 27 Geschütze der Strandbatterieen vernagelte, die Telegraphenleitungen zerstörte und über 1500 vorgefundene Gewehre vernichtete. Durch all diese Streifzüge hatte man das vorliegende Terrain aufgeklärt und den Besitz von Rouen wenigstens vorläufig gesichert. Auch die in Rouen verbliebenen Truppen hatten inzwischen nach Norden und Osten hin kleine Rekognoszierungen unternommen, zumal um Mitte Dezember von Amiens herüber immer bedenklichere Mitteilungen über feindliche Vorbewegungen einliefen. Am 15. Dezember ward daher diesseits der Abmarsch des VIII. Korps auf Amiens beschlossen.

Nach ihrer großen Niederlage am 27. November hatte die französische Nordarmee inzwischen wieder vollauf Zeit gefunden, sich von dem Schlage zu erholen und neu zu formieren. General Farre hatte die Armee in vier Kolonnen nordwärts geführt, um sie dann am 3. Dezember dem geraden Weges aus Algier eingetroffenen General Faidherbe zu übergeben, der nun das Kommando übernahm, und, gleich dem General Chanzy der Südarmee, bis zuletzt eine bewundernswerte Energie, Umsicht und Geschicklichkeit bekundete und sich als ein hochachtbarer Gegner bewies. Was General Farre eingeleitet hatte, vollendete Faidherbe. Neun Batterieen waren

General Faidherbe.

angeschafft, die Streitkraft verdoppelt worden, so daß uns jetzt zwei Korps mit 45 000 Mann und 66 Geschützen gegenüberstanden: das XXII. Korps unter General Lecointe und das XXIII. Korps unter General Paulze d'Ivoy. Doch schon ehe diese Neubildung vollendet war, hatte General Faidherbe, den Abmarsch der Unsrigen auf Rouen und Hâvre benutzend, die Offensive ergriffen und die kleine Festung Ham zur Kapitulation gezwungen.

Dies war am 9. Dezember geschehen. Die 1. Division des XXII. Korps unter General Derroja hatte den Handstreich ausgeführt. In Ham befand sich seit dem 7. Dezember ein Teil der Feld-Eisenbahn-Abteilung, um unter dem Schutze eines aus der Festung La Fère eingetroffenen Infanterie-Detachements vom 81. Regiment die Herstellung der Bahn zwischen Laon und Amiens zu bewirken. Während der Arbeit überfallen, sah man bald ein, daß eine Fortsetzung des Kampfes innerhalb der Stadt unmöglich war, da sich die Bürgerschaft heimtückisch daran beteiligte. So floh der Hauptteil der Unsrigen in die Citadelle und versuchte hier nun Widerstand zu leisten. Auf das, was sich hier nun entspann, bezieht sich der nachfolgende Bericht eines Teilnehmers. Darin heißt es: „Innerhalb des alten Schlosses fanden wir etwa 60 unsrer Leute, unter Führung eines Feldwebels, vor. Sofort stellten wir uns an die Spitze, durchliefen das uns ganz unbekannte Gebäude, um die Verteidigungsmittel kennen zu lernen, und stellten die Leute an ihre Posten. Wir waren der Ansicht, daß nur Franktireurs uns überfallen hätten und glaubten, gegen diese die Citadelle bis zum nächsten Tage halten zu können, wo sicher Unterstützung eintreffen würde. Um das schwache Thor zu schützen, ließen wir mit dem wenigen vorhandenen Schanzzeuge eine Barrikade vorbauen, und nicht lange dauerte es, so ging das Feuer von allen Seiten los. Plötzlich auch ein Kanonenschuß, der sich dann mehrmals wiederholte, ohne uns indessen den geringsten Schaden zu thun. In einen festen Eckturm ließen wir die vorhandenen Lebensmittel, Lichte, Decken und Holz bringen. Bis 2 Uhr nachts ging das so fort, ohne daß jemand von uns verwundet wurde, während wir dem Feinde einigen Schaden zufügten. Es war zu dieser Zeit alles ruhig geworden, und wir glaubten bereits, daß die Feinde abgezogen seien. Da hieß es mit einem Male, Premier-Lieutenant Bürger habe von außen gerufen. Wir gingen nach dem Walle, um zu hören, was er wolle, da wir wohl annehmen durften, daß er von den Franzosen als Gefangener vor die Citadelle gebracht sei. Er überbrachte uns die Aufforderung des Kommandierenden der französischen Truppen, uns als Kriegsgefangene zu ergeben, da wir 6000 Mann Linie und Mobilen samt 12 Geschützen gegen uns hätten. Wir handelten hin und her, anfangs entschlossen, die Festung zu halten. Schließlich erkannten wir jedoch, daß bei dem Mangel an Geschütz und Munition, bei der geringen Zahl der eingeschlossenen Mannschaft, bei dem Mangel jeglicher Apparate, um die schwache Pforte schnell zu befestigen, es zu einem unnützen Blutvergießen führen würde, wenn wir weiter kämpften.

Wir schlossen deshalb eine französischerseits durch Kapitän Martin vom 9. Linien-Regiment, unsrerseits durch Baumeister Tobien und Premier-Lieutenant Bürger unterzeichnete Kapitulation, in welche auch die außerhalb der Festung gefangenen Mannschaften und Offiziere eingeschlossen wurden und ließen um 6 Uhr morgens die Franzosen ein. Bald darauf nach der Gensd'armerie gebracht, fanden wir daselbst zu unsrer Freude alle Offiziere und Beamte, mit Ausnahme der Sekonde-Lieutenants Bothe und Grouen vor." —

Am 9. Dezember war uns Ham durch geschickte Überrumpelung entrissen worden. Als am Tage darauf die Nachricht davon in Amiens eintraf, ward sofort zum Entsatz der, wie man glaubte, noch in der Citadelle Eingeschlossenen ein Detachement gegen Ham ausgeschickt, das aber, in der Nähe vom Ham durch überlegene feindliche Streitkräfte bedroht, unverrichteter Sache heimkehren mußte. Nach der Einnahme von Ham war seitens des Generals Faidherbe die Vertreibung der deutschen Besatzung aus Amiens beschlossen worden. Am 14. brach die Nordarmee gegen Amiens auf, zwei Tage später hielt sie vor der Stadt und zwar nördlich derselben im Thale der Hallue. Die Eisenbahnlinie bei der Stadt Corbie, wo sich auch das französische Hauptquartier befand, wurde besetzt, desgleichen die Dörfer längs der Hallue, wie: Daours, Bussy, Querrieux, Pont-Noyelles, Bavelincourt, Béhencourt, Vadencourt und Contay. Unsere Streitkräfte wurden in den nächsten Tagen immer enger konzentriert. Am 22. Dezember abends war die Stellung der Unsrigen folgende:

Brigade Memerty (vom I. Korps) war unter General Mirus in Amiens;

16. Division zum Teil in Amiens, zum Teil dicht südlich der Stadt;

15. Division, im Rücken die Korps-Artillerie, stand in Camon;

8. Jäger-Bataillon nebst der 3. Kavallerie-Division hielt das Terrain zwischen Villers-Bretonneaux und Corbie besetzt.

Der nächste Tag brachte uns die zweite Schlacht bei Amiens. Unsere I. Armee griff den auf den Höhen längs der Hallue haltenden Feind an und zwang ihn zum Rückzug. Es war diese Maßnahme ein Gebot der Pflicht. Nicht allein die Rücksicht auf unsere schwachen, bei Rouen zurückgelassenen Streitkräfte zwang uns dazu, den dicht vor uns, nur durch die Somme getrennten Gegner anzugreifen, welcher wahrscheinlich so bald noch nicht zur Offensive geschritten wäre, sondern es mußte ein solches Vorgehen auch moralisch sowohl auf unsere unthätig harrenden Mannschaften, als auf die feindliche Bevölkerung wirken, die in dem Dulden eines so nahen Gegners vielleicht eine Schwäche unsererseits entdeckt hätte. Aus diesen gewichtigen Gründen hatte General v. Manteuffel nach kurzem Kriegsrat den Angriff für den 23. Dezember anbefohlen.

Die Disposition ging dahin, flußabwärts von Amiens die Somme zu überschreiten, darauf eine Rechtsschwenkung zu vollziehen, um dann von Westen her zum Angriff auf die Hallue-Linie der französischen Nordarmee überzugehen. So geschah es auch. Bei 8 Grad Frost und windstillem, heiterem Wetter brach man am Morgen des 23. auf, überschritt auf verschiedenen Brücken die Somme und stand um 11 Uhr in der Front der feindlichen Stellung: rechts die 15., links die 16. Division. Als Reserve blieben die Brigade Memerty, das Ulanen-Regiment und eine halbe Batterie im Zentrum zwischen Amiens und Querrieux stehen, während am rechten Flügel das Regiment No. 3 mit einer Batterie bei Lamotte Brebière als Reserve hielt.

Nur durch die Hallue von uns getrennt, hielt General Faidherbe mit seiner Nordarmee auf den gegenüberliegenden Uferhöhen. Zwischen beiden Gegnern lag das tiefe Thal mit seinem Wasserlaufe und der Fülle eingenisteter Dörfer. Im Vordertreffen des Feindes standen als rechter Flügel bei Contay die Division Derroja, im Zentrum zwischen Frechencourt und Pont-Noyelles die Division du Bessol, als linker Flügel nach Daours hin die Division Moulac. Division Robin, welche bei Albert Stellung genommen hatte, bildete die Reserve.

Die Schlacht wurde eingeleitet durch unsere 15. Division v. Kummer, beziehungsweise die 29. Brigade, welche um 11 Uhr in breiter Front vom rechten Flügel aus dem Feinde entgegenrückte. Querrieux und Pont-Noyelles wie Bussy wurden genommen. Daours, das tapfer verteidigt und durch stets neu herangezogene Unterstützungen vom Feinde gehalten wurde, vermochten wir anfangs nicht zu nehmen, auch selbst dann nicht, als aus der Reserve das 8. Jäger-Bataillon mit eingriff. Dies war gegen 1 Uhr. Erst als die nach rückwärts in Reserve stehende Batterie an dem Gefecht teilnahm, und das Regiment Nr. 3 erschien, ohne jedoch sich an dem erfolgenden Sturme zu beteiligen, gelang es uns nachmittags, auch noch Daours dem Gegner zu entreißen.

Unterdessen hatte sich die 30. Brigade von Pont-Noyelles aus unter Führung des Generals v. Strubberg auf Frechencourt gewandt, war durch das Dorf gedrungen, noch rechtzeitig genug, um den vom östlichen Thalrande abwärts steigenden Feind energisch zurückweisen zu können. Eine uns vorliegende, vom Gegner wohl verschanzte und besetzte, bastionsartige Waldhöhe freilich zu nehmen, sollte uns nicht gelingen. Alle Versuche scheiterten, so daß wir an dieser Stelle uns mit dem bisherigen Erfolg zufrieden geben mußten.

An unserem linken Flügel war inzwischen die 16. Division auf den Befehl des Generals v. Göben hin über Rainneville gegen Beaucourt vorgegangen. Der Feind wich vor der heranflutenden Welle deutscher Krieger fast widerstandslos zurück, so daß an dieser Stelle des Hallue-Baches eine ganze Reihe Ortschaften uns in die Hände fielen. Freilich die dahinter aufragenden Höhen zu nehmen, sollte uns auch hier nicht beschieden sein. Trotzdem wir auf allen Punkten den Gegner innerhalb des Thales zurückgeschlagen hatten, blieb das östlich vor uns gelegene Höhenplateau in seinem Besitz, während für uns die Gefahr nahe lag, von Norden her über Contay überflügelt zu werden. Es war inzwischen 4½ Uhr geworden. Immer näher trat die Frage an uns heran, ob es geraten sei, den errungenen Thalabschnitt noch länger zu behaupten, oder ihn freiwillig, trotz der vergossenen Ströme Blutes, wieder aufzugeben. Da war es der Feind selbst, der uns aus dem Zweifel dieser Frage erlöste. Gegen 5 Uhr, es dunkelte bereits, verkündeten Hornsignale und Rufe, daß der Gegner zum Angriff schritt. In der That geschah dies auf der ganzen Linie. Ein Massenangriff erfolgte. Noch immer tobte das blutige Gefecht, eine volle, bange Stunde um die bisher von uns eroberten Ortschaften. Dann, sichtlich erschöpft, ging der Feind auf allen Punkten zurück. Das Feld war uns überlassen. Die Schlacht war aus. Jeder, des Angriffs gewärtig, verschanzte sich hüben und drüben nach Möglichkeit. Biwaks, meist ohne Feuer, wurden bezogen, trotzdem ein strenger Frost über Nacht herrschte. Mangel an Holz machte sich überall geltend. Auch die Nahrung war nur dürftig. Die Schlacht war für uns gewonnen, wenn sie auch für die Nordarmee, wie General Faidherbe nicht ganz mit Unrecht sagt, im gewissen Sinne nicht als verloren bezeichnet werden konnte, indem man sich durchaus nicht regellos zurückgezogen, ebenso das verteidigte Hauptterrain andauernd festgehalten hatte. Der Feldpostbrief eines deutschen Offiziers giebt in kurzen Zügen ein anschauliches Bild von dieser Schlacht. Darin heißt es:

„Die Stellung des Feindes war eine ausgezeichnete, auf einer circa eine halbe Stunde langen Gebirgskette hatte er seine Artillerie hinter Verschanzungen aufgefahren, und zwar so, daß dieselbe im Centrum einen rechten und einen linken Flügel bildete. Unten im Thale, welches sehr wasserreich ist, liegt das Dorf Querrieux, und die feindliche Infanterie zog sich von diesem Dorfe bis auf die Höhe. Durch massenhafte Schützengräben hatte die Infanterie ihre Deckung bewirkt. Unsere Infanterie ging zum Angriff auf Querrieux vor und alsbald nahm unsere Batterie Stellung und schickte einige Granaten in das Dorf. Da wurde auch die französische Artillerie wach und fing ein starkes Bombardement an. Jetzt bekam unsere Batterie den Befehl, vorzugehen und sich auf einer Anhöhe, dem Dorfe näher gelegen, zu placieren. Dort pflanzten wir uns nun neben einer Windmühle auf und richteten unser Feuer auf die feindliche Artillerie, damit unsere Infanterie nicht mehr von den feindlichen Zwölfpfündern belästigt werden sollte. Etwas weiter rechts von uns standen die anderen Batterieen der 1. Abtheilung. Nun ging eine ziemlich heftige Kanonade an. Die Franzosen schienen die Entfernung genau zu kennen, denn sie schossen gut. Manche Granate schlug in die Batterie und schon lag hier und da ein Verwundeter am Boden, da fuhr dicht neben uns eine reitende Batterie zu unserer Unterstützung auf. Als die Franzosen das sahen, fingen sie an, das Feuer auf uns zu konzentrieren, und da regnete es nicht schlecht bei uns. Indem die reitende Batterie auffuhr und abprotzte, fielen schon einige Pferde und zwei Kanoniere, und bald darauf sah man auch den Batteriechef tot wegbringen. Wir bekamen nun von drei Seiten Feuer und gaben nach drei Seiten Feuer. Man hörte und sah nichts mehr vor Pulverdampf, nur noch das Blitzen der feindlichen Geschütze und das Krachen der unsrigen.

„Unterdessen ging unsere Infanterie unten im Thale vor und trieb den Feind den Berg hinauf; in den Dörfern kam es zum Bajonettkampf und liegt dort mancher Held mit zerschmettertem Schädel. Besonders unsere wackeren 33er sollen, wie immer, mit ausgezeichneter Bravour gegen eine überlegene Zahl gekämpft haben.

„Für uns dauerte das Feuern immer fort. Vorgehen konnten wir nicht, denn sonst saßen wir im Thale drin, und so mußten wir denn von

$11^1/_2$ morgens bis zum Abend hin auf derselben Stelle stehen bleiben. Die Stellung der Franzosen war brillant, weil wir mit unserer Artillerie ihnen nicht näher auf den Pelz gehen konnten. Schon waren 20 Mann in unserer Batterie teils tot, teils schwer, teils leicht durch Granatsplitter verwundet, ebenso sechs Pferde. An den Geschützen waren anstatt fünf Mann Bedienung nur noch zwei oder drei. Auf beiden Seiten dauerte so das Granatfeuer fort bis zum Abend, auf beiden Seiten waren große Verluste, auf beiden Seiten stand die Artillerie noch auf demselben Platze. Unsere Batterie allein hatte während dieser Zeit 545 Granaten hinübergeschickt und die anderen sechs Batterieen von uns (drei Fuß- und drei reitende Batterieen nämlich) haben uns treu zur Seite gestanden. Die Wirkung soll für das überaus schwierige Terrain eine sehr gute gewesen sein, was die später gefundenen Überreste der feindlichen Batterieen bewiesen.

„Am Abend ging unsere Infanterie noch vor unter beständigem Schnellfeuer, und sollen die 33er bis auf den Berg gelangt sein. Ein Geschütz haben dieselben dort vernagelt, mußten aber der Übermacht der in Masse herbeieilenden französischen Infanterie weichen und zogen sich nun in das eroberte Dorf zurück. Als es schon ganz dunkel war, beschossen die Franzosen noch die von uns eroberten Dörfer mit Granaten, und alsbald loderten an fünf Stellen die Flammen gen Himmel und verbreiteten eine schauerliche Helle über das Schlachtfeld.

„Wir waren ermüdet und hatten den ganzen Tag nichts gegessen noch getrunken. Eine feierliche Stille herrschte auf dem ganzen Terrain, erhellt durch den melancholischen Schein von 4—5 abbrennenden Gebäuden. Hier lagen tote Pferde, dort brachte man noch aufgefundene Verwundete, und so war das Ganze ein rechtes Schlachtenbild. Wir mußten, wie viele andere, biwakieren und das am 23. Dezember bei 10 bis 12 Grad Kälte. Aus den nächstgelegenen Häusern erhielten wir durch die Fürsorge eines unserer Offiziere Stroh, einige Brote und etwas Speck und Bier. Alsbald wurden vermittelst eines abgerissenen Zaunes große Feuer gemacht, das Stroh rund herum gelegt und darauf saßen wir denn und wärmten uns, am Säbel ein Stück erfrorenes Brot ins Feuer haltend. Die meisten aber schliefen bald am Feuer in Decken gehüllt ein.

„Am 24. Dezember wurden wir früh geweckt und nahmen etwas seitwärts Stellung, von unserer Seite wurde nicht angegriffen, nur die Infanterie feuerte noch etwas. Inzwischen aber war auf dem linken Flügel die 16. Division angekommen und griff den Feind von der Seite an; wir hörten ein lebhaftes Feuer, auch auf dem rechten Flügel wurden noch einige Schüsse gewechselt. Das dauerte so einige Stunden, und da wurde es den Franzosen doch etwas bedrängt, denn sie zogen ab, teils per Bahn, teils zu Fuß, und verließen ihre durch die Natur gut befestigte Stellung. Sie zogen sich zurück, wahrscheinlich nach Arras oder Lille. Die Verluste waren groß und Aerzte behaupten, bei den Franzosen doppelt so groß als bei uns. Außerdem fielen eine Masse unverwundeter Gefangener in unsere Hände. Unsere Truppen rückten den heiligen Christabend in die eroberten Dörfer und verschafften sich etwas zu essen und zu trinken, wie und wo es eben ging."

Die Angaben über die Verluste des Gegners schwanken. Alles in allem muß er an 1300 Mann incl. Offiziere verloren haben. Eine Fahne ward unsererseits bei dem Sturme auf Beaucourt außerdem noch erbeutet.

Wir büßten ein:

I. Korps:	1 Offiz.	20 Mann
VIII. "	37 "	897 "
	38 Offiz.	917 Mann.

Dies ergiebt Alles in allem 955. Tote hatten wir an diesem Tage nur wenige zu beklagen. 5 Offiziere und 80 Mann fielen fürs Vaterland.

Am 24. Dezember räumte der Feind freiwillig die östlichen Höhen des Hallue-Baches. Tags darauf, am ersten Weihnachtsfeiertag, lag das Plateau vor uns frei und unbesetzt da. Die Nordarmee hatte sich bis hinter die Scarpe zurückgezogen, mit dem rechten Flügel Arras, mit dem linken Douai berührend. Hier, bei Bapaume und St. Quentin, sollte noch ein entscheidender Doppelschlag gegen sie ausgeführt werden.

Neunundzwanzigstes Kapitel.

Einleitung der Belagerung von Péronne. — Unsere I. Armee konzentriert sich bei Bapaume. — Der erste Schlachttag von Bapaume, 2. Januar 1871. — Der zweite Schlachttag, 3. Januar. — Verluste hüben und drüben an beiden Schlachttagen. — Die Festung Péronne kapituliert. — General v. Goeben übernimmt an Stelle des Generals v. Manteuffel die Führung unserer I. Armee. — Die Schlacht bei St. Quentin am 19. Januar. — Die Gefechte an unserem linken und rechten Flügel. — Das allgemeine Vorrücken längs der Gesamtlinie. — St. Quentin wird gestürmt. — Beiderseitige Verluste am 19. Januar. — Der Rückzug der französischen Nordarmee.

Die Nordarmee hatte sich abwartend zurückgezogen. Dies war am 24. Dezember geschehen. Am Tage darauf folgten unsere Truppen ihr nach. Die bereits auf dem Heranmarsch befindlichen drei Brigaden des I. Korps, deren Eintreffen als eine erwünschte Verstärkung diesseits längst herbei gesehnt worden war, mußten wieder nach der unteren Seine beziehungsweise Rouen umkehren, da von dort her sehr beunruhigende Nachrichten einliefen. Wenn trotzdem dann diese Befürchtungen sich nicht erfüllten, so lag der Grund darin, daß dem dort zum Vorrücken sich anschickenden Gegner die Mitteilung von dem aus Süden heranmarschierenden XIII. Korps Mitte Januar zuging, das durch unseren Sieg bei Le Mans zu weiterer Verwendung frei geworden war. So kam es an der unteren Seine nur zu einigen kleineren Zusammenstößen, welche stets mit dem Zurückweichen des Gegners endeten und uns mehrere Hunderte von Gefangenen einbrachten.

Die I. Armee bestand somit nur aus dem VIII. Korps, der Brigade Memerty, der Kavallerie-Division Graf Groeben, wie der Garde-Kavallerie-Brigade Prinz Albrecht (Sohn). Speziell die Brigade Memerty war für die Belagerung der Festung Péronne ausersehen worden, deren endlicher

Besitz für uns längst zur zwingenden Pflicht geworden war. Bei Bapaume, das unsere I. Armee am 26. abends erreichte, wurde eine engere Konzentrierung vollzogen, während verschiedene, rasch gebildete Kolonnen Streifzüge unternahmen, bei welchen außer 3 Fahnen an 500 Gefangene erbeutet wurden. So kam das neue Jahr. Unsere in Angriff genommene Belagerung von Péronne hatte Faidherbe bewogen, zum Entsatz der bedrohten Festung südwärts vorzugehen. Am 1. Januar rückte er in Front von Arras. Tags darauf begann der Vormarsch in vier Kolonnen zu je einer Division, das XXII. Korps als rechter, das XXIII. Korps als linker Flügel. Obschon alle vier Divisionen ins Gefecht am 2. Januar, dem ersten Schlachttage von Bapaume, traten, so war es für diesen Tag doch nur die auf Ervillers und Behagnies heranrückende Division Payen vom XXIII. Korps, welche einen ebenso ernsten als verlustreichen Kampf zu bestehen hatte.

Unsere Aufstellung war für diesen Tag folgende: die 30. Brigade v. Strubberg bildete bei Achiet le Grand und in Front von Bapaume den linken Flügel und das Zentrum, während als rechter Flügel die 29. Brigade v. Bock zwischen Bapaume und Flins hielt. Der letzte Flügel wurde fast gar nicht getroffen. In der Hauptsache bestanden die Regimenter 28 und 68 der 30. Brigade den heutigen Kampf.

Die französische Division hatte auf der geraden Straße von Arras nach Bapaume vormittags 11 Uhr Ervillers erreicht. Nach einer Stunde Rast brach sie, ein Jäger-Bataillon an der Spitze, aus dem Dorfe heraus und ging gegen Behagnies im Sturmschritt vor, das sie, nachdem die Unsrigen gewichen waren, besetzte. Wir hatten uns auf Sapignies zurückgezogen, hier uns, unterstützt durch rasch herangezogene Artillerie, festsetzend. In Flanke und Rücken bald darauf aufs neue bedroht, kam es abermals zum Weichen, doch die schleunigst veränderte Stellung unserer Geschütze, eine Husaren-Attacke unter Lieutenant Graf Pourtalès, brachte den Gegner zum Stehen. Dann brachen 7 Kompagnieen 28er gemeinsam zum Sturm vor, der Feind, sichtlich überrascht, entfloh unter Zurücklassung von 5 Offizieren und 250 Mann, von den Unsrigen bis auf Behagnies verfolgt. Dies war bald nach 2 Uhr. Obwohl der Feind anfangs Miene zu machen schien, das Verlorengegangene wiederzuerobern, unterblieb doch jeder derartige Versuch.

Auf unserem rechten Flügel kam es zu keinem eigentlichen Gefecht, wohl aber entfalteten sich auf dem linken Flügel mehrere Renkontres. Die Kavallerie-Division Groeben verwickelte sich in mehrere geringe Scharmützel mit den Spitzen der XXII. Division, ging aber dann zurück. Das in zweiter Linie stehende Füsilier-Bataillon 28 nahm jedoch den Angriff an. Es setzte sich verteidigungsmäßig im Dorfe Achiet le Grand fest und überließ dasselbe erst dem Gegner, als es sich durch weit überlegene Truppenkräfte desselben fast schon umgangen sah. Wie tapfer es aber den Besitz hütete, geht daraus hervor, daß der Feind an dieser Stelle allein an 100 Mann lassen mußte. Um 5 Uhr war hier das Gefecht erloschen. Feind und Freund nahmen dicht gegenüber in den Ortschaften bei Bapaume Stellung.

Unsere Stellung am 3. Januar, dem zweiten Schlachttage von Bapaume, war folgende:

Linker Flügel, bei Pys haltend, Detachement Graf Groeben (1. Bataillon 69., 8. Kürassier-Regiment, 1. Batterie);

Zentrum, Bapaume, 29. und 30. Brigade;

Rechter Flügel, bei Flins haltend, Detachement Prinz Albrecht (Regiment 40, 9. Husaren- und 2. Garde-Ulanen-Regiment, 3 Batterieen);

Reserve, in Le Transloy, eine Meile südlich Bapaume, 8. Jäger-Bataillon, 3. Bataillon 33er, 2 Batterieen.

Ein einstündiges, sehr heftiges Artilleriefeuer leitete den Kampf des 3. Januar ein. Um 9 Uhr brach dann General Faidherbe konzentrisch in drei Kolonnen gegen unsere Stellung vor: Division Derroja gegen Grevillers, Division du Bessol gegen Biefvillers, Division Robin gegen die Linie Beugnâtre-Sapignies. Die am Tage zuvor hauptsächlich im Feuer gewesene Division Payen verblieb als Reserve. Der Angriff der Division Robin wurde dank unserem prächtigen Batterieenfeuer leicht zurückgewiesen. Anders im Zentrum und am linken Flügel. Dem ersten Anprall des überlegenen Gegners weichend, mußten wir ihm hier Grevillers und Biefvillers überlassen. Ersteres Dorf verblieb in seinem Besitz; Biefvillers ihm wieder zu entreißen, gelang dem 1. Bataillon v. Fischern. Jetzt aber galt es, mit einem gelichteten Bataillon dem Sturme der in fünf Kolonnen kräftig vorgehenden Division du Bessol zu widerstehen. Erst als das Bataillon auf 3 Offiziere und 343 Mann zusammengeschmolzen

57*

war, mußte es schweren Herzens dem Feinde nach erbittertem Straßenkampfe das Dorf überlassen.

Die Absicht des Feindes ging dahin, unter leichter Beschäftigung unseres rechten Zentrumsflügels, Brigade Strubberg, unseren linken, Brigade Bock, zu umklammern. Aus diesem Grunde gab General v. Goeben Befehl, daß die erstgenannte Brigade aus ihrer Stellung nördlich Bapaume durch Hinziehen am östlichen Rande der Stadt sich südlich der letzteren wenden sollte. Dies geschah unter leichtem Gefecht zur Mittagsstunde. Um eben diese Zeit war das Detachement Albrecht an der Straße Bapaume-Fremicourt eingetroffen, durch sein Erscheinen dem Gefecht eine neue Lage gebend. Von der bezeichneten Linie aus rückte es nun, zum Teil unter Kämpfen, in die Linie Favreuil-Beugnâtre vor, die man um 3 Uhr jedoch freiwillig wieder aufgab und sich in die erstere zurückzog. Diese Vorbewegung, an sich ohne eigentliche taktische Erfolge, hatte doch in erheblichster Weise dazu beigetragen, der Brigade Strubberg den Abzug zu erleichtern und der Brigade Bock die bisher inne gehabten Stellungen noch weiter zu behaupten.

Inzwischen war aber auch die Reserve zum Angriff vorgezogen worden. Von Süden heraufdringend, nahm sie, das 8. Jäger-Bataillon an der Spitze, die Dörfer Ligny und Tilloy und besetzte dieselben. Nun entspann sich ein Artilleriekampf, der mit der Zurücknahme der feindlichen Batterieen endete. Jetzt ging die Division Derroja vor, die beiden genannten Dörfer, an deren Besitz General Faidherbe für seinen Marsch nach Süden viel gelegen sein mußte, uns wieder zu entreißen. Der erste Ansturm prallte ab, beim zweiten fiel Tilloy in die Hände des Gegners. Um 4 Uhr zogen sich unsere Jäger auf Ligny zurück. Sieben Stunden hatte bereits der Kampf gegen den überlegenen Feind gewährt. Viel Terrain war uns verloren gegangen, Ströme Blutes waren geflossen, mitten in unsere Linie hatte der Gegner einen gefahrdrohenden Keil getrieben. Dies alles bewog den General v. Goeben, wenigstens Tilloy unter allen Umständen und unter Zusammenziehung sämtlicher hier benutzbaren Kräfte wiederzugewinnen. Dieser Angriff, wuchtig ausgeführt, gelang. Um 6 Uhr war Tilloy wieder in unseren Händen. Mit dieser Eroberung, wenn wir diesen Erfolg so bezeichnen dürfen, schloß der heutige Kampf. Erschöpft schlugen Freund und Feind, Aug' im Auge fast, ihre Biwaks auf. Wenn überhaupt für uns von einem Siege zu reden war, so konnte nur dies dafür geltend gemacht werden, daß wir in der That das Vorhaben Faidherbe's, unsere Linie zu durchbrechen, vereitelt und ihn bei Bapaume festgehalten hatten. Das Verhältnis der Kämpfenden war 1 zu 4 gewesen, 10000 Deutsche gegen 40000 Franzosen. Insofern war der Tag von Bapaume für uns von einem moralischen Sieg gekrönt. Nichtsdestoweniger darf man es dem schneidigen französischen Befehlshaber der Nordarmee nicht verargen, wenn er für sich die Ehre des Sieges in Anspruch nimmt. Die französische Nordarmee verlor am 2. und 3. Januar 53 Offiziere und 2119 Mann, darunter 3 Offiziere und 300 Mann Gefangene. Unser Verlust an beiden Schlachttagen betrug alles in allem: 52 Offiziere und 698 Mann.

General Faidherbe mochte wohl erwarten, daß sein Vorgehen am 3. Januar uns gezwungen habe, die Beschießung von Péronne einzustellen und die Einschließungstruppen zur Verstärkung unserer Stellung bei Bapaume heranzuziehen. Ein Angriff unsererseits für den 4. Januar mußte also in Aussicht stehen. Da jedoch die Kämpfe der letzten Tage und die heftige Kälte die kriegsungewohnten jungen Truppen seiner Nordarmee in so hohem Grade erschöpft hatten, daß er Besorgnis für den Ausgang eines etwaigen neuen Kampfes trug, zog er es vor, den Rückzug vorläufig wieder anzutreten. Er zog sich in seine alten Stellungen zwischen Arras und Douai zurück, wo er bis zum 14. Januar verblieb.

Während der Kämpfe um Bapaume hatte die Beschießung der Festung Péronne ruhig ihren Fortgang genommen, und konnte, als am 4. von der kapitulierten Festung La Fère her das bisher mangelnde Geschütz eintraf, noch kräftiger fortan fortgesetzt werden. Am 9. früh schwieg das feindliche Feuer, am Abend desselben Tages ward die weiße Fahne aufgehißt. 3000 Mann fielen nebst 47 Geschützen in unsere Hände. Von den 75 gefangenen Offizieren wurden 50 auf Ehrenwort entlassen, die übrigen zogen eine Kriegsgefangenschaft vor. Am 10. Januar mittags rückte je ein Bataillon 40er und 69er in Péronne ein, drei Stunden später erfolgte der Auszug der bisherigen Garnison. Der 9. Januar hatte für uns die Übergabe von Péronne gebracht, aber auch noch ein anderes Ereignis vollzog sich an diesem Tage: General v. Manteuffel trat vom Oberkommando der I. Armee zurück, um den Oberbefehl der inzwischen neu gebildeten Südarmee zu übernehmen, deren Unternehmungen wir später folgen werden. In seine Stelle rückte der General v. Goeben, unter dessen Führung die

I. Armee demnächst einen über alles Erwarten glänzenden und bedeutsamen Erfolg erringen sollte: die Schlacht bei St. Quentin am 19. Januar.

General Faidherbe hatte es aufgegeben, die von uns zähe verteidigte Linie längs der Somme zu durchbrechen. Doch gedrängt von Gambetta, so schleunigst als möglich zum Entsatz von Paris vorzurücken, beschloß er endlich, durch einen östlich schwenkenden Vormarsch sich der Fühlung mit unserer I. Armee zu entziehen, um dann plötzlich im Süden von St. Quentin aufzutauchen und die Linie La Fère-Noyen-Compiègne zu bedrohen. Gelang ihm dies, so stand er zwischen unserer I. Armee und der Hauptstadt und vermochte jedem etwaigen Ausfall der Pariser Garnison nach Norden hin Unterstützung zu gewähren. So gut der Plan Faidherbe's auch ausgeklügelt war, so mußte er sich doch immerhin sagen, daß ein Vorübermarsch einer 50000 Mann starken Armee längs unserer rechten Flanke sich unmöglich unbemerkbar vollziehen konnte. Unsere Rekognoszierungs-Detachements waren auf der Hut. Am 16. meldete sie den eigentümlichen Vormarsch der französischen Nordarmee. Tags darauf wurde diesseits, dem Plane des Gegners rechtzeitig vorzubeugen, ein Rechtsabmarsch anbefohlen. Es unterlag keinem Zweifel mehr, daß der Zusammenstoß beider Armeeen bei St. Quentin erfolgen mußte. Doch schon vorher sollten vereinzelte kleine Gefechte stattfinden.

Am 18. Januar nachmittags 3 Uhr meldete General v. Goeben an das Große Hauptquartier in Versailles: „Stehe konzentriert auf der Linie Ham-Vendelles; Feind in St. Quentin, auch nördlich und südlich desselben.“ Schon während dieser Meldung stand die 15. Division v. Kummer und die Division Graf Groeben im lebhaften Kampfe mit Arrièregarden beider französischen Korps. Das Gefecht bei Tertry und Poeuilly hatte sich entwickelt.

Beide genannten Divisionen waren bei ihrem Vormarsche auf St. Quentin südlich und westlich von Vermand auf die Arrieregarden der Divisionen Payen und du Bessol gestoßen, welche nun ihren Marsch auf St. Quentin unterbrachen und Front gegen uns durch Besetzung der Ortschaften Poeuilly, Caulaincourt, Trefcon und Beauvois machten. Diesseits hatte die Brigade Bock, Regimenter 33 und 65, die Führung. Um 10 Uhr war sie bei Tertry angelangt. Eine Batterie wurde vorgezogen, und während zwei Husaren-Schwadronen abziehenden feindlichen Kolonnen nachsetzten, ging das Füsilier-

Bataillon gegen Trefcon vor, das, nachdem auch noch das 2. Bataillon mit eingegriffen hatte, in unsere Hände fiel. Während dieser Vorgänge war die Brigade Strubberg als Reserve hinter der Brigade Bock links rückwärts verblieben, die Division Graf Groeben hatte jedoch Befehl empfangen, ihren Infanterie-Bestandteil (Detachement Memerty: Regimenter 4 und 44) gegen Poeuilly vorzuwerfen. Um 1½ Uhr hielt das Detachement Memerty in Höhe des bezeichneten Ortes, eröffnete auf 2000 Schritt ein sehr heftiges Artilleriefeuer gegen die Dorflisière, worauf man unter lautem Hurra zum Sturme schritt, der nicht ohne Erfolg blieb. Poeuilly ward dem Gegner entrissen. An 100 Gefangene fielen in unsere Hände.

Um 3 Uhr waren Trefcon und Poeuilly in unseren Händen. Leider aber war das dazwischen gelegene Caulaincourt noch immer vom Feinde besetzt, eine Fühlung zwischen der Brigade Bock und dem Detachement Memerty also vorläufig unmöglich. Diesem Übelstande abzuhelfen, empfing jetzt Brigade Strubberg Befehl, sich gegen Caulaincourt zu wenden. Zwei Batterieen leiteten den Angriff ein, worauf die 8. Jäger, gefolgt vom 1. Bataillon 68er, vorgingen, während von Poeuilly her das 2. Bataillon 44er miteingriff. Um 4 Uhr war auch Caulaincourt unser. Der Feind hatte 3 Offiziere, 117 Mann und 14 Proviantwagen eingebüßt. Obschon es an beiden Flügeln wohl noch zu kleineren Scharmützeln kam, war im allgemeinen für heute das Gefecht beendet. Beauvois wurde noch ohne großen Kampf besetzt, ein gewaltiges Mühen des Gegners, uns noch in der Dunkelheit Poeuilly wieder zu entreißen, ward abgewiesen. Leider ward bei diesen abendlichen Kämpfen General v. Memerty schwer verwundet. Vermand blieb seitens des Gegners besetzt, der sich im übrigen auf St. Quentin zurückzog. Einschließlich des Generals v. Memerty hatten wir 10 Offiziere und 209 Mann eingebüßt. Der Verlust des Feindes war weitaus bedeutender. General Faidherbe giebt selbst ungefähr 500 Mann an.

Der nächste Tag, der 19. Januar, sollte uns die blutige Schlacht bei St. Quentin bringen. In zwei Halbkreisen standen Freund und Feind von Westen nach Süden hin um St. Quentin zum Schlagen aufgestellt, der innere Halbkreis von den beiden französischen Korps gebildet, das XXIII. als rechter, das XXII. Korps als linker Flügel; nur eine Stunde davon entfernt hielten die deutschen Truppen. General v. Goeben hatte dieselben für diesen Tag gleichsam in zwei Korps verteilt, deren linken Flügel, durch die Somme von dem anderen getrennt, General v. Kummer, deren rechten Flügel General v. Barnekow kommandierte. Diese kleine 1. Armee war tags zuvor noch durch das Eintreffen der von Süden heranmarschierten Division Graf Lippe verstärkt worden. Strahlenförmig, in sechs Kolonnen, sollte diesseits der Angriff erfolgen. General v. Goeben, im Zentrum haltend, leitete von hier aus die Schlacht. Zu seiner speziellen Verfügung hatte er sich als schwache Reserve das Detachement v. Böcking zurückbehalten. Dasselbe hielt anfangs bei Ham, später bei Roupy, und setzte sich aus 3 Bataillonen 41. Regiment, 2 Ulanen- und 1 Garde-Reiter-Regiment, sowie 12 Geschützen zusammen. Die Aufstellung der übrigen Truppen war am Morgen des 19. Januars folgende:

Linker Flügel, Korps v. Kummer:

links bei Vernes: Kavallerie-Brigade Graf Dohna (1 Kürassier- und 1 Ulanen-Regiment, 2 Geschütze);

Zentrum bei Poeuilly: Detachement Memerty (Regimenter 4 und 44, Grenadier-Regiment (2. und Füsilier-Bataillon), 2 Ulanen-Regimenter, 28 Geschütze);

rechts bei Caulaincourt-Trefcon-Beauvois: 15. Infanterie-Division (Brigaden Bock und Strubberg, Königs-Husaren-Regiment, 66 Geschütze).

Rechter Flügel, Korps v. Barnekow:

links bei Flavy le Martel und St. Simon: Division Prinz Albrecht Sohn (Regimenter 19 und 81, Garde-Husaren, 2. Garde-Ulanen-Regiment (2 Schwadronen nur), kombinierte Reserve-Kavallerie-Brigade unter General v. Strantz, 18 Geschütze);

Zentrum bei Lizerolles: 16. Infanterie-Division (Brigaden Rosenzweig und Hertzberg (jede nur 4 Bataillone stark), 2 Husaren- und 1 Dragoner-Regiment, 24 Geschütze);

rechts bei Moy und dahinter bei Vendeuil: Division Graf Lippe (2. Bataillon vom schlesw.-holst. Füsilier-Regiment 86, 12. Jäger-Bataillon, 2 Ulanen- und 1 Garde-Reiter-Regiment, 12 Geschütze).

Die vom Oberkommando ausgegebenen Befehle gingen, einen konzentrischen Angriff durchzuführen, dahin:

Kavallerie-Brigade Dohna, den linken Flügel deckend, zieht sich bis zur Straße Cambrai—St. Quentin hin;

Detachement Memerty wendet sich von Poeuilly über Vermand, Holnon auf St. Quentin;

15. Infanterie-Division entsendet Brigade Bock von Beauvois aus auf Etreilles und Savy; Brigade Strubberg folgt;

Division Prinz Albrecht dirigiert von St. Simon aus ein Detachement unter Oberst v. Hymmen über Artemys auf Grand Seraucourt; der Rest der Division folgt;

16. Infanterie-Division rückt von Lizerolles auf Essigny le Grand und weiter auf Grugis;

Division Lippe avanciert von Moy aus auf der Straße La Fère—St. Quentin und sucht die feindliche Stellung bis Itancourt und La Neuville—St. Amand zu umklammern.

Wir wenden uns nun zuerst dem Vorgehen unseres linken Flügels zu.

Während die Kavallerie-Brigade Dohna als äußerste linke Flankenbedeckung mehr die feindliche Stellung umfaßte, gerieten die beiden anderen Kolonnen unseres linken Flügels jenseit der Somme bei ihrem Vorrücken in ein Gefecht mit dem Gegner. Die Avantgarde des Detachements Memerty hatte sich unter Führung des Oberstlieutenant v. Pastel auf Vermand gewandt, dasselbe besetzt und war dann nach einer Gefangennahme von über 100 Mann französischer Nachzügler auf Holnon vorgegangen, wo es den westlich davon belegenen Wald rasch vor dem Eintreffen starker feindlicher Trupps besetzte, dann in Holnon zugleich mit dem Gegner eindrang, letzteren zurückwarf, worauf auch noch die nördliche Hälfte von Selency besetzt wurde. Dies alles war das Werk zweier Stunden gewesen. Jetzt aber, 10 Uhr, stockte plötzlich das siegreiche Vordringen unserer Leute. Abermals zwei Stunden rang man nur um den Besitz des südlichen Teiles von Selency, sowie der nördlich vom Dorfe sich erhebenden Windmühlenhöhe. Endlich, um 12 Uhr, fielen auch diese Punkte in unsere Hände. 10 Geschütze wurden auf die Höhe geschafft und eröffneten nun ein wohlgezieltes, wirksames Feuer auf den Gegner, der sich auf das südlich von Selency belegene Dorf Francilly zurückgezogen hatte. Eine Wegnahme dieses Punktes war geboten. Sowohl von Selency als auch von Holnon aus warfen sich 4 Bataillone, zum Teil frisch herangezogen, gegen Francilly vor, das um 3 Uhr mit stürmender Hand genommen wurde. 2000 Gefangene und 5 Munitionswagen wurden dabei erbeutet. Das Detachement Memerty hatte große Erfolge zu verzeichnen. Die Mühlenhöhe, Selency, Francilly war in seinen Händen, Holnon war ebenfalls von Reserven besetzt worden. 5000 Schritt vor den tapferen Bataillonen lag der Brennpunkt des heutigen Kampfes: St. Quentin.

Eine Stunde später als dies Detachement, war rechts daneben die 15. Infanterie-Division v. Kummer um 9 Uhr gegen den Feind vorgegangen, Brigade Bock an der Spitze. Von Beauvois ging es über Etreillers auf Savy, wo Husaren einige Gefangene machten. Jenseit des Dorfes kam es zu einer Attacke gegen französische Dragoner. Während dieses Reitergefechtes wurden die in Savy gemachten und zurückgelassenen Gefangenen wieder befreit. Inzwischen war auch die Infanterie der Avantgarde heran. Als dieselbe sich jenseits Savy entwickelte, stieß sie auf starke feindliche Kolonnen, welche sich eben anschickten, zwei Waldparzellen in Front der Höhenlinie Francilly-Dallon zu besetzen. Nachdem ein Geschützfeuer eingeleitet worden war, versuchte das 2. Bataillon 65er in das kleinere, das Füsilier-Bataillon gleichen Regiments in das größere Gehölz einzudringen. So leicht sollte dies aber nicht vor sich gehen. Ein mehrstündiges Waldgefecht entspann sich, in welches der Gegner immer frische Bataillone warf und auch wir allmählich Hilfskräfte aus dem Gros der Brigade heranziehen mußten. Mittag war vorüber, als die südliche Parzelle in unsere Hände fiel. Der Besitz des größeren Gehölzes konnte nicht behauptet werden, da das hier fechtende 2. Bataillon 65er sich inzwischen total verschossen hatte. Erst als das 1. Bataillon, welches anfangs eine falsche Marschroute eingeschlagen hatte, auf dem Kampffeld erschien, glückte es uns, um 2 Uhr auch das größere, nördliche Gehölz dem Gegner zu entreißen.

Die als Reserve dienende Brigade Strubberg war nicht in dieser Eigenschaft mit an dem Kampfe beteiligt gewesen. Wohl aber stürmte von ihr das 2. Bataillon 28er das rechts von der südlichen Waldparzelle gelegene Gehöft L'Epine de Dallon, so daß um 3 Uhr unser linker Flügel die Linie Fresnoy le Petit, Windmühlenhöhe, Selency, Francilly, beide Waldparzellen nebst L'Epine de Dallon besetzt hielt. Daß die Brigade Strubberg nicht als Reserve, wie ursprünglich geplant war, die Brigade Bock unterstützt hatte, lag in folgenden Umständen begründet. Die Armee-Reserve war früh um 9 Uhr von Ham aus aufgebrochen und bis Roupy vorgerückt, wo sie sich zur speziellen Verfügung des Höchstkommandierenden aufstellte. General v. Goeben, der mit seinem Stabe auf der Straße zwischen Ham und St. Quentin hielt, erkannte bald, daß eine Unterstützung des rechten Flügels notwendig sei, weshalb er um 11 Uhr dem General v. Barnekow melden ließ, daß seine Reserve, also das Detachement v. Böcking, Befehl erhalten habe, auf Grand Seraucourt zu marschieren, um dann am anderen Ufer der Somme energisch in das Gefecht mit einzugreifen. So geschah es auch. Eine halbe Stunde lang hielt General v. Goeben nur durch die 1. Schwadron 9. Husaren-Regiments gedeckt. Inzwischen war zur Neubildung einer Reserve-Armee geschritten worden. An Stelle der abgegebenen 3 Bataillone 41er traten jetzt von der Brigade Strubberg das 1. und 2. Bataillon 28er und das 8. Jäger-Bataillon, welche nun, gemeinschaftlich mit der 2. leichten Batterie das Detachement v. Bronikowski bildeten und, wie schon oben angeführt, durch die Besetzung der Ferme L'Epine de Dallon den Fortgang des Gefechts wesentlich unterstützten. Bewundernswert aber bleibt bei der Führung dieser Schlacht die Energie, Raschheit und Sicherheit, mit welcher General v. Goeben seine verhältnismäßig geringen Streitkräfte gegen den Feind ausspielte. Gerade die meisterlichen Schachzüge der Schlacht bei St. Quentin haben die volle Bedeutung dieses hochstrebenden Feldherrn zum Ausdruck gebracht und den Sieg dieses ruhmvollen Tages für immer mit seinem Namen eng verknüpft.

Wenden wir uns nun den Vorgängen an unserem rechten Flügel zu. Hier erfolgte unser Angriff auf St. Quentin von Süden her. Der Gegner hielt Grugis, sowie die vorgelegenen Punkte: Zuckermühle, Castres und Contrecourt besetzt. Seine Aufgabe war die Verteidigung eines Höhenzuges, der sich von Grugis bis Itancourt erstreckt. Unser Anmarsch erfolgte von St. Simon, Lizerolles und Moy. Gegen 8 Uhr setzten sich unsere 3 Divisionen in Bewegung, eine Stunde später die Division Prinz Albrecht bei Grand Seraucourt, 16. Infanterie-Division bei Essigny le Grand, Division Graf Lippe bei Urvillers. Eine Begegnung mit dem Feinde hatte bis dahin nicht stattgefunden. Der vorliegende Höhenzug zeigte sich indessen so stark besetzt, daß diesseits sofort bei allen 3 Kolonnen Artillerie auffuhr und den Geschützkampf einleitete.

General v. Barnekow, welcher bei der Zentrumskolonne des rechten

58*

Flügels hielt, hatte bald erkannt, daß eine Weiterbewegung längs der Hauptchaussee von Essigny le Grand auf St. Quentin fast unmöglich sei, so lange der Feind im Besitz des stark besetzten Dorfes Grugis blieb. Erst nach Einnahme desselben durfte man an eine eigentliche Offensive in Front unserer rechten Flügelstellung denken. Aus diesem Grunde erging an die Avantgarde der linken, wie Zentrumskolonne der Befehl, auf Grugis vorzugehen. Doch noch Stunden sollten vergehen, ehe uns dieser Erfolg beschieden war. Die linke Kolonne rückte bis Contrecourt, die Zentrumskolonne bis zur Zuckerfabrik vor. Dann stockte jede Bewegung. Ein viermaliger Sturmangriff auf die bezeichneten Punkte scheiterte vollständig an der mutigen Verteidigung des tapferen Gegners. Um 11 Uhr wandte sich sogar das Blatt. Mit 6 Bataillonen schritt der Feind zur Offensive und zwang uns, einen Teil des bereits errungenen Terrains wieder zu räumen. Die Avantgarde unserer rechten Kolonne war indessen von mehr Glück begünstigt worden. Sie war die Straße La Fère—St. Quentin bis über Cornet d'Or vorgedrungen und stand bereits in Flanke des heiß umstrittenen Grugis. Aber des westlich von La Neuville gelegenen Gehöftes sich zu bemächtigen, hatte ihr doch nicht gelingen wollen.

Und nun begann der Gegner, verstärkt durch herangezogene Reserven, auch im Zentrum uns mehr und mehr zurückzudrängen. Wohl donnerte noch unsere Artillerie, doch ohne jegliche eingreifende Wirkung, trotzdem wir gerade hierin dem Gegner numerisch überlegen waren. So kam 3 Uhr heran. Ein vierstündiger blutiger Kampf hatte uns nicht einen Zoll breit Vorteil gewinnen lassen. Noch immer hielt der Feind die außerordentlich stark besetzte Zuckerfabrik, noch immer war Grugis in seinen Händen. Fünfmal war der Feind vorgegangen, ebensoviel Male zurückgewiesen worden. Blieb uns das Schlachtenglück im Zentrum vorläufig fern, so durften wir allmählich doch an beiden Flanken des rechten Flügels Erfolge verzeichnen. Division Lippe war es endlich gelungen, das bezeichnete Gehöft an der Chaussee zu nehmen, ebenso glückte es, La Neuville—St. Amand zu gewinnen. Dadurch waren wir in Flanke und Rücken des bei Grugis und der Zuckerfabrik haltenden Feindes gekommen.

Noch bedeutender aber gestalteten sich die Erfolge bei der linken Kolonne unseres rechten Flügels. Hier waren wir der Division Prinz Albrecht gefolgt, welche bis Contrecourt vorgegangen war, eine Stürmung dieses

Dorfes jedoch nicht zu erzwingen vermocht hatte. Um 12 Uhr sollte jedoch eine überraschende Wendung hier eintreten. Vom General v. Goeben abgesandt — wie schon weiter oben ausgeführt wurde — erschien plötzlich um diese Stunde die bisherige Armee-Reserve unter Oberst v. Böcking, überschritt bei Grand Seraucourt die Somme und griff nun in das Gefecht der oberhalb bei Contrecourt haltenden Division Prinz Albrecht mit ein. Zwei Batterieen eröffneten ein Feuer, worauf das 1. Bataillon 41er erst das so lange heiß umstrittene Contrecourt stürmte und dann in Gemeinschaft mit dem 1. Bataillon 19er gegen Castres vorging, das ebenfalls in unsere Hände fiel. Es war 1½ Uhr. Der Feind hatte südlich Giffecourt hinter einer Windmühlenhöhe Stellung gefaßt. Als eine Stunde später ein langsames Zurückweichen des Gegners an dieser Stelle bemerkbar wurde, befahl Oberst v. Böcking die Wiederaufnahme der Vorwärtsbewegung. Es gelang uns, den Gegner aus seiner Stellung auf und hinter der Windmühlenhöhe zu vertreiben und auf Grugis zurückzuwerfen. Es war 3 Uhr. Auf der ganzen Linie unsrer heutigen Schlachtstellung war man allmählich aus einem 4 Meilen messenden Halbkreis um St. Quentin in einen Halbkreis von nur 1½ Meilen siegreich vorgedrungen. Um diese Zeit begann der allgemeine Sturm längs des gesamten Halbkreises gegen die Stadt.

Westlich der Somme, also an unserem linken Flügel, kam es zu keinem lebhaften Gefechte mehr. Ein paar schwache Vorstöße des Feindes wurden rasch abgewiesen. Brigade Memerty besetzte Fayet, das Detachement Bronikowski, von L'Epien de Dallon aus vorgehend, nahm nach einigen Gefechten mit dem im Rückzuge begriffenen Gegner um 4 Uhr Oestre, eine Stunde später Rocourt. Das 8. Jäger-Bataillon ward nun vorgezogen und weiter ging es. Um 6 Uhr ward die verbarrikadierte Vorstadt St. Martin tambour battant gestürmt, um 7 Uhr stand man in St. Quentin, in welchem man aber auf bereits früher eingedrungene starke Abteilungen unseres rechten Flügels, Korps Barnekow, stieß. Es erübrigt also, nur noch den letzten Vorgängen an unserem rechten Flügel zu folgen.

Hier war um 3 Uhr noch Grugis und die Zuckerfabrik in den Händen des Feindes, während unsere linke und rechte Seitenkolonne bereits diese Punkte in Flanke und Rücken überschritten hatten. General v. Barnekow beschloß jetzt, alles daran zu setzen. Eine Kavallerie-Attacke, seitens eines

Teils der Division Prinz Albrecht ausgeführt, sollte den Infanterie-Angriff vorbereiten. General v. Strantz warf zwei Schwadronen Dragoner, gedeckt durch ein Husaren-Regiment, in die rechte Flanke des Front gegen Süden haltenden Gegners, schwenkte ein und rollte dann durch diesen glänzenden Handstreich die längs der Höhe aufgestellte Schützenlinie völlig auf. Und nun ging es im Sturme gegen die bezeichneten Punkte vor. Sieben Kompagnieen brachen gegen die Zuckerfabrik vor, die jetzt endlich der tapfere Feind preisgab, Regiment 41 wandte sich auf Grugis und nahm es im ersten Anlauf. Der Weg nach St. Quentin war geöffnet.

Oberstlieutenant v. Hüllessem nahm sein 41. Regiment, warf den hier und da in Büschen und Terrainfalten sich noch verborgen haltenden Feind nieder und stürmte den Bahnhof, bald darauf die sich hier anschließende Vorstadt. 5½ Uhr wurde die zur Stadt führende Brücke genommen, die Barrikade überstiegen und gegen 6 Uhr hielt man in St. Quentin. Unmittelbar rechts der 41er war das Regiment 19 gefolgt und hatte an dem Bahnhofe vorüber die Stadt betreten. Bald darauf hielt auch General v. Barnekow an der Spitze von 4 Bataillonen 40er und 70er Einzug in St. Quentin. Erst eine Stunde später trafen dann die Spitzen der 15. Division in der Stadt ein.

So war denn mit blutigen Opfern, nach hartem, mühseligem Kampfe ein glänzender Sieg errungen worden. Der Feind, geschlagen auf allen Punkten, befand sich im vollsten Rückzug. Seine Verluste waren enorm. An 10000 Gefangene hatte er eingebüßt, gegen 5000 Tote und Verwundete zu beklagen. 6 Geschütze hatten wir ihm abgenommen; Trophäen waren ihm nicht verloren gegangen. Er hatte sich zum Teil als ein ebenbürtiger hochachtbarer Gegner bewiesen, dessen Energie und Opferfreudigkeit uneingeschränktes Lob verdient. Hervorragend hatte sich sein im Süden von St. Quentin haltendes XXII. Korps Lecomte bewiesen. Weder Chanzy noch Bourbaki haben Faidherbe diese Lorbeeren streitig machen können. Die Schlacht bei St. Quentin hatte der Nordarmee auch zwei Generale gekostet. Divisionsgeneral du Bessol und Brigadegeneral Aynes waren schwer verwundet gefallen. Auch unsere Verluste waren bedeutend. Das I. und VIII. Korps hatten die größte Einbuße zu verzeichnen. Das I. Korps verlor 20 Offiziere und 653 Mann, das VIII. Korps 62 Offiziere 1238 Mann. Alles in allem betrug unser Verlust:

tot:	27 Offiziere	423 Mann	
verwundet:	69 „	1809 „	
gefangen:	— „	72 „	
	96 Offiziere	2304 Mann:	2400.

25000 Deutsche hatten 50000 Franzosen gegenübergestanden; nur an Artillerie und Kavallerie waren wir dem Gegner überlegen gewesen. Doch muß auch zugegeben werden, daß ein Teil der Nordarmee Faidherbes aus nur mangelhaft geschulten Truppen bestand, die, wie es beim XXIII. Korps schließlich der Fall war, völlig entmutigt, die Waffen streckten oder, taub gegen alle Vorstellungen, sich zur Flucht wandten. Der Rückzug der Nordarmee, so geschickt er auch seitens des französischen Oberbefehlshabers eingeleitet wurde, artete schließlich doch in eine wilde jähe Flucht aus. Ein Augenzeuge schreibt darüber:

„Der Rückzug der Faidherbe'schen Armee war eine wahre Flucht. Ich wohnte derselben bei und wurde vom tiefsten Mitleid ergriffen bei dem Anblick solchen Elends und solcher Leiden. Sie wissen, in welchem elenden Zustand die ersten Abteilungen der Armee in Cambrai ankamen. Dies war aber nichts gegen das, was ich außerhalb der Stadt sah. Entschlossen, mich dem Kampfschauplatz so sehr als möglich zu nähern, verschaffte ich mir einen Wagen und verließ gestern, nachmittags gegen 2 Uhr, Cambrai auf der Landstraße nach Busigny. Der ganze Weg war mit Soldaten, besonders Mobilen und Mobilisierten bedeckt. Ein dichter Schmutz bedeckte denselben; einer jener feinen, eiskalten Regen fiel ohne Aufhören. Tausende von jungen Leuten schleppten sich mühsam fort. Keiner sprach mehr ein Wort. Sie hatten nicht die Kraft dazu. Von Zeit zu Zeit erhoben sie den Kopf und warfen einen verzweifelten Blick auf die Stadt. Unter ihnen kein Offizier, keine Stimme, die sie ermutigt hätte. Von Zeit zu Zeit sah man einige, unfähig, noch länger zu marschieren, zu Boden sinken und sich in den Schmutz niederlegen. Viele derselben waren derart mit Schmutz bedeckt, daß sie jede menschliche Form verloren hatten. Die einen waren barfuß, andere in Holzschuhen, andere trugen einen Holzschuh und einen ledernen Schuh. Die Klagen über die Schuhe sind allgemein; es sind Schuhe aus Pappendeckel, so heißt es, die man uns gegeben, nach fünf Tagen zerfallen sie in Stücke. Ich mußte eine Strecke von fünf Kilometer durchfahren, ehe ich durch diesen düsteren Zug gekommen war. Ich war schon froh darüber, als, es war in der Nähe einer Anhöhe, „Montagne blanche“ genannt, mir ein Wagen blitzschnell entgegenfuhr. Der Herr, welcher sich neben dem Kutscher befand, machte mir Zeichen über Zeichen. Ich glaubte, er wolle, ich solle ihm ausweichen. Als sein Wagen herangekommen war, rief er mir zu: „Fahren Sie nicht weiter! kehren Sie zurück!“ Der Herr und sein Kutscher waren totenbleich. „Sie sind da! sie sind da!“ fuhr er fort. „Wer?“ „Die Preußen; sie schießen mit Kanonen auf die Flüchtigen!“ Ich wollte es nicht glauben. Aber gleich darauf hörte ich deutlich Gewehrsalven, dann Kanonenschüsse, die immer näher zu kommen schienen. Der Mann hatte Recht, die Preußen waren hinter den Höhen. Ich gestehe demütig ein, daß ich keine Lust hatte, mir die Preußen näher anzusehen, und ich fuhr zurück. Als ich wieder zu den unglücklichen Soldaten kam, wußten dieselben bereits durch den Mann mit dem Wagen, daß die Preußen im Anzuge seien. Die Panik war allgemein. Die Frauen stürzten aus den Häusern, die an der Landstraße lagen. Sie waren außer sich vor Schrecken und erfüllten die Luft mit ihrem Angstgeschrei; die Fuhrleute hieben wie toll auf ihre Pferde ein, um schneller vorwärts zu kommen; die armen Soldaten machten übermenschliche Anstrengungen, um ihren Marsch zu beschleunigen; einigen gelang es, sich in Trab zu setzen; aber kaum hatten sie einige Schritte gethan, als ihnen die Kraft ausging. Es war eine allgemeine Flucht. Ich nahm zwei Mobile in meinen Wagen und kam um 4 Uhr in Cambrai an. Der Lärm, welchen das Fuhrwerk in der Stadt machte, hatte bis dahin verhindert, dort den Kanonendonner zu vernehmen. Beim Rathause begegnete ich einer hochgestellten Persönlichkeit, welche mir am Morgen versichert hatte, daß die Preußen vor zwei Tagen nicht in Cambrai sein könnten. Ich teilte ihm mit, was ich gehört und gesehen. Im nämlichen Augenblick sagte mir ein vorbereitender Genieoffizier vom Generalstab des Generals Faidherbe, den ich in Bapaume kennen gelernt: „Bleiben Sie keine Minute länger; reisen Sie sofort ab!“ Mehrere andere Personen hörten die Worte, und wir eilten nach der Eisenbahn, um Cambrai zu verlassen. Bei unserer Abfahrt hörten wir deutlich den Kanondonner. Die Einwohner waren voll Angst und Schrecken.“

Die Furcht vor den nachfolgenden Preußen war aber umsonst gewesen. Unbehindert konnte General Faidherbe seine alte Schutzstellung zwischen

Arras und Cambrai wieder beziehen. Seine Armee, Dank der energischen Fürsorge und Umsicht ihres Führers, erholte sich rasch und stand bereits am 10. Februar wieder schlagbereit in fast gleicher Stärke da. Der französischen Nordarmee war es jedoch nicht mehr beschieden, für das Schicksal Frankreichs die Entscheidung des Kriegsgottes anzurufen. Der Abschluß des Waffenstillstandes in Versailles machte schon in den nächsten Wochen allen Feindseligkeiten ein Ende.

Dreißigstes Kapitel.

Bildung eines XIV. Korps. — Der Aufbruch des XIV. Korps von Straßburg. — Das Gefecht bei Etival. — Das XIV. Korps wendet sich nach Süden. — Das Gefecht bei Dijon am 30. Oktober. — Dijon kapituliert. — Garibaldi bietet seine Dienste Frankreich an und wird abgewiesen. — Bordone's Verwendung für Garibaldi. — Garibaldi verläßt Caprera und landet in Marseille. — Seine Aufnahme in Tours. — Garibaldi empfängt den Oberbefehl über die Vogesen-Armee. — Armeebefehl Garibaldis. — Zusammensetzung der Vogesen-Armee. — Garibaldi begiebt sich von Dôle nach Autun. — Der Überfall von Chatillon sur Seine. — Frankreich feiert Siegesfeste. — Das Schreiben Ricciotti's an Prinz Friedrich Karl.

Mit der Einnahme von Straßburg am 27. September war für unsere weiteren Unternehmungen wieder ein Truppenteil zur Verwendung frei geworden. Diese Hilfe kam uns sehr gelegen. Denn nicht nur im Süden und Norden der französischen Hauptstadt waren neue feindliche Armeeen aus der Erde gewachsen, auch südöstlich von Paris hatten sich lockere Freischaren zusammengewürfelter Landesverteidiger allmählich zu einer kleinen Armee verdichtet, daß es jetzt notwendig erschien, diesen bedrohlichen Gegner ernster ins Auge zu fassen, ganz abgesehen davon, daß auch General Bourbaki, wie wir wissen, mit seiner I. Loire-Armee nach dieser Richtung vor unserer II. Armee bei Orléans ausgewichen war.

Aus dem größeren Teil des tapferen Belagerungskorps von Straßburg war jetzt ein neues Armeekorps, das XIV., gebildet und unter den Oberbefehl des Generals v. Werder gestellt worden. Dasselbe setzte sich, wie folgt, zusammen:

1. badische Infanterie-Brigade: Prinz Wilhelm von Baden;
2. „ „ „ Generalmajor v. Degenfeld;
3. „ „ „ „ Keller;
Komb. preuß. „ „ „ Krug v. Nidda;

Kavallerie: 4 Dragoner-, 1 Husaren-Regiment;

Artillerie: 12 Batterieen : 72 Geschütze.

Speciell über die badischen Truppen, der 13. Division, war beim Ausbruch des Krieges das Kommando, jedoch unter dem General v. Werder stehend, dem General-Lieutenant v. Glümer anvertraut worden. Derselbe, durch Krankheit verhindert, vermochte erst am 10. Dezember das Kommando anzutreten, doch auch nur für eine Woche, da er am 18. Dezember bei Nuits verwundet wurde. An seiner Statt übernahm bis zum 10. d. M. der badische Kriegsminister, General-Lieutenant v. Beyer, den Befehl über die badische Division. Am 5. October brach das XIV. Korps von Straßburg zum Vormarsch nach Westen auf. Es war geplant worden, durch die Departements Vosges, Haute Marne und Aube den Weg auf Troyes und Chatillon sur Seine einzuschlagen. Vier Tage vor dem Abmarsch des Korps war bereits das kombinierte Detachement Degenfeld als Avantgarde aufgebrochen, hatte am 5. Raon l'Etape erreicht und stieß tags darauf bei Etival auf den Feind. Derselbe, in einer Stärke von ungefähr 14000 Mann, aus Soldaten und Franctireurs bunt zusammengemischt, gehörte zu dem in Besançon unter General Cambriels in Bildung begriffenen Korps, das jedoch unter dem Kommando des Generals Dupré sich thatsächlich befand.

Das Detachement Degenfeld, 6 Bataillone, 2½ Schwadronen und 2 Batterieen stark, hatte am 6. morgens in Raon l'Etape 1 Bataillon zurückgelassen, ein Seitendetachement hatte darauf die Meurthe bei Etival überschritten, hier ebenfalls 1 Bataillon zurücklassend, der Hauptteil der Truppen sollte dagegen am rechten Flußufer vorgehen. Da traf die Meldung ein, daß man jenseits auf starke feindliche Kolonnen gestoßen war. In der That hielt drüben der Gegner gut verschanzt. Mit dem rechten Flügel hatte er Nompatelize, mit dem linken St. Remy besetzt. Als Zentrum hielt er La Selle. Jenseits dieser Vorderstellung befand sich noch unmittelbar hinter Nompatelize Les Feignes und das hochgelegene Bois de Jumelles, hinter St. Remy das Bois de St. Benoit in seinen Händen.

Um 10 Uhr traten wir ins Gefecht, zuerst gegen den rechten französischen Flügel uns wendend. Nompatelize sowie der vordere Theil des Dorfes Les Feignes ward dem Gegner hier entrissen. Das dahinter aufragende Gehölz blieb jedoch in seinem Besitz. Nun ward bis auf zwei

59*

Kompagnieen der auf dem rechten Flußufer bisher belassene Reserve-Truppenteil herangezogen. Mit dem Eingreifen dieser frischen Streitkraft gelang es uns, das ganze Dorf Les Feignes zu stürmen, bei welchem siegreichen Vorwärtsdringen leider Oberst Müller, dem das Kommando von 4 Bataillonen des Detachements Degenfeld anvertraut worden war, durch einen Schuß in die Brust schwer verwundet wurde. Aber auch jetzt noch vermochten wir nicht, dem tapfer sich wehrenden Gegner das Bois de Jumelles zu entreißen, von wo aus der letztere uns in den bisher eroberten Punkten arg bedrohte. Um diese Zeit machte aber der Feind auch noch Miene, uns mit seinem linken Flügel von St. Remy aus zu umklammern. Diesseits stand für ein Zurückweisen dieser feindlichen Bewegung augenblicklich nur ein Bataillon zur Verfügung. Dasselbe, das Füsilier-Bataillon vom Leib-Regiment, in Etival haltend, brach unter Führung des Majors Betz von dem genannten Orte auf, stürmte unter Hurra das große Dorf St. Remy, ebenso das nach Nompatelize zugelegene Gehöft Le Han. Dies geschah zwischen 1 und 2 Uhr. Wir hatten auf beiden Flügeln Erfolge errungen. Dennoch war unsere Lage arg bedroht. Sobald der Feind, seine ganze Streitmacht zusammenfassend, von den jenseit der Ortschaften gelegenen Höhen niederbrauste, stand aller Sieg dieses Tages in Frage, vielleicht war auch noch Schlimmeres zu befürchten. Da traf die allerletzte Reserve des Detachements von Raon l'Etape her ein, das 1. Bataillon vom Leib-Regiment unter Major v. Gemmingen, wenn auch nur in halber Stärke von 400 Mann. Es empfing sofort den Befehl, sich gegen die im Zentrum der feindlichen Stellung bei La Selle stark besetzten Höhen zu wenden. Regiments-Kommandeur, Oberst v. Wechmar, an der Spitze, ging's unter Trommelwirbeln und brausendem Hurra gegen die Höhen vor. Der Sturm gelang. La Selle ward dem Gegner entrissen, die feindliche Stellung war mitten auseinandergesprengt.

Wohl versuchte der geworfene Gegner noch einige Male uns das eroberte Terrain streitig zu machen, wurde aber stets wieder zurückgewiesen. Von 4 Uhr an gab er seine Bemühungen auf und verschwand in dem westlich angrenzenden bergigen Waldgelände. Inzwischen war auch Major Steinwachs mit dem linken Flügel der badischen Infanterie gegen das Bois de Jumelles vorgegangen. Anfangs nur schrittweise uns hier den so lange umstrittenen Boden überlassend, wand sich schließlich doch auch hier der Feind, nachdem das Zentrum seiner Gesamtstellung durchbrochen war, zur Flucht auf Bourgonce, wohin wir ihm nachfolgten und um 4 Uhr auch dieses Dorf besetzten, nach welchem zum Teil dieses Gefecht des 6. Oktobers benannt wird. Sieben Stunden hatte der Kampf gewährt, und trotz der kleinen Truppenmassen waren doch auf beiden Seiten verhältnismäßig viele Opfer zu beklagen.

Der Feind hatte ungefähr 300 Tote, 500 Verwundete, 600 Gefangene, also 1400 Mann, eingebüßt. Der kommandierende General Dupré war verwundet worden. Wir hatten eingebüßt:

	Offiz.	Mann	
Tot:	5	92	
Verwundet:	20	314	
Vermißt:	—	5	
	25	411	= 436

Beim Eintritt der Dunkelheit bezogen die Unsrigen Biwaks auf dem Schlachtfelde, die eigene Erschöpfung hatte eine umfassende Verfolgung verhindert. Die nächsten Tage brachten keine Gefechte. Nur hier und da stießen unsere Patrouillen auf Trupps versprengter Freischärler; auch St. Dié zeigte sich vom Feinde vollständig geräumt. Inzwischen hatte das Gros des XIV. Korps ebenfalls die Vogesen überschritten, stieß am 9. Oktober mit der Avantgarde, Detachement Degenfeld, zwischen Raon l'Etape und St. Dié wieder zusammen, stellte die alte Brigade-Formation wieder her und erreichte unter kleinen Gefechten am 12. Epinal. Hier verblieb man ein paar Tage. Die eingelaufenen Nachrichten, daß südlich davon der Feind in immer stärkeren Scharen sich ansammele, ließ die Frage entstehen, ob es doch nicht ratsamer sei, in dieser Richtung den Marsch fortzusetzen, anstatt nach Westen weiter vorzurücken. General v. Werder meldete dies nach Versailles, worauf die Antwort einging, unverzüglich die bisherige Richtung abzubrechen, den Marsch bis Besançon auszudehnen und dem Feinde überall entgegenzutreten. Besançon, das wußte man, war längst der Mittelpunkt der unter General Cambriels ins Werk gesetzten feindlichen Rüstungen im Südosten Frankreichs.

Am 17. war die Antwort aus Versailles eingetroffen. Tags darauf begann der Vormarsch in südlicher Richtung. In drei Kolonnen, je eine Brigade, war man aufgebrochen, erreichte am 18. Vesoul, am 19. stand man bei Pin, Etuz und Voray am Dignon. Der Gegner schien ebenfalls in der Richtung gegen uns vorgehen zu wollen. Denn am 22. kam es längs desselben zu einem Vorpostengefecht, das besonders im Zentrum bei Etuz ziemlich ernsthaft sich gestaltete. Der Gegner entfloh auf Besançon zurück. Am 23. meldeten unsere vorgesandten Streifzügler, daß General Cambriels aller Wahrscheinlichkeit nach Schloß Chatillon le Duc mit zwei Divisionen und schwerem Geschütz besetzt halte. Diese Nachricht war von Wichtigkeit. Es hätte unnützes Blutvergießen gekostet, solche Stellung mit unseren unzureichenden Kräften angreifen zu wollen. General v. Werder bestimmte deshalb, daß das Korps aus dem Dignon-Thal in das Saône-Thal zurückkehrte. Am 26. hielt man in Gray. Tags darauf, als eingebrachte Truppen meldeten, daß man auch bereits in Dijon mit der Bildung eines neuen Korps beschäftigt sei, empfing General v. Beyer Befehl, mit der 1. und 3. Brigade, zwei Dragoner-Regimentern und 6 Batterieen westlich gegen Dijon vorzurücken. Ein Detachement blieb als Verbindungsglied in Gray zurück, der Rest des Korps wandte sich auf Vesoul und besetzte dasselbe. Letzteres geschah am 2. November. Bereits am 31. Oktober hatte General v. Beyer seinen Einzug in Dijon, der ehrwürdigen Hauptstadt Burgunds, gehalten. Freilich nicht ohne vorangegangenen blutigen Kampf. Diesem Gefecht bei Dijon am 30. Oktober wenden wir uns jetzt zu.

Dijon liegt am steil ansteigenden Osthange des Côte d'Or-Gebirges. Die ehemaligen Wallgänge der alten Hauptstadt sind in Parkanlagen umgewandelt, welche die innere Stadt von den neuen Vorstädten vollständig trennen. Von Norden her tritt der Suzon-Bach in die Vorstädte ein, und umzieht dann im Osten die Stadt, deren Westseite das Gebirge in schroff aufragenden Felswänden begrenzt, während im Osten und Norden breitwellige Höhenzüge sich anschließen. Dijon war in der Nacht vom 28. zum 29. Oktober von den hier angesammelten Streitkräften verlassen worden. Als jedoch eine Arbeiterrevolte in der Stadt ausbrach, war die Stadtbehörde gezwungen worden, bei allen umliegenden Waffenplätzen um schleunigste Entsendung von Truppen zur Verteidigung zu bitten. Darauf hin trafen bereits in der nächstfolgenden Nacht 8 bis 10000 Mann mittelst Eisenbahn wieder ein, die unter Führung des Obersten Fauconnel zum größten Teil die Stadt besetzten, während kleinere Abteilungen über Varois vorgeschoben wurden. Oberst Fauconnel hatte sich verpflichten müssen, jedes Gefecht außerhalb der Stadt zu führen.

7 1/2 Uhr morgens hatten sich am 30. Oktober die beiden badischen Brigaden gegen Dijon in Marsch gesetzt. Bei Arc sur Tille stießen unsere Kavallerie-Patrouillen auf feindliche Truppenteile, auch zeigte sich das jenseitige Ufer des Norges-Baches besetzt. Man erkannte daraus, daß der Gegner entschlossen sei, uns Dijon nicht mehr freiwillig zu überlassen. Bei unserem Anmarsch zog sich der Feind bis nach St. Apollinaire zurück. Wir folgten. Unter leichtem Gefechte besetzte die 1. Kompagnie des Leib-Grenadier-Regiments dieses Dorf, das Regiment folgte, eine Batterie fuhr zur Linken auf. Der Feind eröffnete nun von den westlich davon belegenen Höhen ein sehr heftiges Feuer, wurde jedoch 12 1/2 Uhr mittags von dort im kräftigen Anlaufe vertrieben.

Inzwischen hatte sich die 1. Brigade vollständig bei St. Apollinaire versammelt. Unter wohlgezieltem Feuer unserer allmählich zu beiden Seiten der Straße in Wirksamkeit tretenden Batterieen folgten unsere Avantgarden dem langsam auf Dijon zurückweichenden Feinde, welcher die Richtung auf die nordöstliche Vorstadt St. Nicolas einschlug. „Ein Sonnenblick“, so heißt es in dem Briefe eines Offiziers, „beleuchtete die in der Tiefe liegende alte Hauptstadt Burgunds; düster steigen die hohen Kegel bei Talant und Fontaine dahinter auf, während nach Nord und Süden hin, auf den weinreichen Hängen der Côte d'Or, die weißen, zahlreich in das Grün eingestreuten Dörfer sichtbar wurden. Ein reges Leben in Stadt und Faubourg ließ sich bereits von hier erkennen; die alten Wälle, die Gärten längs des Suzon-Baches waren dicht besetzt; ein Bahnzug dampfte von Süden gegen die Stadt heran.“

Oberst v. Wechmar hatte sämtliche Kompagnieen des Leib-Grenadier-Regiments in der ersten Gefechtslinie entwickelt, als Flankenschutz und Deckung unserer Batterieen folgte unter Oberst v. Renz das 2. Grenadier-Regiment, ebenfalls in Kompagnieen aufgelöst. Dragoner-Schwadronen deckten beide Flügel der Geschützlinie. So ging's gegen Dijon vor, das man von Norden und Osten her umklammerte, um dann in die Vorstädte einzudringen. Hier aber entspann sich ein hartnäckiger, höchst erbitterter Barrikaden- und Häuserkampf, an dem sich auch die Einwohner dieser Stadtviertel lebhaft beteiligten. Als man endlich diesseits zur Erkenntnis gelangte, daß eine Besitzergreifung der Innenstadt nur unter ganz beträchtlichen Verlusten zu erzwingen sei, gab General v. Beyer um 4 Uhr nachmittags Befehl zum Abbruch des Kampfes. Unter dem Schutze der Artillerie, welche die Stadt bis zum Eintritt der Finsternis beschoß, wurden die badischen Bataillone bis in die eroberten Ortschaften zurückgezogen, wobei zwei Kompagnieen des 2. Regiments sich durch eine an der Straße von Langres ihnen in den Weg tretende feindliche Kolonne gewaltsam Bahn brechen mußten. Die 1. Brigade bezog Quartiere in St. Apollinaire und Varois, die 3. weiter südlich in Quétigny und Couternon. Der Feind hatte ungefähr 200 Tote und 100 Gefangene eingebüßt. Unser Verlust betrug alles in allem 11 Offiziere und 249 Mann. Französischerseits war der tapfere Kommandeur, Oberst Fauconnel, gefallen. Er wurde am 1. November unsrerseits feierlich bestattet, wobei die Nationalgarden-Offiziere in Uniform erscheinen durften.

Der Kampf am 30. Oktober hatte nicht zu unsern Gunsten entschieden. Doch war die Wirkung auf feindlicher Seite so groß, daß man jetzt uns freiwillig den Kampfpreis antrug. In der Nacht zum 31. Oktober, 3½ Uhr morgens, erschienen Abgeordnete der Stadt Dijon, um uns Kapitulationsbedingungen zu unterbreiten, sofern wir die für den nächsten Tag geplanten Feindseligkeiten einstellen würden. Man bat um Schonung für den Ort, stellte seitens der Einwohnerschaft Bürgschaft für ein zukünftiges friedliches Verhalten und erbot sich freiwillig zu einer Lieferung von Vorräten für 20 000 Mann. General v. Beyer willigte ein. Zur Mittagsstunde des 31. Oktober besetzten deutsche Truppen Dijon, in dessen Präfekturgebäude General v. Beyer sein Hauptquartier aufschlug. Bereits in der vorangegangenen Nacht waren die französischen Truppen zumeist südlich auf Chagny abgezogen. In Dijon, dessen Besitzergreifung nicht ohne tiefen Eindruck auf die im Lande rings umherschwärmenden Freischaren blieb, verblieben wir bis zum 27. Dezember. Wohl versuchte der Feind zu wiederholten Malen uns die burgundische Hauptstadt zu entreißen, doch vergebens. Diesen Angriffen und Anstrengungen wenden wir uns jetzt zu. All die nachfolgenden Gefechte können nicht mit dem blutigen Ringen unserer Loire- und Nord-Armee verglichen werden; sie gewinnen aber dennoch ein nicht wegzuleugnendes Interesse durch das Eingreifen einer weltgeschichtlichen Person, deren Namen einst auf aller Lippen war: des alten

Löwen von Caprera, Giuseppe Garibaldi, der sich, ungerufen, an die Spitze der Vogesen-Armee gestellt hatte, in dem verhängnißvollen Wahn befangen, daß der Zauber seines Namens auch jetzt noch Wunder vollbringen werde, daß er, ein zweiter Messias, gekommen sei, das niedergetretene Frankreich wieder stolz aufzurichten und die Flut der deutschen Armeeen zurückzustauen. Aber der alte Freiheitsheld Italiens hatte sich bitter getäuscht. Germania behielt auch ferner ihren Fuß fest auf den Nacken des gedemütigten Frankreichs gesetzt, und der Einsiedler von Caprera mußte unter Lächeln und Kopfschütteln Europas unverrichteter Sache wieder auf sein sonniges Felseneiland zurückkehren.

Seit jenem verhängnisvollen Tage 1862, wo Garibaldi die „Kugel von Aspromonte" traf, befand sich der alte begeisterte Republikaner, dem Italien zu so vielem Danke stets verpflichtet bleiben wird, auf der Insel Caprera, als eine Art Halbgefangener. Carabiniers hielten in angemessener Entfernung sein Gehöft besetzt, während italienische Kriegsschiffe, die in den schmalen, die Insel umgebenden Wasserstraßen vor Anker lagen, jeden Fluchtversuch des Retters der Freiheit von Italien vereiteln sollten. Die Schlacht von Sedan, der Sturz des eitlen französischen Kaiserreichs, diese Nachrichten waren wie ein Donnerschlag in das Haus und die Seele des greisen Helden niedergefahren. Die alte Kampfeslust flammte noch einmal auf. Der Gedanke, Mitbegründer einer großen mächtigen Republik werden zu können, schien neue Jugendkraft dem kränkelnden Einsiedler verliehen zu haben. Er setzte sich hin und erließ ein Schreiben an die Regierung der französischen Landesverteidigung, worin er seine erprobten Dienste anbot. Keine Antwort erfolgte. Garibaldi wartete mehrere Wochen. Als ihm immer deutlicher zur Gewißheit wurde, daß man seine Dienste verschmähte, wandte er sich schriftlich an seine Freunde und Gönner, ihnen seinen allein der „guten Sache" wegen gefaßten Entschluß mitteilend. Ein solcher Brief traf auch in Avignon ein, wo Bordone, sein ehemaliger Generalstabschef, seinen Wohnsitz genommen hatte. Dieser war rasch entschlossen. Er machte sich auf und fuhr nach Tours, die dortige Regierung für den Plan Garibaldis günstig zu stimmen. Gambetta war um diese Zeit (Ende September) noch nicht mittelst Luftballon von Paris aus in Tours eingetroffen. So empfing der Justizminister Cremieux den Abgesandten Garibaldis. Der Empfang war lau, die Aussichten glichen Null,

Redensarten, die im Kern eine nicht mißzuverstehende Ablehnung enthielten. Bordone sah klar und empfahl sich. Er wandte sich nach Marseille. Die „roten Elemente“ dieser völlig republikanisch gesinnten Handelsstadt mußten ihn, so hoffte er bestimmt, mit offenen Armen empfangen. Er täuschte sich. Auch hier dasselbe Mißbehagen, dieselbe Zurückweisung. Nur der Präfekt von Marseille, Delpech, stellte sich auf seine Seite, Bordone mußte befürchten, daß jetzt alles verloren sei. Da rettete ihn eine rasch in Scene gesetzte Komödie. Mit Unterstützung des Präfekten war eine öffentliche Municipal-Sitzung anberaumt worden, in welcher Bordone seine Sache ruhig vortrug. Als sein Antrag abgelehnt wurde, ergriff er noch einmal das Wort, indem er sagte: „das Erscheinen Garibaldis in Frankreich ist von mehreren Anwesenden als eine Gefahr, nicht aber als eine Hilfe geschildert worden. Wenn diese Herren Recht haben, wenn ich mithin auf dem Wege bin, durch Betreibung meiner Pläne mein Vaterland arg zu schädigen, so fordere ich Sie auf, mich zu verhaften. Geschieht dies aber nicht, so werde ich alle Hindernisse überwinden, Garibaldi zu befreien und nach Frankreich hinüberzuführen wissen“. Nach dieser mit Nachdruck vorgetragenen pomphaften Schlußrede ward die Sitzung als beendet aufgehoben. Natürlich unterblieb die Verhaftung und der schlaue Bordone zögerte nicht, Mittel und Wege zu suchen, den alten Löwen von Caprera nach Frankreich hinüberzuschmuggeln.

Von Marseille wandte er sich nach Korsika, warb hier einige alte korsische Waffengefährten für seinen Entführungsplan, und fuhr dann auf einigen kleinen Booten hinüber nach Caprera. Es war am 4. Oktober. Um 2 Uhr nachmittags landete er in der Nähe des von Garibaldi bewohnten Gehöftes. Wenige Minuten später, angemeldet durch das Anschlagen des großen schottischen Berghundes, stand Bordone vor seinem alten Kriegsfeldherrn. Er selbst schildert dies Wiedersehen: „Ich gerate, meiner ganzen Natur nach, schwer in Bewegung; als ich aber in das Zimmer trat, in dem mein alter Führer in Schlacht und Politik so viele Jahre lang gedacht und gelitten und alles Leid, wie der Philosoph des Altertums („der Schmerz ist nur ein Wort“) überwunden hatte, da füllten sich mir die Augen mit Thränen und erstickten meine Stimme fast bis zur Unhörbarkeit, als ich ihm zurief: „Wohlan, General, hier bin ich; ich komme Sie zu holen; Ihre Freunde erwarten Sie und rechnen auf Sie.“ Garibaldi, selbst tief durch dieses Wiedersehen mit seinem ehemaligen Generalstabschef bewegt, antwortete: „Lieber Bordone, der tapfere Degen, von dem Eure Freunde zu sprechen lieben, ist zur Krücke geworden. Aber wie immer auch, mit allem, was ich bin, stelle ich mich der französischen Republik zu Diensten und werde Euch folgen im selben Augenblicke, wo Ihr mich zu holen kommt." — Dieser Augenblick war nicht allzu fern. Am selben Abend war Bordone nach Bonifacio zurückgekehrt; bereits am Nachmittage des 5. Oktobers lief eine elegant gebaute Dampfyacht in den Hafen von Bonifacio ein, welche den Namen „La Ville de Paris" auf ihrem Spiegel führte. Sie kam von Marseille. Ihr Kommandant war Kapitän Coudray, und der Besitzer, welcher sich am Bord befand, hatte es sich als ein leidenschaftlicher Anhänger Garibaldis in den Kopf gesetzt, den alten Helden auf eigene Faust zu entführen, ein Umstand, der dem Plane Bordones außerordentlich zu statten kam. Im Einverständnis mit Bordone stach am 6. morgens die Yacht in See und warf nach ein paar Stunden in der Meerenge von Moneta Anker. Garibaldi hatte bereits das Nahen des Schiffes beobachtet und erwartete seinen Generalstabschef, der auf einem unscheinbaren Boote landete, reisefertig. Sein Sekretär Basso und Mr. Denis Foule, sein späterer Ordonnanzoffizier, begleiteten Garibaldi. Bald war man, unbeobachtet von den wachthabenden Schiffen, am Bord, erreichte am 6. abends Bonifacio, am 7. abends Marseille. Von Bonifacio aus waren Hunderte von Telegrammen an alle Garibaldiner der Welt gegangen, welche die Flucht des Generals meldeten. Eines dieser Telegramme war an die Regierung in Tours gerichtet und lautete: „In Höhe von Bonifacio am 6. Oktober. Bin auf dem Wege nach Marseille, das ich morgen Abend zu erreichen gedenke. Begebe mich von Marseille nach Tours, ohne Lyon zu berühren." Als Garibaldi am Abend genannten Tages in Marseille vor Anker ging, war bereits aus Tours Antwort eingetroffen: „Die Regierungs-Delegation an den Präfekten von Marseille. Garibaldi kommt. Er ist glänzend zu empfangen." Marseille hätte auch ohne diese Aufforderung den Freiheitshelden begeistert empfangen. Unter den Salutschüssen der Forts landete Garibaldi am Quai der Hafenstadt, Tausende jubelten ihm zu, Fahnen flatterten und ein Blumenregen fiel auf seinen offenen Wagen nieder, in dem er 11 Uhr abends durch die Stadt zur Präfektur rollte. Am 8. Oktober ging's nach Tours. Die ganze Reise glich einem Triumphzuge. Hier aber waren Jubel und Begeisterung mit einem Male verstummt. Niemand empfing den greisen Helden am Bahnhofe. Er war weder angemeldet worden, noch hatte man für ein passendes Quartier Sorge getragen. So ward der General vorläufig in einem Dienstgebäude am Ende der Stadt untergebracht. Ein ödes, zugiges Zimmer, das nicht einmal einen Stuhl besaß, nahm ihn auf, nachdem man ihn eine Stunde unten im Wagen hatte halten lassen, da kein Schlüssel zur Hand gewesen war. Endlich, nach ein paar Stunden, holte man ihn wieder ab, und brachte ihn nun nach der Präfektur, wo rasch einige wohnliche Räume für ihn eingerichtet worden waren. Doch achtete man des alten Löwen nicht weiter. Die bevorstehende Ankunft Gambettas nahm alles Interesse in Anspruch. In der That traf der Diktator noch am selbigen Abend ein, ohne jedoch von dem in demselben Hause wohnenden berühmten italienischen Gaste Notiz zu nehmen. Erst am Abend des nächsten Tages geruhte er, eine Unterredung Garibaldi zu bewilligen. Er bot ihm das Kommando von 250 bis 300 italienischen Freiwilligen an, deren Eintreffen bevorstand. Die rohe Beleidigung, welche in diesem Vorschlag lag, blieb nicht ohne Wirkung. Garibaldi verließ das Zimmer und richtete gleich darauf ein Schreiben an Gambetta, worin er ihm mitteilte, daß er morgen mit dem ersten Frühzuge nach Caprera zurückkehren werde.

Gambetta sah ein, daß er doch wohl zu weit gegangen war, auch mochte er nicht gern gänzlich auf die Mitwirkung „der Roten" Verzicht leisten. Er sandte also noch in derselben Nacht zwei Ministerialbeamte zu Garibaldi, der sich zwar nicht sprechen, aber doch schließlich durch Bordone die Erklärung abgeben ließ, daß er die beabsichtigte Abreise aufschieben werde. Im Grunde genommen, war ihm diese neue Wendung sehr willkommen. Denn die Begeisterung für die neue französische Republik war größer, als der Unmut über das hochfahrende Wesen des französischen Diktators. Tags darauf fand eine Conseil-Sitzung statt, in welcher beschlossen ward, daß Garibaldi den Oberbefehl über sämtliche Freikorps im Osten Frankreichs übernehmen solle, die man unter Einreihung einer Mobilgarden-Brigade zu einem Heereskörper unter dem Namen „l'Armée des Vosges" zu verschmelzen gedachte. Garibaldi, obwohl seine ursprünglichen Hoffnungen weit höher gestanden hatten, nahm im Interesse der Sache das

Oberkommando an. „Er nahm an", schreibt Bordone, „in der Hoffnung, daß die Regierung, nach allem, was die letzten Wochen des Kaiserreiches aufgedeckt hatten, gewillt sein werde, mit den Traditionen eines verzopften Militarismus zu brechen und die Republik auch in Sachen des Heeres wirklich republikanisch, d. h. ohne Rücksicht auf Geburt, Rang und Titel, zu führen. In dieser Hoffnung sollten wir uns bald betrogen sehen." Daß die Regierung auch jetzt nur einem gewissen Zwange sich beugte, konnte Garibaldi und sein Anhang sich nicht verhehlen. Man sah jedoch vorläufig darüber hinweg und vertraute der Zukunft. Begeisterung und Selbsttäuschung minderten das bittere Gefühl, für eine selbstlose Hingabe nur Spott und Undank ernten zu müssen.

Bis zum 13. Oktober verblieb Garibaldi in Tours, mit Vorbereitungen zur Bildung seiner Vogesen-Armee beschäftigt. Am 14. traf er in Dôle ein, wohin er für die nächste Zeit sein Hauptquartier verlegt hatte. Seine nächste Aufgabe, aus losen Trupps unorganisierter Freischärler eine regelrechte Armee zu bilden, war eine überaus schwierige. Auch mußte es Garibaldi unzweifelhaft bedrücken, zu dem General Cambriels, der als „Commandant en chef de la Region de l'Est" bisher schon die Zusammenstellung der Truppen betrieben hatte, in ein, wenn auch nur dem Namen nach, abhängiges Verhältnis zu treten. Cambriels, seit seiner Verwundung bei Wörth immer kränkelnd, befand sich in Besançon, wohin sich Garibaldi zur Meldung begab. Der Anblick der hier versammelten verlotterten Truppenteile erregte seinen Abscheu. Auch Cambriels wies darauf hin, indem er, wenig Muth erweckend, sagte: „Die Mobilen und Franctireurs taugen nichts, sie halten nicht Stand, und es ist unmöglich, mit ihnen Krieg zu führen; die regulären Truppen schlagen sich besser, aber sie sind zügellos geworden, und ich habe sie hierher, unter den Schutz der Kanonen, zurückführen müssen, um Ordnung und Gehorsam wieder herzustellen." — Hier in Besançon hatte Garibaldi auch noch eine längere Unterredung mit dem von Tours herübergekommenen Gambetta, dem er in eindringlichster Weise das Wohl der neuen Republik ans Herz legte. Am 19. kehrte Garibaldi nach Dôle zurück, Gambetta nach Tours.

Ende Oktober erließ Garibaldi an seine Vogesen-Armee folgende Proklamation:

„Soldaten der Vogesen-Armee!

Die Sache, der wir dienen, ist geheiligt. Es ist nicht die Sache Frankreichs allein, es ist die Sache aller jener Völker, die unter die Füße des Despotismus geworfen sind und nach Wiederherstellung ihrer Rechte schmachten. Wohlan denn, unter der Fahne der Brüderlichkeit, die uns zu Häupten weht, sehen wir die Nationalitätenfrage wie einen Schatten schwinden und schreiten der Eroberung jener großen Freiheit entgegen, die allein die Idee schöner Menschlichkeit zu verwirklichen vermag. Die vollkommenste Einigkeit zwischen den Korps wie zwischen den einzelnen Elementen, die unsere Armee bilden, wird die sicherste Garantie des Sieges sein. Die Landbevölkerung, mit der wir neuerdings in Berührung kamen, hat sich uns, erschreckt durch die Nähe eines unerbittlichen Gegners, gelegentlich feindlich gezeigt und unseren braven Franctireurs die Gewährung des zum Leben Unerläßlichen verweigert. Es zu ertrotzen, ist nicht das, was uns ziemt; vielmehr liegt uns ob, ihnen den Beweis zu führen, daß nichts erniedrigender ist, als sich dem Joch des Fremden zu unterwerfen, eines Fremden, von dem nur Raub und Gewaltthat zu gewärtigen steht. Euer Mut und Eure tadellose Führung, diese seien es, durch die Ihr Euch der Achtung und der Liebe aller versichert."

Garibaldi hatte nicht allein Frankreichs Boden betreten. Vierfach war seine Familie vertreten, denn seine beiden Söhne Menotti und Ricciotti, sowie sein Schwiegersohn Canzio begleiteten ihn. Und wieviel man auch die Kriegslitteratur jener Tage auf allen Seiten durchblättert, nirgends findet sich ein tadelndes Wort dem Charakter dieser vier Männer gegenüber. Mag man ihre Tüchtigkeit bezweifeln, ihren Mangel politischer Einsicht, ihre naive Begeisterung für dieses Ziel belächeln: in der Achtung der strengen und selbstlosen Tugenden, der anspruchslosen Hingabe für eine ihnen heilige Sache, gleichen sich alle Schilderungen.

Die Vogesen-Armee war gegen Mitte November, wie folgt, zusammengesetzt:

1. Brigade: General Bossack-Hauke.
2. „ Oberst Delpech.
3. „ Oberst Menotti Garibaldi.
4. „ Kommandant Ricciotti Garibaldi.

Die Gesamtstärke der Armee betrug: 14 230 Mann Infanterie, 207

Mann Kavallerie und 18 Geschütze. Oberbefehlshaber war: Giuseppe Garibaldi; Kommandant des Hauptquartiers: Stefano Canzio (Schwiegersohn Garibaldis); Generalstabschef: Oberst Bordone. Ordonnanzen, Adjutanten, Ingenieure und Sekretär vervollständigten das Hauptquartier.

Am 31. Oktober hatte ein Teil unseres XIV. Korps unter General v. Beyer Einzug in Dijon gehalten. Dies war Anlaß, daß Gambetta an Garibaldi den Befehl ergehen ließ, von Dôle aus sich weiter links auf Autun zu schieben, Lyon dadurch zu schützen und eine Umgehung der Loire-Armee zu verhindern.

Dies geschah. Nachdem seine Freischaren bereits einige kleinere Gefechte mit unserer Vorhut bestanden hatten, wandte man sich mittelst Eisenbahn auf Autun, wo man am 11. November anlangte. Garibaldi hatte einen Extrazug benutzt und langte Nachmittag 1 Uhr bereits in der Stadt an. Unterwegs war ihm in Epinac durch den dortigen befreundeten Präfekten ein eben eingetroffener Freikorpsoberst vorgestellt worden, aus dessen Aufzeichnungen wir über diese Begegnung ein höchst interessantes Bild gewinnen. Darin heißt es:

„Präfekt D., einer von den Intimsten des Garibaldi-Zirkels, hatte mich am Vormittage des 11. in Epinac zum Frühstück geladen. Er war plauderhaft wie immer und teilte mir mit, daß nach einem Telegramm, das er soeben empfangen, Garibaldi um 12 Uhr mittags Bahnhof Epinac passieren werde. „Ich werde Sie vorstellen, Colonel, und Sie werden den alten Löwen, den alle physischen Leiden vergeblich umzubringen suchten, von Angesicht zu Angesicht kennen lernen. Wir brauchen ihn; die Preußen mögen sich jetzt vorsehen. Sie werden nichts von jenem Prunke an ihm wahrnehmen, der uns schließlich mit einem halben Dutzend Kapitulations-Generalen gesegnet hat. Er ist die Einfachheit selbst. Nehmen Sie diese Havanna; hier ist Feuer. Und nun lassen Sie uns gehen; es ist zehn Minuten vor zwölf, und ich wette, er hält die Zeit."

„Damit erhoben wir uns von Tisch, um nach der Eisenbahn hinauszugehen. Kaum daß wir da waren, so fuhr ein aus zwei Salonwagen bestehender Extrazug in den Bahnhof ein. D., nachdem er sich orientiert, trat an den ersten Wagen heran, öffnete die Thür und überreichte einem hochaufgeschossenen, in Roth und Gold gekleideten, dabei reich befederbuschten Ordonnanz-Offizier unsere zwei Karten. Ich konnte nicht den Eindruck gewinnen, daß es diesem Cortège an Prunk und Luxus gebräche.

„Gleich darauf wurden wir gebeten, einzutreten. Das Innere des Wagens bot einen überraschenden Anblick. In der Mitte desselben saß Garibaldi, der charakteristische Kopf blaß, von langem weißen Haar umgeben, das ihm bis auf die Schultern fiel. Der Bart weiß wie das Haar; ein rotes Seidentuch leicht um den Hals geschürzt; dazu ein Tyroler Hut von grauem Filz. In einen rotgarnierten brasilianischen Mantel eingewickelt, die Füße unter Decken und Pelzen, stützte er sich nach rechts und links hin auf zwei Krücken von Ebenholz, die, schräg liegend, an den beiden Wänden des Wagens ihren Lehnpunkt hatten. Er sah leidend aus und bediente sich eines Lorgnons, um uns zu mustern. Um ihn her verharrten etwa zwanzig General-, Stabs- und Ordonnanz-Offiziere in respektvollem Schweigen, während in dem zweiten Wagen, in dem sich die Subalternen befanden, eine laute Heiterkeit herrschte.

„D. trat jetzt vor und, gegen Garibaldi sich verneigend, bat er um die Erlaubnis, mich ihm vorstellen zu dürfen. Er reichte mir sofort seine Hand, die lang und dürr und in Folge eines erst neuerdings gehabten Schlaganfalls fast unbiegsam war. Dann sprach er in bestem Französisch, frei von jedem fremdländischen Accent: „Herzlich willkommen, Colonel. Wir werden dieses Land zu retten wissen, das die Janitscharen des Sedan-Mannes verkauft und die Emissäre Roms verdorben haben."

„Ich verbeugte mich und antwortete einigermaßen ausweichend: Mein General, ich habe ein Freikorps geworben und würde mich glücklich schätzen, an der Spitze desselben den Guerilla-Krieg, in dem ich schon früher Erfahrungen gesammelt habe, organisieren zu können."

„Gewiß, Colonel. Wir wissen, was Sie geleistet haben, und vertrauen Ihnen. Nicht wahr, Bordone?"

„Wir werden ja sehen, mein General", antwortete wenig verbindlich eine Stimme aus der Gruppe von Offizieren heraus, die mittlerweile, seitab stehend, im Flüsterton eine Unterhaltung geführt hatten. — Hiermit war die Vorstellung zu Ende. D. und ich verließen wieder den Waggon; der Zug setzte sich in Bewegung. Auf dem Perron standen italienische Legionäre, Kopf an Kopf, und riefen: „Evviva Garibaldi!" Dieser schob die

Gardinen zurück, grüßte und antwortete: „Salute ragazzi; viva la Republica universale; abasso Pio nono!“

„Eine Minute später war der Zug, in der Richtung auf Autun zu, unserem Auge entschwunden.“

Am Abend des 11. November befand sich also Garibaldi mit dem größten Teile seiner Vogesen-Armee in Autun, nicht zum Wohlbehagen der Bürgerschaft noch auch der Geistlichkeit. Während die eine unter den drückenden Lasten einer marodierenden Einquartierung seufzte, hatten Kirchen und Klöster unter der Rücksichtslosigkeit des Garibaldinischen Regiments Hohn und härteste Behandlungen zu erdulden. Doch nicht nur Autun besetzte man, auch die in Front gelegenen Ortschaften; Rekognoszierungs-Detachements streiften bis drei Meilen vor Dijon. Doch außer kleinen Plänkeleien kam es noch immer nicht zu einem ernsthaften Gefecht. Mit der Vogesen-Armee zugleich operierten auch noch eine Reihe kleinerer Korps gegen Dijon und das Korps Werder, von denen die bedeutenderen unter den Befehlen des Obersten Bourras, Generals Crevisier und Cremer standen. Gern hätte Garibaldi auch noch diese Freischaren seiner Armee einverleibt, aber diese eigentümliche Kriegsführung im Kleinen ließ kein rechtes Zusammenwirken aufkommen. Bemerkt sei hier noch, daß um diese Zeit Garibaldi des lästigen Druckes eines Oberkommandos in Besançon überhoben wurde. Gambetta hatte, durch die Ereignisse an der Loire gedrängt, bestimmt, daß das bisher in Besançon versammelt haltende Korps Cambriels, welches inzwischen erst unter den Befehl des Generals Michel, dann des Generals Crouzat gekommen war, als solches aufhören und sich mit der in Bildung begriffenen Loire-Armee vereinen solle.

Am 19. November hatte Ricciotti Garibaldi einen glücklichen Überfall ausgeführt und dabei 200 Gefangene gemacht. Es war dies der erste Erfolg der Vogesen-Armee, der natürlich in ganz Frankreich wieder einmal als eine männermordende Völkerschlacht gefeiert wurde. Am 14. morgens war Ricciotti, begleitet von seinem Vater, mit der Hälfte seiner Brigade — ungefähr 700 Mann Alpenjäger und Franctireurs — aufgebrochen, um über Lucenay, Saulieu, Semur, Monbard, Coulmiers le Sec auf Chatillon sur Seine sich zu wenden, auf welches Ziel man in aller Morgenfrühe in dunkler Nacht möglichst geräuschlos sich wandte. Chatillon sur Seine, an der Marschlinie unserer II. Armee von Metz auf Orléans gelegen, war kurz vorher vom

X. Korps vorübergehend besetzt gewesen; nach dem Abzuge desselben (17. November) waren 3 Kompagnieen des 16. Landwehr-Regiments und 2 Husaren-Schwadronen zur Besatzung eingetroffen. Major v. Alvensleben hatte den Befehl des kleinen Detachements übernommen. Niemand dachte an eine Gefahr. Es regnete an diesem Morgen, ein Umstand, welcher dem kecken Handstreich sehr zu statten kam. Um 1 Uhr früh war Ricciotti mit seinen Leuten aufgebrochen, gegen 5 Uhr hielt man, kurze Rast machend, dicht vor Chatillon sur Seine. Nachdem die Gewehre geladen, die Bajonetts aufgesetzt worden waren, teilte man sich in zwei Kolonnen. Die eine Kolonne, aus Alpenjägern bestehend, ging gerade aus, überrannte ohne einen Schuß abzugeben, die Wachtposten an der Seine-Brücke, drang dann unbemerkt in das Hôtel de la Côte d'Or, wo die preußischen Offiziere abgestiegen waren, und nahm dieselben gefangen. Die andere Kolonne, an ihrer Spitze Ricciotti, bog von links her in die schlafende Stadt ein. Ein Teilnehmer schreibt darüber: „Während sich die Vordersten nach links und rechts hin derart verteilten, daß immer Gruppen von 10 Mann jedes einzelne Haus umstellten, rückte der Rest auf den Platz vor, auf dem sich das Rathaus befand. Hier fiel der erste Schuß. Dies war das Signal, jetzt drangen wir in Häuser und Stallgebäude ein. Und ehe fünf Minuten um waren, war alles, was sich in dem von uns besetzten südlichen und westlichen Stadtteile von feindlicher Einquartierung befand, entweder tot oder gefangen. Einige mit großer Geistesgegenwart, sprangen halb angekleidet in die Straßen; Hornisten — während die Unseren schon vom Flur aus die Treppe hinaufstürmten — traten noch ans Fenster und bliesen die Alarmsignale in die Dämmerung hinein; aber alle diese Anstrengungen konnten nichts retten, und gerade diejenigen, von denen sie ausgingen, fielen gleich darauf tot oder verwundet. Den Hauptverlust an Gefangenen hatten die Husaren; kaum ein Drittel entkam.

„Unser Erfolg war, bis in die Mitte der Stadt hin, ein vollständiger. Hier aber fand er seine Grenze. Alles, was vom Feinde in den östlichen Quartieren lag, eilte dem Rathause zu und begann nunmehr hier, wie an den Schnittpunkten der nächsten Straßen, einen regelrechten Widerstand, der uns, wenn nicht so schlecht geschossen worden wäre, viel größere Verluste hätte zuziehen müssen. So aber blieben sie gering. Um sie nicht ohne Not zu steigern, wurde der Sturm auf das Rathaus, der vorübergehend im Plan Ricciotti's lag, wieder aufgegeben. Es genügte uns wahrzunehmen, daß der Feind, eine Art Arrièregarde-Gefecht führend, in östlicher Richtung zu weichen und seinen Rückzug auf Chaumont zu anzutreten begann. Er bekannte sich dadurch als besiegt. Ihm zu folgen, würde unsern Zwecken wenig entsprochen haben. Im Gegenteil, unseres Erfolges froh, eilten wir, uns wieder aus seiner Nähe zu bringen, und traten noch im Laufe des Vormittags unseren eigenen Rückzug an. Er ging wieder über Coulmiers le Sec." —

Der ganze Rückzug dieser kleinen Truppe Freischärler wandelte sich in einen Triumphzug. Überall Glockenläuten, Ansprachen, Böllerschüsse, Scharen junger Mädchen mit Kränzen und Siegeszweigen! Frankreich schwelgte in einem Taumel unverhoffter Siegesfreude. Die seitens der Sieger herausgegebene preußische Verlustliste lautete:

„Tote: 1 General, 1 Oberst, 2 Bataillons-Kommandeure, viele Offiziere und 200 Mann;

Verwundete: Zahllos;

Gefangene: 14 Offiziere und 153 Mann."

In Wirklichkeit — freilich noch immer traurig genug — belief sich unsere Einbuße:

Tot: Major v. Alvensleben, 1 Unteroffizier, 10 Mann;

Verwundet: Hauptmann Bardeleben, Adjutant v. Drabbe und 16 Mann;

Gefangen: 3 Offiziere, 2 Vice-Feldwebel, 1 Assistenzarzt, 1 Zahlmeister und ungefähr 150 Mann, darunter 52 Husaren.

In Montbard angekommen, erfuhr Ricciotti, daß Chatillon sur Seine bereits im Laufe des 19. wieder von den Preußen besetzt worden sei, daß man die Stadt auf die Anklage eines Einverständnisses mit den Garibaldinern mit einer gewaltigen Kontribution bestraft habe, während einige gefangene Garibaldiner hart und ungerecht behandelt worden seien. Daraufhin richtete Ricciotti an den Oberbefehlshaber der II. Armee, Prinz Friedrich Karl, nachstehendes Schreiben:

„Prinz!

In Beifolgendem habe ich die Ehre, verschiedene Schriftstücke und Wertgegenstände, die bei zwei höheren, am 19. dieses Monats in Chatillon gefallenen Offizieren Ihrer Armee gefunden wurden, an Sie zurückgelangen zu lassen. Wohl wissend, wie wert solche Gegenstände der Familie sind, zu

61*

gleicher Zeit ohne Kenntnis der Namen der Gefallenen, habe ich geglaubt Dero Vermittelung zu diesem Zweck in Anspruch nehmen zu sollen.

„Der ganze Hergang, wie er mir die Ehre verschafft, mich brieflich an Eure Königliche Hoheit zu wenden, bietet mir zugleich auch erwünschte Gelegenheit zu einigen Bemerkungen. Seit Beginn dieses Krieges ist, im Widerspruch mit Logik und Humanität, den Franctireurs die eigentliche Soldatenschaft abgesprochen worden. Sie sind dadurch gewisser Rechte und Vorzüge verlustig gegangen. Mit tiefem Schmerze haben wir sehen müssen, wie unsere Gefangenen hingeschlachtet, unsere Verwundeten den schmählichsten Qualen unterworfen wurden, Rohheitsakte, für die es der französischen Sprache an dem entsprechenden Worte gebricht.

„Eure Königliche Hoheit wird von derartigen Vorkommnissen unterrichtet sein. Vielleicht, daß es unmöglich ist, die Wiederkehr dieser und ähnlicher Dinge zu hindern; aber das darf ich mit Stolz versichern, daß das Bajonett keines Franctireurs jemals von dem Blut eines Gefangenen gerötet worden ist. Allen in unsere Hände Gefallenen, verwundet oder nicht, wenden wir vielmehr unsere Sorge zu. Fragen Sie diejenigen, die wir seit dem 19. mit uns führen; wir behandeln sie wie Brüder, denn wir wissen, was wir dem Herzeleid des Besiegten, und dem Mute dessen, der brav aber unglücklich kämpfte, schuldig sind.

„Glauben Sie, Prinz, daß mir die Anmaßung ferne liegt, einen Vortrag über Humanität an Sie richten zu wollen; nur aussprechen wollte ich es, daß seitens der Franctireurs die Gesetze des Krieges und der Menschlichkeit beobachtet werden. Und noch Eines mag mir, ohne Drohung und Ruhmredigkeit, auszusprechen gestattet sein. Die Brigade, die ich führe, ist ausschließlich aus Franctireurs zusammengesetzt. Mal für mal, wo ich, in verbürgter Weise, von Grausamkeiten höre, die gegen Franctireurs begangen wurden, werde ich nach dem alten Spruche zu handeln wissen: Aug' um Auge und Zahn um Zahn. Ich wünsche, Prinz, des Schmerzes solcher Repressalien überhoben zu bleiben. Ebenso hoffe ich, daß seitens Eurer Königlichen Hoheit angeordnet werden wird, die Franctireurs als tapfere, im Dienst ihres Vaterlandes stehende Soldaten, nicht aber als Räuber zu behandeln.

Der Kommandant der 4. Brigade: Ricciotti Garibaldi."

Dieser Brief, aus edelstem Antriebe geschrieben, blieb wohl ohne Antwort, doch nicht ohne Wirkung. Fortan gewöhnte man sich den Freischaren gegenüber Unterschiede zu machen, zwischen denen, die in Uniform im offenen Kampfe uns entgegentraten und jenen, welche unter der harmlosen Maske von Landbewohnern uns heimtückisch und meuchlings aus ihren Häusern und Waldverstecken anfielen.

Ricciotti erreichte mit seiner halben Brigade am 23. Arnay le Duc, wo er inne hielt, um den Anmarsch der gegen Dijon sich wendenden gesamten Vogesen-Armee abzuwarten und zu decken. Hier auch harrte er zur Deckung noch, als die unter Begeisterung abgezogenen Freischaren des alten italienischen Helden geschlagen, entmutigt, vier Tage später wieder von preußischen Kugeln und Kolben zurückgewiesen, heimkehrten.

Einunddreißigstes Kapitel.

Garibaldi bricht mit seiner Vogesen-Armee von Autun auf. — Der nächtliche Überfall von Dijon scheitert. — Das Gefecht bei Prénois. — Zweiter vergeblicher Versuch, Dijon zu überrumpeln. — Das Gefecht bei Pâques. — Das Gefecht bei Autun. — Ein Kriegsgericht unter Garibaldi. — General Cremer und seine Freischar. — Das erste Gefecht bei Nuits (30. November). — Das Gefecht bei Chateauneuf (3. Dezember). — General Cremer besetzt mit seiner neugebildeten Division Nuits. — Angriff der Brigaden Prinz Wilhelm und Degenfeld. — Das zweite Gefecht bei Nuits (18. Dezember). — Verluste hüben und drüben.

Der Erfolg des kühnen Handstreichs Ricciotti's hatte die Lust nach neuen Siegen nur noch verdoppelt. Was dem Sohn gelungen war, sollte dem Vater nicht auch möglich sein? Wohlan also Dijon dem verhaßten Gegner entrissen! Garibaldi hatte den Plan gefaßt, entweder durch Hinterlist und Überfall oder aber im offenen Kampfe unter Mitwirkung der im Gebirge umherschwärmenden Freikorps, besonders das des Generals Cremer, uns den ferneren Besitz der burgundischen Hauptstadt streitig zu machen. Am 21. November brach die Vogesen-Armee von Autun auf, teilte sich bei Arnay le Duc, um dann am 24. bei Pont de Pany — zwei Meilen westlich von Dijon — wieder sich zu vereinigen. Nach unerheblichen Scharmützeln traf man am Nachmittage genannten Tages in Pont de Pany ein. Die kommende Nacht war für den Überfall von Dijon bestimmt worden. Garibaldi hatte sich dafür entschieden, trotz des Einspruches seines Generalstabschefs, welcher besser als sein alter, nur auf italienische Verhältnisse hin geprüfter Feldherr das Übergewicht des deutschen Gegners kannte, unbeirrt durch den Ausnahmeerfolg von Chatillon sur Seine, wie durch die früheren Erfolge Garibaldis in Italien.

Es war angeordnet, daß die 1. Brigade am rechten Flußufer, die 3. am linken Flußufer hin auf Dijon vorgehen sollte, um dann konzentrisch innerhalb der Stadt auf dem Place d'Arcy zusammenzutreffen. Die Einzelheiten des Angriffsplanes waren sorgsam abgewogen. Dennoch scheiterte der Anschlag. Die rechte Flügelkolonne stieß bei Plombières und bald darauf bei Corcelles les Monts auf Teile unseres XIV. Korps. Statt auszuweichen, traten die Freischärler in ein Gefecht ein und bald war diesseits alles alarmiert, der Überfall erkannt und abgewiesen. Garibaldi mußte Befehl geben, den unklugerweise eingegangenen Kampf abzubrechen. Die Vogesen-Armee zog sich darauf auf die zur Linken des Ouche-Flusses belegenen Waldhöhen zurück, Garibaldi nahm am Fuße derselben in dem Dorfe Lantenay Quartier.

Der Überfall war mißglückt, dafür sollte nun Dijon am 26. November im offenen Kampfe angegriffen werden. Unser XIV. Korps stand seit Mitte November vollständig in und um Dijon wieder versammelt: nördlich der Stadt Brigade Keller, südlich Brigade v. d. Goltz, westlich Brigade Degenfeld, in Dijon selbst Brigade Prinz Wilhelm. Als der nächtliche Überfall zurückgewiesen worden war, hatte man diesseits für den 27. einen Angriff auf die Vogesen-Armee geplant. Brigade Degenfeld, als die dem Gegner zunächststehende, sollte gegen denselben vorgehen, unterstützt durch die Brigade Keller. Brigade v. d. Goltz war für einen etwaigen Seitenangriff des Korps Cremer bestimmt. Doch Garibaldi kam diesem unsererseits geplanten Unternehmen schon einen Tag früher zuvor.

Am 26. morgens ward Garibaldi nach langen Jahren zum ersten Male wieder auf ein Pferd gehoben. Bordone an seiner Seite, ritt er langsam das Plateau hinan, wo ihn seine Scharen jauchzend begrüßten. In diesem Augenblick bäumte sich das Schlachtroß und warf den greisen Helden ab. Zum Glück ohne Schaden. Ein anderes Pferd ward vorgeführt, Garibaldi darauf gesetzt, worauf als Führer desselben ein kleiner korsischer Hornist die Zügel ergriff. Nun befahl Garibaldi, zum Angriff zu blasen. Derselbe sollte auf Prénois erfolgen, wohin die bei Darois mit dem Gros haltende Brigade Degenfeld einzelne Abteilungen vorgeschoben hatte. Es war 11 Uhr vormittags. Badische Batterieen eröffneten beim Heranrücken der Freischärler ihr Feuer, das von zwei leichten feindlichen Batterieen lebhaft beantwortet wurde. Drei Schützen-Kolonnen Franctireurs unter Menotti als Vordertreffen, gefolgt von den geschlossenen Bataillonen Mobilgarden, brach der Gegner vor. In Front der geraden Weges auf Prénois stürmenden Mittelkolonnen ritt Garibaldi, zur Seite den munter blasenden Zügelführer. Erst an einer Schlucht machte er Halt, um von hier aus dem weiteren Gang des Gefechtes zu folgen, obwohl ein immer mehr wachsender, höchst gefährlicher Granatregen ihn umtoste. Seine linke Kolonne kämpfte mit Glück, während im Zentrum und am rechten Flügel ein Stocken eintrat, als die badischen Batterieen jetzt ihr Feuer von den feindlichen Geschützen droben auf der Höhe von Lantenay auf die anstürmenden Soldaten richteten. In diesem kritischen Augenblicke warf Garibaldi sein Häuflein Kavallerie, kaum 100 Pferde stark, auf unsere Batterieen, welche jedoch diesen Angriff nicht mehr abwarteten, sondern eiligst auf Darois sich zurückzogen. Dies war das Zeichen zum allgemeinen Aufbruch für die badische Infanterie, welche bisher Prénois verteidigt hatte. Der Rückzug ging auf Darois, von da im Dunkel der hereinbrechenden Nacht weiter. Pâques, Prénois und Darois fielen in die Hände des sieghaft nachdrängenden Gegners.

In Dijon herrschte seitens der Einwohnerschaft heller Jubel. Die gänzliche Niederlage der verhaßten deutschen Einquartierung schien für jeden nur noch eine Frage der allernächsten Stunden. Nur unsere aufgepflanzten Kanonen hielten die sich mit finsteren Blicken zusammenrottenden Blousenmänner vor einer offenen Revolte ab. In der That war unsere augenblickliche Lage nicht ohne Besorgnis, zumal auf die südlich der Stadt haltende Brigade v. d. Goltz nicht zu rechnen war, da deren Eingreifen durch den Anmarsch des Korps Cremer vollständig ausgeschlossen bleiben mußte, die übrigen Brigaden zu weit entfernt standen, einem etwaigen Aufruhr zu begegnen, der die schlimmsten Folgen haben mußte, sobald Garibaldi und Cremer vielleicht dieselben warfen, so daß allein Brigade Degenfeld auf die Verteidigung der Stadt angewiesen gewesen wäre. Doch diese Besorgnisse sollten sich nicht erfüllen. Der Angriff Cremers unterblieb, der Angriff Garibaldis ward abgeschlagen. Dijon verblieb auch fernerhin in unserem Besitz.

Es regnete stark zur Nacht, als Teile der Brigade Degenfeld, zwischen Daix und Talant haltend, sich plötzlich angegriffen sahen. Es war das 1. und Füsilier-Bataillon des 3. Regiments. Die in erster Linie stehenden

Kompagnieen wurden gesprengt, der Kommandeur des Füsilier-Bataillons, Major Widmann, fiel verwundet in die Hände des Gegners. Nun setzten sich die zwei anderen Kompagnieen unter Trommelwirbel in Bewegung, sammelten die Versprengten und gingen darauf zur Offensive vor. Zugleich erschien auch das rückwärts stehende 1. Bataillon, um sich an dem Kampfe zu beteiligen. Denn in diesem Augenblicke ging der Feind zum Sturm vor. Unter donnerndem Rufen, Blasen, Glockenläuten, Jauchzen, Brüllen und dem Absingen der Garibaldi-Hymne flutete eine Woge begeisterter Freischärler gegen die Unsrigen an. Bis auf 50 Schritt ließen wir sie herankommen. Dann krachte eine viergliedrige Salve ihnen entgegen. Die wilde Schar ebbete zurück. Aber ihr Mut war ungebrochen. Abermals und dann noch einmal brandeten die Kolonnen unter tosendem Lärme gegen uns — derselbe Erfolg. Röcheln und jähes Wehegeschrei der Sterbenden und Verwundeten bezeichnete den blutigen Weg, den die Tapferen kamen und gingen. Bis auf acht Schritt vor unserer Front lagen die Toten übereinandergewälzt. Dann wich der erschrockene Feind zurück. Das Dunkel der Nacht verschlang ihn. Bald herrschte tiefe Stille, wo noch vorher Kampfgeschrei und knatterndes Flintenfeuer sich vermischt hatte. Der Kampf war aus, die Hoffnung Dijons vereitelt. —

Schon der nächste Tag sollte weitere Feindseligkeiten bringen und den Garibaldinern noch mehr die Aussicht auf einen Entsatz von Dijon rauben. General v. Werder hatte für den 27. dahin verfügt, daß an die Stelle der bereits drei Mal im Feuer gewesenen Brigade Degenfeld jetzt die Brigade v. d. Goltz treten sollte, zumal ein Angriff seitens des Generals Cremer von Süden her nicht mehr zu gewärtigen stand. Brigade v. d. Goltz sollte den Feind zwischen Pâques und Prénois angreifen, unterstützt durch ein linkes Flügel-Detachement unter Befehl von Oberst Renz. So geschah es auch. Vormittags $11^1/_2$ Uhr entwickelte sich das Arrière-Gefecht bei Pâques. Nachdem unsere beiden Truppenteile sowohl Prénois dem Gegner entrissen, als auch die bewaldeten Höhen von Lantenay gestürmt hatten, vereinigten sie sich zu einem konzentrischen Vorgehen auf Pâques, das von der Brigade Delpech verteidigt wurde. Nach kurzem Kampfe gab der Gegner jeden weiteren Versuch auf und trat den Rückzug an. Die Brigade Delpech hatte ihre Schuldigkeit erfüllt. Während sie uns bei Pâques festhielt, hatten die übrigen Brigaden der Vogesen-Armee ihren

Rückmarsch auf Autun angetreten, wo sie, zum Teil die Eisenbahn benutzend, am 30. November mittags wieder einrückten. Unser Plan, den Rückzug dem Gegner abzuschneiden, kam nicht zur Ausführung. Die damit beauftragte Brigade Keller hatte infolge unserer bedenklichen Lage bei Dijon dem abziehenden Feinde einen Vorsprung von einem Tage lassen müssen, einen Vorteil, welchen derselbe auch verstand auszunützen.

Ein Tagesmarsch trennte uns von dem Feinde. Als Letzterer in Autun wieder einzog, nahm die nachgerückte Brigade Keller bei Rouvres sur Meilly, Avantgarde bis Arnay le Duc vorgeschoben, Quartier. Tags darauf, am 1. Dezember, hielt sie zur Mittagsstunde vor Autun. Alle Vorstädte wurden besetzt vorgefunden, nur das die Hauptstraße deckende Dorf und Kloster St. Martin ward merkwürdigerweise ohne jede Besatzung angetroffen, ein Umstand, der es uns ermöglichte, bis in die Stadt selbst hineinzudringen. Hier aber stießen wir auf starke Scharen Garibaldiner. Unserem Vordringen ward ein Ziel gesetzt. Die Unsrigen wurden mit wuchtigem Anprall zurückgedrängt, worauf sich eine sehr lebhafte Kanonade entwickelte, welche bis zum Eintritt der Dunkelheit währte. Am nächsten Morgen, so hatte General Keller bestimmt, sollte dieselbe wieder aufgenommen werden. Doch in derselben Nacht traf ein Brief des Generals v. Werder ein, worin derselbe mitteilte, daß es jetzt gebotener erscheine, nach Dijon sich zurückzuwenden. So mußte die Brigade Keller unverrichteter Sache von Autun abziehen. Das Gefecht bei Autun am 1. Dezember war daher als völlig resultatlos für uns zu bezeichnen. Nicht für den Feind. Der Umstand, daß Oberst Chenet mit seinem Bataillon Guerilla d'Orient vor unserer Ankunft das Dorf und Kloster St. Martin geräumt hatte, sei es nun durch Mutlosigkeit oder Mißverständnis — der Angeklagte hat jede Schuld freilich von sich gewiesen — dieser Umstand ward für ganz Frankreich wochenlang ein Gegenstand heißester Debatten, und schuf dem Obersten eine Anklage vor dem Kriegsgericht, dessen Verdikt auf Schuldig und Todesstrafe lautete. Als dann das gesammte Bataillon vor Garibaldi erschien, um die Freiheit seines Chefs zu verlangen, wandelte der Führer der Vogesen-Armee die Todesstrafe in Degradation um, welche am 14. Dezember in Szene gesetzt wurde, ein Ereignis, das ganz Frankreich empörte und den Haß gegen die italienischen Fremdlinge noch höher anfachte. Oberst Chenet hat selbst über diesen Vorgang berichtet.

„Um 2 Uhr“, so schreibt er, „hielt vor meinem Gefängnis ein geschlossener Wagen, den ich bestieg. Ein Trupp Gensdarmen zu beiden Seiten, eine Franktireur-Kompagnie den Zug abschließend, so wurde der Platz erreicht, auf dem sich das furchtbare Schauspiel, dessen nicht beneidenswerter Mittelpunkt ich war, vollziehen sollte. In einem engeren, an zwei Stellen geöffneten Kreis stand mein Guerilla-Bataillon, um dasselbe her aber die halbe Vogesen-Armee, insonderheit die eigentlichen „Garibaldiner“. An allen Fenstern Zuschauer; Straßen, Treppen, Dächer mit Menschen überdeckt. Ich wurde in die Mitte des engeren Kreises geführt; Trommelwirbel; dann las der Greffier: „Der General en Chef der Vogesen-Armee, dafürhaltend, daß für einen Mann von Ehre die Degradation schlimmer ist als der Tod (considerant que, pour un homme d'honneur, la degradation est pire que la mort), hebt hiermit die Vollstreckung der Todesstrafe auf, ordnet aber zugleich an, daß Colonel Chenet, in Gemäßheit jenes zweiten gegen ihn verhängten Strafpunktes, am 14. dieses Monats auf der Place d'Armes zu Autun, in Gegenwart aller Truppen der Garnison, seiner Rangesabzeichen entkleidet werde. Nach erfolgter Degradation soll genannter Chenet ins Gefängnis zurückgeführt und daselbst bis zum Eintreffen weiterer Befehle der Regierung der Landesverteidigung zu Bordeaux interniert gehalten werden. Der Platzkommandant von Autun ist mit Ausführung des Vorstehenden betraut. Garibaldi.“

„Wieder Trommelwirbel. Dann erschien Oberst-Lieutenant Bossy ebenfalls in Mitte des engeren Kreises und las das Degradationsformular, das mit den Worten schloß: „Unwürdig innerhalb der französischen Armee länger zu dienen, stoßen wir Euch aus derselben aus.“

„Ein alter Sergeant und vier Soldaten traten vor, um nunmehr ans Werk zu gehen. Der Alte zauderte. Ich streckte ihm meinen Arm hin: „Thue Deine Pflicht, mein Braver, sie ist peinlich, aber ich werde Dir helfen.“ Die Tressen wurden abgerissen und zu meinen Füßen geworfen. „Eure Orden!“ rief jetzt der Platzmajor, „wo sind sie?“ „„Sie sind nicht für Euch, Signor; Ihr werdet vergeblich darnach suchen.““ Ein alter Säbel wurde jetzt herangebracht, um die Ceremonie des „Degenzerbrechens“ daran zu vollziehen. Aber alle Anstrengungen scheiterten; der Säbel bog sich mehr und mehr, aber er brach nicht. Ich wandte mich lächelnd an den Graubart: „Ihr seht, Sergeant, daß es nicht der meinige ist.“ Dann begann das Defilieren; zwei Mann vor und zwei Mann hinter mir, mußte ich an den Reihen meines Bataillons vorbei. Aber die Schmach, die mir angethan werden sollte, verwandelte sich in ihr Gegenteil. Die Offiziere grüßten mit dem Degen, die Leute hoben ihre Käppis und von den Fenstern der den Platz einschließenden Häuser aus wehten die Tücher der Damen. „Hoch, Oberst Chenet!“ klang es inmitten der dichtgedrängt stehenden Menschenmenge.“

„Die Ceremonie war vorüber; ich bestieg den Wagen, der mich in das Gefängnis zurückführen sollte. Jetzt aber verließen mich meine Kräfte und eine tiefe Ohnmacht überfiel mich. Als ich aus derselben erwachte, befand ich mich wieder in meiner Zelle.“ —

Drei Tage später ward Oberst Chenet gefesselt von Autun aus über Marseille nach Toulon abgeführt, wo ihm eröffnet wurde, daß ihn das Garibaldinische Kriegsgericht zum Bagno verurteilt habe. Doch der oberste Beamte lehnte es ab, diese furchtbare Strafe zu vollziehen, indem er dem General Garibaldi kein Recht zugestehen konnte, einen französischen Offizier zur Galeerenstrafe zu verdammen. Als die Wirren des Krieges sich etwas gelöst hatten, ist dann späterhin eine Revision dieses Prozesses vorgenommen worden, worauf dieses französische Kriegsgericht den Angeklagten einstimmig freisprach und ihn in alle Ehren wieder einsetzte. —

General v. Werder hatte die Brigade Keller nicht ohne Grund zurückgerufen. Der längst gefürchtete Feind, der sich inzwischen in dem Gebirge Côte d'Or immer zahlreicher verstärkt hatte, bald das Thal der Saône, bald das des Ouche-Baches beunruhigend, schien jetzt ernstlich Miene zu machen, seine bisherigen Drohungen in Thaten umzuwandeln. Ein Glück für uns, daß die von Gambetta gewünschte Vereinigung dieser losen Freischaren-Korps nicht zu Stande kam. Uneinigkeit, Eifersucht und wohl auch die Beschaffenheit des schwierigen Terrains verhinderten dieselbe.

Nur eines dieser südlich von uns umherschwärmenden Freischaren-Korps sollte uns ernstlich zu schaffen machen: die Brigade Cremer, deren Befehlshaber am 24. November persönlich die Führung übernommen hatte. Von all den lockeren, bunt zusammengewürfelten Scharen der im Südosten Frankreichs auftauchenden Vaterlandsverteidiger ist die Brigade Cremer wohl als die beste zu bezeichnen gewesen. Sie setzte sich zumeist aus Mobilgarden, wie folgt, zusammen:

1. Rhône-Legion, Oberst Celler;

2. Rhône-Legion, Oberst Ferrer;

Mobilgarden-Bataillon („Girondins"), Kommandant Carayon-Latour;

Bataillon Rhône-Volontairs, Kommandant Marengo.

Alles in allem: 8 Bataillone Infanterie, vorzüglich bewaffnet; dazu eine 9pfündige Armstrong-Batterie. Kavallerie fehlte ganz. Dem General Cremer, obwohl derselbe noch sehr jung war (35 Jahre), ging ein ausgezeichneter Ruf voran. In der That zählt er auch zu den wenigen Heerführern Frankreichs (Chanzy, Faidherbe), welche es während dieses für das gedemütigte Land so wehevollen Krieges wenigstens doch zu gewissen, wenn auch nicht vollen Erfolgen brachten.

General Cremer hatte sofort nach Antritt seines Kommandos (24. November) beschlossen, im Einklange mit Garibaldi einen Vorstoß von Süden her auf Dijon zu unternehmen, ein Plan, der, wie wir schon gesehen haben, in jenen Tagen diesseits sehr befürchtet wurde. Noch im Laufe des 24. wurde die Hälfte seiner Brigade von Chagny aus zunächst bis Beaune, dann bis Nuits vorgeschoben, von wo aus, am 28. früh, der von Westen her erwartete Angriff Garibaldis auf Dijon durch einen Stoß von Süden her unterstützt werden sollte. Doch eine Mitteilung von der Hand Bordones, worin derselbe die Niederlage Garibaldis meldete, machte jede weitere Siegeshoffnung vorläufig zu Schanden. Cremer, in richtiger Erkenntnis der Lage, zog seine bereits bis Gevrey vorgeschobenen Bataillone auf Nuits zurück und begann hierselbst alles zur Verteidigung einzurichten, da die Lage dieses Ortes eine Gegenwehr geradezu nahe legte. Mitten in diesen Vorarbeiten erschien der General Crevisier und ordnete das sofortige Verlassen dieses ausgezeichneten Platzes an. Unwillig und knirschend zog man sich wieder auf Beaune und Chagny zurück. Wohl fügte sich Cremer als Jüngerer den völlig übereilten Anordnungen, doch seine Offiziere, empört über diese Maßregel, sandten eine Beschwerdeschrift nach Tours. Bald darauf traf die Antwort ein: „General Crevisier hat das Kommando abzugeben. General Cremer erhält den Oberbefehl über alle im Saônethal versammelten oder noch sich sammelnden Streitkräfte." Vorläufig jedoch verblieb der Bestand der dem General Cremer untergeordneten Streitkräfte auf 8 Bataillonen. Mit diesen trat der umsichtige Führer vorläufig in einigen kleineren Gefechten gegen uns auf: dem Gefecht bei Nuits (29. und 30. November) und dem Gefecht bei Chateauneuf (3. Dezember).

Bezüglich dieses „ersten" Gefechtes bei Nuits — späterhin folgte noch ein zweites ernsteres — weichen übrigens die Angaben betreffs der Zeitdauer merkwürdig auseinander. Während diesseits das Gefecht auf den 30. allein verlegt wird, geben die feindlichen Berichte den 29. und 30. November als Gefechtstage an. General Cremer, den fatalen Eindruck des Zurückziehens aus Nuits zu verwischen, ordnete sofort nach Absetzung des Generals Crevisier den erneuten Vormarsch auf diesen Ort an, der, nach französischen Angaben, inzwischen von 2000 Badensern und einer Halbbatterie besetzt worden war. „Cremer, — so schreibt sein Generalstabschef, Oberst Poullet — trotzdem er an dieser Stelle über kein einziges Geschütz Verfügung hatte, beschloß sofort den Angriff in Front und linker Flanke. Jenen leitete Oberst Ferrer, Kommandeur der 2. Rhône-Legion, diesen er selbst. Nur in der Front kam es zu einem Zusammenstoß; das Pferd des Obersten wurde von 20 Kugeln durchbohrt und das Kartätschenfeuer der badischen Halbbatterie begann bereits die Unseren ins Schwanken zu bringen, als von links her die über die Höhe von Chaux ausgeführte Umgehung General Cremers selbst fühlbar zu werden begann. Die Badenser, ersichtlich besorgt, ihre Rückzugslinie durchschnitten zu sehen, brachen das Gefecht ab." Dies soll am 29. gewesen sein. Ein von uns tags darauf erneuter Versuch, dem Gegner Nuits wieder zu entreißen, scheiterte vollständig. Soweit der französische Bericht.

Hauptmann Löhlein giebt in seinem Buche über die Operationen des Werder'schen Korps folgende Schilderung dieses Gefechts: „Sieben Kompagnieen des 2. badischen Grenadier-Regiments unter Oberst v. Renz, denen 6 Geschütze beigegeben waren, brachen am 30. früh aus der Nähe von Dijon auf, um, auf Dijon zu, zu rekognoszieren. Gevrey, halber Weg, wurde erreicht, bald auch Nuits. Eine schwache Avantgarde rückte ein, während das Gros der Kolonne vor der Stadt verblieb. Die Einwohner waren fast sämtlich geflüchtet, die Fensterläden geschlossen. Plötzlich erschienen, auf den Höhen westlich, feindliche Trupps, welche die Stadt selbst mit Infanteriefeuer bestrichen, während von Süden her größere Abteilungen auf der Straße von Beaune heranrückten. Es glückte uns, den Stadt-Eingang zu verteidigen, auch die Umgehungskolonne des Feindes durch

Geschützfeuer zum Stehen zu bringen; nichtsdestoweniger ergab sich, daß die Stadt, so überlegenen Kräften gegenüber, nicht zu halten sein werde. Oberst v. Renz ordnete deshalb den Rückmarsch an. Diesen Moment benutzte der Gegner, um mit großer Energie nicht nur von zwei Seiten her gegen die Stadt vorzudringen, sondern auch, eine Umgehung ausführend, unseren Übergang über den Eisenbahn-Einschnitt zu hindern. Hier kam es erst, bei völligem Dunkelwerden, recht eigentlich zum Gefecht. Wir büßten 2 Offiziere und 39 Mann ein; 17 Verwundete und 2 Ärzte fielen in die Hände des Feindes. Stabsarzt Klein wurde erschlagen." — Soweit der diesseitige Bericht. Auch er verschweigt nicht, daß in der That die Truppe des Generals Cremer einen Erfolg zu verzeichnen hatte, der, klein oder groß, immerhin das Selbstvertrauen derselben heben mußte.

Wir wenden uns nun dem Gefecht bei Chateauneuf zu. General Cremer, nicht mit Unrecht stolz auf seinen Erfolg bei Nuits, war von demselben Geist, der seine Truppen erfüllte, beseelt: so bald als möglich wieder an den Feind zu kommen. Schon die allernächste Zeit sollte ihm diesen Wunsch erfüllen. In der Nacht vom 1. zum 2. Dezember empfing er die Nachricht, daß General Keller vom Korps Werder, welcher den Garibaldinern bis vor die Thore von Autun gefolgt war, von dort umgekehrt sei und auf dem Rückwege nach Dijon sich befinde. Diesen Rückmarsch abzuschneiden, dem badischen Truppenteil den Untergang zu bereiten, war jetzt der rasch gefaßte Plan Cremers. In aller Eile ließ er seine sämtlichen Streitkräfte aus dem Saône-Thal in das Ouche-Thal übergehen. Am Abend des 2. Dezembers hielt er mit sieben Bataillonen bei Bligny sur Ouche, wo er bald erfuhr, daß die Brigade Keller nur noch zwei Meilen nördlich von ihm entfernt in den Dörfern St. Sabine und Vandenesse Quartier genommen hatte. Nun bestimmte Cremer, daß am nächsten Morgen 3 Uhr der Vormarsch auf der großen Straße bis in die Nähe von St. Sabine angetreten werden sollte. Hier begann die Einschließung. Die 1. Rhône-Legion sollte sich als rechte Flügelkolonne auf Chateauneuf, die 2. Rhône-Legion als linke im Bogen auf Vandenesse wenden, das Bataillon „Girondins" als Zentrumskolonne geraden Weges auf Vandenesse marschieren. So die Hauptdisposition. General Cremer befand sich bei der 1. Legion. Glückte alles, so war die Brigade Keller von drei Seiten eingeschlossen und auf ihre eigene Artilleriestellung zurückgedrängt. Eine schwere Niederlage schien fast unvermeidlich. Doch der Mangel genügender Schulung dieser sonst tapferen Freikorps rettete uns vor einer erheblichen Niederlage. Während die 1. Legion pünktlich bei Chateauneuf eintraf, langte die 2. erst anderthalb Stunden später bei Vandenesse an, so daß die erstere sich inzwischen längst mit den alarmierten Badensern in ein scharfes Gefecht verwickelt sah. Freilich sollte dieses Gefecht, dessen bedrohlicher Charakter durch die geschilderte Verspätung aufgehoben war, dennoch uns einen verhältnismäßig hohen Verlust bringen. Als endlich die badischen Bataillone glücklich den Riegel der ihnen gestellten Falle gelöst hatten, verstummte allmählich das Gefecht. Die Brigade Keller hatte an Toten und Verwundeten 4 Offiziere und 153 Mann zu beklagen. Von den Verwundeten fielen 2 Offiziere und 55 Mann, die aus Mangel an Fuhrwerk unter Aufsicht von sechs Ärzten auf dem Verbandplatze hatten zurückbleiben müssen, in die Hände des Gegners.

Auch dieses Gefecht bei Chateauneuf schloß mit einem unzweifelhaften Erfolge Cremers. Welch eine tüchtige Kraft Frankreich in diesem energischen Feldherrn besaß, sollte uns das am 18. Dezember stattfindende zweite Treffen bei Nuits lehren, dessen blutiger Verlauf noch heute zu den schmerzlichen Erinnerungen dieses großen Krieges für Baden zählt.

Nach dem Gefecht bei Chateauneuf war Cremer mit seinen Truppen aus dem Ouche-Thal wieder in das Saône-Thal zurückgekehrt und hatte, wie schon früher, bei Beaune sein Hauptlager aufschlagen. Ein Bataillon der 1. Rhône-Legion nebst dem Bataillon Girondins verblieb als Avantgarde bis Nuits vorgeschoben. Der Führer der 2. Rhône-Legion, Oberst Ferrer, war inzwischen durch Oberst Chabert ersetzt worden. Doch auch diesem Führer gelang es nicht, Ordnung in die haltlose Legion zu bringen, welche den strategisch geschickten Plan Cremers bei Chateauneuf hatte scheitern lassen. Nach diesem Gefechte waren ruhige Tage eingetreten. Aber nicht bedeutungslos für die Truppe. Aus einer Brigade Cremer war jetzt eine Division geworden, durch das Eintreffen frischer Streitkräfte hatte sich der unter Cremer stehende Truppenbestand auf 13 Bataillone und 18 Geschütze erhöht. — Am 12. Dezember fand in Châlons sur Saône ein Kriegsrat unter Vorsitz des Divisionsgenerals Bressolles aus Lyon statt. Garibaldi nebst Bordone, General Pelissier wie Cremer wohnten demselben bei. Man einigte sich dahin, daß auf dem östlichen Kriegsschauplatze entschieden jetzt die Zeit gekommen sei, zu einem entscheidenden Offensivangriff überzugehen. Nur über die Art der Ausführung dieses wichtigen Planes kam man nicht überein. Cremer bestand darauf, daß seitens der Vogesen-Armee abermals von Westen nach Osten müsse vorgegangen werden, während seine Division gleichzeitig von Süden her dieses Vorgehen unterstützen würde. Er hoffte bestimmt, durch dieses gemeinschaftliche Handeln das Korps Werder unschädlich machen zu können. Bei Nuits wollte man dann, sobald der deutsche Gegner, aus Dijon hervorgelockt, zum Angriff schreiten würde, ihm eine Defensivschlacht liefern. Cremers Plan war wohl erwogen, zumal eine sorgfältige Kenntnis des Terrains ihm dabei zu Statten kam. Doch das deutsche Korps kam, ohne erst auf eine Einschließung zu warten, der Division Cremer zuvor und unternahm, belästigt durch die beunruhigende Nähe des Gegners, von selbst einen Offensivangriff auf Nuits, das Cremer nach seiner Rückkehr aus Châlons sur Saône besetzt hatte.

Am Morgen des 18. Dezembers setzten sich die beiden Brigaden Prinz Wilhelm und Degenfeld unseres XIV. Korps von Dijon aus gegen Nuits in Bewegung. Nuits war seitens des Generals Cremer, wie folgt, besetzt worden. Östlich der Stadt, wo das Terrain fast den Charakter der Ebene annimmt, waren die Ortschaften Agencourt, Boncourt und La Berchère durch 6 Kompagnieen und 2 Geschütze unter Befehl des Oberstlieutenant Graziani besetzt worden. Längs der Eisenbahnlinie östlich der Stadt, zwischen den Dörfern Fremeaux und Vosne — Bahnhof Nuits im Zentrum — hielten 6 Bataillone mit 6 Geschützen. Diese war die Hauptlinie des Gegners. In Nuits selbst befand sich General Cremer mit 2 Bataillonen, welche die erste Reserve bildeten. Eine zweite Reserve hielt auf der westlich von Nuits steil aufragenden Höhe von Chaux und bestand aus 2 Bataillonen, unter Bedeckung von 10 Geschützen, welche das Vorterrain unter ihr Feuer nehmen sollten. Auch die Orte Villars Fontaine und Concoeur nordwestlich der genannten Höhe waren mit schwachen Abteilungen belegt worden.

Unter General v. Glümer rückten gegen Morgen des 18. die beiden badischen Brigaden an, in eine Avantgarde (Oberst v. Willisen), ein Gros (Prinz Wilhelm von Baden) und ein rechtes Seitendetachement (Generalmajor v. Degenfeld) eingeteilt, alles in allem 11 000 Mann und 36 Geschütze. Um 12 Uhr war die Avantgarde, das Leib-Grenadier-Regiment unter

Oberst v. Wechmar, heran und eröffnete den Kampf gegen die feindliche Vorderlinie, insbesondere um La Berchère und Boncourt. Das Füsilier-Bataillon voran. Nach kurzem Artilleriefeuer, welches Boncourt in Brand steckte, ging man zum Sturm vor, der ohne allzuschwere Verluste auch gelang. $12^1/_2$ Uhr war Boncourt in unseren Händen. Oberstlieutenant Graziani war tödlich verwundet worden. Der Feind hatte sich auf La Berchère zurückgezogen, das er zur Verteidigung rasch einrichtete und zugleich Unterstützung aus der längs der Eisenbahn stehenden Hauptlinie empfing. Gegen diese Ferme führte nun Oberst v. Wechmar alles, was er von seinem Regiment zur Hand hatte. Nach einstündigem blutigen Ringen fielen Schloß und Park in unsere Hände und zugleich 60 Gefangene. Inzwischen war auch noch das 2. bisher zurückgebliebene Bataillon des Grenadier-Regiments eingetroffen und auf den linken Flügel unserer Angriffslinie, Agencourt, gewiesen worden. Auch dieses Dorf ward unser.

Der Feind war jetzt, auf seine zweite Linie zurückgeworfen, längs der Eisenbahn versammelt. Letztere läuft im Norden über einen hohen Damm, im südlichen Teil durch einen Einschnitt. In der Mitte liegt der Bahnhof. Die Stellung war außerordentlich fest und gut, auch, wie schon oben bemerkt, durch eine Doppelreserve gedeckt. Da das Gros des XIV. Korps immer noch nicht heran war, führte jetzt Oberst v. Wechmar die teilweise schon gelichteten Reihen seiner Grenadiere, denen der heutige Tag zum hellleuchtenden Ehrentag werden sollte, gegen die Eisenbahnlinie vor. Stramm, ruhig, todesmutig, gingen die drei Bataillone, als gälte es einem Parademarsch, gegen die feindliche Stellung vor. Schon auf 1500 Schritt empfing die Tapferen ein vernichtendes Feuer, ohne daß es ihnen möglich war, auch nur ein Käppi zu entdecken. Weiter! Aber schon beginnt der Vormarsch zu stocken, da trifft zum Glück die schwere Divisions-Artillerie ein und nimmt das Feuer gegen den Feind auf. Von dem Gros rücken, sehnlichst erwartet, jetzt auch die 5 Bataillone allmählich heran. Neuer Mut durchrieselt die im Vordertreffen avancierenden Braven. Tambour battant brechen 6 Bataillone mit brausendem Hurra vor. Glänzend ist die Bravour dieses Angriffs, so daß General v. Werder in einen lauten Ausruf der Bewunderung ausbricht. Der Gegner stockt und weicht. Ein furchtbarer Kampf, ein entsetzliches Ringen, Mann gegen Mann, entspinnt sich jetzt. Immer weiter klaffen die Lücken in unseren Reihen, immer grimmiger wütet der

Tod unter den Edlen dieser Heldenschar. Und endlich wankt der Feind, aufs Tiefste erschüttert, auf allen Punkten. In jäher Hast sucht er sein Heil in der Flucht. In Nuits hofft er noch einmal uns zum Rückzug zwingen zu dürfen. Fünf Uhr ist's durch, als die Unsrigen längs der Eisenbahnlinie als Sieger stehen. Aber das Tagewerk ist noch nicht vollendet. Auch Nuits muß noch dem tapferen Gegner heute entrissen werden, soll die Aufgabe nicht halb gelöst nur bleiben.

Und wieder geht's zum Sturm, in den blutigen Todesreigen. Über Leichen und Trümmer fluten die deutschen Männer gegen die Stadt vor. Eine halbe Stunde des grausamen Würgens — und dann ist auch Nuits in unseren Händen. Sieg, Sieg auf allen Punkten. Aber welch ein teuer erkaufter Ruhmestag! Ähnlich wie bei St. Privat hatte der Tod unter der verhältnismäßig nur kleinen Heldenschar gewütet. General v. Glümer, Prinz Wilhelm, Oberst v. Wechmar sind verwundet; Oberst v. Renz, Major v. Gemmingen, Hauptmann v. Gockel, Adjutanten und Ordonnanzen sind tot. 52 Offiziere 893 Mann hat das XIV. Korps verloren, wovon allein die tapfere Grenadier-Brigade (4500 Mann ungefähr stark), 34 Offiziere und 711 Mann einbüßte. Da ging ein tiefes, schmerzliches Wehklagen durch das badische Land, das so viel Söhne an diesem Tage im Feindeslande lassen mußte.

Aber auch die Division Cremer hatte gewaltige Verluste erlitten. Über 700 Gefangene fielen in unsere Hände; an Toten und Verwundeten büßte der Gegner ungefähr 1500 Mann ein. Zumeist Söhne der Stadt Lyon. Als diese Schreckenskunde sich dort verbreitete, stieg die Wut aufs Höchste. Ein Revolutions-Ausschuß beantragte, daß man sofort die Priester und Aristokraten solle in die Armee stecken. Als einzelne Nationalgarden-Offiziere sich weigerten, diese Maßregel auszuführen, kam es zum offenen Aufruhr. Das Volk wollte Blut sehen, seinen Zorn zu kühlen. Ein solch düsteres Nachspiel zu der Schlacht bei Nuits erzählt „Le Salut public". Darin heißt es: „Die Klubisten erklärten sich in Permanenz und verblieben in der Nacht vom 20. zum 21. in dem von ihnen gewählten Sitzungssaal. Man zog auch Weiber mit roten Schärpen hinzu, aber es fehlte an Gewehren, „um das Stadthaus rein zu fegen." Am andern Morgen ward beschlossen, einen der Bataillons-Chefs der Nationalgarde von La Croix-Rousse aufzusuchen, damit er den Generalmarsch schlagen lasse. Der erste,

63*

den man aufforderte, weigerte sich, wurde bedroht, aber mit Hilfe von bewaffneter Macht, die zur Stelle war, gerettet. Jetzt zogen die Roten nach dem Hause des Werkmeisters Arnaud, Kommandanten des 12. Bataillons, und nahmen ihn in der Uniform nach dem Sitzungssaale mit. Der Mann hatte nur noch Zeit gehabt, einen Revolver einzustecken. Als Arnaud sich weigerte, mit seinem Bataillon nach dem Stadthause von Lyon „hinab zu steigen", rissen ihn die Weiber aus dem Saale heraus, und als er auf der Straße von Bewaffneten bedroht wurde, schoß er seinen Revolver ab. Er wurde durch einen Bajonettstich an der Stirn verwundet und that nun einen zweiten Schuß, ohne Jemanden zu treffen. Sofort wurde er in den Saal zurückgeschleppt, wo man rief: „Er hat aufs Volk geschossen, er muß füsiliert werden!" Zwölf Klubisten setzten sich zu Gericht und verurteilten ihn ohne weiteres zum Tode. Man gestattete dem Unglücklichen nicht einmal, von seiner Frau und seinen Kindern Abschied zu nehmen, und seine Erschießung war eine Scene der gräßlichsten Pein. Erst beim fünften Schuß fiel er zu Boden. Aber auch diese Wunde war nicht tödlich; da trat ein Bursche von 15 Jahren herzu und drückte seinen Karabiner auf Arnaud's Brust ab. Gleichfalls ohne Erfolg. Die Henker luden hierauf von neuem ihre Gewehre, bis endlich ein Schuß in die Schläfe dem Massacre ein Ende machte. Dann blieben die Megären, welche der Exekution beigewohnt hatten, als Wache bei der Leiche, bis eine Tragbahre herbeigeschafft war, auf welcher Arnaud in das Marinegebäude gebracht wurde."

Zweiunddreißigstes Kapitel.

General v. Werder räumt mit seinem XIV. Korps freiwillig die Stellung bei Dijon. — Die Bildung der französischen Ost-Armee unter General Bourbaki. — Das Treffen bei Villersexel. — Die Vorgänge im Schlosse zu Villersexel und der nächtliche Kampf um Stadt und Schloß. — Das Korps Werder besetzt angesichts von Belfort die Linie längs der Lisaine. — Der Ausmarsch der französischen Ost-Armee. — Der erste Schlachttag vor Belfort am 15. Januar 1871. — Der Kampf auf unserem linken Flügel. — Das Ringen im Zentrum unserer Stellung bei Héricourt. — Der Kampf auf unserem rechten Flügel. — Schluß des ersten Kampftages.

Es war am 27. Dezember, neun Tage nach dem blutigen Gefechte bei Nuits, als General v. Werder freiwillig die bisher so mannhaft verteidigte Stellung in und um Dijon räumte, um mit seinem XIV. Korps in zwei Gewaltmärschen, bei grimmiger Kälte, sich nordöstlich auf Vesoul zurückzuziehen, wo er unter Heranziehung der noch abseits stehenden Detachements und der 4. Reserve-Division (General v. Schmeling) Stellung nahm, den heranrückenden Gegner zu empfangen. Denn ein neuer, wenigstens bis dahin fast verschollener Feind war wieder aufgetaucht, und alle Anzeichen deuteten darauf hin, daß ein Angriff seinerseits in nächster Zeit zu gewärtigen stand. Zweck dieser veränderten Stellung des XIV. Korps war, jede feindliche Operation, dem von uns belagerten Belfort Entsatz zu bringen, im Voraus abzuschneiden. Daß dies feindlicherseits geplant wurde, war nicht mehr zu verkennen. Immer bestimmter traten die Nachrichten auf, daß bedeutende feindliche Streitkräfte bei Besançon in der Konzentrierung begriffen waren, daß, mit Aufhebung jeglichen Privatverkehrs, Massen von Truppen mittelst Bahnzügen von Lyon aus nach Osten entsandt wurden. In der That bereitete sich im Osten Frankreichs ein neues Unternehmen vor.

Es wird noch in Erinnerung sein, daß nach den mißglückten Kämpfen bei Orléans General Aurelles de Paladine das Kommando der bis dahin noch eine Einheit bildende Loire-Armee niederlegte. Dies geschah am 7. Dezember. Nun spaltete sich dieser Heereskörper in eine 1. Loire-Armee (XV., XVIII. und XX. Korps) unter General Bourbaki, und in eine 2. Loire-Armee (XVI. und XVII. Korps), welche unter General Chanzy, bald darauf noch durch den Zutritt des XIX. und XXI. Korps verstärkt, sich nach Westen wandte und in den Kämpfen bei Le Mans besiegt und auseinander gesprengt wurde. Die 1. Loire-Armee unter ihrem galanten General Bourbaki behielt noch einige Tage Fühlung mit uns und verschwand dann im Innern des Landes. Man hörte und sah nichts mehr von ihr. So kam das Ende des Jahres. Jetzt erst tauchten wieder die ersten Lebenszeichen dieser Armee auf. Bis dahin in ihrem Entschlusse schwankend, ob sie sich solle nach Westen, Chanzy zu unterstützen, wenden, oder aber eine Verbindung mit Garibaldi, Cremer und den anderen Freikorps anstreben, hatte sie sich endlich für den letzten Plan entschieden. Aus einer 1. Loire-Armee war eine französische Ost-Armee geworden. Zu den bereits vorhandenen drei Korps traf noch von Lyon her das inzwischen frisch gebildete XXIV. Korps ein. Am 22. Dezember begann die Ost-Armee die bisher innen gehaltene Linie Vierzon-Nevers zu verlassen, um in nordöstlicher Richtung vorzugehen. Als Hauptquartier war Besançon gewählt, wo auch General Bourbaki am 1. Januar seine Generale zu einem beschlußfassenden Kriegsrate versammelte.

Man kam schließlich dahin überein, daß, nachdem General v. Werder doch nun einmal durch seinen Rückzug auf Vesoul eine so schön erträumte Überraschung von Dijon unmöglich gemacht hatte, ihn nun wenigstens jetzt mit seinem gesamten Korps gefangen zu nehmen, beziehungsweise niederzumetzeln. Zu diesem Zwecke ward beschlossen, einen Flankenmarsch bis Villersexel auszuführen, um von hier unserem XIV. Korps den Garaus zu machen. Und glückte auch dieses nicht, so mußte doch durch diesen bedrohlichen Überfall Werder gezwungen werden, seinen Weitermarsch auf Belfort aufzugeben. Dieser Entscheidung zufolge wurde am 2. Januar der Vormarsch in östlicher Richtung angetreten, um in den letzten Tagen sich mehr nach Norden zu wenden. Am 8. Januar stand die Ost-Armee, mit Ausnahme des erst bis Cleroul vorgerückten XV. Korps, zwischen Montbozon und Rougemont, zu beiden Seiten des Dignon, Front gegen Norden. Vesoul war bereits überholt, Villersexel fast erreicht. Alles schien eine gute Wendung nehmen zu wollen. Eine Avantgarde besetzte noch an diesem Tage Villersexel. Schon der 9. brachte einen Zusammenstoß: das Treffen bei Villersexel. Der Grund dieses Aufeinanderprallens war aber folgender.

Ohne Bourbakis Wissen hatte sich der Rückzug des XIV. Korps bereits vollzogen. General v. Werder, ahnend, daß die feindliche Bewegung allein nur den Entsatz von Belfort im Auge haben konnte, hatte, ohne jedoch genauere Kenntnis von dem Vormarsch der Ost-Armee zu besitzen, auch Vesoul bereits wieder aufgegeben, um früher als der Gegner vor Belfort einzutreffen. Ein Ausweichen eines Überfalls von Vesoul lag nicht in seinem Plane, da er nur ganz unvollkommene Nachrichten über die feindlichen Bewegungen besaß und nicht einmal wußte, ob derselbe bereits ihn schon überholt hatte. Sein Korps teilend, hatte er sich teils auf Lure, teils gegen Villersexel gewandt, und während das erstere weiter gegen Belfort vorrücken sollte, hatte er das andere bestimmt, dem Vormarsche der Ost-Armee durch einen Flankenstoß am Dignon-Flusse vorzubeugen. Die Absichten beider Feldherrn richteten sich also auf Villersexel. Auf diesen Punkt lenkten sie einen Teil ihrer Truppen, hier kam es zum ersten Zusammenstoß, dem Vorspiel zu dem blutigen dreiaktigen Drama bei Belfort.

Villersexel, ein heiteres Städtchen mit 1400 Einwohnern, liegt am linken Ufer des hier einen Wiesengrund durchfließenden Dignon, der sich hier in mehrere Arme verästelt und von Osten her das Flüßchen Scey aufnimmt. Am rechten (nördlichen) Ufer des Dignon dehnt sich bei Villersexel bis nach Aillevans ein Wald hin, Le Grand Fougeret genannt, durch welchen die Straße von Aillevans nach Villersexel führt. Um Wald und Stadt gruppieren sich die Dörfer Marast, Moimay, Les Magny, Villers-la Ville und St. Sulpice. Am nordwestlichen Ende der Stadt liegt das neugebaute Schloß des Marquis v. Gramont. Die Hauptstraße des Ortes mündet in eine steinerne Brücke, welche den Dignon überschreitet und zu der Waldstraße nach Aillevans leitet.

Am Morgen des 9. Januars war Villersexel durch Teile des XX. und XXIV. Korps besetzt. Das Gros derselben hielt noch bei Rougemont, das XVIII. Korps bei Montbozon. Unser XIV. Korps stand mit seiner Hauptmacht an diesem Morgen noch zwischen Vesoul und Lure. Die Division Schmeling allein war mit ihrem Gros in Aillevans angelangt, die Avantgarde hielt bereits in Grange d'Autin. Nur der einstündige Wald trennte noch beide Divisionsteile von Villersexel. Um 9 Uhr morgens lag der Wald hinter der Avantgarde. Angesichts der nach Villersexel über den Dignon führenden Steinbrücke wurden die Batterieen vorgezogen und die stark verbarrikadierte Brücke ward unter Feuer genommen. Bald war man jedoch diesseits klar, daß ein Übergang an dieser Stelle fast unmöglich sein mußte, denn nicht nur die Brücke mit ihren angrenzenden Häusern, auch die ganze Nordseite der Stadt, sowie Schloß und Park waren dicht von feindlichen Schützen besetzt. Zum Glück entdeckte man bald flußabwärts, dem Schlosse gegenüber, einen Hängesteg, welcher verhältnismäßig nur schwach besetzt war. Auf diesen wandte man sich. Die feindliche Abteilung wurde niedergeworfen, eine Kompagnie nach der andern rückte hinüber, und bald waren Schloß und Park in unseren Händen. Der Feind räumte, sichtlich bestürzt, die Stadt. Eine Schwadron Ulanen unter Rittmeister v. Wernstorff folgte ihm ein Stück, wobei es den Ulanen gelang, noch 2 Offiziere und 61 Mann gefangen zu nehmen. Inzwischen hatten die Infanterie-Kompagnieen die Stadt nach Möglichkeit abgesucht und eine hübsche Beute erzielt. Außer 2 Fahnen fielen hier noch an 500 Gefangene, darunter 16 Offiziere, in unsere Hände. Um 12 schwieg der Kampf auf allen Punkten der Stadt. Villersexel schien uns völlig preisgegeben zu sein. Doch der Schein trog. In Kellern und auf Böden, besonders in dem weitläufigen Schloßgebäude hielt sich noch ein ansehnlicher Bruchteil des Feindes versteckt, nur auf den ersten günstigen Augenblick harrend, uns heimtückisch in den Rücken zu fallen.

In der Mittagsstunde war inzwischen für uns noch frische Streitkraft eingetroffen. Während von der Division Schmeling das 25. Regiment Villersexel besetzt hielt, standen 5 Landwehr-Bataillone des Gros noch in Aillevans. Dafür aber hatte die Division Goltz, 30. und 34. Regiment, in den Dörfern Marast und Moimay Stellung genommen. Später rückte dann auch noch der in Aillevans haltende Truppenteil bis zum südlichen

Rande des Waldes „Le Grand Fougeret“ vor. Die 2 Avantgarden-Batterieen der Division Schmeling hielten östlich der Stadt, die 3 Batterieen der anderen Division an der Grenze von Les Grands Bois. Der Feind hatte sich indessen mit den Avantgarden seiner drei Korps auf Villersexel in Bewegung gesetzt. Bald nach 12 Uhr eröffnete seine Artillerie ein heftiges Geschützfeuer, das von unseren Batterieen erwidert wurde. Unter diesem Doppelfeuer der Geschütze entspann sich dann bald ein lebhaftes Schützengefecht auf beiden Seiten des Oignon südlich der Stadt, das bis gegen 4 Uhr währte. Damit aber war der Zweck unseres heutigen Vorstoßes auf Villersexel erfüllt. Der Vormarsch des Gegners war ins Stocken geraten und somit erging denn diesseits der Befehl, das Gefecht abzubrechen und Villersexel freiwillig zu räumen. Dies geschah. Die Artillerie zog ihre Geschütze zurück und wandte sich zum Rückzug. Die einzelnen Bataillone der 25er folgten. Zuletzt das 2. Bataillon. Als es die steinerne Brücke passierte, empfing es aus dem Schlosse heftiges Feuer, ebenso warf sich ihm auch eine jenseit des Flusses avancierte feindliche Abteilung entgegen und wehrte den Übergang. Es kam zu einem heftigen Kampfe noch. Nur unter erheblichen Verlusten gelang es uns endlich, den Weg frei zu machen. Unter feindlichen Kolbenschlägen sank Hauptmann v. Reisewitz tödlich verwundet zu Boden. Um 5 Uhr war Villersexel vollständig in den Händen des Gegners wieder. Da kam der Rückschlag, blutigere Opfer noch heischend, als die soeben beendeten Kämpfe gefordert hatten. Der Befehl, die Stadt zu räumen, war irrtümlich gegeben worden. Kaum daß das letzte Bataillon unter blutigem Handgemenge den Oignon überschritten hatte, traf Gegenordre ein, Villersexel unverzüglich wieder zu besetzen.

Als unser 25. Regiment jetzt wieder über die Brücke in die Stadt zurückflutete, hatte der Gegner sich inzwischen aufs neue in Schloß und Häusern festgesetzt und verteidigungsmäßig eingerichtet. Doch die 25er räumten energisch auf, und bald war der größte Teil des Ortes wieder in unseren Händen. Nur im südwestlichen Teile der Stadt, wohin immer frische feindliche Unterstützungen aus Rougemont eintrafen, gelang es uns nicht, den Gegner zum Weichen zu bringen. Uns an weiterer Besitzergreifung zu hindern, wie den Feind zum Verlassen der Häuser zu zwingen, loderten bald aus verschiedenen Häusern die Flammen auf und beleuchteten mit ihrem unstät flackernden Schein das blutig-düstere Nachtgefecht in Villersexel, das sich noch sollte bis um 3 Uhr morgens auf Markt und Straßen in schauerlichen Einzelscenen abspielen. Um 6 Uhr war auch der südöstliche Teil der Stadt dem Feinde entrissen. Nur das Schloß, durch alle Stockwerke hin dicht besetzt, befand sich noch in seinem Besitz. Diesen Besitz ihm auch noch streitig zu machen, empfingen 2 Landwehr-Bataillone der Division Schmeling Befehl zum Vorgehen gegen dasselbe. Dieses Schloß erhebt sich auf einer steilen linken Uferhöhe des Oignon; dem Flusse ist die Hauptfront zugekehrt, an diesem hin zieht sich ein ausgedehnter Park nach Süden hinab. Eine nicht allzu hohe, teilweise auch verfallene Mauer umgiebt die gesamte Schloßanlage, die nach Osten hin in einen terrassenförmig abfallenden Wein- und Obstgarten endet. Der Haupteingang befindet sich in dem an die Rückseite des Schlosses sich anschließenden, durch zwei Seitenflügel begrenzten Schloßhofe.

Zuerst drang das Landwehr-Bataillon Wehlau über die Brücke, durch einige kleine Straßen hindurch, und wandte sich dann, in zwei Abteilungen, gegen die Ost- und Südseite des Schlosses. Die hinanführenden Abhänge waren glatt gefroren und erschwerten im Verein mit der inzwischen hereingebrochenen Dunkelheit jeden regulären Angriff. Dazu krachte es aus den Fenstern des Schlosses in rasch aufeinanderfolgenden Salven. Kletternd und wieder niedergleitend, drängend und rückwärts stauend, so gestaltete sich der Angriff des Bataillons. Zum Glück trat auch bald das andere Landwehr-Bataillon Osterode in den Kampf ein, der im Anfang zu mancherlei Irrtümern Gelegenheit gab, sowohl durch den seitwärts noch immer tobenden Straßenkampf, als durch die Dunkelheit innerhalb eines völlig fremden Terrains herbeigeführt. Endlich gelang es doch einem Zuge das Hauptthor zu erreichen, wo ein wütendes Feuer die Tapferen empfing. Ein rasch ausgeführter Bajonettangriff trieb den letzten Feind in das Schloß hinein. Trotz heftigster Gegenwehr besetzten die Osteroder das gesamte Erdgeschoß wie den nach dem Oignon hinausblickenden Hauptsaal. Die feindliche Besatzung hatte sich in die oberen Stockwerke geflüchtet. Aus den Fenstern erblickte man bald darauf längst des Abhanges vorsichtig durch das Dämmerlicht schleichende preußische Landwehren, welche dem einen Teile des anderen Bataillons angehörten. Nun wurden rasch die Fenster des Saales geöffnet, Zeichen und Rufe ertönten, und an den Weinspalieren der Schloßwand klommen im nächsten Augenblicke die kecken Kameraden empor, freudig von der Schloßbesatzung begrüßt. Jetzt ward beschlossen, zum Angriff des darüber befindlichen ersten Stockwerks überzugehen. Die Haupttreppe und eine Seitentreppe benutzend, drang man empor, von heftigem Flintenfeuer empfangen. Im Saal stieß man auf 120 Mann und 1 Offizier, die sich alle gefangen gaben. Inzwischen war wieder ein Teil Landwehren, nach Überwindung unbeschreiblicher Schwierigkeiten, von der Stadt aus den Schloßberg hinangekrochen und hatte das Erdgeschoß des Schlosses betreten. Auch der Regimentskommandeur Oberst v. Krane erschien im Schloß, just um die Zeit, als eben die letzten französischen Abteilungen im ersten Stockwerk zum Strecken der Waffen gezwungen worden waren. Aber damit war noch lange nicht der Gegner aus dem Schloßbezirk verscheucht. In Kellern und Böden, den oberen Stockwerken wie im Park hielt er sich noch in dichten Scharen versteckt, uns bei jeder sich darbietenden Gelegenheit mit seinen Kugeln überschüttend. Ein Angriff auf die Kellerräume erwies sich als erfolglos. Eine Untersuchung der oberen Räume war mit manch herbem Verlust für uns verbunden. Da traf die Ordre ein, daß Schloß in Brand zu stecken. Zum zweiten Male an diesem Tage unterlag ein Befehl einer falschen Auffassung und schlug uns in seiner Ausführung manch tiefe Wunde. Vom Bataillon Wehlau aus war nämlich dem General v. Schmeling Mitteilung von dem zähen Widerstande der Franzosen im Schlosse zu Villersexel gemacht worden, worauf derselbe lakonisch antwortete: „Nun, so räuchert sie hinaus!“ Seine Absicht war gewesen, damit anzudeuten, daß man den Gegner mit aller Energie vertreiben solle. Der die Antwort empfangende Offizier faßte dieselbe jedoch wörtlich auf und trug den Befehl zurück, das Schloß unverzüglich in Brand zu stecken.

So machte man damit den Anfang mit dem westlichen Schloßflügel. Stroh, Betten, Heu und was sonst noch in aller Eile gesammelt werden konnte, brachte man dahin und zündete solches dann an. Nachdem dies geschehen war, verließen sämtliche im Schloßhofe und Erdgeschoß befindlichen preußischen Truppen die auflohende Brandstätte. In der Voraussetzung, daß die steinerne Brücke vielleicht abgesperrt sein könnte, nahm man den kürzesten Weg mitten durch den Dignon. Meist reichte das eiskalte Wasser nur bis zu den Hüften, an manchen Stellen jedoch mußten unsere Leute schwimmen. Die Abziehenden hatten geglaubt, das brennende Schloß allein den Franzosen überlassen zu haben. Aber man täuschte sich.

Ahnungslos von den Vorgängen, welche sich so rasch abgespielt und entschieden hatten, harrte nicht nur im östlichen Flügel ein Teil der 4. Kompagnie Osterode unter Hauptmann Czygan, auch in dem oberen Stockwerk, inmitten gefährlichster Durchsuchungsarbeit, befand sich noch Oberst v. Krane, begleitet von einer verhältnismäßig nur kleinen Truppe Landwehren.

9 Uhr mochte durch sein, als Oberst v. Krane sich mit seinen Leuten wieder hinab in das Erdgeschoß wandte. Kaum daß er hier in ein nach dem Hofe gelegenes Zimmer mit einem offenen Lichte getreten war, als Schüsse durch das Fenster fielen. Sofort ward die verräterische Leuchte ausgelöscht. Zu seinem Erstaunen bemerkte jetzt der Offizier, daß das Erdgeschoß leer von den Preußen war, während der Schloßhof sich gefüllt von Franzosen zeigte. Nun begab sich Oberst v. Krane nach dem östlichen Schloßflügel, wo er auf das dort noch eingeschlossene kleine Häuflein Kameraden stieß. Sich durch den aus seinen Verstecken hervorgetauchten, den Schloßhof und das Hauptgebäude füllenden Feind durchzuschlagen, war ein Ding der Unmöglichkeit. Man mußte jeden Gedanken einer Rettung aufgeben. Von wild aufgeregten feindlichen Massen bedroht, hielten so die letzten Landwehren im östlichen Schloßflügel, während aus dem gegenüberliegenden Flügel jetzt die Flammen emporschlugen und schauerlich Fluß und Stadt erhellten. Eine Stunde verging so in schwerer Sorge. Da traf Rettung ein. Um diese Zeit gab General v. Schmeling dem an der steinernen Brücke noch in Reserve stehenden Halbbataillon Thorn Befehl, gegen das Schloß vorzurücken, um die seiner Meinung nach noch dort kämpfenden Bataillone Osterode und Wehlau zu unterstützen. Am östlichen Fuße des Schloßberges angelangt, ward das Halbbataillon aus dem Schlosse mit Feuersalven empfangen. Zugleich aber vernahm man auch aus einem Fenster die bekannte Stimme des Oberst v. Krane, welcher hinabrief, nicht in dieser Richtung schießen zu wollen, trotzdem die Hinanklimmenden fortwährend unter dem feindlichen Feuer standen. Die Lage war ebenso unklar als bedenklich. Endlich aber erkannte man doch dieselbe und kam überein, den feuernden Feind zu beschäftigen, währenddessen die Eingeschlossenen versuchen wollten, sich durchzuschlagen. Oberst v. Krane und Major v. Wussow, welcher ebenfalls sich im östlichen Flügel befand, setzten sich an die Spitze des Freiheit suchenden Häufleins. Man öffnete

leise die Thüre. Eine scharfe Salve krachte in die feindliche Masse, dann ein Vorstoß — und unter lautem Hurra brach man hindurch. Der Gegner, verwirrt und überrascht, wich zurück und ließ das tapfere Häuflein durch. Doch in der Dunkelheit verfehlte Oberst v. Krane den Weg. Statt zum Thor hinaus zu drängen, führte er die ihm nachfolgenden Leute zu weit links ab, bis man sich plötzlich gegenüber der Schloßmauer mit Bestürzung sah, während der Feind jubelnd jetzt nachdrängte. Doch nur ein kurzes Besinnen, und alles klimmte über die Mauer fort. Was verwundet niedersinkt, wird aufgehoben und auf Schultern und Armen mit über die Mauer fortgeschafft, unter den Feuersalven des Gegners. Um 11 Uhr ist man endlich aus dem Bereich der feindlichen Geschosse. Während das Halbbataillon Thorn sich nach der Stadt wendet, ziehen die übrigen Truppenteile, welche bisher das Schloß besetzt gehalten hatten, über die steinerne Brücke zurück. Aber noch immer nicht sollte der Lärm des nächtlichen Kampfes schweigen. Noch vor Mitternacht rückten die beiden Landwehr-Bataillone, denen sich innerhalb der Stadt das Halbbataillon Thorn anschloß, gegen Schloß und Pforte, um den dort noch immer nistenden Feind zu vertreiben. Zwei Stunden tobte noch einmal ein heftiges Schützengefecht um die Schloßhöhen, bis endlich gegen 2 Uhr morgens der Befehl eintraf, die Feindseligkeiten langsam abzubrechen. Doch erst gegen 3 Uhr war Villersexel vollständig von den Unsrigen geräumt. Der Feind, gleich uns wohl aufs Äußerste erschöpft, verzichtete auf jedes weitere Nachdrängen. Krachend stürzten die ausgebrannten Schloßmauern währenddessen zusammen, unter ihren rauchenden Trümmern zahlreiche Tote und Verwundete von Freund und Feind begrabend. Unser Verlust betrug alles in allem 26 Offiziere und 553 Mann, wovon allein das 25. Regiment 9 Offiziere und 217 Mann einbüßte. Nach einer französischen Angabe soll sich der Verlust des Gegners auf 27 Offiziere und 627 Mann beziffert haben. 700 unverwundete Gefangene fielen in unsere Hände. —

Nach einem Ruhetage setzte das Korps Werder am 11. Januar den Marsch auf Belfort fort. Hier an der Lisaine, im Angesicht von Belfort, sollte sich in einem heißen, dreitägigen Waffenstreite das Schicksal beider feindlicher Truppenkörper entscheiden. General Bourbaki, durch das Treffen bei Villersexel in seinem geplanten Vorhaben, Belfort vor unserer Ankunft zu erreichen, getäuscht, mußte uns nun, die wir einen Vorsprung gewonnen hatten, über Villersexel aus folgen. Seine 4 Korps brachen ebenfalls erst am 11. gegen Belfort hin auf. Ihr Marschziel war folgendes: das XVIII. Korps, als äußerster linker Flügel, wandte sich auf Beverne (zwischen Lure und Héricourt), das XX. und XXIV. Korps auf Héricourt selbst, das XV. Korps, als äußerster rechter Flügel, nahm die Richtung auf Montbéliard. Die Division Cremer folgte von Dijon aus, das sie seit dem Beginn des neuen Jahres besetzt gehalten hatte, auf der Straße Gray-Vesoul nach, noch rechtzeitig genug eintreffend, um am linken Flügel der französischen Ost-Armee an den Kämpfen längs der Lisaine um den Besitz von Belfort teilnehmen zu können.

Am 14. Januar abends hatten die französischen Korps einschließlich der Division Cremer ihre angewiesenen Stellungen erreicht. Freilich nicht ohne vorangegangene mehr oder minder blutige Zusammenstöße mit einzelnen deutschen Detachements, kleine Gefechte, die wir angesichts der sich anschließenden großen Kampftagen nur ganz flüchtig erwähnen können. So kam es bei Arcey und Sainte Marie seitens unsres Detachements Loos zu einem Gefecht, wobei wir an Toten 2 Offiziere und 19 Mann, sowie 51 Verwundete zu beklagen hatten. Das Detachement Nachtigall verlor bei Chavanne an Toten 7 Mann, an Verwundeten 4 Offiziere und 86 Mann. Das Detachement Debschitz büßte in dem Gefecht bei Dasle und Croix an Toten 1 Offizier, 8 Mann, an Verwundeten 39 Mann, an Vermißten 10 Mann ein. Die Detachements Loos und Nachtigall wurden zum Weichen gezwungen, während das Detachement Debschitz seine Stellung behauptete.

Die französischen wie die deutschen Truppen standen am 14. Januar abends schlagbereit sich hart gegenüber, und zwar in jenem vier Meilen breiten Paß, der von dem Südfuß der Vogesen und dem Nordabhang des Jura begrenzt wird und seit alten Zeiten ein Thor bildete, durch welches der Verkehr zwischen Süddeutschland und Frankreich flutete. Späterhin, nachdem dieser Paß gar manchmal zum Schauplatz blutiger Kämpfe gedient hatte, wurde seitens Frankreich, dem Verkehrsthore einen Verschlußriegel einzufügen, unter geschickter Benutzung des Terrains die Festung Belfort erbaut. Diese zur Kapitulation zu zwingen, lagen bereits seit zwei und einem halben Monat deutsche Belagerer rings im Kreise dieser stolzen Feste, welche allen bisherigen Bemühungen so energischen Widerspruch entgegengesetzt hatte, unseren Plan vereiteln, diese Verkehrsstraße gesichert in unsere Hände zu bekommen. Und jetzt zog auch noch die französische Ost-Armee heran, um Belfort Entsatz nach langem Harren zu bringen. Zum Glück für uns war noch rechtzeitig das XIV. Korps vor Belfort eingetroffen, um sich zwischen Angreifer und Festung wie eine Mauer zu schieben. Mit dem rechten Flügel an den Ausläufer der Vogesen, mit dem linken an die neutrale Schweizer Grenze anschließend, füllte man vollständig die Breite des Passes, während in Front sich die Lisaine zwischen Verteidiger und Angreifer entlang zog. Obwohl es immerhin mißlich blieb, bei unserer verhältnismäßig nur kleinen Streitkraft dieselbe noch so weit auszudehnen, so mußte das doch geschehen, um jeder Möglichkeit einer Überflügelung vorzubeugen. Es war trotzdem alles in allem eine sehr gute Stellung, um einem Angriff entgegensehen zu können. Freilich rechnete man dabei auch auf die in Front sich vorüberschlängelnde Lisaine mit ihren Seitenarmen und Sumpfstrecken. Und gerade diese Unterstützung sollte uns noch in letzter Stunde geraubt werden. Es trat ein so heftiger Frost ein, daß sich noch im Laufe des 14. Wasser wie Sumpfwiesen in eine feste Eisbahn wandelten, passierbar für Infanterie und Kavallerie. Zu gleicher Zeit liefen Nachrichten ein, daß von Süden und Westen immer neue feindliche Streitkräfte in Anmarsch sich zeigten. Daraufhin richtete General v. Werder folgendes Telegramm an das große Hauptquartier in Versailles: „Neue feindliche Truppen marschieren von Süden und Westen gegen Lure und Belfort. In Port sur Saône werden größere Abteilungen konstatiert. In der Front griff der Feind heute die Vorposten bei Bart und Dung vergeblich an. Ob bei diesem umfassenden und überlegenen Angriff eine fernere Festhaltung von Belfort stattfinden soll, bitte ich dringend zu erwägen. Elsäß glaube ich schützen zu können, nicht aber zugleich Belfort, wenn nicht die Existenz des Korps aufs Spiel gesetzt wird. Mir fehlt durch Festhalten von Belfort jede Freiheit der Bewegung. Die Flußlinien durch Frost passierbar.“ General v. Werder sollte jedoch für seine weitere Feldherrnthätigkeit nicht erst auf die Entscheidungen in Versailles zu warten brauchen. Bereits am 16. Januar griff uns der Gegner auf allen Punkten unserer Linie an und zwang das tapfere, auf sich selbst angewiesene XIV. Korps zur grimmen Schlacht.

Unsere Stellungen für diesen Tag aber waren folgende: Héricourt, in dem sich auch das Hauptquartier bisher befunden hatte, bildete das Zentrum unserer Stellung. Rechts und links schloß sich daran je ein Flügel bis Chenebier und Montbéliard. Über diese beiden Punkte hinaus waren noch Abteilungen als äußerste Flügel vorgeschoben worden. Unsere Feld-Artillerie schützte den rechten Flügel; Zentrum und linker Flügel waren durch herbeigeschaffte Belagerungsgeschütze aus der Zernierungslinie von Belfort gedeckt worden. Die Feld-Artillerie hatte nördlich Héricourt, auf dem Mont Salamon, und außerdem bei St. Valbert und Luze Aufstellung gefunden. Unsere Infanterie-Aufstellung gab folgendes Bild: den linken Flügel, Montbéliard-Bethoncourt-Bussurel, bildete unter Oberst v. Zimmermann die Ostpreußische Landwehr-Brigade, 8 Bataillone mit 6 Batterieen. Im Zentrum, Héricourt, hielt unter Oberst v. Knappstädt eine kombinierte Infanterie-Brigade von 2 Regimentern mit 4 Batterieen; dahinter als Reserve zwischen Héricourt und Brévillers 4 Regimenter mit 6 Batterieen. Den linken Flügel bildete bei St. Valbert—Chagny—Chenebier ein unter dem Befehl des Generalmajors v. d. Goltz stehendes Detachement, zusammengesetzt aus 7 Bataillonen mit 5 Batterieen, sowie ein Detachement unter Generalmajor v. Degenfeld mit 3 Bataillonen nebst 2 Batterieen.

Das Hauptquartier Bourbakis befand sich in Aibre, nur dreiviertel Meile westlich von Héricourt gelegen. Von hier aus leitete der Liebling der Exkaiserin Eugenie den Anmarsch und Angriff seiner Korps. Das XV. Korps wandte sich auf unseren linken Flügel, das XX. Korps gegen das Zentrum, das XVIII. samt der Division Cremer gegen unseren rechten Flügel. Das XXIV. Korps, das noch kriegsungewohnt war, hatte Anweisung empfangen, zwischen dem XV. und XX. Korps vorzugehen, um bald rechts, bald links mit in den Kampf einzugreifen.

Es war noch früh am Morgen. Unsere Pioniere waren seit dem ersten Tagesgrauen damit beschäftigt, das Eis der Lisaine aufzuhauen, um unserer Verteidigungslinie größere Haltbarkeit zu geben, als die Alarmsignale aus dem Lager der französischen Armee hell herüberklangen. Der Feind rief zur Schlacht, zum Kampfe. 8½ Uhr dröhnten die ersten Kanonenschüsse durch den bitterkalten Morgen. Das blutige Ringen nahm seinen Anfang. Folgen wir zuerst dem Vorgehen des XV. französischen Korps auf unseren linken Flügel: Montbéliard-Bethoncourt-Bussurel. Montbéliard, eine schmucke, 6500 Einwohner zählende Stadt, liegt am Zusammenflusse der

Lisaine und Allaine. Auf einer Anhöhe thront ein altes Schloß der Herzöge von Würtemberg-Mömpelgard, fast berührt von der Eisenbahnlinie Belfort-Besançon. Steinerne Brücken führen über beide Flüßchen, von denen die Allaine nach Süden hin, die Lisaine nach Westen hin eine natürliche Grenze zieht. Der Angriff des XV. Korps richtete sich hauptsächlich auf das Plateau nördlich der Stadt, wo die Ruinen einer ehemaligen Citadelle aufragten. Aus Duny hervorbrechend, warf sich zuerst der Feind auf das von uns besetzt gehaltene Dorf St. Suzanne. Doch unsere brave Landwehr, das Halbbataillon Lötzen, parierte den Stoß und drängte den Gegner unter stürmischem Hurra bis in die Wäldchen Georges und La Haie zurück. Ein weiteres Verfolgen schien bei gänzlich ungenügender Deckung unserer rechten Flanke unthunlich, und so nahmen die Unsrigen einige hundert Schritte vor den genannten Waldparzellen gedeckte Stellung, worauf sich ein mehrstündiges Schützengefecht entspann. Um 1 Uhr kam endlich Befehl, sich vorläufig bis Montbéliard zurückzuziehen, um den dort haltenden Batterieen freies Schußfeld einzuräumen. So brach man langsam das Gefecht ab: 4 Offiziere und 231 Mann hatte bis dahin das mutige Halbbataillon verloren.

Kaum, daß das Halbbataillon Lötzen zurückgegangen war, als auch sofort die auf dem Plateau nördlich der Stadt aufgefahrenen Geschütze den nun mit allen Waffen hervorbrechenden Feind unter ihr Feuer nahmen. Doch der feindlichen Übermacht konnten sie nicht lange widerstehen. Als bereits eine ganze französische Division über das Plateau flutete, da nahmen auch die Geschütze ihren Rückzug. Alles, was zwischen Allaine und Lisaine von der Landwehr-Brigade Zimmermann eingekeilt hielt, empfing Befehl, sich auf die jenseitige Höhe von La Grange Dame zurückzuziehen. Nur Schloß Montbéliard, weil fast unzugänglich und ein prächtiger Verteidigungspunkt, blieb seitens des Halbbataillons Gumbinnen besetzt. Um 4 Uhr lag die Umgebung von Montbéliard reingefegt von deutschen Truppen. Eine halbe Stunde später hielt der Feind mit einer Brigade Einzug in der Stadt Montbéliard.

Rechts anschließend an das freiwillig von uns aufgegebene Montbéliard lag Bethoncourt, besetzt von dem Landwehr-Bataillon Goldap. Auch hier leitete Geschützkampf das Gefecht ein. Erst um 4 Uhr nachmittags ging der Feind zum Infanterie-Angriff über. Aus einem kleinen in Front gelegenen Gehölz Bourgeois hervorbrechend, versuchte er den Abhang herab erst die Lisaine, dann Bethoncourt zu gewinnen. Doch von einem trefflichen Schnellfeuer unserer Landwehr empfangen, zugleich von unserer Artillerie auf der Höhe La Grange Dame unter Feuer genommen, geriet sein Angriff bald ins Stocken und alles eilte unter Zurücklassung vieler Toten und Verwundeten wieder in das schützende Gehölz zurück. Ein erneuter Angriff unterblieb. Eine Zeit lang rollten noch die Geschützkugeln hinüber und herüber, dann schwieg der Kampf an diesem Punkte.

Bussurel, die rechte Flanke unseres linken Flügels, war zum Teil vom Bataillon Danzig besetzt worden, der andere Teil hielt den am jenseitigen Ufer entlang laufenden Eisenbahndamm inne. Da keine Artillerie zur Stelle war, so mußte diese kleine Truppe, allein auf sich gestellt, den Angriff des Gegners abweisen. Um 2 Uhr mittags brach derselbe in einer Stärke von 4 Bataillonen vor und setzte sich bald in Bussurel fest, vergebens jedoch darnach trachtend, den gegenüberliegenden Eisenbahndamm uns zu entreißen. Dreimal schritt er zum Angriff vor, dreimal warf ihn das brave Landwehr-Bataillon zurück. Als zum vierten Angriff der Gegner sich rüstete, trafen endlich diesseits zwei badische Batterieen zur Unterstützung ein, welche sofort den Feind mit ihren Geschossen begrüßten. Auch der vierte Angriff ward glänzend abgeschlagen. Der Gegner hielt zwar das Dorf Bussurel besetzt, hütete sich aber, über die östliche Dorfgrenze hinauszugehen.

Wenden wir uns nun den Vorgängen im Zentrum zu. Hier bei Héricourt war die Hauptstellung unserer Verteidigungslinie längs der Lisaine. Das Städtchen Héricourt, 3500 Einwohner zählend, liegt mit seinem Hauptteile am linken, östlichen Ufer der Lisaine, über welche eine massive Brücke führt. Von hier aus zieht sich nach Westen hin die große Straße, erst durch eine bewaldete Höhe, der Mougnot genannt, dann über Tavay nach Aibre, dem Hauptquartier Bourbakis. Der Mougnot war, weil sich hier naturgemäß der beste Verteidigungspunkt für Héricourt bot, in den letzten Tagen abgeholzt und mit Verhauen von Schützengräben versehen worden. Mehrere Kompagnieen hielten ihn besetzt, während in Tavay zwei Bataillone (25 er) mit zwei Batterieen sich befanden. In und hinter Héricourt stand der Rest der Brigade Knappstädt. Als Reserve hielten, wie schon früher bemerkt, 4 badische Regimenter mit 6 Geschützen zwischen Héricourt und Brévilliers.

Um 9 Uhr morgens kündete feindlicher Kanonendonner den Beginn des Kampfes an. Bald darauf tauchten in Front von Tavay die ersten französischen Kolonnen (XX. Korps) auf. Jetzt gingen unsere in Tavay haltenden zwei Bataillone bis Héricourt zurück, ebenso die beiden Batterieen, welche in demselben Augenblicke ein Fanal in Brand steckten, das verabredete Zeichen für die nördlich Héricourt aufgefahrene Batterie Schweder, die Straße Tavay-Héricourt nunmehr unter Feuer zu nehmen. Der Feind antwortete aus 20 Geschützen und so entwickelte sich ein stundenlanger heftiger Artilleriekampf. Inzwischen war noch das Landwehr-Bataillon Graudenz nach dem Mougnot zur Unterstützung der dort haltenden Kompagnieen gerückt. Und das war gut. Denn jetzt brach der Gegner plötzlich den Geschützkampf ab und ging zum Infanterie-Angriff über. Doch vergeblich brandeten seine Kolonnen gegen den Hügel. Unsere Landwehren wehrten sich wie die Löwen. Immer neue Sturmangriffe erfolgten, hin und wieder durch kurzes Geschützfeuer unterbrochen, doch es gelang den Gegner nicht, uns den Schlüssel zu unserer Stellung zu entreißen. Erst mit dem Hereinbrechen der Dunkelheit erlosch der hartnäckige Kampf. Der Mougnot blieb stark besetzt; die übrigen Truppenteile zogen sich auf Héricourt zurück.

Überblicken wir nun noch die Vorgänge an unserem rechten Flügel. Die Verteidigung dieses Flügels zerfiel in zwei Hälften, in einen stark besetzten südlichen Abschnitt, St. Vallat-Luze-Chagey, und einen numerisch nur sehr schwach verteidigten nördlichen Abschnitt, der sich mit dem Besetzen der beiden Flügelpunkte Chagey-Chenebier begnügen mußte. Chagey war nur durch ein Bataillon, Chenebier durch zwei Bataillone besetzt. Zwei Bataillone standen zur Verfügung. Der Raum zwischen beiden genannten Ortschaften war ohne jede Deckung geblieben, ebenso die rechte Flanke von Chenebier völlig unbesetzt. Es war klar, daß unsere Schwäche am rechten Flügel lag. Dies erkannte auch bald der Gegner. Mit aller Macht und Anstrengung versuchte er hier sich einen Durchbruch zu verschaffen, am ersten Schlachttage bei Chagey, die beiden andern sich daran schließenden Tage bei Chenebier. Am 15. scheiterten seine Versuche, uns Chagey zu entreißen, um so glücklicher war er tags darauf, wo uns Chenebier verloren ging, ein Verlust, welcher unsere gesamte Stellung vor Belfort arg bedrohen sollte.

Gegen unseren rechten Flügel ging das XVIII. französische Korps vor. Artilleriefeuer eröffnete die Feindseligkeiten, woran sich hie und da vorläufig nur ein Scharmützelgefecht anschloß. Erst um $2^1/_2$ Uhr nachmittags

65*

ging der Feind zu einem regelrechten Infanterie-Angriff gegen Chagey vor. Drei Bataillone voran. Nach einem lebhaften Schützenfeuer brach man um 4 Uhr feindlicherseits zum Sturme vor. Ein Glück, daß um diese Zeit aus unserer Reserve bei Brévilliers ein frisches Bataillon zur Unterstützung des hier allein haltenden einen Bataillons eintraf. Vielleicht daß dieses der Übermacht des Gegners doch schließlich hätte weichen müssen. So konnte man den Feind zurückscheuchen. Ein rasendes Salven- und Schnellfeuer empfing seine anstürmenden Kolonnen, auch die bei Luze haltenden Batterieen thaten ihre Schuldigkeit und sandten ihre sausenden Geschosse in die vergeblich um den Besitz von Chagey ringenden feindlichen Truppenteile. Dieselben begannen allmählich zu wanken und zogen sich schließlich, verfolgt von unsern nachdrängenden Bataillonen, in die angrenzende Waldung zurück. Ein neuer Angriff fand nicht statt. Auf allen Punkten längs unserer Linie an der Lisaine erstarb mit Einbruch der Dunkelheit das Gefecht. Bei Chenebier war es nur zu einer Kanonade zwischen zwei Batterieen der Division Cremer und einer deutschen gekommen. Nirgends war am ersten Schlachttage unsere Linie durchbrochen worden, wie hoch auch Bourbaki in seinen Berichten an die Regierung den glorreichen Sieg dieses Tages aufzubauschen wußte. Eine bitterkalte Nacht folgte, unter deren Einflusse die Ordnung und Zuversicht der französischen Korps einen harten Stoß empfingen. Denn während wir wenigstens in elenden Dorfquartieren einen Unterschlupf finden konnten, sah sich der Feind genötigt, im Freien und ohne Feuer zu biwakieren.

Nachdem General v. Werder noch denselben Abend ein Telegramm an General v. Manteuffel, der inzwischen zum Oberbefehlshaber der neugebildeten deutschen Süd-Armee ernannt worden war, über den Verlauf des ersten Schlachttages vor Belfort gerichtet hatte, erließ er an seine Truppen folgenden Korpsbefehl: „Der Feind hat heute, wie es scheint, mit vier Korps unsere Stellung bis Montbéliard auf allen Punkten vergeblich angegriffen. Morgen, den 16., wird, dem mir gewordenen Auftrage gemäß, die Stellung mit aller Energie weiter verteidigt."

Dreiunddreißigstes Kapitel.

Der zweite Schlachttag vor Belfort. — Schloß Montbéliard weigert sich zu kapitulieren. — Das Gefecht bei Bethoncourt und Bussurel. — Der Kampf im Zentrum bei Héricourt. — Der Kampf an unserem rechten Flügel. — Chenebier geht uns verloren. — Der dritte Schlachttag vor Belfort. — Das Gefecht längs unseres linken Flügels. — Das Gefecht bei Héricourt. — Das Ringen um Chenebier an unserem rechten Flügel. — Schluß der dreitägigen Schlacht vor Belfort. — Die Ost-Armee tritt den Rückzug an. — Telegramm aus Versailles. — Verluste hüben und drüben während der Schlachttage am 15., 16. und 17. Januar.

Die Stellungen, in welchen unsere Truppen am 16. Januar morgens um $6^1/_2$ Uhr wieder unter die Waffen traten, zeigten mit nur wenig abweichenden Veränderungen dasselbe Bild wie am Tage zuvor. Während der Nacht waren die Patrouillen überall in nahen Entfernungen auf den Feind gestoßen, der sich in den angrenzenden Wäldern eingenistet hatte, damit beschäftigt, Batterieen einzuschneiden. Wieder wie am 15. eröffnete auch heute der Gegner die Feindseligkeiten zuerst gegen unseren linken Flügel. $7^1/_2$ Uhr forderte ein französischer Parlamentär die Schloßbesatzung von Montbéliard zur Übergabe auf. Auf unsere ablehnende Antwort hin eröffnete der Gegner ein starkes Artilleriefeuer, das bis 4 Uhr nachmittags währte und auf welches unsere Geschütze die Antwort nicht schuldig blieben. Zu gleicher Zeit erfolgte aus den Häusern von Montbéliard, in welchen sich tags zuvor eine französische Brigade verrteidigungsfähig eingerichtet hatte, ein lebhaftes Gewehrfeuer, das von den Einwohnern der Stadt noch unterstützt wurde, welcher Patriotismus denselben später noch ein Bußgeld von 50 000 Francs kostete. Zu einem eigentlichen Infanterie-Angriff kam es jedoch an diesem Punkte nicht. Nirgends versuchte französische Infanterie unsere Linie zu durchbrechen. Unser von der Anhöhe La Grange Dame niederdonnerndes Geschützfeuer hielt jede darauf hin zielende Bewegung im Schach. Dafür entspannen sich auf den anderen Punkten unseres linken Flügels mehr oder minder ernsthafte Zusammenstöße.

So bei Bethoncourt und Bussurel. Nach vorangegangener lebhafter Kanonade brach nachmittags 3 Uhr eine feindliche Brigade gegen Bethoncourt vor. Der Angriff war wuchtig und mit großer Bravour ausgeführt. Dennoch sollte er unter furchtbaren Verlusten für den Gegner scheitern. Das Hervorbrechen desselben erfolgte nämlich gerade in dem Augenblicke, als die feindlichen Batterieen aus Mangel an Munition ihren gegen La Grange Dame gerichteten Geschützkampf einstellen mußten, so daß jetzt unsere gesamte Artillerie ihr verheerendes Feuer auf die anstürmende Brigade richten konnte. Diesem gewaltigen Feuer war aber dieselbe doch nicht gewachsen. In wilder Flucht stoben die erschreckten Kolonnen in das Bois Bourgeois zurück, Gefangene, Verwundete und Tote uns zurücklassend. Dreiviertel Stunde später erfolgte seitens einer anderen Brigade ein zweiter Sturm auf unsere Stellung, doch schon weniger energisch ausgeführt, als es der erste gewesen war. Derselbe Erfolg. Eine dritte, nördlicher haltende Brigade ging darauf ebenfalls zum Angriff gegen Bethoncourt vor, teilte aber denselben Mißerfolg mit den früheren Brigaden. Dicht besäet lag das Sturmfeld mit Toten und Verwundeten, als mit dem Sinken der Sonne das Gefecht auf diesem Punkte erstarb.

Ähnlich, wenn auch nicht so blutig, verliefen die Vorgänge bei Bussurel. Auch hier begann eine scharfe Kanonade den Reigen, worauf gegen 11 Uhr bereits der Feind mit Infanterie-Abteilungen zum Angriff vorging. Doch unsere Granaten hemmten sein Vorgehen. Angstvoll flohen die Scharen zurück, im Walde und in Schluchten Schutz und Deckung suchend. Noch ein paar Mal wurden schwache Versuche eines Vorstoßes gemacht, doch gingen dieselben nicht über Drohungen hinaus. Schon zum Mittag erlosch hier das Gefecht. Unsere Artillerie hatte inzwischen Bussurel in Brand geschossen, um dem Gegner diesen Unterschlupf zu nehmen.

Auch der Kampf im Zentrum bei Héricourt wies keine bedeutenden Momente auf. Artilleriefeuer wechselte mit kurzen Vorstößen feindlicher Infanterie-Abteilungen. Zwischen 8 und 9 Uhr erfolgte der erste Infanterie-Angriff, den unser wohlgezieltes Shrapnelfeuer jedoch bald zurückwies.

Gleich darauf brach eine feindliche Brigade von Tavay her vor, um uns allem Anscheine nach aus unserer Mougnot-Stellung zu werfen. Unsere in Gräben haltenden Schützenkompagnieen scheuchten jedoch die Angreifer bald zurück. Auch der nächste Sturmanlauf mißlang. Nun sammelten sich die französischen Kolonnen in gedeckter Stellung, um 12 Uhr mittags abermals zum Angriff vorzurücken. Obwohl jetzt die Lage der Unsrigen etwas kritisch sich gestaltete, so gelang es doch, dank unserer trefflichen Artillerie, auch diesmal wieder den Feind zur Umkehr zu zwingen. Nicht weniger denn 55 deutsche Geschütze hatten jetzt den Kampf aufgenommen, eine Zahl, die feindlicherseits annähernd erreicht wurde. Ein neuer Infanterie-Vorstoß fand nicht mehr statt.

Wenden wir uns nun den Vorgängen an unserem rechten Flügel zu. Abgesehen von einer starken, den ganzen Tag währenden Kanonade verlief außer bei Chenebier der Tag verhältnismäßig ruhig. Selbst bei Chagey, um das tags zuvor so hart gestritten worden war, schwieg heute der eigentliche Kampf. Es kam wohl hie und da zu Plänkeleien und kurzen Vorpostengefechten, ein ernster Kampf jedoch fand nirgends statt. Dafür hatte der Gegner sich heute Chenebier, den Schlußpunkt unseres rechten Flügels, ausersehen, den er nach harter Gegenwehr auch schließlich als Tagesbeute uns entriß.

Chenebier war nur durch 3 Bataillone und 3 Batterieen unter Befehl des Generalmajors v. Degenfeld besetzt. Südlich des Ortes das Füsilier-Bataillon 3. badischen Regiments, nördlich sowie im Orte selbst das 1. Bataillon desselben Regiments. Als Reserve hielt eine halbe Meile rückwärts in Frahier das Landwehr-Bataillon Eupen mit einer Reserve-Batterie. Zwei Batterieen standen nördlich von Chenebier. Während im unteren Lisaine-Thale dichter Nebel diesen Morgen wogte, war bei Chenebier die Luft klar und gestattete einen Ausblick in die Umgegend. Um 8 Uhr erschien feindliche Artillerie, die sich allmählich noch verstärkte, an der nordöstlichen Ecke des Bois de la Thure und nahm Chenebier unter ihr Feuer. Um 12 Uhr brach diese Kanonade ab, um eine Stunde später durch inzwischen frisch aufgefahrene Batterieen wieder eröffnet zu werden. Inzwischen war diesseits das Landwehr-Bataillon Eupen aus der Reserve in unsere Angriffslinie vorgerückt. Noch während der Kanonade eröffnete der Feind seinen Infanterie-Sturm auf Chenebier.

Derselbe geschah in umfassender Weise. Die Division Cremer warf sich mit Ausnahme von 3 Bataillonen, die sich als rechte Flankendeckung des geplanten Angriffs gegen Chagey vorschoben, auf Chenebier, während zu ihrer Linken, den Vorstoß zu unterstützen, ein Teil der Division Penhoat vom XVIII. Korps im Schutze des Bois de Montedin in unsere rechte Flanke einfiel. General Cremer, dem die Wegnahme von Chenebier aufgetragen worden war, hatte aus seiner Division zwei Angriffskolonnen — je eine kombinierte Brigade — gebildet, deren rechte er persönlich führte, während die linke dem Oberst Poullet anvertraut worden war. An der Spitze der rechten Kolonne avancierte ein Mobilgarden-Regiment, das noch niemals im Feuer gestanden. Von unserem im Vordertreffen stehenden Füsilier-Bataillon mit Schnellfeuer empfangen, wich es es bald unter starken Verlusten zurück. Aber dieser kleine Erfolg konnte uns doch nicht darüber hinwegtäuschen, daß unsere Stellung auf die Dauer unhaltbar sein mußte. Vergeblich bat Generalmajor v. Degenfeld um schleunigste Unterstützung. Die Rückantwort lautete, „daß die nachgesuchte Verstärkung unmöglich sei". So blieb dem an Zahl übermächtigen Gegner gegenüber nichts übrig, als erst die Höhe von Courchamp angesichts Chenebier freiwillig zu räumen, endlich Chenebier selbst. Denn immer bedrohlicher gestaltete sich die Lage der kleinen Schar Verteidiger, da die Gefahr einer völligen Umgehung und Abschneidung mit jeder Minute immer mehr wuchs. Sechsfach war die Überzahl des Feindes. Um 4 Uhr war Chenebier von den Unsrigen verlassen. Man ging auf Frahier zurück. Doch auch dies mußte schließlich geräumt werden, da der Gegner starke Streitkräfte über die Lisaine geschoben hatte und uns im Rücken hart bedrohte. So zog General v. Degenfeld um 5 Uhr seine Truppen bis zur Ferme Rougeot zurück, wo man Biwaks bezog. Die in Chenebier haltende Division Cremer wurde noch vor Anbruch der Nacht durch die Division Penhoat des XVIII. Korps abgelöst. So endete der zweite Schlachttag vor Belfort, für uns mit einem Verluste, der die Sicherheit unserer Gesamtstellung arg in Frage stellte. Dies Gefühl durchdrang alle Reihen und nicht ohne Besorgnis sah man dem Ausgange des nächsten Tages entgegen. Aus diesem bangen Gefühl wachsender Unsicherheit heraus ist auch jene Schilderung eines an sich sonst wohl weit weniger beachteten Nachspiels dieses Tages entstanden, welche das Buch über „die Operationen des Werderschen Korps" enthält. Darin

Gefangenen wurde auf 4000 geschätzt. Sie hielten den ganzen Weg besetzt und der Stab des kommandierenden Generals mußte sich buchstäblich an den spalierbildenden Feinden vorbeidrängen, um zu den Höhen zu gelangen, auf denen einzelne Divisionen des I. französischen Korps bis zum letzten Augenblick gehalten hatten. Dort sah es entsetzlich aus: Tote und Verwundete bedeckten das weite Feld und zeugten furchtbar für die Macht unserer Waffen. Elend ringsum.

„Welch anderes Bild boten dem gegenüber die Unseren! Die Truppen bestaubt, erhitzt, die Helme zerschlagen, die Uniformen zerrissen, zogen mit klingendem Spiel leichten schnellen Schrittes vorüber, als gälte es, das blutige Werk des Tages, das sie vollbracht, erst zu beginnen. Beim Anblick des kommandierenden Generals, der, am Wege stehend, die defilierenden Bataillone begrüßte, brachen sie in einen Jubel aus, der den Kanonendonner, das Flintenfeuer und die Musik übertönte und der erst mit dem letzten vorbeigehenden Soldaten endete. Dann folgten von Neuem lange Züge von Gefangenen. Die Garde-Füsiliere — denen übrigens der Hauptanteil an den Erfolgen bei Givonne zufiel — brachten dort mehrere Tausend ein. Einer der preußischen Soldaten trug die eroberte Fahne des 17. französischen Linien-Regiments. Auf der gelben Seide standen die Namen von Austerlitz, Jena und Borodino." —

Wir verließen unsere bereits im Norden des Schlachtfeldes stehenden Truppen der III. Armee in demselben Augenblicke, als eben 83er und 46er, bunt durcheinander gemischt, Floing von seiner französischen Besatzung säuberten und sie mit stürmender Hand südwärts hinabwarfen. Unmittelbar hinter Floing aber stieg ein Höhenzug empor, der, bis Illy sich hinziehend, mit dichten Schaaren feindlicher Abteilungen besetzt war, ein brillantes Verteidigungsterrain, das sowohl Floing als das südlich vorliegende Plateau beherrschte. Sollte Floing uns verbleiben, so mußte unbedingt auch jene von der Natur geschaffene Bastion genommen werden. Kein leichtes Beginnen! Hier oben standen noch die besten Regimenter des VII. Korps — ein Teil des letzteren hatte sich bereits nach Sedan hinabgeflüchtet — ferner die Brigade Saurin vom V. Korps, sowie die kurz vorher zur Unterstützung vom I. Korps entsandten Brigaden Gandil und Lefebvre, alles in allem ungefähr 18 000 Mann. Die nächste Aufgabe unseres nördlich dieses Höhenzuges haltenden XI. und V. Korps war also die Stürmung der Linie

Floing-Illy. Diesem Abschnitt der Schlacht wenden wir uns jetzt zu. Im voraus gesagt: er gelang, trotz der bewunderswerten und heldenmütigen Gegenwehr des Feindes. Denn es kann nicht genug betont werden, uns vor Überschätzung zu wahren: die französische Armee schlug sich fast überall mit rühmlicher Bravour und opferfreudiger Hingabe. Die tiefen Schäden sowohl in der Verwaltung der Armee wie die oberste Heeresleitung, der Mangel einer straffen Organisation, die Uneinigkeit der Führer unter sich — dies alles schuf Niederlage auf Niederlage, bis mit der gelockerten Disciplin, dem schwindenden Vertrauen auf die eigene Kraft, über die moralisch gebrochene französische Armee unaufhaltsam die erschütternde Katastrophe hereinbrach.

Der Sturm auf die Linie Floing-Illy ward also beschlossen. Er sollte in drei Kolonnen erfolgen. Für den rechten Flügel waren die 43. und 44. Brigade, sowie die beiden bereits an der Wegnahme von Floing beteiligt gewesenen Musketier-Bataillone vom 46. Regiment bestimmt worden. Als linke Flügelkolonne war die 21. Division ausersehen worden, während im Zentrum — die schwächste Kolonne — das Grenadier-Regiment Nr. 6 und das Füsilier-Bataillon des 46. Regiments unter Führung des Majors Campe vorging. Die Zentrumskolonne, also nur vier Bataillone stark, sollte die schwierigste Aufgabe lösen.

In drei Zügen aus Floing heraus auf die Höhen sich werfend, hatte unsere rechte Flügelkolonne soeben den ersten Abschnitt des terrassenförmig sich aufbauenden Höhenzuges erklommen, als der Feind zu einem Kavallerie-Angriff schritt, welcher dann in Zwischenräumen von je einer Viertelstunde sich noch dreimal wiederholte und mit der Vernichtung der Reserve-Kavallerie-Divisionen Margueritte und Bonnemain, wie der Kavallerie-Division Salignac-Fenelon endete. Wie wir bei Vionville, so versuchte jetzt der hart bedrängte Gegner seine im Feuer stehende Infanterie zu unterstützen und uns bis zum Eintreffen frischer Hilfstruppen zu beschäftigen. Ducrot selbst hatte dies Vorgehen der Reiterei angeordnet. Von seinem Standpunkt aus ein durchaus zu billigendes Mittel der Notwehr; daß es nicht die erhoffte Wirkung ausübte, ist ein ander Ding, jedenfalls kein Grund, den kommandierenden General irgend welcher Schuld anzuklagen.

Der erste Angriff auf unseren oberhalb Floing im Emporklimmen befindlichen rechten Flügel erfolgte durch zwei Schwadronen Lanciers. Die Attacke brach sich an unserer scharf feuernden Schützenlinie, jagte längs derselben dann fort und stürzte teils den Abhang wieder hinauf oder flüchtete sich in die Dorfstraße von Floing, wo die Reiter von zwei Kompagnieen unseres 5. Jäger-Bataillons mit Flintenschüssen begrüßt wurden und nun aufs Neue Kehrt machten und in rasendem Galopp ihr Heil in der Flucht suchten.

Inzwischen hatte die Infanterie die Höhe völlig gestürmt, als der zweite Reiter-Angriff erfolgte, diesmal von Kürassier-Schwadronen auf Schimmelhengsten ausgeführt. Entschlossen brausten die wackeren Reiter heran, als sie aus den geschlossenen Massen der Unsrigen ein geradezu verheerendes Schnellfeuer empfing. Das vorderste Glied der Kürassiere brach sofort zusammen, die übrigen jagten unter bedeutender Einbuße in jäher Hast zurück.

Der dritte Angriff, von Chasseurs à cheval ausgeführt, richtete sich auf die inzwischen über die Infanterie-Kompagnieen hinaus avancierten drei Jäger-Kompagnieen, besonders gegen die dritte. Die beiden feindlichen Schwadronen überritten die Schützenkette, prallten gegen die Soutiens an, bogen aus und stießen nun von rechts rückwärts auf die 2. Jäger-Kompagnie, die eben Carré formiert hatte und die stürmenden Reiter mit einem wirksamen Schnellfeuer abwies.

Nicht lange darauf, und zum vierten Male brachen feindliche Reiterscharen vor. Diesmal mehrere Schwadronen Husaren. Jäger und 46er vereint ließen sie erst nahe kommen, dann gaben sie Salven ab, welche die Stürmenden zur Umkehr zwangen. Zwar brausten noch einmal zwei Schwadronen Chasseurs à cheval zur Unterstützung heran, aber das Feuer unserer trefflich zielenden Tirailleure genügte, um auch diesen letzten Angriff siegreich abzuschlagen. Die Verluste des Feindes waren außerordentlich groß. Hatten doch unsere Scharfschützen die Reiter oft bis auf 80 Schritt herankommen lassen, bevor sie ihr Feuer abgaben. Als erstes Opfer fiel General Margueritte, Kommandeur der 4. Reserve-Kavallerie-Division. Die Kürassiere, in ein Kreuzfeuer unterwegs geratend, flohen bis Balan hinab, das sie aber bereits von Bayern besetzt fanden. Was nicht fiel, ward gefangen genommen.

Ein englischer Offizier, der als Berichterstatter der „Pall-Mall-Gazette" sich unseren Truppen angeschlossen und vor der Höhe von Frénois, wo König Wilhelm mit seinem Gefolge hielt, um die Zeit der Kavallerie-Angriffe Stellung genommen hatte, berichtet über dies großartige Schauspiel, das sich von hier oben in einer Entfernung von einer halben Meile entfaltete, wie folgt:

„Um 12 Uhr 55 Minuten eröffneten die französischen Batterieen am Saume des Holzes von La Garenne ein kräftiges Feuer auf die vorrückenden Preußen (XI. und V. Korps), deren Absicht es war, den Hügel nordwestlich von Garenne zu stürmen. Gleich darauf sahen wir preußische Tirailleurs den Abhang erklettern. Sie schienen nicht stark genug und General Sheridan, der neben mir stand, rief: „Ach, die armen Teufel, sie sind zu schwach, sie können niemals diese Position gegen alle die Franzosen halten!“ Dies bestätigte sich bald, denn die Preußen wurden genötigt, den Hügel hinab zu retirieren, um Verstärkung zu suchen, da die vorrückenden Franzosen wenigstens sechs gegen einen waren. Aber in fünf Minuten kehrten jene zurück, dieses Mal stärker, doch noch immer in bedenklicher Minderzahl gegen die mächtigen französischen Kolonnen. „Hilf Himmel“, sagte General Sheridan, „die französischen Kürassiere werden jetzt gegen sie anstürmen!“ Und wirklich formierte sich ein Regiment französischer Kürassiere; Helme und Kürasse im Sonnenschein funkelnd, in Schwadronssektion stürmten sie den Abhang hinunter gegen die preußischen Tirailleurs. Ohne erst Linie zu bilden, empfing die Infanterie die Kürassiere mit einem überaus fürchterlichen Schnellfeuer auf etwa 150 Schritte, so schnell als möglich ladend und in die dichten Massen hinein feuernd. Zu Hunderten fielen Roß und Mann und das Regiment ging viel schneller zurück, als es gekommen war. Im Augenblicke, als die Kürassiere umwandten, gingen ihnen die Preußen in heißer Verfolgung nach, ihre Schritte verdoppelnd. So etwas ist nicht oft in den Annalen der Kriegsgeschichte erzählt. Dann ging die französische Infanterie vor und griff die Preußen an, die ruhig unter einem höchst raschen Feuer der Chassepots warteten, bis der Feind auf etwa 150 Schritte herangekommen war, und ihm dann eine solche Ladung Blei zuschickten, daß die Infanterie bald der Kavallerie folgte und hinging, wo sie hergekommen war, das heißt hinter einen Höhenzug, etwa 600 Schritte auf Sedan zu, wo die Tirailleure sie nicht treffen konnten.

„Um halb zwei Uhr machte ein neues Regiment französischer Kavallerie, dieses Mal, wie es mir schien, Chasseurs, einen anderen Versuch, die Preußen zu vertreiben, die jede Minute verstärkt wurden. Aber sie erlitten dasselbe Schicksal, wie ihre Genossen in den Stahljacken und wurden mit großem Verluste zurückgejagt, während die Preußen die Gelegenheit benutzten, um ihre Linie um einige hundert Schritte der französischen Infanterie näher zu bringen. Plötzlich teilten sie sich in zwei Hälften, indem sie zwischen sich eine Bresche von etwa 100 Schritten in ihrer Linie ließen. Wir warteten nicht lange, bis wir die Absicht dieser Bewegung erkannten, denn die kleinen weißen Dampfwolken von der Höhe hinter den Tirailleurs und die darauf folgende Bewegung in den dichten französischen Massen zeigte uns, daß „ces diables de Prussiens“ es, Gott weiß wie, zu Stande gebracht hatten, ein paar Vierpfünder den steilen Abhang hinauf zu schaffen und Feuer auf die Franzosen zu geben. In diesem Augenblicke muß bei der französischen Infanterie irgend etwas nicht in Ordnung gewesen sein, denn anstatt die Preußen anzugreifen, denen sie wenigstens immer noch um das Doppelte überlegen waren, blieben sie in Kolonnen auf der Höhe und sahen die Hoffnung, den Tag wieder zu gewinnen, vor ihren Augen schwinden. Dann versuchte die Kavallerie nochmals eine Art von Balaklawa-Arbeit zu machen, aber ohne den Erfolg jener unvergeßlichen Sechshundert. Nochmals kamen die Kürassiere herunter, diesmal gerade auf die beiden Feldgeschütze los. Aber ehe sie auf dreihundert Schritte an die Kanonen herangekommen waren, bildeten die Preußen Linie wie auf einer Parade, warteten, bis sie auf kaum hundert Schritte heran waren und gaben ihnen dann eine Ladung, die uns die ganze führende Schwadron niederzuwerfen schien, so daß sie buchstäblich den Weg zu den Kanonen für die Nachfolgenden hinderte.

„Nach diesem letzten Angriffe, der vollständig mißlang (obgleich höchst tapfer gedacht und ausgeführt, wie auch die beiden vorhergehenden), ging die Infanterie schnell auf Sedan zurück, und in einem Augenblicke schwärmte der ganze Hügel von preußischen Tirailleurs, die aus der Erde hervorzuwachsen schienen.“ —

Wenden wir uns nun dem Vorgehen der Zentrumskolonne zu. Dieselbe, geführt von dem Kommandeur der 19. Brigade, Oberst v. Henning, war in zwei Treffen eingeteilt worden. Im ersten Treffen befand sich das Füsilier- und 1. Bataillon des Grenadier-Regiments Nr. 6, im zweiten das Füsilier-Bataillon vom 46. und das 2. Bataillon vom 6. Regiment. Das Ziel dieser Kolonne war die mittlere Höhe zwischen Floing und Illy. Zuerst drangen beide Treffen durch die von Fleigneux sich nach Südwest hinziehende Schlacht vorwärts, wo sie bald in ein furchtbares Kreuzfeuer von Granaten, Mitrailleusen und Gewehrsalven gerieten. Schon hier kostete das Vordringen große Verluste. Dieselben stiegen noch bedeutend höher, als die Bataillone das breite von Illy auf Floing hinstreichende Thal des daselbst niederfließenden Baches überschritten. Unsere tapferen Leute sanken wie hingemäht nieder, der größte Teil der Offiziere ward verwundet. Aus diesem Thale ging es nun im Sturmschritt auf nach Süden hin sich vorlegenden Höhen, indem das zweite Treffen sich jetzt als rechter Flügel neben dem ersten Treffen anschloß. Unterstützt wurde dieser kühne Angriff durch einen Teil der großen zwischen St. Menges und Fleigneux aufgefahrenen Batterie. Im energischen Anlauf wurde der eine Terrasse bildende Fuß des Berges genommen. Hier verblieb das 1. Bataillon des Regiments Nr. 6 als Reserve. Die anderen Bataillone setzten ihren Siegeslauf unter blutigen Opfern fort. Nahe vor ihnen auf der Höhe des Berges, den Abhang dicht besetzt, eine starke Mitrailleusen-Batterie auf uns gerichtet, stand der Gegner, wie es schien, bereit, bis auf den letzten Mann diese so überaus wichtige Stellung zu verteidigen, welche der französischen Armee noch immer einen Durchschlupf nach Nordwesten gewähren konnte. Aber alles Ringen blieb vergeblich, wie oft auch aus Front und Flanke uns ein dichter Hagel von Geschossen aller Art krachend begrüßte. Die preußischen Grenadiere und Füsiliere kennen heute nur ein Vorwärts. Unter Schweiß und Blut geht's kämpfend, feuernd, kletternd empor, von Busch zu Busch, von Hügelwelle zu Welle, wie viel auch der grimme Tod rechts und links fortrafft. Allen voran leuchten die Führer. Ein zweites Spicheren und St. Privat vollzieht sich hier, eines der leuchtendsten Kapitel dieses herrlichen Schlachttages wird hier mit Blut auf französischen Boden eingeschrieben.

Blei und Anstrengungen fordern gleichmäßig ihre Opfer. Die Bataillons-Kommandeure, die Stabsoffiziere und Kompagnieführer sind niedergesunken, die vorgeschobenen Bataillone des 6. Regiments werden durch die Premier-Lieutenants Kaempf und v. Chapuis, das in Reserve noch stehende 1. Bataillon desselben Regiments soeben durch den Premierlieutenant v. Elpons emporgeführt. Denn noch immer hält der tapfere Gegner den Kamm des Höhenzuges in seinen Händen. Ein altes graues Haus droben wird als Zielpunkt für die Unsrigen ausersehen. Und nun erfolgt in Front ein heftiger Vorstoß unserer tapferen Helden, von rechts her ist es gelungen, mit einer Kompagnie die linke Flanke des Feindes zu umgehen, das graue

Haus wird gestürmt, donnernd kracht es aus unseren Avantgarde-Batterieen in die gelockerten Reihen des erschreckten Gegners — und dann sind wir oben. Der Hügel ist erklommen, auch an dieser Stelle der Sieg unser. Von Floing herüber drängt bereits unsere rechte Flügelkolonne — da flieht der Gegner, hinab nach Sedan, hinüber in das Bois de la Garenne, hinter sich unsere jubelnde 19. Brigade, vor sich, noch den Augen verborgen, die bereits in das genannte Gehölz eingedrungenen preußischen Garden. Enger ist der Waffengürtel gezogen, nur noch kurze Frist und das furchtbare Schicksal der französischen Armee, das jetzt noch keine Lippe auszusprechen wagt, hat sich erfüllt. —

Es erübrigt sich für uns noch, den Vorgängen an unserem linken Flügel zu folgen. Letzterem war die leichteste Aufgabe zugefallen. Das Zurückweisen der verschiedenen Kavallerie-Angriffe am rechten Flügel, der gefahrvolle Sturm der Höhen seitens der Mittelkolonne, dies waren Thaten, wohl angethan, die Brust höher in Stolz und Siegeslust schlagen zu lassen. Was sich am linken Flügel dann noch vollzog, war den bisher geschilderten Vorgängen nicht mehr gleich zu stellen. Der Feind, ohnehin schon erschüttert, schien sichtlich die alte Spannkraft verloren zu haben. Sein Widerstand war kein ernster mehr. Möglich auch, daß das Einwirken der Garden von rechts, die sich bei Illy mit dem XI. Korps die Hand reichten, den letzten Rest von Unternehmungslust bei dem Gegner niederschlug. Jedenfalls gelang es den Unsrigen verhältnismäßig hier leicht, das vorgeschriebene Ziel zu erreichen. Das 87. Regiment an der Spitze, brach die 21. Division gegen die von starken feindlichen Truppenmassen besetzte Linie zwischen Fleigneux und Illy vor, erbeutete 8 Geschütze und verscheuchte den mutlos gewordenen Gegner zum Teil nach Sedan hinein, teils nach dem schon oft genannten Bois de la Garenne, wo er, in wild zerstreute Gruppen aufgelöst, in ein grausames Kreuzfeuer geriet, während sich jetzt von den so heiß erstrittenen Höhen, wie eine laut heranbrausende Sturmwelle, begeisterte Kriegerscharen aller drei Kolonnen jubelnd in das Thal hinabwälzen, Tausende von Gefangenen auf ihrem Wege erbeutend. Es war 3 Uhr. Der Hauptkampf war vorüber, die Schlacht ausgestritten. Das furchtbare Feuer, das die Kriegsfurie angefacht, sank zusammen; nur hier und da züngelte noch ein Flämmchen empor, kurzlebig und matt, ein schwacher Versuch, den furchtbaren Waffengürtel der deutschen Armee zu zerreißen, sich einen freiheitwinkenden Ausweg aus diesem Kessel empor-lodernder Dörfer, zerstampfter Felder und zahlloser Haufen niedergemähter Toten, um Hilfe jammernder Verwundeten zu suchen.

Um 3 Uhr, so sagten wir, war die Schlacht von Sedan in der Hauptsache beendet. Was an Kämpfen, Angriffen und Vorstößen seitens des Gegners innerhalb der drei letzten zurückliegenden Stunden, also von 12—3 Uhr, ausgeführt wurde, war nicht mehr das Ausführen eines gewissen Planes, einer organisch untereinander verbundenen Kette von Einzelgefechten, sondern nur noch ein wildes Chaos von Rettungsversuchen, ein Ringen und Bluten in dem Einen Gedanken, sich irgendwo, im Norden oder Süden, einen Ausweg aus dieser Riesenfalle mit den Waffen in der Hand zu erzwingen. Auch die zahllosen französischen Berichte, Tagebücher und später niedergelegten Protokolle der einzelnen Heerführer, ja jedes einzelnen Schilderers, stehen untereinander oft im heftigsten Widerspruch. Ort, Zeit, Kämpferzahl und Truppenteil werden verwechselt, verleugnet, gefälscht; ein wilder Taumel scheint alle erfaßt zu haben, der keinen Gedanken weiter aufkommen läßt, als den der Rettung des eigenen Lebens. Und als dies nicht gelingen will, da tritt ein Umschlag in der erhitzten Stimmung ein: stumpfe Teilnahmlosigkeit und finstere Ergebung in das unvermeidliche Schicksal, das so grimmig und rauh die tapfere „Armee von Châlons" bis auf den letzten Mann erschüttert hatte.

Um 12 Uhr hatten die deutschen Korps den Ring um den Thalkessel der Maas geschlossen; eine gute Stunde später war auch dem General v. Wimpffen die Erkenntnis aufgegangen, daß seine Armee umzingelt und alles Kämpfen und Ringen nur noch ein großes blutiges Kesseltreiben sei. Als er die furchtbare Sachlage erkannt, sandte er in einem Duplikat durch die beiden Generalstabskapitäne de Saint Haouen und de Lanouvelle ein Billet an seinen Kaiser in Sedan des folgenden Inhaltes:

„Sire, ich gebe dem General Lebrun den Befehl, einen Durchbruch in der Richtung von Carignan zu versuchen, und ich lasse ihm alle verfügbaren Truppen folgen. Ich befehle dem General Ducrot, diese Bewegung zu unterstützen, und dem General Douay, den Rückzug zu decken. Möge Euer Majestät in die Mitte Ihrer Truppen kommen; sie werden es sich zur Ehre anrechnen, Ihnen einen Durchweg zu öffnen.

$1^{1}/_{4}$ Uhr. v. Wimpffen."

Vierunddreißigstes Kapitel.

Die Bildung unserer Süd-Armee. — General v. Manteuffel beschließt, die französische Ost-Armee gegen die Schweizer Grenze zu drängen. — Die Kämpfe der Brigade Kettler vor Dijon am 21. und 23. Januar. — Unser Verlust einer Bataillonsfahne vom 61. Regiment. — König Wilhelm ehrt das 61. Regiment durch Übersendung einer neuen Fahne. — Dispositionen des Generals v. Manteuffel. — General Bourbaki, sich eingeschlossen sehend, unternimmt einen Selbstmordversuch. — General Clinchant übernimmt das Kommando der Ost-Armee. — Die letzten Kämpfe bei Pontarlier. — Die französische Ost-Armee überschreitet bei Verrières die Schweizer Grenze.

Schwerlich hatte Bourbaki geahnt, daß sein Rückzug an der Lisaine ein solch tragisches Nachspiel finden sollte, wie es thatsächlich der einst mit so glänzenden Hoffnungen gegen den Feind aufbrechenden französischen Ost-Armee beschieden war. Es war die letzte der französischen Armeeen, die, wenigstens unter diesem Feldherrn — die einzelnen Korps waren bereits früher bei Orléans geschlagen worden — bisher noch unbesiegt geblieben war. Als der Vormarsch der ehemaligen I. Loire-Armee gegen Osten hin diesseits kein Geheimnis mehr sein konnte, ward beschlossen, zur Verfolgung dieser Ost-Armee eine deutsche Süd-Armee zu schaffen, welche der ersteren folgen sollte. Mit unserer Süd-Armee noch rechtzeitig zur Unterstützung Werders bei Belfort einzutreffen, dieser Plan mußte freilich von vornherein aufgegeben werden. So blieben nur noch zwei Möglichkeiten: entweder wurde unser längs der Lisaine haltendes, den Paß von Belfort bewachendes XIV. Korps geschlagen, wo es dann galt, die Folgen dieser empfindlichen Niederlage aufzuheben, oder aber General v. Werder stand seinen Mann, was uns die Hoffnung geben konnte, gemeinschaftlich mit ihm dann die Ost-Armee zu vernichten und Frankreich einer seiner letzten Stützen zu berauben.

Am 9. Januar hatte General v. Manteuffel, wie wir schon früher gesehen haben, das Kommando der I. Armee in die Hände des Generals v. Goeben gelegt, um das der neugebildeten Süd-Armee zu übernehmen. Von Amiens aus seinen Weg über Versailles nehmend, traf er am 12. Januar bei der Süd-Armee ein, deren Kommando er mit folgenden Worten übernahm: „Se. Majestät der König hat mir bei der Übergabe des Kommandos ausgesprochen, die Aufgabe der Süd-Armee sei eine schwere, aber er kenne seine Truppen. Soldaten, wir wollen mit Gottes Hilfe das Vertrauen unseres Herrn und Königs rechtfertigen!"

Diese neue Armee setzte sich aus dem II. und VII. Korps zusammen. Das XIV. Korps ward zwar auch dem General v. Manteuffel unterstellt, doch war ihm vorläufig noch die eigene freie Bewegung vergönnt. Das II. Korps hatte man anfangs Januar aus der Verteidigungslinie vor Paris, zwischen Noyers und Nuits sous Ravière, herausgezogen; das VII. Korps, bisher als Besatzung in Metz verblieben, war mit der 13. Division bis Chatillon sur Seine, mit der 14. bis Montigny südwärts vorgegangen. Sofort nach dem Eintreffen des Generals v. Manteuffel wurde der schleunige Vormarsch, das Korps Werder nach Möglichkeit zu unterstützen, anbefohlen. In vier Tagen überschritt man das Côte d'Or-Gebirge. Am 19. stand man längs der Saône. Das Hauptquartier kam nach Fontaine Française, zwischen Is sur Tille und Gray. Hier empfing man auch die erfreuliche Nachricht, daß die französische Ost-Armee bei Belfort nach dreitägigem Ringen zurückgewiesen worden sei und sich jetzt, verfolgt vom XIV. Korps, auf Besançon zurückziehe. „Der Augenblick war gekommen, einen Entschluß zu fassen", schreibt Major Blume. „Die Fortsetzung des Marsches in der bisherigen Richtung führte zur unmittelbaren Vereinigung der Manteuffel'schen und Werder'schen Truppen; dem Feinde hätte dann auf seinem Rückzuge durch energische Verfolgung noch mancher Abbruch geschehen können, aber er würde mit seinen Hauptkräften nach dem Süden Frankreichs entkommen sein und sich dort schließlich der weiteren Verfolgung entzogen haben. Ein großer Erfolg konnte nur erreicht werden, wenn dem Feinde der Rückzug nach dem Süden abgeschnitten und er an der Schweizer Grenze eingeklemmt wurde, wie Mac Mahon an der Grenze von Belgien. Die Situation Bourbakis hatte viel Ähnlichkeit mit der, welche zur Kapitulation von Sedan führte, sie war nur noch weit ungünstiger. Denn Mac Mahon befehligte eine in der Hauptsache wohlorganisierte Armee, und seiner immerhin gewagten Operation längs der belgischen Grenze standen wenigstens die Chancen zur Seite, welche die Initiative, die Überraschung gewährt. Bourbaki dagegen zog sich mit einer mangelhaft organisierten und überdies geschlagenen Armee längs der Schweizer Grenze durch unwirtsame Gebirgsgegenden zurück, verfolgt durch General Werder, während General Manteuffel, schräg von rückwärts her anmarschierend, gleichsam mathematisch berechnen konnte, wie er — dabei den Gedanken einer unmittelbaren Vereinigung mit General Werder aufgebend — das II. und VII. Korps dirigieren mußte, um dem Feinde auf allen seinen Rückzugsstraßen zuvorzukommen und diese durch Besetzung günstiger Gebirgspositionen zu sperren. Freilich machte ein solches Unternehmen bei der Natur des Terrains eine Zersplitterung der Kräfte erforderlich, welche angesichts einer, wenn auch erschütterten, so doch noch gegen 150 000 Mann starken Armee keineswegs ohne Gefahr war. Allein General v. Manteuffel zögerte, im Vertrauen auf die bewährte Tüchtigkeit seiner Truppen, keinen Augenblick, die den größeren Erfolg versprechende Operation zu wagen: er beschloß, unter voller Zustimmung der obersten Heeresleitung, sich mit dem II. und VII. Korps der feindlichen Armee auf ihren Verbindungen vorzulegen, während General Werder ihr direkt folgen sollte." —

Dies auszuführen, mußte General v. Manteuffel darauf Verzicht leisten, die Saône zu überschreiten, vielmehr mit Aufgebung der bisherigen Marschrichtung sich südabwärts wenden, um nicht, zusammentreffend mit dem Korps Werder, zu früh auf die französische Ost-Armee zu stoßen und dieselbe zur Schlacht zu zwingen. Denn auch einen Sieg für uns vorausgesetzt, würde derselbe doch nur einem Halberfolge geglichen haben. Die Ost-Armee, geschlagen, wäre zersprengt in alle Windrichtungen auseinander gestoben, um hier oder dort, später oder früher sich wieder zu einem festen Körper zusammenzufinden. Aus diesem Grunde ward ein ebenso schwieriger als gewagter Umgehungsmarsch geplant und ausgeführt. Zur Flanken- und Rückendeckung für die Operationen unserer Süd-Armee war die Brigade Kettler vom II. Korps an der Westseite des Côte d'Or-Gebirges zurückgelassen worden. Ehe wir den weiteren Unternehmungen der Süd-Armee folgen, wollen wir uns erst noch den heldenmütigen Kämpfen dieser tapferen

Brigade zuwenden, die so wacker und energisch die ihr zugefallene wichtige Aufgabe löste.

Brigade Kettler, bestehend aus dem 21. Inf.=Regiment (Oberstlieutenant v. Lobenthal), 61. Inf.=Regiment (Oberstlieutenant Weyrach), 2 Schwadronen des 11. Dragoner=Regiments nebst 2 Batterieen, hielt am 12. Januar bei Noyers, während sich die Süd=Armee anschickte, das Côte d'Or-Gebirge zu überschreiten. Es war ihr anbefohlen worden, bis Montbard vorzurücken, um von hier aus vielleicht Dijon dem Gegner zu entreißen, oder aber alle in der Nähe der burgundischen Hauptstadt versammelten Garibaldinischen Freikorps festzuhalten und zu beschäftigen. In Ausführung dieses Befehles wandte sich die Brigade über L'Isle, Avallon auf Montbard, wo sie vom 17. bis 19. Stellung nahm. Tags darauf rückte sie gegen Dijon vor, und zwar vorläufig in drei Kolonnen bis Sombernon, St. Seine und Is sur Tille. Von hier aus gedachte man die Vogesen=Armee anzugreifen, welche in einer ungefähren Stärke von 20 000 Mann unter Garibaldi die Stadt Dijon wie die nähere Umgebung besetzt hielt.

Am 21. Januar kam man zuerst mit dem Gegner zusammen. Dem dreigeteilten Vorgehen gemäß entwickelte sich an drei Punkten das Gefecht. Im Zentrum drang man bis Daix vor, wo feindliches Geschützfeuer von den beiden Bergkegeln Talant und Fontaine ein weiteres Vorgehen verbot; ein überlegener feindlicher Infanterie=Angriff, uns aus der gewonnenen Stellung zu vertreiben, scheiterte vollständig an der Bravour der beiden ersten Bataillone 61 er unter Oberstlieutenant Weyrach. Unsere rechte Flügelkolonne entriß dem Gegner das hart verteidigte Plombières, während die linke das Dorf Messigny stürmte. Dies alles geschah nachmittags gegen 5 Uhr. Anderthalb Stunden trennten uns noch von Dijon. Nun ordnete General Kettler an, daß unsere beiden Batterieen ihr Feuer gegen die 20 feindlichen Geschütze vereinigen sollten, während die gesamte Linie zum Angriff schritt. Dies geschah. Mit brausendem Hurra drangen Zentrums= und rechte Flügelkolonne vor und nahmen mit stürmender Hand die Dörfer Fontaine und Talant. Weniger glücklich war die linke Flügelkolonne unter Major v. Cotta. Zu schwach an Zahl, selbst bedroht in ihrer linken Flanke, zog sich schließlich die Kolonne von Messigny bis Savigny le Sec zurück. Sieben Uhr war durch, als das Gefecht schwieg. Trotz der Übermacht des

Gegners hatten wir doch gewisse Erfolge zu verzeichnen. 500 Gefangene waren gemacht worden. Leider aber war der Einsatz nicht unbedeutend. 19 Offiziere und 322 Mann hatten wir eingebüßt; Major Priebsch, schwer verwundet, starb schon in den nächsten Tagen; Oberstabsarzt Dr. Born fiel tödlich getroffen. So tief war der Eindruck dieses Verlustes, daß General Kettler seine Absicht aufgab, in der nun folgenden Nacht einen Angriff auf die noch im Besitz des Gegners gebliebenen beiden Bergkegel Fontaine und Talant zu unternehmen. Man behauptete das Schlachtfeld und bezog Kantonnements um Davois und Messigny.

Der 22. Januar war ein Ruhetag. Er galt den Verwundeten und Toten. Tags darauf schritt die Brigade Kettler, ihrer Ordre gemäß, zu einem neuen Angriff. Von Norden her auf der von Langres nach Dijon führenden Straße vorwärts gegen die Stadt dringend, warf man den Feind überall zurück. Erst bei der Vorstadt St. Martin stockte das weitere Vorgehen. Die Dunkelheit brach herein. Dieser Umstand, wie ein mörderisches Artilleriefeuer bestimmte General Kettler, seine Truppen zurückzuziehen. Zwar waren abermals zahlreiche Gefangene erbeutet worden, leider aber bezifferte sich unser Verlust annähernd dem zwei Tage zuvor erlittenen. Am heißesten hatte das 2. Bataillon 61er gestritten und am meisten verloren. Der Fahnenträger und sämtliche ihn umgebende Offiziere und Mannschaften hatten den Tod fürs Vaterland gefunden. Am anderen Tage zog der Feind aus einem Haufen blutiger Leichen die Bataillonsfahne hervor. Ein Ordonnanzoffizier von Ricciotti Garibaldi, Edmond Thiébault, hat über dieses Gefecht vor den Thoren Dijons einen höchst fesselnden Bericht später veröffentlicht. Darin heißt es:

„Unsere 4. Brigade (Ricciotti Garibaldi) stand in Reserve, in Dijon selbst. Hier traf uns der Befehl zum Aufbruch. Der Feind, der bis dahin einen Scheinangriff gegen Varois und St. Apollinaire gemacht hatte, hatte sich plötzlich von Norden her der Stadt genähert, und war, immer die Straße von Langres haltend, gegen das Chateau Fouilly und ein südlich davon gelegenes Fabrikgebäude vorgedrungen. Die Mobilisé's der Loire und Saône, die hier in erster Linie standen, wichen. Diese rückgängige Bewegung zum Stehen zu bringen, war unsere Aufgabe. Wir überzeugten uns bald, daß wir dieselbe nur allein, nicht aber in Gemeinschaft mit den Mobilisé's lösen konnten, die fluchtartig der Stadt zueilten. Oberst Ricciotti — während die gleichfalls mit uns aus der Reserve vorbeorderte 5. Brigade Canzio zur Verteidigung des Chateaus bestimmt wurde — warf seine Franctireurs in das Fabrikgebäude und verteilte dieselben derart, daß die eine Hälfte alle Etagen des großen weitschichtigen Hauses, die andere Hälfte den ummauerten Hof und alle kleineren Baulichkeiten besetzte.

„Der Feind bereitete mittlerweile seinen Angriff artilleristisch vor. Wir antworteten aus zwei Geschützen, die wir zur Hand hatten, unterlagen aber, nachdem uns Lafetten und Protzkästen zerschossen waren, sehr bald und mußten froh sein, die Rohre retten zu können. Schloß und Fabrik wurden nun Zielpunkte des feindlichen Feuers, das erst schwieg, als die Kolonnen, in denen der Gegner vorging, sich unseren Positionen zu nähern begannen. Eine der Kolonnen, der feindliche rechte Flügel, hielt sich an dem neu aufgeworfenen Damme, der zwischen Langres und Dijon im Bau begriffenen Bahn hin, war bereits über unsere Linie hinaus und verfolgte ersichtlich den Zweck, uns vom Rücken her zu fassen, während die beiden anderen Kolonnen gegen Front und Flanke vorgingen. Oberst Ricciotti, als er diese Bewegungen wahrnahm, wandte sich an die Offiziere seiner Umgebung: „Meine Herren, wir sind umgangen; bewahren wir eine gute Haltung, so wird der Feind in seinem Vorhaben scheitern; geben Sie Ihren Leuten Befehl, nicht früher zu schießen als auf Kommando. Scharfes Zielen und kaltes Blut, und wir werden siegen. Ist es anders beschlossen, so wird die 4. Brigade zu sterben wissen." Nach dieser Ansprache begab sich jeder an den ihm angewiesenen Posten. Terrain und Lokalität waren auf das Sorglichste ausgenutzt worden. Schützen überall. Während mehrere unserer Kompagnieen hinter der das Etablissement einschließenden Mauer standen, hatten andere, und zwar aus Knochensäcken, die zu hunderten im Hofe aufgeschichtet lagen, Brustwehren in Front der Mauer errichtet. Noch andere hatten in einer Graben-Einfassung, zum Teil auch hinter würfelförmigen Backstein-Haufen, die am Rande des Grabens entlang standen, Stellung genommen. Die besten Truppen der Brigade aber befanden sich im Fabrikgebäude selbst und hielten die Fenster nicht nur in allen Etagen der Front, sondern nach allen vier Seiten hin besetzt. Deckung fanden sie hinter Kohlensäcken, die zu vier und sechs in jede einzelne Fensteröffnung hineingestellt waren.

„Die Preußen, das Fabrikgebäude von denselben Mobilisé's besetzt glaubend, die, bei der ersten Salve, die Flucht ergriffen hatten, gingen ersichtlich in der Erwartung eines nur leichten Kampfes vor. In Front und Rücken griffen sie gleichzeitig an, Schützenzüge vorauf, denen geschlossene Kompagnieen folgten. Jetzt „Feuer", und wie ein Hagel schlug es in ihre Reihen. Aber rasch sich sammelnd, nahmen sie unter Hurra den Angriff wieder auf und suchten die Eingänge des Fabrikgebäudes zu gewinnen. Sie bewiesen dabei jene brillante Haltung, wie sie sich nur da ergiebt, wo eine feste Disciplin dem persönlichen Mut zu Hilfe kommt. Am Schwächsten war die linke Flügelkolonne; sie wich zuerst, ein Moment, der von unseren zur Verfügung Ricciottis im Hofraum aufgestellten Kompagnieen kaum wahrgenommen wurde, als sie auch schon hervorbrachen, um die rückgängige Bewegung durch Bajonett-Angriff zu beschleunigen. Dann wandten sich dieselben Kompagnieen mit raschem Kehrt gegen die rechte Flügelkolonne des Feindes, die nicht nur festen Stand hielt, sondern, durch Fortschritte, die sie machte, unsere Stellung auch ernstlich bedrohte. Diese rechte Flügelkolonne wurde durch das 2. Bataillon des pommerschen Regiments Nr. 61 gebildet und keine Truppe, der wir bis dahin gegenübergestanden, entwickelte je einen gleichen Grad von Mut und Widerstandskraft. Die Lücken, die unter unserem Feuer entstanden, schlossen sich wieder und das bald zu einem bloßen Häuflein gewordene Bataillon gab seine Anstrengungen nicht auf, uns zu werfen und seinerseits in das Fabrikgebäude einzudringen. Als es endlich die Unmöglichkeit erkannte, bildeten seine Überbleibsel ein Knäul, aus dessen Mitte die Fahne in Qualm und Rauch emporragte. Um dieses Kriegs- und Ehrenzeichen begann sich jetzt der Kampf zu drehen; die Unseren wollten es an sich bringen, die Preußen wollten es nicht lassen. Es sank und richtete sich wieder auf; endlich ward es unter einem Haufen von Leichen begraben und unsere vom Sieg berauschten Franctireurs stürmten weiter, um auch in Front des Fabrikgebäudes, wo einzelne Abteilungen des Feindes sich noch hielten, den letzten Widerstand zu brechen.

„Um diese Stunde war es auch, daß General Garibaldi auf dem Aktionsfelde erschien, in demselben Augenblicke fast, in dem seinem Sohne Ricciotti die inzwischen aufgefundene Fahne als Trophäe des Tages überreicht wurde. Ricciotti legte sie gleich darauf in die Hände seines Vaters nieder und stellte sich dann an die Spitze frischer Kompagnieen, um den nunmehr auf allen Punkten weichenden Feind zu verfolgen. Auch der Kampf im Chateau Fouilly hatte mittlerweile für uns günstig geendet.

Hier war anfänglich der Feind in Hof und Erdgeschoß eingedrungen, hatte aber das obere Stockwerk nicht in seine Gewalt zu bringen vermocht. Als der Kampf um diesen uneroberten Teil des Schlosses noch geführt wurde, trafen — ziemlich gleichzeitig mit dem Erscheinen General Garibaldis — einige Mobilgarden-Bataillone als Unterstützung ein, bei deren Annäherung schon der Feind die bis dahin behaupteten Positionen räumte und in Gemeinschaft mit den bei der Fabrik im Gefecht gewesenen Abteilungen in nördlicher Richtung abzog. Der Kampf war zu Ende. Einige Kompagnieen bei Chateau Fouilly sowohl wie innerhalb des Fabrikgebäudes belassend, kehrte die 4. Brigade nach Dijon zurück. Sie wurde im Triumph empfangen; der Name Ricciotti's war auf allen Lippen. Eine Anzahl Gefangener ging inmitten unseres Zuges.

„Gegen Abend kehrten auch unsere letzten Abteilungen, teils von der Verfolgung ablassend, teils die bis dahin besetzt gehaltenen Stellungen aufgebend, nach der Stadt zurück. Eine Nachricht, die sie mitheimbrachten, weckte Wut und Empörung in unser aller Herzen und gefährdete auf einen Augenblick die Sicherheit der von uns gemachten Gefangenen. Wir erfuhren das Folgende. Die Preußen, als sie in das obere Stockwerk des Chateau Fouilly nicht vordringen konnten, beschlossen Rache zu nehmen und verbrannten einen verwundet in ihre Hände gefallenen Mobilgarden-Unteroffizier. Gefesselt und auf eine Leiter gelegt, zündete man unter dem Unglücklichen ein Feuer an; Stroh und Petroleum dienten dazu. Als eine Stunde später das Schloß zurückerobert wurde, sahen die Unseren, welch Entsetzliches sich mittlerweile vollzogen hatte. So ging der Bericht von Mund zu Mund. Mit Mühe gelang es unseren Offizieren, den in den Mannschaften leidenschaftlich aufflackernden Hang nach Repressalien zu unterdrücken. — Die Einbußen, die die 4. Brigade erfahren hatte, waren, dank unserer Stellung hinter Mauern und Deckungen aller Art, nur gering. Wir verloren 37 Mann an Toten und Verwundeten." —

So weit der Bericht des Gegners, der fast nirgends von der Thatsache abweicht. Was die ungeheuerliche Grausamkeit an dem verbrannten Mobilgarden-Unteroffizier betrifft — Garibaldi hat, seine Anklage zu unterstützen, den teilweise verkohlten Leichnam des armen Opfers photographieren lassen — so ist leider deutscherseits keine Widerlegung erfolgt. Man hat versucht, mit Zweifeln und Vertuschungen entgegenzuwirken, Mitteln, welche diese Schandthat nur noch verschlimmern konnten. Eine andere Auffassung betreffs der erbeuteten Fahne ist aber mit Recht diesseits nachdrücklich geltend gemacht worden. Die Bataillonsfahne des 61. Regiments ist uns nicht vom Feinde entrissen worden. Wohl ging sie uns verloren — die einzige deutsche Fahne während dieses gewaltigen, siegreichen Krieges — aber erst nachdem ein Haufen gefallener Träger sich wie ein blutiges Heldenmal über ihr auftürmte. Sergeant Pionke von der 6. Kompagnie war der erste Träger, welcher mit ihr ruhig und kaltblütig gegen den Feind vorging. Als ihm ein Schuß den rechten Arm durchbohrte, nahm er sie auf die linke Schulter. Erst als mehrere Kugeln ihn in die Brust getroffen, ließ er sie, tot niederfallend, sinken. Nun ging die Fahne von Hand zu Hand. Jeder einzelne büßte das Wagestück mit seinem Blute. Der letzte Träger war Lieutenant Schulze. Mit ihm sank die Bataillonsfahne, bis zur Unkenntlichkeit bereits zerfetzt, in Blut, Dampf und Dunkel der Nacht zu Boden. Daheim aber feierte das deutsche Volk diese heroische Stunde, und der Fahnenlieder viele erklangen damals wehmütig und stolz zugleich. Auch König Wilhelm ehrte das mutige Bataillon bei Übersendung einer neuen Fahne durch folgendes Schreiben, gerichtet an General v. Manteuffel:

„Homburg, den 9. August 1871. Aus den Mir vorgelegten Berichten habe Ich mit Genugthuung ersehen, daß das 2. Bataillon 8. Pommerschen Infanterie-Regiments Nr. 61 am 23. Januar d. J., an welchem Tage dasselbe vor Dijon seine Fahne verlor, mit heldenmütiger Tapferkeit gefochten hat und daß der Verlust der Fahne eines jener beklagenswerten Ereignisse gewesen ist, die als das Resultat widriger Umstände niemand zum besonderen Vorwurf gereichen. Die Fahne ist weder durch einen siegreichen Feind erobert, noch durch eine entmutigte Truppe aufgegeben worden; ihre Stelle unter den Leichen ihrer tapferen Verteidiger ist auf dem Schlachtfelde noch ein ehrendes Zeugnis gewesen für die Truppe, welcher sie vorangeweht hatte, bis die einbrechende Nacht sie den hütenden Blicken entzog. In Anerkennung der von dem 2. Bataillon 8. Pommerschen Infanterie-Regiments Nr. 61 bewiesenen Tapferkeit verleihe Ich demselben die beifolgende neue Fahne mit dem Bande der von Mir für den Feldzug 1870/71 gestifteten Denkmünze, an dessen einem Ende sich die wieder aufgefundene Quaste der Banderolle der alten Fahne befindet, und beauftrage Sie, dieselbe dem Bataillon in Meinem Namen feierlich übergeben zu wollen. Wilhelm.“

Das Gefecht am 23. Januar hatte uns abermals 16 Offiziere und 362 Mann gekostet. 8 Offiziere und ungefähr 150 Mann waren dem Feinde als Gefangene abgenommen worden. Zwar war es General Kettler nicht gelungen, mit seiner schwachen Truppenzahl dem Gegner das stark besetzte Dijon zu entreißen, trotz der entschieden kühnen und auch nicht ganz erfolglosen beiden Angriffe; doch sowohl diese letzteren als auch das ferne unerschrockene Aushalten der Brigade Kettler in nächster Nähe eines weit überlegeneren Gegners flößte diesem so hohen Respekt ein, zwang ihm sogar die Ansicht auf, daß ein bedeutender Teil unserer Süd-Armee ihm entgegenstände, daß Garibaldi es für gut befand, sich auf eine vorsichtige Verteidigung seiner Stellung vor der Hand zu beschränken. Und eben dies war der Erfolg der beiden Kämpfe vom 21. und 23. Januar. Die Vogesen-Armee verharrte, wie gebannt, in ihrer alten Stellung, währenddessen die Süd-Armee Zeit und Gelegenheit fand, ihren geplanten mühevollen Umgehungsmarsch auszuführen.

Während der geschilderten Ereignisse vor Dijon hatte General v. Manteuffel seinen Marsch ohne Unterbrechung fortgesetzt. Am Tage des Gefechts von Pouilly stand er bereits auf der geraden Linie von Besançon nach Lyon, damit der französischen Ost-Armee diesen nahen Rückzugsweg nach dem Süden von Frankreich verlegend. Gefangene, welche man tags darauf machte, erzählten, daß Bourbaki mit seinem Korps noch in und um Besançon Stellung genommen hatte. Immer enger zogen jetzt die deutschen Korps die Maschen zu dem Netz zusammen, welches der feindlichen Armee schließlich keinen Ausweg mehr gestatten sollte. Auch das Korps Werder war inzwischen auf das Terrain zwischen Oignon und Doubs nachgerückt. Am 24. Januar erließ General v. Manteuffel an die drei kommandierenden Generale v. Fransecky, v. Zastrow und v. Werder, II., VII. und XIV. Korps, folgende Bestimmungen:

„Sechs Haupt-Eventualitäten sind ins Auge zu fassen:

1. Der Feind sucht, da ihm die Straße über Villiers-Farley verlegt ist, auf den zwischen Villiers-Farley und Pontarlier führenden Wegen nach Süden durchzukommen. Dann stehen das II. und VII. Korps bereit, mit Avantgarden gegen seine Flanke vorzustoßen, beziehungsweise sich ihm vorzulegen.

2. Der Feind will über Quingey und Dampierre durchbrechen. Dann steht auf jedem Doubsufer eine Division des VII. Korps zur ersten Abwehr bereit, während das II. Korps auf beiden Ufern von rückwärts her eingreift.

3. In beiden Fällen würde das XIV. Korps, v. Werder, von Norden her kräftig auf die feindlichen Arrièregarden drängen. Der Feind versucht, auf den Straßen über Marnay, Pin und Etuz ein Debouchieren auf Gray, um sich mit Garibaldi bei Dijon die Hand zu reichen. In diesem Falle würde zunächst die 14. Division und die Brigade Knesebeck (ursprünglich v. Dannenberg, eine kombinierte Brigade, welche als Ersatz für die auf eigene Faust operierende Brigade Kettler der Süd-Armee beigegeben worden war) gegen die linke, die badische Division gegen die rechte Flanke der feindlichen Marschkolonnen vorstoßen und diese festhalten, während die entfernteren Truppen rechts und links vorzugreifen suchen.

4. Sollte der Feind wieder gegen das Werder'sche Korps Front machen, so rücken das II. und VII. Korps von Süden her vor.

5. Geht der Feind auf die Schweizer Grenze zurück, so folgen sogleich alle drei Korps dieser Bewegung mit Avantgarden, um den Feind zur Schlacht oder zum Grenzübertritt zu zwingen.

6. Erwartet der Feind bei Besançon unseren Angriff, so erscheint die Subsistenz der Süd-Armee länger gesichert, als die des Feindes unter den jetzigen Umständen. Man wird also nicht in die Lage kommen, einen Angriff gegen feindliche Positionen unter dem Schutze des Festungsgeschützes unternehmen zu müssen, sondern den feindlichen Angriff erwarten können." —

Am 26. Januar hatte man ermittelt, daß Bourbaki seinen Abzug südlich von Besançon angetreten hatte. Unsere drei Korps rückten immer weiter vor. Die Stadt Salins wurde nach vorangegangenem Gefechte vom II. Korps besetzt, ebenso rückte dasselbe in Arbois ein; das XIV. Korps erreichte Marnay am Dignon, das VII. Korps wandte sich in gerader Richtung gegen Pontarlier. Am 28. Januar abends war die französische Ost-Armee vollständig eingeschlossen, Bourbaki war dies kein Geheimnis geblieben. Unheilvolles Ahnen kommender trauriger Tage mochte den einst so gefeierten Liebling der Frauen schwer bedrücken. Schon am 24. hatte er nach Bordeaux gemeldet: „Das II. und VII. preußische Korps haben begonnen, die Verbindungen mit Lyon zu unterbrechen. Sie überschreiten den

Doubs, vielleicht auch schon die Loue. Ich weiß nicht, ob ungeachtet aller Eile es mir gelingen wird, sie zurückzuerobern. Ich werde morgen je nach den mir zugehenden Nachrichten einen Entschluß fassen." Aber auch die Regierung in Bordeaux sah klar. Immer eindringlicher befahl sie dem Führer der Ost-Armee an, sich mehr westlich zu halten und den Abzug auf Dôle, Auxonne oder Gray zu bewerkstelligen. Nur nicht auf Pontarlier! So klang es durch jede Depesche. Geschähe dies dennoch, so wäre die Vernichtung der französischen Ost-Armee unausbleiblich.

Bourbaki berief am 25. abends einen Kriegsrat zusammen, damit derselbe seine Meinung abgeben sollte. Doch nur General Billot, Kommandeur des XVIII. Korps, riet für einen Abzug über Auxonne. Alle anderen Generale erklärten, daß es keinen anderen Ausweg mehr gäbe, als einen Rückzug auf Pontarlier. Umsonst würde jedes blutige Opfer sein, jetzt noch die deutschen Linien zu durchbrechen. Bourbaki, selbst im Innersten davon überzeugt, schloß sich der Mehrzahl der Stimmen an. So ward der Marsch auf Pontarlier beschlossen. Am 26. Januar ließ Bourbaki seine gesamte Armee an sich vorüber defilieren. Trotz strengster Kälte hielt er den ganzen Tag im Sattel, traurig und melancholisch den abziehenden Truppen nachschauend. Zuweilen sah man Thränen in seinen Augen blinken. Als die Dunkelheit hereinbrach, zog er sich stumm in seine Gemächer zurück. Bald darauf durchschwirrte das Hauptquartier das Gerücht, daß der verzweifelte Armeeführer einen Selbstmordversuch unternommen hätte. Und so war es. Die Führung der Armee ging in die Hände des Generals Clinchant über, den die Regierungsdelegation in Bordeaux noch einmal mahnte, wenn irgend möglich, den Weg über Pontarlier nicht einzuschlagen. „Es ist zu spät", meldete jedoch der neue Armeeführer am 27. zurück, „die große Masse der Truppen steht bereits auf dem linken Doubsufer, die Avantgarde bis Ornans vorgeschoben." — Schon die nächsten Tage entschieden über das traurige Schicksal der französischen Ost-Armee. —

Am 30. Januar stockten diesseits die Vorwärtsbewegungen. Der Grund war einfach. Hüben und drüben waren die ersten Telegramme über einen abgeschlossenen Waffenstillstand eingetroffen, die jedoch in ihrer Abfassung merkwürdig auseinanderliefen, so daß ein Stillstand der Operationen bis zur völligen Klarlegung des eigentlichen Sachverhalts geboten schien. Die an General v. Manteuffel gerichtete Depesche lautete: „Soeben (am 28. abends) Kapitulations- und Waffenstillstands-Verhandlungen mit Paris abgeschlossen. Waffenstillstand beginnt hier sogleich; sonst überall am 31. dieses Monats mittags. Departements Côte d'Or, Doubs und Jura sind vorläufig bis zur Entscheidung der von Ihnen fortzusetzenden Operationen ausgeschlossen, auch dauert Belagerung von Belfort fort. gez. Moltke." Auch von Bordeaux aus war an den General Clinchant ein ähnliches Telegramm gerichtet worden, das aber, absichtlich oder nicht, den bedeutungsvollen Nachsatz nicht enthielt, welcher unserer Süd-Armee die Fortsetzung ihrer Operationen gestattete. Dies war der Grund, daß von diesem Augenblicke an ein sehr lebhafter parlamentarischer Verkehr sich zwischen beiden Armeeen entwickelte. Abgesandte kamen und gingen. General Clinchant setzte offenen Zweifel den Ausführungen Manteuffels entgegen, der sich bald auf noch ausführlichere, aus Versailles eingetroffene Weisungen berufen konnte. Erst am 31. abends empfing Clinchant aus Bordeaux ein Telegramm, welches unser Recht in ein klares Licht stellte. Das war das Signal zur Fortsetzung der Feindseligkeiten. Am 31. wurden die drei deutschen Korps aufs engste zusammengezogen. Die letzte Straße, über Mouthe führend, welche dem Gegner einen Rückzug nach Süden vielleicht noch gestattet hätte, ward an diesem Tage verlegt. Vollständig geschlossen war das Netz. Nirgends klaffte eine Masche mehr, dem Gegner Gelegenheit zum Entweichen zu geben.

Die Dispositionen für den 1. Februar lauteten:

„Die Armee rückt morgen konzentrisch gegen Pontarlier vor, um den in dortiger Gegend stehenden Feind auf die Schweizer Grenze zurückzutreiben. Hierzu formieren sich hinter ihren Avantgarden:

Das VII. Korps im Raum zwischen den Straßen von Levier und St. Gorgon nach Pontarlier;

Das II. Korps à cheval der Straße Frasne-Pontarlier unter Mitwirkung des Detachements Liebe bei Granges Sainte Marie.

Um 12 Uhr mittags beginnt der Vormarsch des II. und VII. Korps auf Pontarlier mit den Avantgarden, hinter welchen die Gros, bis dahin ausgeruht, in Gefechtsbereitschaft stehen müssen. Gegenseitiges Eingreifen beider Korps, Verwendung der Artillerie und selbständige Reserven werden empfohlen."

Am Morgen des 1. Februars setzten sich die Kolonnen in der vorgeschriebenen Richtung in Bewegung. General v. Manteuffel folgte bis Levier hinaus. Rekognoszierungen ergaben, daß Pontarlier noch mit ungefähr 10 000 Mann besetzt gehalten werde. Geschütze waren in Front der Stadt aufgefahren. Ob eine ernstliche Verteidigung dieses letzten Grenzpunktes geplant war, bleibt unentschieden. Jedenfalls gab man bald die Gegenwehr hier auf. Nach verhältnismäßig leichtem Gefechte fiel zur Mittagsstunde der Ort in unsere Hände. Zahlreiche Gefangene, Trophäen, Waffen, Bagagewagen fielen uns als Beute zu. Was jetzt sich noch an Kämpfen entspann, vollzog sich bereits im Gebirge, auf schweizerischem Boden. Die stolze Ost-Armee hatte den Boden Frankreichs verlassen. Der Gegner hielt die von Pontarlier ins Gebirge führende, einen trefflichen Verteidigungspaß bildende Straße dicht besetzt. Zwei Sperrforts, stark armiert, flankierten dieselbe und gaben dem flüchtenden Feind Gelegenheit, wirksam mit seinem Geschützfeuer die Kolonnen unserer nachdrängenden Truppen zu lichten. Das XVIII. Korps hatte allem Anscheine nach die Aufgabe übernommen, den Rückzug nach Möglichkeit zu decken. Ein heftiges Wald- und Berggefecht entspann sich, das erst gegen Abend mit einem Siege für uns endete. Geschütz- und Gewehrfeuer mischten sich unaufhörlich und riefen mit dumpfkrachenden Tönen das Echo der schneebedeckten Berge wach. Über 400 Mann büßte die besonders im Feuer gestandene Brigade du Trossel ein. An Gefangenen allein erlitt der Gegner an diesem Tage eine Einbuße von ungefähr 4000 Mann. Es lag klar auf der Hand, daß der Feind eine Grenzüberschreitung der Kapitulation vorzog. Erstere hatte bereits im Laufe des Nachmittags bei Verrières begonnen.

Am 2. Februar lief ein über Berlin kommendes Telegramm folgenden Inhalts beim General v. Manteuffel ein: „Heute früh (1. Februar) hat der französische General mit General Herzog Konvention wegen Übertritts der französischen Armee bei Verrières abgeschlossen; 3000 sind schon bei St. Croix übergetreten. Gesamtzahl dürfte sich auf 80 000 belaufen haben; Verteilung auf die Kantone nach Verhältnis der Bevölkerungszahl beschlossen. Artillerie der Übergetretenen kommt heute bis Verrières. Weitere Mitteilungen und Meldungen, von allen Seiten einlaufend, bestätigten in der That den glücklichen Erfolg unseres geplanten Unternehmens. Frankreich hatte abermals den Verlust einer Armee zu beklagen. Noch am Vormittage des 2. Februars erließ General v. Manteuffel folgenden Tagesbefehl an seine siegreiche Armee:

„Soldaten der Süd-Armee!

Eure Märsche und Kämpfe bei Schnee und Eis im hohen Jura sind nicht vergebens gewesen. 2 Adler, 12 Geschütze, 7 Mitrailleusen, 15 000 Gefangene, worunter 2 Generale und viele Offiziere, viele Hunderte von Proviantwagen, viele Tausende von Chassepôts sind in Euren Händen. Dijon ist zurückerobert. (Die Vogesen-Armee hatte am 31. Januar, als neue Verstärkungen bei der Brigade Kettler eintrafen, freiwillig Dijon geräumt und war mittelst Eisenbahn nach Lyon geflüchtet.) Und so eben erhalte ich aus Berlin die telegraphische Nachricht, daß 80 000 Mann der französischen Armee bei Verrières in die Schweiz übergetreten sind, das heißt, daß sie dort die Waffen ablegen und bis zum Friedensschluß interniert bleiben. Die Armee Bourbakis ist außer Kampf gesetzt und auch ihre Reste in den Gebirgen werden Euren Waffen bald verfallen sein. Soldaten der Süd-Armee! Ich spreche Euch meinen Glückwunsch und meine volle Anerkennung aus!" —

Es erübrigt nur noch eine Schilderung des Übertrittes der Süd-Armee auf das neutrale schweizerische Gebiet zu geben. Ein zur Zeit in der Schweiz sich aufhaltender Engländer, Mr. Heyworth Dixon, hat über die betreffenden Vorgänge einen ebenso sachlichen als lebendigen Bericht gegeben, der, wie folgt, lautet:

„Als am 22. oder 23. bestimmtere Nachrichten eintrafen, daß Bourbaki sich in der Richtung auf Besançon zurückziehe, während die Preußen schon in Dôle zwischen Lyon und dem französischen Heere standen, da erkannte General Herzog klar, daß es für die französische Armee keine andere Möglichkeit geben werde, der Gefangenschaft zu entrinnen, als sich über die Grenze in die Schweiz zu werfen. Obgleich nun dieses Ergebnis für General Herzog durchaus nichts überraschendes hatte, so war ihm doch nicht leicht zu Mut, wenn er erwog, daß nahezu hunderttausend Mann, mit Waffen und Geschütz noch vollständig versehen, aber ohne Lebensmittel und Brennholz, ohne Schuh und Obdach, dazu in Flanke und Rücken von einem siegreichen Feinde bedrängt, vor ihm standen, während seine eigene Streitmacht nicht einmal zwanzigtausend Mann betrug und einen Grenzstrich zu schützen hatte, der vom Münsterthal bei Basel bis zum Val de

Travers, gegenüber Pontarlier, reichte. Was mochte eine geschlagene Armee in solch verzweifelter Lage nicht alles versuchen! Dennoch beharrte General Herzog unerschütterlich bei dem Vorsatz, der kolossalen Übermacht mit kriegerischem Ernst entgegenzutreten, falls sie seine Grenzen bewaffnet überschreiten sollte.

„Nachdem er Tage und Nächte lang bei bitterer Kälte, tiefem Schnee und eisigem Nordwinde Wache haltend, unter Waffen gestanden, wobei sowohl die Offiziere als die Mannschaften sich ihrer Aufgabe gewachsen zeigten, klärte sich die Lage endlich vollends. Herzog, überzeugt, daß das Franzosenheer in der mittlerweile unvermeidlich gewordenen Alternative, die Waffen zu strecken oder über die Grenze zu gehen, das Letztere vorziehen würde, traf auf der Stelle die nötigen Maßregeln, daß jeder Hohlweg und Engpaß des Jura stark besetzt werde, und erteilte seinen Obersten gemessenen Befehl, auf jeden noch so zahlreichen Truppenteil, der die Aufforderung zur Waffenniederlegung nicht sogleich befolge, Feuer geben zu lassen. Er selbst begab sich, um der zerrütteten französischen Armee nahe zu sein, in das Grenzdorf Les Verrières, gegenüber den französischen Forts de Joury und de la Cluse, stellte seine Truppen in Schlachtordnung und wartete im Bereich jener drohenden Batterieen ab, was Frankreich ihm zu sagen habe.

„Am 31. Januar rollte — wie es schien, um seine Stimmung zu prüfen — aus Pontarlier ein großer Wagenzug nach Les Verrières heran, in welchem sich 400 Kranke und Verwundete befanden, aber niemand, der über ihn die Aufsicht führte — kein Offizier bei den Truppen, kein Arzt bei den Kranken! Herzog schickte seinen Adjutanten, Oberst Sieber, ins französische Hauptquartier zu Pontarlier, um gegen solche Handlungen zu protestieren und die unverzügliche Unterzeichnung eines sichernden Reverses zu verlangen. Man steckte französischerseits den Verweis ein, entschuldigte die Nachlässigkeit und unterzeichnete den verlangten Revers.

„Kurz nach Mitternacht, Mittwoch morgens am 1. Februar, wurde General Herzog ersucht, den Oberst Chevals vom französischen Generalstab zu empfangen, welcher im Namen des Generals Clinchant kam, um von der Schweizer Republik für „eine brave und befreundete Armee, die unter dem Zwange des Unglücks auf deren Boden Zuflucht suche," Nahrung und Obdach zu erbitten. General Herzog nannte seine erste Bedingung: vollständige Übergabe der Waffen, Kanonen, Pferde, Mannschaften und Offiziere.

Oberst Chevals hatte Vollmacht, den Vertrag zu schließen, und der erste und wichtigste Artikel war bald, obigen Forderungen entsprechend, formuliert. Doch gab es noch viele andere Dinge zu ordnen, worüber die ganze Nacht verstrich. Da kam um 4 Uhr morgens aus Meudon an der Grenze die Nachricht, daß schwere Massen französischer Artillerie den Schweizer Oberst Scheerer und seine Infanterie drängten, als wenn sie seinen Waffen zum Trotz die Grenze überschreiten wollten. Diese Geschütze waren in der Nacht aus St. Pierre vorgeschickt und der Versuch mit ihnen gemacht worden, sie auf die andere Seite der Grenze hinüberzuschaffen. Sofort erhob sich der General, ließ eine Brigade antreten und schickte sie ab, um auf der Stelle die Franzosen zurückzutreiben. Oberst Chevals sah, mit wem er es zu thun hatte, und um halb 5 Uhr war der Vertrag fertig. Um 5 Uhr schon hatte ihn General Clinchant, der in seinem Wagen an der Grenze wartete, angenommen und unterzeichnet.

„Kaum stand die Unterschrift auf dem Papiere, als auch schon die Menschen- und Geschützmasse herüberströmte: zuerst General Clinchant, dicht hinter ihm der Generalstab, und dann die Truppen in gelösten Reihen, zum Teil betrunken und unordentlich bunt durcheinander. Mit Clinchant und dem Stabe kamen Züge von Proviantwagen, deren Blenden und Zugleder geschlossen waren. Dann rollten viele Fuhrwerke herein: Postwagen, Ambulanzen, Kriegskassen. Das Ganze ein trauriger Anblick. „In zerrissenen Schuhen, in Holzpantoffeln, ja selbst nur die Füße mit Lumpen umwickelt, mußten diese unglücklichen Soldaten ihre Gewehre durch den Schnee schleppen." Das sind General Herzogs eigene Worte. In Meudon legte jeder Mann seinen Säbel, seine Flinte und seine Patrontasche ab. Die französischen Offiziere wußten von ihrer Armee so wenig, daß sie die Zahl der ihnen Folgenden auf 42,000 Mann angaben, während sie sich in Wirklichkeit, nach vorgenommener Zählung, auf 83,301 stellte.

„Die Franzosen kamen, um es noch einmal zu sagen, einander drängend und stoßend, erfroren und zuchtlos herüber, alle Waffengattungen in einem einzigen wilden Wirrsal; Liniensoldaten vermischt mit Zuaven; Kavallerie, welche ihre Kanoniere überritt; Truppen, die über ihren Train herfielen und die Vorräte plünderten; nirgends feste Reihen und Gleichschritt, nirgends Haltung und Ordnung; jeder nur vorwärts drängend; die vier großen Armee-Korps in jene schlimmste Art von Pöbel, in einen Soldatenpöbel zusammengeballt. „Ihre Korps müssen sich um ihre Standarten sammeln," rief der Schweizer General, und wies ihnen vier Grenzorte als Sammelplätze an. General Borel und andere französische Offiziere ritten hin, um im Interesse der Ordnung hierzu Anstrengungen zu machen. Aber unter fünf Kompagnieen gehorchte den Hauptleuten nicht eine, und als die Obersten unter den Haufen ritten, empfing man sie mit Geheul und Flüchen. Jeder klagte sie der Unfähigkeit an und legte ihnen die Leiden und Unfälle ihrer Truppen zur Last. Mit bleichem traurigem Gesicht kam Borel ins Schweizer Hauptquartier geritten, um zu melden, daß bei der gegenwärtigen Stimmung seiner Landsleute kein Befehl Gehorsam finde, wenn derselbe nicht von einer sichtbaren Gewalt unterstützt werde.

„Da demnach die französischen Offiziere nicht Ordnung schaffen konnten, so stellte General Herzog die vier französischen Armeeteile unter die Leitung seiner eigenen Offiziere und Truppen. Die bezüglichen Befehle wurden hier und da mit Gemurr aufgenommen, fanden aber doch Gehorsam. Ein Dutzend Schweizer Soldaten mit geladenen Gewehren und aufgepflanzten Bajonetten genügte, französische Kolonnen von je tausend Mann zu leiten, und General Herzog war überrascht, zu finden, wie geduldig und folgsam diese französischen Soldaten sein konnten, wenn sie sahen, daß man sie richtig handhabte. „Sie wußten es sogleich," bemerkte er, „ob ein Offizier sein Fach verstand." So wurde denn diese ungeheure, vom Elend demoralisierte Heeresmasse von einer noch nicht 20000 Mann starken Bürgermiliz, ohne daß es ein einziges Menschenleben kostete, in Empfang genommen, entwaffnet und in ihre Kantonnements geführt." —

Das war das Ende der letzten französischen Armee.

Fünfunddreißigstes Kapitel.

Unser Bombardement südlich von Paris. — Der 18. Januar in Versailles. — Sachsen überläßt die Anregung der deutschen Kaiseridee Bayern. — Das Schreiben Ludwigs II. an König Wilhelm. — Die Adresse des Norddeutschen Bundes an König Wilhelm. — Der Spiegelsaal im Schlosse zu Versailles. — Schilderung der Kaiserproklamation durch Russel, Berichterstatter der „Times“. — Offizieller Bericht über die Kaiserproklamation. — Armeebefehl König Wilhelms am 18. Januar 1871. — Die Proklamation an das deutsche Volk.

Wir verließen unsere Einschließungs-Armee vor Paris am Ausgang des Jahres 1870. Der Mont Avron, von der Pariser Armee eine kurze Zeit besetzt gehalten, war am 30. Dezember wieder freiwillig geräumt worden, nachdem General Trochu das Unzuläßige einer weiteren Besetzung erkannt hatte. Diesseits waren keine Mühen gescheut worden, alle Vorbereitungen für eine nunmehrige ernsthafte Beschießung der französischen Hauptstadt zu treffen. Mit dem Beginn des neuen Jahres standen über 100 Geschütze schwersten Kalibers bereit, im Süden von Paris das Bombardement zu eröffnen. Generalmajor Prinz zu Hohenlohe-Ingelfingen war mit der Leitung des artilleristischen, General-Lieutenant v. Kameke mit der des Ingenieur-Angriffes betraut worden. So kam das Jahr 1871.

Am 5. Januar begann die Beschießung der eingeschlossenen Hauptstadt von Süden her. Nebel wogten und verzögerten anfangs das geplante Unternehmen. Als die verhüllenden Schleier zerrissen, eröffneten morgens gegen 9 Uhr die deutschen Batterieen ihr Feuer, das sich hauptsächlich auf

69*

die Forts Issy, Vanvres und Montrouge, ebenso auf die Verschanzungen bei Villejuif und die sich hie und da bemerkbar machenden Seine-Kanonenboote richtete. Die Antwort des Gegners blieb nicht aus, und es muß gesagt werden, daß er eine ebenso geschickte als umfangreiche Thätigkeit entwickelte, so daß er uns manchmal zwang, die Aufgabe einzelner Batterieen vorläufig einzustellen, um ihn durch ein konzentriertes Feuer an diesem oder jenem Punkte erst zum Stillschweigen zu bringen.

Der 6. Januar brachte einigen Wechsel in das gestrige Programm. Es gelang uns, das Feuer vom Fort Issy zum Schweigen zu bringen; dagegen begann der Feind St. Cloud, Bougival und Vaudresson aus der Festung des Mont Valérien stark unter Feuer zu nehmen. Vom Fort Montrouge aus wurde die von den Bayern besetzte Schanze Moulin de la Tour und das Dorf Clamart heftig beschossen. Im Laufe des Tages sahen wir, wie in der Nähe des Point du jour in Paris Flammensäulen emporlohten.

Am 7. und 8. Januar wurde diesseits, trotz trüber Witterung, die Kanonade rührig fortgesetzt und dabei die Kasernen des Forts Vanvres und Montrouge in Brand gesetzt. Unsere Geschosse fielen bis in den Garten des Palais Luxemburg, eine Entfernung von ungefähr 9500 Schritt. Die Forts Issy und Vanvres zeigten sich bereits stark erschüttert, denn nur noch matt erwiderten ihre Geschütze unseren Donnergruß. Auch am 9. und 10. Januar setzten unsere Geschütze, trotz Schneegestöber und Nebel ihre Kanonade lebhaft fort, um vor allem den Gegner in der Errichtung neuer Batterieen und Verschanzungen zu hindern. Das feindliche Feuer erwies sich an diesen Tagen verhältnismäßig nur schwach, es schien, als ob der Gegner mit dem Zurückziehen seiner schweren Kaliber aus den vorderen Stellungen beschäftigt sei. Der 11. Januar brachte deutliche Beweise von der Wirkung unseres Bombardements. Die Kasernen des Forts Issy, wie einige Häuser der Vorstadt Gentilly und Vaugirard, wurden in Brand geschossen; deutsche Kugeln flogen in die 1000 Schritt entfernte Kirche St. Sulpice ein und rissen in den belebtesten Straßen von Paris das Pflaster auf. Die Besatzung des Mont Valérien unternahm eine Rekognoszierung gegen unsere Vorposten, wurde aber zurückgewiesen. Die nächsten Tage zeigten ein ähnliches Bild. Trotz unserer unausgesetzt fortgeführten Kanonade gelang es dem Gegner doch, dank der herrschenden Nebel, neue Batterieen einzurichten. Am 15. Januar schlugen unsere Geschosse in der Gegend der Kirche Notre-Dame und des jardin des plantes ein. Alles Interesse der Belagerer schien sich jetzt dem gewaltigen Bombardement nur noch zuzuwenden. Nur ein Tag hob dasselbe auf und lenkte alle Blicke und Gegner auf das Schloß zu Versailles, in dessen prächtigem Spiegelsaale sich sollte am 18. Januar, dem historischen Datum der preußischen Geschichte, der alte Traum aller Deutschen erfüllen, indem an diesem fortan ewig denkwürdigen Tage, mitten im Feindeslande, im Angesichte der stolzen französischen Hauptstadt, das Deutsche Kaisertum proklamiert wurde.

Schon im Spätherbst 1870 war der Gedanke der Errichtung eines deutschen Kaiserreiches aufgetaucht. Der wunderbare Sieg der deutschen Waffen, erkauft mit dem Heldenblute aller deutschen Stämme, hatte plötzlich zur Erkenntnis geführt, daß jetzt die Zeit gekommen sei, die Sehnsucht aller deutschen Patrioten zu erfüllen, daß Blut und Eisen nur das errungen und zusammengekittet hatte, was seit Jahrzehnten unter Seufzern und Opfern, in Liedern und Festen das deutsche Volk erhofft und erstrebt hatte. Ursprünglich war zuerst der Gedanke von Sachsen ausgegangen, an Preußen die Würde der deutschen Kaiserkrone zu übertragen. Doch schien im Interesse dieses idealen Vorhabens Süddeutschland gegenüber eine Zurückhaltung der norddeutschen Staaten geboten. Nur wenn von Süddeutschland aus die Anregung zur Verkörperung des alten deutschen Kaisertraums ergehen würde, konnte das große Einheitswerk in den Augen der gesamten, halb bewundernd, halb neidisch dreinblickenden Welt an echtem Glanze und politischer Größe gewinnen. So ward unter der Hand dem jugendlichen bayerischen Herrscher der stille Wunsch des Königs von Sachsen anvertraut. Und Ludwig II. zögerte nicht einen Augenblick, jetzt öffentlich die Initiative zu ergreifen. Der vollsten Einwilligung der übrigen süddeutschen Staaten im Voraus sicher, richtete der König von Bayern folgendes Schreiben an König Wilhelm:

„An des Königs von Preußen Majestät.

Nach dem Beitritt Süddeutschlands zu dem deutschen Verfassungsbündnis werden die Ew. Majestät übertragenen Präsidialrechte über alle deutschen Staaten sich erstrecken. Ich habe mich zu deren Vereinigung in einer Hand in der Überzeugung bereit erklärt, daß dadurch den Gesamtinteressen des deutschen Vaterlandes und seiner verbündeten Fürsten entsprochen werde, zugleich aber in dem Vertrauen, daß die dem Bundespräsidium nach der Verfassung zustehenden Rechte durch Wiederherstellung eines deutschen Reiches und der deutschen Kaiserwürde als Rechte bezeichnet werden, welche Ew. Majestät im Namen des gesamten deutschen Vaterlandes auf Grund der Einigung seiner Fürsten ausüben.

Ich habe mich daher an die deutschen Fürsten mit dem Vorschlage gewendet, gemeinschaftlich mit mir bei Ew. Majestät in Anregung zu bringen, daß die Ausübung der Präsidialrechte des Bundes mit Führung des Titels eines deutschen Kaisers verbunden werde.

Sobald mir Ew. Majestät und die verbündeten Fürsten Ihre Willensmeinung kundgegeben haben, würde ich meine Regierung beauftragen, das Weitere zur Erzielung der entsprechenden Vereinbarungen einzuleiten.

Ludwig."

Sämtliche deutsche Regierungen schlossen sich diesem Wunsche an. Aber auch der Reichstag des Norddeutschen Bundes unterstützte dieses Gesuch durch folgende Adresse, welche eine Deputation, an der Spitze Präsident Simson, am 18. Dezember 1870 in Versailles König Wilhelm überreichte. Dieselbe lautete:

„Auf den Ruf Ew. Majestät hat das Volk um seine Führer sich geschart und auf fremdem Boden verteidigt es mit Heldenkraft das frevelhaft herausgeforderte Vaterland. Ungemessene Opfer fordert der Krieg, aber der tiefe Schmerz über den Verlust der tapferen Söhne erschüttert nicht den entschlossenen Willen der Nation, welche nicht eher die Waffen ablegen wird, bis der Friede durch gesicherte Grenzen besser verbürgt ist gegen wiederkehrende Angriffe des eifersüchtigen Nachbarn.

„Dank den Siegen, zu denen Ew. Majestät die Heere Deutschlands in treuer Waffengenossenschaft geführt hat, sieht die Nation der dauernden Einigung entgegen. Vereint mit den Fürsten Deutschlands naht der Norddeutsche Reichstag mit der Bitte, daß es Ew. Majestät gefallen möge, durch Annahme der Deutschen Kaiserkrone das Einigungswerk zu weihen. Die Deutsche Krone auf dem Haupte Ew. Majestät wird dem wieder aufgerichteten Reiche deutscher Nation Tage der Macht, des Friedens, der Wohlfahrt und der im Schutz der Gesetze gesicherten Freiheit eröffnen.

„Das Vaterland dankt dem Führer und dem ruhmreichen Heere, an dessen Spitze Ew. Majestät heute noch auf dem erkämpften Siegesfelde weilt. Unvergessen für immer werden der Nation die Hingebung und die Thaten ihrer Söhne bleiben. Möge dem Volk bald vergönnt sein, daß der ruhmgekrönte Kaiser der Nation den Frieden wiedergiebt! Mächtig und siegreich hat sich das vereinte Deutschland im Kriege bewährt unter seinem höchsten Feldherrn, mächtig und friedliebend wird das geeinte Deutsche Reich unter seinem Kaiser sein."

Und so nahete denn der ewig denkwürdige Tag heran, der 18. Januar, derselben Tag, an dem vor 170 Jahren die Königskrone an das Haus Hohenzollern kam; nun sollte heute die Kaiserkrone vor aller Welt demselben ruhmreichen Geschlechte verliehen werden. Im Schlosse zu Versailles, in dem herrlichen Spiegelsaale, ging die erhebende Feier vor sich, die späterhin durch die Meisterhand Anton v. Werners in jenem bekannten Bilde der Kaiserproklamation einen historisch getreuen, dauernden Ausdruck fand. Über diesen Spiegelsaal, in welchem die vereinten deutschen Fürsten den greisen König Wilhelm zum deutschen Kaiser erwählten, finden wir Folgendes: „Die Galerie des glaces ist ein imposanter Raum, wenn auch von unharmonischen Verhältnissen, da die Länge von 220 Fuß der Breitendimension von 40 Fuß nur schlecht entspricht. Die Vermessenheit des Heroenkultus, welchen das sogenannte klassische Zeitalter mit den Königen trieb, indem es dieselben, ähnlich wie die Dichter des römischen Imperiums, unter die olympischen Götter versetzte, tritt in keinem Raum des Schlosses üppiger hervor, als in diesem Saale. Die Bilder des Plafonds zeigen in symbolischer Darstellung die Erniedrigung Hollands, Spaniens und vor allem Deutschlands während der Kriege Ludwigs XIV. Das Mittelbild, unter dem bei der Feier des 18. Januars der Gottesdienst celebriert wurde, zeigt die „Fastes des puissances voisines". Holland, Spanien und Deutschland gekettet, in der Mitte der König von Frankreich thronend, umgeben von den Grazien und Göttinnen der Weisheit und Tapferkeit, zu seinen Füßen die Genien spielend." —

Ehe wir die Schilderung der Kaiserproklamation nach offiziellen Berichten bringen, wollen wir noch eine kurze Beschreibung derselben einfügen, wie solche Russel, der bekannte Berichterstatter der „Times", damals brachte.

„Hofrat Schneider, — so erzählt Russel — der Vorleser des

Königs, den er wahrhaft anbetet und von dessen Tugenden er nie genug erzählen kann, versprach mir ein Plätzchen bei der Ceremonie zu verschaffen und hielt getreulich Wort. Da mein schwarzer Frack nicht in die militärische Pracht hineingepaßt hätte, warf ich mich in die einzige, mir zu Gebote stehende Uniform, nämlich in die eines Deputy-Lieutenants (was sich allenfalls mit Vize-Grafschafts-Vorsteher übersetzen ließe), in der ich jedoch, nach dem Ausspruch aller meiner deutschen Freunde, einem herrschaftlichen Jäger viel ähnlicher sah, als einem Kriegsmanne. Auch der Kronprinz, an dem ich vorbeifuhr, konnte bei meinem Anblick ein Lächeln nicht unterdrücken; dagegen war nun einmal nicht anzukämpfen.

„Es war ein kalter, nebelschauriger Tag, die Grande Avenue de Paris mit Truppen zu Fuß und zu Pferde eingefaßt, die Place de la Cour mit Bataillonen in Kolonnen gefüllt, auf der Kuppelspitze die Flagge der Hohenzollern, Soldaten überall und ein Gesumme vieler Stimmen, das nur durch Säbelgerassel und Sporengeklirr unterbrochen wurde. Mein freundlicher Begleiter führte mich durch eine Seitenthür im rechten Flügel des Palastes durch den „Saal der Garden", durch das „Vorzimmer der Königin", den „Salon der Königin" und das „Gemach der Königin", welche sämtlich mit deutschen Uniformen gefüllt waren, bis in den großen Spiegelsaal, in dem die Ceremonie stattfinden sollte. Dieser Saal war eigens der Verherrlichung Ludwigs XIV. geweiht gewesen; aber all die reichen Vergoldungen, Spiegel und allegorischen Gemälde dienten jetzt als Rahmen nicht für die französische Gloire, sondern für die gewaffneten Krieger Deutschlands und lutherischen Geistlichen in schwarzen Gewändern.

„Von meinem Standpunkte aus konnte ich alles vortrefflich übersehen.

„Mit dem Glockenschlage Zwölf verkünden Jubelrufe unten im Hofe die Ankunft des greisen Königs. Dann wird es einen Moment stille, worauf unter feierlichem Choralgesange König Wilhelm, den Helm in der Hand, in voller Generalsuniform langsam den Saal durchschreitet, sich gegen die Geistlichkeit, welche vor dem improvisierten Altare Stellung genommen, verbeugt, sich dann auf den für ihn bestimmten Platz begiebt und, seinen starken, weißen Schnurrbart streichend, die ganze Scene überblickt. Gerade über seinem Kopfe befindet sich ein riesiges allegorisches Gemälde des „Grand Monarque" mit der Inschrift „Le Roy gouverne par luy même"; zur Rechten und Linken allegorische Bilder desselben vielbelobten perückenstarken Potentaten, der — wie die Unterschrift besagt — das gethan haben soll, was König Wilhelm wirklich gethan: „l'ordre rétabli dans les finances“ und „construction de la flotte“. Schade, daß der „Grand Monarque“ den Humor der Scene nicht mitgenießen konnte.

„Zur Rechten des Königs stand der Kronprinz in Feldmarschallsuniform, und rechts und links hatten die großen Führer, mit deren Hilfe es so weit gekommen war, ihren Standpunkt. Abseits von ihnen, auf der äußersten Linken des Halbbogens, dessen Mittelpunkt der König bildete, befand sich der riesige Graf, der sich von seinem Schmerzenslager aufgerafft hatte, um der Feier beizuwohnen, an der er doch auch seinen Teil hatte. Bleichen Angesichts, eine Hand an den Schwertgriff gelegt, schaute er fast ununterbrochen auf den Kronprinzen hinüber, der in edler, zwangloser Haltung mit beiden Händen das vor sich hingestellte Schwert am Knaufe festhielt und den Blick des Kanzlers kaum für einen Augenblick erwiderte. Mir schien es, als ob er in tiefe Gedanken versunken wäre.

„Es wurden Psalmen abgesungen, Gebete wurden gesagt und auch eine Gelegenheitspredigt fand statt. Dann begrüßten die Anwesenden, alle unter dem Schwenken ihrer Helme und Schwerter mit begeistertem Rufe den König Wilhelm als Deutschen Kaiser. Thränenfeuchten Auges nahm dieser die Glückwünsche der Fürsten und seiner Getreuen entgegen und damit war die Feier zu Ende, nicht aber die Festlichkeiten des Tages, denn es war Ordensfest und gar fröhlich wurde getafelt bis spät in die Nacht hinein.“ — —

Der „Preußische Staats-Anzeiger“ brachte folgende Beschreibung der Kaiserproklamation:

„In dem Schlosse Ludwig XIV., in dem alten Sitze einer feindlichen Macht, die Jahrhunderte hindurch Erniedrigung und Zersplitterung Deutschlands auf ihre Fahnen geschrieben hatte, fand am 18. Januar, dem 170 jährigen Gedenktage des preußischen Königtums, die feierliche Proklamation des Deutschen Kaiserreiches statt. Wenn auch die Verhältnisse der Zeit es bedingten, daß bei dieser für ewig denkwürdigen Feier die Armee das deutsche Volk zu vertreten hatte, so waren doch die Augen der ganzen Nation, erfüllt vom Dank für das erreichte Ziel der Einigung, auf die Stelle gerichtet, wo im Kreise der Fürsten, der Heerführer und der Truppen König Wilhelm verkündete, daß Er für Sich und Seine Erben in der

Krone Preußens den altehrwürdigen Titel des Deutschen Kaisers in neuem Glanze wiederherstellen wolle.

„Die unabweislichen Pflichten des Kriegsdienstes verhinderten, daß alle Teile des um Paris lagernden deutschen Heeres sich in gleichmäßiger Stärke an der Kaiserfeier beteiligten. Von den entfernter liegenden Truppen, wie von denen der Maas-Armee, hatten nur einzelne Deputationen entsandt werden können. Die obersten Führer aber und mit ihnen Abgesandte des Offizierkorps waren zur Stelle erschienen. Auch für das Bereich der III. Armee hatte die Ordre des Kronprinzen bestimmt, daß von jedem Regiment 3—4 Vertreter in Begleitung der Fahnen und außerdem von den höheren Offizieren nur diejenigen nach Versailles sich begeben sollten, denen die dienstlichen Interessen eine kurze Abwesenheit von ihrem Kommando erlaubten. Den beiden bayerischen Korps war freigestellt worden, ob sie an der Festlichkeit Teil nehmen wollten. Sie entsprachen dieser Aufforderung, indem sie den größten Teil ihrer Fahnen nach Versailles abschickten und außerdem sich durch die sämtlichen Prinzen des bayerischen Königshauses, die im Felde vor Paris standen, sowie durch zahlreiche Deputationen der Offiziere und mehrere Detachements königlich bayerischer Soldaten vertreten ließen.

„Am Morgen des 18. begab sich der Kronprinz nach dem Schlosse, um hier seinen erlauchten Vater zu empfangen. Auf dem Schloßhofe stand, ebenso wie vor der Hauptwache, als Ehrenwache eine Kompagnie des (7.) Königs-Grenadier-Regimentes mit den Fahnen. Se. Majestät verließen Allerhöchst Ihr Hauptquartier Schlag 12 Uhr. Vor dem Schlosse angekommen, ließen Allerhöchstdieselben es auch heute sich nicht nehmen, die Truppen der Ehrenwache zu inspicieren.

„Während Se. Majestät, umgeben von den Prinzen, den Fürsten, Generalen und Ministern, noch einige Augenblicke in den Vorzimmern der Festräume verweilten, hatte sich in dem Saale, wo die Feierlichkeit stattfinden sollte, der Galerie des Glaces, die Versammlung geordnet. An der Südseite, die nach dem Park geht, rechts und links von dem mit einer roten Decke bekleideten Altar, welche als Symbol das Zeichen des eisernen Kreuzes trug, standen die Truppen, welche die Fahnen nach Versailles begleitet hatten. Die Fahnen selbst, von den Fahnenträgern gehalten, hatten ihren Platz auf einer Estrade an der Ostseite des Festraumes. Die Zahl der anwesenden Offiziere betrug zwischen 500 und 600.

„Bald nach 12¼ Uhr traten Se. Majestät in den Festsaal ein, während ein Sängerchor, zusammengesetzt aus Mannschaften des 7., 47. und 58. Regiments, das „Jauchzet dem Herrn alle Welt" anstimmte. Der König nahm in der Mitte vor dem Altar Aufstellung, im Halbkreise um Se. Majestät die Prinzen und Fürsten: der Kronprinz, Prinz Karl und Adalbert von Preußen, der Kronprinz und Prinz Georg von Sachsen, die Großherzöge von Baden, Sachsen und Oldenburg, die Prinzen Luitpold und Leopold von Bayern, die Prinzen Wilhelm und August, sowie die Herzöge Eugen der Ältere und Eugen der Jüngere von Württemberg, die Erbgroßherzöge von Sachsen, Mecklenburg-Schwerin und -Strelitz, die Erbprinzen von Meiningen, Anhalt, die Fürsten von Schaumburg-Lippe und Schwarzburg-Rudolstadt, der Erbprinz von Hohenzollern, der Landgraf von Hessen, der Herzog von Augustenburg, die Fürsten von Wied, Putbus, Lynar, Pleß, die Prinzen von Reuß, Croy, Biron von Kurland. Hinter den Fürsten und ihnen zur Seite standen die Generale und Minister. An der Spitze des linken Flügels der Bundeskanzler und der Hausminister Freiherr v. Schleinitz, rechts Staatsminister Delbrück.

„Nach dem Chorgesang sang die Gemeinde einen Vers des Chorals: „Sei Lob und Ehr'". Dann folgte die Liturgie und darauf die Festrede. Nachdem der Gesang: „Nun danket Alle Gott" und der Segen die kirchliche Feier beendet hatten, schritten Se. Majestät durch die Reihen der Versammlung auf die Estrade zu, verlasen vor den Fahnen die Urkunde der Verkündigung des Kaiserreichs und gaben dann dem Bundeskanzler den Befehl zur Verlesung der „Proklamation an das deutsche Volk". Mit lauter Stimme rief darauf der Großherzog von Baden: „Se. Majestät der Kaiser Wilhelm lebe hoch!" Unter den Klängen der Volkshymne stimmte die Versammlung dreimal begeistert ein.

„Se. Kaiserliche Majestät umarmten dann den Kronprinzen, den Prinzen Karl und die ihm persönlich verwandten Fürsten. Dann ließ der Kaiser die Deputationen der Offiziere an sich vorüber passieren und ging an den Reihen der im Saale aufgestellten Truppen entlang. Die Musikkorps hatten sich inzwischen in dem an die Gallerie östlich anstoßenden „Friedenssaale" aufgestellt. Sie begrüßten Se. Majestät, als Allerhöchst-

70*

dieselben von den Prinzen, Fürsten und Generalen begleitet, den Festraum verließen, mit dem Hohenfriedberger Marsche. Die Offiziere folgten Sr. Majestät; die Fahnen wurden von den begleitenden Mannschaften in Empfang genommen.“ —

Den drei Männern, deren Namen für immer mit der Errichtung des neuen Deutschen Kaiserreiches verknüpft sein wird, Bismarck, Moltke und Roon, ward an demselben Tage eine hohe Auszeichnung zu teil. Graf Bismarck, der einst so siegesgewiß allen Zweiflern am Einigungswerke zugerufen hatte: „Setzen wir Deutschland in den Sattel, reiten wird es schon können!“ war vom Kaiser Wilhelm in den Fürstenstand erhoben worden, während die beiden anderen Paladine des Kaisers den Grafentitel empfangen hatten.

Seiner siegreichen Armee hatte Kaiser Wilhelm das hohe Tagesereignis durch folgenden Armeebefehl kundgegeben:

„Mit dem heutigen für Mich und Mein Haus denkwürdigen Tage nehme Ich im Einverständnis mit allen deutschen Fürsten und unter Zustimmung aller deutschen Völker neben der Mir durch Gottes Gnade ererbten Stellung des Königs von Preußen auch die eines Deutschen Kaisers an.

„Eure Tapferkeit und Ausdauer in diesem Kriege, für welche Ich Euch wiederholt Meine vollste Anerkennung aussprach, hat das Werk der inneren Einigung Deutschlands beschleunigt, ein Erfolg, den Ihr mit Einsetzung Eures Blutes und Eures Lebens erkämpft habt.

„Seid stets eingedenk, daß der Sinn für Ehre, treue Kameradschaft, Tapferkeit und Gehorsam eine Armee groß und siegreich macht; erhaltet Euch diesen Sinn, dann wird das Vaterland immer, wie heute, mit Stolz auf Euch blicken und Ihr werdet immer sein starker Arm sein.

Hauptquartier Versailles, den 18. Januar 1871.

Wilhelm.“

Durch alle deutschen Lande aber brauste die Kunde des hohen Ereignisses wie eine Flutwelle jubelnder Freude, stolzester Begeisterung. Die Proklamation, welche den langgehegten Traum aller Deutschen nun zur Wirklichkeit gemacht hatte, lautete:

„An das deutsche Volk!

Wir Wilhelm,

von Gottes Gnaden König von Preußen,

nachdem die deutschen Fürsten und freien Städte den einmütigen Ruf an Uns gerichtet haben, mit Herstellung des deutschen Reiches die seit mehr denn 60 Jahren ruhende deutsche Kaiserwürde zu erneuern und zu übernehmen, und nachdem in der Verfassung des deutschen Bundes die entsprechenden Bestimmungen vorgesehen sind, bekunden hiermit, daß Wir es als eine Pflicht gegen das gemeinsame Vaterland betrachtet haben, diesem Rufe der verbündeten deutschen Fürsten und Städte Folge zu leisten und die deutsche Kaiserwürde anzunehmen. Demgemäß werden Wir und Unsere Nachfolger an der Krone Preußens fortan den kaiserlichen Titel in allen Unseren Beziehungen und Angelegenheiten des deutschen Reiches führen, und hoffen zu Gott, daß es der deutschen Nation gegeben sein werde, unter dem Wahrzeichen ihrer alten Herrlichkeit das Vaterland einer segensreichen Zukunft entgegenzuführen. Wir übernehmen die kaiserliche Würde in dem Bewußtsein der Pflicht, in deutscher Treue die Rechte des Reichs und seiner Glieder zu schützen, den Frieden zu wahren, die Unabhängigkeit Deutschlands, gestützt auf die geeinte Kraft seines Volkes, zu verteidigen. Wir nehmen sie an in der Hoffnung, daß dem deutschen Volke vergönnt sein wird, den Lohn seiner heißen und opfermütigen Kämpfe in dauerndem Frieden und innerhalb der Grenzen zu genießen, welche dem Vaterlande die seit Jahrhunderten entbehrte Sicherung gegen erneute Angriffe Frankreichs gewähren. Uns aber und Unsern Nachfolgern an der Kaiserkrone wolle Gott verleihen, allzeit Mehrer des deutschen Reichs zu sein, nicht an kriegerischen Eroberungen, sondern an den Gütern und Gaben des Friedens auf dem Gebiete nationaler Wohlfahrt, Freiheit und Gesittung.

Gegeben Hauptquartier Versailles, den 18. Januar 1871.

Wilhelm."

Sechsunddreißigstes Kapitel.

Trochu plant einen neuen Ausfall. — Die Proklamation an die Pariser. — Die Schlacht am Mont-Valérien am 19. Januar 1871. — Zusammensetzung der feindlichen Streitkräfte. — Der Kampf gegen unsere 9. Division. — Die Montretout-Schanze. — Der Kampf gegen unsere 10. Division. — Der Nachmittagskampf längs unserer Linie. — Verluste hüben und drüben. — Schilderung eines gefangenen preußischen Vice-Feldwebels. — Paris hat seine letzte Hoffnung begraben.

Die Proklamation des Deutschen Kaiserreiches in Versailles hatte keine Unterbrechung in unserem Bombardement südlich von Paris verursacht. Auch an diesem Tage sausten die deutschen Geschosse im dichtesten Regen hinein in die Forts und Vorstädte der eingeschlossenen Hauptstadt. Doch fand am 18. Januar kein Zusammenstoß mit dem Gegner statt. Erst am folgenden Tage, dem ersten Kaisertage, kam es zu einem Kampfe, einem Siege. Die Schlacht am Mont-Valérien, von den Franzosen wohl auch die Schlacht bei Buzanval genannt, ward geschlagen.

Wie einst mit dem bekannten „Plane" Trochu's, so gedachte man auch diesmals durch einen kräftigen, siegreichen Ausfall die aufgeregten Gemüter der Pariser zu beschwichtigen, zumal immer deutlicher auftretende Gerüchte, von großen Erfolgen Chanzy's die Möglichkeit in Aussicht stellten, der nahenden Loire-Armee die Hand zum Entsatz der Hauptstadt zu reichen. Nur Einer glaubte aber diesmal nicht an einen Sieg und das war Trochu selbst. Politischen Gründen jedoch weichend, beschloß er trotzdem, am 19. Januar einen Ausfall nach Westen hin zu unternehmen. Sein neuer Plan ward den Parisern durch folgenden schwulstigen öffentlichen Anschlag zur Kenntnis gebracht:

„Bürger!

Der Feind tödtet unsere Weiber und Kinder; seine Geschütze donnern Tag und Nacht; er überschüttet unsere Hospitäler mit seinen Granaten. Ein Schrei „zu den Waffen" ringt sich aus unser aller Brust. Diejenigen unter uns, die bevorzugt sind, ihr Leben für das Wohl des Vaterlandes einsetzen zu können, marschieren gegen den Feind; diejenigen, die daheim bleiben, werden sich durch Opferfreudigkeit und Entbehrungen des Heldentums ihrer Brüder, auf die sie mit Neid blicken, am würdigsten zeigen.

Dulden und sterben, wenn es sein muß, aber siegen!

Es lebe die Republik!"

Der französische Angriff richtete sich nach Westen hin und zwar wie bereits am 21. Oktober, wo das Gefecht bei Malmaison sich abwickelte, auf die durch einen Höhenzug bezeichnete Linie Bougival-St. Cloud, welche die durch die Schleife der Seine gebildete Halbinsel nach Süden hin begrenzt. Der feindliche Angriff traf unser V. Korps. Bereits am 18. Januar hatte General Trochu die für den Ausfall bestimmten Truppen konzentriert, am Morgen des 19. überschritten 85 000 Mann bei Neuilly und Asnières über drei Brücken die Seine, schwenkten dann links und gingen darauf in drei Kolonnen vor.

Die rechte Flügelkolonne führte General Ducrot. Sie setzte sich aus 18 Regimentern (Linie, Mobilgarde und mobilisierte Nationalgarde) zusammen in einer Stärke von ungefähr 27 500 Mann. Aus dieser Flügelkolonne wurden späterhin abermals drei Kolonnen gebildet, von denen die Hauptkolonne, 12 Bataillone stark, angewiesen war, sich bei Villa Crochard zu teilen, mit der einen Hälfte gegen Chateau Buzanval, mit der anderen gegen die auf die Curufa-Schlucht hinführende Porte Longboyau vorzudringen. Gelang Ducrot der Durchbruch am letzteren Punkte, so war unsere Stellung durchbrochen und eine Umfassung von beiden Seiten die nächste Folge.

Die Zentrumskolonne, fast 19 Regimenter (34 500 Mann) stark, führte General Bellemare. Diese Kolonne hatte die Aufgabe empfangen, gegen die östliche Hälfte des gesamten Höhenzuges („die Garcher Höhen") vorzudringen und während dieses Vorgehens sich ebenfalls in drei Kolonnen zu spalten, um verschiedene Punkte zu bedrängen. Die linke Flügelkolonne endlich, aus 12 Regimentern (22 500 Mann) bestehend, ward vom General Vinoy kommandiert. Sie hatte die Weisung empfangen, die Montretout-

Schanze uns zu entreißen, ebenso die von uns besetzten Villen Pozzo di Borgo und Zimmermann zu erobern. Ein längs der Seine vorgehendes Seitendetachement war angewiesen worden, einige bereits zu St. Cloud gehörigen Häuser uns streitig zu machen. Möglich, daß der Ausfall, der über uns anfangs wie eine Überraschung kam, gelungen wäre, hätte nicht die rechte Flügelkolonne unter General Ducrot sich um volle zwei Stunden verspätet. Dies gab uns noch Zeit genug, so rasch als möglich rückwärtsstehende Streitkräfte heranzuziehen.

Am 19. Januar morgens vor 8 Uhr hatten diesseits noch die Meldungen „Kein Feind in Sicht“ gelautet. Eine Stunde später aber traf bereits in Versailles die Nachricht ein, daß 8 Bataillone gegen unsere 9. Division in Anmarsch seien. Und nun folgte eine Meldung der anderen auf dem Fuße. Kein Zweifel mehr, der Gegner hatte für heute einen gewaltigen Angriff gegen unsere Stellung zwischen Bougival und St. Cloud geplant, unterstützt durch zahlreiche Batterieen, zu denen sich noch die bis eine Meile weit tragenden mächtigen Geschütze des Mont-Valérien gesellten. Sofort wurde die Zusammenziehung beider Divisionen des V. Korps anbefohlen. Kaiser Wilhelm hatte sich nach Porte Marly begeben, um von dem dortigen Aquadukt aus den Gang der Schlacht zu beobachten. Der 9. Division war die Aufgabe zugefallen, die Linie Buzanval- St. Cloud, der 10. Division die Linie Buzanval-Malmaison zu behaupten. Die Hauptreserve der 9. Division hielt auf dem Plateau von Jardy, die der 10. Division auf dem Plateau von Beauregard. Folgen wir zuerst den Vorgängen an unserem rechten Flügel, dem Gefechte gegen unsere 9. Division.

Gegen unseren rechten Flügel, Buzanval-St. Cloud, richtete sich seitens des Gegners der Angriff der Zentrums- und linken Flügelkolonne. In fünf Kolonnen brach derselbe hervor, nachdem kaum der Tag sich gelichtet hatte. Unsere Vorposten, aus schwachen, vereinzelten Jäger-Abteilungen zusammengesetzt, vermochten nicht, diesem wuchtigen Andringen Widerstand zu leisten. Sie zogen sich sehr bald zurück und in kaum einer Viertelstunde war das gesamte Vorderterrain, ausgenommen die Montretout-Schanze, in dem Besitz des überlegenen Feindes. Gerade die Verteidigung dieser Schanze — wir kommen noch darauf zurück — hat nach dem eigenen Urteil der Franzosen zu dem Nichterfolg erheblich beigetragen. Eine eigentliche Schanze bei Montretout gab es jedoch überhaupt nicht. Nur der Gegner hatte dieses Erdwerk, eine auf hügeligem Terrain aufgeworfene Umwallung, so benannt. Unsrerseits war dieses Erdwerk niemals als ein förmlicher Verteidigungspunkt in die Postenkette aufgenommen worden, da dies einfach nicht geschehen konnte. Denn die Lage der sogenannten Schanze zum Fort Valérien, welch letzteres den Vorsprung dieses Terrains beherrschte, verbot von vornherein eine regelrechte Verteidigung. Das diesseitige Vorposten-Kommando von Ville d'Avray und St. Cloud hatte sich während der Belagerungszeit darauf beschränkt, diesen Punkt durch kleinere, gegen die Granaten des „Onkel Valérien" in bombensicheren Räumen gedeckte Detachements, meist von Jägern, zum Zwecke der Beobachtung oder zu vorübergehendem Wachtdienst besetzen zu lassen. Doch gerade an diesem verhängnisvollen Morgen des 19. Januar sollte diese „Schanze" eine ausschlaggebende Bedeutung empfangen.

Der Zufall hatte es gefügt, daß diesen Morgen kurz vor Beginn des Gefechtes einige Offizier-Patrouillen in nächster Nähe der Schanze sich befanden, die nun beim Erblicken des so stark auftretenden Gegners sich sofort in das Erdwerk begaben, um den innerhalb desselben haltenden Jägerposten zu unterstützen. Gleichzeitig mit ihnen waren auch noch 40 Mann 58er unter Lieutenant v. Kauffungen in der Schanze eingetroffen, so daß die Besatzung der letzteren sich jetzt auf 80 Mann nebst 5 Offizieren erhöht hatte. Anderthalb Stunden lang sollte nun diese kleine Heldenschar sich gegen die fort und fort wiederholenden Angriffe einer ganzen Brigade wehren. Erst in dem Augenblicke, wo man gewahr wurde, daß die Schanze von Montretout umgangen, eine Reihe rückwärts liegender Gehöfte bereits besetzt war, gab Lieutenant v. Kauffungen, welcher die Verteidigung geleitet hatte, jeden ferneren Widerstand auf. Es ward beschlossen, den Rückzug anzutreten. Offiziere und Unteroffiziere an der Spitze, versuchte man die Rue Impériale zu gewinnen. Doch nur die kleinere Hälfte des tapferen Häufleins entkam. Der schmale Abzugsweg, der vom Regen völlig aufgeweichte Boden, hinderten das Entkommen, und so fielen gegen 50 Mann, mit ihnen ein schwerverwundeter Vice-Feldwebel (späterhin in Paris gestorben) in die Hände des Feindes. Trotzdem bleibt die Behauptung der Schanze eine Heldenthat und ein Erfolg. General Vinoy betont dies in seinem Werke ausdrücklich. Er erklärt, daß wenn es möglich gewesen wäre, die Montretout-Schanze vor dem Eintreffen der preußischen

Bataillone mit französischen Geschützen zu armieren, das Gefecht bei St. Cloud eine für die Pariser Armee erfolgreichere Wirkung unter allen Umständen gewonnen hätte. Als endlich um 10 Uhr französischerseits die Schanze besetzt wurde, war es zu spät, jetzt noch dieselbe zur Verteidigung herzurichten. Überlegene deutsche Geschütze standen ihr gegenüber und so unterblieb denn überhaupt jede Armierung.

Wie um die Montretout-Schanze, so wurde auch westlich davon um das Gehöft der Bergerie heiß gekämpft. Nachdem der Gegner mit 3 Bataillonen erst das in der Tiefe liegende Dorf Garches gestürmt hatte, richtete er jetzt seinen Angriff auf die Bergerie. Um 9 Uhr erfolgte der erste Angriff des Feindes. Er mißlang. Und wie oft nun auch noch die französischen Bataillone heranfluteten, die energische Haltung der Unserigen setzte ihrem Vordringen einen festen, unüberwindlichen Damm. Nach 10 Uhr erstarb das Infanterie-Gefecht. Die Artillerie übernahm die Fortführung der Feindseligkeiten, bis im Laufe des Nachmittags die Infanterie aufs neue zum Sturm vorging.

Um dieselbe Zeit, wo an unserem rechten Flügel das Gefecht allmählich verstummte, begann dasselbe sich auf dem linken Flügel erst zu entwickeln. Hier war es die rechte Flügelkolonne unter General Ducrot, welche, durch Hindernisse aller Art in ihrem Marsche aufgehalten, erst um 10 Uhr in Thätigkeit trat, viel zu spät also, um, wie es geplant war, gemeinsam mit den übrigen Kolonnen uns anzugreifen. Um die Freude der Überraschung wenigstens war an diesem Teil unserer Einschließungslinie der Feind gekommen. Der Schlachtenlärm an unserem rechten Flügel hatte auch hier längst die Truppen in ihre Stellungen gerufen. Die feindliche Hauptkolonne richtete ihren Ansturm gegen Chateau Buzanval und die Porte Longboyau, während Seitenkolonnen versuchten, das Defilée an der Seine, Malmaison bis La Fonchère, zu gewinnen. Die Porte Longboyau bildet den Eingang zu einer hügelbegrenzten Schlucht, weiterhin Curufa-Schlucht genannt. Diesen Eingang deckt ein Jägerhäuschen, um dessen Besitz sich denn auch für Stunden das blutige Gefecht drehte. Anfangs war dasselbe nur durch ein Halbbataillon 50er verteidigt, dann stieß — es war die höchste Gefahr bereits eingetreten — noch das andere Halbbataillon dazu. Dieser frischen Streitkraft gelang es, den bereits angelangten Gegner wieder in den angrenzenden Wald zurückzuwerfen. Und nun wogte der Feind immer wieder in dichten Schützenschwärmen heran. Doch unser verheerendes Schnellfeuer zwang die feindlichen Schützen zur wilden Rückkehr, wobei die dahinter stürmenden französischen Kolonnen ebenfalls wieder mit zurückgerissen wurden. Endlich trat eine Stockung ein. Der Gegner plante einen umfassenden großen Angriff. Artillerie- und Mitrailleusen-Feuer leitete diesen ein. Einzelne Granaten trafen das Jägerhäuschen und rissen auch zum Teil die angrenzende Mauer ein, uns dabei empfindliche Verluste zufügend. Dann aber brach's in starken Kolonnen bis auf 200 Schritt gegen die Unserigen vor. Still bleibt alles diesseits. Jetzt aber kracht ein furchtbares Schnellfeuer in die französischen Reihen und wie am Morgen, so wiederholt sich jetzt noch einmal dasselbe Bild verwirrter Panik. Die vorderen feindlichen Linien ergreifen entsetzt die Flucht, alles, was hinter ihnen folgt, im wilden Strudel mit fortreißend. Das war der letzte Anprall. Der Feind, sichtlich ermattet, gab jeden weiteren Versuch eines Durchbruches an dieser Stelle auf. Um 2½ Uhr erstarb der Kampf.

Um eben diese Zeit aber rüstete man sich an unserem rechten Flügel, das, was am Vormittag durch Überraschung und feindliche Überzahl verloren gegangen war, wieder zurückzugewinnen. Es waren dies die Garcher Höhen und die Montretout-Schanze. General v. Sandrart, Kommandeur der 9. Division, hatte seine Truppen in drei Kolonnen geteilt, die Mittelkolonne sollte gegen die genannten Höhen, die beiden Flügelkolonnen gegen die obere Buzanval-Mauer wie gegen die Schanze vorgehen. Strahlenförmig in fünf Zügen brach die Zentrumskolonne gegen die Garcher Höhen vor. Doch das furchtbare Feuer des Feindes ließ den Angriff auf halber Bergeshöhe ins Stocken geraten. Ein Schützengefecht trat ein. Als dann frische Streitkräfte heran waren, ging es noch einmal vor. Diesmal mit besserem Erfolg. Unter brausendem Hurra wurde der Feind auf allen Punkten geworfen, von der Bergerie bis zur Kiesgrube in Front von Porte Jaune standen bald wieder deutsche Truppen im vollen Besitz des verloren gegangenen Terrains. Es war 5 Uhr. Nicht so günstig jedoch gestaltete sich das Ringen um die anderen Punkte. Gegen die Montretout-Schanze war man in dreigeteilter Kolonne aufgebrochen, vom heftigsten Feuer des Gegners empfangen. Doch aller Opfermut gewährte uns nicht die Erfüllung unserer Aufgabe. Nur das der Schanze vorgelegene Terrain vermochten wir zu behaupten. Dennoch gab man die Hoffnung eines Sieges noch nicht auf. Als die Kräfte der 9. Division fast erschöpft waren, suchte man Unterstützung bei der 10. Division. Ebenso stieß von der bei Sèvres stehenden 21. Division ein Bataillon des 88. Regiments zu uns. Die nötigen Weisungen wurden erteilt und abermals ging es jetzt in drei Kolonnen gegen die heiß umstrittene Schanze vor. Es war bereits 9½ Uhr abends geworden. Doch der befürchtete blutige Kampf blieb aus. Der Feind, den Ernst seiner Lage wohl erkennend, hatte inzwischen freiwillig die Schanze wie den unmittelbar daran grenzenden Teil des Höhenzuges geräumt. Einige Gefangene wurden noch erbeutet und um 10 Uhr war die Montretout-Schanze wieder von uns besetzt.

Zwei Punkte aber waren diesen Tag doch im Besitz des Feindes geblieben: der Buzanval-Park und die schon früher genannte Villa Zimmermann. Man beschloß diesseits, den Angriff auf diese Punkte am Morgen des kommenden Tages zu eröffnen. Am anderen Morgen zeigte sich jedoch der Park bereits geräumt. Nur die Villa war noch in den Händen des Feindes. Gegen sie richtete sich nun unser Vorgehen. Mittags 1 Uhr geriet auch sie unter Gefangennahme der gesamten Besatzung in unseren Besitz, nachdem man letzterer — das Bretagner Mobilgarden-Bataillon Lareinty — mit einem Bombardement von Granaten gedroht hatte. Stundenlange Verhandlungen waren vorausgegangen, ehe sich das Bataillon, das man bereits tags zuvor geschickt von jeder Verbindung abgeschnitten hatte, zur Niederlegung der Waffen entscheiden konnte. 18 Offiziere und 325 Mann fielen damit in unsere Hände. Das war der Abschluß des großen und letzten Ausfallsgefechtes vor Paris.

Der Feind büßte nach eigenen Angaben an Toten, Verwundeten und Gefangenen ungefähr 3500 Mann ein. Unser Verlust bezifferte sich auf:

tot:	8 Offiziere	99 Mann,
verwundet:	31 "	459 "
vermißt:	— "	67 "
	39 Offiziere	625 Mann.

Alles in allem: 664. Die nächsten Tage gehörten auf beiden Seiten dem Begraben der Toten und dem Aufsuchen der Verwundeten. Diesseits wurden die französischen Samariter nach Möglichkeit von unseren Vorposten, so gut es anging, unterstützt. Hierbei ereignete es sich, daß am 23. Januar der Vicefeldwebel Gutfeld vom Grenadier-Regiment Nr. 6, welcher zum Aufsuchen von Gefallenen auf das Terrain zwischen Rueil und dem Eisenbahndamm vorgeschickt worden war, zugleich auch mit einer Liste der von uns bestatteten französischen Soldaten versehen, welche er an den feindlichen Vorposten abgeben sollte, trotz der Genfer Flagge gefangen genommen und auf den Mont-Valérien geführt wurde. Seine Aufzeichnungen über diese Vorfälle sind so interessant, daß wir es nicht unterlassen wollen, einen Auszug davon hier mitzuteilen. Es heißt darin: „Ich protestierte gegen meine Gefangennahme. Nichtsdestoweniger verband mir der französische Vorposten-Offizier die Augen und führte mich 5—800 Schritt in das Dorf Rueil. In einem Hause daselbst wurde mir die Binde abgenommen und ich dem Kapitän der Wache vorgestellt. Derselbe vernahm mich in folgender Weise: 1. Was der Zweck meines Vorgehens wäre? 2. In welcher Weise unsere Vorposten ausgestellt seien? 3. Wie unsere Verpflegung bestellt sei? Über meine Aussagen wurde ein kurzes Protokoll aufgenommen. Ad 1. sagte ich aus, daß ich zum Aufsuchen von Toten resp. Verwundeten vorgeschickt wäre und daß ich bei dieser Gelegenheit den Franzosen die Namen der von uns beerdigten französischen Soldaten übergeben sollte. ad 2. warf ich nur die allgemeine Bemerkung hin, daß unsere Vorposten-Stellung so befestigt sei, daß ein Angriff auf dieselbe Wahnsinn hieße; ad 3. bemerkte ich, daß unsere Verpflegung augenblicklich besser wäre, als beispielsweise während der Zeit unseres Vormarsches. Hierauf kam es zu Fragen und Gegenfragen über das am 19. stattgehabte Gefecht. Ich versuchte etwas über die französischen Verluste zu erfahren, doch waren die Herren in ihren Aussagen über diesen Punkt mehr als vorsichtig. Nachdem mir ein Glas vorzüglichen Burgunders vorgesetzt worden war, wurde ich durch dieselbe Patrouille, jedoch mit nicht verbundenen Augen in die Kaserne von Rueil gebracht. Die Leute, welche ich zu sehen bekam, gewährten durch ihr kümmerliches Aussehen einen schlechten Anblick, viele von ihnen schienen noch nicht das 20. Lebensjahr erreicht zu haben. Nach einer kurzen Vernehmung durch den Gouverneur de la Caserne, sollte ich durch dieselbe Eskorte in das Fort Valérien geschafft werden; doch wurde mir die Eskorte auf meine Bitte erlassen, auch ließ man mir den Säbel, welchen ich abgeben wollte, wiewohl ich bemerkte, daß es der Säbel eines bei Sedan gefallenen französischen Offiziers sei. Derselbe Offizier, welcher mich gefangen genommen hatte, führte mich mit unverbundenen Augen ins Fort. Der Weg dahin ging an der Mühlen-

Schanze auf einer neu angelegten Straße in Windungen bergauf. Auf einer Brücke außerhalb des Forts, vor der sich ein Tambour befand, angekommen, wurde ein General von meiner Ankunft benachrichtigt; während dessen hatte ich Gelegenheit, das Abendessen der dort postierten Wache kennen zu lernen, es bestand aus Pökelfleisch und Macaroni. Nach Verlauf von 15 Minuten erschienen zwei jüngere Offiziere, verbanden mir trotz der bereits eingetretenen Dunkelheit die Augen und führten mich bergauf, bergab, etwa 20 Minuten lang, schließlich in das Bureau des Generals Noël. Daselbst wurde mir die Binde abgenommen und mir Muße gelassen, die Ankunft des Generalstabs-Offiziers abzuwarten. Nach einer halben Stunde erschien derselbe. Bevor er mit mir das Verhör begann, verlangte ich auf Grund der Genfer Konvention freigelassen zu werden. Dies wurde mir mit dem Bemerken abgeschlagen, daß ich nicht eine gestempelte, sondern nur eine interimistische Binde trüge, doch wolle er sich von dem Gouvernement in Paris über diesen besonderen Fall nähere Instruktion holen. Nach einem kurzen, aber keineswegs eingehenden Verhör ging eine ziemlich umfangreiche Depesche an das Gouvernement von Paris ab. In dem darauf folgenden Privatgespräch versuchte der französische Generalstabsoffizier, mir die verschiedensten an Unmöglichkeit grenzenden Geschichten, betreffend die Verpflegung von Paris und namentlich über Bourbakis Operationen und Heldenthaten aufzubinden. Letzterer scheint augenblicklich der Mann zu sein, auf den Paris seine ganze Hoffnung setzt. Er fragte mich dann, wie die Franzosen bei Weißenburg und Fröschweiler gekämpft hätten. Ich antwortete: „sehr brav", fügte aber hinzu, daß die Franzosen sich während des ganzen Krieges nie so schlecht geschlagen hätten, als am 19. dieses Monats. Anfangs über meine Freimütigkeit etwas entsetzt, sagte er mir, daß dieses Gefecht nur stattgefunden hätte pour accoutumer les mobiles au feu. Ich konnte mich nicht enthalten, einige Worte fallen zu lassen über den Leichtsinn, dieses Zwecks wegen so viele Menschen zu opfern.

„Von einem Mobilgardisten, welcher mir am andern Morgen das Zimmer heizte, erfuhr ich, daß von seinem Bataillon, welches vor dem Ausrücken 650 Mann gezählt hatte, nur 84 aus dem Kampfe zurückgekehrt wären. Vor seinem Weggehen erkundigte sich der Generalstabsoffizier nach meinen Bedürfnissen. Als ich auf seine Frage, ob ich ein Diner zu mir nehmen wollte, antwortete: „s'il est possible", fingen er und die anwesenden

Schreiber herzlich an zu lachen. Darauf befahl er, daß mir eine Matratze, eine Decke und Kohlen in das Zimmer gebracht werden sollten. Eine Stunde später erhielt ich folgendes Mittagbrot: Rindersuppe mit Macaroni, geschmorte Ochsenzunge, ein Stückchen Käse, Erdbeergelée und eine Birne, dazu Brot und eine halbe Flasche guten Rotwein. Am andern Morgen brachte mir der Koch café au lait. Auf meine Frage, wie er zu der Milch käme, antwortete er mir sehr wohlgefällig „ah, nous avons encore deux vaches“. Die Fenster meines Zimmers blieben geschlossen, um 10½ Uhr wurde auch noch die Stubenthür verschlossen. Heute Mittag 12 Uhr erhielt ich Rindfleisch mit einer pikanten Sauce, Spinat mit geröstetem Brot, Käse und eine halbe Flasche Rotwein; außerdem eine halbe Stunde später Kaffee, Milch und Zucker. Um 1 Uhr besuchte mich der Kommandant du Fort, ein alter ehrwürdiger Offizier, um sich nach meinen Bedürfnissen zu erkundigen; ich bat um die Erlaubnis, spazieren gehen zu dürfen, die jedoch nicht erteilt wurde.

„Gegen 4 Uhr nachmittags erschien der Kommandant du Fort, mit einem Obersten aus Paris, um mir auf Befehl des Gouvernements meine Freilassung anzukündigen. Ein Offizier verband mir die Augen und führte mich zu einem geschlossenen Wagen, in welchem wir bis zur Ambulance in Rueil fuhren. Dort wurde ich vom Maire in Empfang genommen und von meinem bisherigen Begleiter unter dem Schutze der Genfer Flagge bis auf 20 Schritt an Feldwache Nr. 5 herangeführt, worauf sie sich nach einer kurzen Verabschiedung entfernten.

„Noch muß ich bemerken, daß die Behandlungsweise allerseits eine höchst zuvorkommende war. Im allgemeinen drängte sich mir, nach den verschiedenen Gesprächen zu urteilen, die Überzeugung auf, daß auf die diesseitige Stellung sobald kein Angriff mehr stattfinden wird. Schließlich will ich noch bemerken, daß, nach Aussage einer Ordonnanz des Generals Noël, der General Trochu während des Gefechtes vom 19. sich im Observatorium des Forts aufgehalten, und den Kampf von da aus geleitet haben soll. Von derselben Ordonnanz erfuhr ich, daß die Besatzung des Mont-Valérien aus 4 Linien-Regimentern, 2 Regimentern Chasseurs und 3 öfters wechselnden Regimentern Mobilgarde, sowie einer großen Masse Artillerie besteht.“ — —

Die blutige Schlacht am Mont Valérien und unser fortgesetztes Bombardement, das jetzt auch im Norden der Hauptstadt einen ernsteren Charakter anzunehmen begann, beides hatte einen tiefen, moralischen Eindruck auf die Armee und die Bevölkerung von Paris gemacht. Und dieser Eindruck ward für uns zum Erfolge. Er entschied. Trotz der tobenden Einwände wütender Horden von Anarchisten und kriegerisch ausgerüsteter Straßenräuber des Pariser Pöbels kam es zum Waffenstillstand und endlichen Friedensschlusse. Paris trat in die Verhandlungen zur Kapitulation ein. Diesen letzten Vorgängen wenden wir uns jetzt zu.

Siebenunddreißigstes Kapitel.

Paris, Anarchie und Hungersnot vor Augen, entscheidet sich für die Kapitulation. — Europa als Schiedsmann. — Trochu tritt den Oberbefehl über die Pariser Armee an Vinoy ab. — Jules Favre knüpft die ersten Verhandlungen mit Versailles an. — Aus dem Buche des Grafen Hérisson. — Wie die Fahnen der Armee von Paris für Frankreich gerettet wurden. — Die Übereinkunft betreffs des Waffenstillstandes. — Unsere Beute in Paris. — Proklamation der Regierung an die Bevölkerung von Paris. — Gambetta tritt zurück. — Belfort kapituliert. — Zusatz zur Waffenstillstands-Konvention. — Thiers in Versailles. — Der Friedenspräliminarien-Vertrag. — Telegramme des Königs Wilhelm und Ludwig II. — Unser Einzug in Paris. — Rückkehr der deutschen Truppen aus Paris. — Paris am Abend unseres Ausmarsches.

Paris, die eitelste Hauptstadt der Welt, sah sich vor die entscheidende Frage gestellt, entweder in absehbarer Zeit sich der brutalen Herrschaft der Anarchisten zu unterwerfen, welche bereits den Sturz der jetzigen republikanischen Regierung vorbereiteten, oder aber sich den draußen vor den Thoren ungeduldig harrenden blonden, deutschen Barbaren zu ergeben. Paris entschied sich für das letztere. Denn nur noch wenige Tage Aufschub und die noch bestehende Regierung war beseitigt, keine auch nur halbwegs legitime Vertretung bestand dann mehr, mit welcher der ruhmgekrönte Sieger hätte vollgiltige, feste Verhandlungen eingehen können. Paris war sich dann selbst überlassen und der grauenhaftesten Hungersnot verfallen. Ein Abgrund gähnte dann, dessen erschreckende Tiefe noch keiner ermessen konnte. „Es erschien sehr zweifelhaft", heißt es in einem jene Tage schildernden Werke, „ob das bestehende Gouvernement seinen Platz würde behaupten können; wenn ihm dies nicht gelang, so ging Paris vielleicht einer der schrecklichsten Katastrophen entgegen, welche die Weltgeschichte kennt.

Denn die Lebensmittel reichten nur noch für wenige Tage aus; erfolgte die Kapitulation nicht rechtzeitig, d. h. so früh, daß die Stadt von außen verproviantiert werden konnte, ehe der letzte Bissen verzehrt war, so verfiel ein großer Teil der Bevölkerung unrettbar dem Hungertode. Was im Bereiche der deutschen Armeeen und auf mehrere Tagemärsche im Umkreise an Lebensmitteln vorhanden war, genügte kaum, um die Bevölkerung von mehr als zwei Millionen Seelen auch nur einen Tag zu ernähren, und die Rücksicht auf die Selbsterhaltung hätte die deutschen Truppen gezwungen, die unglücklichen Bewohner der Hauptstadt erbarmungslos hinter die Mauern zurückzuweisen, wenn der Hunger sie hinaustrieb. Behauptete aber das Gouvernement seinen Platz nicht, wer hätte bei der dann folgenden Anarchie die Kapitulation rechtzeitig abschließen sollen?" —

Natürlich trugen allein die Deutschen an allem Unheile schuld, das Frankreich bisher betroffen und nun seine Hauptstadt so tief demütigen sollte. Deutsche hatten es gewagt, fast vier Monate lang das heilige Paris einzuschließen, in welchem freilich jedes Haus eine Festung war, Deutsche erröteten nicht, eine Unterwerfung der großen, freien Hauptstadt anzunehmen, die allerdings nebenbei auch noch eine der größten Festungen der Welt darstellte. Es war empörend! Europa wurde als Sittenrichter und Schiedsmann angerufen, doch der alte Erdteil zeigte sich sichtlich müde, taub und interesselos. In allen Gegenden des Landes wurde seitens der National-Regierung ein langes schwulstiges Schreiben veröffentlicht, das in hirnverbrannten Worten das ganze große Elend Frankreichs allein auf die Schultern Deutschlands bürdete. Wer freilich zuerst in das Kriegshorn gestoßen, das schien völlig aus dem Gedächtnis ausgelöscht zu sein.

Merkwürdig blieb es nur, daß die französische Regierung mit einer wahrhaft unbegreiflichen Langmut bisher während fast fünf Monaten dem Bombardement der anderen Festungen Frankreichs zugeschaut hatte, ohne Europa klagend in den Ohren zu liegen. Es ging rasend abwärts. Der Pöbel rottete sich bewaffnet vor dem Stadthaus zusammen und bedrohte die Regierung. Immer heilloser, zerrissener gestalteten sich die Zustände innerhalb von Paris. Wünsche, Vorschläge, Drohungen und Befehle schwirrten durcheinander. Dem Aufstande zu begegnen, trat Trochu von dem Oberbefehl der Armee zurück, welchen jetzt Vinoy übernahm. Gleichzeitig begannen seitens der Pariser Regierung die Versuche, dem weiteren

Blutvergießen ein Ende zu machen. Am Mittag des 23. Januars traf in Versailles ein Brief Jules Favres an den Fürsten Bismarck ein, in welchem um die Erlaubnis angefragt wird, ins königliche Hauptquartier kommen zu dürfen. Die Antwort fiel bejahend aus und am Abend traf Favre in Versailles ein. Ein vom Kommandanten, General v. Voigts-Rhetz, gestellter Wagen hatte den Vertreter Frankreichs an der Sèvres-Brücke abgeholt und unter Eskorte von Dragonern in das deutsche Hauptquartier geleitet, wo er gegen 8 Uhr Abends eintraf. Bismarck empfing noch denselben Abend Favre. In der Begleitung des letzteren befand sich auch Graf Hérisson. Derselbe hat späterhin in seinem Buch: „Journal d'un officier d'ordonnance“ in charakteristischster Weise eine Schilderung jener Verhandlungen in Versailles gegeben, woraus wir einzelne Stellen mitteilen wollen. Über die erste Unterredung des gefürchteten Kanzlers mit Jules Favre teilt Hérisson mit:

„Im Grunde genommen“, so sagte Bismarck, „habe ich gar keine Veranlassung, mit Ihnen zu verhandeln. Warum soll ich Ihrer Republik einen Anstrich von Gesetzlichkeit geben, indem ich mit ihrem Vertreter eine Konvention unterzeichne? Eigentlich sind Sie nichts anderes als eine Bande von Aufrührern! Ihr Kaiser, wenn er wiederkäme, hätte das Recht, Sie alle als Verräther und Rebellen erschießen zu lassen“. — Aber wenn er wiederkommt, rief Jules Favre, das wäre der Bürgerkrieg, die Anarchie! — „Sind Sie dessen so sicher? In was könnte uns Deutschen ein französischer Bürgerkrieg schädlich sein?“ — Aber, Herr Graf, fürchten Sie denn nicht, uns zur Verzweiflung zu treiben? Fürchten Sie denn nicht unseren Widerstand bis aufs äußerste? — „Sprechen Sie mir nicht von Ihrem Widerstande“, unterbrach ihn der Kanzler heftig. „Ah, Sie sind stolz auf Ihren Widerstand! Nun wohl, mein Herr, erfahren Sie, daß, wenn Trochu ein deutscher General wäre, ich ihn heute Abend würde erschießen lassen. Man hat nicht das Recht, verstehen Sie mich wohl, man hat nicht das Recht vor Gott und vor der Menschheit, für eiteln militärischen Ruhm eine Stadt von zwei Millionen Einwohnern, wie er es jetzt thut, den Schrecknissen einer Hungersnot auszusetzen. Die Eisenbahnverbindungen sind überall gestört. Wenn wir sie nicht in 2 Tagen wieder herstellen können, was nicht sicher ist, so werden Ihnen in Paris täglich 100000 Menschen Hungers sterben. Sprechen Sie nicht von Ihrem Widerstande: er ist verbrecherisch“.

Aus einer zweiten Unterredung Jules Favres mit dem Reichskanzler erzählt Hérisson folgende Geschichte:

„Bevor die Verhandlungen anfingen, präsentierte der Kanzler Herrn Favre einen Cigarrenteller mit drei Cigarren und fragte ihn, ob er rauche. Jules Favre verneigte sich dankend und erklärte sich für einen Nichtraucher. Sie haben Unrecht, entgegnete der Kürassier-Diplomat. Wenn man ein Gespräch anfängt, das zu heftigen Erörterungen führen kann, so soll man rauchen. Sehen Sie, fuhr er fort, während er die Cigarre anzündete, wenn man raucht, so muß man die Cigarre zwischen den Fingern halten, man muß sie handhaben, darf sie nicht fallen lassen, und dadurch werden heftige Körperbewegungen vermieden oder abgeschwächt. Was den geistigen Zustand anlangt, so beraubt sie uns keiner unserer geistigen Fähigkeiten, aber sie bringt uns in einen Zustand gemütlicher Ruhe. Die Cigarre ist eine Zerstreuung und dieser blaue Rauch, der in Windungen emporsteigt und dem das Auge unwillkürlich folgt, bezaubert uns und macht uns entgegenkommender. Das Auge ist beschäftigt, die Hand festgehalten, das Geruchsorgan befriedigt, man ist glücklich. In diesem Zustande ist man sehr aufgelegt, sich gegenseitig Zugeständnisse zu machen. Und unser Geschäft, das der Diplomaten, besteht aus unaufhörlichen wechselseitigen Zugeständnissen. Sie, der Sie nicht rauchen, haben über mich einen Vorteil: Sie sind aufmerksamer, und einen Nachteil: Sie sind geneigter, sich hinreißen zu lassen und der ersten Bewegung nachzugeben". . . . (Nach Besprechung anderer Angelegenheiten kam man zur Frage, ob Garibaldi in den Waffenstillstand einzuschließen sei.) „Ich will ihn aber haben, rief Graf Bismarck. Ich will ihn in Berlin herumführen lassen mit einem Zettel auf dem Rücken mit der Inschrift: „Italienische Dankbarkeit". Nach allem, was wir für diese Leute gethan haben! Es ist wirklich unanständig!" — „Ich (Hérisson) nahm mir nun eine Kühnheit heraus, die aber bei einem Manne von der Auszeichnung und der Erziehung des Herrn v. Bismarck Aussicht auf Erfolg hatte und auch wirklich ihren Zweck erreichte. Ich nahm den Cigarrenteller und halb lächelnd, halb mich verneigend, in bittender und respektvoller Haltung, reichte ich ihm die Cigarren. Einen Augenblick lang verstand er nicht, dann plötzlich erlosch in seinem Auge der Zorn. Sie haben Recht, Kapitän, sagte er, es führt zu nichts, sich zu ärgern — im Gegenteil. Und die Unterredung nahm ihren ruhigen Fortgang".

Hérisson erzählt, daß Jules Favre und Bismarck endlich über die Bedingungen des Waffenstillstandes ins reine gekommen waren, daß Favre mit dem Vertrage nach Paris zurückkehrte, ihn dort seinen Kollegen zur Genehmigung vorlegte und diese erhielt. Hérisson wurde beauftragt, dieses nunmehr rechtsgiltig gewordene Aktenstück nach Versailles Herrn v. Bismarck zu bringen und trat sogleich seine Reise an. Er erzählt:

„Während ich nun nach Versailles fuhr, kam mir ein Gedanke. Ich wollte eine kleine Zusatzverhandlung unternehmen auf meine eigene Rechnung und Gefahr. Was konnte ich riskieren? Niemals würde Herr v. Bismarck mir die Stirn zutrauen, meine Vorschläge auf eigene Verantwortung zu machen, ohne von meiner Regierung beauftragt zu sein. Wenn meine patriotische Kriegslist entdeckt wird, so werde ich mich von meiner Regierung verleugnen, tadeln, strafen lassen. Das alles kommt nicht in Betracht gegen den Wunsch, dem Vaterlande zu dienen, und dem Ruhme, ihm nützlich zu sein .... (Hérisson ist inzwischen bei Bismarck eingeführt worden.) Ich erwartete Sie, sagte Herr v. Bismarck. Ich hoffe, daß alles beendigt ist und daß Sie mir den vollzogenen Vertrag bringen. — Ich bringe ihn in der That, aber ich darf ihn, um Zeitverlust und unnütze Reisen zu vermeiden, nicht eher übergeben, als bis Ew. Excellenz einigen leichten Änderungen zugestimmt haben werden. Sollten Ew. Excellenz das nicht thun, so habe ich die Weisung, die Ankunft von Herrn Jules Favre zu erwarten. Der Kanzler zeigte eine höchst ärgerliche Überraschung. Was giebt es denn noch! rief er, alles war doch geordnet. Will denn Jules Favre durchaus seine Hauptstadt verhungern lassen und der Welt dann sagen, daß wir daran schuld seien? Welche Änderungen will er denn haben? — Hier sind sie: 1. die Regierung wünscht, daß die Kanonen auf den Wällen nicht in die Festungsgräben geworfen, sondern nur demontirt und hinter den Wällen aufgestellt werden; 2. daß die Umschließungslinie nach dem ersten, von französischer Seite gemachten Vorschlage gezogen werde; 3. daß die Armee von Paris — und das ist eine conditio sine qua non — ihre Fahnen behalte. — Hier hielt ich inne, erschrocken von meiner eigenen Kühnheit. Herr v. Bismarck brach in hellen Zorn aus: Aber wollen diese Herren denn nicht begreifen, daß mir diese Bedingungen vom Generalstabe auferlegt worden sind, daß ich persönlich da gar nichts machen kann und daß unsere Offiziere mir immer vorhalten, daß die Diplomaten die Siege der Soldaten verderben? Heftig ging er in der Stube auf und ab. Warten Sie, sagte er endlich, ich will mit dem Kaiser sprechen."

Zwei Stunden lang war Bismarck abwesend und angstvoll verfloß diese Zeit dem französischen Abgesandten. Endlich kehrte er zurück und erklärte, daß der Kaiser, trotz des Widerstandes des Marschalls Moltke, in die gestellten Bedingungen eingewilligt habe. „Sie werden, so habe Kaiser Wilhelm gesagt, dem französischen Abgesandten zu wissen thun, daß wir genug Trophäen unserer Siege und der französischen Armee entrissene Fahnen besitzen, um auf die Fahnen von Paris verzichten zu können." — Als Hérisson mit diesem durch eine List erzielten Erfolge nach der französischen Hauptstadt zurückkehrte, fiel man daselbst aus den Wolken und General Schmitz, dem er zuerst die Mitteilung machte, umarmte ihn in tiefer Bewegung. So wurden also, nach Hérisson, die Fahnen der französischen Armee von Paris gerettet.

Am 23. Januar waren die Verhandlungen eröffnet worden, am 28. waren dieselben beendigt. Nachdem Jules Favre und Bismarck über Anerbietungen und Forderungen einig geworden waren, ward seitens der Pariser Regierung am 26. eine militärische Kommission nach Versailles entsandt, um über die näheren Bedingungen nun in die Beratungen einzutreten. Während dieser Verhandlungen verstummte hüben und drüben der Donner der Geschütze. In erwartungsvollem Schweigen verharrte die Hauptstadt wie die deutsche Belagerungsarmee. Wer wollte sagen, wie viele Herzen in diesen Stunden heimlich um den lang ersehnten Frieden baten! In Paris selbst fuhren freilich die Blätter und Zeitungen fort, zum Aufruhr und Widerstand zu hetzen, aber draußen in den Provinzen seufzte man längst nach Rückkehr geordneter Verhältnisse, nach Einstellung weiteren Blutvergießens. Kapitulierte Paris, das fühlte man wohl, so war die Brücke zum kommenden Frieden geschlagen. Und Paris ergab sich. Am 28. Januar ward der vorläufige, 21 Tage währende Waffenstillstand abgeschlossen. Am 29. konnten die Forts rings um Paris besetzt und mit der Verproviantierung der ausgehungerten Riesenstadt vorgegangen werden. Alles atmete auf. Das Ergebnis der Verhandlungen in Versailles lautete:

Übereinkunft.

Zwischen dem Herrn Grafen Bismarck, Kanzler des Deutschen Bundes, im Namen Sr. Majestät des Deutschen Kaisers, Königs von Preußen, und

Herrn Jules Favre, Minister der auswärtigen Angelegenheiten der Regierung der Nationalverteidigung, im Besitz regelrechter Vollmachten, sind folgende Vereinbarungen getroffen worden:

Art. 1. Ein allgemeiner Waffenstillstand auf der ganzen gegenwärtigen militärischen Operationslinie der deutschen und französischen Heere wird für Paris mit dem heutigen Tage beginnen, für die Departements binnen einer Frist von drei Tagen. Die Dauer des Waffenstillstandes soll einundzwanzig Tage von heute ab gerechnet sein, der Art, daß falls er nicht erneuert werden sollte, der Waffenstillstand überall am 19. Februar sein Ende erreicht.

Die kriegführenden Heere werden ihre respektiven Stellungen, die durch eine Demarkationslinie getrennt sind, inne behalten. Diese Linie geht aus von Pont l'Evêque an der Grenze des Departements Calvados, und läuft auf Lignières, im Nordosten des Departements Mayenne, zwischen Briouze und Fromentel hindurchgehend; das Departement von Mayenne bei Lignières berührend, verfolgt sie die Grenze, die dieses Departement von dem der Orne und Sarthe trennt, bis nördlich von Morannes, so daß sie in der Fortsetzung der deutschen Okkupation die Departements der Sarthe, Indre und Loire, Loir und Cher, Loiret, Yonne überläßt, — bis zu dem Punkte, wo im Osten von Quarré les Tombes die Departements Cote d'Or, Nièvres und Yonne zusammentreffen. Von diesem Punkte ab bleibt die Richtung der Demarkationslinie einer weitern Übereinkunft vorbehalten, die getroffen werden wird, sobald die kontrahierenden Teile sich über die augenblickliche Lage der im Vollzuge befindlichen militärischen Operationen in den Departements Cote d'Or, Doubs und des Jura informiert haben werden. In jedem Fall durchschneidet sie das aus diesen drei Departements gebildete Territorium, indem sie der deutschen Okkupation die nördlich gelegenen Departements, der französischen Armee die südlichen dieses Territoriums überläßt.

Die Departements Nord und Pas de Calais, die Festungen Givet und Langres mit dem Terrain, das sie in einer Distanz von 10 Kilometern umgiebt, und die Halbinsel von Havre bis zu einer Linie, die von Etretat in der Richtung auf Saint Romain zu ziehen ist, bleiben außerhalb der deutschen Okkupation. Die beiden kriegführenden Heere und ihre beiderseitigen Vorposten sollen sich in einer Entfernung von mindestens 10 Kilometern von den behufs Trennung ihrer Positionen gezogenen Linien halten.

Jede der beiden Armeeen behält sich das Recht vor, ihre Autorität in dem von ihr besetzten Territorium aufrecht zu erhalten, und die Mittel anzuwenden, welche ihre Befehlshaber zur Erreichung dieses Zweckes für nötig erachten.

Der Waffenstillstand wird gleicher Weise auf die Seestreitkräfte beider Länder Anwendung finden, indem der Meridian von Dünkirchen als Demarkationslinie angenommen wird, westlich von welcher die französische Flotte halten wird, während östlich von ihr sich die deutschen Kriegsschiffe, die sich in den westlichen Gewässern befinden, sobald sie davon benachrichtigt werden können, sich zurückziehen werden. Etwa nach der Abschließung und vor der Ratifikation des Waffenstillstandes gemachte Prisen sind zurückzustellen, ebenso wie die Gefangenen auszuliefern, welche von dem einen oder dem andern Teile in den Engagements gemacht sein sollten, die in dem angegebenen Zeitraum stattgefunden haben möchten. Die militärischen Operationen auf dem Terrain der Departements Doubs, des Jura und Cote d'Or, sowie die Belagerung von Belfort werden unabhängig vom Waffenstillstand bis zu dem Augenblick fortgesetzt, daß man sich über die Demarkationslinie geeinigt haben wird, deren Ziehung durch die drei erwähnten Departements einer späteren Übereinkunft vorbehalten ist.

Art. 2. Der solchergestalt abgeschlossene Waffenstillstand hat zum Zweck, der Regierung der nationalen Verteidigung zu gestatten, eine freigewählte Versammlung zu berufen, die sich über die Frage aussprechen wird, ob der Krieg fortgeführt oder unter welchen Bedingungen der Friede abgeschlossen werden soll.

Die Versammlung tritt in der Stadt Bordeaux zusammen.

Von den Befehlshabern der deutschen Heere wird der Wahl und der Vereinigung der gewählten Deputirten jede Erleichterung gewährt werden.

Art. 3. Der deutschen Armee werden durch die französischen Militärbehörden unverzüglich alle Forts übergeben, welche den Umkreis der äußeren Verteidigung von Paris bilden, ebenso wie ihr Kriegsmaterial. Die Gemeinden und die Häuser, welche außerhalb dieses Umkreises oder zwischen den Forts gelegen sind, können von den deutschen Truppen bis zu einer durch Militärkommissare zu ziehenden Linie besetzt werden. Das zwischen dieser Linie und der befestigten Enceinte der Stadt Paris befindliche Terrain darf von der bewaffneten Macht beider Teile nicht betreten werden.

Die Art der Übergabe der Forts und die Feststellung der erwähnten Linie bilden den Gegenstand eines Protokolls, welches der gegenwärtigen Übereinkunft beigefügt wird.

Art. 4. Während der Dauer des Waffenstillstandes wird die deutsche Armee die Stadt Paris nicht betreten.

Art. 5. Die Enceinte wird von ihren Kanonen desarmiert, deren Lafetten in die von einem Kommissar der deutschen Armee bezeichneten Forts transportiert werden.

Art. 6. Die Besatzung (Linie, Mobilgarde und Marine) der Forts und von Paris ist kriegsgefangen, mit Ausnahme einer Division von 12 000 Mann, welche die Militärbehörde in Paris für den inneren Dienst behält.

Die kriegsgefangenen Truppen legen ihre Waffen ab, die an den dazu bezeichneten Orten gesammelt und nach Reglement durch Kommissare, wie es Gebrauch ist, ausgeliefert werden; dieselben bleiben im Innern der Stadt, deren Enceinte sie während des Waffenstillstandes nicht überschreiten dürfen. Die französischen Behörden verpflichten sich, darüber zu wachen, daß jedes der Armee und der Mobilgarde angehörende Individuum im Innern der Stadt konsigniert bleibt.

Die Offiziere der gefangenen Truppen sind in einer der deutschen Behörde zu überliefernden Liste nachzuweisen.

Zu Ende des Waffenstillstandes haben sich alle der in Paris konsignierten Armee angehörenden Militärpersonen als Kriegsgefangene der deutschen Armee zu stellen, wenn der Friede bis dahin nicht abgeschlossen ist.

Die gefangenen Offiziere behalten ihre Waffen.

Art. 7. Die Nationalgarde behält ihre Waffen; sie ist mit der Bewachung von Paris und mit der Aufrechterhaltung der Ordnung betraut. Die gleiche Bestimmung haben die Gendarmerie und die ähnlichen mit dem Municipaldienst betrauten Truppen, wie die republikanische Garde, die Douaniers und die Pompiers; die Zahl dieser Kategorie soll 3500 Mann nicht übersteigen.

Alle Franctireurstruppen sind durch Befehl der französischen Regierung aufzulösen.

Art. 8. Sofort nach Unterzeichnung der gegenwärtigen Übereinkunft und nach Besitzergreifung der Forts wird der Oberbefehlshaber der deutschen

Armee den Kommissaren, welche die französische Regierung in die Departements und in das Ausland schicken wird, um die Verproviantierung vorzubereiten und der Stadt die für sie bestimmten Nahrungsmittel zuzuführen, alle Erleichterung zu Teil werden lassen.

Art. 9. Nach der Übergabe der Forts und nach der in den Artikeln 5 und 6 vorgesehenen Desarmierung der Enceinte und der Garnison findet die Verproviantierung von Paris ungehindert auf den Eisenbahnen und Wasserstraßen statt.

Die für diese Verproviantierung bestimmten Provisionen dürfen nicht in den von den deutschen Truppen besetzten Landesteilen angeschafft werden und die französische Regierung verpflichtet sich, dieselben außerhalb der Demarkationslinie, welche die Stellungen der deutschen Heere umgiebt, zu beschaffen, falls nicht die Kommandierenden der letzteren andere Befehle erlassen.

Art. 10. Jede Person, welche die Stadt Paris zu verlassen wünscht, muß mit einem regelrechten Erlaubnisschein der französischen Militärbehörde und dem Visum der deutschen Vorposten versehen sein. Diese Erlaubnisscheine und Visa's sind von Rechtswegen den Deputirtenkandidaten in der Provinz und den Deputirten der Versammlung zu bewilligen.

Die Cirkulation der Personen, die besagte Erlaubnis erhalten haben, ist nur von 6 Uhr morgens bis 6 Uhr abends gestattet.

Art. 11. Die Stadt Paris zahlt eine städtische Kriegskontribution von 200 Millionen Frcs. Diese Zahlung muß vor dem funfzehnten Tage des Waffenstillstandes erfolgen. Der Zahlungsmodus wird durch eine gemischte deutsch-französische Kommission festgestellt.

Art. 12. Während der Dauer des Waffenstillstandes dürfen die öffentlichen Werte, die als Pfand für die Kriegs-Kontribution gelten können, nicht entfernt werden.

Art. 13. Die Einfuhr von Waffen, Munition und Material zu ihrer Fabrikation nach Paris ist während der Dauer des Waffenstillstandes untersagt.

Art. 14. Es soll unverzüglich mit der Auswechselung aller Kriegsgefangenen vorgegangen werden, die von der französischen Armee seit Beginn des Krieges gemacht worden sind. Zu diesem Zwecke werden die französischen Behörden in der kürzesten Frist Namenslisten der deutschen Kriegsgefangenen an die deutschen Militärbehörden in Amiens, Le Mans, Orleans und Vesoul überliefern. Die Freigabe der deutschen Kriegsgefangenen findet an den der Grenze am nächsten gelegenen Orten statt. Die deutschen Behörden werden an denselben Orten in der möglichst kürzesten Frist eine gleiche Anzahl französischer Kriegsgefangenen von korrespondierenden Graden an die französischen Militärbehörden ausliefern.

Die Auswechselung erstreckt sich auch auf die bürgerlichen Gefangenen, sowie auf die Schiffskapitäne der deutschen Handelsmarine und die französischen Civilgefangenen, die in Deutschland interniert sind.

Art. 15. Ein Postdienst für offene Briefe wird zwischen Paris und den Departements durch Vermittelung des Hauptquartiers von Versailles eingerichtet werden.

Zur Beglaubigung dieses haben die Unterzeichneten die gegenwärtige Übereinkunft mit ihren Unterschriften und Siegeln versehen.

Geschehen zu Versailles, 28. Januar 1871.

Bismarck. Favre."

Ohne störende Zwischenfälle erfolgte am 29. Januar morgens die Besetzung der Forts und der Stadt St. Denis. Ungeheures Material fiel damit in unsere Hände. 602 Feldgeschütze, 177 000 Gewehre, 1200 Munitionswagen, 1362 Verteidigungsgeschütze, 1680 Lafetten, 860 Protzen, 3 500 000 Chassepot-Patronen, 7000 Zentner Pulver, 200 000 geladene und ungeladene Granaten nebst 100 000 geladene und ungeladene Bomben wurden an uns ausgeliefert. Die gesamte Besatzungsarmee — ein geringer Teil, zur Aufrechterhaltung der Ordnung bestimmt, verblieb im Besitz — mußte, als kriegsgefangen, die Waffen abliefern. Von ihrer Abführung wurde jedoch vorläufig noch Abstand genommen. Die Proklamation, welche die Pariser Regierung, die Kapitulation anzuzeigen, erließ, hatte folgenden Wortlaut:

„Mitbürger, wir wollen Frankreich sagen, in welcher Lage und nach welchen Anstrengungen Paris unterlegen ist. Die Einschließung hat vom 16. September bis zum 26. Januar gedauert. Während dieser ganzen Zeit haben wir, abgesehen von einigen Depeschen, von der übrigen Welt abgesperrt gelebt. Die ganze männliche Bevölkerung war in Waffen, bei Tage zu den Übungen und nachts auf den Wällen und Vorposten. Das Gas ging uns zuerst aus und die Stadt war abends in Dunkelheit gehüllt;

73*

dann kam der Mangel an Holz und Kohlen. Seit dem Monat Oktober mußte zum Metzgerfleisch Pferdefleisch hinzugefügt werden; vom 15. Dezember an mußten wir noch zu letzterem ganz unsere Zuflucht nehmen. Sechs Wochen hindurch bekamen die Pariser täglich nur 30 Gramm Pferdefleisch; seit dem 18. Januar wurde das Brot, worin Roggen nur noch den dritten Teil bildete, zu 300 Grammes für den Tag angesetzt, was auf einen gesunden Menschen im Ganzen 330 Grammes Nahrung ausmachte. Die Sterblichkeit, welche sonst 1500 betrug, überstieg 5000 unter dem Einflusse der hartnäckigen Pocken und der Entbehrungen aller Art. Alle Stände haben gelitten, alle Familien hatten Trauer. Das Bombardement hat einen Monat gedauert und die Stadt St. Denis, sowie fast die ganzen Stadtteile auf dem linken Seineufer niedergeschmettert.

„In dem Augenblicke, wo der Widerstand aufhörte, wußten wir, daß unsere Armeeen an der Grenze zurückgetrieben und außer Stande waren, uns zu helfen. Unterstützt von der Nationalgarde, welche sich tapfer geschlagen und eine große Anzahl von Leuten verloren hat, hat die Armee am 19. Januar ein Unternehmen versucht, das allgemein als ein Akt der Verzweiflung bezeichnet wurde. Dieser Versuch, dessen Zweck die Durchbrechung der feindlichen Linien war, scheiterte, wie jeder Versuch des Feindes die unsrigen zu durchbrechen, gescheitert sein würde.

„Trotz alles Feuers der Nationalgarden, welche nur ihren Mut zu Rate zogen und sich bereit erklärten, in den Kampf zurückzukehren, blieb uns keine Aussicht, Paris zu deblokieren oder es zu verlassen, um nur die Armee nach außen zu werfen und sie in eine Entsatzarmee umzugestalten. Alle Generale erklärten, es würde eine Thorheit sein, wenn dieses Unternehmen versucht würde; die Werke der Deutschen, ihre Anzahl, ihre Artillerie machten ihre Linien undurchdringlich; wir würden, wenn wir das Unmögliche leisteten und ihnen über den Leib hinwegschritten, darüber hinaus nur eine Einöde von dreißig Wegestunden finden; dort würden wir vor Hunger vergehen, denn man dürfe nicht daran denken, Lebensmittel mitzunehmen, weil wir besonders am Ende unserer Hilfsquellen seien. Die Divisionäre wurden neben den Chefs der Armee zu Rate gezogen und erteilten Bescheid wie sie. In Anwesenheit der Minister und Maires von Paris wurden diejenigen Obersten und Bataillonschefs berufen, welche für die tapfersten galten. Die nämliche Antwort. Man konnte sich töten lassen, aber man konnte nicht mehr siegen. In diesem Augenblicke, als jede Hoffnung auf Hilfe und jede Aussicht auf Erfolg geschwunden, blieb uns nach sicherer Schätzung noch Brot auf acht Tage und Pferdefleisch auf 14 Tage, wenn alle Pferde geschlachtet würden. Bei den zerstörten Eisenbahnen, den verdorbenen Wegen, der abgesperrten Seine, fehlte viel an der Gewißheit, bis zur Stunde der Wiederverproviantierung auszureichen. Selbst heute noch leben wir in der Besorgnis, das Brot und die übrigen Vorräte könnten uns ausgehen, ehe die ersten Zusendungen eintreffen. Wir haben daher über die Möglichkeit hinaus ausgeharrt und scheuen selbst die Möglichkeit nicht, die uns bedroht, uns der furchtbaren Gefahr der Hungersnot einer Bevölkerung von zwei Millionen Seelen auszusetzen.

„Wir sagen es laut und ohne Rückhalt, daß Paris alles that, was eine belagerte Stadt thun konnte. Wir erteilen der Bevölkerung, die dem Waffenstillstand ihre Rettung verdankt, dieses Zeugnis, daß sie bis ans Ende heldenmütigen Mut und Ausdauer bewiesen hat. Frankreich, das Paris nach fünf Monaten wiederfindet, kann auf die Hauptstadt stolz sein.

„Wir haben den Widerstand aufgegeben, die Forts übergeben, die Enceinte abgerüstet, unsere Besatzung ist kriegsgefangen, wir zahlen eine Kriegsentschädigung von 200 Millionen.

„Aber der Feind rückt nicht in Paris ein; er erkennt das Prinzip der Volkssouveränetät an, er läßt unserer Nationalgarde ihre Waffen und Organisation, er läßt eine Division der Armee von Paris bestehen. Unsere Regimenter behalten ihre Fahnen, unsere Offiziere ihre Degen; niemand wird als Kriegsgefangener aus der Umwallung herausgeführt. Niemals hat sich ein belagerter Platz unter so ehrenvollen Bedingungen ergeben, und diese Bedingungen wurden erreicht, als Hilfe unmöglich und das Brot ausgegangen war.

„Endlich hat der abgeschlossene Waffenstillstand zur unmittelbaren Folge die von Seiten der Regierung erlassene Einberufung einer Assemblée, welche souverän über Krieg und Frieden zu entscheiden haben wird.

„Das Kaisertum unter seinen verschiedenen Formen bot dem Feinde die Anknüpfung von Verhandlungen an. Die Assemblée wird rechtzeitig zusammentreten, um diese Umtriebe zu vernichten und den Grundsatz der Nationalsouveränetät zu wahren. Frankreich allein wird über Frankreichs Geschicke entscheiden. Eile war nötig, der Verzug war bei dem Zustande, in welchem wir uns befanden, die größte Gefahr. In acht Tagen wird Frankreich seine Vertreter gewählt haben. Möge es die ergebensten, uneigennützigsten und unbestechlichsten wählen.

„Das größte Interesse für uns ist, wieder aufzuleben und die blutenden Wunden des Vaterlandes zu heilen. Wir sind überzeugt, daß dieses blutbedeckte, ausgeraubte Land wieder Ernten und Menschen hervorbringen, daß der Wohlstand nach so harten Prüfungen wiederkehren wird, wenn wir unverzüglich die wenigen Tage recht benutzen, die uns noch zur Erholung und Beratung bleiben.

„An dem Tage der Assemblée wird die Regierung die Gewalt in deren Hände legen. An diesem Tage wird Frankreich, wenn es die Augen auf sich lenkt, sich tief unglücklich finden; aber wenn es sich zugleich durch das Unglück wieder gestählt und in vollem Besitze seiner Energie und seiner Souveränetät findet, so wird es wieder Vertrauen auf seine Größe und auf seine Zukunft fassen.

Paris, den 4. Februar 1871."

Das war die Stimme des einsichtsvolleren Paris. Freilich dem Diktator Gambetta klang sie nicht wie Musik in den Ohren. Unzufrieden mit diesen einlenkenden Schritten der Pariser Regierung, erließ er an alle Präfekten des Landes eine Proklamation, worin er feierlichst verkündete, daß nach wie vor die Politik des Kriegsministers „guerre à outrance, Widerstand selbst bis zur völligen Erschöpfung" bleibe. Noch weitere, von gröbster Willkür zeugende Schritte des unversöhnlichen Republikaners, welcher keine Wege noch Waffen scheute, die in Bordeaux festgesetzte konstituirende Versammlung aufzuheben, zwangen Bismarck zu einem scharfen Vorgehen, das in Jules Favre gerechterweise jede nur mögliche Unterstützung fand. Die Endfolge war, daß Gambetta am 6. Februar seinen Rücktritt meldete, der von der Regierung in Paris ohne Einwandsversuche angenommen wurde.

Am 16. Februar kapitulierte Belfort unter freiem Abzug der 12 000 Mann starken Garnison. Gleichzeitig mit diesem freudigen Ereignisse wurde der Waffenstillstand bis zum 24. Februar verlängert und auch auf den südöstlichen Kriegsschauplatz ausgedehnt. Aus diesem Grunde wurde noch folgender Zusatzartikel zur Waffenstillstands-Konvention vereinbart:

„Die Unterzeichneten, mit den Vollmachten versehen, kraft deren sie die Konvention vom 28. Januar unterzeichnet haben, in Erwägung, daß in der genannten Konvention es einem späteren Einverständnis vorbehalten wurde, den militärischen Operationen im Doubs, Jura, in der Cote d'Or und vor Belfort ein Ziel zu setzen und die Demarkationslinie zwischen der deutschen Okkupation und den Stellungen der französischen Armee von Quarré les Tombes, im Departement de Yonne, an festzustellen, haben folgende Zusatz-Konvention abgeschlossen:

„Art. 1. Die Festung Belfort wird dem Kommandanten der Belagerungsarmee mit dem Kriegsmaterial, welches zu dem Platz gehört, übergeben.

„Die Garnison von Belfort verläßt den Platz mit den kriegerischen Ehren, und behält ihre Waffen, ihr Fuhrwerk und das der Truppe angehörende Kriegsmaterial, sowie die militärischen Archive. Die Kommandanten von Belfort und der Belagerungs-Armee werden sich ins Einvernehmen wegen der Ausführung der vorstehenden Stipulationen setzen, sowie über die Einzelheiten, welche nicht vorgesehen sind, und über die Richtung und die Etappen, auf welchen die Garnison von Belfort zur französischen Armee jenseit der Demarkationslinie stoßen wird.

„Art. 2. Die sich in Belfort befindenden deutschen Gefangenen werden in Freiheit gesetzt.

„Art. 3. Die Demarkationslinie, welche bereits bis zu dem Punkte festgestellt ist, wo sich die drei Departements Yonne, Nièvre und Cote d'Or berühren, wird längs der südlichen Grenze des Departements Cote d'Or bis zu dem Punkte fortgeführt, wo die Eisenbahn, welche von Nevers über Autun und Chagny nach Chalon sur Saone führt, über die Grenze des genannten Departements hinausgeht. Diese Eisenbahn bleibt außerhalb der deutschen Okkupation, so daß die Demarkationslinie, die einen Kilometer von der Eisenbahn entfernt sich hinzieht, die südliche Grenze des Departements Cote d'Or im Osten von Chagny erreicht, nur die Grenze verfolgt, welche das Departement Saone und Loire von den Departemens Cote d'Or und Jura trennt. Nachdem dieselbe über die Straße von Louhans nach Lons le Saulnier gegangen ist, wird sie die Departementalgrenze auf der Höhe des Dorfes Mallerment verlassen, von wo aus sie in der Weise fortlaufen wird, um die Eisenbahn von Lons le Saulnier nach Bourg in einer Entfernung von 11 Kilometer südlich von Lons le Saulnier zu durchschneiden, indem sie sich von dort über die Brücke der Ain auf die Straße von Clairvaux fortsetzt, von wo sie die nördliche Grenze des Arondissements St. Claue bis zu der Schweizer Grenze verfolgen wird.

„Art. 4. Die Festung Besançon wird einen Rayon von zehn Kilometres zur Verfügung der Garnison bewahren. Der feste Platz Auxonne wird von einem neutralen Terrain von drei Kilometres umgeben sein, in welchem die Zirkulation auf den Eisenbahnen, welche von Dijon nach Gray und Dôle führen, für die Militär- und Verwaltungszüge frei sein wird. Die Truppen-Kommandanten der beiden Parteien werden die Verproviantierung der beiden Festungen und der Forts regulieren, welche in den Departements Doubs und Jura sich in dem Besitz der französischen Truppen befinden, sowie die Begrenzung der Rayons dieser Forts, welcher ein jeder drei Kilometres haben wird. Die Zirkulation auf den Eisenbahnen oder den Landstraßen, welche durch diese Rayons gehen, wird frei sein.

„Art. 5. Die drei Departements Jura, Doubs und Côte d'Or werden von jetzt ab in den am 28. Januar abgeschlossenen Waffenstillstand mit eingeschlossen werden und für die Dauer des Waffenstillstandes sowie in Betreff der übrigen Bedingungen werden sämtliche in der Konvention vom 28. Januar aufgeführte Stipulationen in Anwendung kommen.

Versailles, 15. Februar 1871.

Jules Favre. v. Bismarck."

Am 12. Februar hatten die Verhandlungen der konstituierenden Versammlung in Bordeaux ihren Anfang genommen. Die bisherige provisorische Regierung legte die Regierungsgewalt nieder und es wurde der greise Thiers zum Chef der Exekutivgewalt der französischen Regierung gewählt. Derselbe berief nun sein Ministerium, in welchem Jules Favre das Portefeuille des Auswärtigen übernahm. Nachdem so eine legale Regierung von Frankreich hergestellt worden war, begann man mit Eifer und Ernst in die Friedensverhandlungen einzutreten. Eile that not, da der Waffenstillstand, wenngleich bis zum 24. ausgedehnt, doch bald abgelaufen sein mußte. Am 21. Februar trat Thiers im Verein mit den Ministern Favre und Picard nebst dem Beirate von 15 Abgeordneten mit dem deutschen Hauptquartier in die Friedensverhandlungen ein. Zuerst ward der Waffenstillstand noch bis zum 26. verlängert. Thiers ward in Versailles nicht nur von dem Bundeskanzler, sondern auf sein Ansuchen auch vom Kaiser und Kronprinzen mit ausgezeichneter Höflichkeit empfangen, wobei er Gelegenheit fand, die Verhältnisse Frankreichs sehr eingehend zu erörtern. In den weiteren Verhandlungen stellte es sich bald heraus, daß die deutsche Regierung gegenüber den Vertretern Frankreichs nur Schritt für Schritt ihre berechtigten Ansprüche würde durchsetzen können. Die Abtretung von Elsaß und Lothringen erregte geradezu einen Sturm von Widerstand und leidenschaftlichen Ergüssen, wie sehr man auch diesseits die ursprünglich deutsche Abstammung dieser uns heimtückisch geraubten Landesteile betonte. Ebenso rief unsere Forderung, daß deutsche Truppen in Paris ihren Einzug halten sollten, Entsetzen und Verwirrung hervor. Ja es schien fast, als sollten die unter den besten Anzeichen begonnenen Verhandlungen wieder abgebrochen werden, zumal Thiers immer wieder geltend machte, daß er die Verantwortung der Abtretung von Metz nicht übernehmen könnte, da ganz Frankreich sich dagegen erheben würde. Er erbot sich dafür, die Festungswerke schleifen lassen zu wollen, wenn man Frankreich die Jungfrau Metz belassen wollte. Alles vergeblich. Bismarck bestand auf seinen Forderungen — und die französischen Unterhändler beugten sich der eisernen Gewalt. Um Frankreich aber zu zeigen, daß die deutsche Politik in der That nur auf dem bestehe, was sie aus überwiegenden Gründen des nationalen Interesses festhalten mußte, willigte Bismarck schließlich darin, daß Belfort an Frankreich zurückgegeben werden sollte. Man beugte durch dieses Zugeständnis einer Wiederaufnahme des blutigen Krieges vor und in der That schien dieses Einlenken auf die französischen Forderungen den Gang der Verhandlungen wieder in Fluß zu bringen. Am 23. wurde zu Versailles folgender

Friedenspräliminarien-Vertrag

abgeschlossen, an dessen Unterzeichnung sich auf Bismarcks Wunsch auch Vertreter der süddeutschen Staaten beteiligt hatten:

„Zwischen dem Kanzler des Deutschen Reichs Herrn Grafen Otto v. Bismarck-Schönhausen, der mit Vollmacht seitens Sr. Majestät des Deutschen Kaisers und Königs von Preußen versehen ist,

dem Minister der auswärtigen Angelegenheiten Sr. Majestät des Königs von Bayern, Herrn Grafen Otto von Bray-Steinburg,

dem Minister der auswärtigen Angelegenheiten Sr. Majestät des Königs von Würtemberg, Herrn Freiherrn August von Waechter, dem Staatsminister und Ministerrats-Präsidenten Sr. Königlichen Hoheit des Großherzogs von Baden, Herrn Julius Jolly,

welche das Deutsche Reich vertreten,

einerseits,

und dem Chef der Exekutivgewalt der französischen Republik, Herrn Thiers,

und dem Minister der auswärtigen Angelegenheiten, Herrn Jules Favre,

welche Frankreich vertreten,

andererseits,

ist, nachdem die Vollmachten beider kontrahierenden Teile in guter und regelrechter Form befunden worden, nachstehende Vereinbarung getroffen worden, die als Präliminar-Grundlage für den später abzuschließenden Frieden dienen soll.

Artikel I. Frankreich verzichtet zu Gunsten des deutschen Reichs auf alle seine Rechte und Ansprüche auf diejenigen Gebiete, welche östlich von der nachstehend verzeichneten Grenze belegen sind.

Die Demarkationslinie beginnt an der nordwestlichen Grenze des Kantons Cattenom nach dem Großherzogtum Luxemburg zu, folgt südwärts den westlichen Grenzen der Kantons Cattenom und Thionville, durchschneidet den Kanton Briey, indem sie längs der westlichen Grenzen der Gemeinden Montois-la-Montagne und Roncourt, sowie der östlichen Grenzen der Gemeinden Marie-aux-Chênes, Saint Ail, Habonville hinläuft, berührt die Grenze des Kantons Gorze, welche sie längs der Grenzen der Gemeinden Vionville, Bouxières und Onville durchschneidet, folgt der Südwest- bez. Südgrenze des Arrondissements Metz, der Westgrenze des Arrondissements Chateau-Salins bis zur Gemeinde Pettoncourt, von der sie die West- und Südgrenze einschließt, und folgt dann dem Kamme der zwischen der Seille und Moncel gelegenen Berge bis zur Grenze des Arrondissements Saarburg südlich von Garde. Sodann fällt die Demarkationslinie mit der Grenze dieses Arrondissements bis zur Gemeinde Tanconville zusammen, deren Nordgrenze sie berührt. Von dort folgt sie dem Kamme der zwischen den Quellen der Saare blanche und der Vezouze befindlichen Bergzüge bis zur Grenze des Kantons Schirmeck, geht entlang der westlichen Grenze dieses Kantons, schließt die Gemeinde Saales, Bourg-Bruche, Colroy-la-Roche, Plaine, Ranrupt, Saulxures und St. Blaise-la-Roche, im Kanton Saales ein und fällt dann mit der westlichen Grenze der

Departements Nieder- und Ober-Rhein bis zum Kanton Belfort zusammen. Sie verläßt dessen Südgrenze unweit von Bourvenans, durchschneidet den Kanton Delle bei der Südgrenze der Gemeinden Bourogne und Froide-Fontaine und erreicht die Schweizer Grenze, indem sie längs der Ostgrenzen der Gemeinden Jonchery und Delle hinläuft.

Das deutsche Reich wird diese Gebiete für immer mit vollem Souveränetäts- und Eigentumsrecht besitzen.

Eine internationale Kommission, die beiderseits aus der gleichen Zahl von Vertretern der hohen kontrahierenden Teile gebildet wird, soll unmittelbar nach dem Austausche der Ratifikationen des gegenwärtigen Vertrages beauftragt werden, an Ort und Stelle die neue Grenzlinie in Gemäßheit der vorstehenden Stipulationen festzustellen. Diese Kommission wird die Verteilung des Grund und Bodens, sowie der Kapitalien leiten, welche bis jetzt gemeinschaftlich Distrikten oder Gemeinden angehört haben, die durch die neue Grenze getrennt werden; im Falle einer Meinungsverschiedenheit über die Grenze und die Ausführungs-Bestimmungen werden die Kommissionsmitglieder die Entscheidung ihrer respektiven Regierungen einholen. Die Grenze ist, sowie sie vorstehend festgesetzt ist, mit grüner Farbe auf zwei gleichen Exemplaren der Karte von den „Gebietsteilen, welche das General-Gouvernement des Elsasses bilden" vermerkt, die im September 1870 in Berlin durch die geographische und statistische Abteilung des großen Generalstabs veröffentlicht worden ist. Ein Exemplar derselben wird jeder der beiden Ausfertigungen des gegenwärtigen Vertrages angefügt. Die angegebene Grenzlinie hat indessen mit Übereinstimmung beider kontrahierenden Teile folgende Abänderungen erfahren: Im ehemaligen Mosel-Departement werden die Dörfer Marie-aux-Chênes bei St. Privat la Montagne und Vionville, westlich von Rezonville, an Deutschland abgetreten.

Dagegen werden die Stadt und die Festungswerke von Belfort mit einem später festzusetzenden Rayon bei Frankreich verbleiben.

Artikel II. Frankreich wird Sr. Majestät dem Deutschen Kaiser die Summe von fünf Milliarden Francs zahlen. Mindestens eine Milliarde Francs wird im Laufe des Jahres 1871 gezahlt und der ganze Rest im Lauf dreier Jahre von der Ratifikation des gegenwärtigen Vertrages ab.

Artikel III. Die Räumung der französischen, durch die deutschen

Truppen besetzten Gebiete wird nach der Ratifikation des gegenwärtigen Vertrages seitens der in Bordeaux tagenden National-Versammlung beginnen.

Unmittelbar nach der Ratifikation werden die deutschen Truppen das Innere der Stadt Paris, sowie die am linken Ufer der Seine belegenen Forts verlassen. Sie werden in möglichst kurzer Frist, die durch ein Einvernehmen zwischen den Militärbehörden beider Länder festgestellt wird, die Departements Calvados, Orne, Sarthe, Eure et Loir, Loiret, Loir et Cher, Indre et Loire, Yonne gänzlich und weiter die Departements Seine inferieure, Eure, Seine et Oise, Seine et Marne, Aube, Cote d'Or bis zum linken Ufer der Seine räumen.

Die französischen Truppen werden sich gleichzeitig hinter die Loire zurückziehen, die sie vor Unterzeichnung des definitiven Friedens-Vertrages nicht werden überschreiten dürfen. Ausgenommen von dieser Bestimmung sind die Garnison von Paris, deren Stärke die Zahl von 40 000 Mann nicht überschreiten darf, und die zur Sicherheit der festen Plätze unerläßlich erforderlichen Garnisonen.

Die Räumung der zwischen dem rechten Ufer der Seine und der Ostgrenze gelegenen Departements wird seitens der deutschen Truppen schrittweise nach der Ratifikation des definitiven Friedensvertrages und der Zahlung der ersten halben Milliarde der Kontribution erfolgen, die im Artikel II stipuliert ist. Die Räumung wird beginnen bei den Paris am nächsten gelegenen Departements und wird nur, nachdem die Zahlungen der Kontribution bewirkt sein werden, fortgesetzt. Nach der ersten Zahlung einer halben Milliarde wird die Räumung folgender Departements stattfinden: Somme, Oise und der Teile der Departements Seine inférieure, Seine et Oise, Seine et Marne, die auf dem rechten Seine-Ufer gelegen sind, sowie des Teiles des Departements Seine und der Forts auf dem rechten Seine-Ufer. Nach der Zahlung von zwei Milliarden wird die deutsche Okkupation nur noch die Departements Marne, Ardennes, Haute Marne, Meuse, Vosges, Meurthe, sowie die Festung Belfort mit ihrem Gebiete umfassen, die als Pfand für die rückständigen drei Milliarden dienen sollen.

Die Zahl der in denselben befindlichen deutschen Truppen wird 50 000 Mann nicht überschreiten. Es wird Sr. Majestät dem Kaiser überlassen, an die Stelle der Territorial-Garantie, welche in der teilweisen Besetzung des französischen Gebietes besteht, eine finanzielle Garantie treten zu lassen, wenn dieselbe durch die französische Regierung unter Bedingungen offeriert wird, welche von Sr. Majestät dem Kaiser und König als für die Interessen Deutschlands ausreichend anerkannt werden. Für die drei Milliarden, deren Zahlung verschoben sein wird, werden 5 pCt. Zinsen vom Tage der Ratifikation der gegenwärtigen Vereinbarung ab gezahlt.

Artikel IV. Die deutschen Truppen werden sich in den besetzten Departements der Requisitionen, sei es in Geld, sei es in Naturalien enthalten. Dagegen wird der Unterhalt der deutschen Truppen, welche in Frankreich zurückbleiben, auf Kosten der französischen Regierung erfolgen und zwar nach Maßgabe, wie sie durch ein Einvernehmen mit der deutschen Militär-Intendantur vereinbart ist.

Artikel V. Die Interessen der Einwohner in dem von Frankreich abgetretenen Gebiete werden in allem, was ihren Handel und ihre Privatrechte angeht, so günstig als möglich geregelt werden, sobald die Bedingungen des definitiven Friedens werden festgestellt sein. Zu diesem Zwecke wird ein Zeitraum festgesetzt werden, innerhalb dessen die Bewohner besondere Erleichterungen bezüglich der Zirkulation ihrer Handelserzeugnisse genießen sollen. Die deutsche Regierung wird der ungehinderten Auswanderung der Einwohner der abgetretenen Gebietsteile nichts in den Weg stellen, auch wird dieselbe den Einwohnern gegenüber keine Maßregel ergreifen dürfen, welche Person oder Eigentum derselben antastet.

Artikel VI. Die Kriegsgefangenen, welche nicht bereits auf dem Wege der Auswechselung in Freiheit gesetzt worden sind, werden unverzüglich nach der Ratifikation der vorliegenden Präliminarien zurückgegeben werden. Um den Transport der französischen Gefangenen zu beschleunigen, wird die französische Regierung zur Disposition der deutschen Behörden einen Teil des Fahrmaterials ihrer Eisenbahnen im Innern Deutschlands stellen, und zwar in einer durch besondere Verabredung festzustellenden Ausdehnung, sowie zu denjenigen Preisen, welche in Frankreich von der französischen Regierung für Militärtransporte gezahlt werden.

Artikel VII. Die Eröffnung der Verhandlungen, betreffend den definitiven Frieden, welcher auf Grundlage der gegenwärtigen Präliminarien abzuschließen ist, wird in Brüssel unverzüglich nach Ratifikation der letzteren durch die National-Versammlung und Se. Majestät den Deutschen Kaiser stattfinden.

Artikel VIII. Nach Abschluß der Ratifikation des definitiven Friedensvertrages wird die Administration der Departements, welche noch von deutschen Truppen besetzt bleiben sollen, den französischen Behörden wieder übergeben werden. Doch sollen diese letzteren gehalten sein, den Befehlen, welche die Kommandanten der deutschen Truppen im Interesse der Sicherheit, des Unterhalts und der Verteilung ihrer Truppen erlassen zu müssen glauben, Folge zu leisten. In den okkupierten Departements wird die Erhebung der Steuern nach Ratifikation des gegenwärtigen Vertrages für Rechnung der französischen Regierung und mittels der Beamten derselben bewirkt werden.

Artikel IX. Es ist ausgemacht, daß die gegenwärtigen Vertragsbestimmungen der deutschen Militärbehörde keinerlei Recht auf die Teile des Gebietes, welches von Deutschen gegenwärtig nicht besetzt ist, geben können.

Artikel X. Die gegenwärtigen Präliminarien werden der Ratifikation Sr. Majestät des deutschen Kaisers, sowie der französischen National-Versammlung, welche ihren Sitz in Bordeaux hat, unverzüglich unterbreitet werden.

(gez.) v. Bismarck. A. Thiers. Jules Favre.

Da die Königreiche Bayern und Württemberg und das Großherzogtum Baden als Bundesgenossen Preußens an dem gegenwärtigen Kriege Teil genommen haben und jetzt zum Deutschen Reich gehören, so treten die Unterzeichneten der vorliegenden Übereinkunft namens ihrer betreffenden Souveräne bei.

Versailles, den 26. Februar 1871.

gez. Graf v. Bray-Steinburg. Mittnacht.
Baron v. Waechter. Jolly.

So war denn nach lebhaften Verhandlungen Sonntag den 26. Februar 1871 der bedeutungsvolle Vertrag zum Abschluß gebracht worden. Noch an demselben Tage telegraphierte Kaiser Wilhelm an seine Gemahlin nach Berlin:

„Mit tief bewegtem Herzen, mit Dankbarkeit gegen Gottes Gnade zeige ich Dir an, daß soeben die Friedenspräliminarien unterzeichnet sind.

Nun ist noch die Einwilligung der Nationalversammlung in Bordeaux abzuwarten. Wilhelm."

Ferner richtete Kaiser Wilhelm an König Ludwig von Bayern am 27. folgendes Telegramm:

„Mit dankerfülltem Herzen gegen die Vorsehung zeige ich Ihnen an, daß gestern nachmittag die Friedenspräliminarien hier unterzeichnet worden sind, auf welche der Elsaß, aber ohne Belfort, Deutsch-Lothringen mit Metz an Deutschland abgetreten worden sind, 5 Milliarden gezahlt werden und Teile Frankreichs besetzt bleiben bis zur Abzahlung dieser Summe, Paris wird teilweise besetzt. Wenn die Ratifikation in Bordeaux erfolgt, stehen wir am Ende dieses glorreichen, aber auch blutigen Krieges, der uns mit Frivolität ohne Gleichen aufgezwungen wurde, und an dem Ihre Truppen so ehrenvollen Anteil nahmen.

Möge Deutschlands Größe sich nun im Frieden konsolidieren!

Wilhelm."

Die Antwort des jugendlichen Königs von Bayern lautete:

„Innigst erregt von der erhebenden Friedenskunde, bringe ich Ihnen meinen tiefempfundenen Dank für eine Nachricht, welche von mir und meinem treuen Volke aufs wärmste begrüßt wird. Deutschland ist nach schweren Kämpfen zu ungeahnter Größe emporgestiegen, und mit Recht werden Mit- und Nachwelt Ew. Majestät als den glorreichen Gründer dieser neuen Aera preisen. Ludwig."

Die im Artikel X vorgeschlagene Ratifikation der Friedenspräliminarien erfolgte seitens der französischen Nationalversammlung in Bordeaux nach einer leidenschaftlich erregten Verhandlnng mit 546 gegen 107 Stimmen am 1. März, seitens Kaisers Wilhelm am 2. März. Laut einer Zusatz-Konvention in den Friedenspräliminarien war uns das Recht zugestanden worden, eine gewisse Truppenzahl unserer Belagerungsarmee in Paris einziehen zu lassen. Der betreffende Artikel (II) lautete: „Der Teil der Stadt Paris innerhalb der Ringmauer zwischen der Seine, der Straße des Faubourg St. Honoré und der Avenue des Ternes wird von deutschen Truppen besetzt, deren Zahl 30000 nicht überschreiten darf". Ueber diese Truppenzahl, zusammengesetzt aus Abteilungen des VI. und XI. preußischen und II. bayerischen Korps hielt Kaiser Wilhelm am 1. März — die Nachricht von der vollzogenen Ratifikation der Friedenspräliminarien traf erst am

3. März in Versailles ein — eine Parade in der Nähe des Bois de Boulogne ab. Unmittelbar darauf erfuhr Paris den „großen Schmerz", Zeuge des Einmarsches der deutschen Truppen zu sein. Alle erdenklichen Vorsichtsmaßregeln waren auf beiden Seiten getroffen worden, denn trotz der beschwichtigenden Proklamationen der Regierung gährte es furchtbar in Paris, das weit mehr in dem Einzug sich gedemütigt fühlte als durch den Verlust von Elsaß-Lothringen. Der Kaiser und der Kronprinz beteiligten sich nicht an dem Einzuge, wohl aber eine Reihe anderer preußischer Prinzen und fremder Fürsten. Erst am Tage darauf fuhr der Kronprinz in einem schlichten Wagen nach Paris hinein, vielfach erkannt, da seine hohe Mannesgestalt noch von der 1867 stattgefundenen Weltausstellung in der Erinnerung des Volkes haften geblieben war. General-Lieutenant v. Kameke war zum Kommandanten über den von uns besetzten Teil von Paris ernannt worden.

Obwohl nur 30 000 Mann vom Paradeplatz nach Paris sich zum Einzug wandten, standen doch 100 000 Mann bereit, mit den Waffen vorzugehen, für den Fall, daß Paris einen Widerstand wagen könnte. An der Spitze der einziehenden Truppen marschierten die wackeren Bayern, deren Musikkorps: „Was ist des Deutschen Vaterland?" spielten. Ihnen schlossen sich die Preußen an, deren Musikbanden „Die Wacht am Rhein" und „Ich bin ein Preuße" spielten. Das 8. preußische Dragoner-Regiment schloß den Marsch. Um jede Ueberfüllung der Wege zu vermeiden, waren den Truppen verschiedene Wege angewiesen, die aber alle durch das Boulogner Gehölz und die Befestigungswerke der Enceinte führten. Den Glanzpunkt des imposanten Bildes, welches dieser Einzug darbot, gewährte die Straße vom Triumphbogen längs der elyseeischen Felder bis zum Concordia-Platz. Vor dem Siegesthor, dessen pomphafte Reliefs die Siege der Revolutionszeit und des Kaiserreichs verherrlichen, trafen auf drei Straßen die anrückenden deutschen Truppen zusammen und machten einige Augenblicke Halt, um sich zum Einmarsch zu ordnen. Als die Têten der ersten Abteilungen gegen das Triumphthor anrückten, versuchte ein Trupp von ungefähr 300 Menschen einen gewissen Widerstand zu leisten, welche Heldenleistung aber überaus kläglich ausfiel. Man hatte einen Wagen vor das Portal gestellt, um den Durchgang zu verbarrikadieren. Auf einem seitwärts befindlichen, halb abgetragenen Erdwerk stand ein Blousenmann, einen Revolver in der Hand.

Seine begeisterte Rede schloß er mit den großen Worten: „Les Prussiens n'entreront jamais!“ worauf er sich eiligst zwischen dem Menschenhaufen verlor. Obwohl links und rechts des Triumphbogens die Wege fast zehnmal breiter sind, als das Portal, so räumte man doch diesseits, die Pariser noch mehr zu erhitzen, den Wagen bald fort und hielt nun durch das entweihte französische Siegesthor den Einzug.

In den elyseeischen Feldern wartete eine außerordentlich zahlreiche Menschenmenge der ankommenden Truppen. Sie hatten längs des großen mehr als 1200 Schritt langen Fahrwegs bis zum Concordia-Platz ein dichtes Spalier gebildet, das nur an den Straßendurchgängen, an denen Kavallerie-Posten Stellung genommen, unterbrochen wurde. In den Nebenalleeen wandelten Tausende von Spaziergängern aus allen Klassen der Gesellschaft. Auf Polizeibefehl waren sämtliche Läden geschlossen worden. Die Menge verhielt sich durchschnittlich ruhig und gemessen. Nur einzelne Banden halbwüchsiger Burschen erfüllten die Luft mit dem Geschrei: „A Berlin, à Berlin!“ Doch schien niemand recht darauf zu hören. Man lauschte den deutschen Weisen und blickte mit oft nicht verhehlter Bewunderung auf die Reihen unserer vorüberziehenden strammen, schmucken Soldaten.

Der 2. März zeigte in Paris dasselbe Bild auf Plätzen und Straßen: geschlossene Läden, Hunderttausende von wandelnden und Gruppen bildenden Bewohnern der Hauptstadt, Militärpatrouillen und dazwischen unsere langsam die Hauptstadt durchschlendernden Krieger. Am 3. März sollten die zuerst eingezogenen 30 000 deutschen Truppen durch eine zweite Staffel in gleicher Stärke (Garde-Korps, Belagerungsartillerie und das aus Orléans zu diesem Zwecke eigens herangezogene Königs-Grenadier-Regiment) abgelöst werden, die mittlerweile jedoch eingegangene Mitteilung der erfolgten Ratifikation der Friedenspräliminarien zwang uns, von einem zweiten Einzug abzusehen. Denn laut Abmachung war bestimmt worden, daß unmittelbar nach der Ratifikation die deutschen Truppen das Innere von Paris verlassen sollten. Dies geschah. Um 5 Uhr nachmittags begann der Ausmarsch.

Er ging wieder durch das Triumphthor der elyseeischen Felder. General-Lieutenant v. Kameke hatte sich mit seinem Stabe daselbst aufgestellt. Jedesmal, wenn eine Kompagnie vor dem Siegesbogen ankam, stieß sie drei Hurras aus. Gegen 11 Uhr abends war das Defilée zu Ende und der bisherige deutsche Kommandant von Paris, ritt, von zwei Schwadronen Husaren begleitet, nach Versailles zurück. Den Abend, als die deutschen Belagerer Paris wieder geräumt hatten, bot die französische Hauptstadt nach einem Berichte des „Daily Telegraph“ folgendes höchst bezeichnende Bild: „Es war eine prächtige Nacht. Heller Mondschein, verbunden mit einer Gasbeleuchtung, die zum ersten Male seit Monaten den Parisern wieder strahlte, hatte eine große Menschenmenge hervorgelockt. Die Trottoirs waren von einer dichten Masse belebt und Zeitungen fanden reichlichen Absatz, hauptsächlich um der Notirungen der Rente willen und wegen der Anzeigen über die am nächsten Tage angekündigten Theatervorstellungen. Jedermann plauderte, lachte und befand sich anscheinend in der angenehmsten Stimmung, aber kein Wort war von Krieg und Frieden und den schweren Bedingungen für den letzteren zu hören, noch waren die gefährlichen Straßenpolitiker, die sonst an allen Ecken kleine Parlamente um sich versammeln, zu sehen; Sänger krächzten, Bettler machten Angriffe auf die Menge und an den Ecken stand die Reserve von Krüppeln bereit. Liniensoldaten stolzierten in voller Uniform mit ihrem besten Medaillenschmuck, aber ohne Waffen in der Mitte der Straße umher, Nationalgardisten machten sich in angelegentlicher Unterhaltung auf dem Trottoir mit ihren Säbeln breit. In den Cafés war kein Eindringen möglich und Reihen von Stühlen streckten sich vor denselben bis an das fünfte oder sechste Haus rechts und links entlang aus. Alle Läden, welche Luxusgegenstände feilschten, standen offen und wir gingen zu Le Filleul auf dem Boulevard des Italiens, um für einen Freund einen Blumenstrauß zu erstehen. Madame Filleul hat keine schlechte Saison gehabt, sie hat für eine tote Saison ein recht erträgliches Geschäft in Totenkränzen und dergleichen gemacht und ich muß sagen, sie sah durchaus nicht niedergeschlagen wegen des Verlustes von Elsaß und Lothringen aus. Man speiste, trank, man rauchte, man spielte Domino und Karten; Kinder sangen wie sonst anstößige Lieder und Damen von jener Klasse, die in letzter Zeit unsichtbar geworden waren, gingen kühn in voller Gesellschaftstoilette, um in Nr. 16 des Café Anglais ihr Souper zu nehmen. Dabei drängten sich betrunkene Mobile und Börsenspekulanten in Menge umher. — Kurz, kein Jahrmarkt könnte lärmender, kein zu Scherz und Lustbarkeit versammelter Volkshaufe sorgloser sein. Und mitten in diesem Gewühle traf ich einen Freund aus dem

Elsaß, einen Mann, der nicht gerade weinerlicher Natur ist, aber die hellen Thränen liefen ihm die Wangen hinab, als er sprach: „Sie sind geschlagen, beraubt und mißhandelt worden; sie haben Frankreich zu Grunde gerichtet, seine besten Provinzen eingebüßt und mich der Verbannung überliefert, und jetzt freut sich die Kanaille der eigenen Erniedrigung.“ So war es in der That. So trug das große Pariser Volk, über dessen „bewundernswerte Haltung“ so viel Aufhebens gemacht wird, seine Demütigung. Ich habe selten eine lustigere Pracht auf den Boulevards gesehen.“

Achtunddreißigstes Kapitel.

Kaiser Wilhelm verläßt Versailles, hält bei Villiers Parade ab und begiebt sich über Nancy nach Berlin. — Abschied Kaiser Wilhelms von seiner Armee. — Kaiser Wilhelms Rückkehr nach Berlin. — Die Eröffnung des ersten Deutschen Reichstages. — Die Revolution bricht in Paris aus. — Der Kampf zwischen der Kommune und National-Regierung in Paris. — Gräuelscenen in der französischen Hauptstadt. — Paris wird unterworfen. — Der Friedensvertrag am 10. Mai 1871 in Frankfurt am Main. — Unsere Verluste und Kriegsbeuten während des Feldzuges 1870—71. — Was hatte Deutschland sonst noch errungen?

So war denn die lang ersehnte Aussicht auf einen goldenen Frieden eröffnet. Von den Gefilden Frankreichs, auf denen deutsche Krieger Sieg auf Sieg gehäuft, eine Fülle ungeahnter Erfolge und Lorbeern mit Einsetzung von Gut und Blut errungen hatten, sollte es nun wieder heimgehen in die ferne teure Heimat. Das klang wie Friedensglocken durch aller Herzen. Staffelweise rüsteten die Armeeen sich zum Rückmarsche.

Nachdem bereits die Mehrzahl deutscher Fürsten und Prinzen, die den Feldzug mitgemacht hatten, Versailles, die glänzende Hauptstadt Ludwigs XIV., am 3. und 5. März verlassen hatten, brach am 7. März der Kaiser selbst auf und begab sich über Sceaux, Villejuif, Ivry und Charenton nach dem Felde von Villiers, dem Schauplatze der blutigen Kämpfe des 30. Novembers und 2. Dezembers, wo er über Sachsen, Würtemberger und Bayern Revue abhielt. Der Kronprinz Albert von Sachsen führte die Parade dem Kaiser vor. Bei dieser Gelegenheit sollte sich Freiherr v. d. Tann, dessen I. Korps, von Orléans zurückgekehrt, vor dem obersten Heerführer vorüberdefilieren durfte, der höchsten Anerkennung erfreuen. Von hier aus begab sich der Kaiser nach Ferrières, wo er in dem dortigen Schlosse sein Hauptquartier gemeinschaftlich mit dem Kronprinzen aufschlug. Am 10. März verließ auch das Hauptquartier der III. Armee Versailles. Der Stab, in Abwesenheit des Kronprinzen durch General-Lieutenant v. Blumenthal geführt, nahm seinen Weg über St. Gratien und Vertgalant. Als man St. Denis passierte, stiegen die Offiziere vor der ehrwürdigen Kathedrale, am Portal der Rue de Straßburg, vom Pferde und traten, nicht ohne Bewegung, in die mächtigen Hallen dieses gotischen Domes.

Am 13. März brach Kaiser Wilhelm von Ferrières nach Lagny auf, um von hier sich mittelst Eisenbahn über Meaux, Epernay, Châlons, Bar le Duc und Frouard nach Nancy zu begeben, wo er abends gegen 7 Uhr eintraf und im Schlosse, wo sich auch das General-Gouvernement befand, abstieg. Am Vormittage des 14. März nahm er auf dem Stanislausplatz eine Parade über die in Nancy kantonnierenden Truppen ab und erließ ebenfalls von hier aus am nächsten Tage, wo er Abschied von Frankreich nahm, folgenden Armeebefehl:

„Soldaten der Deutschen Armee!

Ich verlasse mit dem heutigen Tage den Boden Frankreichs, auf welchem dem deutschen Namen so viel neue kriegerische Ehre erwachsen, auf dem aber auch so viel teures Blut geflossen ist. Ein ehrenvoller Frieden ist jetzt gesichert und der Rückmarsch der Truppen in die Heimat hat zum Teil begonnen. Ich sage Euch Lebewohl und Ich danke Euch nochmals mit warmem und gehobenem Herzen für alles, was Ihr in diesem Kriege durch Tapferkeit und Ausdauer geleistet habt. Ihr kehrt jetzt mit dem stolzen Bewußtsein in die Heimat zurück, daß Ihr einen der größten Kriege siegreich geschlagen habt, den die Weltgeschichte je gesehen, — daß das teure Vaterland vor jedem Betreten durch den Feind geschützt worden ist und daß dem Deutschen Reiche jetzt Länder wiedererobert worden sind, die es vor langer Zeit verloren hat. Möge die Armee des nunmehr geeinten Deutschlands dessen stets eingedenk sein, daß sie sich nur bei stetem Streben nach Vervollkommnung auf ihrer hohen Stufe erhalten kann, dann können wir der Zukunft getrost entgegensehen!

Nancy, den 15. März 1871. Wilhelm."

Vereint mit dem Kronprinzen setzte am 15. März morgens der Kaiser seine Reise in die Heimat fort, überall der Gegenstand stürmischster und tiefbewegender Huldigungen. In Forbach überschritt man die preußische Grenze. Den kaiserlichen Zug empfing am dortigen Bahnhofe folgende Inschrift:

„Der Kaiser beut, als erste Gabe,
Ruhmreichen Frieden Dir, Germania!"

In Frankfurt, Eisenach, Weimar, Halle, Magdeburg, selbst an den kleinsten Nebenstationen wiederholten sich die ergreifendsten Scenen ungemessener Freude, jubelnden Dankes. So hielt der greise, erste Deutsche Kaiser am 17. März seinen Einzug in Berlin, der stolzbewegten Hauptstadt seines Landes. Vier Tage später, am 21. März, trat der erste Deutsche Reichstag zusammen. Die Thronrede, mit welcher Kaiser Wilhelm diese hochbedeutsame Versammlung eröffnete, schloß mit den schönen Worten: „Möge die Wiederherstellung des Deutschen Reiches für die deutsche Nation auch nach Innen das Wahrzeichen neuer Größe sein; möge dem deutschen Reichskriege, den wir so ruhmreich geführt, ein nicht minder glorreicher Reichsfrieden folgen, und möge die Aufgabe des deutschen Volkes fortan darin beschlossen sein, sich in dem Wettkampfe um die Güter des Friedens als Sieger zu erweisen." —

Kaum waren die kaiserlichen Dankesworte verklungen, die Hauptstadt wieder erreicht und zum ersten Male die Vertreter des neuen Deutschen Kaiserreiches daselbst versammelt, Armee und Land rüsteten sich, das Geburtsfest des sieggekrönten Herrschers in feierlichster Weise zu begehen, als — im schroffsten Gegensatz hierzu — in Paris der offene Bürgerkrieg entbrannte. Der unsererseits bereits eingeleitete Rückmarsch mußte angesichts dieser so plötzlich eintretenden furchtbaren Ereignisse, die unter Umständen das ganze Zustandekommen eines endgiltigen Friedensabschlusses — in Brüssel war man deshalb bereits zusammengetreten — vereiteln konnten, wieder eingestellt werden und im weiten Halbkreise umstanden unsere Truppen das nördliche Paris, viele Wochen nun als unmittelbare Zeugen eines mörderischen und barbarischen Bruderkampfes, den jetzt die „Communards" der Hauptstadt, ein zur Bestie verwandelter Pöbel, mit der republikanischen Armee des Landes führten.

Schon während unserer Belagerung war in Paris die revolutionäre Bewegung im steigenden Wachsen begriffen, noch mühsam immer nur durch das Übergewicht der Truppen niedergehalten. Kaum aber, daß der Präliminar-Frieden unterzeichnet worden, die Armee von Paris entwaffnet war, die deutschen Krieger sich zur Heimkehr rüsteten, als auch der längst gefürchtete Aufruhr in hellen Flammen emporschlug. Die durch den Präliminarfrieden der Regierung belassene Besatzung von Paris, 40 000 Mann, erwies sich zur Aufrechthaltung der Ruhe als viel zu schwach. Die Volksmassen, verstärkt durch Mobil- und Nationalgarden, hatten sich bereits vor der Kapitulation in den Besitz zahlreicher Geschütze nebst Munition gesetzt, unter dem Vorgeben, dieselben vor den verhaßten Preußen zu retten. Ein „Zentral-Komitee" war gewählt worden, das den offenen Widerstand gegen die Regierung verkündete. Bereits am 18. März ließ Thiers, den trüben Ausgang ahnend, die noch zuverlässigen Nationalgarden-Regimenter nach Versailles sich zurückziehen, teils sie dem zersetzenden Treiben der Hauptstadt zu entrücken, teils die nach Versailles geflüchtete Regierung zu schützen. Deutscherseits erklärte man sich sofort bereit, den französischen Staatsbehörden jede nur mögliche Erleichterung zu gewähren. Lag es doch in unserem eigensten Interesse, den Bürgerkrieg auf die Hauptstadt möglichst zu beschränken und schleunigst wieder zu unterdrücken, damit nicht eine andere, jedem Friedensabschlusse abgeneigte Regierung die Oberhand erst noch gewänne. In diesem Sinne wurden die Oberkommandos diesseits angewiesen, jede in ihrem Bereiche auftauchende revolutionäre Bewegung niederzuhalten, ebenso jeden Zuzug nach der Hauptstadt zu verhindern. Unsere Vorposten bezogen die Demarkationslinie wieder, die Desarmierungsarbeiten wurden eingestellt und am 23. März ward den Gewalthabern in Paris eröffnet, daß jeder Versuch, die den Deutschen zugekehrten Fronten zu armieren, mit einer sofortigen Beschießung der Hauptstadt beantwortet werden würde. In Rouen wurde in einer Sitzung am 28. März der französischen Regierung verstattet, ihre in Versailles haltende Streitkraft auf 80 000 Mann erhöhen zu dürfen, doch solle dieselbe nur gegen Paris und zum Schutze der National-Regierung verwandt werden. Innerhalb Paris entwickelten sich inzwischen die entsetzlichsten Vorgänge. Stadthaus, Polizeipräfektur und Tuilerien waren von den Aufständischen besetzt worden, vor deren blutigen Gewaltthaten die besitzenden Klassen der Hauptstadt zitterten. Barrikaden sperrten die Straßen, innerhalb deren sich die wehevollsten Kämpfe und Gräuelscenen Tag und Nacht abspielten.

Am 2. April schritten die Aufrührer zum Angriff auf Versailles, wurden aber an diesem, wie am nächsten Tage abgewiesen. Am 4. April besetzten die Regierungstruppen die Hochfläche von Châtillon und das Seine-Ufer von Sevres bis Courbevoie. Mac Mahon war der Oberbefehl über die in Versailles vereinigten Regierungstruppen übertragen worden. Am 25. April übernahm der Sieger von Magenta einen Angriff auf die Forts d'Issy und de Vanvres. Am 10. Mai fand man das erste Fort geräumt, das andere ergab sich am 13. Was sich währenddessen innerhalb Paris abspielte, spottet jeder Beschreibung. Hunderte von öffentlichen Prachtbauten, einst der Stolz der Hauptstadt und des Landes, gingen in den Flammen der mit Pulver und Petroleum regierenden Aufrührer und ihrer entmenschten Weiber auf. Die Tuilerien, das Stadthaus, Louvre, Museen, Schulen, Kirchen, Ministerien sanken in Asche; am 16. Mai wurde die mit der Statue Napoleon I. gekrönte Vendômesäule unter wilden Musikklängen niedergerissen; Leichen füllten die Straßen, die von dem Johlen der Menge, dem Krachen der einstürzenden Mauern widerhallten. Die Mordgier feierte Orgien. Selbst die Priester der Kirche schonte man nicht. So hauchte unter den Gewehrsalven der verrohten Kommunisten auch der ehrwürdige Erzbischof von Paris, Darboy, sowie der Abbé Deguerry, Pfarrer an der Madelainekirche, ihr Leben aus. Weit schwerer als der Krieg, lastete diese Empörung auf dem unglücklichen Lande, das bisher nur besiegt, doch nicht entehrt worden war. Thaten sind in jenen Tagen begangen worden, die kaum ihres Gleichen in der großen Revolution finden und vor denen Goten und Vandalen errötet sein würden. Noch niemals sind ärgere Verbrechen gegen die Zivilisation gesündigt worden, als in diesen Frühlingstagen 1871 in Paris, und das von Bestien, die sich Bürger des so tief geschändeten und verratenen Landes nannten. —

Immer erbitterter gestalteten sich die Kämpfe der Kommune und Regierung, bis endlich Mac Mahon am 20. Mai vom Bois de Boulogne aus das Feuer mit solcher Wirkung auf die Stadtbefestigung eröffnen ließ, daß seine Truppen bereits am anderen Tage die von den Aufständischen verlassenen Wälle ersteigen konnten. Was nun folgte, war ein achttägiger mörderischer Barrikaden- und Straßenkampf innerhalb Paris, der mit der Niederwerfung der Insurgenten endigte. Am 28. Mai war Paris bezwungen, die National-Regierung auch hier wieder anerkannt. Währenddessen waren die Friedensverhandlungen in Brüssel betrieben worden. Und als dieselben nicht rechten Fortgang nehmen wollten, wurde Frankfurt a. Main dazu gewählt. Am 5. Mai traf Fürst Bismarck in der ehemaligen freien Stadt ein, am 10. Mai war der definitive Frieden unterzeichnet. Derselbe wurde deutscherseits am 16. Mai ratifiziert; zwei Tage später nahm die französische Nationalversammlung den Frieden mit 440 gegen 98 Stimmen an. Sein Inhalt lautete:

„Fürst Otto v. Bismarck-Schönhausen, Kanzler des Deutschen Reiches,

Graf Harry v. Arnim, außerordentlicher Gesandter und bevollmächtigter Minister des Deutschen Kaisers beim heiligen Stuhle,

namens Sr. Majestät des Deutschen Kaisers einerseits und andrerseits

Herrn Jules Favre, Minister der auswärtigen Angelegenheiten der französischen Republik,

Herr Augustin Thomas Joseph Pouyer-Quertier, Finanzminister der französischen Republik und

Herr Marcus Thomas Eugen v. Goulard, Mitglied der Nationalversammlung,

namens der französischen Republik,

in der Absicht, den Präliminar-Friedensvertrag vom 26. Februar d. J. mit den nachstehenden Veränderungen in einen definitiven Friedensvertrag umzuwandeln, haben Folgendes festgesetzt:

Art. 1. Die Entfernung von der Stadt Belfort bis zur Grenzlinie, wie diese ursprünglich bei den Unterhandlungen von Versailles vorgeschlagen worden und auf der dem ratifizierten Instrumente der Präliminarien vom 26. Februar beigefügten Karte bezeichnet ist, soll als Ausdehnung des Rayons gelten, der, gemäß der darauf bezüglichen Klausel des ersten Artikels der Präliminarien, mit der Stadt und den Befestigungen von Belfort bei Frankreich verbleiben soll.

Die deutsche Regierung ist willens, diesen Rayon solcher Weise zu vergrößern, daß er die Kantons von Belfort, Delle und Giromagny umfaßt, sowie den westlichen Teil des Kantons von Fontaine, westlich einer Linie von dem Punkte, wo der Kanal von der Rhone nach dem Rhein aus dem Kanton von Delle austritt, im Süden von Montreux Chateau bis zur Nordgrenze des Kantons zwischen Bourg und Felon, wo diese Linie die Ostgrenze des Kantons von Giromagny erreicht. Die deutsche Regierung wird indessen die oben bezeichneten Territorien nur unter der Bedingung abtreten, daß die französische Republik ihrerseits in eine Grenzrektifikation einwillige längs den westlichen Grenzen der Kantone von Catenom und Thionville, welche an Deutschland das Gebiet überläßt im Osten einer Linie, die von der Grenze von Luxemburg zwischen Hussigny und Redingen ausgeht, die Dörfer Thil und Villerupt an Frankreich lassend, sich zwischen Erronville und Aumetz, zwischen Beuvillers und Boulange, zwischen Trieux und Lomeringen hinzieht und die alte Grenzlinie zwischen Avril und Moyeuvre erreicht. Die internationale Kommission, deren im Art. 1 der Präliminarien erwähnt ist, wird sich sogleich nach der Auswechselung der Ratifikationen des gegenwärtigen Vertrages an Ort und Stelle begeben, um die ihr obliegenden Arbeiten auszuführen und die Linie der neuen Grenze gemäß der vorstehenden Dispositionen zu ziehen.

Art. 2. Die den abgetretenen Gebieten angehörigen, gegenwärtig auf diesem Gebiete domizilierten französischen Unterthanen, welche beabsichtigen, die französische Nationalität zu behalten, sollen bis zum 1. Oktober 1872 und mittelst einer vorausgehenden Erklärung an die kompetente Behörde die Befugnis haben, ihr Domizil nach Frankreich zu verlegen und sich dort niederzulassen, ohne daß dieses Recht alteriert werden könne durch die Gesetze über den Militärdienst, — in welchem Falle ihnen die Eigenschaft als französische Bürger erhalten bleiben wird. Es steht ihnen frei, ihre auf den mit Deutschland verbundenen Territorien gelegenen Immobilien zu behalten. Kein Bewohner der abgetretenen Territorien darf in seiner Person oder in seinen Gütern auf Grund seiner politischen oder militärischen Handlungen während des Krieges verfolgt, gestört oder zur Untersuchung gezogen werden.

Art. 3. Die französische Regierung wird der deutschen Regierung die Archive, Dokumente und Register übergeben, welche die zivile, militärische oder gerichtliche Verwaltung der abgetretenen Territorien betreffen. Sollten einige dieser Aktenstücke weggeschafft worden sein, so wird die französische Regierung dieselben auf Anforderung der deutschen Regierung wieder herbeischaffen.

Art. 4. Die französische Regierung wird der Regierung des deutschen

Reichs innerhalb einer Frist von sechs Monaten, von der Auswechselung der Ratifikation dieses Vertrages an gerechnet, übergeben:

1. den Betrag der seitens der Departements, Gemeinden und öffentlichen Anstalten der abgetretenen Territorien deponierten Summen;

2. den Betrag der Anwerbungs- und Stellvertretungs-Prämien, welche den aus den abgetretenen Territorien gebürtigen Soldaten und Seeleuten gehören, die sich für die deutsche Nationalität entschieden haben.

3. den Betrag der Kautionen der Rechnungs-Beamten des Staates;

4. den Betrag der für gerichtliche Konsignationen in Folge von Maßregeln der Verwaltungs- oder Justizbehörden in den abgetretenen Territorien eingezahlten Geldsummen.

Art. 5. Beide Nationen werden gleiche Behandlung genießen in Bezug auf die Schifffahrt auf der Mosel, dem Kanal von der Marne nach dem Rhein, dem Kanal von der Rhone nach dem Rhein, dem Kanal der Saar und den mit diesen Wasserwegen in Verbindung stehenden schiffbaren Gewässern. Das Flößrecht wird beibehalten.

Art. 6. Da die hohen kontrahierenden Parteien der Meinung sind, daß die Diösangrenzen der an das deutsche Reich abgetretenen Territorien mit der neuen durch obenstehenden Art. 1 bestimmten Grenze zusammen fallen müssen, so werden sie sich nach der Ratifikation des gegenwärtigen Vertrages unverzüglich über die zu diesem Zwecke zu ergreifenden gemeinsamen Maßregeln verständigen.

Die der reformierten Kirche oder der Augsburger Konfession angehörigen, auf den von Frankreich abgetretenen Territorien ansässigen Gemeinden werden aufhören, von der französischen geistlichen Behörde abhängig zu sein.

Die zur Kirche der Augsburger Konfession gehörigen, auf französischem Territorium ansässigen Gemeinden werden aufhören, von dem Ober-Konsistorium und von dem Direktor in Straßburg abhängig zu sein.

Die israelitischen Gemeinden der Territorien im Osten der neuen Grenze werden aufhören, von dem israelitischen Zentral-Konsistorium zu Paris abhängig zu sein.

Art. 7. Die Zahlung von 500 Millionen wird erfolgen innerhalb der dreißig Tage, welche der Herstellung der Autorität der französischen Regierung in der Stadt Paris folgen werden. Eine Milliarde wird

76*

bezahlt werden im Verlaufe des Jahres und eine halbe Milliarde am 1. Mai 1872. Die letzten drei Milliarden bleiben zahlbar am 2. März 1874, sowie es durch den präliminarischen Friedensvertrag stipuliert worden ist. Vom 2. März des laufenden Jahres an werden die Zinsen dieser drei Milliarden Francs jedes Jahr am 3. März mit 5 pCt. per Jahr bezahlt werden.

Jede im Voraus auf die drei Milliarden abgezahlte Summe wird vom Tage der geleisteten Zahlung an aufhören, Zinsen zu tragen.

Alle Zahlungen können nur in den hauptsächlichsten Handelsstädten Deutschlands gemacht werden und werden in Metall, Gold oder Silber, in Billets der Bank von England, in Billets der Bank von Preußen, in Billets der königlichen Bank der Niederlande, in Billets der Nationalbank von Belgien, in Anweisungen auf Ordre oder diskontierbare Wechsel ersten Ranges zum vollen Werthe geleistet werden. Da die deutsche Regierung in Frankreich den Werth des preußischen Thalers auf 3 Fr. 75 Cts. festgestellt hat, so nimmt die französische Regierung die Umwechselung der Münzen beider Länder zu oben bezeichnetem Kurse an. Die französische Regierung wird die deutsche Regierung drei Monate zuvor von jeder Zahlung benachrichtigen, welche sie den Kassen des Reiches zu leisten beabsichtigt.

Nach Zahlung der ersten halben Milliarde und der Ratifikation des definitiven Friedensvertrages werden die Departements der Somme, der Seine Inféreure und der Eure geräumt, in so weit sie noch von deutschen Truppen besetzt sind. Die Räumung der Departements der Oise, der Seine-et-Oise, der Seine-et-Marne und der Seine, sowie der Forts von Paris wird stattfinden, sobald die deutsche Regierung die Herstellung der Ordnung sowohl in Frankreich als in Paris für genügend erachtet, um die Ausführung der durch Frankreich übernommenen Verpflichtungen sicher zu stellen. In allen Fällen wird diese Räumung bei Zahlung der dritten halben Milliarde stattfinden.

Die deutschen Truppen behalten im Interesse ihrer Sicherheit die Verfügung über die neutrale Strecke zwischen der deutschen Demarkationslinie und der Umwallung von Paris auf dem rechten Ufer der Seine.

Die Stipulationen des Vertrages vom 26. Februar, bezüglich auf die Okkupation des französischen Gebietes nach Zahlung der beiden

Milliarden bleiben in Kraft. Von der Zahlung der ersten fünfhundert Millionen können keine Abzüge, wozu die französische Regierung berechtigt sein könnte, gemacht werden.

Art. 8. Die deutschen Truppen werden fortfahren, sich der Requisitionen in natura oder Geld in den besetzten Territorien zu enthalten; da diese Verpflichtung ihrerseits in gegenseitiger Beziehung steht zu der von der französischen Regierung übernommenen Verpflichtung, sie zu unterhalten, so werden im Falle, daß trotz wiederholter Anforderungen der deutschen Regierung die französische Regierung in Ausführung besagter Verpflichtung zurückbleiben sollte, die deutschen Truppen das Recht haben, sich das Nötige für ihre Bedürfnisse durch Erhebung von Steuern und Requisitionen in den besetzten Departements zu verschaffen, und selbst außerhalb derselben, wenn deren Hilfsmittel nicht hinreichen sollten.

Bezüglich auf die Verpflegung der deutschen Truppen werden die gegenwärtig in Kraft stehenden Anordnungen beibehalten bis zur Räumung der Forts von Paris.

Kraft des Vertrages von Ferrières vom 11. März 1871 werden die durch diesen Vertrag angegebenen Reduktionen zur Ausführung kommen nach Räumung der Forts.

Sobald der Effektivstand der deutschen Armee unter die Zahl von 500 000 Mann herabgesunken sein wird, werden die unter diese Zahl gemachten Reduktionen angerechnet werden, um eine verhältnismäßige Verminderung der von der französischen Regierung bezahlten Unterhaltungskosten für die Truppen herzustellen.

Art. 9. Die gegenwärtig den Erzeugnissen der Industrie in den abgetretenen Gebieten zur Einfuhr nach Frankreich gestattete Ausnahmebehandlung wird für einen Zeitraum von sechs Monaten, vom 1. März an gerechnet, unter den mit den Delegierten des Elsasses vereinbarten Bedingungen aufrecht erhalten werden.

Art. 10. Die deutsche Regierung wird fortfahren, die Kriegsgefangenen zurückkehren zu lassen, indem sie sich mit der französischen Regierung in Einvernehmen setzt. Die französische Regierung wird diejenigen dieser Gefangenen, welche verabschiedet werden können, in ihre Heimat zurücksenden. Diejenigen, welche ihre Dienstzeit noch nicht zurückgelegt, haben sich hinter die Loire zurückzuziehen. Es ist vereinbart, daß die Armee von Paris und von Versailles, nach Herstellung der Autorität der französischen Regierung in Paris und bis zur Räumung der Forts von Seiten der deutschen Truppen, 80 000 Mann nicht übersteigen soll. Bis zu dieser Räumung kann die französische Regierung keine Truppenzusammenziehung auf dem rechten Ufer der Loire vornehmen, jedoch wird sie die regelmäßigen Besatzungen der in dieser Zone gelegenen Städte gemäß den Bedürfnissen der Aufrechthaltung der Ordnung und der öffentlichen Ruhe stellen.

Nach Maßstab des Fortschritts der Räumung werden sich die Kommandanten der Truppen über eine neutrale Zone zwischen den Armeeen der beiden Nationen verständigen.

20 000 Gefangene sollen ohne Verzug nach Lyon dirigiert werden, unter der Bedingung, daß sie nach ihrer Organisierung sofort nach Algerien geschickt werden, um in dieser Kolonie zur Verwendung zu kommen.

Art. 11. Da die Handelsverträge mit den verschiedenen Staaten Deutschlands durch den Krieg aufgehoben sind, werden die französische und die deutsche Regierung zur Grundlage ihrer Handelsbeziehungen den Grundsatz der gegenseitigen Behandlung auf dem Fuße der meistbegünstigten Nation nehmen.

In dieser Regel sind einbegriffen die Eingangs- und Ausgangsrechte, der durchgehende Verkehr, die Zollformalitäten, die Zulassung und Behandlung der Unterthanen beider Nationen und der Vertreter derselben.

Jedoch sind ausgenommen von obiger Regel die Begünstigungen, welche eine der vertragschließenden Parteien durch Handelsverträge anderen Ländern, als den folgenden gewährt hat: England, Belgien, Niederlande, Schweiz, Östreich, Rußland.

Die Schifffahrtsverträge und die auf den internationalen Eisenbahnverkehr bezügliche Übereinkunft in ihren Beziehungen auf die Verzollung, sowie die Konvention für den wechselseitigen Schutz des Eigentums an geistigen und künstlerischen Werken werden wieder in Kraft gesetzt werden.

Indessen behält sich die französische Regierung das Recht vor, von den deutschen Schiffen und deren Ladung Tonnen- und Flaggengebühren zu erheben, unter der Bedingung, daß diese Gebühren die von den Schiffen und Ladungen der vorerwähnten Nationen erhobenen nicht übersteigen.

Art. 12. Alle vertriebenen Deutschen bleiben in vollem Genusse aller Rechte, welche sie in Frankreich erworben haben.

Diejenigen Deutschen, welche die von den französischen Gesetzen verlangte Ermächtigung erhalten haben, ihren Wohnsitz in Frankreich aufzuschlagen, werden in alle ihre Recht wieder eingesetzt und können in Folge dessen auf französischem Gebiete ihren Wohnsitz nehmen.

Die durch die französischen Gesetze bedungene Frist zur Erlangung der Naturalisation wird als durch den Kriegszustand nicht unterbrochen betrachtet für die Personen, welche von der vorerwähnten Erlaubnis, nach Frankreich zurückzukehren, binnen sechs Monaten nach Austausch der Ratifikationen dieses Vertrages Gebrauch machen, und die zwischen ihrer Vertreibung und ihrer Rückkehr auf französischen Boden verflossene Zeit soll angesehen werden, als ob sie nie aufgehört hätten, in Frankreich zu wohnen.

Obige Bedingungen sind in voller Gegenseitigkeit auf die in Deutschland wohnenden oder zu wohnen wünschenden französischen Unterthanen anwendbar.

Art. 13. Die deutschen Schiffe, welche durch Prisengerichte vor dem 2. März 1871 verurteilt waren, sollen als endgiltig verurteilt angesehen werden.

Diejenigen, welche am besagten Tage nicht verurteilt waren, sollen mit der Ladung, soweit sie noch besteht, zurückerstattet werden. Wenn die Rückerstattung der Fahrzeuge und Ladungen nicht mehr möglich ist, so soll ihr Wert, nach dem Verkaufspreise angesetzt, ihren Eigentümern vergütet werden.

Art. 14. Jede der vertragschließenden Parteien wird auf ihrem Gebiete die zur Kanalisierung der Mosel unternommenen Arbeiten fortführen. Die gemeinsamen Interessen der getrennten Teile der beiden Departements Meurthe und Mosel sollen liquidiert werden.

Art. 15. Die hohen vertragschließenden Parteien verpflichten sich gegenseitig, auf die gegenseitigen Unterthanen die Maßnahmen auszudehnen, welche sie zu Gunsten derjenigen ihrer Staatsangehörigen für nützlich erachten würden, die in Folge der Kriegsereignisse in die Unmöglichkeit versetzt worden waren, zu richtiger Zeit für die Wahrnehmung oder Aufrechterhaltung ihrer Rechte einzutreten.

Art. 16. Die französische und die deutsche Regierung verpflichten sich gegenseitig, die Gräber der auf ihren Gebieten beerdigten Soldaten zu respektieren und unterhalten zu lassen.

Art. 17. Die Regulierung der nebensächlichen Punkte, über welche eine Verständigung erzielt werden muß in Folge dieses Vertrages und des Präliminarvertrages, wird der Gegenstand weiterer Verhandlungen sein, welche in Frankfurt stattfinden werden.

Art. 18. Die Ratifikationen des gegenwärtigen Vertrages durch die National-Versammlung und durch das Oberhaupt der vollziehenden Gewalt der französischen Republik einerseits

und durch Se. Majestät den Kaiser von Deutschland

andererseits

werden in Frankfurt, binnen zehn Tagen oder wo möglich früher ausgetauscht werden.

Zur Beglaubigung dieses haben die beiderseitigen Bevollmächtigten ihre Unterschrift und ihr Siegel beigefügt.

Frankfurt, den 10. Mai 1871.

(gez.) von Bismarck.	(gez.) Jules Favre.
(gez.) von Arnim.	(gez.) Pouyer-Quertier.
	(gez.) E. de Goulard.

Zusatzartikel.

Art. 1. § 1. Von jetzt ab bis zu dem für den Austausch der Ratifikationen des gegenwärtigen Vertrages festgesetzten Zeitpunkte wird die französische Regierung von ihrem Rechte des Rückkaufes der der Ostbahn-Gesellschaft gegebenen Konzession Gebrauch machen. Die deutsche Regierung wird in alle Rechte treten, welche die französische Regierung durch den Rückkauf der Konzessionen erworben haben wird, soweit es sich um die in den abgetretenen Gebieten gelegenen Eisenbahnen, vollendete oder im Bau begriffene, handelt.

§ 2. In diese Konzession sind einbegriffen:

1. Alle der besagten Gesellschaft zugehörigen Grundstücke, was auch ihre Bestimmung sein mag, z. B. Bahnhofs- und Stations-Gebäude, Schuppen, Werkstätten und Magazine, Wegewärterhäuschen u. s. w.

2. Alle dazu gehörigen Immobilien, wie Barrièren, Zäune, Weichen, Signale, Drehscheiben, Pumpen, hydraulische Krahnen, feste Maschinen u. s. w.

3. Alle Brennmaterialien und Vorräte aller Art, Bahnhofs-Mobiliar, Werkzeuge in den Werkstätten und Bahnhöfen u. s. w.

4. Die Summen, welche der Ostbahn-Gesellschaft zustehen als Sub-

ventionen, die von den im abgetretenen Gebiete ansässigen Korporationen oder Privatpersonen gewährt sind.

§ 3. Ausgeschlossen von dieser Cession ist das Betriebsmaterial. Die deutsche Regierung erstattet den etwa in ihrem Besitz befindlichen Teil des Betriebsmaterials nebst Zubehör der französischen Regierung zurück.

§ 4. Die französische Regierung verpflichtet sich, die abgetretenen Eisenbahnen und was dazu gehört, dem deutschen Reiche gegenüber, von allen Rechtsansprüchen zu befreien, die von Dritten darauf erhoben werden können, namentlich von den Ansprüchen der Obligationsgläubiger. Gleichfalls verpflichtet sie sich, eintretenden Falls für die deutsche Regierung in Bezug auf die Reklamationen, welche gegen die deutsche Regierung von Gläubigern der in Rede stehenden Bahnen erhoben werden sollten, aufzukommen.

§ 5. Die französische Regierung nimmt auf sich die Reklamationen, welche die Ostbahn-Gesellschaft gegen die deutsche Regierung oder deren Mandatare in Bezug auf die Ausbeutung der besagten Eisenbahnen und auf den Gebrauch der im § 2 angedeuteten Gegenstände, sowie auf das Betriebsmaterial erheben könnte.

Die deutsche Regierung wird der französischen auf deren Forderung alle Schriftstücke und Auskunft mitteilen, welche dazu dienen könnten, die Thatsachen zu konstatieren, auf die sich die vorerwähnten Reklamationen stützen würden.

§ 6. Die deutsche Regierung wird der französischen Regierung für die Abtretung der in §§ 1 und 2 erwähnten Eigentumsrechte und als Ersatz für die in § 4 von der französischen Regierung übernommene Verpflichtung die Summe von dreihundertfünfundzwanzig Millionen (325,000,000) Frcs. zahlen.

Diese Summe wird von der in Artikel 7 festgesetzten Kriegsentschädigung in Abzug gebracht.

§ 7. In Erwägung der Lage, welche dem zwischen der Ostbahn-Gesellschaft und der königl. großherzogl. Gesellschaft der Wilhelm-Luxemburg-Bahnen unter den Daten des 6. Juni 1857 und des 21. Januar 1868 und ferner dem zwischen der Regierung des Großherzogtums Luxemburg und den Gesellschaften der Wilhelm-Luxemburg-Bahnen und der französischen Ostbahn unter dem Datum des 5. Dezember abgeschlossenen Vertrage als Grundlage gedient hat, und welche wesentlich abgeändert worden ist, so daß die Verträge auf die durch die in § 1 enthaltenen Stipulationen geschaffene Sachlage nicht mehr anwendbar sind, erklärt die deutsche Regierung sich bereit, ihrerseits für die aus diesen Verträgen für die Ostbahn-Gesellschaft erwachsenden Rechte und Lasten einzutreten.

Für den Fall, daß die französische Regierung an die Stelle tritt, sei es durch Rückkauf der Konzessionen der Ostbahn-Gesellschaft, sei es durch eine besondere Übereinkunft über die durch diese Gesellschaft erworbenen Rechte kraft der vorerwähnten Verträge, verpflichtet sie sich, unentgeltlich binnen sechs Wochen ihre Rechte der deutschen Regierung abzutreten.

Für den Fall, wo besagte Subrogation sich nicht verwirklichen sollte, wird die französische Regierung Konzessionen für die der Ostbahn-Gesellschaft gehörigen und auf französischem Boden gelegenen Linien nur unter der ausdrücklichen Bedingung gewähren, daß der Konzessionierte nicht die im Großherzogtum Luxemburg gelegenen Linien ausbeute.

Art. 2. Die deutsche Regierung bietet zwei Millionen Frcs. für die Rechte und das Eigentum an, welche die Ostbahn-Gesellschaft auf dem Teile ihres Netzes besitzt, der auf schweizerischem Gebiete an der Grenze von Basel liegt, wenn die französische Regierung ihr die Zustimmung dazu binnen einem Monat verschafft.

Art. 3. Die Gebietsabtretung bei Belfort, welche die deutsche Regierung in Art. 1 des gegenwärtigen Vertrages zum Austausche für die im Westen von Thionville verlangte Grenzberechtigung anbietet, wird um das Gebiet der folgenden Dörfer vermehrt werden: Rougemont, Leval, Petite-Fontaine, Romagny, Félon, La Chapelle-sous-Rougemont, Angeot, Bouthier-Mont, La Rivière, La Grange, Reppe, Fontaine, Frais, Foussemagne, Cunelière, Montreux-Chateau, Bretagne, Chavannes-les-Grands, Chavannatte und Suarce.

Die Straße von Giromagny nach Remiremont, welche über den Wälschbelchen (Ballon d'Alsace) geht, wird in ihrer ganzen Strecke bei Frankreich bleiben und, soweit sie außerhalb des Kantons Giromagny liegt, als Grenze dienen.

Frankfurt, den 10. Mai 1871.

(gez.) v. Bismarck.	(gez.) Jules Favre.
(gez.) v. Arnim.	(gez.) Pouyer-Quertier.
	(gez.) E. de Goulard."

In dem Schlußprotokoll vom 10. Mai 1871 heißt es noch:

„Der unterzeichnete Kanzler des Deutschen Reichs erklärte, daß er es übernimmt, den Vertrag den Regierungen von Bayern, Würtemberg und Baden mitzuteilen und ihren Beitritt herbeizuführen."

Nachdem die Ratifikation von allen Seiten vollzogen war, wurde am 20. Mai 1871 durch Austausch der Ratifikations-Urkunden zu Frankfurt am Main das Friedenswerk vollendet.

Der gewaltige Kampf zweier großen Nationen war nach siebenmonatlichem Ringen nun glorreich beendet. Wenn unsere Schilderungen bisher nur die Tapferkeit und den für eine heilige Sache begeisterten Todesmut unserer herrlichen Armeeen feierten, so ist es eine Pflicht, noch am Schlusse auch denen einen vollen Lorbeerkranz zu winden, die abseits dieser von Ruhm und Glanz strahlenden Triumphbahn in geräuschloser, aufopferndster Thätigkeit ein Wirken reichsten Segens entfalteten und zumeist nur in dem erhebenden Gefühl strengster Pflichterfüllung ihren Lohn fanden. Was während dieser großen, lautbewegten und an seelischen Erregungen so überreichen Zeit unser Sanitätswesen, die Seelsorge, Post und Telegraphie, alle Zweige der militärischen Verwaltungen in rastlosester Arbeit wirkten, bleibt bewundernswert und sichert ihnen für immer den Dank und die rückhaltloseste Anerkennung der deutschen Nation. —

Schwere, tiefe Wunden hatte uns freilich dieser wunderbare Krieg geschlagen. Hatten doch in 180 Tagen die deutschen Armeeen 156 mehr oder minder bedeutende Gefechte bestanden, 17 größere Schlachten geschlagen und 26 feste Plätze genommen. Unsere Gesamteinbuße während des Feldzuges 1870—71 belief sich auf:

6 247 Offiziere, Ärzte und Beamte,
123 453 Mannschaften,
14 595 Pferde,
1 Fahne,
6 Geschütze.

Und nun die Kehrseite! Bis Mitte Februar 1871 waren 11 860 französische Offiziere und 371 981 Mann als Gefangene abgeführt worden. In Paris hatten außerdem 7 456 Offiziere und 241 686 Mann die Waffen

77*

gestreckt. Nach der Schweiz waren 2 192 Offiziere und 88 381 Mann mit 285 Geschützen übergetreten. Unsere Kriegsbeute aber belief sich auf:

1 915 Feldgeschütze und Mitrailleusen,
5 526 Festungsgeschütze,
107 Adler und Fahnen.

Und was war sonst noch erkämpft, errungen worden? Die deutschen Stämme hatten sich nach jahrhundertelanger Trennung wiedergefunden, mit Metz und Straßburg waren die in Zeiten der Schwäche uns entrissenen Länder wiedergewonnen, der Traum aller Deutschen hatte sich, wenn auch erst mit Blut und Eisen, glänzend erfüllt: denn dem einmütigen Rufe der Fürsten und freien Städte Folge leistend, hatte der greise, siegreiche König von Preußen die Deutsche Kaiserwürde angenommen.

Neununddreißigstes Kapitel.

Die Friedenskunde daheim im deutschen Vaterlande. — Berlin rüstet sich zum Empfange seiner Helden. — Die Ausschmückung der via triumphalis vom Tempelhofer Berg bis zum Lustgarten. — Die Ordnung des Festzuges. — Der Einzug am 16. Juni 1871. — Der Empfang des Kaisers am Brandenburger Thor und dem Eingang der Linden. — Ein historischer Vorgang am Blücher-Denkmal. — Die Denkfeier im Lustgarten. — Die Enthüllung des Standbildes Friedrich Wilhelms III. — Schluß der Einzugsfeierlichkeiten. — Ein Wort an das deutsche Volk.

Friede! Ein süßes, stillfrohes Wort! Vom Meere bis zu den Alpen kündeten es die Glocken, die Lippen sangen's und die Herzen jubelten es in überquellendem Empfinden von Dankbarkeit, Bewunderung und Stolz. Durch alle deutschen Lande braufte die fröhliche Botschaft, daß nun nach wehvollem, hohem Streite die Waffen ruhen sollten, heller und mächtiger denn Geschützdonner und Schwertgeklirr klang jetzt die Posaune des Friedens. Verschont von dem Krieg war das deutsche Land geblieben, nirgends zerstampfte Äcker oder verwüstete Gefilde, Deutschlands Söhne hatten mit starkem Arm dem Feind gewehrt, daß er nicht den Fuß auf deutschen Boden zu setzen vermochte. Aber wie viele Tausende von Herzen bluteten in der Heimat, wie viele Thränen galt es zu trocknen, Seufzer zu stillen! Furchtbar hatte der Tod Umschau unter den Söhnen Germanias gehalten, eine hoffnungsreiche, blühende Ernte war durch die Sense des grimmen Mähers vor der Zeit niedergestreckt worden. Und doch, der Schmerz des Einzelnen verhallte in dem großen unermeßlichen Jubel, der wie eine Sturmflut alle deutschen Lande durchbraufte: Friede, Heimkehr, Sieg und ein geeintes Alldeutschland. Höher schlugen die Herzen, mächtiger klangen die Harfen der Sänger:

„Auf! auf!“ — Borussia rief's mit Macht;
Treu stellt Germania sich als Wacht,
Mit hunderttausend Blitzen
Den deutschen Rhein zu schützen.
Doch König Wilhelm fromm und gut
Den Streitern erst zu wissen thut:
Helm ab zum Gebet!
„Zu Dir, Herrgott Zebaoth,
Rufen wir aus tiefer Noth!
Als der rechte Kriegesmann
Zeuch im Kampf Du uns voran;
Ach, Herr, den gerechten Waffen
Wollst Du Ehr' und Sieg verschaffen!“

Die blut'ge Todesernt' ist groß,
Das Schnitterfeld thut auf den Schoß,
Zu bergen all die Garben,
Weiß-rot in Rosenfarben;
Als drin nun ruht das edle Gut,
Horch! wie es tönt bei Thränenflut:
Helm ab zum Gebet!
„Jesus unsre Zuversicht!
Wenn der jüngste Tag anbricht
Und die starken Engel dann
Stimmen die Reveille an,
Weck' auch diese Heldenleichen
Auf durch Dein Posaunenzeichen!“

Es fällt Paris, der Krieg ist aus,
Das Heer zieht beuteschwer nach Haus:
Das Deutsche Reich, Lothringen,
Auch Elsaß heim sie bringen;
Doch Kaiser Wilhelm fromm und gut
Den Siegern noch zu wissen thut:
Helm ab zum Gebet!
„Gloria sei Dir gebracht,
Herrgott, reich an Macht und Pracht!
Wehr' fortan in deutschem Land
Fremdem Lug und wälschem Tand,
Samt dem alten Zwietrachtssamen —
Sprich zum Deutschen Reich Dein Amen!“

Ja, das war eine Wiederkehr in die teure Heimat, wie sie begeisterter und erhebender kaum noch gedacht werden kann, nach einem sieggekrönten Feldzuge, wie ihn bis dahin die Geschichte noch nicht verzeichnet hatte. Stadt und Land wetteiferten, den heimkehrenden Kriegern einen festlichen Empfang zu bereiten. Die einsamste Hütte schmückte sich mit Tannenreisern, das ganze Deutschland glich nur noch einem einzigen Triumph- und Siegesbogen. Bis in das weltabgelegenste Dorf hinein trug die Freude dieser großen Festtage ihre blinkenden Wellen. Am eifrigsten freilich rüstete sich Berlin, die junge deutsche Kaiserstadt, ein glänzendes Gewand für den Ehrentag anzulegen. In der ersten Hälfte des Juni hatten bereits die festlichen Einzüge in den Provinzialstädten stattgefunden, für den Einzug in Berlin hatte Kaiser Wilhelm den 16. Juni bestimmt. Am 2. Juni waren bereits die Garden in Berlin eingerückt, um dann einige Tage später mittelst Eisenbahn in der Umgegend von Berlin Quartiere zu beziehen. Für den Einzug in Berlin hatte der Kaiser angeordnet, daß außer den Garden auch noch die ganze Armee vertreten sein sollte, aus welchem Grunde ein kombiniertes Bataillon anbefohlen worden war. Behufs Zusammensetzung desselben hatte jedes Infanterie-, Jäger- und Pionier-Bataillon einen Gefreiten oder Gemeinen vollständig ausgerüstet mit Gewehr nach Berlin zu senden. Oberst v. L'Estocq, Kommandeur des Leib-Grenadier-Regiments Nr. 8, wurde mit Führung dieses Bataillons beauftragt. Das erste Bataillon letztgenannten Regiments stellte auch die Fahne.

Während dieser militärischen Vorbereitungen rüstete sich die Kaiserstadt, eine den großen Thaten ihrer Söhne würdige Siegesstraße herzustellen. Dieselbe gliederte sich in vier Teile: vom Hallischen Thor bis zum Askanischen Platz, von diesem bis zum Potsdamer Platz, von diesem bis zum Brandenburger Thor und von hier aus bis zum Lustgarten. Mastbäume, mit Fahnen, Bannern und Wappenschildern geschmückt und durch Laubgehänge verbunden, bildeten die Einfassung der Siegesstraße. Vom Potsdamer Thor bis zum Brandenburger Thor hatten zu beiden Seiten 453, unter den Linden 514 Geschütze Aufstellung gefunden. Am Steuergebäude auf dem Tempelhofer Felde, wo die hier aufgestellten Truppen das Weichbild Berlins betraten, war ein hoher Triumphbogen errichtet worden. Die Häuserzeilen längs der stattlichen Belle-Alliance-Straße prangten im reichsten Schmucke, zahlreiche Tribünen unterbrachen die Fronten.

Am Hallischen Thore empfing eine 65 Fuß hohe, mit einer goldenen Mauerkrone geschmückte Statue der Berolina, über deren Haupte die Viktoria auf dem Belle-Alliance-Platz, das Wahrzeichen der Siege der Väter, den heimkehrenden Söhnen den Lorbeerkranz darbietend, die Sieger und lud sie, die segnende Rechte nach der Siegesstraße weisend, zum Einzuge ein. Vier mächtige Bären, Schildhalter zugleich, hielten zu den Füßen der Berolina Wacht. Hohe Tribünen umsäumten die gewaltige Bildsäule. Auf dem Askanischen Platze erhob sich eine für 3500 Schüler bestimmte Tribüne, in deren Front eine mächtige Trophäen-Gruppe der Schlacht bei Wörth gewidmet war. Zwei andere gleiche Gruppen feierten die Schlachten bei Weißenburg und Spicheren. Prachtvoll zeigte sich der Platz vor dem Potsdamer Thore. Zwischen den beiden von Schinkel herrührenden Thorhäuschen prangte eine kolossale monumentale Gruppe: auf einem mit zwei Kränzen eroberter Geschütze besetzten, terrassenförmig aufsteigenden Hügel erhob sich ein schlanker, mit französischen Adlern, Fahnen, Bändern und Laubgewinden dekorierter Sockel, der auf seiner Spitze eine Statue der Viktoria trug. Zu beiden Seiten waren die Kolossalfiguren Metz und Straßburg errichtet. Der Platz vor dem Brandenburger Thore war durch riesige, durch Laubgewinde verbundene Siegessäulen umschlossen; zwischen den mittelsten Masten wallte ein mächtiges rotes Banner nieder, das in goldenen Lettern die Worte „Versailles" und „Paris" zeigte. Das herrliche Thor selbst war durch Festons, Guirlanden und Kränze wirksam geschmückt.

Von hier an begann jedoch erst die eigentliche via triumphalis. Den weiten Pariser Platz umzogen zu beiden Seiten festlich ausgestattete, mächtige Tribünen, deren Masten die Namen der geeinten deutschen Städte trugen und welche am Eingang der Linden an einem portalartigen Bau zusammenschlossen, welcher zur Aufnahme des Magistrats, der Stadtverordneten und Bezirksvorsteher bestimmt war. Am Eingang des Mittelweges, bestimmt für den Durchzug der Truppen, hielten vier mächtige Säulen einen hochroten, goldgesäumten Baldachin, der am vorderen Überhang die goldgestickte Kaiserkrone und sechs Wappenadler zeigte. Die fünf Straßenkreuzungen längs der Linden hatten einen köstlichen Schmuck empfangen: fünf 20 Fuß breite und 15 Fuß hohe Velarien, Teppichbilder, welche in großen symbolischen Zügen die Hauptmomente der durch den gewaltigen Krieg herbeigeführten Einigung Deutschlands versinnbildlichen sollten. Den Stoff, welcher in ihnen künstlerische Verkörperung fand, hatten einzelne vom Kaiser bei verschiedenen Anlässen während dieses Feldzuges ausgesprochene, höchst bedeutsame Worte gegeben.

Es waren folgende Darstellungen:

1. Schwur am Altar des Vaterlandes; von Otto Knille.
(Motiv: „Mein Volk wird auch in diesem Kampfe zu Mir stehen, wie es zu Meinem in Gott ruhenden Vater stand.")

2. Einigung der deutschen Stämme; von E. Johann Schaller.
(Motiv: „Ganz Deutschland steht einig zusammen, wie nie zuvor.")

3. Kampf und Sieg; von Anton v. Werner.
(Motiv: „Seid stets eingedenk, daß der Sinn für Ehre, treue Kameradschaft, Tapferkeit und Gehorsam eine Armee groß und siegreich macht.")

4. Die Kaiserkrone; von Ernst Ewald.
(Motiv: „Allzeit Mehrer des Reichs, nicht an kriegerischen Eroberungen, sondern an Gütern und Gaben des Friedens auf dem Gebiete nationaler Wohlfahrt, Freiheit und Gesittung.")

5. Der Friede; von August v. Heyden.
(Motiv: „Möge dem deutschen Reichskriege, den wir so ruhmvoll geführt, ein nicht minder glorreicher Reichsfrieden folgen!")

Einen würdevollen Abschluß der eigentlichen Linden bildete der köstliche Schmuck der Kunstakademie. Im Mittelfenster (Uhrfenster) erhob sich die vom Professor **Drake** modellierte Kolossalbüste des **Kaisers**, während die übrigen Fensternischen die lebensgroßen, von Künstlerhand gemalten Bildnisse folgender Helden zeigten: **Kronprinz Friedrich Wilhelm, Großherzog von Mecklenburg-Schwerin, Prinz Friedrich Karl, Kronprinz Albert von Sachsen, Fürst Bismarck, Graf Moltke, Prinz August von Württemberg**, die Generale **v. Voigts-Rhetz, v. d. Tann, v. Goeben, v. Manstein, v. Werder, v. Roon, v. Kirchbach, v. Manteuffel, v. Fransecky, v. Alvensleben I. und II., v. Bose, v. Zastrow, v. Steinmetz, v. Tümpling**. Zwischen diesen Bildnissen befanden sich Kriegs- und Genre-Scenen, von den bedeutendsten Meistern ausgeführt. Der Platz bis zum Blücher-Denkmal war frei gelassen, um dem Vorbeimarsch der Truppen beim **Kaiser** kein Hindernis in den Weg zu legen. Malerisch prangten im buntesten Wimpel- und Flaggenschmuck die zu beiden Seiten der Schloßbrücke vor Anker liegenden Lastkähne. Vor dem Schlosse selbst erhob sich auf hohem Sockel, den ein von R. **Siemering** herrührender, die Erhebung Alldeutschlands darstellender herrlicher Fries umzog, das von

Professor Albert Wolff modellierte Kolossalstandbild der Germania, ihre zurückgewonnenen Kinder Elsaß und Lothringen liebevoll umfassend. Das großartige Denkmal trug die von Friedrich Eggers verfaßte sinnige Inschrift:

„Nährhaft
Und wehrhaft,
Voll Korn und Wein,
Voll Stahl und Eisen,
Sangreich,
Gedankreich,
Dich will ich preisen,
Vaterland mein!"

Gegenüber, in der Mitte des Lustgartens, den Blicken noch verhüllt, erhob sich hinter flatternden, banner- und laubgeschmückten Zeltwänden die broncene Reiterstatue Friedrich Wilhelms III. Bestimmt war noch, daß längs der von Menschen und Tribünen eingesäumten anderthalb Stunden langen Triumphstraße die Gewerke, Studenten, Schulen und Deputationen aller Art Aufstellung nehmen durften. So brach der Tag des Siegeseinzugs an.

Es war ein glühend heißer Tag. Aus wolkenloser Bläue brannte die Sonne in unbarmherziger Kraft nieder. Um 11 Uhr erschien der Kaiser vor der Front seiner auf dem Tempelhofer Felde haltenden Truppen, von brausenden Jubelrufen empfangen. Der Kaiser ritt die Fronten ab. Dann ordnete sich der stolze Festzug, wie folgt:

Den Zug eröffneten außer reitenden Schutzleuten und dem Polizeipräsidenten v. Wurmb der General-Feldmarschall v. Wrangel, begleitet von dem russischen General v. Meyendorff und dem östreichischen General v. Gablenz. Ihnen folgten die Offiziere des Kriegsministeriums und des Generalstabes des Großen Hauptquartiers, an deren Spitze die Generale v. Blumenthal, v. Podbielski, v. Stosch und v. Stiehle, dann die Adjutanten der höheren Kommandostäbe, welchen die konsultierenden Chirurgen und Armee-General-Ärzte, der Militär-Inspekteur der freiwilligen Krankenpflege und die Armee-Delegierten des Johanniter- und Malteser-Ordens sich anschlossen. Es folgten die Adjutanten der königlichen Prinzen und anwesenden Fürsten, die zur Zeit anwesenden mobilen resp. mobil gewesenen Generale und Stabsoffiziere, die General-Adjutanten, Generale à la suite und Flügel-Adjutanten. An diese schlossen sich die General-Gouverneure:

Feldmarschall Herwarth v. Bittenfeld, General Vogel v. Falckenstein, General v. Bonin, General-Lieutenant v. Rosenberg-Gruszczynski, General-Lieutenant v. Fabrice, darauf die kommandierenden Generale, Korpsführer und General-Inspekteure: Prinz Georg von Sachsen, v. Hindersin, v. Alvensleben I. und II., v. Voigts-Rhetz, v. Tümpling, v. Zastrow, v. Manstein, v. Hartmann, v. d. Tann, v. Fransecky, v. Kirchbach, v. Werder, Hann v. Weyhern, v. Bose, v. Kamecke, dann die Oberbefehlshaber: Großherzog von Mecklenburg-Schwerin, Kronprinz Albert von Sachsen, Feldmarschall v. Steinmetz, General v. Manteuffel. Weiter ordnete sich der Zug:

Graf Moltke. Fürst Bismarck. General v. Roon.

Der Kaiser.

Der Kronprinz. Prinz Friedrich Karl.

Die Prinzen des königlichen Hauses.

Die fürstlichen Gäste.

General-Adjutant v. Treskow. Flügel-Adjutant Graf Lehndorff.

Dann folgten die Truppen in Sektionskolonnen.

Der Zug nahm seinen Weg den Tempelhofer Berg hinab durch die Belle-Alliance-Straße, am Hallischen Thor vorüber, durch die Königgrätzer Straße über den Askanischen Platz und fort bis zum Brandenburger Thor, wo erst der Einzug in die eigentliche Stadt erfolgte. Ein lawinenartig sich fortpflanzendes Jauchzen und Jubeln begleitete die Einziehenden, aber auch manches Auge füllte sich mit Thränen der Wehmut, wenn unter den Klängen der altbekannten Marschweisen die stark gelichteten Reihen der schönen Garde-Regimenter vorüberzogen. Kränze, Sträuße und Blumen flogen den Kriegern entgegen, denen auch so manche freundliche Hand in aller Eile Lebensmittel zusteckte. Tücher und Hüte wurden geschwenkt, weiße Tauben des Friedens ließ man in die Luft aufschwirren, donnernde Hurras brausten von Straße zu Straße fort, Musik und Marschtritt der einrückenden Bataillone orkanartig übertönend.

Bald nach $12^1/_2$ Uhr ritt der Kaiser durch das Brandenburger Thor. Zur Rechten erhob sich ein Podium, welches die Ehrenjungfrauen trug, deren Sprecherin den Kaiser mit dem folgenden, von Fr. Scherenberg verfaßten Gedicht begrüßte:

78*

„Heil, Kaiser Wilhelm, Dir im Siegeskranze!
Wie keiner noch geschmückt ein Heldenhaupt.
Heim führst Du Deutschlands Heer vom Waffentanze,
So glorreich, wie's der Kühnste nicht geglaubt;
Du bringst zurück in der Trophäen Glanze
Die Lande, einst dem deutschen Reich geraubt;
Durch Dich geführt, errangen Deutschlands Söhne
Germania uns in ihrer alten Schöne.

Nun grüßt der Jubel Dich von Millionen
Aus allen Himmeln, Ost, West, Süd und Nord,
Schlägt's deutsche Herz doch unter allen Zonen
Treu seine warmen Heimatspulse fort,
Und mit den unwelkbaren Lorbeerkronen
Bringst Du die Palme uns, als Friedenshort,
O, daß ihr Schatten Dich noch lange labe,
Dein Sämanns-Mühen reiche Ernte habe!"

Hierauf wurde dem Kaiser ein Lorbeerkranz gereicht, den derselbe mit schlichten Worten des Dankes für sich und seine tapfere Armee annahm. Nachdem dann der Kaiser die Tribünen abgeritten hatte, welche die verwundeten Offiziere füllten, denen er Lorbeerkränze persönlich reichte, wandte er sich zum Eingang der mittleren Linden-Promenade, wo die Vertreter der Stadt den Heldenkaiser durch den Bürgermeister Hedemann — der Oberbürgermeister Seydel war krankheitshalber beurlaubt — ehrfurchtsvoll empfingen. Auf die Anrede des Bürgermeisters erwiderte der Kaiser: „Ich spreche Ihnen zunächst Meinen Dank aus für das, was Sie Mir gesagt haben im allgemeinen und im speziellen für Mich und Meine Armee, die heute mit ihren Repräsentanten einzieht. Wir haben ja Großes erlebt, daß wir wissen, wem wir es verdanken; — aber daß der Himmel uns Allen die Kraft und die Ausdauer gegeben hat, alle die Wohlthaten als Ausbeute des Erlebten zu benutzen, das verdanken wir allein der Treue sowohl der Truppen im Felde als auch des Volkes in der Heimat. Die wohlthätige Gesinnung, die das ganze Volk belebte und beseelt hat, all die Schätze und Güter, die wir ja jetzt erst recht haben kennen lernen, die wollen wir nicht verscherzen, sondern als teures Gut für alle Zukunft uns bewahren. Ich muß aber der Stadt Berlin jetzt schon Meinen Dank aussprechen für den unbegreiflichen, wunderschönen, festlichen Empfang und die Gefühle, die Mir entgegengetreten sind, natürlich für Mich sowohl wie für

Mein Heer. Ich danke Ihnen, meine Herren, und werde Ihnen Meinen Dank noch schriftlich aussprechen."

Hierauf brachte der Bürgermeister ein Hoch auf „Se. Majestät den Deutschen Kaiser" aus, das sich mit unaufhörlichen, begeisterten Jubelrufen die Linden entlang fortpflanzte. Nun ging es die herrliche Lindenpromenade unter brausenden Hurras und donnerähnlichem Jauchzen entlang, bis zum Denkmal Blüchers, vor dem der Kaiser mit seinem Gefolge hielt, um dem Vorbeimarsch der Truppen zuzuschauen. Während dieses Vorbeimarsches ereignete sich ein höchst denkwürdiger Vorgang, der, vollständig unbeobachtet, erst nach Jahren in die Öffentlichkeit drang. Wir finden darüber folgendes:

„Der Kaiser, ruhmgekrönter Sieger, war unter dem enthusiastischen Zujauchzen des Volkes in Berlin eingezogen. Vor dem Standbilde Blüchers haltend, defilierten vor Ihm, weit hin im Winde flatternd und rauschend die fünfundfünfzig seidenen, französischen eroberten Fahnen, mit stürmischen Hurras von der Menge begrüßt. Fürst Bismarck, der beim Einreiten unter dem Thor dem Kaiser eine kurze Meldung machte und ebenso kurzen Bescheid erhalten, hielt hinter dem Kaiser; aufrecht saß er da mit dem Anstand, den er hatte, als er Sedan sah, unruhig im Sattel rückend, sich umsehend. Ein Bekannter von ihm, an ihn herantretend, fragte: Durchlaucht suchen? — Papier und Bleistift! Die Brieftasche eines Schutzmannes lieferte das Nötige. Der Fürst, eilig auf der Lende schreibend, hob das Papier in die Höhe. Eine Depesche, sagte er, wer bringen? Ich, erwiderte der Angeredete. Ich danke, sagte der Fürst, Sie können sie lesen! - Eilig die Menge trennend, las der Bote in der ruhigen Behrenstraße: „An den deutschen Vorposten-Kommandanten vor Paris. Wenn die französischen Vorposten weiter vorgehen, greifen Sie dieselben an." Welcher Moment! Das war der Krieg. So dicht lagen die Würfel des Friedens und des Krieges neben einander. Hier zum frohen Friedensmarsch die Fahnen sich entfaltend, dort das gezückte Schwert zum Schlage erhoben, und ein neuer Zug zielbewußter unerschütterlichster Energie und Entschlossenheit unseres Heldenkaisers und seines unvergleichlichen Ministers glänzte in dem hehren Epos, das nach Jahrhunderten noch die Enkel ehrfürchtig anstaunen werden. Was war geschehen? Die französischen Truppen hatten einseitig ihre Vorposten über die verabredete Linie hinaus vorgeschoben und das deutsche

Kommando fragte an, ob es seine Linie festhalten oder der französischen Bewegung Raum geben solle. Trefflich bedient durch den damaligen Militärbevollmächtigten Grafen Waldersee, in dessen Hände die Depesche gelangte, verschwand das scheinbare Wölkchen so rasch wie es gekommen, und im unveränderten Glanze strahlte die Sonne des Friedens über Europa."

Unmittelbar an den Vorbeimarsch der Truppen schloß sich die Enthüllung des Denkmals Friedrich Wilhelms III. im Lustgarten an, zu deren Beiwohnung von jeder Infanterie-Brigade ein kombiniertes Bataillon befohlen war. Nachdem der Kaiser mit seinem Gefolge, der gesamte Hof, darunter auch die Fürstin von Liegnitz, die eingeladenen Gäste, und Deputationen ihre Plätze eingenommen hatten, begann die erhebende Feier. Vorher waren noch sämtliche eroberten französischen Adler, Fahnen und Standarten am Fuße des Denkmals niedergelegt worden, wobei die Truppen „Gewehr auf!" genommen hatten.

Die Tambours des 1. Garde-Regiments zu Fuß schlugen zum Gebet, alle übrigen Tambours und Trompeter nahmen das Signal sofort auf. Als der Gesang des Domchors dann verklungen war, sprach der Feldpropst der Armee Dr. Thielen, welcher seinen Stand auf dem steinernen Unterbau des Denkmals genommen hatte, folgendes Gebet:

„Lobe den Herrn, meine Seele, und alles, was in mir ist, seinen heiligen Namen! Lobe den Herrn, meine Seele, und vergiß nicht, was er dir Gutes gethan hat!

Herr Gott Zebaoth, allmächtiger, barmherziger, gnädiger Gott! Wir stehen vor Deinem heiligen Angesicht, niedergebeugt von der unermeßlichen Fülle Deiner Gnade, mit der Du uns gesegnet hast, und loben und preisen Deinen heiligen Namen, daß Du unser Volk so hoch erhöhet hast. Was unsere Väter gehofft und erstrebt, wonach sie in vielen heißen Kämpfen Jahrhunderte lang gerungen, das hat Deine große Barmherzigkeit uns weit über Bitten und Verstehen gegeben und damit das Sehnen der Edelsten im Volke gestillt, ein wieder geeintes, großes deutsches Vaterland, mit dem auch die lange getrennten Glieder wieder verbunden sind, hoch geachtet unter den Staaten Europas, ein Bollwerk des Friedens, ein Hort der Freiheit und des Rechts. Von Dir, o Herr, ist es geschehen und steht da als ein Wunder vor unseren Augen! Du hast Dein Volk nicht verstoßen und Dein Erbe nicht verlassen! Deß Zeuge soll auch dies Königliche Standbild sein, das die Liebe und Dankbarkeit des Sohnes, des Kaisers, unseres Königs und Herrn, seinem verklärten Königlichen Vater, Friedrich Wilhelm dem Dritten, errichtet hat, und das in dieser feierlichen Stunde enthüllt werden soll, damit die spätesten Geschlechter noch der großen Thaten gedenken, die Du, o Herr, durch Ihn, Dein auserwähltes Rüstzeug, zur Errettung und Beglückung Seines und des ganzen deutschen Volkes im Freiheitskampfe an uns in Seiner langen, so reich gesegneten Regierung vollbracht hast, auf daß der Segen der Gottesfurcht, der unwandelbaren Treue, des Glaubens und der Liebe, worin der Seligvollendete seinem Königlichen Hause und dem ganzen Volke das edelste Vorbild gewesen ist, nimmer von uns weiche; damit wir in der Unruhe der Zeit stets unsere Hoffnung auf Dich richten und es immer beherzigen, daß an Deinem Segen Alles gelegen ist. Laß dies Bild des frommen und gerechten Königs eine Mahnung für uns und unsere Kinder werden, fest und unerschütterlich zu stehen in dem theuren Evangelium Jesu Christi, Deines Sohnes, unseres Herrn, damit es auch an uns seine Gotteskraft als unsern einigen Trost im Leben und im Sterben, als das einige Fundament der Sicherheit des Thrones und der Wohlfahrt des Landes erweise und wir treu bis an den Tod daran halten. Die Treue und der Gehorsam, mit dem unser Volk den Königlichen Vater geliebt hat, erhalte sie dem Königlichen Sohne, unserem teuren Heldenkaiser, durch den Du in dieser ewig denkwürdigen Zeit so Großes an uns und unserem ganzen deutschen Vaterlande gethan und dasselbe nach langer verderblicher Spaltung wieder geeinigt hast zu einem herrlichen deutschen Reiche und sein Recht und seine Ehre, seine Macht und Größe fest gegründet hast durch eine lange ununterbrochene Reihe glänzender Siege.

Die vielen Opfer, die gefallen, die heißen Thränen, die geflossen, die Werke der Liebe und Barmherzigkeit, die verrichtet, die inbrünstigen Gebete, die zu Deinem Throne emporgestiegen sind, laß sie durch Deine Gnade eine Frucht des Friedens und der Gerechtigkeit bringen für unsern teuren Kaiser und Sein Königliches Haus, für das deutsche Vaterland und alle seine Fürsten und Stämme, damit wir unter dem Scepter unseres teuren Kaisers und Herrn noch lange ein stilles und geruhiges Leben führen können in aller Gottseligkeit und Ehrbarkeit, in Frieden und Wohlfahrt!

Tröste, barmherziger Gott, tröste Alle, die Leid tragen und um den Verlust ihrer Lieben trauern, tröste und richte sie auf mit den Erweisungen Deiner Gnade und Güte!

Kröne mit der reichen Fülle Deiner Gnade unseren Kaiser und Herrn! Segne Ihn, Seine Kaiserliche Gemahlin und Sein ganzes Haus, das siegreiche deutsche Kriegsheer, das sich um das Vaterland durch seine Treue, Tapferkeit, Mannszucht und Hingebung so wohl verdient und der vollsten Anerkennung des Volkes und seines wärmsten Dankes würdig gemacht hat, dessen Vertreter dieses Denkmal umstehen, segne es in allen seinen Führern und Gliedern, segne unser deutsches Volk und Land! Segne die Fürsten und freien Städte des Reichs und laß Deine Gnade täglich neu über ihnen werden! — Erbarme Dich, Du treuer, gnädiger Gott, des tief gebeugten Volkes, das Deine Gerichte in dieser Zeit so schwer heimgesucht haben; laß Deinen Frieden über dasselbe kommen und es inne werden, daß wahre Größe nur in der demütigen Unterwerfung unter Dein heiliges Wort und Gebot besteht und Dauer hat, denn Du, o Herr, widerstehest den Hoffärtigen, aber den Demütigen giebst Du Gnade und läßt es den Aufrichtigen gelingen! Wir aber vertrauen nicht auf unsere Gerechtigkeit, sondern allein auf Deine Gnade und Erbarmung.

Du, Herr Gott Zebaoth, warst mit uns! Darum, Herr, nicht uns, nicht uns, sondern Dir allein sei die Ehre! Amen."

Diesen Worten folgte das „Vater unser" und der Segen, nach dessen Erteilung der Kaiser und demnächst die Truppen das entblößte Haupt wiederum bedeckten.

Hierauf wandte sich der Reichskanzler an den Kaiser mit der Bitte, den Befehl zur Enthüllung des Denkmals zu erteilen. Sobald derselbe erteilt worden war, sank die Hülle. Die das Denkmal umgebenden Fahnen und Standarten wurden gesenkt, die Truppen präsentierten und riefen Hurra, bis geschultert wurde; die Tambours schlugen und die Musikchöre spielten „Heil dir im Siegerkranz", während in der Nähe aufgestellte Geschütze 101 Kanonenschüsse abfeuerten und sämtliche Glocken der Hauptstadt erklangen. Nachdem der Kaiser mit seinem Gefolge und den hohen Gästen das Denkmal besichtigt hatte, richtete er an die Deputationen folgende Ansprache:

„Was wir im tiefsten Frieden ersonnen und vollendet, was wir hofften im tiefsten Frieden enthüllen zu können, dieses Standbild ist nun auch zum Denkmal des Schlusses eines der glorreichsten, wenn auch blutigsten Kriege der Neuzeit geworden. Wenn der König uns sehen könnte, so würde Er mit Seinem Volke und Seinem Heere zufrieden sein. Möge der Friede, den wir mit so vielen Opfern erfochten, auch ein dauernder werden! An uns Allen ist es, die Hand anzulegen, daß es also geschehe. Das walte Gott!"

Zu den Rittern des Eisernen Kreuzes aus den Feldzügen der Jahre 1813--1815 gewandt, sprach der Kaiser folgende Worte:

„Es wird Ihnen eine wehmütige, aber doch sehr hohe Freude sein, daß Sie diesen Augenblick und in dieser Umgebung mit Mir durchleben, da Sie ja Alle das Eiserne Kreuz von dem hochseligen Könige, Meinem unvergeßlichen Vater, erhalten haben. Niemand von uns hätte es wohl geglaubt, daß dieses Kreuz jemals wieder aufleben würde, und zwar zu einem fast gleichen Zwecke wie damals. Nicht Mich möge das Mir zugerufene Wort preisen, aber allerdings können wir in aller Demut stolz darauf sein, daß die Vorsehung uns zum zweiten Male ausersehen und uns die Kraft verliehen hat, in einem so gerechten Kriege ihren Willen durchzuführen!"

Den Schluß der großartigen und unvergeßlichen Feier bildete der Gesang des Chorals „Nun danket Alle Gott!", begleitet von den in der Vorhalle des Museums aufgestellten Musik- und Trompeter-Chören. Dann nahm der Kaiser Abschied von den anwesenden Fürsten, Generalen und sonstigen Gästen und begab sich zurück in sein Palais, während die Truppen in ihre Quartiere abrückten. An demselben Tage erfolgte noch eine Reihe von Rangerhöhungen und Auszeichnungen an verdiente Feldherren und Generale. So wurde Graf Moltke zum General-Feldmarschall ernannt, der Kriegsminister v. Roon in den Grafenstand erhoben. Eine prächtige Erleuchtung der jungen Kaiserstadt Berlin, zahlreiche und mannigfaltige Vergnügungen und Belustigungen für die Truppen beschlossen den Tag, der bis zum Anbruch der Nacht ein buntbewegtes Treiben auf allen Plätzen und Straßen Berlins sich entfalten sah. Am 17. fand eine Festvorstellung im königlichen Opernhause statt, tags darauf ein allgemeiner Sieges-Dank-Gottesdienst im gesamten Deutschen Reiche, in dem allerorts das Friedensfest der Reichshauptstadt das lebhafteste und begeistertste Echo geweckt hatte.

Die Geschichte der Einigungskriege ist zu Ende. Was das Deutsche Reich seitdem an Freud und Leid, an Erfolgen und Schicksalsschlägen erfahren, gehört der großen, allgemeinen Weltgeschichte an. Was ihm im Laufe kommender Jahre beschieden sein wird, wer will es künden? Dem menschlichen Auge ist die Zukunft verhüllt. Aber was diese auch bringen möge, Deutschland wird immer sich seiner erhabenen Pflicht erinnern, die es eingegangen ist, als es zum männermordenden Streite über den Rhein hinüber in das Land des Erbfeindes zog, dessen Armeeen niederzumähen, seine stolze Hauptstadt zu demütigen, die uns so lange entfremdeten deutschen Lande Elsaß-Lothringen wiederzugewinnen, den heißen Traum aller Deutschen durch die Neubegründung des Deutschen Kaiserreiches zu erfüllen. Barbarossa ist erwacht, die Raben fliegen nicht mehr um den Kyffhäuser. Aber auch Kaiser Weißbart, Wilhelm I., ist nun heimgegangen und ein tückisches, tieftragisches Geschick hat die leuchtende Heldengestalt seines Sohnes und Nachfolgers, Kaiser Friedrich, gefällt, vernichtet, entseelt. Bestürzt steht das deutsche Volk innerhalb weniger Monate zum zweiten Male an der Bahre eines Kaisers. Von politischen Kämpfen gehässigster Art ist das Vaterland bereits wieder zerwühlt und zerrissen, und an seinen Grenzen steht der Feind, lauernd auf einen Augenblick der Schwäche, um mit dem Schwerte in der Faust uns zu überfallen.

Möchte das deutsche Volk, auf dem die Hand des Schicksals so schwer ruht, sich besinnen lernen und zur inneren Eintracht zurückkehren, über alle politischen Wirren den freien, klaren Blick sich wahren für die Größe und das Ansehen seines schönen deutschen Vaterlandes. Möchte es stets eingedenk sein, aus welch blutiger, wehevoller Saat, aus wieviel ungezählten Thränen, Opfern und Kümmernissen das neue Kaiserreich emporgewachsen ist. Dann wird es in jeder Stunde der Gefahr einig sein, bereit, mit den Waffen für den Schutz und die Sicherheit des bedrohten Vaterlandes einzustehen, für die Würde, den Glanz und Ruhm des erhabenen Deutschen Reiches.

Das walte Gott!

Druck von G. Bernstein in Berlin.

Empfehlenswerte Bücher

aus Ferd. Dümmlers Verlagsbuchhandlung, Berlin W. 35,

Kurfürsten-Strasse 149.

Vom Kriege von General Carl von Clausewitz. 5. Auflage mit einer Einführung vom Chef des Generalstabs der Armee Generaloberst Grafen Schlieffen, Exzellenz. 800 S. gr. 8. 6 Mk., eleg. Leinwandband 7.50 Mk. . . . . Luxusausgabe 10 Mk.

Der höchste Offizier der deutschen Armee urteilt über das Werk wie folgt: „In der Lehre des Generals von Clausewitz ist das Höchste niedergelegt, was jemals über den Krieg gesagt worden ist. Auf ihr fußt nach seinem eigenen Geständnis der Feldmarschall Moltke, wenn er auch diese Lehre den veränderten Verhältnissen entsprechend fortgebildet hat oder über sie hinausgegangen ist.“

Das Studium dieses genialen Werkes ist nicht nur für jeden strebenden Offizier unerläßlich, sondern auch für den Laien ein hoher Genuß.

Bismarck und seine Welt. Grundlegung einer psychologischen Biographie von Oskar Klein-Hattingen. Erster Band: Von 1815—1871. 8 Mk., geb. 9 Mk. Zweiter Band, Erster Teil: Von 1871—1888. 8 Mk., geb. 9 Mk. Schluß II, 2. Von 1888—1898. 4 Mk., geb. 5 Mk.

Furchtloser Wahrheitsmut, die wahre Sittlichkeit des Geschichtsschreibers, erfüllt den Verfasser und macht sein Werk zu einer der hervorragendsten Erscheinungen der gesamten Bismarck-Literatur. Die Darstellungsweise ist geradezu glänzend, das Werk liest sich von Anfang bis zu Ende wie ein spannender Roman.

Jeder Politiker wird Klein-Hattingens Bismarck-Biographie besitzen müssen.

„Ein herrliches, großartiges Werk, das in der Bismarck-Literatur einzig dasteht. Diese Bismarck-Charakteristik . . . ist wahr, folgerichtig, geistreich, scharf analysierend und unerbittlich urteilend; die hohe, vornehm-kritische Sprache erscheint dem Gegenstand der Behandlung angemessen; das Werk ist interessant von Anfang bis zu Ende; es bietet eine Psychologie des großen Staatsmannes und seiner Handlungen, wie nur eine ganz kühne Erwartung sie sich vorzustellen vermag.“

Zeitschrift für Aktiengesellschaften.

Der geniale Mensch von Dr. Hermann Türck. Sechste verb. Aufl. Geh. 4.80 Mk. geb. 6 Mk.

I. Künstlerisches Genießen. — II. Philosophisches Streben. — III. Praktisches Verhalten. Gott und Welt. — IV. Shakespeares Hamlet. — V. Goethes Faust. — VI. Byrons Manfred. — VII. Schopenhauer und Spinoza. — VIII. Christus und Buddha. — IX. Alexander, Cäsar, Napoleon. — X. Darwin und Lombroso. — XI. Stirner, Nietzsche und Ibsen. — XII. Schlußbetrachtung.

Das Leben der Seele von Dr. M. Lazarus. Dritte Auflage. 3 Bände 18 Mk. . . . . eleg. gebunden 21 Mk.

Littrows Wunder des Himmels oder Gemeinfaßliche Darstellung des Weltsystems. Bearbeitet von Professor Dr. Edmund Weiß, Direktor der Sternwarte in Wien. Mit 14 lithographierten Tafeln und vielen Holzschnitt-Illustrationen. Preis elegant geb. 16 Mk. Eine Ergänzung hierzu bildet: **Littrow, Atlas des gestirnten Himmels.** Vierte Auflage. Bearbeitet von Prof. Dr. Edmund Weiß. . . . Eleg. gebunden 6 Mk.

Die Wunder der Urwelt von F. W. A. Zimmermann. Eine populäre Darstellung der Geschichte der Schöpfung des Urzustandes unseres Weltkörpers sowie der verschiedenen Entwicklungsperioden seiner Oberfläche, seiner Vegetation und seiner Bewohner. Dreiunddreißigste Auflage. Verb. von Dr. S. Kalischer. Mit 322 Abbild. . . . . 7 Mk., eleg. gebunden 9 Mk.

Aus: „Lindenberg, Kurt Nettelbeck.“

Empfehlenswerte Bücher aus Ferd. Dümmlers Verlagsbuchhandlung.

Naturwissenschaftliche Volksbücher von Dr. A. Bernstein, fortgesetzt durch Wilhelm Bölsche. Fünfte reich illustrierte Auflage. 21 Bändchen mit 405 Abbildungen. à Bändchen eleg. in Leinen 1 Mk. In 4 Bd. . . . . cplt. eleg. gebunden 16 Mk.

„In über 120 000 Exemplaren ist das Werk bisher verbreitet und die zahlreichen Übersetzungen in fremde Sprachen sind der beste Beweis, wie sehr „Bernstein's Naturwissenschaftliche Volksbücher" wegen ihrer unvergleichlichen populären Darstellungsweise auch von anderen Völkern geschätzt werden."

Alldeutschland in Wort und Bild. Eine malerische Schilderung der deutschen Heimat von August Trinius. 2. Auflage. Mit 213 künstlerischen Illustrationen. 3 Bd. eleg. gebunden 20 Mk. Einzelpreis à Bd. . . . . 5 Mk., geb. à Bd. 7 Mk. 3 Bd.

Erster Band: Teutoburger Wald. Hohe Rhön. Fichtelgebirge. Spreewald. Thüringen. Schwäbische Alp. Rhein. . . . .

Zweiter Band: Vogesen. Spessart. Odenwald. Eifelgebirge. Bayrisches Oberland. Taunus. Wilhelmshöhe. Schwarzwald. . . .

Dritter Band: Harz. Von der Nordsee zur Ostsee. Riesengebirge. Sächsische Schweiz. Mark Brandenburg. . . . .

„Trinius, der Meister der Naturschilderung hat hier ein Werk geschaffen, das nicht seines Gleichen hat. Die Liebe und Anhänglichkeit an das Vaterland kann durch nichts mehr gefestigt werden".

Um die Erde in Wort und Bild. Von Paul Lindenberg. Mehr als 1000 Seiten mit ca. 600 prachtvollen Illustrationen. 2 Bd. . . . . . 12 Mk., in 2 Prachtbänden 16 Mk.

Auf deutschen Pfaden im Orient. Reisebilder von Paul Lindenberg. In . . . . eleg. Leinenband 4 Mk.

„Das Werk ist mit 110 vorzüglichen Illustrationen — meist nach photographischen Original-Aufnahmen — geschmückt. Vermöge seines fesselnden Inhaltes eignet es sich vortrefflich als Geschenkbuch für Jedermann, für Erwachsene wie für die reifere Jugend. In kaufmännischen und industriellen Kreisen wird es viel praktischen Nutzen stiften, da es wertvolle Winke und Aufschlüsse für den deutschen Handel enthält. Auch den zahlreichen Orientreisenden wird das Werk sehr willkommen sein — sei es, um auf künftige Reisen vorzubereiten, als Reiseführer zu dienen, oder die Erinnerungen an früher besuchte Stätten der unvergleichlich schönen Gebiete von neuem zu beleben."

Chrysantemum und Drache. Japan und China. Vor und während der Kriegszeit in Ostasien. Skizzen aus Tagebüchern von Oberleutnant Freiherrn Wilhelm von Richthofen. Mit 16 Tafeln Illustrationen und einer Karte. 6 Mk., eleg. geb. 7 Mk.

„Wir stellen das Werk unter die besten und verständlichsten, welche in der Neuzeit über Ostasien geschrieben worden sind und empfehlen es speziell seines angenehmen Styles wegen allen unseren Lesern aufs Beste." Frankf. Börsen- u. Handelszeitung.

Tokio—Berlin. Von der japanischen zur deutschen Kaiserstadt. Von Jintaro Omura, Professor an der Kaiserlichen Adelsschule zu Tokio. Mit 80 Illustr. 4 Mk., eleg. gebunden 5 Mk.

„Ein eigner Reiz liegt über diesem liebenswürdigen Buche, das von einem Japaner in deutscher Sprache niedergeschrieben ist, zum Teil noch ehe sein Fuß deutschen Boden betreten hatte."

Skizzen aus dem Völkerleben. Von Professor Dr. Heinrich Winkler. 3 Mk., ... gebunden 4 Mk.

I. Aus Osteuropa. Augenblicksbilder aus dem östlichen Europa. — Finnen und Magyaren. — Finnland und die Finnen. — Finnland und die finnische Verfassung. — Die Aussichten der Magyarisierungspolitik. — Selbstgefährdung des Magyarentums. — Die Pußta. — Rasse und Herkunft der reinen Magyaren. — Die nichtindogermanischen Völker von Osteuropa. . . . .

II. Aus dem Magyarenlande. Magyarische Städte und Siedelungen überhaupt. — Verkehrsverhältnisse im eigentlichen Magyarenlande. — Bäuerliches und kleinbürgerliches Leben in Ungarn. — Abhängigkeit des Magyarentums von fremden Kulturkreisen. — Magyarischer Chauvinismus. . . . .

Kapitol in Washington

Empfehlenswerte Bücher aus Ferd. Dümmlers Verlagsbuchhandlung.

Einführung in die Kenntnis der Insekten. Von H. J. Kolbe, Professor an der zoologischen Sammlung des Königl. Museums für Naturkunde zu Berlin. Mit 324 Holzschnitten. 724 Seiten. . . 14 Mk., gebunden 15,50 Mk.

Einführung in die Blütenbiologie auf historischer Grundlage. Von E. Loew, Prof. am Königl. Realgymnasium zu Berlin. Mit zahlreichen Abbildungen. 6 Mk., geb. 7 Mk.

Lehrbuch der Pflanzenpalaeontologie. Mit besonderer Rücksicht auf die Bedürfnisse des Geologen. Von Prof. Dr. H. Potonié. Mit 3 Tafeln und fast 700 Einzelbildern in 355 Textfig. 402 Seiten. 8 Mk., geb. 9,60 Mk.

Die Antifeministen. Ein Buch der Verteidigung. Von Hedwig Dohm. 2 Mk., ... Gebunden 2,80 Mk.

Einleitung. — Vier Kategorien der Antifeministen. — Zwei Altgläubige. (Als Illustrationsprobe.) 1. Ein Amazonentöter. 2. Nietzsche und die Frauen. — Drei Ärzte als Ritter der mater dolorosa. — Weib contra Weib. — Laura Marholm. — Ellen Key. — Frau Lou Andreas-Salomé. — Von der alten und neuen Ehe.

Erfahrungen und Bekenntnisse. Von D. Dr. Wilhelm Schrader, Geh. Ober-Reg.-Rat und Kurator der Universität Halle. 4 Mk.

Bismarcks Staatsrecht. Die Stellungnahme des Fürsten Bismarck zu den wichtigsten Fragen des Deutschen und Preußischen Staatsrechts von Paul von Roëll und Dr. Georg Epstein. 7,50 Mk., eleg. gebunden 9 Mk.

Das Schaffen des Schauspielers. Von Ferd. Gregori, Hofschauspieler am Wiener Burgtheater. 2 Mk., gebunden 2,80 Mk.

Träume von Olive Schreiner. Autorisierte Übersetzung von Margarete Jodl. Zweite Auflage. 1,60 Mk., eleg. geb. 2,40 Mk.

„Ein kleines Buch voll großer Gedanken, in dem jedes einzelne Wort gelesen und beachtet werden muß. Es sind Märchen, Gleichnisse, Bilder, die über die höchsten und ernstesten Fragen der Menschheit rätseln; es sind Einblicke in die Welt, in das Dasein, in das Gemüt, geschaut mit dem Auge eines Philosophen, gefühlt mit dem Herzen einer Frau." Der Bazar.

Peter Halket im Mashonalande. Von Olive Schreiner. Autorisierte Übersetzung von Helene Lobedan. 1,60 M., ... gebunden 2,40 Mk.

Des Meisters Ende. Roman von Gustav Johannes Krauß. Zweite Aufl. . . . . . . 2,50 Mk., eleg. gebunden 3,50 Mk.

„Das Krauß'sche Buch gehört zu dem Besten, was unsere neuere Literatur hervorgebracht hat, es hebt uns über den Wust der Jungen, die so alltäglich sind, hinweg und stellt uns vor Probleme, die wahrlich des Nachdenkens wert sind". Leipz. Neueste Nachrichten.

Das Liebesleben Hölderlins, Lenaus, Heines. Von Oskar Klein-Hattingen. . . . . Eleg. gebunden 5,60 Mk.

Transvaal. Roman aus dem südafrikanischen Leben der Gegenwart von Gregor Samarow. 2 Bände. 2. Auflage. 4,50 Mk., ... in einen Band gebunden 5 Mk.

Im Reiche des Zaren. Büsten und Bilder aus Rußland von Eugen Zabel. . . . . 3 Mk., eleg. gebunden 4 Mk.

Zur Geschichte und Theorie des Sozialismus von Eduard Bernstein. 4. Auflage. Teil I. Zur Theorie des Lohngesetzes und Verwandtes. II. Probleme des Sozialismus. III. Sozialistische Kontroversen. Preis komplett 6 Mk., gebunden 7 Mk., ... jeder Teil einzeln 2 Mk.

Druck von G. Bernstein in Berlin.

Druck:
Customized Business Services GmbH
im Auftrag der KNV-Gruppe
Ferdinand-Jühlke-Str. 7
99095 Erfurt